Exilforschung · Ein internationales Jahrbuch · Band 1

Fördernde Institutionen / Supporting Institutions

Akademie der Künste, West-Berlin
Leo-Baeck-Institute, New York
State University of New York at Albany
Universität Bamberg
Technische Universität Berlin
California State University
University of South Carolina, Columbia
Wayne State University, Detroit
University of Southern California, Los Angeles
Philipps-Universität Marburg
University of Illinois, Urbana
Julius-Maximilians-Universität Würzburg

EXILFORSCHUNG

EIN INTERNATIONALES JAHRBUCH

Band 1
1983
Stalin und die Intellektuellen
und andere Themen

Herausgegeben im Auftrag der
Gesellschaft für Exilforschung / Society for Exile Studies
von Thomas Koebner, Wulf Köpke und Joachim Radkau

edition text + kritik

Anschrift der Redaktion:
Prof. Dr. Thomas Koebner
Institut für Neuere deutsche Literatur
Philipps-Universität Marburg
Wilhelm-Röpke-Str. 6 A
3550 Marburg

CIP-Kurztitelaufnahme der Deutschen Bibliothek

Exilforschung: e. internat. Jahrbuch / hg. im
Auftr. d. Ges. für Exilforschung. – [München]:
edition text+kritik
  Erscheint jährl.
Bd. 1 (1983)–

© edition text+kritik GmbH, München 1983
Satz: Fertigsatz GmbH, München
Druck: Weber Offset GmbH, München
Buchbinder: Grimm+Bleicher GmbH & Co. KG, München
Umschlagentwurf: Dieter Vollendorf, München
ISBN 3–88377–142–2

Inhalt

Vorrede der Gesellschaft für Exilforschung		7
Vorrede der Herausgeber		9
Iring Fetscher	Der »Totalitarismus«	11
Heinz Abosch	Von der Volksfront zu den Moskauer Prozessen	27
Willi Jasper	Heinrich Mann und die »Deutsche Volksfront« Mythos und Realität intellektueller Ideenpolitik im Exil	45
Wulf Köpke	Das dreifache Ja zur Sowjetunion Lion Feuchtwangers Antwort an die Enttäuschten und Zweifelnden	61
Joachim Radkau	Der Emigrant als Warner und Renegat Karl August Wittfogels Dämonisierung der »asiatischen Produktionsweise«	73
Thomas Koebner	Arthur Koestlers Abkehr vom Stalinismus	95
Carel ter Haar	Ernst Tollers Verhältnis zur Sowjetunion	109
James K. Lyon	Brecht und Stalin – des Dichters »letztes Wort«	120
Frithjof Trapp	»Ich empfehle, die ›Prawda‹ über (die) West-Ukraine nachzulesen« Zwischen Formalismus-Debatte und deutsch-sowjetischem Grenz- und Freundschaftsvertrag (28. September 1939): Gustav von Wangenheims Schauspiel *Die Stärkeren*	130
G. P. Straschek	Stalin, Heinz Goldberg und ГЕНРИХ ГЕЙНЕ	147
Lew Kopelew	Zur Situation der deutschen Emigranten in der Sowjetunion Aus einem Gespräch	159

Patrik von zur Mühlen	*Säuberungen unter deutschen Spanienkämpfern*	165
Peter Seibert	*»Dann werden das Blatt wir wenden...«* Verbannte Autoren im Kampf um die Saar (1933–1935)	177
Klaus Briegleb und Walter Uka	*Zwanzig Jahre nach unserer Abreise...*	203
Lieselotte Maas	*Die »Neue Weltbühne« und der »Aufbau«* Zwei Beispiele für Grenzen und Möglichkeiten journalistischer Arbeit im Exil	245
Gilbert Badia und René Geoffroy	*Ernst Glaeser, ein Antisemit?* Eine kritische Untersuchung des in der Emigration gegen Ernst Glaeser erhobenen Vorwurfs des Antisemitismus	283
Gert Sautermeister	*Thomas Mann: Volksverführer, Künstler-Politiker, Weltbürger* Führerfiguren zwischen Ästhetik, Dämonie, Politik	302
Lutz Winckler	*Klaus Mann: Mephisto* Schlüsselroman und Gesellschaftssatire	322
Heinz-B. Heller	*»Ungleichzeitigkeiten«* Anmerkungen zu Ernst Blochs Kritik des »Massenfaschismus« in *Erbschaft dieser Zeit*	343
Michael Winkler	*Exilliteratur – als Teil der deutschen Literaturgeschichte betrachtet* Thesen zur Forschung	359
Fritz Hackert	*Die Forschungsdebatte zum Geschichtsroman im Exil* Ein Literaturbericht	367
Die Autoren		389

Foreword

The appearance of the first volume of the Yearbook for Exile Studies marks a generic stage in the growth of the Society which functions as its originator and sponsor. The Society is looking forward to many years of a close and productive collaboration between publisher, its officers, editorial board and membership.

The Yearbook does not stand at the beginning of the Society's history. Well over a decade ago, when its founding was first being contemplated, many scholars had just reason to complain about the dearth of attention given to the writers, artists, scholars and scientists forced out from German-speaking countries during the Hitler years. Since then, the initial impetus given to such studies has resulted in a respectable production of scholarly books and articles, a series of useful reference works, the belated publication of works by exiled writers and intellectuals, and in fruitful exchanges of information at national and international conferences and colloquia. A number of these conferences were sponsored by the Society even before its official founding.

The task to which the Yearbook will therefore address itself is to maintain that impetus and to provide a further and, we hope, important forum for all scholars working in the field.

We do not wish to define the boundaries of this yearbook with this, its initial volume. We realize that an annual publication constitutes a continuum and will assume a life of its own. As the title of the Yearbook indicates, its focus shall not be narrow, though each issue shall have an area of concentration. While literature in the sense of *belles lettres*, biography, and politics in exile predominated exile studies up to now – and perhaps will continue to do so for some time – the Yearbook shall stress the breadth and diversity of the post-1933 intellectual emigration: art, film, literature, music, politics, the social as well as the natural sciences. The Yearbook will also reflect the diversity of opinions, political, aesthetic, ethical, which marked the heterogeneous, yet interconnected groups within the exile community itself.

We hope that the articles published here and in the volumes to follow will promote a lively, sustained, and sustaining discussion among its readers – through its pages and, more informally, through the newsletter founded simultaneously with the Yearbook, and through the book series contemplated for future years.

We wish to thank all those within and beyond the Society for Exile Studies who gave generously of their time to help launch this new publication, especially the editors and those individuals and institutions who have provided the financial basis for the first volumes. We are convinced that its quality will assure its growth and survival in the years ahead.

John M. Spalek, President
Guy Stern, Vice President

Vorrede der Herausgeber

Auch außerhalb Deutschlands hat sich 1933–1945 deutsche Geschichte ereignet. Doch ist dies dem allgemeinen Bewußtsein zu wenig gegenwärtig. Das Jahrbuch EXILFORSCHUNG soll in Erinnerung rufen und dem Vergessen gegensteuern.

Das deutschsprachige Exil seit 1933 war keine ideologische Einheit, keine »Front«, wenn sich in ihm auch Fronten bildeten. Literatur, Kunst, Wissenschaft und Publizistik entstanden unter dem Zwang einer bestimmten Politik: Es galt den Nationalsozialismus in Deutschland zu bekämpfen. Zugleich warf das Leben in der Fremde, die Exilexistenz, ungeahnte Probleme auf und fügte Wunden zu. Die Geschichte der Leiden und Konflikte, denen die ausgebürgerten Gegner des Dritten Reichs ausgesetzt gewesen sind, verlangt, daß man Kritik mit Verständnis vereine. Zu solcher Leistung muß sich gerade die Exilforschung aufgefordert sehen.

Das Jahrbuch EXILFORSCHUNG versteht sich als interdisziplinäres Forum, offen auch für ›komparatistische‹ Sehweisen. Die Konzentration auf das deutschsprachige Exil soll nicht als exklusiv verstanden werden: Kulturelles Exil ist eine Signatur dieses Jahrhunderts. Zentrale Probleme werden zur Diskussion gestellt, nicht immer Ergebnisse vorgelegt, bisweilen nur Anregungen gegeben. Es geht darum, die Exilforschung in ihrem breiten Spektrum zu Wort kommen zu lassen.

Jeder Band von EXILFORSCHUNG wird ein Schwerpunkt-Thema haben, zusätzlich weitere Analysen und Dokumentationen, Forschungsberichte und Sammelrezensionen umfassen.

Zu diesem Band:

In den dreißiger Jahren galt die Sowjetunion vielen Exilanten als das einzige Bollwerk gegen den vordringenden Faschismus. Frankreich und England suchten ihren Frieden mit Nazi-Deutschland, und Amerika hatte in der Depressions-Periode seine eigenen Sorgen. Seit 1936 wurde das Vertrauen zum »Vaterland der Revolution« empfindlich gestört: Da waren die Moskauer Prozesse mit ihren unglaublichen Anklagen, gerichtet an die ›alte Garde‹ der Revolutionäre, die »Säuberungen«, denen auch viele Flüchtlinge aus Hitler-Deutschland zum Opfer fielen, die schwankende Politik der Sowjetunion im Verlauf des Spanischen Bürgerkriegs, schließlich der Pakt mit Hitler vor Ausbruch des Weltkriegs. Mitten im Kampf gegen den Nationalsozialismus erwuchs den Emigranten, vor allem den sozialistisch engagierten unter ihnen, eine im Vergleich zwar sekundäre Gefahr, die jedoch ihre politische Identität bedrohte. Die intellektuelle Auseinandersetzung mit den Erscheinungsformen des Stalinismus in den dreißiger Jahren bildet das Schwerpunkt-Thema dieses Bands.

Nachbemerkung

Es ist auf die Zeitschrift *Exil* hinzuweisen, begründet von Joachim H. Koch und fortgeführt von Edita Koch. Dieses in Frankfurt erscheinende Periodikum hat in den bisher vorliegenden Heften etliche Beiträge zu Problemen des deutschen Exils 1933–1945, Nachrichten aus der Forschung, Hinweise auf Jahrestage usw. veröffentlicht. Kooperation und Arbeitsteilung zwischen dieser Zeitschrift und dem Jahrbuch EXILFORSCHUNG werden angestrebt.

Iring Fetscher

Der »Totalitarismus«

Zum Begriff des Totalitarismus

Der Begriff »Totalitarismus« hatte lange Zeit eine schlechte Presse. Er war verdächtig geworden, weil er ehemaligen Nazis dazu diente, den eignen Antikommunismus unverändert beizubehalten und sich auf diese Weise den Anschein demokratischer Zuverlässigkeit zu geben. Auch verhalf er – in den ersten Nachkriegsjahren – in Westdeutschland dazu, einen scheinbaren Konsens zwischen ehemaligen Nazis und Verfolgten des Naziregimes herzustellen: während die einen bei dem Wort »Totalitarismus« an den deutschen Faschismus dachten, den sie seit jeher bekämpft hatten, konnten die anderen sich an ihren ehemaligen Antikommunismus erinnern. Sachlich wurde gegen den Begriff eingewandt, daß er sich ausschließlich an den »Oberflächenphänomenen« und ihrer Ähnlichkeit im deutschen Faschismus und im Sowjetkommunismus orientiere, während doch tiefgreifende historische und strukturelle Unterschiede bestünden. Beide Einwände haben ihre Berechtigung, und doch scheint mir der Terminus nicht illegitim und unbrauchbar zu sein, auch wenn er zum Beispiel als Charakterisierung des Herrschaftssystems der Sowjetunion eher unzulänglich bleibt.

Der Begriff selbst wurde 1923 zum ersten Male – in kritischer Absicht – von dem italienischen Liberaldemokraten Giorgio Amendola gebraucht, der später von den Faschisten ermordet wurde. Amendola sprach von einem »totalitären Geist«, einem »sistema totalitario« des Faschismus, worunter er die völlige Unterdrückung aller abweichenden Meinungen auf fast allen Lebensgebieten durch die faschistische Partei verstand. Wie oft in der Geschichte wurde dann dieser kritisch gemeinte Ausdruck von den so Charakterisierten selbst als epitheton ornans übernommen: Mussolini sprach vollmundig 1925 von der »unerbittlichen totalitären Entschlossenheit« (la nostra feroce volontà totalitaria) des italienischen Faschismus! Namentlich das Konzept des »totalen Staates« wurde dann auch von konservativen deutschen Staatsrechtslehrern übernommen, insbesondere von Carl Schmitt und Ernst Forsthoff.

Wenn aber schon der vergleichsweise weniger »perfekte« faschistische Staat Italiens als »totalitär« denunziert werden konnte, dann traf die Charakterisierung um so eindeutiger auf den Staat des »Dritten Reiches« zu. Während in Mussolinis Italien neben der faschistischen Partei die katholische Kirche und die dem König durch Eid verbundene Armee als relativ unabhängige Institutionen erhalten blieben, versuchte der deutsche Faschismus rasch über solche Grenzen hinaus vorzudringen und tatsächlich das gesamte politische, wirtschaftliche und kulturelle Leben zu beherrschen. Als zentrales und globales Charakteristikum des so verstandenen »Totalitarismus« kann man die Aufhebung der Dualität von Gesellschaft und Staat ansehen. Während im liberalen Staat des 19. Jahrhunderts der Staat als ein Organ der Gesellschaft – und zugleich über der Gesellschaft – organisiert war, sollte nunmehr die Gesellschaft in allen ihren Aspekten vollständig dem einheitlichen Willen eines diktatorischen Staates unterworfen (ja ihm integriert) werden. Diese totale Integration und Beherrschung vollzog sich im Falle des nationalsozialistischen Deutschland in der Form der sogenannten »Gleichschaltung«: gesellschaftliche Organisationen, die vorhanden waren, wurden dadurch »gleichgeschaltet«, daß an ihre Spitze zuverlässige Nazis traten, oder daß sie – wie die Gewerkschaften – durch Nazi-Organisationen »abgelöst« und »ersetzt« wurden. Im Falle der Wirtschaft vollzog sich diese »Gleichschaltung« ziemlich friedlich, weil erhebliche Teile der Wirtschaft die Art der staatlichen Wirtschaftslenkung, welche die Nazis einführten, als akzeptabel empfanden: mit der Auflösung selbständiger Gewerkschaften fiel der Kampf um Tarifverträge weg, mit der Einführung des »Führerprinzips« in den Unternehmungen wurde die Herrschaft der Eigentümer oder Verwalter gefestigt, die Propagierung des Gedankens der »Volksgemeinschaft« und das Verbot politischer Aktivitäten außerhalb der NSDAP erleichterte die Ausbeutung der Lohnarbeiter, die ihrer traditionellen politischen Vertretungen beraubt waren. Staatliche Aufträge – insbesondere für die Schwer-, später auch für die chemische Industrie – belebten die stagnierende Wirtschaft. Erst während des Krieges wurde schrittweise eine Zwangswirtschaft eingeführt, die allerdings weder das Profitmotiv noch die Eigentumsordnung selbst antastete. Immerhin begannen damals einige Unternehmer »Bedenken« zu bekommen, die nur durch die gleichzeitige Ausweitung von Ausbeutungsmöglichkeiten außerhalb des Deutschen Reiches »beschwichtigt« wurden.

Dennoch kann man sagen, daß die Beibehaltung des Privateigentums eine gewisse »Grenze« für den totalitären Charakter der Naziherrschaft bildete. Zum Schutz und zur Aufrechterhaltung dieser Eigentumsordnung wurde auch das alte Rechtssystem teilweise beibehalten: auf dem Gebiet des Handelsrechts, des bürgerlichen Rechts überhaupt galten unverändert die alten Gesetze und Prozeßordnungen weiter. Daneben aber entstand ein System von politischen Gesetzen und Maßnahmen, die vor allem die Meinungsfreiheit, die Organisationsfreiheit und die Freiheit von Forschung und Lehre einschränkten oder aufhoben. Die »bürgerliche Gesellschaft« als ein Verband von unterschiedlichen Interessen, Auffassungen, Überzeugungen, die sich in Freiheit öffentlich artikulieren können, wurde von der staatlichen Herrschaftsordnung aufgesogen. Der totalitäre Staat duldete nur jene Teile des gesellschaftlichen Lebens, die er für »nützlich« oder »unentbehrlich« hielt. Die Unternehmerschaft hatte sich diese Toleranz von Seiten des totalen Staates durch ihr Entgegenkommen gegenüber seinen Wünschen und Erwartungen erkauft. Eine Garantie für die unbegrenzte Weitergewährung dieser Toleranz bestand freilich nicht.

Die äußeren Merkmale des totalitären Charakters des »Dritten Reiches« sind allgemein bekannt. Sie drückten nur auf ihre Weise die Herrschaft des von der Monopolpartei befehligten Staatsapparates über die Gesellschaft aus: Einparteienherrschaft und Verbot abweichender politischer Organisationen, militante Parteiverbände (SA, später vor allem SS, Hitlerjugend usw.), Geheimpolizei und Kontrolle über die gesamte Bevölkerung (ausgedehntes Spitzelwesen usw.), vorgeschriebene Staatsideologie (Rassenideologie, Antisemitismus, Antiliberalismus, Antikommunismus usw.), Institutionen des staatlichen Terrors (Konzentrationslager, Sondergerichte, die nicht an geschriebenes Recht gebunden sind, »Schutzhaft« als administrative Maßnahme usw.), einheitliche »Uniformierung« und Organisierung fast der gesamten Bevölkerung unter Einbeziehung der »gleichgeschalteten« Vereine und Verbände. Das Modell dieser »Integration durch Beherrschung« war die Armee, Mittel der Integration ein aggressiv gemaltes »Feindbild«, wobei der sogenannte »innere Feind« zunächst wichtiger war als der »äußere«.

Die realen Verhältnisse im Dritten Reich lassen sich freilich nicht vollständig unter dem Begriff »Totalitarismus« subsumieren. Es gab zum Beispiel vielfach einen Instanzenwirrwarr, den Hitler vermutlich auch deshalb zuließ, weil er auf diese Weise selbst die letzte Entscheidung in der Hand behalten konnte.

Das Sowjetsystem als totalitäre Gesellschaft

Während die Herausbildung einer »totalitären Herrschaftsordnung« im Falle des deutschen Faschismus durchaus den Intentionen der Parteiführung entsprach, so daß von einem »Erfolg« bei der Realisierung der Ideologie gesprochen werden kann, stehen die totalitären Züge des Sowjetkommunismus – insbesondere in der Stalinzeit – zweifellos in krassem Widerspruch zu den meisten Grundthesen der sozialistischen Theorie, auf die sich die Machthaber jenes Regimes berufen. Dieser fundamentale Unterschied in den Intentionen war es vor allem, der von den Kritikern der pauschalen Anwendung des Totalitarismus-Konzepts empfunden wurde. Dennoch kommen drei kritische marxistische Autoren aus Ungarn (Agnes Heller, Ferenc Fehér, György Markus) in ihrem Buch *Der sowjetische Weg, Bedürfnisdiktatur und entfremdeter Alltag* (Hamburg 1983) zu dem Ergebnis, daß die Sowjetgesellschaft ein »totalitäres System« ist, das sogar – im Unterschied zu Nazideutschland – imstande ist, sich zu reproduzieren und – in gewissen Grenzen – zu wachsen. Es handelt sich dabei, so die These der Verfasser, um ein politisches und gesellschaftliches System *neuer Art*, das zwar postkapitalistisch, aber keineswegs sozialistisch genannt werden kann und in dem manche vormodernen Züge (wie die *direkte* Herrschaft über die Arbeitenden) wieder auftauchen. Zugleich anerkennen die Verfasser jedoch, daß die Sowjetunion nicht von Anfang an als totalitäres Herrschaftssystem entworfen und geplant wurde, sondern sich erst – im Laufe der Zeit (etwa seit Ende der zwanziger Jahre) – zu einem solchen entwickelt hat. Als wesentliches totalitäres Merkmal gilt auch ihnen dabei die totale Unterordnung (ja Unterdrückung) der bürgerlichen Gesellschaft durch den monokratisch beherrschten Staat.

Da im Falle der Sowjetgesellschaft der totalitäre Charakter nicht Ausdruck und Folge einer Herrschaftsideologie war (wie bei den Nazis), entsteht die Frage, wie es zu einer solchen Umkehr der Verhältnisse kommen konnte, wie – mit anderen Worten – eine Theorie der Emanzipation, wie der ursprüngliche Marxismus, und eine Bewegung, die im Interesse der Emanzipation stand, wie die Arbeiterbewegung, zu Wegbereitern der totalen Unterdrückung werden konnten. Zentrale Bedeutung kommt dabei der *Einparteienherrschaft* zu: »Einparteiensysteme tendieren zur Eliminierung der società civile. Der Idealtypus des Einparteiensystems, *der Zustand, den alle Einparteiensysteme offen oder versteckt anstreben, ist* die Totalisierung von Macht und Kontrolle, *die restlose Unterwerfung der Gesellschaft unter den Staat.*«[1] Der Unterschied zwischen dem italienischen und deutschen Faschismus auf der einen Seite und der Sowjetgesellschaft auf der anderen ist – nach den Verfassern – eine Folge des unterschiedlichen Zustands der »società civile«, den beide vorfanden: »Im faschistischen Italien und im nationalsozialistischen Deutschland mußte der Staat eine bereits entwickelte società civile in seine Macht zwingen. In der Sowjetunion dagegen befand sich zur Zeit der Machtübernahme der Bolschewiki die società civile noch im Frühstadium. Die beiden erstgenannten Systeme schützten das Privateigentum, während das sowjetische System es beseitigte. Alle Typen des Totalitarismus weisen jedoch ein gemeinsames Merkmal auf: das ursprüngliche Programm der totalitären Partei muß infolge ökonomischer Rücksichten modifiziert werden. Die Nationalsozialisten konnten an ihrer anfänglichen, antikapitalistischen Ideologie nicht festhalten; der Strasser-Flügel, der diese ursprüngliche Ideologie ernstgenommen hatte, mußte ausgelöscht werden. Aus einer ähnlichen Notwendigkeit heraus mußte die bolschewistische Partei gewisse Elemente einer Marktwirtschaft wieder zulassen, was ebenso der anfänglichen Ideologie widersprach.«[2] Mit dieser letzten These bin ich nicht einverstanden. Sie scheint mir die Bedeutung der »linken« Tendenzen im Nationalsozialismus zu überschätzen und die elitären Züge der nazistischen »Herrenrassen-Ideologie« mit ihrer Glorifizierung des »Kampfes ums Dasein« (der auch für den ökonomischen Wettbewerb des Kapitalismus gelte) zu unterschätzen. Zutreffend scheint mir dagegen die schon von Antonio Gramsci aufgestellte These, daß es in Rußland 1917 relativ leicht war, die kapitalistische Klasse zu entmachten, weil sie auf einer sehr schmalen Basis kleinbürgerlicher und großbäuerlicher Sympathisanten ruhte, während es sich in der Folge als außerordentlich schwierig, ja unmöglich erwies, eine demokratische und sozialistische Gesellschaft aufzubauen.

Der »oligarchische« Charakter der Nazi-Herrschaft korrespondierte ihrer eigenen elitären Ideologie. Auch wenn die Behauptung, bei den

Naziführern handele es sich um eine rassisch überlegene Gruppe, wenig plausibel erschien, war eine – von den Beherrschten nicht kontrollierbare – Minderheitsherrschaft zumindest »ideologiekonform«. Hitler hat diesen elitären Charakter seiner Konzeption am bereitwilligsten vor Unternehmern ausgebreitet. Den Massen der Bevölkerung dagegen wurde die Überzeugung eingeflößt, daß sie den »rassefremden« (Juden, Zigeunern, Slawen usw.) prinzipiell überlegen seien, wodurch sie sich in der Hoffnung auf künftige Weltherrschaft über ihre Abhängigkeit von »rassegleichen Führern« hinwegtrösten sollten. Nach einer Art »demokratischer Rassenmystik« war aber der Wille jener Führer (vor allem »des Führers«) letztlich Ausdruck des Willens aller zur »germanischen Rasse« (oder zum »deutschen Volk«) gehörigen Menschen, so daß sie ihnen (oder ihm) gehorchend im Grunde nur das verwirklichten, was sie »zutiefst« auch wollten (oder entsprechend ihrer »Rassenseele« wollen sollten).

Der »oligarchische Charakter« der Herrschaft der *Partei Lenins* bedurfte einer etwas komplizierteren Legitimierung, die aber letztlich gleichfalls auf eine demokratische Mystik hinauslief. Bevor in der Sowjetunion die Herrschaft der Monopolpartei über die Gesellschaft errichtet wurde, war die *innere Struktur dieser Partei bereits autoritär und undemokratisch*. Lenin hat zwar hierfür auch äußere, kontingente Ursachen verantwortlich gemacht, wie die Tatsache, daß im zaristischen Rußland Parteitage und Wahlen der Parteiführer nicht veranstaltet werden konnten, er war aber auch zutiefst davon überzeugt, daß ohnehin die besten Marxisten an die Spitze der Partei gehörten, ganz gleich, ob sie nun gewählt waren oder nicht, und daß diese dann auch das volle Recht hätten, die Masse der Parteiangehörigen zu führen und zu erziehen. Rosa Luxemburg hat schon 1904 Lenins »Ultrazentralismus« in der Organisationstheorie scharf kritisiert und auf seine antidemokratischen Aspekte hingewiesen. Während Lenin die Disziplin und den Gehorsam der russischen Arbeiter als ein erfreuliches Resultat ihrer Erziehung durch die »Fabrik« begrüßte, suchte Rosa Luxemburg den elementaren Gegensatz zwischen einer andressierten und einer aus politischem Bewußtsein entspringenden Disziplin herauszuarbeiten – »es ist nichts als eine mißbräuchliche Anwendung des Schlagwortes, wenn man gleichmäßig als ›Disziplin‹ zwei so entgegengesetzte Begriffe bezeichnet wie die Willen- und Gedankenlosigkeit einer vielbeinigen und vielarmigen Fleischmasse, die nach dem Taktstock mechanische Bewegungen ausführt (Rosa Luxemburg dachte an das militärische Exerzieren, IF), und die freiwillige Koordinierung von bewußten politischen Handlungen einer gesellschaftlichen Schicht; wie den *Kadavergehorsam einer beherrschten Klasse und die organisierte Rebellion einer um die Befreiung ringenden Klasse*. Nicht durch die Anknüpfung an die ihm durch den kapitalistischen Staat eingeprägte Disziplin – mit der bloßen Übertragung des Taktstocks aus der Hand der Bourgeoisie in die eines sozialdemokratischen Zentralkomitees, sondern durch die Durchbrechung, *Entwurzelung dieses sklavischen Disziplingeistes kann der Proletarier* erst *für die neue Disziplin, die freiwillige Selbstdisziplin der Sozialdemokratie erzogen werden.*«[3]

Während es Lenin offenbar »hauptsächlich um die Kontrolle der Parteitätigkeit« gehe, komme es in Wirklichkeit auf deren »Befruchtung (...) und Entfaltung« an, während Lenins Maßnahmen auf »Einengung und (...) Schurigelung« hinausliefen. Diese Einwände aus dem Jahre 1904 hat Rosa Luxemburg bekanntlich 1918 gegenüber den Maßnahmen der Leninschen Regierung wiederholt und aktualisiert. Dabei erblickte sie den Grundfehler Lenins (wie Trotzkis) in deren prinzipieller Entgegenstellung von Demokratie und Klassendiktatur. Lenin optiere für eine »Diktatur einer Handvoll von Personen, d. h. für die Diktatur nach bürgerlichem Muster«. Der Aufbau des Sozialismus sei aber nur möglich unter Beteiligung der Massen selbst und hierzu bedürfe es eines Lernprozesses, für den die *»breiteste Demokratie«* Grundvoraussetzung sei. Gegen beide – gegen Kautsky, der im Zweifel für die Demokratie und gegen den Sozialismus sich entscheiden wollte, und gegen Lenin, der die Diktatur im bürgerlichen Sinne als Mittel zur Verwirklichung des Sozialismus akzeptierte – wandte Rosa Luxemburg ein, daß die »geistige Umwälzung in den Massen nur durch ›breiteste Demokratie, öffentliche Meinung‹ erzielbar« sei. Die Entwicklung der Sowjetgesellschaft hat – e contrario – die Richtigkeit ihrer Kritik erwiesen. Durch Beibehaltung und ständigen Ausbau einer elitären Minderheitsherrschaft konnte Sozialismus nie verwirklicht werden, wohl aber ein totalitäres Regime der »Diktatur der Bedürfnisse« (der Massen). Rosa Luxemburg schrieb 1918 klarblickend: »Ohne freie ungehemmte Presse, ohne ungehindertes Vereins- und Versammlungsleben ist die Herrschaft breiter Volksmassen völlig undenkbar. Lenin sagt: der bürgerliche Staat sei ein Werkzeug zur Unterdrückung der Arbeiterklasse, der sozialistische zur Unterdrückung der Bourgeoisie. Es sei bloß gewissermaßen der auf den Kopf gestellte kapitalistische Staat. Diese vereinfachte Auffassung sieht von dem Wesentlichsten ab: die bürgerliche Klassenherrschaft brauchte keine politische Schulung und Erziehung der ganzen Volksmasse, wenigstens nicht über gewisse enggezogene Grenzen hinaus. Für die proletarische Diktatur ist sie das Lebenselement, die Luft, ohne die sie nicht zu existieren vermag (...).«[4]

Lenins Charakterisierung des Parteimitgliedes als eines »untrennbar (...) mit der Organisation des Proletariats verbundenen *Jakobiners*«[5] macht deutlich, daß er keinen prinzipiellen Unterschied zwischen der Organisationsform der bürgerlichen und der sozialistischen Revolution erkennen konnte. In beiden Fällen handelt es sich um die Eroberung der Staatsmacht durch eine neue Führungsgruppe. Einmal eine Elite, die die politischen und rechtlichen Voraussetzungen für das Wachstum der kapitalistischen Wirtschaft durchsetzt, das andere Mal eine Elite, die die Interessen des Proletariats sich zur Richtschnur der politischen Entscheidungen nimmt. Sieht man sich Lenins Argumente genauer an, so wird man fast stets eine Kombination von Hinweisen auf die zaristische Verfolgung und Unterdrückung und auf die theoretische Überlegenheit der Parteiführer und Berufsrevolutionäre finden. Die Unmöglichkeit der Praktizierung von innerparteilicher Demokratie wird von Lenin als Faktum hingenommen und kaum ernsthaft beklagt. In dem »Brief an einen Genossen über unsere organisatorischen Aufgaben« stellt er über das Zentralkomitee der Partei lapidar fest, »das Komitee muß genau bestimmen, wer ihm als Mitglied angehört. Das Komitee wird *durch Kooptation ergänzt.* Das Komitee *ernennt* (!) *Bezirksgruppen, Betriebsgruppenkomitees* (...).«[6]

Das Fehlen innerparteilicher Demokratie wurde freilich vor dem Verbot konkurrierender sozialistischer Parteien (der Menschewiki und der Sozialrevolutionäre) durch die Pluralität der Parteien kompensiert. In dem Augenblick aber, wo konkurrierende Parteien und schließlich – auf dem X. Parteitag der KPdSU (1921) – auch unterschiedliche »Plattformen« innerhalb der kommunistischen Partei verboten waren, entstand eine monokratische Herrschaftsstruktur, die bald auf die der Gesamtgesellschaft durchschlagen sollte. Die Bildung von »Plattformen«, in denen die Auffassungen von Gruppen innerhalb der Parteiführung zum Ausdruck kommen, ist – nach Lenin – unzulässig, weil sie die »Einheit und Geschlossenheit« und damit auch die »Kampfkraft« der Partei beeinträchtige. In der Resolution des X. Parteitags (1921) heißt es: »Der Parteitag erklärt (...) ausnahmslos alle Gruppen, die sich auf der einen oder anderen Plattform gebildet haben (so die Gruppe ›Arbeiteropposition‹, ›Demokratischer Zentralismus‹ usw.) für aufgelöst, bzw. ordnet ihre sofortige Auflösung an. Die Nichterfüllung dieses Parteitagsbeschlusses zieht den unbedingten und sofortigen Ausschluß aus der Partei nach sich.«[7]

Die monokratische Struktur der Partei bildet das Rückgrat und das Muster für die totalitäre Herrschaft über die Sowjetgesellschaft. Diese Tatsache wird seit der sogenannten Stalinschen Verfassung von 1936 (die in Wirklichkeit von Bucharin formuliert wurde) auch im Verfassungsrecht fixiert. In Artikel 126 dieser Verfassung heißt es, die kommunistische Partei bildet den »*leitenden Kern* aller Organisationen der Werktätigen, der gesellschaftlichen sowohl wie der staatlichen«. Alle in dieser Verfassung ausdrücklich verbrieften politischen Rechte der Sowjetbürger werden – schon in der Verfassung selbst – auf *Rechte der Parteimitglieder* eingeschränkt, während die Rechte der Parteimitglieder ihrerseits durch die eiserne Disziplin und Hierarchie der Parteiorganisation eng begrenzt sind. Versammlungsfreiheit, Organisationsfreiheit, Meinungsfreiheit usw. werden durch »konkrete Gewährleistungen« des Staates – wie die Sowjetideologie stolz betont – sichergestellt. Aber diese Sicherstellungen gelten in *allen Fällen* ausdrücklich nur »den gesellschaftlichen Organisationen, deren leitender Kern die Partei« ist!

In der sowjetischen Verfassung von 1977 heißt es über die Grundrechte: »Meinungsfreiheit, Pressefreiheit, Koalitionsfreiheit, Versammlungsfreiheit und Demonstrationsfreiheit sind den Bürgern der UdSSR garantiert, *soweit die Wahrnehmung dieser Rechte im Einklang mit den Interessen der werktätigen Massen steht und zur Konsolidierung der sozialistischen Ordnung beiträgt.* Die Bürger der UdSSR haben das *Recht, sich in den gesellschaftlichen Organisationen zu assoziieren, soweit dies mit den Zielen des Aufbaus der kommunistischen Gesellschaft in Einklang steht.*« Diese – sehr vage – Einschränkung der

Freiheitsrechte durch eine Generalklausel wird aber durch das *Interpretationsmonopol der Parteiführung* darüber, was jeweils in einem gegebenen Zeitpunkt »mit den Interessen der werktätigen Massen in Einklang steht«, konkretisiert. »Der *Pluralismus insgesamt* (die Vielfalt von Interpretationen und Interessen) *ist also kriminalisiert,* während der Souverän (die Parteielite) in jedem Einzelfall willkürlich darüber urteilen kann, ob die vorliegende Handlung als Oppositionsakt interpretiert wird. Ja nach dem freien, pragmatisch kalkulierten Ratschluß der Parteiführung kann ein und dieselbe Handlung als im Einklang oder im Konflikt mit dem ›Aufbau der kommunistischen Gesellschaft‹ definiert werden.«[8]

Die faktische Metaphysik, welche die diktatorische Leitung durch die Parteizentrale legitimiert, wird mit Hilfe der zur Doktrin erstarrten Ideologie des Marxismus-Leninismus konstruiert. Wenn nach Marx das Proletariat dazu berufen ist, die kapitalistische Gesellschaft mit ihrer ökonomischen Irrationalität und Ungerechtigkeit durch eine sozialistische Revolution zu transformieren und wenn die »politische Form« des Übergangs vom Kapitalismus zum Sozialismus als »Diktatur des Proletariats« bezeichnet wird, so substituiert Lenin zunächst die *Partei* für das Proletariat. Aufgrund der autoritären und hierarchischen Struktur der Partei wird aber – nach der Eliminierung der selbstbewußten alten Garde der Revolutionäre der ersten Stunde durch Stalin – faktisch die Parteiführung, d. h. das Zentralkomitee und schließlich der Generalsekretär (Stalin) zur Inkarnation des »richtigen« Wollens der Arbeiterklasse und somit zum Träger des welthistorischen Fortschritts gemacht. Kritische Diskussionen innerhalb der Partei werden mehr und mehr unterdrückt, bis schließlich nur noch darüber diskutiert werden kann, was die Parteiführung ausdrücklich »zur Diskussion freigibt« und auch das nur in einem engen, vorherbestimmten Rahmen (der freilich den Betroffenen nicht immer deutlich und im voraus bekanntgegeben wird, so daß sie notwendig Risiken eingehen müssen oder auch entsprechend vorsichtig werden). Die bekannten rhetorischen Formeln von Liedern und Losungen wie:

»Die Partei, die Partei hat immer recht,
Die Partei, die Partei, die Partei (...)«,

oder die Losung des Komsomol:

»Die Partei ist unsere Vernunft, unsere Ehre
und unser Gewissen»,

drücken durchaus eine soziale und psychische Realität aus: das selbständige Gewissen des Einzelnen und die individuelle kritische, vernünftige Urteilsfähigkeit sollen zugunsten der rückhaltlosen Hingabe an die Führung durch die Partei aufgehoben werden.

Auch Leo Trotzki, der später eines der prominentesten Opfer der Partei-»Reinigung« wurde, hat in seinen *Grundfragen der Revolution* (Hamburg 1923) gegen Karl Kautsky die Legitimität der Substituierung der Partei für die Arbeiterklasse begründet: »Die revolutionäre Herrschaft des Proletariats hat im Proletariat selbst die politische Herrschaft einer Partei mit klarem Aktionsprogramm und unverletzlicher innerer Disziplin zur Voraussetzung.«[9]

»In dieser ›Unterschiebung‹ der Macht der Partei anstelle der Macht der Arbeiterklasse liegt nichts Zufälliges, und dem Wesen nach ist auch durchaus keine Unterschiebung vorhanden. *Die Kommunisten bringen die grundlegenden Interessen der Arbeiterklasse zum Ausdruck.* Es ist ganz natürlich, daß in der Periode, wo die Geschichte diese Interessen in vollem Umfang auf die Tagesordnung setzt, die *Kommunisten die anerkannten Vertreter der Arbeiterklasse als Ganzes werden.*«[10]

Und *Nikolai Bucharin*, der wirtschaftspolitisch ein Gegner Trotzkis war, stimmt mit ihm – was die Rolle der Partei anlangt – vollständig überein: »*Wer soll die Klasse leiten? Welcher Teil der Klasse?* Natürlich der *fortgeschrittenste, der geschulteste und der geschlossenste Teil.* Dieser Teil *ist die Partei.* Die Partei ist nicht die Klasse, sondern ein mitunter geringer Teil der Klasse. Aber die Partei ist der *Kopf der Klasse.* Aus diesem Grunde ist es höchst unsinnig, die Partei der Klasse gegenüberstellen zu wollen. Die Partei der Arbeiterklasse ist eben *dasjenige*, was die *Interessen der Klasse am besten zum Ausdruck bringt.* Klasse und Partei kann man auseinanderhalten, wie man den *Kopf* und den ganzen *Menschen auseinanderhält.* Man kann sie aber *nicht gegenüberstellen*, wie man einem Menschen den Kopf nicht abtrennen kann, wenn man ihm langes Leben wünscht.«[11]

Das von Bucharin gebrauchte Bild erinnert in fataler Weise an die berüchtigte Fabel des Menippos, mit deren Hilfe die Herrschaft der Aristokraten über den Plebs legitimiert werden sollte. Allerdings verglich Menippos den Plebs mit dem Magen – nicht mit dem »ganzen Menschen«. Wenn aber die Partei der »Kopf der Klasse« ist, dann hat der Rest der Klasse offenbar keinen eigenen Kopf mehr, sondern hat sich auf den der Partei zu verlassen und von ihm Anweisungen entgegenzunehmen! Der »Gulaschkommunismus«, der die materielle Versorgung der Bevölkerung als Legitimationsmittel einsetzt, dürfte ein adäquater Ausdruck der Überzeugung des Kynikers Menippos sein, zumal er gleichzeitig an der politischen Entmündigung der Bevölkerung (= Magen) festhält!

Die unter Stalin dogmatisierte Leninsche Parteitheorie und -struktur trug, zusammen mit der historisch bedingten Schwäche demokratischer Traditionen im alten Rußland, zu den äußeren politischen und wirtschaftlichen Schwierigkeiten des Landes nach 1917, zur Herausbildung einer bürokratischen Diktatur in der Sowjetunion bei. Die drei ungarischen kritischen Marxisten definieren dieses System als »*konstitutionellen Absolutismus auf der Grundlage der Parteisouveränität*«. Auch der historische Absolutismus versuchte die Gesellschaft unter seine totale Kontrolle zu bringen und auch er war an »Modernisierungen« (auf dem Gebiet der Wirtschaft und Verwaltung) interessiert. Die Sympathien, die Stalin Peter dem Großen und Iwan dem Schrecklichen entgegenbrachte, beruhten durchaus auf einer (vielleicht z. T. unbewußten) Einsicht in die Verwandtschaft der Regime. Je entwickelter die società civile in einem Lande ist, desto weiter muß auch die totalitäre Gestalt der Herrschaft gehen, um jeden ihr gefährlich werdenden Pluralismus zu unterdrücken. »Totalitäre Gesellschaften sind rein politische Gesellschaften, obgleich umgekehrt nicht alle politischen Gesellschaften totalitär sind. Der Begriff der politischen Gesellschaft umschreibt die *Identität von privater und öffentlicher Sphäre*, die *Identität des Menschen mit dem Bürger oder Untertan*. Es handelt sich um eine *Gesellschaft, in der es keine staatsfreien Räume gibt*.«[12]

Die totalitäre Aufsaugung der società civile durch den Staat ist das Spiegelbild und die Karikatur derjenigen Emanzipation, die der frühe Marx als »menschliche Emanzipation« der bloß politischen Emanzipation der bürgerlichen Revolution gegenübergestellt hat. In der »Kritik der Hegelschen Rechtsphilosophie. Einleitung« (1843) heißt es: »Die politische Emanzipation ist die Reduktion des Menschen, einerseits auf das Mitglied der bürgerlichen Gesellschaft, auf das egoistische, unabhängige Individuum, andererseits auf den Staatsbürger, auf die moralische Person. Erst wenn der *wirkliche individuelle Mensch den abstrakten Staatsbürger in sich zurücknimmt* und *als individueller Mensch in seinem empirischen Leben*, in seiner individuellen Arbeit, in seinen individuellen Verhältnissen, *Gattungswesen geworden ist*, erst wenn der *Mensch seine ›forces propres‹ als gesellschaftliche Kräfte erkannt und organisiert hat* und daher die gesellschaftliche Kraft *nicht mehr in der Gestalt der politischen Kraft von sich trennt*, erst dann ist die menschliche *Emanzipation vollbracht*.«[13]

Im totalitären Staat geschieht exakt das Gegenteil: nicht der »individuelle Mensch« nimmt den »abstrakten Staatsbürger in sich zurück«, sondern der abstrakte, bürokratische Staat eliminiert die Selbständigkeit des individuellen Menschen. In beiden Fällen wird der Dualismus des liberalen bürgerlichen Gemeinwesens aufgehoben, aber das eine Mal zugunsten der »Emanzipation des Menschen«, das andere Mal zugunsten der Emanzipation des bürokratischen Staates! Marx wird realiter auf den Kopf gestellt. In der von Marx verfaßten Adresse des Generalrats der Internationale über den »Bürgerkrieg in Frankreich« formuliert er 1871 einen ähnlichen Gedanken wie 1843, indem er die Kommune-Verfassung kommentiert: »Während es galt, die bloß unterdrückenden Organe der alten Regierungsmacht abzuscheiden, sollten ihre berechtigten Funktionen einer *Gewalt, die über der Gesellschaft zu stehen beansprucht, entrissen* und *den verantwortlichen Dienern der Gesellschaft zurückgegeben werden* (...).«[14] Wenn die Kommune-Verfassung – wenigstens ihrer Tendenz nach – *die Staatsorgane in die Gesellschaft zurückholte*, so löst umgekehrt der totalitäre Staat die *unabhängigen Institutionen der bürgerlichen Gesellschaft auf*, um sie zu Teilen seiner *einheitlichen staatlichen Herrschaftsordnung zu machen*.

Die Sowjetgesellschaft kennt »keine staatsfreien Räume«, so hatte das Fazit der ungarischen Marxisten gelautet. Totalitär ist aber eine Gesellschaft nur dann, wenn die politische Gesellschaft *nicht organisch entstanden*, sondern aus einer gewaltsamen Unterdrückung des gesellschaftlichen Pluralismus hervorgegangen ist. Damit wird die Unterstellung, Rousseaus idealisierte, kleinstaatliche, sozial homogene Republik sei schon »totalitär« gewesen, zurückgewiesen. In diesen tugendhaften kleinen Republiken war die Trennung von Staat und Gesellschaft gerade *noch nicht verwirklicht* worden und Rousseau wußte sehr wohl, daß mit ihrer bevorstehenden Trennung die Möglichkeit einer derartigen Republik vorbei sein würde.

Wenn aber bereits der Versuch der Jakobiner – auf der Basis der schon vorhandenen Dualität von Gesellschaft und Staat –, in Frankreich 1792 die Rousseausche Tugend-Republik herzustellen, zum Terror führen mußte, dann wird das um so mehr der Fall sein, wenn solche Versuche im 20. Jahrhundert unternommen werden. Jetzt kann es nur darum gehen, daß »Staat und Gesellschaft *gewaltsam wieder zusammengeführt werden, und zwar durch eine zentrale Gewalt, die eine von vielen politischen Optionen repräsentiert und alle anderen mit Gewalt unterdrückt.* In der totalitären Gesellschaft geht folglich die Identifikation des Öffentlichen und des Privaten Hand in Hand mit der *staatlichen Definition von Ideologien* und politischen Betätigungsfeldern, die *dem Untertan eindeutig vorgeschrieben werden.* Das heißt: *Eine Gesellschaft ist totalitär, wenn in ihr der Pluralismus kriminalisiert wird.*«[15]

Die Rolle der Ideologie – oder richtiger der offiziellen Staats-Doktrin im sowjetischen Totalitarismus

Wenn die Kriminalisierung des Pluralismus ein zentraler Aspekt des Totalitarismus ist, dann bedarf er dringend einer diese Kriminalisierung begründenden Doktrin. Diesem Zweck diente – recht und schlecht – die Rassenideologie und der Antisemitismus der Nazis, mit deren Hilfe Liberalismus, Sozialismus und selbst der Manchester-Kapitalismus – als »rassefremd« denunziert werden konnten. In welcher Weise aus der zur Doktrin verfestigten Theorie des Marxismus-Leninismus ein Legitimationsinstrument der Parteiherrschaft gemacht wurde, habe ich schon angedeutet. Diese Doktrin hatte freilich gegenüber der Naziideologie ganz erhebliche Vorteile. Einmal konnte sie auf die Irrationalität und Ungerechtigkeit der kapitalistischen Wirtschaftsordnung hinweisen, deren Zerstörung in der russischen Revolution ja tatsächlich gelang. Zum anderen versprach sie durch eine zentrale Planökonomie eine neue und rationalere Gestaltung der Produktion und des Konsums zu verwirklichen. Daß ihr diese Aufgabe vollständig mißlang, ist heute – mehr als 65 Jahre nach der Oktoberrevolution – allen Beobachtern, die bereit sind, Fakten zur Kenntnis zu nehmen, einsichtig. Statt der von der offiziellen Doktrin verkündeten Befriedigung der »wachsenden materiellen und kulturellen Bedürfnisse« der Bevölkerung wird in Wahrheit eine »Diktatur über die Bedürfnisse« ausgeübt und jede Kritik an den Verhältnissen im Keime erstickt.

Im Unterschied zur faschistischen Ideologie ist es der sowjetischen Staatsdoktrin gelungen, sich als fortschrittlich und rational zu präsentieren. Die Doktrin wird als wissenschaftlich ausgegeben. Die Behauptung erleichterte die Zurückweisung unangenehmer kritischer Einwände mit der Begründung, sie seien »nicht wissenschaftlich, ja obskurantistisch, Ausdruck der Interessen andrer, feindlicher Klassen, die schon prinzipiell keinen Zugang zur Wahrheit haben können« usw.[16] Auf der anderen Seite aber wird betont, daß die »Klassiker« natürlich nicht alle Probleme der Gegenwart und ihre Lösungen voraussehen konnten, so daß die Theorie ständig »schöpferisch weiterentwickelt werden muß«. Es ist aus diesem Grunde auch nicht erlaubt, unter Berufung auf Äußerungen von Marx und Engels Kritik an der Parteiführung zu üben, da diese ja im Besitz der jeweils »aktuellsten« fortgeschrittenen Deutung der Theorie ist. Auf diese Weise schufen sich die Interpreten (d. h. die Parteiführung) den »Freiraum, ein wissenschaftliches Werk (von Marx) zu einem Dogmensystem versteinern zu lassen und zugleich den Originaltext zu verfälschen«.[17] Wer mit Hilfe von Marx Kritik an der Parteiführung übt, ist ein »Dogmatiker«, weil die einzig korrekte und zulässige »wissenschaftliche« Deutung der Theorie von eben jener Parteiführung ausgeht. Die Entwicklung des »Marxismus-Leninismus« ist ebenso ausschließlich der Parteiführung erlaubt, die durch ihr Deutungs- und Fortbildungsmonopol faktisch »unangreifbar« geworden ist.

Wenn von Zeit zu Zeit »freie Diskussionen« über bestimmte Themen »angeordnet« werden, dann dienen sie dem Abbau von Spannungen: »Nachdem die Intellektuellen jahrelang zum Schweigen aufgefordert wurden, werden sie jetzt aufgefordert, sich an Debatten zu beteiligen. Mehr noch: die Partei beklagt sich über ihre Servilität und ihren Mangel an »ideologischer Initiative (...).«[18] Ein ganz ähnlicher Vorwurf wurde übrigens 1943 – mit dem gleichen Mangel an Legitimität, da er doch selbst die Hauptursache für den Mißstand war – von Josef Goebbels erhoben, der meinte: »Selbstverständlich wird das (gemeint war die Bevormundung durch das Reichspropagandaministerium) auf die Dauer sehr üble Folgen für den journalistischen Nachwuchs haben. Denn ein Mann, der noch ein bißchen Ehrgefühl besitzt, wird sich in Zukunft schwer hüten, Journalist zu werden!« (Bemerkung gegenüber dem Chefredakteur der *Deutschen Allgemeinen Zeitung*, Karl Silex). Die zynische Verachtung für die abhängigen Ideologen des Regimes dürfte auf Seiten sowjetischer Politiker kaum geringer sein.

Das Monopol auf Deutung und Weiterbildung der Doktrin hat zur Folge, daß selbst Personen, die sich bemühen, der staatlich bzw. parteilich sanktionierten Auffassung des Marxismus-Leninismus möglichst nahe zu kommen, »verdächtig« bleiben, soweit sie selbständig zu denken vermögen. »Lukács, so meinen seine ehemaligen Schüler, hätte so viele Theorien Stalins übernehmen können, wie er wollte, er wäre doch kein Stalinist geworden, weil er seinen Marxismus als Ideologie praktizierte. *Sein Marxismus war illegal, er repräsentierte unabhängig vom Inhalt seiner Schriften einen theoretischen Pluralismus.* Er *gab das von ihm beanspruchte Recht zur individuellen Interpretation des marxistischen Erbes nicht auf, auch wenn es ihm* staatlicherseits *streitig gemacht wurde.*«[19] Kein Wunder daher, daß im Machtbereich der Staatsdoktrin »seit 1929 *kein einziges ernstzunehmendes Werk über marxistische Ökonomie, Philosophie oder Gesellschaftstheorie veröf-*

fentlicht wurde«, wie auf dem XXII. Parteitag der KPdSU offiziell verkündet wurde.

Mit der Forderung einer Staatsdoktrin, an die alle zu glauben haben, nimmt das Sowjetsystem die Aufklärung zurück, deren zentrale Forderung die nach dem Recht des selbständigen, kritischen Denkens war. Die Errichtung eines doktrinären Glaubenssystems ist ein Akt der »antiaufklärerischen Verdunkelung«, eine bewußte Zurückführung der Bevölkerung in die Unmündigkeit. Die Menschen sollen auf ihre Freiheit verzichten, »um sich ganz dem kollektiven Intellekt der Partei zu überlassen, die für den individuellen Intellekt denkt.«[20] »Die Negation der Aufklärung befreit die Menschen von der Freiheit in moralischer, intellektueller und politischer Rücksicht.«[21] Mit ihrer Freiheit fällt aber auch die Last der Verantwortung und das dürfte einer der Gründe dafür sein, daß totalitäre Systeme sich so lange aufrechterhalten können.

Während die *Opposition* gegen das Herrschaftssystem des Faschismus sich auf die Tradition der Freiheitskämpfe der Demokraten und Sozialisten stützen konnte, hat die Sowjetdoktrin den Kritikern und Oppositionellen noch die Sprache und die Begriffe geraubt. André Glucksmann hat in *Die Köchin und der Menschenfresser* am Beispiel sowjetischer Lagerinsassen zu zeigen versucht, wie ohnmächtig sie nach einer angemessenen Sprache für ihren Widerstand suchen. Freiheit, Emanzipation, Aufstand der Unterdrückten, Abstreifung der Ketten der Herrschaft – alle diese Vokabeln hat das Regime schon für sich selbst vereinnahmt und damit entwertet. Soweit die Oppositionellen sich als Marxisten verstanden, waren sie lange Zeit darum bemüht, in der Sowjetgesellschaft wenigstens Keime einer wirklichen sozialistischen Ordnung zu erkennen. Sie erklärten ihre eigene Unterdrückung durch die Staatsorgane »mit der Dummheit der Bürokraten, mit der Irrationalität der bürokratischen Verhaltensschemata«, aber nicht mit der Struktur des bürokratisch-totalitären Systems selbst. Darin, so betonen die ungarischen Kritiker, »offenbarte sich ein falsches Bewußtsein«, sie erkannten einfach nicht, daß die etablierte Staatsdoktrin keine konkurrierende Ideologie dulden konnte, am allerwenigsten eine marxistische: »Die Duldung des geringsten Maßes an Pluralismus innerhalb des marxistischen Theoriesystems hätte das Monopol des Souveräns in Frage gestellt. Selbst in den Ländern Osteuropas, wo ein verhältnismäßiger Grad von Pluralismustoleranz besteht, kann sie heute nicht offen zugestanden, sondern höchstens stillschweigend geduldet werden.«[22]

Daß einer derart fixierten Doktrin schließlich alle kritischen Elemente verlorengehen und sie sich in ein mythisches Ritual verwandelt, nimmt nicht wunder. Es wäre aber falsch, deshalb an ihre Bedeutungslosigkeit zu glauben. Sie ist für die Legitimierung der Herrschaftsordnung und die Disziplinierung der Bevölkerung (der Intellektuellen zumal) weiterhin unentbehrlich.

Die Unduldsamkeit der Staatsdoktrin erstreckt sich mit Notwendigkeit auch auf die Religion. Wenn die Parteiführung zur »Stimme Gottes« wird, dann darf sie neben sich keinen anderen Gott mehr dulden.

»Wenn niemand der Partei gegenüber recht behalten kann, dann darf es außer ihr keinen Gott geben, und der traditionelle Gott muß verboten werden.«[23] Das Verhältnis des Sowjetbürgers zur Parteiführung ähnelt dem des Christen im Sinne Kierkegaards gegenüber seinem Gott: es drückt sich in dem (freilich nicht notwendig, wie Kierkegaard meinte, »erbaulichen«) Gefühl aus, gegenüber ihr (IHM) immer im Unrecht zu sein. Aus diesem Grunde ist der Materialismus auch der wichtigere Bestandteil der Doktrin, während die Dialektik vor allem dazu dient, unter Hinweis auf den komplexen Zusammenhang aller Teile mit dem Ganzen beliebige Umdefinitionen vorzunehmen und Diktatur als Demokratie, Stärkung der Staatsmacht als Weg zu ihrer Aufhebung, Absterben der Klassen bei gleichzeitiger Verschärfung des Klassenkampfes usw. behaupten zu können.

Gegenüber der totalen Kontrolle des kulturellen und politischen Lebens vermögen sich nur sehr wenige, überaus tapfere, Menschen zu behaupten und ihr kritisches Denken zu bewahren. Man wird an Bertolt Brechts Ausspruch erinnert: »Unglücklich das Land, das Helden nötig hat.« Von diesen Dissidenten meinen die drei ungarischen Autoren, daß sie das Interpretationsmonopol (und damit auch den Herrschaftsanspruch) der Partei infrage stellen und als »Propheten dem Publikum, das diese Wahrheiten vor Jahrzehnten vergessen hat, selbstverständliche Wahrheiten verkünden. Diese Dissidenten mögen der Totalisierung von Macht und Kontrolle durch den Souverän entkommen sein – ihr Zorn zeigt jedoch deutlich, wie eng die Fesseln der Totalisierung geschnürt sind.«[24] In der Ohnmacht ihres Zornes und zuweilen auch in der Verstiegenheit ihrer politischen Konzepte (Restauration der Romanows, Kampf gegen China bei Solschenizyn usw.) drücken selbst sie noch ihre Beschädigung durch das totalitäre System aus, das sie mutig zu bekämpfen suchen.

Das sowjetische Herrschaftssystem und die Marxsche Analyse des Bonapartismus

Ich stimme den ungarischen Kritikern der Sowjetischen »Diktatur über die Bedürfnisse« durchaus zu und bin mit der These einverstanden, daß es sich bei der Sowjetgesellschaft um ein spezifisches, neues System der Unterdrückung handelt, das im Namen der Verwirklichung des Sozialismus errichtet wurde und daher gerade Sozialisten in der westlichen Welt angeht. Aber auch wenn die Kombination ideologischer und institutioneller Elemente im Sowjetsystem neu ist, so gibt es doch zumindest einen gemeinsamen Zug, der diese Herrschaftsordnung als eine moderne Variante des bürokratischen Bonapartismus zu charakterisieren erlaubt.

Marx hat schon 1843 das Wesen der bürokratischen Herrschaft (aufgrund seiner Hegel-Kritik) treffend gekennzeichnet, wenn er schrieb: »*Die Bürokratie hat das Staatswesen*, das spirituelle Wesen der Gesellschaft *in ihrem Besitz, es ist ihr Privateigentum*. Der *allgemeine Geist* der Bürokratie ist das Geheimnis, *das Mysterium*, innerhalb ihrer selbst durch die Hierarchie, nach außen als geschlossene Korporation bewahrt. Der offenbare Staatsgeist, auch die Staatsgesinnung, erscheinen daher der Bürokratie als Verrat an ihrem Mysterium. *Die Autorität ist daher das Prinzip ihres Wissens, und die Vergötterung der Autorität ist ihre Gesinnung (...).*«[25] Um aber als Bürokratie über die Gesellschaft herrschen zu können, muß von zwei möglichen Voraussetzungen eine erfüllt sein. Es muß entweder ein labiles Klassengleichgewicht herrschen, so daß keine von beiden (sei es nun Adel und Bourgeoisie im Ancien Régime oder Bourgeoisie und Proletariat unter Napoléon III. und unter Bismarck) allein herrschen kann, oder aber die Bevölkerungsmehrheit muß aufgrund ihrer Isolation und ihrer kulturellen Rückständigkeit außerstande sein, sich zum Zweck der politischen Willensbildung zusammenzuschließen. Marx und Engels schwankten im Falle der Herrschaft Napoleons III. zwischen diesen beiden Erklärungen. Für die Interpretation der totalitären Systeme sowjetischer wie nazistischer Art dürfte der zweite Deutungsansatz jedoch der wichtigere sein. Die Macht Napoleons stützte sich – nach Marx – auf die Unfähigkeit der Masse der französischen Parzellenbauern, zur Bildung eines gemeinschaftlichen Klasseninteresses und dessen politischer Artikulation zu gelangen. Es fehlte ihnen an den nötigen Kommunikationsmöglichkeiten sowohl materieller als auch (infolge ihrer »Betreuung« durch die Kirche) kultureller Art. Aus der »Dieselbigkeit ihrer Klassenlage gelangten sie nicht zur Erkenntnis der Gemeinsamkeit ihrer Interessen«.

Das zentrale Geheimnis der Erfolge des modernen Totalitarismus liegt nun – meines Erachtens – darin, daß es ihm gelungen ist, die *naturwüchsige Isolation* der französischen Parzellenbauern gleichsam *künstlich zu produzieren*. Angesichts der technischen Kommunikationsmöglichkeiten und der höheren Bildungsgrade läßt sich diese Isolierung nur dadurch bewerkstelligen, daß ein System universaler wechselseitiger Überwachung und totaler Gleichschaltung eingerichtet wird. Zu einem ganz ähnlichen Ergebnis gelangen auch die ungarischen Kritiker der Sowjetgesellschaft. Sie schreiben: »Es hat in der menschlichen Geschichte *nie eine Gesellschaft gegeben, die atomisierter war als die Gesellschaften sowjetischen Typs. Nicht nur sind alle inneren organischen Bande zerschnitten.* Nicht nur haben jegliche elementaren Normen alle Gültigkeit verloren. Auch alle Tendenzen, neue Formen des Gemeinschaftslebens zu entfalten, neue Bewegungen in Gang zu setzen, wurden erstickt. *Die Atomisierung wurde in der Ära Stalin erreicht, und keine der Gesellschaften Osteuropas hat sich bisher davon erholt, am wenigsten die Sowjetunion.* Eine Situation entstand, in der niemand irgend etwas von einem Mitmenschen zu erwarten hatte. Jeder fürchtete sich vor *jedem, alle waren von Mißtrauen gegeneinander erfüllt.* Einem alten Freund zu vertrauen, war schon ein Risiko, das die meisten nicht mehr eingingen. Liebe konnte ein Beweis gegen jedermann und jede Frau sein; selbst Gedanken mußten tief in der Seele vergraben werden, versteckt sogar vor sich selbst... *Wenn es jemals eine vollkommen vereinsamte Menge gab, dann ist es die Menge im ›real existierenden Sozialismus‹. Jeder und jede Einzelne war allein mit dem Schuldkomplex; wenige konnten damit fertig werden.*«[26]

Diese schreckliche Atomisierung ist aber kein zufälliges Nebenprodukt des Herrschaftssystems, sondern bildet zugleich dessen bewußt aufrecht erhaltene, stabile Grundlage. Die Furcht und das Schuldgefühl, die alle – vielleicht mit Ausnahme der allereinfachsten Schichten der Bevölkerung – umfassen, waren zugleich »die Furcht davor, ein Verbrechen zu begehen und es nicht zu begehen, Furcht vor der Vergeltung der Partei und Furcht vor den anklagenden Augen der Opfer. Und vor allem die Furcht vor sich selbst«. Die Folge dieser psychischen Zwangslage ist eine massenhafte Neurose, vor der sich viele in die traditionellen Formen der Religion flüchten, während andere zu reinen Zynikern werden. Solche Zyniker meinen: »Die Werte des Kommunismus stellten sich als falsch heraus, deshalb müssen alle Werte falsch sein. Die Sittlichkeit des Kommunismus erwies sich als irrelevant, deshalb muß alle Sittlichkeit irrelevant sein.«[27] Gegenüber dieser zwiefachen Verlockung: der Flucht in die traditionelle Religiosität und in den nackten Zynismus, vermögen nur sehr wenige die Orientierung auf »universale Werte wie Freiheit, Individualität, Gemeinschaft« zu bewahren. Das totalitäre System hat die Aufklärung zurückgenommen und außer Loyalität und Gehorsam gegenüber der Partei alle sittlichen Werte zerstört. Man kann freilich fragen, ob diese Zerstörung sittlicher Grundlagen menschlichen Zusammenlebens, die durch bloße Proklamationen und Indoktrinationen nicht aufgehalten werden kann, nicht am Ende das System selbst zerstören muß. Wenn alle elementaren sittlichen Normen durch die alleinige Forderung nach Loyalität und Gehorsam gegenüber der Partei verdrängt werden, dann ist letztlich nicht einzusehen, warum jemand noch loyal und gehorsam sein soll! Indoktrination und Abschließung von der Außenwelt mögen eine Zeit lang der Stabilisierung dienen, wenn sie aber einmal durchbrochen werden, dürfte das ganze System nur noch wenig Widerstandsfähigkeit besitzen. Als es während des Zweiten Weltkrieges notwendig war, den Verteidigungswillen der Bevölkerung zu aktivieren, griff die Führung nicht zufällig auf vorrevolutionäre ideologische Motive zurück und stützte sich auf den russischen Nationalismus und tolerierte sogar eine Renaissance der russisch-orthodoxen Kirche, die für das »Mütterchen Rußland« beten durfte.

---

1 Agnes Heller, Ferenc Fehér, György Markus, *Der sowjetische Weg. Bedürfnisdiktatur und entfremdeter Alltag.* Hamburg 1983, S. 182. — 2 Ebd., S. 183. — 3 Rosa Luxemburg, *Gesammelte Werke.* Bd. I, 2. Berlin 1970, S. 430 f. — 4 B. Kraus (Hg.), *Die russische Revolution.* Hameln 1957, S. 72 ff. — 5 W. I. Lenin, *Ein Schritt vorwärts, zwei Schritt zurück.* In: Werke Bd. VII, S. 386 f. — 6 Ebd., Bd. VI, S. 243. — 7 Ebd., S. 248. — 8 Heller, Fehér, Markus: s. Anm. 1, S. 191. — 9 Leo Trotzki, *Grundfragen der Revolution.* Hamburg 1923, S. 121. — 10 Ebd., S. 123. — 11 Nikolai Bucharin, *Theorie des Historischen Materialismus.* Hamburg 1922, S. 359 f. — 12 Heller, Fehér, Markus: s. Anm. 1, S. 189. — 13 Marx-Engels, *Studienausgabe in 4 Bänden.* Frankfurt 1966, Bd. 1, S. 53. — 14 Ebd., Bd. IV, S. 214. — 15 Heller, Fehér, Markus: s. Anm. 1, S. 189. — 16 Ebd., S. 219. — 17 Ebd. — 18 Ebd., S. 220. — 19 Ebd., S. 223. — 20 Ebd., S.225. — 21 Ebd., S. 222. — 22 Ebd., S. 223. — 23 Ebd., S. 230. — 24 Ebd., S. 227. — 25 Marx-Engels, a.a.O., Bd. I, S. 248 f. — 26 Heller, Fehér, Markus: S. Anm. 1, S. 248 f. — 27 Ebd., S. 250 f.

Heinz Abosch

Von der Volksfront zu den Moskauer Prozessen

Als Hitler sich um 1930 als Machtfaktor abzuzeichnen begann, glaubte Stalin, daraus Vorteile für sich schlagen zu können. Die von Moskau gelenkte KPD richtete in der Endphase der Weimarer Republik und noch einige Zeit danach ihren hauptsächlichen Angriff gegen die Sozialdemokratie. Hitler wurde als ein Erfüllungsgehilfe des Kommunismus eingeschätzt; seine Diktatur hätte zur Folge, die »demokratischen Illusionen« zu zerstören und den sozialdemokratischen Konkurrenten auszuschalten. Auf diese Weise sollte sich endlich die lange gehegte Hoffnung erfüllen, einmal im Besitz der Mehrheit der Arbeiterklasse wären die Kommunisten imstande, die Macht zu erobern. Auf außenpolitischem Gebiet hatte Stalin ähnliche Illusionen. Zwischen Deutschland und der Sowjetunion bestanden seit dem Rapallo-Vertrag 1922 enge Beziehungen, die Stalin nicht bereit war preiszugeben. Die Westmächte weiterhin als Hauptgegner betrachtend, beabsichtigte er, auch die NS-Regierung als Gegengewicht zu benutzen.

Am 1. April 1933 entwarf das Exekutivkomitee der Kommunistischen Internationale (Komintern) eine durchaus erfreuliche Bilanz nach der erfolgten Machtergreifung Hitlers. Die daran geknüpften Erwartungen waren groß: »Die Arbeiterklasse überzeugt sich in der Praxis, daß die Kommunisten recht hatten (...) Die augenblickliche Stille nach dem Sieg des Faschismus ist nur eine vorübergehende Erscheinung. Der revolutionäre Aufschwung in Deutschland wird trotz des faschistischen Terrors unvermeidlich ansteigen. Die Abwehr der Massen gegen den Faschismus wird zwangsläufig zunehmen. Die Errichtung der offenen faschistischen Diktatur, die alle demokratischen Illusionen zunichte macht und die Massen aus dem Einfluß der Sozialdemokratie befreit, beschleunigt das Tempo der Entwicklung Deutschlands zur proletarischen Revolution.«[1] Man weiß, was daraus wurde. Die NS-Diktatur war kein Provisorium, alle kommunistischen Anstrengungen vermochten ihre Konsolidierung nicht zu verhindern, die tönenden Verkündungen über die bevorstehende revolutionäre Offensive erwiesen sich als leere Propaganda. In Deutschland waren keine Erfolge zu erzielen, die KPD wurde vernichtet, bis auf den heutigen Tag konnte sie sich von dieser Niederlage nicht mehr erholen.

Aber in anderen Ländern war die Situation günstiger. Frankreich wurde zu einer Drehscheibe der kommunistischen Strategie, genauso wie es vorher Deutschland gewesen war. Stalin verstand es meisterhaft, aus dem von ihm selbst mitverschuldeten Sieg Hitlers Kapital zu schlagen. Dazu bediente er sich eines Kurswechsels. Hatte er bisher die Kommunistische Internationale zum schärfsten Kampf gegen die sozialistischen Parteien eingesetzt, so ließ er sie 1934/35 zur Bildung der Einheits- und Volksfront mit den so lange Verfemten aufrufen. Die Einheit von Sozialisten und Kommunisten wurde nun plötzlich als Allheilmittel angepriesen, allein ihre Verbundenheit sollte imstande sein, den Faschismus abzuwehren. Die Losung war geschickt agitatorisch. Gewiß hatte sich die Spaltung der deutschen Arbeiterbewegung verhängnisvoll ausgewirkt, aber Einheit allein war kein Zauberrezept. Entscheidend war der politische Kurs. Letztlich war es denkbar, daß auch eine einheitliche Arbeiterbewegung, unter bestimmten Bedingungen, unheilvoll sein könnte. Von den Durchführungsmodalitäten, Methoden und Zielen ablenkend, verlieh die kommunistische Propaganda dem Einheits-Schlagwort eine magische Weihe. Keine Spaltung mehr, sondern Einheit – das war die Parole derjenigen, die Jahre hindurch die Spaltung organisiert hatten und die nun unter neuer Losung ihr altes Geschäft weiter besorgten.

Maurice Thorez, der Generalsekretär der KPF, war im Sommer 1934 mit den Anweisungen für die neue Taktik aus Moskau zurückgekommen. Eben hatte er noch jede Verständigung mit den Sozialisten ausgeschlossen mit dem Hinweis: »Feuer und Wasser können sich nicht vermischen.« Jetzt plötzlich entdeckte er die Gnade der Einheit: »Wir wollen keine Manöver, wir suchen keine Gelegenheit zu kleinlichen Erfolgen im Streit um Nichtigkeiten, wir wollen keine Gegensätze unter den sozialistischen Führern entfachen (...) Wir, die kommunistische Partei, sind bereit, auf jede Kritik der sozialistischen Partei während unserer gemeinsamen Aktion zu verzichten.«[2] Für Thorez war das wohlgemerkt nur Sand in die Augen der Gutgläubigen, denn er war entschlossen, nicht eines seiner Versprechen einzuhalten. Denn immerhin bekannte er: »Wir werden die Macht ergreifen. Wir werden sie ergreifen, indem wir die kämpfende Einheitsfront unermüdlich erweitern, indem wir von Schlacht zu Schlacht gehen bis zum bewaffneten Aufstand.«[3] Das war ein schriller Nebenton, der zum friedlichen Einheitsgesäusel schlecht paßte. Doch die kommunistische Propaganda war systematisch bemüht, die Umworbenen mit Beruhigungspillen gefügig zu machen. Stalin hatte endlich ein »Sesam« entdeckt, um in die sozialistischen Reihen einzubrechen und um bisher skeptisch gebliebene Linksintellektuelle zu beeinflussen. Die Intellektuellen waren dabei nicht klarsichtiger als andere Schichten, was überraschend genug ist, wenn man in ihnen Spezialisten des Denkens vermutet, die gewohnt sind, Thesen zu analysieren, Hintergründe zu durchleuchten. Betrachtet man die Praxis, dann muß man freilich seine Enttäuschung eingestehen.

Scharenweise gingen sie den Gimpelfängern Moskaus ins Netz. Wenig scharfsinnig und äußerst naiv, waren manche auch geschmeichelt von der politischen Rolle, die sie plötzlich spielen konnten, von der Möglichkeit, endlich praktisch zu handeln, vom Kult, den die kommunistische Presse mit ihrem Namen trieb, auch von den Honoraren, die Sowjet-Verlage großzügig zahlten, von den Luxus-Reisen, die das

»sozialistische Vaterland« gratis anbot. Viele Schriftsteller, Wissenschaftler, Künstler begannen sich für die »Einheit gegen den Faschismus« zu begeistern. An der Spitze der französischen Sozialistischen Partei stand selbst ein Intellektueller von hoher Moralität, feinsinnig und stets gewohnt, die Karten auf den Tisch zu legen. Betrügerische Winkelzüge verabscheute Léon Blum aus ganzem Herzen. Er mißtraute der kommunistischen Politik, die er schon auf dem Parteitag in Tours 1920, als die Mehrheit den Anschluß an die Kommunistische Internationale vollzog, treffend analysiert hatte. Dennoch mißlang es ihm, den Sinn der kommunistischen Umarmungsbemühungen zu durchschauen und sie wirksam zu bekämpfen. Obwohl zögernd, ließ er sich allmählich umgarnen. »Ein Gemisch von Begeisterung, Unbehagen und Unruhe« habe die neue kommunistische Politik bei ihm hervorgerufen, schrieb er im Juli 1934 im sozialistischen Parteiorgan *Le Populaire*. Bei diesen gemischten Gefühlen – die Malaise war mal stärker, mal schwächer – blieb es, das wirkte lähmend und behinderte eine entschlossene Haltung. Die Einheitsfront, zu einem gewaltigen propagandistischen Mythos aufgebaut, erfaßte die Arbeiterschaft, breitete sich unter den Sozialisten aus. Nach den Worten eines kommunistischen Funktionärs ähnelte seine Partei »einem Messer, das in ein Stück Butter drang.« Die demokratisch locker strukturierte Sozialistische Partei mit vielfachen Richtungen und offenen Meinungskämpfen bot sich den zentralistisch organisierten Kommunisten als günstiges Operationsfeld an. Bald war es ihnen möglich, mit einer starken Fraktion von Sympathisanten zu kooperieren, um die weniger Willigen unter Druck zu setzen.

Im Namen der Volksfront sollte eine breite demokratische Bewegung gegen den Faschismus entfesselt werden, in erster Linie gegen das Hitler-Regime. Die illegale KPD unternahm Anstrengungen in diesem Sinn und verbrauchte dabei ihre letzten Kader, von diesem Aderlaß sollte sie sich nie mehr erholen. Ihre Aktionen waren nichts anderes als Mückenstiche gegen einen Elefanten. Die Volksfront-Taktik konnte nur in demokratischen Ländern angewendet werden und erfolgreich sein, doch nicht unter den Bedingungen strenger Illegalität. Sie setzte politische Bewegungsfreiheit und propagandistische Möglichkeiten voraus, die es im Dritten Reich überhaupt nicht gab. Tatsächlich hatte die Komintern auch nur in demokratischen Ländern Erfolg – am nachhaltigsten in Frankreich –, so daß man sagen kann: ihre Politik tat nicht dem Faschismus Abbruch, wohl aber den Demokratien. Auf dem 7. Komintern-Kongreß 1935, der den Volksfront-Kurs verkündete, erklärte Dimitroff: »Genossen, ihr erinnert euch der alten Sage von der Einnahme Trojas. Troja hatte sich vor dem angreifenden Heer durch unbezwingbare Mauern geschützt. Und das angreifende Heer, das nicht wenig Verluste erlitten hatte, konnte den Sieg nicht erringen, bis es ihm gelang, mit Hilfe des trojanischen Pferdes in das Innere, in das Herz des Feindes einzudringen.« Den Kommunisten gelang es keineswegs, in das Herz der Hitler-Diktatur einzudringen – dies wurde als hauptsächliches Ziel proklamiert –, aber in den demokratischen Ländern vermochten sie ihren Einfluß beträchtlich auszudehnen. Die französische KP war eine große Gewinnerin: 1936 hatte sie 300 000 Mitglieder, zehnmal soviel wie drei Jahre davor, außerdem hatte sie die Führung der Gewerkschaften erobert. Das trojanische Pferd täuschte nicht den Faschismus, wohl aber die demokratischen Bundesgenossen.

Die Intellektuellen in Aktion

Die linken Intellektuellen erwiesen sich dabei als äußerst nützliche Helfer. Zumeist parteilos, von den Idealen der Französischen Revolution geprägt, schien es ihnen, daß nur Engstirnigkeit die Trennung der Arbeiterbewegung bewirkte und daß die Herstellung ihrer Einheit die meisten Probleme wie von selbst lösen würde. Am 6. Februar 1934 hatten die reaktionären Verbände, an ihrer Spitze die Feuerkreuzler des Obersten de la Rocque, das Parlament zu stürmen versucht. Die Gewerkschaften antworteten am 12. Februar mit dem Generalstreik und Massenkundgebungen. Einen Monat später, am 5. März, entsteht das Wachsamkeitskomitee der antifaschistischen Intellektuellen, das alle Richtungen der Linken vereinte. An seiner Spitze standen der Ethnologe Paul Rivet, der Physiker Paul Langevin und der Philosoph Alain. Viele Professoren, darunter Victor Basch, Vorsitzender der einflußreichen Liga für Menschenrechte, namhafte Schriftsteller wie André Gide und André Malraux, der Kommunist Louis Aragon und der Surrealist Paul Eluard nahmen daran teil. Das Wachsamkeitskomitee veröffentlichte ein *Manifest an die Arbeiter*, das von 1200 Intellektuellen unterzeichnet worden war. »Von einem Gefühl der Dringlichkeit angetrieben, machten sich die Intellektuellen daran, den Weg der linken Einheitsaktion von den Hindernissen – seien sie weltanschaulichen, historischen oder persönlichen Charakters – zu befreien, die ihn säumten.«[4] Der harte Kern der Kommunisten bildet eine Minderheit, aber er wird stärker, und die Zahl der Sympathisanten nimmt zu. Zögernden, orientierungsschwachen Intellektuellen imponiert eine Partei, die Selbstbewußtsein und Sendungsbewußtsein ausstrahlt. Für stets Suchende und Zweifelnde ist das attraktiv, es bietet sich als wohltuende Entlastung an, für viele ist es eine glückliche Entdeckung, für manche ein Rettungsanker. Über die erste Versammlung des Komitees berichtet ein Teilnehmer: »Wer an dieser Versammlung nicht teilgenommen hat, kann sich nicht vorstellen, wie sehr die französischen Intellektuellen unfähig waren, eine Organisation zu schaffen. Diese gelehrten Professoren waren undisziplinierter als aus der Klasse stürzende Gymnasiasten. Alle wollten auf einmal sprechen, ohne abzuwarten, bis sie an der Reihe waren. Die meisten verlangten, man solle ihre besonderen Projekte berücksichtigen. Nur unter dieser Bedingung würden sie der Bewegung beitreten.«[5] Der Historiker Daniel Guérin urteilt in ähnlichem Sinn: »In ihrem Verhalten, das sich aus ihrer gesellschaftlichen Funktion ergab, fand sich eine Mischung aus Eitelkeit, Generosität und Naivität. Man konnte sie leicht manipulieren.« Das wird die Aufgabe der Kommunisten sein, niemand ist dazu geeigneter als sie.

Seit langem über einen spezialisierten Apparat verfügend, sind sie geübt im Umgang mit Intellektuellen und Sympathisanten, die für Parteiziele eingespannt werden, ohne daß es ihnen eigentlich bewußt wird. Willi Münzenberg hatte es in der Weimarer Republik mit einem gewissen Erfolg unternommen, über das traditionelle KPD-Milieu hinauszustoßen. Aber die sektiererische Parteipolitik stand ihm im Wege. Das änderte sich 1933, als Münzenberg seinen Apparat nach Paris verlegen mußte. Dort errang er triumphale Erfolge, Hitlers Machtergreifung erwies sich für den kommunistischen Propagandisten als segensreich. Die Umstellung der Komintern auf einen breiten Bündniskurs kam seinen Vorstellungen entgegen und erleichterte seine Tätigkeit. Münzenberg organisierte ein ›Hilfskomitee für die Opfer des deutschen Faschismus‹, er erzielte große Wirkung mit dem *Braunbuch* über den Reichstagsbrand und mit dem in London veranstalteten »Gegen-Prozeß« zur Verteidigung Dimitroffs und der Angeklagten des Leipziger Prozesses, er gründete Verlage, veröffentlichte Zeitungen und Bücher, organisierte Kongresse. Seine Methode bestand darin, Leute mit klangvollem Namen, Schriftsteller, Bischöfe, Lords, einzusetzen für eine Sache, die sie nicht durchschauten und deren Drahtzieher ihnen unbekannt blieben. Arthur Koestler, damals ein Mitarbeiter Münzenbergs, schreibt darüber: »Dieses Komitee, mit seinem glänzenden Aushängeschild internationaler Berühmtheiten, wurde der Hebel des ganzen Kreuzzuges. Mit großer Vorsicht vermied man, daß Kommunisten – mit Ausnahme einiger Träger international bekannter Namen wie Henri Barbusse und G. B. S. Haldane – öffentlich mit dem Komitee in Verbindung kamen. Das Pariser Sekretariat, welches das Komitee leitete, war jedoch eine ausschließlich kommunistische Fraktion, mit Münzenberg an der Spitze und kontrolliert von der Komintern. Die Büros waren zuerst in der Rue Mondétour in der Nähe der ›halles‹, und später im Hause Nr. 83, Boulevard Montparnasse. Münzenberg selbst arbeitete in einem großen Zimmer innerhalb der Räumlichkeiten des Komitees; doch kein Außenstehender wußte je davon. So einfach war das alles organisiert (...) Während das *Braunbuch* vorbereitet wurde, vergrößerte Münzenberg seinen Wirkungskreis. Wiederum unter dem Deckmantel des philanthropischen ›Hilfskomitees für die Opfer des deutschen Faschismus‹ organisierten er und Katz das ›Komitee zur Untersuchung der Hintergründe des Reichstagsbrandprozesses‹. Es bestand aus Anwälten verschiedener Nationalität und von internationalem Ansehen, unter ihnen waren der frühere italienische Ministerpräsident Francesco Nitti; der Sohn des ehemaligen schwedischen Ministerpräsidenten, Senator Georg Branting; der Verteidiger von Sacco und Vanzetti, Arthur Grafield Hayes; die *Maîtres* Moro Giafféry und Gaston Bergery aus Frankreich; D. N. Pritt aus England und mehrere andere. Am 4. September 1933 wurde die erste öffentliche Sitzung des Untersuchungskomitees im Gerichtssaal der Londoner ›Law Society‹ von Sir Stafford Cripps eröffnet (...). Ein öffentlicher Parallelprozeß war etwas völlig Neues im Westen und wurde weltberühmt.«[6] Die Aktion hatte einen durchschlagenden Erfolg, Dimitroff und andere Angeklagte vor dem Leipziger Reichsgericht wurden freigesprochen. Koestler fügt dem folgenden Kommentar an: »Noch bemerkenswerter war, daß es den Kommunisten gelang, im öffentlichen Gedächtnis die Tatsache auszulöschen, daß sie jahrelang in Deutschland und anderswo Gewalttätigkeit und bewaffneten Aufstand gepredigt hatten. Der Beweis war da – auf der Titelseite jeder kommunistischen Zeitung. Da aber der Prozeß bewies, daß sie am Tag des Reichstagsbrandes keinen bewaffneten Aufstand geplant hatten, betrachtete es das Publikum als mittelbar bewiesen, daß sie dergleichen überhaupt nie getan hatten und nie tun würden.«

Aus dem Hintergrund organisierte Münzenberg auch den ›Schriftstellerkongreß zur Verteidigung der Kultur‹, der im Juni 1935 in Paris stattfand. Auch dies ein großer Erfolg, neben den Kommunisten viele »Weggenossen«; so sah man André Gide, der den Vorsitz führte, Romain Rolland, Malraux, Aragon, Heinrich und Klaus Mann, Brecht, Johannes R. Becher, Anna Seghers, Gustav Regler; in der sowjetischen Delegation befanden sich Ehrenburg und Pasternak, unter den Engländern war Aldous Huxley. Es gab Spanier, Nord- und Südamerikaner. Gide huldigte dem Kommunismus, Malraux verkündete in seinem Stil magischen Sehens: »Der Kommunismus gibt dem Menschen seine Fruchtbarkeit zurück.« Und er fragte: »Besteht schon jetzt eine mögliche Kommunikation zwischen uns Intellektuellen und dem Volk? Ja, die Kommunikation mit dem Volk ist möglich, nicht kraft seiner Natur, sondern kraft seiner Finalität, seines revolutionären Willens.« In seiner Schlußrede erklärte Malraux: »Zum Wesen des Faschismus gehört es, in der Nation zu existieren, das unsere ist es, in der Welt zu sein. Unser Ziel war es, die Kultur zu verteidigen. Aber dieser Kongreß hat gezeigt, daß jedes Werk stirbt, sobald es der Liebe ermangelt, daß die Werke, um wieder aufzuleben, unser bedürfen, unseres Wunsches, unseres Willens. Denn das Erbe wird nicht überliefert, es wird erobert.«[7]

Bertolt Brecht hielt eine betont antikapitalistische Ansprache, was über die antifaschistischen Losungen des Kongresses hinausging: »Kameraden, sprechen wir von den Eigentumsverhältnissen!«[8] Im Gegensatz zum Parteikurs meinte er, daß die Grausamkeit des Faschismus keine unnötige, sondern eine notwendige Grausamkeit sei, notwendig »zur Aufrechterhaltung der herrschenden Eigentumsverhältnisse«. Brechts Behauptung gründete auf zwei Thesen. Im Gegensatz zu den Volksfront-Parolen äußerte er, daß die kapitalistischen Eigentumsverhältnisse in der Krise zwangsläufig zum Faschismus drängten, daß sie folglich dringend verändert werden müßten. Zum anderen blieb dadurch die Sowjetunion, als nichtkapitalistisch, von einer Kritik der Gewalt ausgespart. Brecht attackierte die idealistische Beschwörung von »Freiheitsliebe, Würde, Gerechtigkeit«, denn das Ziel müsse die Herstellung von gesellschaftlichen Verhältnissen sein, »in denen die Barbarei überflüssig wäre«. Und er verwies auf die Sowjetunion, wo diese Lehre – »einfach wie alle großen Lehren« – erfolgreich angewendet werde: »Sie wird in einem Lande, das ein Sechstel der Erdoberfläche ausmacht, wo die Unterdrückten und Besitzlosen die Herrschaft ergriffen haben, in die Tat umgesetzt. Dort gibt es keine Destruktion von Nahrungsmitteln mehr und keine Destruktion von Kultur.« Brecht plauderte aus, was die kommunistischen Kongreß-Organisatoren dachten, aber hinter antifaschistisch-humanistischen Phrasen verbargen. Gustav Regler, damaliges KPD-Mitglied, hat über die komische Szene berichtet, als er der wütenden Kritik seiner Genossen ausgesetzt war, weil er nach seiner Rede vor dem Kongreß in den Gesang der *Internationale* eingestimmt hatte. Johannes R. Becher nahm ihn zornig ins Gericht: »Du hast alles verpfuscht, du hast uns demaskiert. Jetzt ist es kein neutraler Kongreß mehr. Das schöne Geld!«[9]

»Sich nicht demaskieren«: Das war nun die große Losung der Kommunisten. Sich verbergen hinter betrügerischen Phrasen, die demokratisch-humanistische Tarnkappe tragen, um möglichst viele manipulieren zu können. Es unterliegt keinem Zweifel, daß diese Methoden der Täuschung, agitatorischen Phrasenkultes, der Mobilisierung von Emotionen unter Verdrängung wirklicher Sachfragen dem Verhalten des Faschismus, der bekämpft werden sollte, durchaus ähnelten. Ernsthafte Diskussionen waren unerwünscht, Debatten nur zum Schein erlaubt, sofern sie Unwesentliches berührten, Zuwiderhandelnde wurden verwarnt und, wenn es nichts nützte, rücksichtslos als Feinde behandelt. Das demokratische Bekenntnis war ein Aushängeschild, das mit echtem demokratischen Verhalten nichts gemein hatte. So unterblieb eine gründliche Analyse des Faschismus. Darunter wurde besonders die Hitler-Diktatur verstanden; aber die Übertragung des italienischen Begriffs auf Deutschland war irreführend, weil sie, Analogien anführend, wichtige Unterschiede außer acht ließ. Die späteren Geschehnisse machten deutlich genug, was Hitler von Mussolini trennte – und ihn Stalin ähnlich machte. Die agitatorische Versimpelung des Faschismus-Begriffs hatte zur Folge, daß in allen Ländern die gleiche Gefahr beschworen wurde. Es war prinzipiell falsch, denn in Frankreich und anderen demokratischen Ländern bestand keine dem Nazismus vergleichbare Massenbewegung. Zwar gab es konservative und reaktionäre Kräfte, aber indem man sie Hitler gleichsetzte, wurde die Situation verkannt und unnötig verschärft. Die künstliche Erhitzung hatte keinen anderen Zweck, als den Kommunisten Auftrieb zu verschaffen. Solche Subtilitäten, die eigentlich entscheidend waren, standen nicht auf der Tagesordnung des Schriftsteller-Kongresses, der sich im oberflächlichen Phrasenkult gefiel und damit die Probleme der Zeit verfehlte. Stillschweigend wurde unterstellt, daß die Sowjetunion ein positives, wenn nicht gar ein mustergültiges Beispiel sei, und daß sie keiner Kritik ausgesetzt werden dürfe. Wer gegen dieses Prinzip verstieß, mußte mit schlimmen Drangsalierungen rechnen. Die einen beachteten es aus Überzeugung, andere aus Ignoranz, noch andere aus Opportunismus. So beruhte das große Aufgebot für die »Verteidigung der Kultur« auf einer Verknüpfung von Lügen im Dienst machiavellistischen Machtstrebens. Als Brecht seinen Lobgesang auf die Sowjetunion anstimmte, war dort der Terror in vollem Gange, die Literatur der Staatsmacht unterworfen, die Schriftsteller waren geknebelt und eingeschüchtert. Grund genug zum Protest. Die von ihm befohlene Ermordung Kirows am 1. Dezember 1934 hatte Stalin zum Anlaß genommen, um Tausende ermorden und Hunderttausende deportieren zu lassen. Einem Kongreß zur »Verteidigung der Kultur« hätte es gut angestanden, sich dieser Lage zu widmen. Doch das geltende Tabu schloß dies absolut aus, da allein Hitlers Verbrechen angeklagt wurden, während es als ausgemacht galt, daß Stalin Kultur, Freiheit und Demokratie verteidigte.

Die Affären Serge und Gide

Das beleuchtete grell die Affäre Serge, die Versuche der Kongreß-Organisatoren, sie zu ersticken, schließlich ihre weithin sichtbaren Folgen, als sie sich zu einer Affäre Gide erweiterte. Der Schriftsteller Victor Serge, von russischen Eltern in Belgien geboren, vor dem Ersten Weltkrieg in Frankreich ansässig, wo auch seine Bücher erschienen, war in der Sowjetunion als Trotzkist verfolgt. Mehrfach verhaftet, lebte er elend in der Verbannung. Magdeleine Paz, Charles Plisnier und Gaetano Salvemini versuchten diesen Fall vor dem Pariser Kongreß zur Sprache zu bringen. Ausmanövriert, konnten sie erst gegen Mitternacht vor leerem Saal ihr Anliegen vortragen. Im Namen der sowjetischen Delegation antwortete Michail Kolzow – einige Jahre später wird Stalin ihn töten lassen: »Serge war an einem Komplott beteiligt, das zur Ermordung Kirows geführt hat.« Und Nikolaj Tichonow, dessen Übersetzer Serge war, versicherte: »Wir kennen diese Person nicht, aber es handelt sich um einen erbitterten Konterrevolutionär, den die sowjetische Polizei dingfest gemacht hat.« Solche Zynismen führten das Motto »Verteidigung der Kultur« ad absurdum. Den kommunistischen Manipulatoren und den naiven oder durchtriebenen Mitläufern war es gleichgültig. Glücklich, sich auf die Sowjetunion stützen zu können, waren sie gar nicht neugierig zu erfahren, was dort vorging. Statt auf Wahrheit zu dringen, setzten sie dem faschistischen Mythos einen anderen Mythos entgegen, was die Unwahrheit ihres Kampfes dokumentiert. In der von Münzenberg im Auftrag Stalins gesteuerten Mobilisierung gegen den Faschismus wurde nach dem Prinzip gehandelt: »Der Zweck heiligt die Mittel.« Bei André Malraux, einem der glänzendsten Kongreß-Matadore, war es offenkundig. Der Romancier hatte Trotzki seine Verbundenheit bekundet, »dem Mann, der Sankt-Petersburg erzittern ließ«, wie er sagte. Als der verbannte Revolutionär sich im Sommer 1933 in Frankreich niederließ, war Malraux unter den ersten Besuchern. Begeistert bekennt er sich zu ihm. Im Frühjahr 1934 wurde Trotzki von der französischen Regierung des Landes verwiesen, dagegen protestierte Malraux heftig in einer Versammlung: »Gegen die Regierung, die Sie verjagt, sind alle an Ihrer Seite: Sie gehören zu jenen Verbannten, aus denen man nie wird Emigranten machen können (...) Es gibt zu viele kommunistische Kreise, wo der Verdacht einer Sympathie für Sie so schwerwiegend ist wie der einer Sympathie für den Faschismus. Ihre Abreise, die Beschimpfungen der Presse zeigen hinreichend, daß die Revolution unteilbar ist.«[10] Kurze Zeit danach hat der Romancier seine schönen

Vorsätze vergessen, er beginnt mit den kommunistischen Wölfen zu heulen und auf dem Münzenberg-Kongreß unterläßt er es, seine Stimme zugunsten von Serge zu erheben. Wie sein Biograph Jean Lacouture schreibt, huldigt er dem »Prinzip der Wirksamkeit«, die Wahrheit dem Nutzen opfernd. »Kampf gegen den Faschismus« hieß so Unterwerfung unter Stalins Gebote: »Damals entscheidet Malraux sich politisch für die Verfolger, gegen den Verfolgten.« Malraux ist nur ein Symbol für das Verhalten der meisten Linksintellektuellen. Im Verlauf ihres Engagements werden sie zu immer schlimmerer Erniedrigung bereit sein und aufgrund des »Prinzips der Wirksamkeit« Verbrechen rechtfertigen, die denen Hitlers kaum nachstehen.

Obwohl auf dem Pariser Kongreß von Fachleuten geschickt abgewehrt, war dennoch die Affäre Serge noch nicht beendet. Sie sollte erst eigentlich beginnen. André Gide und Romain Rolland wollten zwar die Prozeß-Regie nicht stören, aber insgeheim setzten sie ihre Bemühungen um Serges Freilassung fort. Sie hatten Erfolg, im Frühjahr 1936 durfte der verbannte Schriftsteller die Sowjetunion verlassen. In einem Brief an Gide schrieb er, daß dessen Hinwendung zum Kommunismus ihn freudig und traurig gestimmt hätte: »Könnte es sein, so fragte ich mich, daß Sie nichts über unsere Kämpfe wüßten, nichts von der Tragödie einer von der Reaktion im Inneren verwüsteten Revolution? Schon damals konnte kein Arbeiter mehr seine Meinung äußern, egal was für eine und sei es geflüstert, ohne deswegen sofort aus der Partei, Gewerkschaft und Betrieb rauszufliegen, ohne eingesperrt und deportiert zu werden (...) Und seitdem sind drei Jahre vergangen, was für drei Jahre! Drei Jahre im Zeichen der Blutbäder nach dem Tod Kirows, im Zeichen der Massendeportation eines Teils der Leningrader Bevölkerung, der Einkerkerung mehrerer tausend Kommunisten der ersten Stunde, der Überfüllung der Konzentrationslager, die bestimmt die größten der Welt sind.«[11] Die kulturelle Situation wurde wie folgt beschrieben: »Die Literatur wird selbst in ihren geringsten Äußerungen gegängelt, und es existiert eine literarische Führungsclique, die bewundernswert organisiert ist, fett bezahlt wird und, ganz wie es sich gehört, konformistisch denkt.« Serge stellte die Kernfrage: »Wir bekämpfen den Faschismus. Wie aber können wir ihm mit so vielen Konzentrationslagern im Rücken den Weg verstellen? Die Aufgabe ist nicht mehr einfach, wie Sie sehen.« Die Aufgabe war entschieden schwieriger, als die kommunistischen Strategen des Antifaschismus es darstellten, für die Hitler das Böse und Stalin das Gute symbolisierten. Aufgrund seiner Erfahrung bewies Victor Serge, wie artifiziell diese Konstruktion war. Gide stand vor einer Reise in die Sowjetunion, von der kommunistischen Propaganda als höchster Triumph geplant. Daher warnte Serge: »Ich beschwöre Sie, die Augen nicht zu verschließen. Schauen Sie hinter die neuen Marschallsuniformen, hinter die gekonnte und aufwendige Propaganda, die Paraden, die Aufmärsche, die Kongresse – wie alt, wie der alten Welt verhaftet das alles doch ist!«

Die Mahnung blieb nicht ungehört. Gide wollte seine Hoffnung bestätigt sehen, aber zugleich nicht darauf verzichten, die Wirklichkeit zu ergründen. Er freute sich über manche Errungenschaften, doch konnte er seine Enttäuschung nicht verbergen. In seinem Reisebericht konstatierte er das Fehlen jeden kritischen Geistes: »Was man heute fordert, ist Zustimmung, Konformismus (...) Und ich zweifle, ob es heute ein anderes Land gibt, einschließlich Hitler-Deutschlands, wo der Geist weniger frei, mehr gebeugt, furchtsam (terrorisiert), vasallisiert ist (...) *Diktatur des Proletariats* hat man uns versprochen. Davon sind wir weit entfernt. Ja, Diktatur natürlich; aber die eines Mannes, nicht die der vereinten Proletarier, der Sowjets. Es ist wichtig, sich nichts vorzumachen, und daher muß man deutlich anerkennen: das hat man nicht gewollt. Noch einen Schritt mehr und wir sagen sogar: genau das hat man nicht gewollt.«[12] Der Romancier hatte sich nicht die Partei-Philosophie zu eigen gemacht, die stets den Trost gewährt, das Unvollkommene des heutigen Tags der Korrektur einer besseren Zukunft zu überantworten. Machiavellistische Methoden, die den Stalin-Kommunismus prägten, waren ihm besonders fremd. Gide wandte moralische Kriterien an – die gleichen, die ihn zur Ablehnung des Kapitalismus bewogen hatten. »Aber ich muß sagen, was mich zum Kommunismus hinführt, ist nicht Marx, sondern das Evangelium«, hatte er seinem Tagebuch anvertraut.[13] Der Kommunismus wurde als Erfüllung des ursprünglichen Christentums gedacht, dessen Geist die Kirche entstellt habe. In der Sowjetunion gewahrte Gide dagegen alle Selbstherrlichkeit eines Klerus. Der beharrliche Bekenner des Individuums glaubte, der Kommunismus versöhne den Einzelnen mit der Gesellschaft, ohne ihn dieser zu opfern: »Aber da ich meine, der richtig verstandene Individualismus müsse der Gemeinschaft dienen, ist es für mich wichtig, seine Rechte zu bewahren, und halte ich es für falsch, sie dem Kommunismus entgegenzusetzen. Dieser Gegensatz scheint mir nicht zwangsläufig zu sein, und ich bin nicht bereit, ihn anzunehmen.«[14] Das hieß, von falschen Voraussetzungen ausgehen; es war unmöglich, die Rechte des Individuums innerhalb des kommunistischen Systems zu bewahren, wie es sich im Zeichen der absolutistischen Macht Stalins etabliert hatte. Solche Gedanken galten als bürgerliches Vorurteil, so hatte Gide sich die »Verteidigung der Kultur« nicht vorgestellt. Die gehässigen Angriffe, die die kommunistische Presse nun gegen ihn richtete, mußten ihn endgültig von seinem Irrtum überzeugen.

Die Schmeichler von gestern verunglimpften Gide als Verräter, Verderber, konstitutionell unfähig, die Größe des Kommunismus zu erkennen. Freilich hüteten sie sich, seine Beobachtungen und Erkenntnisse zu diskutieren. Das Buch fand großes Interesse, innerhalb weniger Monate erreichte die Auflage 100 000. Aber die Mehrzahl der linken Intellektuellen stimmte in den Verleumdungschor ein, etliche schwiegen, nur wenige stellten sich auf die Seite des Angegriffenen. Gide war als Reaktionär gebrandmarkt, in Quarantäne gesteckt. Die Ängstlichen beschuldigten ihn, die »schmutzige Wäsche« in der Öffentlichkeit ausgebreitet zu haben. Angesichts der faschistischen Gefahr sollte man es nicht tun, sondern schweigen, auch wenn es die Wahrheit war, über die geschwiegen werden sollte. Nicht hinzugefügt zu werden braucht, daß dies die letzte Verteidigungslinie der Kommunisten war. Lion Feuchtwanger belustigte sich in der von ihm, gemeinsam mit Bertolt Brecht und Willi Bredel, in Moskau herausgegebenen Zeitschrift *Das Wort* über den »Ästheten in der Sowjetunion«, der es versäumt habe, die »Vernünftigkeit« der neuen Ordnung zu ermessen: »Gide ist in die Sowjetunion gekommen, nicht als ein Mensch, der unbefangen sehen wollte, er kam als übersättigter Ästhet, gierig nach neuen Geschmacksreizen. Es hat ihm hier nicht geschmeckt, das ist sein gutes Recht. Aber daß er das jetzt gesagt hat, in einer Zeit, da der Überfall auf Spanien die Sache des Sozialismus in Frankreich und in der ganzen Welt gefährdet, das war – und das mußte selbst der Ästhet Gide wissen – Hilfestellung für die Gegner, es war ein Schlag gegen den Sozialismus und gegen den Fortschritt der Welt. Gide hat sich dadurch des Rechtes begeben, sich weiter einen sozialistischen Schriftsteller zu nennen.«[15] Die Debatte vom eigentlichen Thema, nämlich der Sowjetunion, wegzulenken und auf die Psychologie Gides zu konzentrieren: das war ein findiger Trick. Aber damit wurde bestätigt, daß des Romanciers Beobachtungen das Richtige getroffen hatten. Wieviel Gewicht Feuchtwangers Argumenten zukommt, wird durch die Tatsache belegt, daß er selbst nur ein bürgerlicher Mitläufer des Kommunismus gewesen ist.

Bertolt Brecht hieb in die gleiche Kerbe, auch er trieb Psychoanalyse, statt sich mit dem Zustand der Sowjetunion zu beschäftigen. Auch er beschuldigte Gide des Individualismus, dadurch sei er unfähig gewesen, das »Glück« des Volkes wahrzunehmen. Für Brecht war das Glück »der vielen« in der Sowjetunion unbestritten, das von Gide konkret beschriebene Unglück indiskutabel – eben Ausdruck bloßer Individualität: »Er hatte wohl von Anfang an nicht vor, mitzuteilen, wie dieses Land ist, sondern wie er ist, und das konnte auch rasch geschehen, dieses Büchlein war rasch geschrieben.«[16] Das traf nun keineswegs zu. Wenn Gide den grassierenden Konformismus geißelte, das Entstehen »einer Art Aristokratie« sichtete, so war das nicht auf die »Skepsis der bürgerlichen Klasse« zurückzuführen, wie Brecht behauptete, sondern auf die Wahrnehmung der Wirklichkeit, die der Poet verschleiern wollte. Nun wissen wir aus Gesprächen mit Walter Benjamin – die wir im Nachfolgenden behandeln werden –, daß Brecht ähnliche Beobachtungen wie Gide gemacht hat. Nur behielt er sie für sich, und in der Öffentlichkeit behauptete er das Gegenteil. Gides *Retour de l'URSS* ist ein Dokument großer Klarsicht, auf sie wollte der Autor, im Unterschied zu so vielen reisenden Schriftstellern, auch bei der Betrachtung der Sowjetunion nicht verzichten.

Brecht und die anderen

Bei der antifaschistischen Mobilisierung der Intellektuellen gab es viel Naivität, viel Aufrichtigkeit, viel Unkenntnis praktischer Politik. Die sich bislang von der Aktion ferngehalten hatten, zeigten nun Minderwertigkeitskomplexe, ein schlechtes Gewissen, das sie um so eher bereitwillig machte, sich den strengen Parteidirektiven zu unterwerfen. Überzeugte Individualisten entdeckten plötzlich die Wohltaten des Kollektivs, scharfe Analytiker sahen das Heil unvermittelt in stumpfer Konformität, Pazifisten wie Romain Rolland priesen Gewalt im Namen des »neuen Humanismus«. Die Unterwerfung war zumeist freiwillig, aber im Wesen und in der Wirkung unterschied sie sich kaum von der Gleichschaltung der NS-Diktatur. »Was die Partei betraf«, schreibt Arthur Koestler, »so hatte ich nur den Ehrgeiz, zu dienen – mich ›von der Partei ausnützen zu lassen‹, wie das offizielle Schlagwort es nannte.«[17] Dieser Geist der Unterwerfung – eine wirkliche »Flucht vor der Freiheit« im Sinn Erich Fromms – war weitverbreitet, nicht allein bei kommunistischen Intellektuellen, sondern auch bei Sympathisanten, die der Partei nicht beitraten oder aufgrund eines Parteiauftrags ihr nicht beitreten durften. Ihr schlechtes Gewissen war noch drückender, daher noch leichter erpreßbar. Bisher Unpolitische hatten das Gefühl, sie müßten rasch und eifrig nachholen, ihr Apolitismus schlug in Fanatismus im Dienst der »guten Sache« um, wobei sie natürlich keinen höheren Grad politischen Wissens erwarben. Die Eitelkeit, endlich vom »Volk« anerkannt zu werden, ein in ihrem Inneren so lange schlummerndes Talent entdeckt zu haben, mochte manchem schmeicheln. Daß der Sowjetstaat den Intellektuellen seine Gunst erwies, während sich in ihren Ländern keine Regierung um sie kümmerte, empfanden viele als wohltuend, ohne nach den Gründen solchen Interesses zu fragen und die Gegenleistung der Dienstbereitschaft anzuzweifeln. Verächtlich sprach Leo Trotzki von den linksbürgerlichen Mitläufern Stalins: »So bildet sich unmerklich eine internationale Schule heraus, die zu nennen wäre *Bolschewismus fürs aufgeklärte Bürgertum* oder im engeren Sinn *Sozialismus für radikale Touristen.*«[18] Trotzki rechnete dazu Louis Fischer, Barbusse, Romain Rolland, das britische Ehepaar Webb. Man müßte viele andere nennen, der Kreis war breit und schwoll am Ende der dreißiger Jahre immer mehr an. Was im Anfang relativ unschuldig aussah, nahm in der Folge verheerende Folgen an, als die Kommunisten den Massenterror in der Sowjetunion bejubelten, Stalin als »weisen Führer« verherrlichten, in Spanien eine Hexenjagd gegen Andersdenkende veranstalteten. »Verteidigung der Kultur« hieß jetzt Verteidigung einer Tyrannei. Mittels der Volksfront suchten die Kommunisten ihre Vormacht zu errichten; wer auf eigener Meinung bestand, wurde unverzüglich als »Feind der Demokratie«, »Agent des Faschismus« geächtet. Die vorgebliche Allianz zum Schutz der Freiheit war das Instrument einer Diktatur.

Aber neben der Menge der arglosen Antifaschisten, die sich für Stalin einsetzten im Glauben, den Humanismus zu fördern, gab es den kleineren Kreis der Wissenden, die realistisch und illusionslos die kommunistische Politik unterstützten. Einer der scharfsinnigsten war Brecht. Wie wir bereits gesehen haben, durchschaute er die humanistische Phraseologie der Komintern vollständig und schätzte sie gering ein. Die offiziellen Sprachregelungen mißachtend, verhöhnte er die »hohen Ideale« des Humanismus, welche die Kommunistischen Parteien aufbauten, um sich dahinter zu verstecken. Brecht ging es um die

»Eigentumsverhältnisse«, daß heißt um die Alternative Kapitalismus – Sozialismus. Gerade dies suchte die Volksfront-Propaganda der Komintern zu verschleiern. Brecht wußte, daß sich im Kampf nicht Demokratie und Diktatur gegenüberstanden. Über den »demokratischen« Charakter der Sowjetunion, der so viele arglose Intellektuelle begeisterte, hatte er nicht die geringste Illusion. Er wußte, daß in der Sowjetunion eine drakonische Diktatur, gekrönt von der Macht eines Einzelnen, herrschte – und er billigte es. Diktatur zur Überwindung des Kapitalismus sei unumgänglich: »Es müssen jene Diktaturen unterstützt und ertragen werden, welche gegen diese Zustände der ökonomischen Art vorgehen. Das sind nämlich Diktaturen, welche ihre eigene Wurzel ausreißen (...) Ob die Diktatur des Proletariats, ohne die eine Befreiung der Produktivkräfte nicht erfolgen kann, die (uns bekannte) Form annimmt, in der sie in der Diktatur eines einzigen Mannes gipfelt, hängt davon ab, ob in dem Land, in dem die Revolution stattfindet, eine solche Form für die Entfaltung der Produktivkräfte nötig ist oder nicht. Möglicherweise hängt es auch davon ab, in wie vielen Ländern die Revolution glückt. Der pure Wunsch nach persönlicher Freiheit entscheidet nicht darüber.«[19] Die Auffassung privilegiert die Ökonomie, diese beherrscht den Menschen, nicht umgekehrt. Der so definierte Sozialismus war im Grunde Fortsetzung des Kapitalismus, ergänzt im politischen Bereich durch eine Diktatur, unter Umständen in der Art Stalins. Brechts Kommentar rechtfertigt die Geschehnisse in der Sowjetunion mit der Hoffnungsformel, dies sei nur eine der »Diktaturen, welche ihre eigene Wurzel ausreißen«. Der Antikonformist erschien als zahmer Konformist, in hohem Maß verblendet, konnte er doch keinen Beweis liefern, daß je eine Diktatur »ihre eigene Wurzel« ausgerissen habe. In solch einer Gesellschaft gebe es noch viele Mißstände, doch würden sie verschwinden; dort herrsche keine Freiheit, sondern »Befreiung«, differenzierte er sophistisch: »Die segensreichsten Einrichtungen werden von Schurken geschaffen, und nicht wenige tugendhafte Leute stehen dem Fortschritt im Wege.«[20] Auf dialektischen Zickzack-Pfaden gelangte Brecht zur Verteidigung der Repression Stalins: ein Schurke zwar, doch im Dienst der guten Sache, indes die Tugendhaften das Schlechte repräsentierten und beseitigt werden mußten. Das ökonomische Schema wurde über die Menschen gestülpt, der Einzelne sollte sich ihm unterordnen, der Partei vertrauend, die im Namen des Fortschritts sprach.

Die Verabsolutierung der Ökonomie, ihr Ausspielen gegen die Freiheit war eine zweifelhafte Deutung des Marxismus. Brecht verwandte sie nicht allein zur Rechtfertigung Stalins, in der Zeit des deutsch-sowjetischen Paktes 1939/40 wird er sogar dem NS-Regime eine fortschrittliche ökonomische Funktion auf dem Weg zum Sozialismus zugestehen. Es mag überraschen, daß des Dichters ökonomische Anschauung von der gleichen Brutalität ist, deren er die Kapitalisten beschuldigte. Ähnlich wie sie plädierte er dafür, die Menschen dem ökonomischen Moloch zu opfern. Verdrängt war die Definition des *Kommunistischen Manifests*, im Sozialismus bedinge die freie Entwicklung eines jeden die aller. Der Schwierigkeit entzog Brecht sich mit Hilfe der dialektischen Hoffnung: »Meister Hegel sagte: Dinge sind Vorkommnisse. Zustände sind Prozesse. Vorgänge sind Übergänge.« Die banale These entspricht konservativen Rechtfertigungskonzepten aller Zeiten: es sei zwar schlimm, aber es werde unausweichlich besser. So verteidigte der Dichter Stalins Massenvernichtung und beschuldigte die Kritiker eines »konterrevolutionären Humanismus«.[21] Bemerkenswert ist, daß Brecht seine intimen Ansichten nicht in der Öffentlichkeit äußerte, sondern sie in geheimen Aufzeichnungen niederlegte. Die Billigung des Stalin-Terrors fiel ihm leichter als den linken Humanisten, die er verachtete, weil die Hinwendung zum Kommunismus für ihn gleichbedeutend war mit dem Verzicht auf individuelle Ansprüche. Der Schritt bedeutete Unterwerfung unter das Parteikollektiv. Im Wesen gesellschaftlicher Auseinandersetzung sah er Gewaltanwendung, und er billigte dieses Mittel. »(...) es hilft nur Gewalt, wo Gewalt herrscht«, verkündete er 1930. Daher zog Stalins Diktatur, im Namen des Sozialismus ausgeübt, ihn unwiderstehlich an. In einigen Lehrstücken hatte er das Einverständnis mit der eigenen Tötung, um eines höheren Ziels willen, demonstriert, was eine ausgezeichnete Einübung in die Billigung des Stalin-Terrors war. Jenseits aller humanistischen Phraseologie erkannte Brecht das Gewaltprinzip des Sowjetkommunismus und billigte es ohne Vorbehalte. Ohne Naivität, die so viele Linksintellektuelle kennzeichnete, machte er sich nichts vor – höchstens den anderen, was freilich schlimm genug war. Daß dabei seine persönliche Integrität zuschanden kam, wußte er nur zu gut, aber, als bürgerliches Vorurteil, bewertete er sie gering. Daher äußerte er mißbilligend über seinen Lehrer Karl Korsch: »Er hält ein wenig zu viel auf seine Integrität, glaube ich.«[22]

Das Engagement für den Sowjetkommunismus ging nicht ohne erniedrigende Zugeständnisse vor sich. Der Kelch mußte bis zur Neige getrunken werden, und jeder Kniefall zog einen anderen, noch beschämenderen, nach sich. Auch Walter Benjamin war eine Zeitlang, unter dem Einfluß Brechts, bereit, den intellektuellen Anspruch auf dem Altar der Partei zu opfern. In einem 1934 in Paris gehaltenen Vortrag erklärte er: »Der Sowjetstaat wird zwar nicht, wie der platonische, den Dichter ausweisen, er wird aber – und darum erinnerte ich eingangs an den platonischen – diesem Aufgaben zuweisen, die es ihm nicht erlauben, den längst verfälschten Reichtum der schöpferischen Persönlichkeit zur Schau zu stellen. Eine Erneuerung im Sinn solcher Persönlichkeiten, solcher Werke zu erwarten, ist ein Privileg des Faschismus (...)«[23] Den frei schaffenden Intellektuellen mit dem Faschismus zu identifizieren war eine erstaunliche Verkennung der Verhältnisse. Daraus ergab sich der falsche Schluß, daß der revolutionäre Intellektuelle sich ganz »den Zwecken der proletarischen Revolution« anpassen müsse. Diese Anpassung gelang Benjamin freilich nicht, der sich, anders als Brecht, konformistische Legitimationsthesen später nicht abpressen konnte. Es war eine bedenkliche Verwirrung, als er, im Namen der Revolution, dem Geist schlechthin den Kampf ansagte und die Intellektuellen ermahnte, sich einer disziplinierten Parteikohorte anzuschließen.

Der Höllensturz

Die Grenzen zwischen Recht und Unrecht waren verwischt. Thomas und Klaus Mann, Walter Benjamin, Döblin, Hermann Kesten, Bruno Frank arbeiteten, neben vielen anderen, am Moskauer *Wort* mit, das sich zwar auf einen »neuen Humanismus« berief, doch in dem Begriff den Stalin-Terror ausdrücklich einschloß. Die Zeitschrift betrieb Mordhetze, indem sie sich über den »Schuft Trotzki und dergleichen Attentäter« ereiferte. Die Repression begrüßte sie als Ausdruck »der Stärke des sozialistischen Aufbaus, der Stärke und Volksverbundenheit von Regierung, Partei und Roter Armee. Es war ein Hieb gegen den Faschismus und seinen geplanten Eroberungskrieg, vor dessen unmittelbarem Ausbruch die Welt stand. Die Menschlichkeit hat gesiegt, indem sie Unmenschliches ausrottete. Der Friede hat im Moskauer Gerichtssaal gesiegt.«[24] Die kommunistischen Lobsänger der Gewalt unterscheiden sich in nichts von ihren faschistischen Spiegelbildern. Lion Feuchtwanger preist die Ermordung der Altbolschewisten durch Stalin als Beweis vollendeter Demokratie, im *Wort* huldigt er dem Kult des Tyrannen: »Diese Verehrung Stalins ist nichts Künstliches, sie ist gewachsen mit den Resultaten der Sozialisierung. Das Volk ist Stalin dankbar für Brot und Fleisch und Ordnung und Bildung und für die Verteidigung alles dessen durch die neugeschaffene Armee.« Ernst Bloch stand nicht zurück, sah er doch in Marx, Lenin und Stalin »wirkliche Führer ins Glück, Richtgestalten der Liebe, des Vertrauens, der revolutionären Verehrung«.[25] Zwar konstatiert Bloch: »Das Kommunistische Manifest enthält kein Wort von Führern (...)« Aber was er nicht vorfindet, projiziert er hinein im Sinn des Sowjetkommunismus. Danach rechtfertigt Marx die Stalin-Diktatur und diese bestätigt jenen.

Auch Georg Lukács erhob seine Stimme zugunsten Stalins. Noch 1957 verwies er in einem unbeholfenen Plädoyer stolz auf seine Leistung: »Ich habe, als Mitstreiter, den Kampf Stalins um das richtige Erbe Lenins gegen Trotzki, Sinowjew etc. durchlebt und gesehen, daß gerade jene Errungenschaften gerettet und für den weiteren Aufbau benutzt wurden, mit denen Lenin uns beschenkt hat.«[26] In jener Zeit des großen Terrors ereiferten sich die Philosophen in der literarischen Realismus-Debatte – so ungefähr müssen katholische Kardinäle theologisch disputiert haben, während die Scheiterhaufen der Inquisition brannten. Ebenso bezeichnend ist das Verhalten der Vertreter der Kritischen Theorie, auch sie flohen vor der Verantwortung. In der *Zeitschrift für Sozialforschung* wurde das Problem der Stalin-Diktatur nie behandelt. Adorno widmete sich dem »Fetischcharakter in der Musik«, Horkheimer untersuchte Montaigne, Marcuse schrieb über den Hedonismus, Benjamin versenkte sich ins Paris des 19. Jahrhunderts. Unverkennbar ist die Flucht in die Vergangenheit und in die philosophische Abstraktion. Auch die Vertreter dieser Schule, die das

Unheilvolle der deutschen Geschichte erkannten, waren von der Tradition deutschen Geistes geprägt. In einer entscheidenden Frage waren die kritischen Theoretiker ganz unkritisch und gaben sich ängstlich Verdrängungsprozessen hin. Kurt Tucholsky hat dies nicht mehr erlebt, doch schon im Anfang enttäuschte ihn das Verhalten der Emigranten. 1934 schrieb er an Walter Hasenclever: »Mit der sog. Emigration habe ich gar nichts zu schaffen, ich finde das alles so ärmlich und dumm und mager. Jammervoll.«[27] Scharfsinnig hatte Brecht im Gespräch mit Benjamin auf die Tendenz der Marxisten verwiesen, stets »eine pfäffische Kamarilla« zu bilden, die sich in Deutungen und Umdeutungen gefiel. Leider hat er sich in jenem Kreis ebenfalls häuslich niedergelassen.

Was damals in der Sowjetunion geschah, war bekannt. Die sich im Dienste Stalins prostituierten, wußten, was sie taten. Ganz bewußt verteidigten sie Untaten um des »höheren Ziels« willen. Das unterschied sie gar nicht so sehr von Anhängern Hitlers mit ihrer Losung: »Wo gehobelt wird, da fallen auch Späne.« Noch in den während der Kriegsjahre verfaßten Betrachtungen *Ein Zeitalter wird besichtigt* legt Heinrich Mann die Moskauer Prozesse zum »Ruhm« der Sowjetunion aus. Ein Dostojewskisches Drama höchster Qualität seien sie gewesen, nichts anderem als der Wahrheitsfindung hätten sie gedient: »Die Wahrheit! Um sie wird gerungen in einer klassischen Auseinandersetzung.«[28] Eine schlimmere Täuschung war kaum denkbar, geopfert wurden hohe Prinzipien auf dem Altar der Zweckmäßigkeit, ihrer eigentlichen Bestimmung entfremdet. Die gegen Hitler sich auf Freiheit beriefen, waren bereit, sie Stalin nachzusehen, seine Unterdrückungsmaschine zu rechtfertigen. Ihre hehren Prinzipien in den Staub tretend, setzten sie ihre gesamte Aktion einem Zweifel aus: sie wurden unglaubwürdig.

So versteht man die Anklage Walter Helds (wenig später ebenfalls ein Opfer Stalins), die Anfang 1938 in der trotzkistischen Zeitung *Unser Wort* erschien. Held nannte Namen deutscher Emigranten, die in den Verliesen des NKWD verschwunden waren: »Die deutsche ›Volksfront‹: die Herren Heinrich und Thomas Mann, Bertolt Brecht, Lion Feuchtwanger, Arnold Zweig, die *Weltbühne*, die *Pariser Tageszeitung*, die *Volkszeitung* und die *Neue Front*, Max Braun, Pieck, Dengel, Merker und Jakob Walcher, sie alle, alle hüllen sich in Schweigen. Sie, Herr Brecht, haben Carola Neher gekannt. Sie wissen, daß sie weder eine Terroristin, noch eine Spionin, sondern ein tapferer Mensch und eine große Künstlerin war. Weshalb schweigen Sie? Weil Stalin Ihre Publikation *Das Wort*, die verlogenste und verkommenste Zeitschrift, die jemals von deutschen Intellektuellen herausgegeben worden ist, bezahlt? Woher nehmen Sie noch den Mut, gegen Hitlers Mord an Liese Hermann, an Edgar André und Hans Litten zu protestieren? Glauben Sie wirklich, daß Sie mit Lüge, Knechtseligkeit und Niedrigkeit die Kerkerpforten des Dritten Reiches sprengen können?«[29] Darauf gab es natürlich keine Antwort, konnte es keine geben. Beide Seiten gingen von verschiedenen Prinzipien aus, redeten aneinander vorbei. Konfrontiert waren das Prinzip der Zweckmäßigkeit und das der Moral. Wie gewöhnlich, blieb eine Verständigung ausgeschlossen.

Angesichts der beiden totalitären Systeme zeigten die Intellektuellen zumeist wenig Klarsicht. Die einen optierten für Hitler, die anderen für Stalin, nur wenige waren bereit, der totalitären Gewalt insgesamt zu widerstehen. Viel Knechtseligkeit zeigte sich bei hohen Geistern, viel Menschliches, allzu Menschliches. Man kann ein vorzüglicher Theoretiker sein und von praktischer Anwendung nichts verstehen; ein guter Schriftsteller kann ein politischer Ignorant sein, ein profunder Denker ein Feigling, ein inniger Poet ein Denunziant. Schließlich bewirkt fachliche Spezialisierung Unkenntnis der Zusammenhänge; dies alles zwingt zur Vorsicht, die oft genug außer acht gelassen wird. Victor Serge beschreibt den betrüblichen Aspekt, den Paris in den Jahren 1937/38 darbot, als er den Protest gegen Stalins Repression zu organisieren versuchte: »Eine Menge von Angeklagten, deren Prozeß wir erwarteten, verschwanden für immer in der Finsternis, Hinrichtungen ohne irgend eine Art von Prozeß folgten zu Tausenden aufeinander – und in allen zivilisierten Ländern fanden sich kundige und ›fortschrittliche‹ Juristen, die diese Verfahren als ordentlich und überzeugend würdigten. Es war ein kläglicher Zusammenbruch des modernen Gewissens. Die französische Liga für Menschenrechte, die seit der Dreyfus-Affäre hoch geachtet wurde, fand einen solchen Juristen in ihrer Mitte. Das Komitee der Liga zerfiel in eine jeder Untersuchung feindliche Mehrheit und eine angeekelte Minderheit – und die Minderheit ging. Das allgemeine Argument war: ›Rußland ist unser Verbündeter (...)‹. Das war töricht: ein Bündnis zwischen Staaten, das zur politischen und moralischen Unterwerfung wird, grenzt an Selbstmord; aber es war ein starkes Argument. Ich hatte mit dem Präsidenten der Liga für Menschenrechte, Victor Basch, einem der mutigen Männer aus der Zeit des Kampfes gegen den Generalstab, ein Gespräch von mehreren Stunden, an dessen Ende er mir, von Traurigkeit vernichtet, die Einsetzung einer Kommission versprach – die nie eingesetzt wurde.«[30]

Das Wesen der Intellektuellen besteht darin, Wissen zu besitzen. Darin üben sie ein Monopol aus, das sie in der Gesellschaft privilegiert. Als Sachwalter von Ideen beeinflussen sie die Kriterien für Recht und Gerechtigkeit; in manchen Ländern, wie Frankreich, blickt die Gesellschaft auf sie, als wären sie Hohepriester. Aber die Intellektuellen sind solcherart den Gefahren des Monopols ausgesetzt. Auch bei ihnen gibt es die Versuchung des Machtmißbrauchs, mangelnde Selbstbescheidung und Selbstkritik, die Schwächen von Eitelkeit, Neid und Karrieresucht. Politische Machthaber nutzen dies für sich aus; noch immer fanden sie Intellektuelle, die ihnen wohlwollten. Aber von solchen menschlichen Neigungen abgesehen, lauert die Gefahr im Denken selbst, wenn man dem Sog der Abstraktionen folgt. Die These, man verfüge über eine Formel, die das Glück der Menschheit oder die Größe der Nation zu verwirklichen erlaube, ist berauschend und verführt zum Schluß, der gute Zweck legitimiere die Anwendung auch weniger guter Mittel. Von der religiösen Inquisition bis zu den totalitären Utopien der Neuzeit zieht sich eine Linie intellektuellen Hochmuts und intellektueller Erniedrigung. Die Kontroverse zwischen Albert Camus und Jean-Paul Sartre in den fünfziger Jahren war die Fortsetzung jenes Konflikts, in dem sich, ein Vierteljahrhundert davor, Gide und Brecht gegenüberstanden. Camus setzte der Maßlosigkeit des revolutionären Projekts, alles sei machbar mittels der Gewalt, das Maß der Revolte entgegen: »Wenn die Revolte hingegen eine Philosophie begründen könnte, wäre es eine Philosophie der Grenzen, der berechneten Unwissenheit und des Wagnisses.«[31] Die Einsicht in die Grenzen von Denken und Handeln hat nichts mit Kleinmütigkeit gemein; sie setzt höchste geistige Anstrengung und Wachheit voraus, unvergleichlich mehr als das blinde Vertrauen in den Gang der Geschichte. Kritik kann nur fruchtbar sein, wenn sie auf Selbstkritik beruht. Soll das politische Engagement sinnvoll sein, verlangt es geistigen Mut und Achtung moralischer Grundsätze. Ist dies nicht gegeben, dann dient es, unter welcher Losung auch immer, dem Unheil. Dieser Schluß drängt sich nach den hier berichteten Geschehnissen auf, die keineswegs froh stimmen. Erst wenn man ihn zieht, könnte Hoffnung wieder erlaubt sein.

1 Theo Pirker (Hg.), *Utopie und Mythos der Weltrevolution*, München 1964, S. 180. — 2 Nach Franz Borkenau, *Der europäische Kommunismus*, Bern 1952, S. 112. — 3 Nach Annie Kriegel, *Communismes au miroir français*, Paris 1974, S. 114. — 4 David Caute, *Le communisme et les intellectuels français*, Paris 1967, S. 135. — 5 Georges Lefranc, *Histoire du Front populaire*, Paris 1965, S. 46. — 6 Arthur Koestler, *Frühe Empörung*, Wien 1970,S. 452–454. — 7 Nach Jean Lacouture, *André Malraux*, Paris 1973, S. 183. — 8 Bertolt Brecht, *Versuche 29/37*, Berlin 1957, S. 141. — 9 Gustav Regler, *Das Ohr des Malchus*, Frankfurt/M. 1975, S. 312. — 10 Nach Lacouture, ebd. S. 216. — 11 Victor Serge, *Für eine Erneuerung des Sozialismus*, Hamburg 1975, S. 129. — 12 André Gide, *Retour de l'URSS*, Paris 1936, S. 67, 76. — 13 Gide, *Journal*, Paris 1951, S. 1176. — 14 Ebd. S. 1113. — 15 Nach Hans-Albert Walter, *Deutsche Exilliteratur 1933–1950*, Bd. IV, Stuttgart 1978, S. 470. — 16 Brecht, *Politische Schriften*, Frankfurt/M. 1970, S. 40. — 17 Koestler, a.a.O. S. 468. — 18 Leo Trotzki, *Verratene Revolution*, Frankfurt/M. 1968, S. 7. — 19 Brecht, *Politische Schriften*, S. 32, 34. — 20 Brecht, *Me-ti. Buch der Wendungen*, Frankfurt/M. 1965, S. 127. — 21 Brecht, *Politische Schriften*, S. 47. — 22 Ebd. S. 16. — 23 Walter Benjamin, *Versuche über Brecht*, Frankfurt/M. 1966, S. 109. — 24 Nach H.-A. Walter, a.a.O. S. 471. — 25 Ebd. S. 489. — 26 Georg Lukács, *Marxismus und Stalinismus*, Reinbek 1970, S. 161. — 27 Kurt Tucholsky, *Politische Briefe*, Reinbek 1969, S. 45. — 28 Heinrich Mann, *Ein Zeitalter wird besichtigt*, Reinbek 1976, S. 80. — 29 Nach Bernward Vesper in: Trotzki, *Ihre Moral und unsere*, Berlin 1967, S. 76. — 30 Serge, *Beruf Revolutionär*, Frankfurt/M. 1967, S. 374. — 31 Albert Camus, *Der Mensch in der Revolte*, Reinbek 1969, S. 234.
[Die französischen Zitate sind vom Verfasser übersetzt worden.]

Willi Jasper

Heinrich Mann und die »Deutsche Volksfront«

Mythos und Realität intellektueller Ideenpolitik im Exil

Ursprung und Wirkungsgeschichte der Volksfrontdiskussion – und speziell der »ideenpolitische« Einfluß deutscher Intellektueller im Exil 1933–1945 – ist ein wenig reflektiertes und erforschtes Thema. Schließlich bestand die deutsche Variante einer Politik, die den Namen Volksfront trug, lediglich in einer auf einen kurzen Zeitraum beschränkten Diskussion, die sich nicht in praktischer Politik verwirklichen konnte.

Taucht der Begriff »Volksfront« heute in der politischen Diskussion auf, dann nur in einer negativen Besetzung, die damit kommunistische Unterwanderungspolitik meint und Politikern Affinität zu sowjetischen Stratagemen unterstellt. Es blieb der DDR-Kulturpolitik überlassen, sich auf das Erbe der »humanistischen Front« zu berufen, obwohl nach 1945 nahezu derselbe kommunistische Kaderstamm, der das Volksfrontbündnis des Pariser Exils dem Hitler-Stalin-Pakt geopfert hatte, erneut die »Idee der Volksfront« (SED-Definition der Blockpolitik in der SBZ) mit doktrinärer Machtpolitik gleichsetzte.

Wenn man Ursprung und Wirkungsgeschichte der Volksfrontpolitik im Zusammenhang mit intellektueller »Ideenpolitik« untersucht, muß man sich auch mit der Vorgeschichte, d. h. mit dem Scheitern der Weimarer Republik, beschäftigen. Auch wenn sich in vielen Fällen die Polemik der linken und rechten Intelligenz gegen den Weimarer Staat in ihrer Unverbindlichkeit und damit auch Verantwortungslosigkeit traf, ist es eine historische Legende, wenn behauptet wird, daß Intellektuelle von der Art Heinrich Manns einem antidemokratischen Denken Vorschub geleistet hätten.[1] Intellektuelle wie Heinrich Mann sahen ihre Verantwortung in einer *Vermittlung* zwischen »links«und »rechts« oder besser zwischen »sozialistisch« und »konservativ«. Die historischen Beispiele belegen, daß die Initiativen zu neuen Politikformen, wie sie sich in der Volksfrontdiskussion im Exil nach 1933 widerspiegelte, nicht von offizieller Parteipolitik ausgingen, sondern von der »Ideenpolitik« unabhängiger Intellektueller, die sich auch schon entsprechend in der Weimarer Republik artikuliert hatten. Im Widerstand gegen das Hitlerregime und im Exil, im Kampf an der »humanistischen Front«, mußten sich Schriftsteller als Politiker bewähren und Politiker als Schriftsteller. Die alte Arbeits- und Machtteilung schien vorübergehend aufgehoben.

Heinrich Mann, der die deutsche Volksfrontinitiative im französischen Exil als intellektuelle Führungspersönlichkeit repräsentierte, versuchte schon in der Weimarer Republik zwischen den politischen Parteien zu vermitteln. Längere Zeit unterstützte er aktiv die liberale Deutsche Demokratische Partei (DDP) und 1932 forderte er SPD und KPD auf, die Streitigkeiten untereinander einzustellen und eine Einheitsfront zu errichten.[2]

Ähnliche Appelle sind auch von anderen Intellektuellen überliefert. Schon 1925, im Erscheinungsjahr von Hitlers *Mein Kampf*, forderte Alfred Kerr in öffentlichen Versammlungen das Zusammengehen des demokratischen Bürgertums mit den Arbeiterparteien zur »großen, einigen Linken«.[3] Und als Reaktion auf die Harzburger Front entwickelte die linkskatholische Zeitschrift *Deutsche Republik* bereits 1931/32 die Grundkonzeption eines Volksfrontprogramms und forderte eine »breite antifaschistische Abwehrfront der Revolutionäre und der Reformisten, der Marxisten, der Demokraten und der Anhänger einer proletarischen Diktatur«.[4] Bemerkenswert ist der Traditionszusammenhang dieser linkskatholischen Intellektuellengruppe um Werner Thormann und Walter Dirks, der eine »ideenpolitische« Kontinuität von Weimar über die Pariser Volksfrontdiskussion bis zum sogenannten »Dritten Weg« nach 1945 aufweist. So wurde der ehemalige Zentrumspolitiker Werner Thormann 1936 für das fünfzehnköpfige Exekutivorgan des »Lutetiakreises« (Volksfrontinitiative in Paris) vorgeschlagen – und Walter Dirks propagierte später als Mitherausgeber der 1946 gegründeten *Frankfurter Hefte* eine christliche Koalition von Bürgertum und sozialistischer Arbeiterbewegung in einem von West *und* Ost unabhängigen Deutschland.

Eine schwerpunktmäßige Beschäftigung mit Heinrich Mann legitimiert sich nicht allein deshalb, weil er im französischen Exil als »intellektueller Führer« (Kantorowicz) und moralische Autorität galt, sondern auch, weil er, wie Bertolt Brecht feststellte, wie kaum ein anderer vermochte, »die deutsche Misere« zu »formulieren«.[5] Daß sich Heinrich Mann nicht nur als Repräsentationsfigur verstand, sondern versuchte, aktiv den Widerstand mitzuorganisieren, verdeutlichte er bereits 1933 in einem Aufruf *An die deutschen Schriftsteller:* »Lieber gleichgeschaltet, als ausgeschaltet, damit kann ein Bankier zur Not noch durchkommen, ein Schriftsteller nicht (...) Literatur kann es nur geben, wo der Geist selbst eine Macht ist, anstatt daß er abdankt und sich beugt unter geistwidrige Gewalten.«[6] Aus dieser Maxime schöpfte Heinrich Mann bis zuletzt die Kraft für seinen »aufrechten Gang«. Obwohl er im Exil stärkere politische Aktivitäten entwickelte als je zuvor, war Heinrich Mann kein politischer Analytiker und Theoretiker. Ausgehend von einer idealistisch-moralistischen Grundkonzeption, war seine Einschätzung historischer und realpolitischer Situationen nicht selten abstrakt oder falsch. Dennoch blieb innerhalb des Exils seine moralische Integrität – auch bei seinen Kritikern – unbestritten.

Antikapitalistische Tendenzen sind im Werk Heinrich Manns seit den zwanziger Jahren zu finden, die Radikalität der Kommunisten aber lehnte er ab. Als er 1930 zusammen mit Arnold Zweig u. a. einen Protest der Liga für Menschenrechte in Deutschland gegen die Hinrichtung von 48 »Konterrevolutionären« in der Sowjetunion unterzeichnete, kam es zwischen ihm und der KPD zu heftigen Kontroversen. Sein Vortrag *Die geistige Lage*, den er 1931 hielt, betonte den Primat der Kunst gegenüber der tagespolitischen Aktualität und wurde deshalb von der *Roten Fahne* als seine »Leichenrede« bezeichnet.[7] Heinrich Manns zeitweilige Nähe zur bürgerlichen DDP war kein Zufall, sondern entsprach seinen Vorstellungen vom Mittelstand als Kulturträger, als Quelle des Intellektualismus. Sein späteres Engagement für die Volksfrontbewegung läßt sich nicht aus tagespolitischen Erwägungen erklären, sondern ist die logische Konsequenz der Entwicklung und Veränderung seiner Humanismuskonzeption. Die Humanismustradition des 16. Jahrhunderts wurde bei Heinrich Mann durch die Revolutions- und Demokratieideen des 18. Jahrhunderts bereichert zu einer Konzeption, die dann mit der Problematik unseres Jahrhunderts konfrontiert wurde. Hans-Albert Walter spricht von einer »Rationalität, die direkt aus dem achtzehnten in unser Jahrhundert gekommen zu sein scheint«.[8] In der Tradition der Aufklärung wurde der Streit von Vernunft und Widervernunft, der Widerspruch von Geist und Macht als geschichtsschreibendes Motiv aufgenommen. Dabei speiste sich das Votum für die gesellschaftliche Verantwortung und Wirksamkeit des Intellektuellen aus dem Einfluß der französischen Moralisten des 18. und 19. Jahrhunderts. In seinen späteren Essays, so in *Der Weg der deutschen Arbeiter* wurde der Geist-Begriff Heinrich Manns relativ befreit von der Bindung an die Sphäre der Elite. Geist- und Tat-Kategorien wurden »demokratisiert«, d. h. dem Volk zugesprochen, gegen das sie gewandt worden waren. Dennoch wäre es falsch, für die spätere Phase Heinrich Manns eine »proletarische« Geist-Tat-Konzeption zu konstatieren, seinen Humanismus- und Kulturbegriff eng und dogmatisch an die Arbeiterbewegung zu ketten.

In seinen Notizen zu Heinrich Manns Essayband *Mut* (1939) hat Bertolt Brecht eine treffende Einschätzung gegeben: »Das Außerordentliche an den Aufsätzen, die Heinrich Mann im Exil veröffentlichte, scheint mir der Geist des Angriffs, von dem sie erfüllt sind. Er geht aus von der Kultur, aber die Kultiviertheit bekommt einen kriegerischen Charakter (...) wenn die Kultur auch vom Bürgertum entwickelt wurde und kontrolliert wird, so ist sie eben doch das, was wir an Kultur haben, die Summe der Erfahrungen, Impulse, Tendenzen widersprechender Art, das heißt, sie ist immerhin so weit entwickelt, verallgemeinert und entwicklungsfähig, daß die Schranken, die ihr durch das Bürgertum gesetzt werden, nicht absolut, unübersteigbar, zerstörerisch sind.«[9]

Volksfrontpolitik war für Heinrich Mann eine neue Art von demokratischer Praxis, die mit seiner Definition des Intellektuellen eine Humanisierung des Menschen anstrebte. Volksfront bedeutete für Intellektuelle wie Heinrich Mann mehr als nur die Umschreibung eines strategischen oder gar taktischen Bündnisses verschiedener antifaschistischer Gruppen. So war es vor allem der Initiative unabhängiger Intellektueller zu verdanken, daß in der *Neuen Weltbühne* um die Jahreswende 1934/35 eine Einheitskampagne durchgeführt wurde, an der sich linksstehende Sozialdemokraten (Siegfried Aufhäuser, Karl Böchel), Liberale (Rudolf Olden, Georg Bernhard), Kommunisten (Walter Ulbricht) und Schriftsteller (Heinrich Mann, Lion Feuchtwanger, Arnold Zweig, F. C. Weiskopf, Ernst Toller u. a.) beteiligten. Der, wie es schien, unaufhaltsame Vormarsch der französischen Volksfront, die sich anläßlich einer Massenversammlung in Montreuil im Juni 1935 mit der deutschen Friedensbewegung solidarisch erklärt hatte, veranlaßte Heinrich Mann zu der Forderung, ihrem Appell zu folgen, überlebte Klassenvorurteile aufzugeben und anzugreifen.[10] Leopold Schwarzschild, der Herausgeber des »Neuen Tagebuchs«, schrieb in seiner Zeitschrift: »Der Augenblick ist gekommen, in dem die Möglichkeit besteht, von außen her stark auf die Entwicklung einzuwirken, die innerhalb Deutschlands in Fluß geraten ist«, indem man »draußen ein Zentrum – ein geistiges Zentrum aller buntgemischten Gegnerschaften« bildet.[11]

In seinen ersten Aufsätzen zur Volksfront, so am 2. September 1935, bezog sich Heinrich Mann nicht auf KPD- oder KOMINTERN-Beschlüsse, sondern auf einen Aufruf der politischen Linken Frankreichs. Anläßlich des »Internationalen Solidaritätstages« vom 23. Juni 1935 hatten die Organisationen der französischen *Front Populaire*[12] in einem Appell darauf verwiesen, daß der Charakter des Volksfrontbündnisses international sei. In seinem Aufsatz *Eine große Mehrheit* begrüßte Heinrich Mann, daß die Repräsentanten einer nationalen Demokratie Ermahnungen an Menschen richten, »die nur zufällig anderer Nationalität sind«.[13] Für Heinrich Mann war Frankreich schon immer das Vorbild Europas gewesen. Angesichts der Zersplitterung der deutschen antifaschistischen Opposition betonte er die umfassendere Weitsicht der französischen Intellektuellen und Parteiführer, die schon 1934 zu einer Einheit fanden. Im Zusammenhang mit der *Front Populaire* vertieften sich Heinrich Manns Kontakte zu den fortschrittlichen Politikern und Intellektuellen des Landes, das ihm Exil gewährte. Durch gemeinsame Arbeit, unter anderem im »Weltkomitee gegen Krieg und Faschismus«, entstand eine freundschaftliche Beziehung vor allem zu Henri Barbusse. Schrittweise schloß sich Heinrich Mann der Auffassung Barbusses an, daß es neben »unheilbaren Leiden«, wie Krankheit und Tod, auch sozial bestimmte »heilbare Leiden« gebe, die »durch den Aufbau einer kollektiven Ordnung verschwinden« könnten.[14] Diese »kollektive Ordnung« entsprach den Vorstellungen von neuen Formen des menschlichen Zusammenlebens, wie sie in den veränderten Bündniskonstellationen der *Front Populaire* zum Ausdruck kamen. Henri Barbusse sah eine qualitativ neue Stufe der öffentlichen Wirksamkeit des Künstlers, vor allem des Schriftstellers, im organisierten Bündnis mit der Arbeiterbewegung. Für Heinrich Mann war das ein wichtiger Impuls, um die alte Problematik des Gegensatzes von Geist und Macht neu zu reflektieren.

Gegenüber der KPD jedoch änderte sich auch in der Anfangsphase des Exils nicht die ablehnende Haltung. Die wesentlichen Vorbehalte der Weimarer Zeit hatte Heinrich Mann nach Frankreich mitgenommen.[15] Noch 1934 beklagte er in den von Willi Schlamm herausgegebenen *Europäischen Heften* formale Ähnlichkeiten zwischen Erscheinungsformen des nationalsozialistischen Systems und des von der KPD angestrebten nationalistischen Kommunismus: »Das siegreiche system, dieses Dritte Reich, ist ihre [gemeint sind die Kommunisten, d. Vf.] eigene Karikatur, sie sehen es nur nicht. Diese Karikatur besteht so furchtbar genau auf der Rasse wie das Original auf der Klasse.«[16] Und im gleichen Jahr kritisierte Heinrich Mann auch unverblümt die sektiererische Haltung der KPD-Führung gegenüber der SPD: »Wenigstens die ins Ausland entkommenen Kommunisten können jetzt feststellen, wie falsch es immer war, sich näher bei Moskau zu fühlen, als bei ihren deutschen Genossen von der anderen Partei.«[17] Allerdings wahrte er nicht nur Distanz zur KPD, sondern kritisierte zunehmend auch die abwartende Haltung des Prager Exilvorstandes der SPD, verurteilte allgemein die Fortdauer der Zersplitterung der Opposition gegen Hitler: »Deutsche bringen in die Verbannung alles unbeschädigt mit, ihre Klasse, ihren Rang, ihre gesellschaftlichen Ansprüche, geistigen Reservate und ihr strenges wirtschaftliches Eigenleben. Der sozialdemokratische Führer behält, kaum der Katastrophe entronnen, in den Hauptsachen immer noch Recht vor sich selbst, der Kommunist übrigens ebenso.«[18]

Während sich die KPD dann unter dem Druck der Beschlüsse des VII. Weltkongresses der KOMINTERN vom Juli und August 1935[19] und der sich daran anschließenden »Brüsseler Parteikonferenz« mit dem organisatorischen Geschick des »roten Pressezaren« Willi Münzenberg ins Zentrum der Pariser Emigrantenbewegung drängte, weigerte sich die Mehrheit der Prager SOPADE, auf die Volksfrontinitiativen einzugehen. Das war eine wichtige Voraussetzung für die Annäherung zwischen Heinrich Mann und den Kommunisten. Entscheidend dabei war, daß die ersten Kontakte über so flexible Persönlichkeiten wie Johannes R. Becher und Willi Münzenberg liefen. Nach den ergebnislosen Verhandlungen der KPD-Vertreter Walter Ulbricht und Wilhelm Koenen mit der SOPADE in Prag hatte Willi Münzenberg den KOMINTERN-Auftrag erhalten, wenigstens mit den Sozialdemokraten und anderen Hitler-Gegnern in Paris eine Zusammenarbeit zustandezubringen. Als Münzenberg seine Organisationsanstrengungen auf Paris konzentrierte, existierte dort bereits eine Volksfrontinitiative. Entsprechend der komplizierten Archivsituation gibt es in der Forschung widersprüchliche Darstellungen über die genaue Zusammensetzung und das Ausmaß der Aktivitäten dieser Initiative. Aus Gestapo-Notizen geht hervor, daß der »Vorläufige Ausschuß zur Vorbereitung einer deutschen Volksfront« im Juli 1935 gebildet wurde.[20] Der »Vorläufige Ausschuß« hat sich zunächst als loser Kreis ohne feste organisatorische Strukturen gebildet. In der Öffentlichkeit trat der Ausschuß als »Aktionsausschuß für Freiheit in Deutschland« auf. Heinrich Mann ist schon im August des Jahres als öffentlicher Fürsprecher dieser Volksfrontinitiative politisch tätig geworden. Prominente Mitglieder waren Max Braun, Emil J. Gumbel, Lion Feuchtwanger, Ernst Toller und Leopold Schwarzschild. Ungefähr zwei Monate lang arbeiteten der »Vorläufige Ausschuß« und die Gruppe um Münzenberg weitgehend parallel. Erst als sich Heinrich Mann, Max Braun und Leopold Schwarzschild entschlossen, in beiden Gruppen mitzuarbeiten, wurden die Widerstände gegen eine einheitliche Organisationsform abgebaut. Mit Billigung des »Vorläufigen Ausschusses« lud Münzenberg für den 26. September 1935 etwa 50 Personen zu einer ersten größeren politischen Sitzung ins Hotel »Lutetia« ein, die von Heinrich Mann präsidiert wurde. Eine Vereinigung des »Vorläufigen Ausschusses« und des »Lutetia-Comités«, wie sich der Münzenberg-Kreis nannte, wurde von fast allen Versammelten gefordert. Am 2. Februar 1936 fand dann auf Einladung Heinrich Manns und Max Brauns die erste größere Volksfrontkonferenz statt, auf der von 118 Teilnehmern eine »Kundgebung an das deutsche Volk« angenommen und unterzeichnet wurde. Die Konferenz erteilte einem gewählten Ausschuß den Auftrag, programmatische Grundsätze für eine deutsche Volksfront auszuarbeiten. Zum Vorsitzenden dieses Ausschusses wurde Heinrich Mann gewählt – und zu ständigen Mitgliedern Willi Münzenberg (KPD), Rudolf Breitscheid, der allerdings nicht von der SOPADE legitimiert war, sondern nur die Pariser Sozialdemokraten vertrat, sowie der Redakteur des deutschsprachigen *Pariser Tageblatts*, Georg Bernhard. Über Verlauf und Differenzen dieser Konferenz gibt es kaum authentische Veröffentlichungen.

Realistisch erscheint der Bericht in einem internen Rundbrief der sich links von KPD und SPD definierenden Sozialistischen Arbeiterpartei (SAP), für die zeitweise auch Willy Brandt und Walter Fabian nach Paris delegiert wurden: »Die Plenarsitzung, die Heinrich Mann leitete, war von ca. 100 Personen, darunter vielen Intellektuellen, hauptsächlich Schriftstellern, besucht. Nach längeren Ausführungen von Kuttner (ein Mitglied der SPD, d. Vf.) wurde der Amnestieaufruf einstimmig angenommen. Alsdann wurde der Entwurf einer politischen Deklaration von Georg Bernhard begründet und von Gumbel verlesen. In der Debatte wurden von Breitscheid und unseren Genossen an verschiedenen Stellen des vorgelesenen Entwurfs, der übrigens nicht vervielfältigt vorlag, Kritik geübt (...) Die Deklaration war eine in der letzten Stunde geschaffene Kompromißlösung. Bekanntlich sind Intellektuelle wie Schwarzschild und Bernhard, vor allem lebhaft sekundiert von Münzenberg, auf der vorhergehenden Tagung für die Schaffung eines sehr weitgehenden Programm; eingetreten. Inzwischen ist diese Haltung Münzenbergs von der KP desavouiert worden (...) Ein Vertreter der katholischen Opposition, von der man allerdings nicht weiß, wie stark sie ist, gab die Erklärung ab, daß seine Freunde von dem besten Willen beseelt seien, mit den sozialdemokratisch-kommunistischen Arbeitern zu einer Kampffront zu kommen. Für doktrinäre Fragen sei aber in seinem Kreis wenig Verständnis. Die anwesenden Sozialdemokraten wichen in ihren Äußerungen erheblich voneinander ab (...)«[21]

Die beschriebenen Differenzen in den Auffassungen sollten dazu führen, daß man sich während des ganzen Jahres 1936 ergebnislos über Programm- und Organisationsfragen stritt. Es war im wesentlichen der Initiative Heinrich Manns zu verdanken, daß sich KPD-Vertreter und die beteiligten Sozialdemokraten im März 1936 wenigstens darauf einigen konnten, ein gemeinsames Organ, die *Deutschen Informationen,* herauszugeben.

Nach der Eröffnungssitzung vom Februar kursierten die verschiedensten Programm- und Verfassungsentwürfe. Neben dem Entwurf eines *Minimalprogramms für die Gründungsversammlung* von Emil J. Gumbel, einem 20-Punkte-Forderungskatalog, und dem *Entwurf einer Verfassung für das »Vierte Reich«* von Georg Bernhard, existierte auch der *Entwurf eines Einigungsabkommens und Konzept einer Grundgesetzgebung für das Deutschland nach Hitler* von Leopold Schwarzschild. Diese Dokumente, welche die unverkennbare individuelle Handschrift unabhängiger Intellektueller trugen, wurden von Heinrich Mann in einem Vermittlungsvorschlag zusammenfassend aufgenommen und ergänzt. Diese *Ergänzungen zum Programmentwurf von E. J. Gumbel* sind, wenn man so will, der letzte Versuch der Gruppe der Intellektuellen, sich mit ihrer unabhängigen »Ideenpolitik« gegen die »Parteipolitik« durchzusetzen.

Ganz deutlich knüpft Heinrich Mann in der Beschreibung der Erziehungsfunktion des zukünftigen »Volksstaates« an die Gedanken seines Lesebuches (*Es kommt der Tag*) von Anfang 1935 an: »Morallehre wird Hauptfach aller Lehranstalten. Humanismus, Christentum, Sozialismus werden als dieselbe Disziplin vorgetragen und den Lernenden durch denselben Unterricht mitgegeben (...)«[22]

Die Vorschläge Heinrich Manns wurden nicht akzeptiert – die KPD setzte ihr gerade verabschiedetes Fünfpunkteprogramm für eine »demokratische Republik« dagegen. Offensichtlich waren sich die Kommunisten zu diesem Zeitpunkt selber nicht darüber einig, welche Rolle der Pariser Ausschuß spielen sollte. Ulbricht stellte ihn als Instrument zur Schaffung eines Zentrums dar, das Einfluß auf bürgerliche Oppositionsströmungen »im Lande selbst« gewinnen könne. Unklar und widersprüchlich blieb, wie der Inhalt der demokratischen Freiheiten definiert werden sollte, wie der Übergang von der »demokratischen Republik« zu weitergehenden sozialistischen Vorstellungen erfolgen sollte.

Im Sommer 1937, als Ulbricht zum Hauptrepräsentanten der KPD in Paris avanciert war und sich Münzenbergs Bruch mit der KPD schon abzuzeichnen begann, wurden die Differenzen zwischen Kommunisten und anderen politischen Strömungen immer schärfer. Doch Heinrich Mann hielt weiter an seiner mit großen Anstrengungen verbundenen Aufgabe des Ausgleichs und der Vermittlung fest. Im Rückblick seiner autobiographischen Darstellung beschrieb er sein Engagement: »Dem Comité der Volksfront schulde ich die Anerkennung, daß es mir meine vermittelnde Haltung zwischen den Parteien eher dankte als übelnahm. Ein Sozialdemokrat ging so weit, mir zu sagen, ich wüßte wohl nicht, daß ich das ganze zusammenhalte?«[23]

Fehlten bereits bei der Unterzeichnung des Volksfrontaufrufs vom 21. Dezember 1936 prominente bürgerliche Persönlichkeiten wie Leopold Schwarzschild, so verschärfte sich wenig später auch der Zwist innerhalb des marxistischen Lagers. Speziell die Vertreter der kleinen

SAP waren den Kommunisten ein Dorn im Auge, da sie auf einer »Theoriedebatte« bestanden und den KPD-Führern Opportunismus vorwarfen.

Diese Auseinandersetzungen wurden weiter zugespitzt, als nach Ausbruch des spanischen Bürgerkriegs sich die Fraktionskämpfe vom Politbüro der KPdSU auf eine internationale Ebene verlagerten. Da die SAP in Spanien die trotzkistische Partido Obrero de Unification Marxista (POUM) unterstützt hatte, denunzierten die KPD-Vertreter die SAP-Vertreter in der Öffentlichkeit und intrigierten im Volksfrontausschuß gegen eine vermeintliche »trotzkistische Verschwörung«. Deshalb rückte die Frage der stalinistischen Säuberungen immer mehr ins Zentrum der Volksfrontdebatten. Auch in dieser schwierigen Situation versuchte Heinrich Mann zu vermitteln. Eine von der KPD erstrebte Distanzierung des Ausschusses von der SAP wies er nachdrücklich zurück und erklärte, »daß die Tätigkeit der SAP im Volksfrontausschuß keine Störung, sondern Hilfe« gewesen sei.[24] Auf der Vollkonferenz des Volksfrontausschusses vom April 1937 appellierte Heinrich Mann noch einmal eindringlich an die Einsicht der zerstrittenen Parteien, gemeinsam für den Frieden zu kämpfen.

Parallel zu diesem Disput mit der SAP und anderen linken Sozialisten suchte die KPD außerhalb des Ausschusses, in einer »Doppelstrategie«, nationalistische Opponenten des Nazi-Regimes zu gewinnen. In einem Brief an Heinrich Mann vom 6. August 1937 schlug Ulbricht ein vertrauliches Treffen der »wirklichen antifaschistischen Führer« vor, das außerhalb des Rahmens des Pariser Ausschusses stattfinden sollte. Prominente nichtkommunistische Ausschußmitglieder (Heinrich Mann, Max Braun, Georg Bernhard, E. J. Gumbel, Jacob Walcher, Fritz Sternberg) bemängelten ihrerseits in einem Brief an das ZK der KPD, daß Persönlichkeiten wie Bernhard, Braun und Gumbel auf Ulbrichts Liste fehlten, während Politiker, die Ulbricht selbst noch kurz zuvor als »Agenten der Reichswehr, Großbourgeoisie und des Nationalsozialismus« bezeichnet hatte, eingeladen waren.[25] In einem Brief Heinrich Manns an den saarländischen Sozialdemokraten Max Braun vom 25. Oktober 1937 heißt es: »Ihre Mitteilungen vom 23. Oktober zeigen mir, daß Ulbricht tatsächlich eine eigene Volksfront, die ihm unterstehen soll, ins Werk setzen möchte. So ungern ich Mitglieder der deutschen Opposition als Gegner ansehe, einige wollen es offenbar nicht anders. Ich bin daher gegen eine Zusammenfassung des Gesamtausschusses, solange U (Ulbricht) als Hauptvertreter oder auch nur als ein Vertreter seiner Partei dort erscheinen darf (. . .)«[26]

Heinrich Manns Mittlerrolle schien ausgespielt, zumal sich im Herbst 1937 außerhalb des Volksfrontausschusses eine bürgerliche Front gebildet hatte, die eine Zusammenarbeit mit den Kommunisten prinzipiell ablehnte. Gemeint ist die *Deutsche Freiheitspartei*, deren Gründer aus konservativ-klerikalen Kreisen kamen. Auch Willi Münzenberg hatte sich nach seinem Bruch mit der KOMINTERN und der KPD dieser Gruppe angeschlossen. In dieser Zeit der Krise der Pariser Volksfrontbewegung, in einer Zeit unüberbrückbarer Widersprüche und divergierender Einzelinteressen, die das nahe Ende ankündigten, versuchte Heinrich Mann noch einmal unabhängig von Organisationsinteressen, Geist und Gedanken der Volksfront neu zu begründen. Aus dieser Zeit stammen seine Aufsätze *Geburt der Volksfront* und *Kampf der Volksfront*, sowie die bisher nur auszugsweise veröffentlichten *Notizen*. In den *Notizen* spricht Heinrich Mann noch einmal die Hoffnung aus, daß es gelingen könnte, die Mehrheit der SPD für das Volksfrontkonzept zu gewinnen:

»In der SP ringen verschiedene Gruppen miteinander um die Führung, hinter welcher Gruppe die Mehrheit steht, wurde nicht festgestellt. Tatsache ist, daß fast alle Mitglieder und Funktionäre der SP, die im Westen leben (Breitscheid, Braun, Scheidemann etc.) der Volksfront angeschlossen sind, ebenfalls was wichtig ist, die Mehrheit im Reich. Es ist möglich, daß ein Zusammenschluß aller linken SP-Gruppen von der SAP bis Herz die Lage der SP verändert und auch im Ausland dokumentiert, daß die Mehrheit der deutschen Sozialisten mit der Volksfront ist. Dasselbe trifft auch auf die Gewerkschaften zu.«[27] Gleichzeitig wandte sich Heinrich Mann gegen den Absolutheitsanspruch der Kommunisten und versuchte auch die rechtsbürgerliche »Freiheitspartei« für eine Mitarbeit zu gewinnen: »Deshalb Volksfrontpolitik nicht unter der Hegemonie einer Partei oder Klasse, sondern Herrschaft der Mehrheit des Volkes. Deshalb ist die Volksfront auch bereit, mit der Freiheitspartei oder anderen rechtsbürgerlichen Organisationen Abkommen und Pakte zu schließen und ihnen den Einfluß einzuräumen, den sie als ein Teil des Volkes und ohne Gefahr der sozialen und friedlichen Entwicklung Deutschlands beanspruchen können.«[28]

Hatte Heinrich Mann bisher noch gehofft, daß vom Pariser Ausschuß eine Initialwirkung für die Bewegung in Deutschland ausgehen könnte, so ging er jetzt nach dem Zersetzungsprozeß des Pariser Ausschusses vom umgekehrten Weg aus. In dem Aufsatz *Geburt der Volksfront* entwarf er eine eigene Version der Einheitsfront von unten, beschwor die Notwendigkeit vom »Widerstand derselben vereinten Kräfte, das sind Sozialisten und Kommunisten an der Seite der Katholiken. Das sind Katholiken an der Seite der Protestanten«.[29] »Volksfront«, das war für ihn »die Summe vieler vereinzelter Handlungen, die endlich ineinanderfließen«.[30] Nicht mehr die politische Idee der Einheit der Parteien und Gruppen war der Ausgangspunkt für die Volksfrontbewegung, sondern der Tageskampf der namenlosen Massen: »Die deutsche Volksfront wird geboren aus abertausend Bekehrungen, und die wurzeln tief. Die Lohnfrage und das Kreuz, die leibliche Not aller und ihre geistige Erleuchtung, die sie Freiheit nennen (...) Die Volksfront, ihr Wesen ist human. Kann aber irgend etwas die Tyrannen stürzen, wird es der neue lebendige Humanismus sein.«[31] Unübersehbar sind Heinrich Manns Illusionen, daß der aktive Widerstand gegen das Hitlerregime in Deutschland bereits zu einer realen, wirksamen Kraft geworden sei. Das Vordringen des subjektiven Faschismus im deutschen Alltagsleben, die »Ästhetisierung« der Politik, hatte eine handfeste materielle Basis im Verhältnis von Ökonomie und Politik, das die meisten Exilanten nicht wahrhaben wollten oder konnten.

Das Dilemma des Pariser Ausschusses war, daß er in dem Maße ohnmächtiger wurde, wie die Kriegsgefahr wuchs. Bei Heinrich Mann setzte die Desillusionierung über die Lage in Deutschland erst spät, nämlich im Jahre 1938 ein. Das ist zweifellos ein Ausdruck seiner Haltung zur KPD. Bei aller Kritik an einzelnen Exponenten und Beschlüssen hat er fast bis zuletzt an die redlichen Absichten der Kommunisten, des »jüngeren Teils des Sozialismus«, wie er sie nannte, geglaubt.

Nachdem auch der letzte Versuch, sich angesichts der drohenden Kriegsgefahr in einem »Ausschuß der deutschen Opposition« zusammenzuschließen, an der Majorisierungspolitik der kommunistischen Delegation gescheitert war[32], schrieb Heinrich Mann im Januar 1939 resigniert an Klaus Pinkus: »Mit der politischen Kameradschaft habe ich es vergebens versucht. Es war leichter in entlegenen Ländern ein treues Publikum zu gewinnen, als ein paar Dutzend Deutsche für ihre eigene Sache zu schulen.«[33]

Ab 1938 zeichnete sich in der KOMINTERN-Politik ein neuer »Linksschwenk« ab, der sich in verschärfter Polemik gegen die SOPADE äußerte. In einem im Januar 1938 erschienenen Aufsatz zum 19. Jahrestag der Ermordung Karl Liebknechts und Rosa Luxemburgs verwandte der KPD-Führer Wilhelm Pieck zum erstenmal wieder denunziatorisch den Ausdruck »Sozialdemokratismus« und bezeichnete diesen als »Theorie und Praxis der Koalition mit der Bourgeoisie«.[34] Die Polemik gegen die Sozialdemokratie und der neue Scheinradikalismus gegen die »reaktionäre Bourgeoisie« wurden schärfer, je näher der Krieg rückte. Nach dem Münchener Abkommen verfolgte die sowjetische Außenpolitik ausschließlich den Kurs, einen Angriff Nazideutschlands gegen die Sowjetunion zu verhindern oder hinauszuzögern. Die neue strategische Aufgabe der KOMINTERN bestand darin, als Handlanger dieser sowjetischen Politik, die westeuropäischen KPs neu zu indoktrinieren. Sie sollten wieder ihre »eigene Bourgeoisie« in erster Linie bekämpfen. Der Hitler-Stalin-Pakt wurde vorbereitet. In einer Situation, als Hitlerdeutschland von heute auf morgen nicht mehr als »Hauptfeind« galt, sondern der »englische Weltimperialismus« an dessen Stelle gerückt wurde, gab die KOMINTERN auch offiziell die Volksfrontpolitik auf. Dimitroff, der ursprüngliche Initiator der Volksfrontidee, mußte nun die 180-Grad-Kehrtwendung »erläutern«: »Die Notwendigkeit der Änderung der Taktik wird durch die Veränderung der Situation und der Aufgaben der Arbeiterklasse, aber auch durch die Stellungnahme bedingt, die im Zusammenhang mit dem imperialistischen Krieg von den führenden Kreisen der Parteien eingenommen wurde, die früher an der Volksfront teilnahmen. Die Taktik der einheitlichen Volksfront setzte gemeinsame Aktionen der kommunistischen Parteien mit sozialdemokratischen, kleinbürgerlichen, ›demokratischen‹ und ›radikalen‹ Parteien gegen Reaktion und Krieg voraus. Doch die Spitzen dieser Parteien sind jetzt offen auf die Positionen der aktiven Unterstützung des imperialistischen Krieges übergegangen. Die sozialdemokratischen, ›demokratischen‹ und ›radikalen‹ Lakaien der Bourgeoisie benutzen die antifaschistischen Losungen der Volksfront, die sie frech entstellen, um die Volksmassen thie entgegenbrachte als dem westdeutschen, waren aber seine Ironie und Kritik gegenüber den »Repatriierungs«-Bemühungen der ostdeutschen Behörden unübersehbar. Er mokierte sich darüber, daß er die Wartburg, in der »einst Luther mit dem Teufel kämpfte«, jetzt »mit Centralheizung« erhalten sollte.[48] Und nahezu sarkastisch muten seine Zeilen vom Februar 1950 an das Ehepaar Lips an: »Auf Wiedersehen, wenn nicht in dieser Welt, dann in Bitterfeld.«[49] Der letzte Brief Heinrich Manns, der erhalten ist, ging an Arnold Zweig und war vom 28. Februar 1950. Deutlich ist die Kritik an den Behörden, die mit der Organisation der Übersiedlung beauftragt waren:

»(...) die Behörden, auch Herr Wandel (Mitglied des Zentralkomitees – damals Volksbildungsminister), beantworten nichts, weder mir noch meiner Schwägerin. Die Hausbesitzerin stellt Forderungen, ich frage wieso, frage andererseits, was ich zu erwarten habe, von der Akademie, Schweigen.«[50]

Nach Heinrich Manns Tod am 12. März 1950 in Kalifornien veröffentlichten DDR-Zeitungen ein Faksimile dieses Briefes, in dem die unangenehme Kritik wegretuschiert war. Alfred Kantorowicz kommentierte diesen Vorgang in seinem Tagebuch: »Seit ich die amtlich redigierte Fassung seiner schon posthumen Mitteilung in den Zeitungen zu Gesicht bekommen hatte, war ich vergewissert, daß sein Tod im Exil ihm die tiefsten, unverwindbaren Demütigungen erspart hat. Nein, er hätte nicht mehr vermocht, sich gegen die rohe Willkür der Apparate durchzusetzen. Er wäre zerbrochen.«[51]

1 Vgl. Kurt Sontheimer, *Antidemokratisches Denken in der Weimarer Republik. Die politischen Ideen des deutschen Nationalismus zwischen 1918 und 1933.* München 1962. S. 389. — 2 Vgl. Heinrich Mann, »Die Entscheidung«. In: *Berliner Tageblatt* vom 27. 3. 1932. — 3 Alfred Kerr, »Ihr müßt die Macht erobern«. In: *Der Montag-Morgen* vom 9. 2. 1925. Vgl. hierzu Walter Huder: »Wer hat die schönsten Schäfchen ... Trotz Militärmusik?« In: Thomas Koebner (Hg.): *Weimars Ende*. Frankfurt/M. 1982. S. 303–317. — 4 Werner Thormann, »Politik der Woche«. In: *Deutsche Republik* Nr. 6, 1931/32. S. 68. Vgl. hierzu Karl Prümm: »Antifaschistische Mission ohne Adressaten. Zeitkritik und Prognostik in der Wochenzeitschrift *Deutsche Republik* 1929–1933«. In: *Weimars Ende*. A. a. O. S. 103–142. — 5 Bertolt Brecht, »Notizen zu Heinrich Manns Mut« (1939). – In: Ders., *Gesammelte Werke* in 20 Bänden. Frankfurt 1967. Band XIX S. 470 f. — 6 Heinrich Mann, »An die deutschen Schriftsteller im Exil«. Zitiert bei: A. Kantorowicz: »Am 10. Mai 1933«. In: R. Drews und A. Kantorowicz: *Verboten und verbrannt*. Berlin und München 1947.S. 7. — 7 Vgl. *Die Rote Fahne*. 14. Jg., Nr. 126 vom 26. 11. 1931. — 8 Hans-Albert Walter, »Heinrich Mann im französischen Exil«. In: Sonderband aus der Reihe TEXT + KRITIK: *Heinrich Mann*. Hg. von Ludwig Arnold. München 1971. S. 135. — 9 Bertolt Brecht, »Notizen zu Heinrich Manns *Mut* (1939)« a. a. O. S. 466. — 10 Vgl. Heinrich Mann, »Eine große Neuheit«. In: *Verteidigung der Kultur* (hg. von Werner Herden) Berlin/DDR 1971. — 11 Leopold Schwarzschild »Eine Aufgabe wird sichtbar«. In: *Das Neue Tagebuch* Nr. 31. 1935. S. 729–731. — 12 Das französische Volksfrontkonzept kann als repräsentativ für die kommunistische Bewegung zwischen 1934 und 1939 betrachtet werden. Als Defensivbündnis gegen rechte Kampfbünde und Frontkämpferorganisationen bildete sich die *Front Populaire* nach dem 6. Februar 1934 unter Beteiligung der Kommunisten, der Sozialisten (SFIO),der Radikalsozialisten

und weiterer linker Gruppierungen. In den Aprilwahlen 1936 erhielt die *Front Populaire* mit 334 von 618 Sitzen eine deutliche Parlamentsmehrheit. Eine Regierung unter dem Sozialisten Léon Blum wurde gebildet. Im Juni 1937 war das Bündnis bereits so zerstritten, daß sich die Regierung Blum zum Rücktritt veranlaßt sah. — 13 Heinrich Mann, »Eine große Neuheit«. A. a. O. S. 178. — 14 Vgl. Henri Barbusse, »Nation und Kultur«. In: *Rundschau über Politik, Wirtschaft und Arbeiterbewegung* (4, 1935) S. 1402–1403. — 15 Vgl. Karl Pawek, *Heinrich Manns Kampf gegen den Faschismus im französischen Exil 1933–1940.* Dissertation. Hamburg 1972. S. 81. — 16 Heinrich Mann, »Revolutionäre Demokratie«. In: *Europäische Hefte.* Jg. 1. 1934. Heft 8. S. 211. — 17 Heinrich Mann, *Der Sinn dieser Emigration.* Paris 1934. S. 40. — 18 A. a. O. S. 10. — 19 Der VII. Weltkongreß der KOMINTERN (Juli/August 1935) erweckte durch die Verabschiedung der Volksfrontthesen den Eindruck, daß Georgi Dimitroff als Fürsprecher westeuropäischer Interessen die dogmatischen Führer der KPdSU von der Notwendigkeit eines neuen Kurses habe überzeugen können. Nach der detaillierten Untersuchung Horst Duhnkes (*Die KPD von 1933–1945.* Köln 1972) sollen Henri Barbusse und Georgi Dimitroff sich optimistisch geäußert haben, »Stalin werde sich überzeugen lassen«. Nach Siegfried Vietzke übermittelte Dimitroff am 1. Juli 1934 einer Sonderkommission des Exekutiv-Komitees (EKKI) der KOMINTERN ein Memorandum, das zu »heftigen Diskussionen über die Stellung der Kommunisten zur Sozialdemokratie« geführt habe. (Siegfried Vietzke: *Die KPD auf dem Weg zur Brüsseler Konferenz.* Berlin/DDR 1966. S. 121/22.) Insgesamt erscheint das Ergebnis des VII. Weltkongresses als ein Kompromiß. Einerseits blieb die Faschismusanalyse schematisch und doktrinär, andererseits waren einige strategische Thesen Dimitroffs realistisch, so daß auch Sozialdemokraten wie Braun und Stampfer die neue Volksfronttaktik als Hinwendung Moskaus zur »Realpolitik« werteten. — 20 Vgl. hierzu die detaillierte Studie von Ursula Langkau-Alex: *Volksfront für Deutschland? Bd. 1: Vorgeschichte und Gründung des »Ausschusses zur Vorbereitung einer deutschen Volksfront« 1933–1936.* Frankfurt/M. 1977. — 21 *Archiv der Sozialen Demokratie* (Bonn/Bad Godesberg). Willy Brandt – Allgemeine Korrespondenz 1933–1946. Mappe 1936. Jim Schwab (d. i. Jacob Walcher; d. Vf.): Rundschreiben Nr. 1 vom 12. 2. 1936. Bericht über »Versammlung der Volksfront« vom 2. 2. 1936. — 22 Zitiert nach Ursula Langkau-Alex, a. a. O. S. 182. — 23 Heinrich Mann, *Ein Zeitalter wird besichtigt.* Reinbek 1976. S. 270. — 24 Zitiert nach Jörg Bremer, *Die Sozialistische Arbeiterpartei Deutschlands (SAP). Untergrund und Exil 1933–45.* Frankfurt/M. – New York 1978. S. 176. — 25 Vgl. Horst Duhnke, *Die KPD von 1933–1945.* Köln 1972. S. 250. Hier v. a. Fußnote 64. — 26 Alfred Kantorowicz, *Deutsches Tagebuch.* Erster Teil. Berlin 1978. S. 48. — 27 Heinrich Mann, *Kurze Notizen.* (Vermutlich für einen Aufsatz über die Volksfront in Deutschland.) o. O. (nach dem 28. 12. 1936, da auf der Rückseite eines Briefes vom o. g. Datum) Heinrich-Mann-Archiv (HMA), TN IV 480 225/8. — 28 A. a. O. — 29 Heinrich Mann, »Geburt der Volksfront«. In: *Ausgewählte Werke in Einzelausgaben.* Bd. XIII (Essays III), hg. von der Akademie der Künste zu Berlin/DDR. Besorgt von Heinz Kamnitzer. Berlin/DDR 1962. S. 252. — 30 Ebd. S. 253. — 31 Ebd. S. 258. — 32 Vgl. Alfred Kantorowicz, *Deutsches Tagebuch.* Erster Teil. A. a. O. S. 62. — 33 Heinrich Mann, Brief an Klaus Pinkus vom 3. 1. 1939. In: *Briefe an Karl Lemke und Klaus Pinkus.* Hamburg 1964. S. 139. — 34 Wilhelm Pieck in: *Rundschau über Politik, Wirtschaft und Arbeiterbewegung.* Basel. 3/1938. S. 82. — 35 Georgi Dimitroff, *Ausgewählte Schriften.* Band 3, 1935–1948. Berlin/DDR 1958. S. 175 f. — 36 Zitiert nach S. Axel / G. Beyer / E. Steinhauer, *Der »Hitler-Stalin-Pakt« von 1939.* Köln 1979. S. 96. — 37 Klaus Schröter, *Heinrich Mann in Selbstzeugnissen und Bilddokumenten.* Reinbek 1967. S. 138. — 38 Heinrich Mann, *Antwort auf verschiedene Anfragen von Mitarbeitern der ehemaligen Volksfront.* o. O. August 1941. S. 1–9. Heinrich-Mann-Archiv (TN IV), 283. 183/11–13. Eine ausführliche Dokumentation des Textes in meiner Arbeit: Willi Jasper: *Heinrich Mann und die Volksfrontdiskussion.* Bern/Frankfurt/M. 1982. — 39 Vgl. Heinrich Mann, *Ein Zeitalter wird besichtigt.* A. a. O. S. 268–275. — 40 A. a. O. S. 24/25. — 41 A. a. O. S. 109. — 42 Arthur Koestler, *Der Yogi und der Kommissar.* Frankfurt/M. 1980. S. 146. — 43 Heinrich Mann, *Ein Zeitalter wird besichtigt.* A. a. O. S. 33. — 44 Arthur Koestler, A. a. O. S. 140. — 45 Max Horkheimer / Theodor W. Adorno, *Dialektik der Aufklärung. Philosophische Fragmente.* Amsterdam 1947. S. 18. — 46 Martin Jay, *Dialektische Phantasie. Die Geschichte der Frankfurter Schule und des Instituts für Sozialforschung 1923–1950.* Frankfurt/M. 1981. S. 2. — 47 Nach: Alfred Kantorowicz, *Deutsches Tagebuch.* Erster Teil. A. a. O. S. 293. — 48 Entwurf einer Autobiographie für den Mondari Verlag (Mailand) vom 12./13. 07. 1946. Heinrich-Mann-Archiv. Zitiert nach Sigrid Anger (Hg.): *Heinrich Mann 1871–1950. Werk und Leben in Dokumenten und Bildern. Mit unveröffentlichten Manuskripten und Briefen aus dem Nachlaß.* Berlin/DDR und Weimar 1977. S. 551. — 49 Heinrich Mann, Brief an das Ehepaar Lips vom Februar 1950. In: Eva Lips: *Zwischen Lehrstuhl und Indianerzelt. Aus dem Leben und Werk von Julius Lips.* Berlin 1965. S. 142. — 50 Zitiert nach Alfred Kantorowicz, *Deutsches Tagebuch.* Zweiter Teil. Berlin 1979. S. 73. — 51 Ebd. S. 74.

Wulf Köpke

Das dreifache Ja zur Sowjetunion
Lion Feuchtwangers Antwort an die Enttäuschten und Zweifelnden

»Es tut wohl, nach all der Halbheit des Westens ein solches Werk zu sehen, zu dem man von Herzen Ja, Ja, Ja sagen kann. Und weil es mir unanständig schien, dieses Ja im Busen zu bewahren, darum schrieb ich dieses Buch.« (153)[1]
Damit beschloß Lion Feuchtwanger, emphatisch genug, das Buch *Moskau 1937*, mit dem Untertitel »Ein Reisebericht für meine Freunde«, das sogleich, 1937, bei Querido in Amsterdam erschien, zugleich auch in anderen Sprachen, russisch und englisch vor allem. Feuchtwanger reihte sich damit unter die Verteidiger Stalins und der Sowjetunion von 1937 ein. Die dezidierte Stellungnahme hat ohne Zweifel zu seinen Schwierigkeiten mit den Behörden der USA nach 1945 beigetragen, zu seinem Ruhm in der DDR und – zeitweilig – in der Sowjetunion und zu den Vorbehalten gegen ihn in der Bundesrepublik. Er hätte sich mancherlei Schwierigkeiten erspart, wenn er das Buch nicht veröffentlicht hätte. Aber das schien ihm »unanständig«; er fühlte sich innerlich dazu aufgerufen, »Zeugnis abzulegen« (13). Es handelt sich also um eine starke moralische Nötigung, fast einen religiösen Eifer eines, der nicht zu den Lauen gehören will, wenn es darauf ankommt. Von Anfang an ist also klarzustellen, daß im Falle Feuchtwanger das Gegenteil von Opportunismus vorliegt. Er schreibt aus Überzeugung. Es wäre weitaus bequemer gewesen, sich nicht öffentlich zu Wort zu melden.
Es steckt noch mehr in der Geste des Zeugnisablegens. *Moskau 1937* ist ein Bericht »für meine Freunde«. Feuchtwanger wendet sich an »Sympathisierende« (8), in einem doppelten Sinn: an »Freunde«, die gleich ihm wünschten, das Sozialexperiment der Sowjetunion sei geglückt oder auf dem Weg zum Erfolg, als Sympathisierende mit der Sowjetunion; gleichzeitig an Freunde, die sich in seine Lage versetzen, die ihn seine Zweifel und schließliche Gewißheit verstehen und nachvollziehen konnten.
Feuchtwanger schrieb ja in einer Lage, als das Vertrauen in die Sowjetunion durch die Moskauer Prozesse und vergleichbare Vorgänge stark geschwunden war. Feuchtwanger wandte sich überdies an eine bestimmte Art von Freunden, nämlich an Intellektuelle, die aus dem Bürgertum stammten, aber aus Verdruß über die negativen Seiten des Kapitalismus und die »Halbheit des Westens«, zumal gegenüber dem Faschismus, sich dem Sozialismus zugewandt hatten. Typisch war dafür André Gide gewesen, dem seine Reisen in die äqua-

torialafrikanischen Kolonien Frankreichs die Augen für Mißwirtschaft, Korruption, Unterdrückung und Elend geöffnet hatten, und der seitdem mit der kommunistischen Bewegung sympathisierte. André Gide war ein Autor, der durch das Ethos der Wahrhaftigkeit hervorstach und sich nie gescheut hatte, Unangenehmes, Inopportunes, ja Peinliches öffentlich zu sagen, wenn es ihm notwendig schien. André Gide war 1936 monatelang in der Sowjetunion gewesen und hatte sofort nach seiner Rückkehr seine Eindrücke in dem kurzen Buch *Retour de l'U.R.S.S.* niedergelegt. Dieses Buch bildete genau das Gegenteil des Buches, das Feuchtwanger schreiben würde: bei aller Sympathie mit den Sowjetmenschen, bei einer erheblichen Zahl positiver Eindrücke kam Gide zum Endergebnis, daß das Sowjetsystem nicht den Weg in die Zukunft weisen konnte. Dieses Buch erschien »unmittelbar vor« Feuchtwangers Abreise (8) und verstärkte nicht nur seine eigenen Zweifel, sondern auch und noch mehr die vieler Gleichgesinnter. Es ging um die moralische Rechtfertigung oder Verdammung des Sowjetsystems zur Zeit Stalins.

Für Feuchtwanger enthielt Gides Buch darüber hinaus noch einen besonderen Stachel: unauffällig, eher beiläufig, aber doch deutlich und wiederholt[2] erwähnte Gide Parallelen zwischen Hitler-Deutschland und Stalins Sowjetunion. Gides Buch hielt sich geflissentlich von Theorie, ja von ausdrücklicher Ideologie fern; von Trotzki, von Richtungskämpfen, selbst von sozialistischem Realismus war eigentlich nicht die Rede. Er beschränkte sich betont auf seine persönlichen Eindrücke. Das Wort Totalitarismus oder gar eine Totalitarismus-Theorie steckte in Gides Kritik nicht; aber dennoch – oder vielleicht deshalb? – mußten solche Parallelen, die ja bald genug Gemeinplätze wurden, auf den Exilschriftsteller alarmierend wirken. Denn anders als Gide sah sich Feuchtwanger zu dieser Zeit in erster Linie als Antifaschist, d. h. als grundsätzlichen, kompromißlosen Gegner des politischen Systems in Deutschland, in Italien und seinen Abarten. Wer aber konnte diese Gefahr für die Menschheit erfolgreich bekämpfen? Der Westen nicht; Großbritannien und Frankreich hatten schon viele Proben ihrer Halbheit gegeben, zuletzt im Falle Spanien. Auf die USA war offenbar nicht zu rechnen. Nur die Sowjetunion schien bis zu diesem Zeitpunkt eine konsequent antifaschistische Politik zu verfolgen. So wenig André Gide dem Faschismus zuneigte, so wenig war er bis dahin persönlich von ihm betroffen, anders als Feuchtwanger.

Im Folgenden soll Feuchtwangers Buch in erster Linie als eine Antwort an André Gide beschrieben werden. Es ist natürlich viel mehr; aber es lohnt sich, einmal selbst auf die Gefahr der Einseitigkeit und Verengung hin diesen Aspekt zu verfolgen. Er zeigt nämlich exemplarisch das Dilemma von individueller Wahrhaftigkeit und sozialer Verantwortung.

Das Faszinierende ist nämlich bei einer parallelen Lektüre der Bücher, daß beide Autoren die Einzelheiten des Lebens in der Sowjetunion sehr ähnlich beschreiben. Aus den übereinstimmend beobachteten Fakten ziehen sie jetzt abweichende oder entgegengesetzte Schlüsse. Dabei überwiegen bei Gide die Beschreibung, die Eindrücke; bei Feuchtwanger wird bald reflektiert, verallgemeinert, verglichen, analysiert. Feuchtwanger ist der Historiker, der Essayist; Gide beschreibt eine Reise. Gide ist für ästhetische Eindrücke höchst empfänglich; ihn beeindruckt die Schönheit Leningrads, stößt die amorphe Häßlichkeit Moskaus ab. Er läßt sich hinreißen, reagiert spontan, drückt auch Widerwillen und Abscheu aus. Feuchtwanger verschweigt nicht seine persönlichen Gefühle; aber er verweist sie auf den zweiten Platz. In erster Linie will er wach und unvoreingenommen beobachten, sehen und hören.

Aber voraussetzungslos ist natürlich keiner der beiden. Feuchtwanger versteht Sozialismus und das sowjetische Experiment aus hegelschen Voraussetzungen, wenn er sagt: »Ja, ich sympathisiere von vornherein mit dem Experiment, ein riesiges Reich einzig und allein auf Basis der Vernunft aufzubauen, und ich ging nach Moskau mit dem Wunsch, es möge dieses Experiment geglückt sein.« (8) Der wahre Sozialismus ist die Herrschaft der Vernunft – damit die Fortsetzung der Aufklärung – und die Frage ist eigentlich nicht so sehr, ob die Regierung der Sowjetunion vernünftig oder vernunftgemäß ist, sondern, ob und wie die Vernunft zur politischen und sozialen Wirklichkeit wird. Daß eine solche Verwirklichung schwierig ist und gegen große Widerstände durchgesetzt werden muß, ergibt sich aus Feuchtwangers Menschen- und Geschichtsbild: »Ich habe Weltgeschichte nie anders ansehen können denn als einen großen, fortdauernden Kampf, den eine vernünftige Minorität gegen die Majorität der Dummheit führt. Ich habe mich in diesem Kampf auf die Seite der Vernunft gestellt.« (8) Diese aufklärerische Einstellung kann durchaus Zwangsmaßnahmen der Minorität gegenüber der Majorität rechtfertigen, wenn sie durch die Vernunft sanktioniert werden. Das Wort »Kampf« ist nicht zufällig gewählt. Etwas wie die Diktatur des Geistes über die träge Masse. Bei Gide sticht vor allem der Begriff »progrès«-Fortschritt hervor. »Là-bas une expérience sans précedents était tentée qui nous gonflait le cœur d'espérance et d'où nous attendions un immense progrès, un élan capable d'entrainer l'humanité tout entière.« (15)[3] Die Sowjetunion als Beispiel des Fortschritts der Menschheit, wohin, wofür? »Il était donc une terre où l'utopie était en passe de devenir réalité.« (18) Was ist der Fortschritt, worin besteht die zu verwirklichende Utopie? Gide setzt ihren Inhalt beim Leser voraus. Was ihn abstößt und zweifeln läßt, läßt allenfalls ex negativo auf seine Ideale schließen. Voraussetzung ist jedenfalls die Freiheit des Geistes, und die findet er in der Sowjetunion nicht; vielmehr sagt er pointiert an einem Kapitelende: »Et je doute qu'en aucun pays aujourd'hui, fût-ce dans l'Allemagne de Hitler, l'esprit soit moins libre, plus courbé, plus craintif (terrorisé), plus vassalisé.« (55)
Gide hat in seinem Buch die Sowjetunion keineswegs abgeschrieben. Das nachfolgende Büchlein *Retouches à mon retour de l'U.R.S.S.*, in dem er sich gegen kommunistische Angriffe zur Wehr setzt, ist da schon viel pessimistischer. Der letzte Satz des eigentlichen Textes der *Retour*: »L'U.R.S.S. n'a pas fini de nous instruire et de nous étonner.« (73) ist als Hoffnung, ja als Aufforderung gemeint. Seine Kritik soll

konstruktiv wirken. In der politisch polarisierten Welt von 1936 kam jedoch nur der antisowjetische Teil bei den Lesern an, wie in Feuchtwangers Buch der prosowjetische und nicht die Kritik. Gides Buch ist also das Dokument einer enttäuschten Hoffnung und zugleich das Dokument eines Zweifels an der Enttäuschung: könnte die Sowjetunion, ein Land »en construction«, nicht doch noch den richtigen Weg finden? Der eigentliche Adressat Gides wird kaum mit Namen genannt: es ist Stalin. Die Hinweise sind jedoch deutlich genug. Beispielsweise: »Ceux qui ont suivi l'évolution de l'U.R.S.S. depuis à peine un peu plus d'un an diront si c'est moi qui ai changé ou si ce n'est pas l'U.R.S.S. Et par: l'U.R.S.S. j'entends celui qui la dirige.« (16) Stalin hat den Weg der Revolution, der Freiheit, des Fortschritts verlassen; er hat sich also verändert, nicht Gide, dem man – und er selbst zuerst – Veränderlichkeit vorwerfen könnte. Die Kritik an der mangelnden Freiheit, am Konformismus, an der unrevolutionären Kleinbürgerlichkeit der Sowjetunion ist im letzten Grunde personalisiert: Stalin hat Schuld. Das wird nicht herausposaunt, sondern zu verstehen gegeben. Gide ist offenbar bemüht, nicht von einer Partei zur anderen zu wechseln, d. h. von den Stalinisten zu den Trotzkisten; vielmehr will er für sich allein sprechen, und er mißt den Fortschritt an dem Grad der verwirklichten individuellen Freiheit.

Bei dieser Stoßrichtung wird auch die Orientierung von Feuchtwangers Antwort deutlicher. Feuchtwanger erwähnt Gide zwar immer wieder, aber er setzt sich im Hauptpunkt nicht ausdrücklich mit ihm auseinander. Vielmehr erscheint es nach Feuchtwangers Bemerkungen so, daß Gide bei den unvollkommenen Einzelheiten des täglichen Lebens stehen geblieben sei und darüber das Ganze nicht mehr gesehen habe. »Sehr bald erkannte ich, daß zum Beispiel dem großen Schriftsteller André Gide derartige kleine Peinlichkeiten das Urteil verzerrt hatten.« (10) Gide habe nach zufälligen Erlebnissen und Einzelheiten unangemessen verallgemeinert, etwa die Vorstellung von der Überheblichkeit, Ignoranz und Beschränktheit der sowjetischen Jugend (27) oder die Faulheit der Russen (41 f.). Gerade das tut Gide weit weniger als Feuchtwanger. Natürlich ist es ihm entscheidend wichtig, persönlich zu sprechen, auf die Grenzen seiner Kompetenz hinzuweisen, Episoden, Eindrücke wiederzugeben. Aber diese sind Destillate, Beispiele für mehrere oder viele typische Erlebnisse. Feuchtwangers Aufenthalt war viel kürzer und auf Moskau beschränkt. Dennoch: nachdem er zunächst versichert hat, daß er »Urteile vorlege, deren Subjektivität mir bewußt ist« (7 f.), spricht er möglichst objektivierend – wie in seinen Romanen. Gide unterstreicht seine Glaubhaftigkeit durch das Pathos der »sincérité«, der Aufrichtigkeit. Und zwar nicht nur sich selbst gegenüber, sondern auch demjenigen, das man liebt. Die Lüge sei kein Heilmittel, »et la vérité, fût-elle douloureuse, ne peut blesser que pour guérir.« (19) Es nütze der Sowjetunion nichts, wenn man sie aus falscher Liebe lobe, »trop souvent, la vérité sur l'U.R.S.S. est dite avec haine, et le mensonge avec amour.« (17) Diese »amour« nimmt Gide emphatisch für sich in Anspruch. Feuchtwanger hingegen versucht weit mehr durch die

Plausibilität des Dargestellten zu überzeugen als durch die Glaubwürdigkeit des Beobachters. Er legt das Pathos der Glaubwürdigkeit sozusagen in die Fakten und Zusammenhänge hinein. Zusammenhang ist dabei ein entscheidendes Kriterium. Wenn Feuchtwanger Gide vorwarf, er vergesse hinter den Einzelheiten das große Ganze, so visierte er einen zentralen Punkt und einen grundlegenden Unterschied an. Denn, um es klar herauszustellen, Feuchtwangers Beobachtung mangelhafter Zustände in der Sowjetunion ist ebenso klar, womöglich noch akzentuierter als die von Gide. Er beschreibt die Wohnverhältnisse in Moskau, die »Schädlings-Psychose«, »die Gängelei und Bevormundung der Künstler durch den Staat« (65), den »maßlosen Kult, den die Bevölkerung« mit Stalin treibt (76), den Konformismus im Denken und Handeln, den Hang zur Kleinbürgerlichkeit. Im Unterschied zu Gide läßt er diese Phänomene jedoch nicht für sich als beweiskräftig stehen, sondern er erklärt sie als Entwicklungsprobleme, er fügt sie in einen geschichtlichen Zusammenhang ein. Und hier unterscheiden sich die beiden Beobachter vielleicht am deutlichsten. Feuchtwanger erklärt: »Was die Sowjet-Union anlangt, so bin ich überzeugt, daß sie einen großen Teil des Wegs zur sozialistischen Demokratie zurückgelegt hat.« (69) Gide hat seine gegenteilige Ansicht am schärfsten am Anfang der *Retouches* formuliert: »De mois en mois, l'état de l'U.R.S.S. empire. Il s'écarte de plus en plus de ce que nous espérions qu'il était – qu'il serait.« (95) Darauf hätte Feuchtwanger antworten können, daß es nicht auf die Idee des Intellektuellen von der Wirklichkeit ankomme, sondern auf politische Notwendigkeiten. Ein zentrales Thema in Feuchtwangers Moskau-Buch ist nämlich die Kritik des Intellektuellen. Er richtet sein Buch nicht etwa an Stalin, von dem er weiß, daß er sich durch solch ein Buch kaum beeinflussen lassen würde, sondern an die Intellektuellen, zu denen André Gide und er selbst auch gehören. Ihnen wirft er vor, sie seien nur mit dem Kopf auf der Seite des Sozialismus, mit dem Herzen stünden sie noch in den liebgewordenen Gewohnheiten des Kapitalismus. Das mag durchaus als Selbstkritik aufgefaßt werden und wird ja dann Sepp Trautwein, der Hauptfigur des antifaschistischen und Volksfront-Buches *Exil* in den Mund gelegt. Aber Feuchtwanger geht noch weiter; er wirft Gide vor, er sei in der Sowjetunion in seiner Eitelkeit gekränkt worden, mit anderen Worten, er habe das Gefühl gehabt, nicht wichtig genug genommen zu werden, und er fürchtet, »ob nicht auch ich mir den Aspekt der Dinge und Menschen durch die Brille der Eitelkeit verzerren lassen würde.« (9) Hinter dem Vorwurf des mangelnden Bekenntnisses zur Sowjetunion, der Angst vor unangenehmer Wirklichkeit steckt bei Feuchtwanger eine grundsätzliche Kritik an der Einstellung des Intellektuellen zur politischen Wirklichkeit. Er drückt das nach der Beschreibung der Moskauer Prozesse und dem Versuch ihrer Erklärung, ja Rechtfertigung, so aus:

»Viele Intellektuelle nämlich, selbst solche, welche die Ablösung des kapitalistischen Systems durch das sozialistische für eine historische Notwendigkeit halten, haben Angst vor den Wirren der Übergangszeit. Sie sehnen ehrlich den Weltsieg des Sozialismus herbei, aber sie haben Sorge für ihre eigene Zukunft, während der Zeit, da die große sozialistische Umwälzung sich vollzieht. Ihr Herz verneint, was ihr Hirn bejaht. Theoretisch sind sie Sozialisten, praktisch unterstützt ihr Verhalten die kapitalistische Ordnung. Das bloße Dasein der Sowjet-Union ist ihnen also eine ständige Mahnung an die Brüchigkeit ihrer eigenen Existenz, ein ständiger Vorwurf über die Zweideutigkeit ihres eigenen Verhaltens. Daß die Sowjet-Union vorhanden ist, dient ihnen als erfreuliche Bestätigung dafür, daß es noch Vernunft in der Welt gibt; im übrigen aber lieben sie die Union nicht, viel eher hassen sie sie.« (145)

Das kann natürlich nicht allein auf Gide bezogen werden. Ob er theoretisch Sozialist war, wäre gewiß zu bezweifeln; und er war immer mit dem Herzen dabei, wenn er etwas bejahte. In diesem Teil richtet sich Feuchtwanger an seine deutschen Freunde, das linke Exil bürgerlicher Herkunft. Die Schlußwendung allerdings nimmt pointiert auf Gide Bezug, der so sehr seine »amour« – und die seiner Freunde – für die Sowjetunion beteuert.

Festzuhalten bleibt natürlich Feuchtwangers Voraussetzung: die Sowjetunion ist das Land der Vernunft. Das System des Sozialismus ist das vernünftige. Ist Stalin der richtige Mann, den vernunftgemäßen Sozialismus zu verwirklichen? Feuchtwanger sagt Ja. Denn nach einem persönlichen Interview mit Stalin hat er die Überzeugung gewonnen, daß Stalin kein Intellektueller ist, vielmehr ein Mann des Volkes. »Stalin spricht unverziert und weiß auch komplizierte Gedanken schlicht auszudrücken.« (112) Eine gewisse Faszination durch das Dämonische ist bei Feuchtwanger mit im Spiel: »er hat vielleicht keinen Witz, aber sicherlich hat er Humor; es kommt vor, daß sein Humor gefährlich wird. Ab und zu lacht er ein leises, dumpfiges, verschlagenes Lachen.« (112) Feuchtwanger sieht vielleicht mehr als er erklärt. Auch etwa in dieser Formulierung: »Später wurde aus dem Parteiführer eine Persönlichkeit, nicht immer widerspruchslos, aber immer gescheit, hintergründig, überlegen.« (113) Trotzki hingegen ist für Feuchtwanger der Intellektuelle »mit seinen raschen Einfällen« (114), Stalin der »einfache« Mensch, der »langsam und zäh an seinen Gedanken baut« (114) und der »die langsamen, mühevoll erarbeiteten, gründlich richtigen Gedanken« hat (114). »Trotzki ist eine blendende Einzelerscheinung, Stalin der ins Genialische gesteigerte Typ des russischen Bauern und Arbeiters, prädisponiert zum Sieg, da in ihm die Kraft der beiden Klassen zusammengefaßt ist.« (114) Hier geht Feuchtwanger von Beobachtungen zu Schlüssen über, ordnet Stalins Persönlichkeit in die Geschichtsdialektik der Vernunft ein. Feuchtwanger sympathisiert mit der Langsamkeit und Zähigkeit Stalins, er mißtraut blendenden Einfällen und der »Geschmeidigkeit« eines Trotzki, ihm ist offensichtlich der Typ zuwider. Trotzki ist der typische Revolutionär, der Nur-Revolutionär, und eigentlich ohne Bindung an ein Volk, der Weltrevolutionär. Stalin ist der »Organisator« (116), der die Revolution in die Wirklichkeit des täglichen Lebens in einem Land umwandelt. Der Intellektuelle als Revolutionär, als Führer der Revolution, ist für Feuchtwanger eine unheilvolle Figur. Er hatte sie in *Thomas Wendt* charakterisiert, am Beispiel von Eisner, Landauer, Toller in der Münchener Räterepublik beobachtet.[4] 1933 schrieb er diesen Intellektuellen das Fehlschlagen der sozialistischen Revolution in Deutschland und indirekt-direkt die Schuld an der Herrschaft des Nationalsozialismus zu. Ein solcher Intellektueller ist auch Trotzki. Aber wenn die deutschen Intellektuellen, zu denen ja auch Liebknecht und Rosa Luxemburg gezählt werden könnten, an zu vielen moralischen Skrupeln und Hemmungen vor Blutvergießen scheiterten, so hat Trotzki für Feuchtwanger keinerlei Hemmungen; er ist Berufsrevolutionär, er haßt Stalin, ihm wäre jedes Mittel recht, Stalins Sowjetunion zu bekämpfen, durch eine neue Revolution aus den Angeln zu heben – selbst mit Hilfe der Faschisten (122 f.). Feuchtwanger hält in der Tat diesen letzten vernichtenden Vorwurf gegen Trotzki und die Trotzkisten für psychologisch plausibel, und dann nimmt er im Gegensatz zu Gide durchaus Partei im kommunistischen Bruderkampf. Er sagt: es gilt jetzt, den Sozialismus in einem Lande zu verwirklichen; das ist kein Verrat an der Revolution, das ist nicht die Unterdrückung der Opposition, der Freiheit, es ist ein notwendiges Stadium auf dem richtigen Wege. Gide läßt sich darauf insoweit ein, als er feststellt, daß die angebliche Gefahr des »trotskisme« und des »esprit de contre-révolution« (*Retour*, 61) benutzt werde, um jede Opposition gegen Stalin zu vernichten. Gide signalisiert die Gefahr des Stalinkultes in der Formel: »Que Staline ait toujours raison, cela revient à dire: que Staline a raison de tout.« (61) Feuchtwanger hingegen gibt sich große Mühe, die Symptome des Stalinkults als Entwicklungsphase und nicht als Absicht Stalins zu begreifen. »Es ist läppisch, diese Prozesse, den Sinowjew- und den Radek-Prozeß, simpel auf Stalins Herrschsucht und Rachgier zurückzuführen.« (117) Er hält ein solches Motiv für primitiv, Pubertätsphantasie: »Josef Stalin, der gegen den Widerstand der ganzen Welt ein so großes Werk vollbracht hat wie den wirtschaftlichen Aufbau der Sowjet-Union, der Marxist Stalin, gefährdet nicht die Außenpolitik seines Landes und damit einen wichtigen Teil seines Werkes aus einem persönlichen Motiv, wie es Gymnasiasten, die historische Stücke schreiben, ihren Helden unterschieben.«

Wieder ist Feuchtwanger, der Schriftsteller, am Werk: er kann das Unglaubliche nicht glauben. Er hat Stalin als »gescheiten« Mann erlebt; Stalin ist ein Mensch, dem sein Volk, dem der Sozialismus am Herzen liegt; er kann nicht aus nur-persönlichen Motiven handeln, sondern allein im Dienst einer historischen Notwendigkeit. Es ist erregend zu sehen, wie Feuchtwanger von den Moskauer Prozessen fasziniert wird. Er kommt nach Moskau mit der Vorstellung des Westens, daß es sich um Schauprozesse handle; er wird Zeuge des Radek-Prozesses, er liest die Protokolle des Sinowjew-Prozesses, und er läßt sich von der Schuld der Angeklagten überzeugen. Nun bemüht er sich, die Art der Prozeßführung zu verstehen, sich die Geständnisse der Angeklagten plausibel zu machen, sich in Richter und Angeklagte zu versetzen. Er muß schließlich zugeben, daß ihm das letzten Endes nicht gelingt: »Ich muß gestehen, daß, obwohl mich der Prozeß von der Schuld der Angeklagten überzeugt hat, ihr Verhalten vor Gericht mir trotz der Argumente der Sowjetleute nicht bis ins Letzte klar geworden ist.« (133) Er hat versucht, das Verhalten der Angeklagten als Revolutionäre, Konspiratoren, als Parteigänger von Trotzki zu begreifen, die am Ende gegen ihren Willen von der Richtigkeit des Stalinismus überzeugt werden, aber sozusagen wie der Kafkasche Todeskandidat in der Strafkolonie im Augenblick des Todes. Er entwickelte also ein mögliches Erklärungsmodell, das ihn dann wieder – man möchte sagen, als Schriftsteller – unbefriedigt läßt. Nicht zufällig kommt der Ausdruck »unheimlich«, sogar »unwirklich« bei der Beschreibung des Prozesses vor (128). Was Feuchtwanger unheimlich findet, ist die Ruhe, die Sachlichkeit der Prozeßführung, und was er schließlich doch nicht versteht, sind besonders die Geständnisse. Er erklärt sie sich, wie gesagt, als Verlust der trotzkistischen Überzeugungen, als Erkenntnis, daß Stalin recht habe; aber er begreift sie nicht. Daß »die ganze Verhandlung« »ein mit vollendeter, befremdlicher und grausiger Kunst inszeniertes Theaterstück« (119) sein könnte, die Angeklagten mit Foltern oder sonstigen Mitteln gefügig gemacht, lehnt er nach dem Augenschein in Moskau ab.

Es zeigt sich also, daß die beiden Männer, Gide und Feuchtwanger, mit verschiedenen Erwartungen in die Sowjetunion gereist sind: Gide suchte das Land des Menschenglücks, der Freude, des Fortschritts, der Freiheit. Er fand viel Fortschritt, einiges Glück und Freude bei den Sowjetmenschen, aber keinerlei Freiheit. Feuchtwanger suchte die Zeichen der Verwirklichung eines vernunftgemäßen Gesellschaftssystems, und er glaubte, ungeachtet der Mängel, Fehler und Probleme, diese Zeichen gefunden zu haben. Gide ging von dem Erreichten aus und der sich gegenwärtig abzeichnenden Tendenz; Feuchtwanger projizierte die ihm erkennbaren Entwicklungslinien in die Zukunft. Er fand Anlaß zu vielen Fragen aber nicht zu einem grundlegenden Zweifel. Auch der abstoßende Prozeß erwies sich bei näherer Beobachtung als notwendig, wenn auch nicht ganz begreiflich. Feuchtwanger kam zu diesem Urteil nicht nur aufgrund psychologischer Überlegungen eines Historikers und Schriftstellers. Er versuchte resolut, nicht die eigenen Neigungen des liberalen Schriftstellers zum Maßstab zu nehmen. Er diskutierte den Begriff der Freiheit in einem eigenen Kapitel und kam zu dem Schluß, die Freiheit des Westens, wo das Volk wenig oder keine Macht habe, das zu bewirken, was es eigentlich wolle, reduziere sich auf »Schimpffreiheit«, über alles zu »mäkeln«, an allem nach Wunsch Kritik zu üben. Diese »Einschränkung der Schimpffreiheit« (74) in der Sowjetunion hält Feuchtwanger nicht für überaus gravierend, wenn auch nur für die Aufbauphase vertretbar. Wichtiger scheint ihm die Zusammenarbeit am gemeinsamen Werk; und wichtiger erscheinen ihm auch die Garantien der neuen Verfassung der Sowjetunion, die dem Sowjetbürger konkrete Rechte und Freiheiten zubilligt und garantiert. Die Grundrechte westlicher Verfassungen scheinen Feuchtwanger dagegen theoretisch, abstrakt. Auch das ist im Zusammenhang der Diskussion um den Intellektuellen zu verstehen. Dieser sorgt sich kaum um die Lebensnotwendigkeiten der meisten Menschen, sondern eben um die Freiheiten der wenigen. Auf diese

Weise, ohne den Zusammenhang mit dem Volk, ist jedoch keine wirkliche Veränderung der Gesellschaft, keine Verwirklichung der Vernunft in der Gesellschaft herbeizuführen. Feuchtwanger wirft Gide und seinen Freunden Überschätzung der eigenen Wichtigkeit und Verkennung ihrer gesellschaftlichen Aufgabe vor. Der Intellektuelle ist nicht zum politischen Führer gemacht; seine Aufgabe ist es vielmehr, seelische und geschichtliche Prozesse darzustellen und damit einsichtig zu machen. Im Gegensatz zu Gide fand Feuchtwanger, daß seine Werke in der Sowjetunion sehr wohl gelesen wurden und zwar mit besonderem Verständnis, ja mit der Absicht, das aus ihnen Erfahrene im eigenen Leben anzuwenden. Das mußte einen Menschen wie Feuchtwanger natürlich beglücken.[5] Gides Urteil über die Ignoranz, zumal der Jugend, und Feuchtwangers gegenteilige Versicherung mögen auch in solchen Erfahrungen begründet sein.

Feuchtwanger fühlt sich nach wie vor seinem Gewissen verantwortlich; aber er erkennt, theoretisch auf alle Fälle, daß der Intellektuelle sich für eine Zukunft und ein System zu engagieren hätte, die zunächst alles andere als Vorteile in seinem persönlichen Leben bringen würden. Die Dringlichkeit des Engagements wird durch die politische Lage verstärkt, in der die Sowjetunion als der einzige ernsthafte Gegner des menschheitsbedrohenden Faschismus auftritt. Stalin ist »wirklich Fleisch vom Fleische des Volkes« (78), er will, er muß wollen, was dem Volke guttut. Der Sozialismus, das System der Vernunft, ist, was für das Volk richtig ist. Während Gide vom Mangel an Freiheit, dem erzwungenen Konformismus handelt, beurteilt Feuchtwanger die Tatsache, daß die Sowjetbürger »zwar ab und zu an Einzelnem Kritik übten, mit der Ordnung des Ganzen aber einverstanden schienen« (14), als wirkliches Einverstandensein. Auch er glaubte zunächst, »diese Bekundungen seien Ausfluß von Furcht« (15), kommt aber dann zur gegenteiligen Auffassung, die Sowjetmenschen bejahen ihr System. Volk und Führung sind grundsätzlich einig.

Feuchtwanger widerspricht Gide, wo er kann; gerade deshalb bleibt die Ähnlichkeit vieler ihrer Beobachtungen frappierend. Gide steht für den Intellektuellen, der im Sozialismus der Sowjetunion eine ungeheure, ja vielleicht die einzige Chance der Menschheit zum Fortschritt sah, für den aber Stalin, sein diktatorisches Regime, diesen Fortschritt bedrohten, ja zu vernichten suchten. Feuchtwanger vertritt den Intellektuellen, der aus der Erkenntnis heraus, daß man um einer besseren Zukunft willen Opfer in der Gegenwart bringen müsse, Stalins Regime mit seinen Schwächen als notwendige Aufbauphase erklärt und daher unterstützt. Bei beiden Autoren ist mehr als nur politische Vernunft am Werke. Gide wird von der neuen Generation der Sowjetmenschen fasziniert, er urteilt oft ästhetisch, ja erotisch. Feuchtwanger beobachtet fasziniert einen weltgeschichtlichen Prozeß und genießt sozusagen dessen dramatischen Konflikt. Über den Gegensatz von Stalin und Trotzki schreibt er beispielsweise: »Wenn ein Dramatiker zwei Männer so antithetischen Wesens einander gegenüberstellte, dann müßte er sich den Vorwurf der Absichtlichkeit und der Effekthascherei gefallen lassen.« (114 f.) Er genießt das Dramatische, die Kunst des Lebens, die künstlerischer als die Kunst der Künstler ist. Feuchtwanger urteilt über die Sowjetgesellschaft wie Goethe über ein Individuum: »Ein Bedeutendes weiß immer für sich einzunehmen, und wenn wir seine Vorzüge anerkennen, so lassen wir das, was wir an ihm problematisch finden, auf sich beruhen.« (152) Allerdings fand Feuchtwanger »noch vieles Problematische innerhalb der Sowjetgrenzen« (152), aber dazu gehörte für ihn weder Stalin noch die große Linie der Partei. Wo sich Gide über die Parteilinie mokiert, findet Feuchtwanger sie vernünftig.

Die Erlebnisberichte von André Gide und Lion Feuchtwanger zeigen, daß es nicht leichter war, die Sowjetunion Stalins von 1936/37 aus der Nähe als aus der Ferne zu beurteilen. Der große Bauplatz Sowjetunion, speziell Moskau, machte es dem Reisenden nicht leicht. War es eine gewaltige Strafkolonie, ein ungeheures Gemeinschaftsunternehmen, war Stalin ein Unterdrücker, ein Diktator oder der große Organisator? Zwei Positionen: die Sowjetunion als ein Feind der Freiheit, die Sowjetunion als Garant der Zukunft. Der erste Standpunkt beruhte auf dem unmittelbaren Augenschein, der zweite auf der Erklärung nach einem hegelschen Vernunftmuster. Die Gidesche Position setzte eine Unabhängigkeit voraus, die der Exilant Feuchtwanger sich nicht zusprach. Er sah sich genötigt, zwischen Alternativen zu entscheiden. Dabei spielte für Feuchtwanger ein Gesichtspunkt eine Rolle, den Gide getrost ignorierte: die Gefahr des Antisemitismus. Gegenüber dem nationalsozialistischen Antisemitismus mußte Feuchtwanger nach einem System Ausschau halten, das den Antisemitismus eliminieren würde. Denn der Zionismus schien ihm, auf jeden Fall nach der Evidenz der *Josephus*-Trilogie dieser Jahre, höchst problematisch. So war es ihm sehr willkommen zu hören, daß die Judenfrage in der Sowjetunion positiv gelöst sei (88—93), wenngleich er in diesem Punkt entgegen seinen Gewohnheiten durchweg nicht nach eigenen Beobachtungen urteilte. Aber gerade deshalb ist vielleicht der Wunsch um so deutlicher, dieses Problem gelöst zu finden, wie es anderswo nicht gelöst worden war. Naivität, Täuschung und Selbsttäuschung wurden schon damals Feuchtwanger vorgeworfen, wie Gide mangelndes politisches Verständnis und Kurzsichtigkeit. Weder Gide noch Feuchtwanger sprachen von Verhaftungen, Gefängnissen, Lagern, Terror, obwohl beide sichtlich bemüht waren, unangenehmen Fragen nicht aus dem Wege zu gehen. Die dunkle Seite des Sowjetlebens, die den früheren Enthusiasmus für das System ganz aus dem Bewußtsein verdrängt hat, macht es inzwischen so gut wie unmöglich, die subjektive Verfassung der Reisenden von 1936/37 fair zu beschreiben. Das Sowjetsystem ist inzwischen weder die Hoffnung auf einen entscheidenden Fortschritt der Menscheit noch der Hort des Widerstandes gegen faschistische Unmenschlichkeit. Gide ging offensichtlich mit überspannten Hoffnungen in die Sowjetunion und wurde enttäuscht, aber sein Erschrecken über die stalinistische Knebelung der Freiheit muß ihm als gültige Erfahrung zugebilligt werden. Feuchtwanger fand wirkliche Symptome des Aufbaus und des Fortschritts; verglichen mit den materiellen Erfolgen unterschätzte er die

Gefahr des geistigen Konformismus, der eben virulent zu werden begann. Darüber hinaus beurteilte er die Sowjetunion von einem Geschichtsbild her, das die problematischen Aspekte zu erklären und zu rechtfertigen vermochte, speziell die Einschränkung der »Schimpffreiheit« – im gleichen Augenblick, wo er gegen die Diktatur in Deutschland kämpfte. Das war nur möglich, wenn die Sowjetunion als System der Vernunft und der Nationalsozialismus als System der Widervernunft erklärt wurde.

Feuchtwangers Kritik des Intellektuellen, der nicht imstande ist, das Aufbauwerk Stalins angemessen zu beurteilen, ist natürlich das Werk eines Intellektuellen, der in diesem Falle an die Stelle der Kritik die Rechtfertigung setzt. Und zwar eigentlich aufgrund eines aufklärerisch-kritischen Musters. Die Aporien von Gide und Feuchtwanger geben über die Frage der Stellung zum Stalinismus hinaus einen Hinweis auf die Krise aufklärerischen Denkens und Handelns im 20. Jahrhundert gegenüber politischen Systemen, die eine vollständige Bejahung und Anpassung verlangen. Feuchtwangers und Gides Kritik geht wie ihre Beobachtungen in die gleiche Richtung: sie fordern Freiheit, speziell im künstlerischen Bereich, der ihr eigener ist. Feuchtwanger hält solche Freiheit für vereinbar mit dem System, Gide nicht, und entsprechend beurteilen sie die Zukunft. Feuchtwanger ist der unverbesserliche Optimist, der allen Beobachtungen zum Trotz an die gute Zukunft glaubt, und der dafür ein rationales Erklärungsmodell mitbringt; Gide reagiert und urteilt ohne solchen Schutz. Beide Positionen haben ihre offensichtlichen Schwächen, über die im Nachhinein immer leicht zu urteilen ist; um so schwerer sind sie zu vermeiden und um so leichter zu wiederholen.

Zum Schluß sei noch eine Beobachtung angefügt: an diesen beiden Erfahrungsberichten zeigt sich die entscheidende Bedeutung der Persönlichkeit Stalins. Das Vertrauen zu ihm bestimmt Feuchtwangers positives Urteil und damit zur Möglichkeit einer antifaschistischen Front; die Enttäuschung über ihn, das Mißtrauen gegen ihn bestimmt Gides Zweifel am und seine Abkehr vom Sowjetsystem. Die Haltung zu Stalin hat sicherlich Wirkung auf das Entstehen der »Gegenfigur« F. D. Roosevelt gehabt und darüber hinaus die Einstellung vieler Menschen bestimmt. Die Geschichte der dreißiger Jahre ist als Periode der Führerkulte anzusehen. Unter diesem Aspekt die Werke von Autoren wie Gide und Feuchtwanger durchzuprüfen, ist eine dankbare Aufgabe.

●

---

1 Zitiert nach der ersten (und einzigen) Ausgabe im Querido Verlag Amsterdam, 1937. —
2 *Retour de l'U.R.S.S.* suivi de *Retouches a mon retour de l'U.R.S.S.* Collection Idées, nrf.

Gallimard, Paris, 1978, S. 55, 57, 60, 68. — **3** Zitate nach der o. a. Ausgabe. — **4** »Ich kenne ihn gut, diesen Typ des Schriftstellers und Revolutionärs, wenn auch nur in kleinem Format.« (105) Vgl. Verf., *Lion Feuchtwanger*, München, 1983, S. 73–75. = Autorenbücher. — **5** Op. cit., S. 24–27, 52. Gide war in der Sowjetunion vor allem durch seine Rede bei den Trauerfeierlichkeiten für Maxim Gorki bekannt; außerdem las man seine *Voyage au Congo*. (Vgl. *Retour*, S. 29.)

Joachim Radkau

Der Emigrant als Warner und Renegat

Karl August Wittfogels Dämonisierung der »asiatischen Produktionsweise«

> »Ohne Zweifel gibt es in der Geschichte des einzelnen Menschen Ordnung und Zusammenhang. Alle Individuen handeln in der Überzeugung, daß in ihrem persönlichen Leben die Regelmäßigkeiten von gestern notwendig mit denen von heute und morgen verbunden sind. Offenbar gibt es auch in der Geschichte der Menschheit Ordnung und Zusammenhang.«
> K. A. Wittfogel, Die Orientalische Despotie[1]

Der Einbruch von Verfolgung und Exil in die Mehrdeutigkeit einer Lebensgeschichte.

Der 26jährige Wittfogel – Stückeschreiber, aktiver Kommunist und angehender Sozialwissenschaftler – brachte 1923 ein »revolutionäres Bühnenwerk« mit dem Titel *Wer ist der Dümmste?* heraus: dem Wittfogel-Biographen Ulmen zufolge das »phantasievollste und erfolgreichste Stück« des Autors. Es handelte sich um eine für das Puppentheater geschriebene Posse: um eine kuriose Mischung von kabarettistischer Albernheit und revolutionärer Agitation. Da präsentiert sich ein »fabelhaft dicker«, nach Menschenfleisch gierender Negerkönig mit Namen Wumba-Wumba, begleitet von seinem »schneidigen Scharfrichter« Guru-Guru, ebenso wie ein infamer chinesischer Oberpriester namens Wei-Hei-Wei (in Wirklichkeit war das der Name eines britischen Flottenstützpunkts in China), dem es in erbschleicherischer Absicht fast gelingt, den einfältigen Großkaufmann Du-Li-Ö zum Harakiri zu bewegen.[2] Es waren Witzfiguren des kolonialistischen Zeitalters, das die außereuropäischen Zivilisationen verachtete: des gleichen Zeitalters, in dem die Theorie der »asiatischen Produktionsweise« oder »orientalischen Despotie« ihren Ursprung hatte.

Wumba-Wumba und Wei-Hei-Wei scheinen auf komische Art schon den Horror der von Wittfogel drei Jahrzehnte später voluminös geschilderten »orientalischen Despotie« vorwegzunehmen, ähnlich wie das in einem Wittfogel-Aufsatz von 1922 beschworene Shakespearesche Ungeheuer Caliban, das die gespenstische Last, die auf den russischen und asiatischen Bauern drücke, verkörpern sollte.[3] In *Wer ist der Dümmste?* kommt jedoch beim abschließenden Knalleffekt heraus, daß die Höhe des Grotesken nicht die afrikanische oder die asiatische Despotie, sondern die Herrschaft des Kapitalismus sei, der durch den betrügerischen Foxtrottl verkörpert wird. Damals spielt Wittfogel nur mit dem Klischee von der »gelben Gefahr« und dem schwarzen Kannibalismus, um am Ende die Misere der eigenen europäischen

Welt zu brandmarken. In Wahrheit war Wittfogel von der chinesischen Kultur frühzeitig fasziniert und war stolz darauf, daß die *Rote Fahne* ihn 1919 – seiner eigenen Erinnerung nach – als »Vereinigung von Marx und Lao-tse« charakterisiert hatte, als er eine öffentliche Vortragsreihe über China gehalten hatte.[4]

Lange war über Wittfogels Lebensgeschichte nur wenig bekannt; inzwischen jedoch gehört er zu denjenigen emigrierten Wissenschaftlern, über deren Leben man am detailliertesten unterrichtet ist. Jede Beschäftigung mit ihm sieht sich heute mit dem 750-Seiten-Band der Wittfogel-Biographie Ulmens konfrontiert, die unter dem irreführenden Titel *The Science of Society* erschien und ein in der wissenschaftlichen Literatur nahezu beispielloses Produkt von Geniekult und Feindbekämpfung darstellt, von spannenden Informationen wimmelnd, zugleich aber durch ein bemerkenswertes Unvermögen charakterisiert, Wichtiges von Unwichtigem zu scheiden und ein geistiges Band zu knüpfen. Dabei war es Ulmens erklärte Absicht, den Nachweis zu führen, daß es »eine innere Logik und Kontinuität in (Wittfogels) intellektueller und politischer Entwicklung« gebe, eine These, von der er seinen Helden selber nur mit Mühe überzeugen konnte.[5] Bei aller Detailkenntnis zeigt Ulmen erstaunlich wenig Gespür dafür, welch tiefe Einschnitte KZ-Haft und Exil, Ablösung vom Kommunismus und schließlich Verfemung als Denunziant für ein Leben bedeuten. Der Zusammenhang zwischen den Bruchstellen in Wittfogels Lebensgeschichte und denen in seiner intellektuellen Produktion wird nur wenig geklärt, obwohl sich die Frage nach diesem Zusammenhang als Problem geradezu aufdrängt. Dennoch enthält Ulmens Werk eine Fülle von wertvollen Informationen, die über die Person Wittfogels hinausweisen.

Ulmen schildert auch Wittfogels frühere Lebensphasen, wo immer es sich anbietet, unter dem Blickwinkel des späteren Verfassers der *Orientalischen Despotie*. Aber es ist deutlich, daß die Entwicklung des jungen Wittfogel, des Kommunisten und Theaterschriftstellers, zunächst in ganz andere Richtungen wies, freilich nicht ohne manche Unsicherheiten. Der Wittfogel der Zeit vor 1933 bietet insgesamt ein buntes, uneinheitliches Bild: als Schriftsteller zeitweise mit einem Hang zu puerilen Scherzen, wobei sich allerdings auch deutlich literarische Schwächen zeigen; als Kommunist mitunter mit einer Neigung zum Übereifer, verbunden mit einer gewissen Naivität (»immer ein bißchen vorgebeugter Gymnasiast«, so wird ihn Brecht noch 1943 schildern[6]); als Sozialwissenschaftler mindestens so sehr auf den Spuren Max Webers wie der marxistischen Klassiker, dabei jedoch als Theoretiker von den Häuptern der Frankfurter Schule, zu der er noch nach seiner Emigration lange in Beziehung stand, nie so recht anerkannt[7]; schließlich als Sinologe – und das war diejenige Identität, die sich in den Stürmen seines Lebens am ehesten stabilisieren ließ – zwar mit revolutionär-politischem Anspruch, zugleich aber doch auch um Anerkennung in der etablierten bürgerlichen Wissenschaft bemüht, freilich noch ohne Kenntnis der chinesischen Sprache und ohne eigene China-Erfahrung.

Aber in Kreisen der deutschen Intelligenz der 1920er Jahre paßte manches zusammen, was sich im heutigen intellektuellen Milieu ungleich schwerer miteinander vertrüge. In das amerikanische Exil war eine solche Vieldeutigkeit schwerlich mit Erfolg zu transferieren. Die Emigration brach hier in ein noch vielfach ungeklärtes und unausgegorenes Leben ein und zwang auf die Dauer zu größerer Eindeutigkeit. Sie hatte Wittfogel allerdings – anders als vielen Mitemigranten – verlockende Identifikationsmuster anzubieten.

Hier ist der Punkt, wo die Theorie – oder angebliche Theorie – von der »asiatischen Produktionsweise« in die Darstellung eingeführt werden muß: jene Theorie, die Wittfogel seit der zweiten Hälfte der 20er Jahre – wenn auch durch Abschweifungen unterbrochen – immer monomanischer verfolgte und die ihm schließlich eine scharf umrissene Identität gab. Die Genealogie der Ursprünge dieser Theorie, die bei Montesquieu, Voltaire und auch minderen Geistern der Aufklärung beginnt, in einigen – allerdings mehr oder weniger beiläufigen – Bemerkungen von Marx und Engels kulminiert und sich dann weiter zu Plechanow und dem späten Lenin fortsetzt – ist schon wiederholt aufgerollt worden[8], ja man kann feststellen, daß die neuere Diskussion über die »asiatische Produktionsweise« zu häufig durch ein introvertiertes Interesse an ihren eigenen westeuropäischen Ursprüngen gekennzeichnet war – weit mehr als durch ein Interesse an »Asien«. Charakteristisch für die Debatte ist vielfach das gebannte Starren auf wenige verstreute Marx-Zitate, als ob die wachsende Intensität dieses Starrens am Ende ein großes Geheimnis enthüllen werde; charakteristisch ist auch, daß Unklarheiten und Widersprüche im eigenen Erkenntnisinteresse dabei kaum bemerkt werden. Bewunderung des Ostens und Horror vor dem Osten, Idealisierung der Dorfgemeinschaft und Empörung über Despotie gehen in der Geschichte dieser Theorie von Anfang bis heute durcheinander. Schon die Ursprünge schwanken zwischen Chinaphobie und Chinaphilie. Die einschlägigen Marx-Zitate beziehen sich überwiegend auf Indien und wurden mindestens so sehr durch journalistische Notwendigkeiten wie durch theoretische Bedürfnisse motiviert. Später wurde Marx durch die russische Kontroverse um die Obschtschina, die Dorfgemeinschaft, zu gelegentlichen Stellungnahmen veranlaßt.

Wenn man aus diesen Bemerkungen eine Theorie machen will, ergibt sich ein widersprüchliches Bild. In Asien (aber nicht in Rußland) gibt es traditionelle Ackerbaugesellschaften, die auf Bewässerungssystemen beruhen. Diese Systeme erfordern eine straff durchorganisierte Dorfgesellschaft und/oder eine starke staatliche Zentrale; sie verhindern die Erstarkung des Privateigentums, hemmen also das Aufkommen sowohl einer feudalen wie einer bourgeoisen Oberschicht. Dörflicher Kollektivismus und despotische Staatsmacht scheinen sich innerlich zu bedingen, obwohl die Natur dieses Zusammenhangs nicht restlos geklärt ist. Im übrigen scheint sich der dörfliche Kollektivismus – als direkter Abkömmling des Urkommunismus – auch ohne Bewässerungssysteme aufrechterhalten zu können: Das zeigt das russische Beispiel. Die entscheidende Frage, wie sich diese

»asiatischen« Verhältnisse unter revolutionärer Perspektive darstellen, wird ganz widersprüchlich beantwortet: Zuerst ist die indische Dorfgesellschaft, deren Idylle nur ironisch erwähnt wird, für Marx der Inbegriff verrotteter Rückständigkeit – jene Gesellschaft, wo »der Mensch, der Beherrscher der Natur, vor Hanuman, dem Affen, und Sabbala, der Kuh, andächtig in die Knie sank«.[9] Dieser Gesellschaft geschah es in Marx' Augen zu Recht, daß sie in die harte Schule des britischen Kolonialismus geriet; ein entscheidender Schritt voran war ihm zufolge die Durchsetzung des agrarischen Privateigentums, »nach dem die asiatische Gesellschaft so sehr verlangt«.[10] Was jedoch die russische Obschtschina betraf, so sah sich Marx später durch die revolutionäre Stärke ihrer Anhänger, der Narodniki, zu der Konzession veranlaßt, daß sie kein bloßer überwindungsbedürftiger Anachronismus, sondern im Zuge einer allgemeinen Revolution ein direkter Weg zum Sozialismus sein könne.[11]

Aber revolutionäre Hoffnungen auf die russische Dorfgemeinde verloren in der Folge ihre Überzeugungskraft. Plechanow kritisierte 1906 das Leninsche Programm der Nationalisierung des Bodens mit dem Argument, daß eine solche Verstaatlichung auf eine Restauration der »alten halbasiatischen Ordnung« hinauslaufen werde.[12] 1917 war es Lenin selber, der – hierfür heftig von Rosa Luxemburg angegriffen – die Privatisierung des Bodens verfocht.

Die älteren Diskussionen über »asiatische«Verhältnisse drehten sich mehr um die Dorfgesellschaft als um den zentralen Machtapparat. Erst allmählich, in den 1920er Jahren beginnend, weitete sich der Blick wieder auf jene Weltregionen, die mit der Asien-Theorie ursprünglich gemeint worden waren: die großen Bewässerungskulturen Süd- und Ostasiens. Nur hier bekam diese Theorie jene massive Produktivkraft-Basis, die sie im marxistischen Sinne vollwertig machte; aber ihre aktuellen revolutionären Konsequenzen waren in einer Zeit, in der der antikoloniale Widerstand erstarkte, unklarer denn je. So vieldeutig und unausgereift war die Theorie von der »asiatischen Produktionsweise«, als der junge Wittfogel an sie geriet und sie zu seiner Lebensaufgabe machte.

Über die Vorgeschichte dieser Theorie und auch über die Hintergründe der damaligen sowjetischen Auseinandersetzungen über die »asiatische Produktionsweise« war er damals offenbar nur unvollkommen orientiert. Noch sein erstes großes Werk, die 1931 vom Frankfurter Institut für Sozialforschung herausgebrachte *Wirtschaft und Gesellschaft Chinas*[13], dokumentiert in seiner Gesamtanlage, daß er sich weit mehr für Bauern und Handwerker als für den Staatsapparat interessierte, und daß er aktuelle Dimensionen seiner Theorie noch nicht ausgearbeitet hatte. Oder gab es für Wittfogels Konzentration auf China seinerzeit doch ein aktuell-politisches Motiv, das der spätere Wittfogel und sein Hagiograph Ulmen nur andeutungsweise erkennen lassen? Es war im Jahr 1925, als Stalin angesichts des nicht mehr zu leugnenden Scheiterns revolutionärer Ansätze in Westeuropa öffentlich erklärte, daß es nunmehr die Revolutionierung des Ostens sei, die die revolutionäre Krise im Westen vorantreiben werde. Im Sommer des gleichen Jahres schrieb Wittfogel sein erstes China-Buch[14], und 1926 setzte der Strom seiner China-Artikel ein. Noch im April 1925 waren seine Schriften in einem Schreiben der Agitprop-Abteilung der Komintern an das Zentralkomitee der KPD heftig angegriffen und als »skandalös« gebrandmarkt worden: seinen Posten als Kulturredakteur der *Roten Fahne* hatte er nach wenigen Monaten wieder verloren.[15] Diese Erfahrungen müssen ihn erheblich getroffen haben, wenn auch Ulmens Biographie nichts darüber berichtet. China versprach ihm in dieser Situation ein unter den Augen der Komintern sicheres und zukunftsträchtiges Terrain zu bieten.

Auch in der Folge hatte er Grund, sich von sowjetischer Seite darin bestätigt zu sehen, daß die Erforschung der chinesischen Gesellschaft nach marxistischen Kriterien die große Chance seines Lebens sei. Von 1925 an sprach sich Varga, einer der führenden sowjetischen Nationalökonomen, öffentlich für eine »asiatische« Interpretation der chinesischen Gesellschaft aus[16]; im selben Jahr machte Rjasanow, damals Direktor des Moskauer Marx-Engels-Instituts, auf die Marxschen Erörterungen zur asiatischen Produktionsweise aufmerksam, und als Wittfogel 1928 nach Moskau kam, wurde er von Rjasanow ermutigt: »Oh, Genosse Wittfogel, da ist ja noch viel, viel mehr über Asien in den unveröffentlichten Marx-Manuskripten.«[17] Bahnbrechend für die sowjetische Diskussion wurde das 1928 erschienene Buch des aus dem diplomatischen Dienst in China zurückgekehrten L. I. Madjar über die *Ökonomie der Landwirtschaft in China*; aber Theorie und Empirie fielen hier noch auseinander.[18] In Wittfogels China-Werk von 1931 war die Synthese eines großen theoretischen Entwurfs mit einer enormen Fülle von empirischem Material in einer bis heute unerreichten Weise gelungen.

Aber – im gleichen Jahr 1931 verstummte in der Sowjetunion die Diskussion über die asiatische Produktionsweise. Auf der diesem Thema gewidmeten Leningrader Debatte vom Februar 1931 hatte sich gezeigt, daß die Anhänger dieser Theorie fortan fürchten mußten, als Trotzkisten verfolgt zu werden.[19] In Leningrad wurde Wittfogel vorgeworfen, daß er in seinem China-Opus die Klassenanalyse vollständig ignoriert, also eine marxistische Todsünde begangen habe.[20] Die Hoffnung auf eine russische Übersetzung des Buches zerschlug sich. Eben das Werk, das Wittfogel endlich eine feste Position verschaffen sollte, ließ ihn, kaum daß es erschienen war, in ein politisches Zwielicht geraten. Zugleich begann er allerdings, Anerkennung in der bürgerlichen Wissenschaft zu finden.

Ob Wittfogel damals erkannte, daß die Diskussion über die »asiatische Produktionsweise« im Kommunismus auf unabsehbare Zeit unterdrückt war, und ob er diese Wende schon zu jener Zeit als ein Werk des zu totaler Herrschaft gelangenden Stalinismus begriff, ist zweifelhaft; er selber brauchte noch zwanzig Jahre, bis er soweit war, die Unterdrückung der »asiatischen« Theorie als ein Manöver, das die Entlarvung des Stalinismus verhindern sollte, zu interpretieren. Der politische Beigeschmack der Vorgänge war damals nicht eindeutig. Reinhart Kößler, der erstmals die sowjetische Debatte über die »asiatische Produktionsweise« im Detail analysierte, wundert sich über die Diskrepanz zwischen den »permanenten Versicherungen über die unendliche politische Bedeutung der Debatte« und ihrem in Wahrheit – soweit man aus den Veröffentlichungen erkennen kann –nur »winzigen politischen Ertrag«.[21]

Dabei gab es seit 1927, als Tschiang Kai-schek zum Schlag gegen die bis dahin verbündeten Kommunisten ausgeholt hatte, für den Kommunismus in China eine brennende politische Entscheidungssituation. Wittfogel scheint damals die Absicht gefaßt zu haben, die wissenschaftliche Begründung dafür zu liefern, daß es in einer Gesellschaft wie der chinesischen eine revolutionäre Allianz des Proletariats mit dem Bürgertum nicht geben könne, da die städtischen Oberschichten zu eng mit dem alten System verfilzt seien.[22] Er konnte sich dabei auf Varga berufen.[23] Die Betonung der Kollektivität der bäuerlichen Produktionsweise in der »asiatischen« Theorie konnte dahin führen, der revolutionären Bauernbewegung in China große Chancen zu geben,[24] also die maoistische Strategie ideologisch abzustützen: Aber diese praktische Konsequenz, die höchste Bedeutung hätte erlangen können, zeichnete sich anscheinend nur ansatzweise und undeutlich ab. Noch undeutlicher allerdings war um 1930 die potentiell antibürokratische Pointe der Theorie. Stattdessen konnte man mit ihr sogar die Nützlichkeit der Bürokratie beweisen![25] So erklärt es sich, daß Wittfogel aus der Erfahrung von 1931 noch nicht die Konsequenz zog, die man von dem Wittfogel der Ulmen-Biographie und der *Orientalischen Despotie* erwarten müßte.

In der umfangreichen Liste der Wittfogelschen Veröffentlichungen reißt 1931 das Thema »China« fast ganz ab, um erst nach der Emigration wiederzuerscheinen. Erneut suchte Wittfogel das Zentrum der aktuellen politischen Kämpfe: Er konzentrierte sich auf das Thema »Faschismus«, veröffentlichte darüber Artikel auf Artikel und begann mit einem Buchmanuskript *Nationalsozialismus*, das angeblich bis Ende 1932 – in der kurzen Zeit kaum vorstellbar – auf fast 700 Seiten anschwoll, aber nie veröffentlicht wurde und verlorenging.[26]

Man könnte meinen, gerade nach der Emigration hätte nichts für Wittfogel nähergelegen, als aus eigenster Betroffenheit heraus das Thema »Faschismus« mit aller Kraft weiterzuverfolgen. Viel später noch zeigte sich Arnold Toynbee darüber verwundert, daß Wittfogel sein antitotalitäres Freiheitspathos nicht zuallererst gegen den Nazismus gewendet, sondern stattdessen in einem Opus ausgelebt habe, in dem der Faschismus kaum vorkommt.[27] Die dürren Angaben, die Ulmen – vermutlich nach Wittfogels eigener Erinnerung – über das verschollene Manuskript *Nationalsozialismus* macht,[28] mögen einiges davon erklären, weshalb Wittfogel das Thema nach so gewaltigem Schreibaufwand liegenließ: Die dort berichteten Leitgedanken sind banal und ohne Originalität, vor allem auch ohne großen gesellschaftspolitischen Wurf und mehr im Stil der Populärpsychologie angelegt. Sie öffneten kein Tor zu einer sozioökonomischen Weltdeutung.

Maßgebend dafür, daß Wittfogel sich gerade in der Emigration vom Thema »Faschismus« abwandte, mag im übrigen der Umstand gewesen sein, daß Horkheimers Institut für Sozialforschung – seine erste Zuflucht im Exil – und überhaupt der amerikanische Wissenschaftsbetrieb ihn nur als Sinologen, nicht als Faschismus-Theoretiker gebrauchen konnten. Es gibt aber auch Hinweise darauf, daß seine eigene KZ-Erfahrung einer produktiven Bewältigung der Faschismus-Thematik nicht günstig war. Vielleicht ist dies das menschlich ergreifendste Kapitel dieser Lebensgeschichte.

Wittfogel wurde am 10. März 1933 bei dem Versuch, illegal die Schweizer Grenze zu überqueren, verhaftet und kam im September in das der SS unterstellte KZ Börgermoor, in dem damals das berühmt gewordene Lied der »Moorsoldaten« entstand, zu dessen Verbreitung Wittfogel selbst beitrug.[29] Da er seit seiner Jugend tuberkulosegefährdet war, bedeutete die Moorarbeit bei hereinbrechender kalter Jahreszeit für ihn eine unmittelbare Todesdrohung. Im November wurde er in das KZ Lichtenburg verlegt und brach dort körperlich zusammen. Kurz darauf kam er frei; die Frage nach der entscheidenden Ursache seiner Rettung wurde auch für ihn selber nie geklärt.

Seine KZ-Erfahrung verarbeitete Wittfogel in einem Roman, der 1936 unter Pseudonym in dem kommunistischen Malik-Verlag (London) erschien.[30] In der Hauptfigur des Romans, Martin Schneehagen, wollte der Verfasser laut Nachwort »den zahlreichen antifaschistischen und revolutionären Intellektuellen ... ein Denkmal setzen, die im Dritten Reich gefangen gehalten werden, oder bereits zu Tode gemartert worden sind«; in Wirklichkeit ist Schneehagen jedoch unverkennbar ein Abbild des Verfassers selbst. Aber Schneehagen erleidet das Schicksal, das an Wittfogel – scheinbar wie durch ein Wunder – vorüberging: Er wird, schon vorher als Todeskandidat abgestempelt und aller Hoffnung beraubt, elend und einsam erschossen. Später in der *Orientalischen Despotie* wird Wittfogel den mit Würde im Kreis der Freunde erlittenen Tod des Sokrates – eine lange Anmerkung enthält den gesamten Bericht Platons – als charakteristischen »Zwangstod in einer offenen Gesellschaft« der einsam in einem dunklen Raum erlittenen Verstümmelung des berühmten chinesischen Historikers Ssu-ma Tsch'ien gegenüberstellen.[31]

Ein damaliger Freund Wittfogels, Wolfgang Langhoff, hat sein zur gleichen Zeit in denselben Konzentrationslagern erlittenes Schicksal ebenfalls in einem kurz darauf im Schweizer Exil veröffentlichten Buch dargestellt[32], das weit bekannter als Wittfogels romanhafte Erzählung geworden ist. Vieles in den beiden Büchern ist ähnlich, und doch ist ihr Gesamtcharakter ganz anders: bei Wittfogel alles eine fast ununterbrochene Abfolge von Qual, völliger Hilflosigkeit und Todesangst, wobei die SS-Wachmannschaft fast nichts Menschliches mehr besitzt; bei Langhoff eine durchaus wechselnde Folge von Erschreckendem und Ermutigendem, ganz realistisch auch von Alltäglichem unterbrochen. Anders als bei Wittfogel wird berichtet, wie über der Wahl des Stubenältesten bei den KZ-Häftlingen ein Geist der Selbstorganisation aufkommt (S. 140 ff.); wie nach und nach eine gewisse menschliche Kommunikation mit einem Teil der SS-Wachmannschaft möglich wird und schließlich durch den von Häftlingen aufgeführten

»Zirkus Konzentrazani« sogar eine Art gemeinsames Fest zustandekommt (S. 175 ff.); wie sich auch in der dortigen SS Mißmut über das NS-System ausbreitet, der bis zur offenen Rebellion geht.

In der Schilderung Wittfogels dagegen ist schwer zu verkennen, daß fast jegliche Anhaltspunkte und Kategorien zur Verarbeitung des Erlittenen fehlen. Wittfogel berichtete später, eine Freundin habe sich darüber enttäuscht gezeigt, daß der Kampf der Kommunisten gegen Hitler in dem KZ-Buch nicht vorkomme: Aber das sei es eben, diesen Kampf habe es nicht gegeben.[33] Nur kurz bricht in der Finsternis des KZ-Romans die Vision des »großen Sowjetlandes« – noch keine asiatische, sondern eine »neue hellenische Welt« – als reale Utopie durch die Wolken (S. 338 f.): Aber das wirkt wie eine Pflichtübung ohne inneren Zusammenhang mit dem sonst tiefdunklen Horizont des Geschehens. Ökonomisch-klassenkämpferische Kategorien scheinen keine Kraft zur Bewältigung des Erfahrenen zu besitzen: Bei Wittfogel ist es vielmehr immer wieder die SS, die einen Jargon des sozialen Ressentiments strapaziert – das Geschimpfe auf die »Bonzen«, die Faulenzer, die ehrliche Arbeit lernen sollen –, aber als bloßen Vorwand für immer neue Peinigungen der Häftlinge. Auch »Revolution« erscheint als NS-Jargon (S. 22): als Rechtfertigung von Terror. Die Ursachen des Furchtbaren werden nirgends wirklich geklärt: Insgesamt wirkt der SS-Terror als kollektiver Ausbruch niederer Instinkte, als Entfesselung eines geilen Sadismus (vgl. S. 130, 205, 434).

Ulmen will in Wittfogels KZ-Erfahrung den Ursprung seines späteren Schreckbildes von der »orientalischen Despotie« sehen: Wittfogel habe das KZ als zunehmend bürokratisches System erkannt, wobei sich die SS aus klassenbewußten Proletariern, vereint mit Elementen des »Lumpenproletariats«, zusammengesetzt habe. Bürokratische Macht sei kein bloßer »Überbau«, sondern die Substanz dieses totalitären Systems gewesen; neben dem Unterschied zwischen Aufsehern und Gefangenen seien alle überkommenen Klassenunterschiede bedeutungslos geworden.[34]

Aber von dort bis zur *Orientalischen Despotie* dauerte es noch zwanzig Jahre. In Wittfogels KZ-Roman läßt sich eine solche Analyse kaum ansatzweise erkennen: Sie entstammte schwerlich der unmittelbaren Leidenserfahrung. Deutlich zu bemerken ist bei dem Verfasser nur eine tiefe politische Desorientierung. Es fällt allerdings auf, daß in Börgermoor die Wasserbauarbeit für Wittfogel zum »Alptraum« (S. 338), zur Todesdrohung wurde: jene Arbeit, die die »asiatische Produktionsweise« charakterisiert. In dem KZ-Buch wird auch auf die Entwässerungsarbeiten des italienischen Faschismus in den pontinischen Sümpfen verwiesen (S. 384): Aber die sich hier bietende Möglichkeit einer Synthese von Faschismus-Theorie und Theorie der »asiatischen Produktionsweise« wird von Wittfogel später nicht mehr weiterverfolgt. Die persönliche Erfahrung mit Terror und Totalitarismus entzieht sich der direkten Aufarbeitung, schon gar der Aufarbeitung mit ökonomischen Kategorien.

Mit diesem Unvermögen stand Wittfogel unter den Emigranten nicht allein: Die Empfindung, daß ökonomische Interpretationen des

Faschismus ganz unzureichend seien, läßt sich geradezu als exiltypisch bestimmen.[35] Man muß dabei bedenken, daß vor 1933 häufig jene Theorien, die den Faschismus zu direkt aus klassischen Begriffen von Kapitalismus und Bürgertum ableiteten, vielfach zu trügerisch verharmlosenden Prognosen über den Nazismus geführt hatten. Mit diesem abgenutzten theoretischen Handwerkzeug konnte die 1933 einsetzende Serie von Schockerfahrungen oft nicht mehr bewältigt werden. Die Auseinandersetzung der Emigration mit dem Nazismus kulminierte in Werken wie Rauschnings *Revolution des Nihilismus* und Hanna Arendts *Elemente und Ursprünge totaler Herrschaft*; das dort artikulierte apokalyptische Entsetzen findet seinen Widerschein selbst in dem Titel von Franz Neumanns *Behemoth*, dem berühmtesten unter denjenigen Exilwerken, die den Nazismus noch in Traditionen marxistischen Denkens zu deuten suchten. Wittfogels Schwierigkeiten mit der geistigen Bewältigung der Erfahrung des NS-Terrors hatten offenbar nicht nur mit persönlichen Problemen zu tun, sondern hingen mit objektiv desorientierenden Bedingungen der damaligen Emigrantensituation zusammen. Auch Wittfogels weitere Entwicklung weist manche exilbedingten Elemente auf.

Die Verwandlung der Emigration in eine Forschungsreise.

Wittfogels KZ-Buch war sein letztes romanhaftes Werk: Der Schriftsteller Wittfogel – schon vorher zunehmend durch den Wissenschaftler verdrängt – wurde ein Opfer des Exils, ebenso wie der Literaturtheoretiker Wittfogel, der vor 1933 in der Diskussion über marxistische Ästhetik die Partei des »sozialistischen Realismus« ergriffen hatte.[36] Eine gewisse Eifersucht Wittfogels gegenüber Brecht, den er einst als »Ideologe(n) des Lumpenproletariats« bezeichnet hatte[37], läßt sich immer wieder erkennen, zumal auch Brecht eine wachsende Affinität zu chinesischen Stoffen zeigte. Brecht jedoch trieb mit dem Chinesischen ein unverhülltes Spiel der Phantasie, während Wittfogel sein China-Bild mit einem Berg von Fakten zu untermauern trachtete.

Wittfogel, der bis dahin nur unter Kommunisten und Sozialwissenschaftlern als China-Spezialist gelten konnte, bekam im amerikanischen Exil bald die Chance, ein wirklicher Sinologe zu werden und die chinesischen Verhältnisse fachmännisch an Ort und Stelle zu erforschen. Das Exil, das für den Großteil der Wissenschaftler die Trennung von ihren bisherigen empirischen Forschungsmöglichkeiten bedeutete, führte Wittfogel an die Quelle der von ihm gesuchten Erkenntnis. Im Vergleich zu unzähligen anderen Emigrantenschicksalen besitzt diese Verwandlung der Emigration in eine Forschungsreise etwas Traumhaftes, Erlösendes. Im Herbst 1934 war Wittfogel mit seiner Frau in New York eingetroffen; schon im Frühjahr 1935 begaben sie sich auf die Reise nach China und genossen dabei, durch Horkheimers Institut für Sozialforschung vermittelt, die Förderung des einflußreichen Institute of Pacific Relations. Und es zeigte sich, daß sich Wittfogels Konzeption der chinesischen Gesellschaft tatsächlich in

Forschungsarbeit vor Ort umsetzen ließ, und daß sich sein einst in Deutschland mit Marxschen und Weberschen Ansätzen gewonnenes Konstrukt mit Insider-Einsichten traf.[38]

Daß Wittfogel immer noch Kommunist war, schien ihm am Institute of Pacific Relations nicht zum Nachteil zu gereichen: ein Umstand, der in den Augen des späteren antikommunistischen Wittfogel dazu beitragen mußte, das Institut suspekt zu machen. Aber schon damals wurde Wittfogels Kommunismus für seine praktische Tätigkeit belanglos. In Peking verschob sich sein Interesse von den Bauern und Handwerkern auf die chinesischen Oberschichten, zu denen er dort persönlichen Kontakt bekam.[39] Zugleich wandte er sich einem intensiven Studium der chinesischen Kaiser- und Kriegsgeschichte zu, um aus dieser Perspektive das chinesische Herrschaftssystem aufzuschlüsseln. Viele chinesische Geschichtsquellen waren dazu neu zu entdecken und neu zu studieren. »Diese Aufgabe« – schrieb er danach mit dem Selbstbewußtsein des Experten – »konnte mit einer Chance auf Erfolg nur an einem einzigen Platz der Welt angegangen werden: im alten Peking«.[40]

Aus China zurückgekehrt, wurde Wittfogel im Sommer 1939 zum Leiter des von der Rockefeller-Stiftung geförderten »Chinese History Project« an der Columbia-Universität ernannt.[41] Auch für das Horkheimersche Institut für Sozialforschung war Wittfogel nun kein Novize mehr, sondern eine respektable Gestalt.[42] In einer Zeit, als das Schicksal vieler Emigranten seinen Tiefpunkt erreichte, war Wittfogel in der amerikanischen Wissenschaft fest etabliert – er war »stout« geworden, wie Brecht ironisch feststellte.[43]

Wie auch andere emigrierte Wissenschaftler war Wittfogel mit seinem deutschen Bildungshintergrund und seinem theoretischen Anspruch im amerikanischen Wissenschaftsbetrieb zunächst etwas isoliert; für ihn wie für die Wissenschaftler-Emigration überhaupt bestand jedoch eine besondere Chance darin, aus dem eigenen Anders-Sein einen Vorteil zu machen und den in den USA durchaus vorhandenen Bedürfnissen zu entsprechen, über einen bloßen Empirismus hinauszugelangen.[44] Dazu mußte man freilich zunächst in den Augen der Empiriker eine hinreichende Solidarität gewinnen. Das ist Wittfogel bemerkenswert rasch gelungen: bis er dann später, indem er die Grenzen der Sinologie weit überschritt, selber dieses Image der Solidarität tief erschütterte.

Der Wittfogel der späten 30er Jahre schien in der Sinologie seine intellektuelle Heimat gefunden zu haben, – aber seine Beschäftigung mit China hatte gleichsam ihre politische Pointe verloren. Die Theorie der »asiatischen Produktionsweise« hatte ihre intellektuelle Spannung durch das Milieu vor 1933 bekommen: Diese Spannung verlor sie im Milieu der amerikanischen Sinologie.

Schon bald begriff Wittfogel jedoch das amerikanische Exil als Chance zur universalistischen Ausweitung seiner Theorie: Der Inka-Staat erwies sich als idealtypisches Modell der »asiatischen Produktionsweise«, wie es in dieser Perfektion selbst in China kaum zu finden war[45]; nach und nach verleibte Wittfogel auch das vorspanische

Mexiko seiner Theorie ein.[46] Der nach Amerika emigrierte Forscher führte die »asiatische Produktionsweise« bis an die Grenze der USA. Und am Ende versah er die Theorie mit einer politischen Pointe, die an Schärfe alles übertraf, was die marxistischen Diskussionen vor 1933 erreicht hatten. Wenn die politischen Konsequenzen der »asiatischen Produktionsweise« bis dahin immer undeutlich geblieben waren, so glaubte Wittfogel schließlich, deren Klärung herbeigeführt und damit eine ungeheure Entdeckung gemacht, ein großes Geheimnis enthüllt zu haben.

Aber bis dahin war es noch ein langer Weg, und über geraume Zeit hinweg läßt sich nicht erkennen, daß Wittfogel ihn zielstrebig begangen hätte. Zu den Merkwürdigkeiten seines China-Aufenthaltes gehört der Umstand, daß er eine Gelegenheit, nach Yenan – der damaligen Zentrale des chinesischen Kommunismus – zu fahren und Mao Tsetung zu treffen, nicht wahrnahm.[47] Dabei hätte er gerade durch die unmittelbare Begegnung mit den chinesischen KP-Führern, mehr als durch das Studium ihrer Schriften, erkennen können, daß Mao keine bloße Kreatur Stalins war und die maoistische Revolution – so wie es der »asiatischen« Theorie entsprach – ihren eigenen Gesetzen folgte.[48] Aber Wittfogel – nunmehr ganz vom Studium der chinesischen Dynastiengeschichte erfüllt – hatte den Impetus verloren, die politische Relevanz seiner Theorie im Bereich der Bauernrevolution zu suchen.

Die Theorie von der »asiatischen Produktionsweise« auf dem Wege zur antisowjetischen Doktrin.

Wie schon gezeigt, läßt sich erkennen, daß die kommunistischen Überzeugungen für Wittfogel seit seiner KZ-Erfahrung, dann vollends nach seiner Emigration in die USA ihren lebenspraktischen Wert verloren. Das war nicht nur Wittfogels persönliches Schicksal: Ganz allgemein bedeutete das Exil, in dem man sich meist individuell durchschlagen mußte, wenig Solidarität erfuhr und von den großen sozialen Kämpfen oft ausgeschlossen war, eine Vitalitätskrise für »linke« Einstellungen.[49] Von den Stalinschen Säuberungen waren kommunistische Emigranten besonders bedroht; der Stalin-Hitler-Pakt war für deutsche Kommunisten mehr als für andere Gruppen ein Schlag ins Gesicht.

Ulmen zufolge gab dieser Pakt Wittfogel den letzten Anstoß, die Beziehungen zur Kommunistischen Partei vollständig abzubrechen.[50] In Wirklichkeit scheint sich seine definitive Ablösung vom Kommunismus langsamer und nicht so sehr unter dem Einfluß aktueller Vorgänge vollzogen zu haben: Darauf verweist das von Ulmen nicht berichtete Faktum, daß Wittfogel sich noch im Oktober 1939 in den Vorstand der *German-American Writers Association* wählen ließ, einer damals stark kommunistisch beeinflußten Emigrantenvereinigung, die von erklärten Antikommunisten bereits verlassen worden war und als »Agentur Stalins« beschimpft wurde.[51] Nur zögernd gab Wittfogel die menschlichen Beziehungen preis, die ihm seine Zugehörigkeit zum Kommunismus erbracht hatte.

Die Trennung vom Kommunismus war ein tiefer Einschnitt in seinem Leben. Wittfogel bekannte später öffentlich, er sei schon 1936/37 ein »ideologischer Krüppel« gewesen.[52] Früher, Ende 1930, soll er bei einer Debatte über das Brechtsche Lehrstück *Die Maßnahme* die hyperorthodoxe These verfochten haben, es sei besser, einen Kommunisten zu töten, als ihn aus der Partei auszuschließen: Der Tod sei für einen Kommunisten nicht so tragisch wie der Parteiausschluß.[53] Auch das wirft ein Licht auf die geistige Heimatlosigkeit, die die Trennung vom Kommunismus für Wittfogel bedeutete – eine Entscheidung, die zugleich die Trennung von seiner damaligen Frau, einer vormals sowjetrussischen Auslandskorrespondentin, mit sich brachte.[54]

Merkwürdigerweise vermittelt Ulmen nicht den Eindruck, daß um 1936/37 Berichte über die stalinistischen Säuberungen und die Moskauer Prozesse für Wittfogels Abwendung vom Stalinismus eine wesentliche Rolle gespielt hätten. Wichtiger war für ihn anscheinend die wachsende Überzeugung, daß der Kampf des aus Moskau gesteuerten Kommunismus gegen Hitler nicht ernst gemeint sei.

Wenn Wittfogel vor 1933 aus Kominternkreisen gelegentlich hatte hören müssen, daß man einer Hitlerschen Machtübernahme ruhig zusehen könne, da der Endsieg des Kommunismus dadurch nur beschleunigt werde, so verdichteten sich für ihn solche Eindrücke immer mehr zu der Überzeugung, Stalin habe den Sieg Hitlers gewollt und mitverschuldet. So ließ sich die Erbitterung des Emigranten über den Nazismus gegen die Sowjetunion lenken. Wittfogel war nicht der einzige, der im Exil zum Antikommunisten wurde.[55]

Dennoch sollte es bemerkenswert lange dauern, bis Wittfogel der Theorie von der »asiatischen Produktionsweise« eine Wendung gegen die Sowjetunion gab. Aus der Ex-post-Perspektive der Ulmen-Biographie ebenso wie der *Orientalischen Despotie* wirkt dieses Zögern geradezu rätselhaft, war doch der Weg zur »asiatischen« Interpretation Rußlands durch Plechanow und den späten Lenin längst vorgezeichnet. Aber es war riskant, die Kompetenz als Sinologe, die dem Emigranten eben erst eine neue Heimat und Identität gebracht hatte, so provokativ zu überschreiten. Man muß zudem bedenken, daß der Theorie bei der Ausweitung auf Rußland der Hauptreiz – jedenfalls für den in marxistischen Traditionen denkenden Intellektuellen – verlorenging: die Produktivkraft-Grundlage in Gestalt der Bewässerungssysteme. Demgegenüber besaß die hernach ersatzweise zum inneren Kern des »Asiatischen« erhobene »manageriale Despotie« etwas Verwaschenes, Vulgärsoziologisches.[56] Das Wittfogelsche Werk bekam auch später sein besonderes Profil durch die Untersuchung der gesellschaftlichen Konsequenzen der Bewässerungssysteme, nicht durch eine – bei ihm immer nur ganz rudimentäre – Soziologie der Bürokratie. Der Zentralbegriff der *Orientalischen Despotie* – die »hydraulische Gesellschaft«, »hydraulische Diktatur« – ist immer noch von den Wasserbausystemen abgeleitet.

Aber dieses Kriterium trifft für die Sowjetunion nicht zu. Tatsächlich überrascht Wittfogel den Leser am Schluß der *Orientalischen Despotie* mit dem Hinweis, daß unter dem Sowjetsystem *keine* »asiatische Restauration« stattgefunden habe (S. 544)! Wittfogels Analyse ist häufig weit differenzierter als die daran geknüpfte politische Polemik. Noch die *Orientalische Despotie* verrät etwas von der Mühe, die Sowjetunion diesem Modell einzuverleiben.

Bis Anfang der 50er Jahre blieben Rußland und China für Wittfogel getrennte Themen. Zwischen 1948 und 1950 verfaßte er ein 1200 (!) Seiten starkes Manuskript über »Rußlands asiatische Restauration«: Er entschied sich jedoch, es nicht zu veröffentlichen, sondern in die *Orientalische Despotie* einzuarbeiten.[57] Sehr merkwürdig ist Wittfogels eigene spätere Angabe, erst die Bekanntschaft mit Marx' *Enthüllungen zur Geschichte der Diplomatie im 18. Jahrhundert* – Enthüllungen darüber, wie sich England seinerzeit in das Schlepptau der russischen Politik begab – habe ihm 1947/48 die Augen für den »asiatischen« Charakter Rußlands geöffnet – »unglaublich spät«, wie er sich selber wunderte.[58] War er damals wirklich noch mit solcher Inbrunst Marxist, daß die Entdeckung neuer Marx-Zitate für ihn eine große Offenbarung sein konnte, oder wollte er nur verdecken, daß er in hohem Maße dazu disponiert war, sich von dem allgemeinen antisowjetischen Klima mitreißen zu lassen? Die für die spätere marxistische Diskussion über die »asiatische Produktionsweise« bahnbrechende Veröffentlichung des Marxschen Entwurfs *Formen, die der kapitalistischen Produktion vorhergehen* (Moskau 1939) scheint ihn kaum beeindruckt zu haben.

Arbeitete sich Wittfogel in den späten 40er Jahren nicht nur von Rußland in Richtung China, sondern auch von China in Richtung Rußland vor? Autobiographische Hinweise des 80jährigen Wittfogel lassen erkennen, wie sich damals sein Interesse von den chinesischen Kerngebieten auf die innerasiatischen Nomadenkrieger verlagerte, die China wiederholt eroberten.[59] Er wandte sich gegen die beliebte Vorstellung, die nomadischen Invasoren seien regelmäßig von der chinesischen Gesellschaft aufgesogen worden: Mit den Nomaden war das »asiatische« Bindeglied zwischen China und Rußland gefunden.

Zugleich allerdings geriet Wittfogels *Chinese History Project* immer mehr in die Krise: Die chinesischen Mitarbeiter, auf die es angewiesen war, sprangen einer nach dem andern ab.[60] 1949 verlor das Projekt die Unterstützung der Rockefeller-Stiftung. Im gleichen Jahr sah Wittfogel sich durch den Sieg des Kommunismus in China von den Quellen seiner sinologischen Erkenntnis abgeschnitten. Der Übergang von der Sinologie zur spekulativen Universaltheorie wird dadurch erleichtert worden sein – nicht minder ein Prozeß, der die Chinaphilie in Chinaphobie verkehrte.

Wittfogel kam sich nunmehr aber auch als Opfer der in den USA tonangebenden Intelligenz vor. Er klagte später, sein Projekt sei zerfallen, »weil die politisch und ideologisch entscheidende Elite des Landes ... mit seiner sozialhistorischen Tiefenanalyse nichts anzufangen wußte«.[61] Kurze Zeit darauf machte er sich für die liberale Intelligenz der USA zur persona non grata, indem er McCarthys größtem Coup – dem Feldzug gegen angebliche Kommunistenfreunde im State Department, die China an Moskau verraten hätten – Schützenhilfe leistete. Am 7. August 1951 erweckte Wittfogel vor dem »House Committee on Un-American Activities« den Eindruck, als sei der prominente Sinologe Owen Lattimore, zeitweiliger Ostasien-Experte Washingtons und bevorzugte Zielscheibe McCarthys, tatsächlich insgeheim ein Anhänger der Sowjetunion.[62]

Diese Aussage sollte Wittfogel bald bitter bereuen, ähnlich wie ein anderer Emigrant, Edward Teller, sein fatales Zeugnis gegen Oppenheimer – das ihn, den »Vater der Wasserstoffbombe«, ebenfalls gesellschaftlicher Isolation aussetzte – später bereuen sollte. Wittfogels nachträgliche Selbstrechtfertigung, er sei zu der Aussage gleichsam gezwungen gewesen, kann nicht überzeugen: Dazu ist in seinen Ausführungen vor dem Kongreßkomitee zuviel wortreicher Eifer. Auch aus bloßem Opportunismus läßt sich sein Verhalten nicht erklären: Es brachte ihm in der Wissenschaft weit mehr Schaden als Nutzen ein. Eher läßt sich erkennen, daß er auch als Antikommunist so handelte, wie er es als Kommunist gelernt hatte: indem er, offenbar ohne volle Ahnung der Folgen, die ideologische Überzeugung über persönliche Loyalitäten stellte.

Wittfogel hatte zu Lattimore ein freundschaftliches Verhältnis gehabt; auch in ihrem wissenschaftlichen Ansatz hatten sich beide nahe gestanden.[63] Aber Lattimore neigte in letzter Zeit dazu, die Kategorie »Feudalismus« auf China anzuwenden – für Wittfogel damals ein Indiz für Kryptokommunismus! Die Akzeptanz der »asiatischen« Theorie, die doch selber eine marxistische Herkunft hatte, wurde ihm zum Prüfstein dafür, ob einer es mit der Freiheit und den amerikanischen Interessen in Asien ehrlich meine.

Aber diese politische Position führte in theoretische Konfusionen: Gerade die Theorie der »asiatischen Produktionsweise« gab einer Verwestlichung Chinas die geringsten Chancen – wie konnte dann Amerika in China eine große Gelegenheit verpaßt haben? Der deterministischen Tendenz der gesamten »asiatischen« Theorie zum Trotz mußte Wittfogel darauf insistieren, daß China vor 1949 in der Tat am Scheidewege gestanden und die Chance zu einer freiheitlichen Entwicklung westlichen Stils gehabt habe.

Noch künstlichere argumentative Sprünge waren nötig, um nachzuweisen, daß die scheinbar so an »asiatische« Bedingungen gebundene Despotie zu einer tödlichen Gefahr für den Westen werden könne: Das »Asiatische« wurde am Ende gleichsam zu einem durch Infektion übertragbaren Bazillus. Der große intellektuelle Reiz einer Modellbildung, die die politischen und sozialen Konsequenzen von Bewässerungssystemen untersucht, wurde verdorben; der Weg zu solider Forschung wurde durch solche ideologischen Ausschweifungen versperrt. Etwas davon hat Wittfogel offenbar selber verspürt: Dem Erscheinen der *Orientalischen Despotie* folgte eine schwere Schaffenskrise.[64]

Man kann eine tragische Ironie darin erkennen, daß Wittfogel sich gerade zu einer Zeit, als die chinesisch-sowjetischen Differenzen immer deutlicher zum Vorschein kamen, ein- für allemal die Möglichkeit verbaute, das Instrumentarium seiner Theorie zur Analyse der besonderen Bedingungen des chinesischen Kommunismus einzusetzen: zu eben jenem Ziel, das der politische Sinn dieser Theorie in den späten 20er Jahren gewesen war und vermutlich wesentlich dazu beigetragen hatte, diese Diskussion der stalinistischen Orthodoxie suspekt zu machen. Die Theorie des Antikommunisten Wittfogel, die den Westen stärken sollte, hatte in Wahrheit den Effekt, das wachsende politische Manövrierfeld, das der eskalierende sowjetisch-chinesische Konflikt den USA bot, systematisch zu verhüllen.

Um 1960 stürzte sich Wittfogel in eine heftige Kontroverse mit dem Sinologen Benjamin I. Schwartz, der den Begriff »Maoismus« geprägt hatte: Wittfogel tat die Vorstellung von »Maoismus« als »Legende« ab, – der angebliche Maoismus sei in Wahrheit nichts anderes als Leninismus-Stalinismus.[65] Mit Leidenschaft verfolgte er dieses Thema während der 60er Jahre weiter: Aber der sich bis an den Rand des Krieges zuspitzende Konflikt zwischen Moskau und Peking und ebenso die Eindrücke der chinesischen »Kulturrevolution« ließen die Doktrin von der Identität des sowjetischen und chinesischen Kommunismus als papierene Dogmenreiterei erscheinen.

Wenn die Theorie von der »hydraulischen Gesellschaft« zur universalen Geltung erhoben und von einer engen Bindung an China und die Bewässerungssysteme gelöst werden sollte, wäre es konsequent gewesen, sie auch auf die westliche Gesellschaft anzuwenden und ihr kritisches Potential auch dort zu erproben. Wittfogels Ausführungen über die »hydraulischen« Gesellschaften scheinen nahezu blind dafür zu sein, daß viele »hydraulische« Kriterien auch für die Geschichte der westlichen Zivilisationen zutreffen. Auch hier gibt es alte Traditionen umfangreicher Wasserbauanlagen: von den römischen Aquädukten bis zu den frühneuzeitlichen Mühlenkanälen, dem mediterranen Terrassenfeldbau, der Wasserregulierung der venezianischen Lagune, den Reisfeldern der Poebene, den holländischen Entwässerungsgräben, den protoindustriellen Kanalsystemen. Auch im westeuropäischen Feudalismus gab es der Idee nach kein Privateigentum, sondern theoretisch besaß der König als oberster Lehnsherr alles zu eigen. Vor allem aber war in der neueren Geschichte der westlichen Zivilisation der Bereich der öffentlichen Aufgaben, der von staatlicher Seite zu gewährleistenden Infrastruktur ungeheuer angeschwollen und fortwährend in weiterem Wachstum begriffen.

In der Neuen Linken der 60er und 70er Jahre gab es eine starke Strömung, die – anders als der traditionelle Sozialismus – nicht mehr pauschal auf die Ausdehnung der staatlichen Funktionen baute, sondern sich durch den Trend zum total vernetzten Supersystem geängstigt sah: Die Theorie von der »hydraulischen Gesellschaft« hätte eine Ausgangsbasis für die Reflexion solcher Ängste geboten. Aber Wittfogel, längst in einem Establishment-Konservatismus und in Positionen des Kalten Krieges erstarrt, zeigte zu einer solchen kritischen Verwendung seiner Theorie keine Neigung. Schon in den 50er Jahren hatte er die langjährigen freundschaftlichen Beziehungen zu seiner Mitemigrantin Ruth Fischer, die wie er einen leidenschaftlichen Übergang vom Kommunismus zum Antikommunismus vollzogen hatte, abgebrochen, als er hörte, daß sie in ihrem Schlafzimmer Bilder von Mao und Ho Tschi-minh aufgehängt und ihre Hoffnungen einem entstalinisierten Reformkommunismus zugewandt hatte.[66] Durch die Neue Linke herausgefordert, bemühte Wittfogel sich schließlich noch um den Nachweis, daß auch der Neo-Anarchismus über Bakunin der »asiatischen« Gesellschaft entstamme: Mit dieser Beweisführung überwand er laut Ulmen seine mehr als ein Jahrzehnt dauernde Schaffenskrise.[67] Aber die Logik seiner inneren Entwicklung versperrte die Entwicklungsmöglichkeiten seiner Theorie.

Eine abstruse Rezeptionsgeschichte.

Wittfogel, dem es einst so prompt gelungen war, vom Flüchtling zum Forschungsreisenden zu werden und in ein solides Zentrum des amerikanischen Wissenschaftsbetriebes zu gelangen, geriet in den 50er Jahren an den Rand des normalen Forschungsbetriebes und der kollegialen Kommunikation. Seine bis dahin äußerlich so erfolgreiche Amerikanisierung stellte sich in dem Augenblick, als er sich den Verfolgern »unamerikanischer Aktivitäten« zugesellte, als bloßer Schein heraus. Zugespitzt möchte man sagen, daß er erst jetzt, wenn auch materiell gesichert, ein Emigrantenschicksal durchmachte. Seine Isolation kompensierte er durch das Sich-Hineinsteigern in eine gleichsam mythische Emigrantenrolle: die Rolle des Warners, des Unheilkünders, zugleich des viel umhergetriebenen Weltweisen.[68]

Die Rolle des universalhistorischen Weisheitslehrers war in den 1950er Jahren jedoch bereits anderweitig besetzt: von Arnold Toynbee, dem Verfasser der zehnbändigen *Study of History* (1934–1954), der die innere Einheit der Menschheitsgeschichte verkündete und die gleiche Condition humaine, das gleiche Entwicklungsschicksal in allen Zivilisationen der Weltgeschichte wiederfand. In den 30er Jahren hatte er als ein führender Vertreter des Appeasement den Ärger der Emigranten erregt[69]; in den 50er Jahren rief er als ein Verächter des Kalten Krieges die Empörung Wittfogels hervor, der Toynbees Geschichtsdeutung »in moralischer Beziehung für zersetzend« erklärte.[70] Kein Wunder, daß Toynbee die *Orientalische Despotie* mit scharfer Ablehnung quittierte.[71] Wittfogels Verhältnis zu Toynbee trägt unverkennbar Züge von Rivalität[72], die *Orientalische Despotie* sollte mit ihrem universalen Bogen Toynbees Welt- und Geschichtsdeutung widerlegen und ersetzen. Gegenüber Toynbee berief sich Wittfogel auf seine eigene leidvolle Erfahrung mit totalitärem Terror; seinem Kontrahenten warf er Indifferenz gegenüber dem Wert der Freiheit vor.[73] Nachdem er zwei Jahrzehnte lang in seinen wissenschaftlichen Publikationen von seiner eigenen Betroffenheit als Opfer des Nazismus abstrahiert hatte, warf er jetzt, von Toynbee herausgefordert, die persönliche Erfahrung als Argument in die Waagschale.

Dabei ist freilich zu bedenken, daß es von der Theorie der *Orientalischen Despotie* her nur konsequent war, wenn Wittfogel den NS-Totalitarismus nicht sehr tief in der deutschen Geschichte verankert glaubte und seine eigene Leidenserfahrung nicht primär als eine Erfahrung mit deutschen Verhältnissen empfand. Auch als Emigrant konnte er daher zu Deutschland, so scheint es, ein unproblematisches Verhältnis behalten. In einem Artikel von 1938 nannte er das antifaschistische Deutschland nicht nur das »andere«, sondern geradezu das »wirkliche Deutschland«, die beliebte Exil-Vorstellung vom »anderen Deutschland« noch übersteigernd.[74]

Wieweit gehörte Wittfogel in seiner späteren Zeit von seinen menschlichen Beziehungen her noch zur Emigration? Zunächst hatte er sich durch seinen Peking-Aufenthalt ganz aus Emigrantenkreisen entfernt; aber man gewinnt den Eindruck, daß in der Folgezeit Beziehungen zu Mitemigranten eine eher wachsende Bedeutung für ihn gewannen. 1940 wurde seine dritte Ehe von Paul Tillich getraut, und die Zeremonie fand großenteils im Kreis von Emigranten statt. Eine deutsche Emigrantenvereinigung, die »Friends of German Labor«, waren eine Bezugsgruppe Wittfogels bei seiner Wendung zum Antikommunismus.[75] Zu den militanten Ex- und Antikommunisten, die er im amerikanischen Exil wiedertraf, gehörte nicht nur Ruth Fischer, sondern auch Willi (später William S.) Schlamm.[76] Unter den »neuen Freunden«, die ihm in seiner menschlichen Isolation nach 1951 Rückhalt gaben, stand Waldemar Gurian obenan.[77] Über ihn kam er in Beziehung zu Bochenski und Niemeyer und wurde Mitarbeiter ihres voluminösen *Handbuchs des Weltkommunismus*, dessen deutsche Ausgabe in der Bundesrepublik von Staats wegen kostenlos verteilt wurde.

Immer wichtiger für ihn wurde die alte Freundschaft zu dem Mitemigranten Karl H. Menges, auf dessen Fachkenntnis er sich stützte, als er das Schwergewicht seiner Theoriebildung von dem sinologischen auf den ural-altaiischen Bereich verlagerte.[78] Wittfogels persönliche Beziehungen, aber auch seine geistige Entwicklung lassen es als sinnvoll erscheinen, seine Lebensgeschichte und sein Werk im Kontext »Emigration« zu behandeln. Noch mehr aber paßt die Wittfogelsche Rezeptionsgeschichte in die Odyssee des Exils.

Es gibt eine ganze Reihe von Fällen, wo die Rezeption von Emigrantenliteratur abenteuerliche Wege ging und wo Gedankenentwicklungen, die in dem Deutschland vor 1933 wurzelten, durch das Exil konserviert, manchmal auch leicht amerikanisiert, in einem unerwarteten Kontext neubelebt wurden. Das gilt für die Rezeption von Adorno und Horkheimer, von Herbert Marcuse und Wilhelm Reich durch die Neue Linke der 60er Jahre und für die Rezeption von Erich Fromm, Norbert Elias und Alfred Sohn-Rethel durch das »alternative« Milieu der 70er Jahre.

Noch merkwürdiger ist die Geschichte der späten Rezeption Wittfogels. In den 60er und 70er Jahren gewann die Diskussion über die »asiatische Produktionsweise« in der ganzen Welt – auch außerhalb von Europa – eine wachsende Verbreitung [79], wenn auch nicht überall unter diesem Namen. Es zeigte sich, daß ein Theorieansatz, der ursprünglich stark nach europäischem Vorurteil roch, aus der Eurozentrik herauszuführen war und einen möglichen Rahmen bot, um das Auswuchern des Bürokratismus, der Militärdiktaturen und der zentralistischen Technologie weltweit zu thematisieren.

Untergründig hat Wittfogels *Orientalische Despotie* dabei offenbar einen, wenn nicht *den* entscheidenden Anstoß gegeben[80] – aber Wittfogel selbst war von dieser Debatte fast durchweg ausgeschlossen! Seit seiner Rolle in den Hearings der McCarthy-Ära war er für das Gros der Linken zur Unperson geworden; er wurde zwar immer mehr rezipiert, aber zugleich abgetan und beschimpft. Selbst sein einstiger Assistent Lawrence Krader, Verfasser des nach Wittfogel umfangreichsten Werkes zur »asiatischen Produktionsweise«, setzte sich mit dem früheren Lehrer nur in einer Fußnote auseinander![81] Wittfogel selbst hatte sich von dem intellektuellen Milieu, in dem sich diese Diskussionen abspielten, längst entfernt.

Während man vor zehn, fünfzehn Jahren noch daran zweifeln konnte, ob der Denkansatz der Theorie von der »asiatischen Produktionsweise« wirklich fruchtbar ist, ist heute zumindest die anregende Kraft dieses Konzeptes kaum mehr zu verkennen.[82] Aber immer wieder stellte sich heraus, daß die Adressaten, die mit der *Orientalischen Despotie* auf produktive Art etwas anfangen konnten, ganz überwiegend auf der Linken beheimatet waren. In der Bundesrepublik zeigte Rudi Dutschke, wie lebendig das kritische Potential der Theorie von der »asiatischen Gesellschaft« noch war; Rudolf Bahro ließ erkennen, daß selbst innerhalb des Ostblocks diese Theorie einen ideologischen Rückhalt für Dissidenten bieten konnte[83], – aber Wittfogel hatte sich die Kommunikationsmöglichkeiten in solcher Richtung nahezu abgeschnitten.

Die gesamte Situation wird noch paradoxer, wenn man sich vor Augen hält, daß das Wittfogelsche Konzept mit seiner massiven Betonung der Produktivkraft-Grundlage der Gesellschaftsgeschichte im marxistischen Sinne eigentlich radikaler war als der Großteil des westlichen Neomarxismus.[84] Wittfogels Opus mit seiner geradezu gigantischen Synthese von Theorie und Empirie, mit seiner politischen Leidenschaft und seinem Pochen auf ganz simple, handfeste Triebkräfte war dem Marxschen Werk kongenialer als der allergrößte Teil des meist allzu seminarhaften neomarxistischen Schrifttums.

Nicht ganz ohne Grund fühlte Wittfogel sich den Häuptern der Frankfurter Schule überlegen: den esoterischen Philosophen, die den Marxismus weiterentwickeln wollten, ohne selber ein ernsthaftes Interesse an Ökonomie und Produktivkräften zu besitzen[85], und die einen sehr hohen gesellschaftspolitischen Anspruch vertraten, ohne selber jemals politisch klar Stellung zu beziehen. Sein radikaler Antikommunismus hatte ihn von der Frankfurter Schule getrennt. Dabei wäre zur gleichen Zeit die Chance für einen Diskurs zwischen der »kritischen Theorie« und die Theorie von der »asiatischen Produktionsweise« immer günstiger geworden: Die Konzentration der Adorno/Horkheimerschen Kritik auf die zur Machttechnik deformierte Aufklärung besaß durchaus Affinitäten zu dem Wittfogelschen Bemühen, nicht die Technik als solche, sondern die Organisationsweise und ihre Art von Intellektualität als Ursprung und Kern von Machtstrukturen zu bestimmen. Es ist nicht ohne Reiz, sich eine Begegnung beider Denksysteme vorzustellen: War bei Wittfogel eine reiche Empirie mit grober Begrifflichkeit verbunden, so war bei Adorno und Horkheimer die Elaboriertheit der Theorie auf Kosten der Konkretion gegangen. Aber für einen solchen Dialog war die Entfernung viel zu groß geworden.

Nun ist es gewiß nicht ungewöhnlich, daß alternde Gelehrte mit den Konsequenzen, die eine junge Generation aus ihren Lehren zieht, nicht mehr mitkommen; aber das Ausmaß der Auseinanderentwicklung, ja die förmliche Polarisierung zwischen der Lebensgeschichte Wittfogels einerseits und den potentiellen Adressaten seiner Theorie andererseits besitzt doch etwas Einzigartiges, ja Groteskes. Diese Kluft wäre schwerlich ohne Wittfogels Emigrantenschicksal denkbar. In seiner Karriere wurden Emigrantenträume von geradezu mythischer Dimension erfüllt, aber wurde schließlich auch das Elend des Emigrantendaseins erfahren: das Elend, an der Wirklichkeit vorbei zu leben, zwischen die Fronten zu geraten, für eine volle Integration in das intellektuelle Milieu des Gastlandes zu erregt und zu sehr von traumatischen Erinnerungen verfolgt zu sein.

Während Wittfogel lange kein Thema für die Exilforschung zu sein schien, enthielt 1979 erstmals ein den Emigranten gewidmeter Sammelband ein langes Gespräch mit dem Verfasser der *Orientalischen Despotie;* der Band hatte den – vordergründig auf Wittfogels Karriere so gar nicht passenden – Titel *Die Zerstörung einer Zukunft.* Die Einleitung des Herausgebers enthält das Geständnis, an Wittfogel habe ursprünglich keiner der Redakteure gedacht: »alle glaubten, er sei tot, aber er war nur zwischen den Fronten verschollen.«[86]

Einer der ursprünglich stärksten Antriebe des Wittfogelschen Denkens ist bis heute ein kaum genutztes Potential geblieben: das Streben, die Geschichte der Gesellschaft von den Naturbedingungen her zu rekonstruieren.[87] In der *Orientalischen Despotie* war das grundlegende Kapitel »Mensch und Natur« auf eine Seite geschrumpft; erst der über achtzigjährige Wittfogel sah sich durch die Ölkrise und das neue Ressourcenbewußtsein dazu ermutigt, auf diesen Ursprung seines Denkens bedeutungsvoll hinzuweisen.[88] Ganz früher – so erinnerte er sich jetzt – habe er seinen marxistischen Gesinnungsgenossen verkündet: »Ich werde es doch durchsetzen, daß ihr den Naturfaktor in den Marxismus einbauen müßt«. Und mit Bedauern erinnerte er sich daran, daß dem ihm einst befreundeten Karl Korsch »der in der Natur verwurzelte Marx« »langweilig« gewesen sei.[89] Der Naturbegriff des Wandervogel-Mitglieds Wittfogel dagegen war nicht ohne emphatischen Ton gewesen.

Der Wittfogelschen Theorie mit ihrer Tendenz, Gesellschaftssysteme durch ihre natürliche Umwelt zu determinieren, wurde immer wieder eine ahistorische Statik vorgeworfen, und Wittfogel hat diesen Vorwurf nie ganz überzeugend abwehren können. In der Tat hätte erst die systematische Analyse der Art und Weise, wie eine Gesellschaft auf ihre natürliche Umwelt rückwirkt und die veränderte Umwelt dann ihrerseits der gesellschaftlichen Entwicklung Bedingungen setzt, die Theorie von der »asiatischen Produktionsweise« wirksam dynamisieren können. Vielleicht hätte sogar erst die Untersuchung der ökologischen Krisenanfälligkeit umfangreicher Bewässerungssysteme das Schlüsselargument für die Ableitung despotischer Strukturen aus der Natur geliefert!

Aber in den 1920er und 30er Jahren gerieten Überlegungen dieser Art fast zwangsläufig in den Bannkreis der »Geopolitik« – und diese wurde eine Kerndisziplin des NS-Imperialismus. Bei Wittfogel drängte sich – zumindest äußerlich – die Kategorie »Management« an die Stelle der Kategorie »Natur«. Auch die Blockierung solcher Denkansätze gehört zu den Belastungen, die der Faschismus hinterließ.

1 K. A. Wittfogel, *Die Orientalische Despotie. Eine vergleichende Untersuchung totaler Macht.* Frankfurt/M. 1977 (amerikan. Erstausgabe 1957), S. 31. — 2 Ders., *Wer ist der Dümmste? Eine Frage an das Schicksal.* Berlin (Malik-Verlag) 1923 (Sammlung revolutionärer Bühnenwerke VII). — 3 G. L. Ulmen, *The Science of Society. Toward an Understanding of the Life and Work of Karl August Wittfogel.* The Hague 1978, S. 27. (= Wittfogel, »Dostojewski und der Bolschewismus«, in: *Vivos voco*, Bd. 2 Nr. 12 (Juni 1922). — 4 Ebd. S. 20, 27; die Belegstelle in der *Roten Fahne* wird nicht angegeben. Wittfogel erinnert selber hieran – ohne Erwähnung der *Roten Fahne* – in: M. Greffrath (Hg.), *Die Zerstörung einer Zukunft. Gespräche mit emigrierten Sozialwissenschaftlern.* Reinbek 1979, S. 305. — 5 Ulmen, S. X. — 6 B. Brecht, *Arbeitsjournal. 1942–1955,* hg. von W. Hecht, Frankfurt/M. 1974, Nr. 567 (16. 2. 43). — 7 M. Jay, *Dialektische Phantasie. Die Geschichte der Frankfurter Schule und des Instituts für Sozialforschung 1923–1950.* Frankfurt/M. 1976, S. 34; auch in einem Gespräch mit mir (1968) erwähnte Horkheimer Wittfogel lediglich als China-Spezialisten. — 8 Die Literatur über die »asiatische Produktionsweise« ist mittlerweile sehr umfangreich geworden; vgl. vor allem: F. Tökei, *Zur Frage der asiatischen Produktionsweise.* Neuwied/Berlin 1969; G. Sofri, *Über asiatische Produktionsweise.* Frankfurt/M. 1972; L. Krader, *The Asiatic Mode of Production. Sources, Development and Critique in the Writings of Karl Marx.* Assen (Niederlande) 1975; A. M. Bailey/J. R.: Llobera, *The Asiatic Mode of Production. Science and Politics.* London 1981. Sehr umfangreiche Literaturangaben auch bei Ulmen. Wittfogel selber gibt im 9. Kapitel der *Orientalischen Despotie* eine aus seiner Sicht dramatisierte Darstellung vom »Aufstieg und Niedergang der Theorie der asiatischen Produktionsweise«. — 9 MEW Bd. 9, S. 133 (*Die britische Herrschaft in Indien*, *New-York Daily Tribune*, 25. 6. 1853). — 10 Ebd., S. 221 (»Die künftigen Ergebnisse der britischen Herrschaft in Indien«, *New-York Daily Tribune*, 8. 8. 1853). — 11 Sofri, S. 66 ff. — 12 Wittfogel, *Orientalische Despotie,* S. 487. — 13 Ders., *Wirtschaft und Gesellschaft Chinas. Versuch der wissenschaftlichen Analyse einer großen asiatischen Agrargesellschaft. 1. Teil: Produktivkräfte, Produktions- und Zirkulationsprozeß.* (2. Teil ist nicht erschienen) Leipzig 1931. — 14 Ders., *Das erwachende China. Ein Abriß der Geschichte der gegenwärtigen Probleme Chinas.* Wien 1926. — 15 Ulmen, S. 57. — 16 Wittfogel, *Orientalische Despotie,* S. 499; R. Kößler, *Dritte Internationale und Bauernrevolution. Die Herausbildung des sowjetischen Marxismus in der Debatte um die »asiatische« Produktionsweise.* Frankfurt/M. 1982, S. 178 f. u.a. — 17 Wittfogel im Interview mit Fritz J. Raddatz, *Die Zeit,* 2. 3. 1979, S. 46 f. — 18 Marian Sawer, »The Politics of Historiography: Russian Socialism and the Question of the Asiatic Mode of Production 1906–1931«, in: *Critique* 10–11/1978–79, S. 25; Kößler, S. 181 ff. — 19 Ulmen, S. 139; vgl. auch Kößler, S. 285 ff. Die Motive für den Abbruch der damaligen sowjetischen Debatte über die »asiatische Produktionsweise« scheinen aus den zugänglichen Quellen nicht eindeutig zu klären zu sein. — 20 Kößler, S. 250 f. Wittfogel selber erwähnt (*Orientalische Despotie,* S. 500 Fn.) die damalige Kritik an ihm nur kurz und in einer abgeschwächten Form, die die Schärfe des Angriffs nicht erkennen läßt. Er bemerkt zugleich (ebd., S. 502), die »politische Orthodoxie« der Verteidiger der »asiatischen« Theorie sei damals nicht in Frage gestellt worden. — 21 Ders. an Verf., 23. 3. 1983. — 22 Wittfogel, »Wohin treibt China?« in: *Die Weltbühne* Jg. 23/1927, II, S. 475 ff.; Sawer, S. 35. — 23 Sofri, S. 108 ff. — 24 Kößler, S. 189 (Madjar). — 25 Diese Tendenz könnte man bei Madjar erkennen (vgl. ebd., S. 235), obgleich er an anderer Stelle die »chinesische Despotie« als »alptraumartige Vermischung von bürokratischen

und tyrannischen Zügen« charakterisiert (ebd., S. 182). – Später erinnerte sich Wittfogel an Madjar als an einen besonders zynischen Verfechter der Position, daß im Interesse der Sowjetunion Hitler an die Macht kommen müsse (Ulmen, S. 149). Den damals prononciertesten sowjetischen Verfechter der »asiatischen« Theorie erlebte er also gerade *nicht* als politischen Verbündeten! — **26** Ulmen, S. 147, 153, 553. — **27** Rezension des »*Oriental Despotism*«, *American Political Science Review*, 52/1958, S. 195 ff. — **28** Ulmen, S. 152 f. — **29** Ebd., S. 166. — **30** Klaus Hinrichs, *Staatliches Konzentrationslager VII. Eine »Erziehungsanstalt« im Dritten Reich*. London 1936. — **31** Wittfogel, *Orientalische Despotie*, S. 210 f. — **32** W. Langhoff, *Die Moorsoldaten. 13 Monate Konzentrationslager*. Zürich 1935; Neudruck Stuttgart ⁴1978. — **33** Raddatz-Interview (Anm. 17). — **34** Ulmen, S. 168, 172 f.; dabei werden jedoch keine Belege aus Wittfogels KZ-Buch gebracht. — **35** J. Radkau, *Die deutsche Emigration in den USA*. Düsseldorf 1971, S. 223–246. — **36** Ulmen, S. 116 ff. — **37** Raddatz-Interview (Anm. 17). — **38** Vgl. Joseph Needham, *Wissenschaftlicher Universalismus. Über Bedeutung und Besonderheit der chinesischen Wissenschaft*, Frankfurt/M. 1979, S. 167 f. Needhams anerkennende Bemerkungen fallen um so mehr ins Gewicht, als zwischen Needham und Wittfogel längst eine Gegnerschaft entstanden war: vgl. Ulmen, S. 370–374. — **39** Wittfogel, *New Light on Chinese Society. An Investigation of China's Socio-economic Structure*. New York 1938, S. 9. — **40** Ebd., S. 13. — **41** Ders., »China und die osteurasische Kavallerie-Revolution. Sozialhistorische Einsichten, gewonnen in Begegnungen mit Karl Heinrich Menges.« In: *Ural-Altaische Jahrbücher*, Bd. 49, S. 15 f. — **42** Vgl. Jay, *Dialektische Phantasie*, S. 166. — **43** = Anm. 6. — **44** Vgl. D. Fleming/B. Bailyn (Hg.), *The Intellectual Migration. Europe and America, 1930–1960*. Cambridge, Mass. 1969; dort besonders deutlich in dem Beitrag von Adorno. Radkau, *Emigration*, S. 39–57. H. Stuart Hughes, *The Sea Change. The Migration of Social Thought, 1930–1965*, New York 1975, S. 31. Herbert Marcuse in: *Jahrbuch für Amerikastudien* Bd. 10/1965, S. 29 und 33. Franz Neumann in: W. R. Crawford (Hg.), *The Cultural Migration. The European Scholar in America*. Philadelphia 1953, S. 18, 25 f. Ähnliche Urteile auch in Helge Pross, *Die deutsche akademische Emigration nach den Vereinigten Staaten 1933–1941*. Berlin 1955; Ludwig Marcuse, *Amerikanisches Philosophieren*. Reinbek 1959. — **45** Wittfogel, *Orientalische Despotie*, S. 173: Während sich die Mongolen in China »mit dem zweckrationalen Minimum der hydraulischen Gesellschaft« begnügt hätten, seien die Inkas »wahrscheinlich nicht weit vom zweckrationalen Maximum entfernt« gewesen. — **46** Ebd., S. 44 Fn. — **47** Der spätere Wittfogel begründete die Nichtannahme der Einladung mit seiner damals heftigen Abneigung gegen Stalin; Mao sei für ihn ein Stalinist gewesen (Greffrath (Hg.), *Zerstörung einer Zukunft*, S. 326 f.). Daß dieses Motiv für Wittfogel damals entscheidend war, läßt sich schwer vorstellen. Ulmen (S. 204) bemerkt, daß Wittfogel damals noch nicht gegen die chinesischen Kommunisten eingenommen gewesen sei. Mit Blick auf sein gesamtes Verhalten kann man das Hauptmotiv eher darin vermuten, daß ihm Mao und der chinesische Kommunismus damals für die Weiterentwicklung seiner China-Konzeption uninteressant erschienen. — **48** Edgar Snow, der 1936 Mao aufsuchte, konnte von ihm den Ausspruch berichten: »Wir kämpfen selbstverständlich nicht für ein befreites China, um es dann Moskau zu übergeben!« (Stuart R. Schram, *Das Mao-System*, München 1972, S. 99). — **49** Radkau, *Emigration*, S. 280. — **50** Ulmen, S. 225. — **51** E. Middell u. a., *Exil in den USA*. Frankfurt/M. 1980 (Röderberg-Tb. 90), S. 111 u. 528; Radkau, *Emigration*, S. 172 f. — **52** Ulmen, S. 288. — **53** Ebd., S. 123. — **54** Ebd., S. 218, 224. — **55** Radkau, *Emigration*, S. 268–280. Es mag sein, daß ich das Exiltypische einer solchen Entwicklung damals überpointiert habe. Für unzutreffend halte ich jedoch die Gegenthese des sonst vielfach brillanten Buches von H. Stuart Hughes (*The Sea Change*, New York 1975, S. 241) die Emigranten seien dadurch, daß für sie der Faschismus der Erzfeind geblieben sei, in der Ablehnung des sowjetischen Totalitarismus gehemmt gewesen, und Hannah Arendt sei eine Ausnahme. Ein solcher Eindruck entsteht nur durch die offenbar stark von persönlichen Sympathien des Autors bestimmte Auswahl der in dem Buch behandelten Wissenschaftler. — **56** Nur in einer Fußnote der *Orientalischen Despotie* (S. 78) weist Wittfogel darauf hin, daß er den Begriff der managerialen Macht James Burnham (*The Managerial Revolution*, New York 1941) verdanke; in Bibliographie und Register fehlt der Name Burnhams. Burnham, der sich vom Trotzkisten zu einem Lieblingsautor amerikanischer Ultrakonservativer entwickelt hatte, war unter Wissenschaftlern in der Tat eine trübe Quelle; Golo Mann entsetzte sich darüber, »daß dieser ungewöhnlich böse Wichtigmacher zu einem Repräsentanten des amerikanischen Geisteslebens werden konnte«. (G. Mann, *Vom Geist Amerikas*. Stuttgart 1954, S. 109) — **57** Wittfogel (Hg.), *Karl Marx, Enthüllungen zur Geschichte der Diplomatie im 18. Jahrhundert*, S. X f. (Ulmen). — **58** Ebd., S. IX f.; Raddatz-Interview (Anm. 17). Bis 1951 galt Wittfogel selbst in kommunistischen Kreisen noch als »fortschrittlich«; seine Aussage vor dem Kongreßkomitee mußte daher »aufs äußerste überraschen«: G. Lewin, *Die ersten fünfzig Jahre der Song-Dynastie in China*. Berlin (DDR) 1973, S. 268 und 302. — **59** Wittfogel, *China und die osteurasische Kavallerie-Revolution*, S. 37. — **60** Ebd., S. 35 f., 47, 56. — **61** Ebd., S. 47. — **62** Ulmen,

S. 259; eine scharfsinnige und ausgewogene Darstellung der Lattimore-Affäre findet sich bei Margret Boveri, *Der Verrat im 20. Jahrhundert,* IV, Reinbek 1960, S. 135–143. — **63** Vgl. Lattimore selber in: Ders., *Studies in Frontier History. Collected Papers 1928–1958.* London 1962, S. 28. Derk Bodde, der die damalige Kontroverse über die Anwendbarkeit des »Feudalismus«-Begriffs auf China ausführlich untersucht hat, spricht sogar von der »Wittfogel-Lattimore theory« (in: R. Coulborn (Hg.), *Feudalism in History,* Hamden, Conn. 1965, S. 80). Gerade gegenüber dem damals international gewichtigsten Kritiker der »asiatischen« China-Interpretation, dem Sinologen Wolfram Eberhard, hätte Wittfogel leicht mit Lattimore zusammengehen können! — **64** Ulmen, S. 497. — **65** Die Kontroverse ist in P. J. Opitz (Hg.), *Maoismus,* Stuttgart 1972, enthalten. Über die Kontroverse auch Schram, *Mao-System,* S. 44 f., 50 f., 72, 97 f. Schram selber gelangte im Laufe der 60er Jahre nach anfänglichen Bedenken zu der Auffassung, daß der Begriff »Maoismus« als Bezeichnung für ein eigenes System tatsächlich seine Berechtigung habe. — **66** Ulmen, S. 229. — **67** Ebd., S. 500. Viele Hinweise auf archetypische Züge des Exils seit der Antike enthält die umfangreiche Untersuchung von Paul Tabori, *The Anatomy of Exile. A Semantic and Historical Study.* London 1972. — **68** Vgl. J. Radkau, »Das Elend deutscher Exilpolitik 1933–1945 als Spiegel von Defiziten der politischen Kultur«, in: H. Schallenberger/ H.Schrey (Hg.), *Im Gegenstrom, Fs. f. Helmut Hirsch,* Wuppertal 1977, bes. S. 134 ff. — **69** Dem emigrierten Historiker George W. F. Hallgarten zufolge gehörte Toynbee »geradezu zu den Führern des appeasement«; Hallgarten schrieb damals in sein Tagebuch über Toynbee: »ein lau-glauer Mensch, ein Viertel Nazi«! (Hallgarten, *Als die Schatten fielen.* Frankfurt 1969, S. 223) — **70** Wittfogel, *Orientalische Despotie,* S. 459 Fn. — **71** = Anm. 27. — **72** Vgl. Ulmen, S. 312 f., 321 ff., 366 ff. — **73** In: *American Political Science Review,* 52/ 1958, S. 502 ff.; die Kontroverse ist in Bailey/Llobera (Hg.), *The Asiatic Mode of Production,* abgedruckt. — **74** »Deutsches Volksecho« (New York), Vol. II Nr. 20, 14. 5. 1938 (zum Tode Ossietzkys); allg. vgl. J. Radkau, »Die Exil-Ideologie vom anderen Deutschland ...«, in: *aus politik und zeitgeschichte,* 10. 1. 1970, S. 312 ff. Auch in Wittfogel/Hinrichs' KZ-Roman (S. 292) reflektiert Martin Schneehagen mit Blick auf seine Peiniger, die SS-Wachmannschaft: »Was ist Deutschland? Dies jedenfalls ist gewiß: Jener Haufen wohlorganisierter bewaffneter Strolche ..., die sind nicht Deutschland. Die sind lediglich die fragwürdigen Vordergrundfiguren eines schmutzigen Zwischenspiels der deutschen Geschichte.« — **75** Ulmen, S. 226, 265, 309. Mit »Paulus« Tillich war Wittfogel bereits nach seiner Rückkehr aus China im Vorstand der deutsch-amerikanischen »Volksfront« in New York, einer Emigrantenvereinigung, zusammen gewesen (Greffrath (Hg.), *Zerstörung einer Zukunft,* S. 327 f.). — **76** Ulmen, S. 73. — **77** Ebd., S. 300; über Gurians Rolle in der Emigration: Radkau, *Emigration,* S. 214 ff. u. .a. — **78** Wittfogel, *China und die osteurasische Kavallerie-Revolution,* ist als Laudatio auf Menges geschrieben; bei Ulmen dagegen wird Menges noch kaum erwähnt. — **79** Allg. dazu: D. Senghaas, »Wittfogel redivivus«, in: *Leviathan* Jg. 1980, S. 133–142; vgl. auch die in Anm. 8 aufgeführte Literatur. Einige neuere Beispiele für außereuropäische Rezeptionen der Theorie von der »asiatischen Produktionsweise« bzw. inhaltlich ähnlicher Modelle: A. Abdel-Malek, *Ägypten: Militärgesellschaft.* Frankfurt 1971; Samir Amin in der Einleitung zu K. Vergopoulos, *Le capitalisme difformé et la nouvelle question agraire.* Paris 1977; H. Islamoglu/C. Keyder, »Ein Interpretationsrahmen für die Analyse des osmanischen Reiches, in: D. Senghaas (Hg.), *kapitalistische Weltökonomie.* Frankfurt/M. 1979; A. Hossein Behrawan, *Iran: Die programmierte Katastrophe.* Frankfurt 1980; D. Ribeiro, *Der zivilisatorische Prozeß.* Frankfurt 1971; W. E. Soriano (Hg.), *Los Modos de Producción en el Imperio de los Incas.* Lima 1978. — **80** Sofri, S. 10, 129, 134 f.; Bailey/ Llobera, Part III (»The Wittfogel Watershed«); Kößler (Anm. 16), S. 24; T. Spengler in Einleitung zu Needham (Anm. 38), S. 21. — **81** Krader, *Asiatic Mode of Production,* S. 114 f. — **82** Die - anerkanntermaßen sehr gewichtigen - gesellschaftlichen Zusammenhänge von Bewässerungssystemen stellen in der Tat bis heute eine Forschungslücke dar: E.W. Coward (Hg.), *Irrigation and Agricultural Development in Asia. Perspectives from the Social Sciences.* London 1980, S. 8, 28 ff. - Selbst der englische Althistoriker M. I. Finley (urspr. Finkelstein), der als Mitglied des Instituts für Sozialforschung 1951 von Wittfogel als Kommunist benannt wurde (Jay, *Dialektische Phantasie,* S. 331), erwähnte später die Diskussion um die »asiatische Produktionsweise« als die seines »Wissens einzige ernsthafte theoretische Diskussion« um Fundamentalfragen der Klassifizierung von Wirtschaftsgesellschaften auch im Bereich der Alten Geschichte (Finley, *Die antike Wirtschaft,* München 1977, S. 23 Fn.). — **83** Zu Dutschke vgl. (kritisch) R. Kößler, »Zur Kritik des Mythos vom ›asiatischen‹ Rußland«, in: *Prokla 35,* Berlin 1979, S. 105–131. Zu Bahros Verwendung der Theorie: *Der Bahro-Kongreß,* Berlin 1979, S. 142 ff. — **84** Darauf verweist Robert J. Antonio in seiner Ulmen-Rezension: *Telos,* No. 50, Winter 1981–82, S. 197 ff. — **85** Jay, *Dialektische Phantasie,* S. 185. — **86** Greffrath, *Zerstörung einer Zukunft,* S. 8. — **87** Unterschiedliche, ökologisch orientierte Rezeptionen der Theorie: Christine Woesler, *Für eine be-greifende Praxis in der Natur.* Gießen 1978, S. 344 ff. R. P. Sieferle, *Der unterirdische Wald.* München 1982, S. 8, 43, 175 f. — **88** Greffrath, S. 314. — **89** Ebd., S. 299, 309.

Thomas Koebner

Arthur Koestlers Abkehr vom Stalinismus

I Der Renegat

Arthur Koestler, Anfang März 1983 freiwillig aus dem Leben geschieden, ist seit 1955 fast nur noch als naturwissenschaftlicher Autor hervorgetreten, beschäftigt mit Themen aus der Physik, Psychologie, Biologie und Anthropologie. Vor diesem Datum aber hat er, Emigrant aus Deutschland, als einer der einflußreichsten politischen Schriftsteller des Westens gegolten: Seine Dokumentation *(Menschenopfer unerhört)* und Reportage *(Ein spanisches Testament)* zum Spanienkrieg finden schon Widerhall auch außerhalb des deutschsprachigen Exilpublikums. In den vierziger Jahren endlich figuriert er für die ›Weltöffentlichkeit‹ als vehementer Warner vor der diktatorischen Gesellschaftsform des Ostens und den, wie er es sah, aggressiven Expansionsabsichten des Stalinismus. Mit dieser selbstauferlegten Mission ist Koestler über die Situation des Exilschriftstellers hinausgewachsen. Der Roman *Sonnenfinsternis* (zuerst in der englischen Fassung unter dem Titel *Darkness at noon*, 1940, erschienen) greift kaum verschlüsselt die Moskauer Prozesse 1936 bis 1938 mit ihren phantastischen Vorwürfen und erfundenen Anklagen gegen die alte, dann zum Tode verurteilte Garde der Bolschewiki auf. Die Essaysammlung *Der Yogi und der Kommissar* versucht den Sowjetmythos der Intellektuellen zu demontieren und wendet sich gegen jede Form von Appeasement-Politik – die bei der ›Zähmung‹ Hitlers als realitätsblind versagt hat – im Umgang mit der Sowjetunion unter Stalin. Neben diesen wichtigsten Zeugnissen für sein Engagement als Kassandra (so Koestlers eigener Ausdruck), die das Unheil verkündet, das von links droht, treten andere Schriften etwas zurück: z. B. sein (ursprünglich deutsch geschriebener) Roman über die mißglückte Sklavenrevolte des Spartacus im letzten vorchristlichen Jahrhundert, *The Gladiators* (Die Gladiatoren), oder der Roman *Arrival and Departure* (Ein Mann springt in die Tiefe) über einen Revolutionär, der auf der Flucht aus dem faschistischen Europa innehält und zum Widerstand umkehrt: ein Kreuzfahrer ohne Kreuz und erst recht das satirisch überzeichnete Panorama einer dekadenten und schwachen westlichen Gesellschaft, die dem offensichtlich faszinierend primitiven und erfolgssicheren Bolschewismus zum Opfer fällt – jedenfalls im Roman *The Age of Longing* (Gottes Thron steht leer). Die autobiographischen Berichte *Ein spanisches Testament* über seinen Gefängnisaufenthalt in Francos Spanien, *Scum of the Earth* (Abschaum der Erde) über die Zustände in Frankreich beim Vorrücken der deutschen Wehrmacht und seine Haftzeit im französischen Konzentrationslager Le Vernet, schließlich *The Invisible Writing* (Die Geheimschrift) dokumentieren Koestlers Lebensweg in dem Jahrzehnt, in dem er sich zum Kommunismus bekannt und wieder von ihm abgekehrt hat.

Arthur Koestler, 1931 der Partei beigetreten, im Pariser Exil enger Mitarbeiter des später auch von Moskau verfemten Willi Münzenberg, hat sich 1938 vom Kommunismus getrennt. Dieser Entschluß sei, erklärt Koestler, in der ›Todeszelle‹ eines spanischen Gefängnisses in Sevilla gereift. Koestler löst sich ausdrücklich nur vom Stalinismus. Als naturalisierter Brite gehört er später, nach seiner eigenen Aussage, noch für Jahre dem linken Flügel der Labourpartei an, der Tribune-Gruppe um Michael Foot. Noch in seinen letzten Interviews betont er, daß er dem Sozialismus nie eine Absage erteilt habe – nur dem »russischen Experiment«. Doch in der Zeit der Ost-West-Polarisierung nach dem Zweiten Weltkrieg umgreift die Vokabel Antikommunismus in recht diffuser Weise Widerspruch einmal gegen staatlich praktizierten Sozialismus, zum anderen gegen Gedanken des Marxismus, ohne zwischen beiden genauer zu unterscheiden. Koestler will sich als Rebell, nicht als Revolutionär, als Anwalt des humanen Protests und nicht als Repräsentant bürokratischer (wenn auch sozialistischer) Herrschaft verstanden wissen. Jedenfalls hat er die machtvolle, Unterwerfung heischende, Institution einer ›Religion‹ im Sinne, wenn er den Kommunismus sowjetrussischer Prägung angreift. So spricht er vom Glaubensverlust der Exkommunisten. Seine Kritik zielt auf mehr als nur eine Partei, sie ist so fundamental, wie es einer Kirche entspricht, von der sich zu trennen wiederum ein Akt der Bekehrung nötig ist. Daher äußert Koestler – ›Aktivist‹ auch in anderer Richtung – zeitweilig heftig und unduldsam, daß es neben dem Entweder-Oder von Kommunismus und Antikommunismus keine weitere Alternative gäbe. Daher begrüßt er beim Berliner Kongreß für kulturelle Freiheit im Juni 1950 die kulturelle Offensive des Westens (und die militärische in Korea). Als Prophet, der das Unglück kommen sieht, zweifelt er andererseits (in *The Age of Longing*) nicht an der scheinbar schicksalhaften Übermacht des Bolschewismus über die Demokratien.

Die Abkehr vom Stalinismus ist kein einzelner Vorgang unter Intellektuellen. Dies ›Damaskuserlebnis‹ widerfährt gerade gegen Ende der dreißiger Jahre etlichen Schriftstellern, die sich in ihrer Annahme enttäuscht sehen, es gäbe nur noch einen Konflikt – mit einer scharfen Trennlinie zwischen Kommunismus und Barbarei. Sie müssen ihr Vertrauen zum Vaterland der Revolution korrigieren lassen. Da häufen sich die verwirrenden Erfahrungen: der großsprecherische Illusionismus in der deutschen oder französischen Partei nach deren Niederlagen gegen Faschismus und Nationalsozialismus, die Erkenntnis, daß sowjetrussische Machtinteressen sozialistische Prinzipien einfach außer Kurs setzen, die Kunde von der brutalen Verfolgung andersdenkender Sozialisten durch Moskaus Agenten, etwa hinter den Linien der republikanischen Front im Spanischen Bürgerkrieg, nicht zuletzt auch der Hitler-Stalin-Pakt (dessen politischer Nutzen bis heute mehr als fragwürdig erscheint). Die Sammlung *The God That Failed* (Der Gott, der keiner war) vereint die Erfahrungsberichte einer ersten Generation von ›Abtrünnigen‹, an vorderster Stelle Aussagen von Koestler (was seine Prominenz zu dieser Zeit beleuchtet), dann von Ignazio Silone, André Gide, Stephen Spender u. a. Die Partei haben auch Franz Borkenau oder Manès Sperber, Gustav Regler oder Herbert Wehner verlassen, von denen übrigens Sperber, Regler und Wehner Koestlers Weg beobachtet, zum Teil begleitet und kommentiert haben – wie später auch Alfred Kantorowicz. Er gehört einer zweiten Generation von Exkommunisten an, die zunächst noch auf die Ablösung des Kriegskommunismus gehofft hat und sich dann angesichts der Wirklichkeit des Nachkriegskommunismus in tiefgreifende Konflikte gestürzt findet. Daß auch eine dritte Generation von ›Dissidenten‹ in den sechziger und siebziger Jahren sich von einer spezifischen, den historischen Umständen korrespondierenden Motivation bestimmt weiß, sei nur angedeutet. (Aber gibt es nicht noch mehrere Wellen und Typen von Renegaten der KP?)

Koestler hat es wie kein anderer Exkommunist vor ihm verstanden, gerade in *Sonnenfinsternis*, das Phänomen des stalinistischen Apparats, die Psychologie der Parteidisziplin und die Voraussetzungen, die Vorgeschichte der öffentlichen Selbstanklagen (und seien sie so absurd wie in den Moskauer Prozessen) zu erhellen. Vielleicht, weil er die Perspektive des Revolutionärs wählt und dessen Wertsystem veranschaulicht (sowohl der alte Revolutionär Rubaschow in *Sonnenfinsternis*, als auch der junge Revolutionär Peter Slavek in *Arrival and Departure* sind dem Autor offenkundig nahe und vertraut), wird Koestler nicht selten vorgeworfen, er bewege sich immer noch, ihm vielleicht nicht bewußt, in Denkbahnen des Stalinismus. Oder ist es der generelle Argwohn, der dem Überläufer begegnet, insbesondere in Deutschland nach 1945, wo es plötzlich so viele gibt, die prompt ihre ›Weltanschauung‹ ausgetauscht haben? Ist der Abtrünnige nicht überhaupt ein Ärgernis, weil sein Fall die Unbeständigkeit der Orthodoxie und die Relativität der Dogmen demonstriert, weil er das ›drohende Vakuum‹ hinter allem historischen Agieren in Erinnerung ruft und die Trägheit des Denkens erschüttert, das sich das Morgen so vorstellt wie das Heute (Koestler neigt zu dieser Auffassung)? Oder drückt sich tatsächlich in Koestlers Fixierung an den Gegner Stalinismus – die nicht vergessen lassen darf, daß er ein mutiger und entschiedener Opponent des Nationalsozialismus und Faschismus gewesen ist –, drückt sich in dieser Fixierung nicht doch verborgene Verwandtschaft aus? Von Gerhard Sczcesny bis zu Margret Boveri oder Alfred Kantorowicz reicht die Kette derer, die bei Koestler noch deutliche Spuren seiner alten Parteinahme, etwa in seinem bisweilen starren Alternativen-Gerüst nur die simple Welteinteilung Stalins, in seinem Respekt vor der Anziehungskraft des Kommunismus noch versteckte Neigung wahrnehmen. Margret Boveri z. B. fragt, wie der oft schillernd getarnte Journalist Koestler, der in Spanien je nach Gelegenheit als Korrespondent einer liberalen englischen oder einer konservativen ungarischen Zeitung auftritt, in so unerbittlicher Weise klare Entscheidungen (für oder gegen den Kommunismus) abverlangen kann. Gerade die Rigidität seiner Forderung, daß sich jeder Intellektuelle politisch unzweideutig identifiziere, läßt hier eine forcierte Kompensation vermuten, einen tiefer wurzelnden Identitätszweifel, eine vielleicht unabgeschlossene Suche nach dem eigenen Ort. Richard Crossman meint in seinem Vorwort zu *The God That Failed* etwas überspitzt (vielleicht denkt er auch nur an Koestler), daß der Exkommunist wohl nur mit Mühe wieder seine Persönlichkeit restituieren könne und von seiner Vergangenheit nie mehr loskommen werde. Er vermutet, die Trennung von der Partei sei keinem bloßen Grenzwechsel, sondern einem seelischen Trauma zu vergleichen: Koestler selbst spricht von der Furcht vor einem *zweiten Exil* extra muros, außerhalb der internationalen Gemeinschaft, die die Partei darstellt. Diese Furcht, verstärkt durch abschreckende Erlebnisse eines zynischen Kapitalismus, hat ja viele schwankende Intellektuelle während der dreißiger Jahre immer wieder ins stalinistische Lager zurückgetrieben. Das Eingeständnis der Exkommunisten, daß sich der Bruch im Zentrum der Person ereigne, läßt Rückschlüsse zu auf die enge, das ganze Leben umgreifende Bindung an die Partei. Arbeit in ihrem Auftrag scheint als eine Art überprofaner, Eigeninteressen übersteigender Dienst aufgefaßt zu werden. Die Grenzen zwischen privatem Bereich und politisch-gesellschaftlicher Praxis lösen sich auf. So läßt die heftige Abrechnung Koestlers mit der Partei die Wunde des wieder in die Unsicherheit verstoßenen Glaubenssuchers erahnen. So erscheint auch die Skepsis als erklärlich, die sich fragt, wie tief seine Konversion wohl reiche.

Für viele Intellektuelle gilt in der Zeit der Verteidigungsgefechte gegen den vordringenden Nationalsozialismus und andere Faschismen nur Sowjetrußland, das Land der erfolgreichen Revolution, als bergendes Bollwerk. Offenbar ist es unmöglich, in einem Weltkonflikt nur mit Vernunft zu operieren (und sei sie auch sozialistisch). Auf die Parallelen zwischen Kommunismus und Katholizismus weisen Koestler, Crossman und andere Autoren recht häufig hin. Die Entsprechungen drängen sich den Augenzeugen schon in der Phase des ›entwickelten‹ Stalinismus auf. Beide Glaubensordnungen und -organisationen verlangen (in historisch unterschiedlicher Heftigkeit) vom Intellektuellen das sacrificium intellectus, das Opfer des selbständigen Denkens auf dem Altar der Parteiautorität oder der Hierarchie. Umfassender, ausschließender Herrschaftsanspruch duldet keine Abweichung, zerlegt die Welt in Anhänger und Feinde. In den dreißiger Jahren gibt es daher, von russischer Seite aus gesehen, nur die Wahl zwischen Sowjetkommunismus oder Faschismus. Jede Distanzierung vom Stalinismus wird in der Situation des Kampfes als Verrat ausgelegt und gebrandmarkt. Diese Vereinfachung der Konfliktbezüge zur einzigen Konfrontation, zur »Zwangsjacke der falschen Alternative« (Manès Sperber) hat kommunistischen Intellektuellen besonders zu schaffen gemacht: Lange braucht es, bis Ernst Fischer oder Alfred Kantorowicz, die in ihren Autobiographien skrupulös davon berichten, sich aus dem Bann dieses Entweder-Oder gelöst haben. Der starre Blick auf den Hauptgegner: den Nationalsozialismus, hat die Signale eines sowjetrussischen Totalitarismus übersehen oder nur am Rande des Gesichtsfeldes wahrgenommen. Das Dilemma des Exkommunisten hat damals vor allem darin bestanden, sich aus dem Schema der zwei Fronten herauszuwinden und nicht bloß einen Platzwechsel von einer Partei zur anderen, zur kontradiktorischen Position zu vollziehen. An Koestlers Entwicklungsgang werden alle diese Schwierigkeiten sichtbar. Zeitgenossen wie Regler, Ervin Sinko, Sperber, Wehner, Ernst Fischer oder Kantorowicz schildern ihre Erfahrungen in Moskau oder mit Moskau oft ähnlich wie Koestler. Aber keiner von ihnen hat seine Abkehr vom Stalinismus in solcher Weise zur eigenen politischen Botschaft verwandelt, und keiner von ihnen hat mit gleicher Schärfe Gerichtstag über seinen ›Irrtum‹ gehalten.

II Der Revolutionär ohne Identität

Koestlers Widerspruch gegen den Stalinismus mündet in seinen Romanen nicht in unbedingte Fürsprache für eine alternative Konfession: Er greift das abstrakte Gebot der Revolution an, indem er die Krisen der Revolutionäre aufzeigt – auch seine eigene Krise. Als Erzähler hat sich Koestler dem Scheitern des Revolutionärs – also dem Scheitern einer Revolution und eines Lebens – von außen genähert: Der historische Roman *Gladiatoren* schildert Spartacus, den Führer der aufständischen Sklaven gegen das antike Rom, unter dem Blickwinkel distanzierter Teilnahme. Nicht von ungefähr wird ein Chronist, der Advokat Fulvius, zur räsonnierenden Figur. Spartacus will einen Sonnenstaat gründen: das Modell einer gerechteren, dem Wesen nach sozialistischen Gesellschaft. Sie kann aber nicht ohne Gesetze auskommen – und Spartacus stellt fest, daß die große Menge seiner Anhänger, geschunden seit je und deformiert in ihrem Bewußtsein, seiner Logik nicht folgt. Auch er muß kreuzigen lassen und Ausbrüchen wilder Raubexzesse machtlos zusehen. Ihm kommt der Gedanke, diese anarchistisch aufbrausende, dumme Masse um ihres eigenen Heiles willen, so heißt es, umzubringen. Aber die Schreie der Gekreuzigten klingen ihm deutlicher ins Ohr. Spartacus und der Erzähler meinen zu sehen, daß der menschenfreundlichere Weg ins Verderben führt. Spartacus kann aber den »Umweg« der Tyrannis (um des endgültigen Sieges und Friedens willen) nicht einschlagen. In *Sonnenfinsternis* heißt es dann, es gelte Schlächter zu sein, damit das Schlachten aufhöre. Diese seltsame Mathematik rechnet mit einem Umschlag oder einem Sprung in der Geschichte, der unversehens die Chronik der Leiden beendet. Dieser Mystizismus ist in der Debatte, ob die Gewalt ein legitimes Mittel der Revolution sei, unter den Verteidigern dieser These verbreitet. George Orwell findet für diese Theorie, der er mißtraut, den Begriff des Catastrophic Gradualism: Der Fortschritt sei ohne Blutvergießen, Lüge und Unterdrückung nicht zu verwirklichen. Ein Mythos von Realpolitik erscheint hier im revolutionären Gewand. Der Sehende, plädiert Fulvius, soll die Blinden notfalls durch die Anwendung von Zwang führen. Spartacus verzichtet aber nach wenigen Probehandlungen der Strenge auf Terror, da er wohl nicht hofft, auf diese Weise einem qualfreien Utopia näher rücken zu können. Er erscheint als eine Art Gegen-Stalin, charakterisiert durch das humane Zögern, der sich in der Wahl der Waffen nicht gänzlich dem römischen Vorbild anschließen will – obwohl diese Angleichung zumindest in der Übernahme entsprechender Herrschaftsinsignien schrittweise stattfindet. Der Roman als Ganzes wirbt allerdings für den stalinistischen Weg der Diktatur, denn Spartacus geht ja unter, während die Politik der »Umwege«, der Unterwerfung und Entmündigung, noch nicht in die Niederlage geführt zu haben scheint. Das Geschehen zentriert sich um die Frage danach, wie menschlich der Revolutionär sein darf – in einer weitgehend unmenschlichen Welt, die ihm auch seine stigmatisierten Weggenossen zuspült. Der mitleidige Revolutionär riskiere, die Revolution selbst aufs Spiel zu setzen. Dieser Sorge entspricht die Auffassung, daß die Menge zäher Lehm sei, mit der man nur die Verhältnisse ändern könne, wenn man sie knete und knechte. Das abstoßende Bild der schwankenden Masse fordert den Advokaten Fulvius jedoch auch zur Überlegung heraus, daß der einzelne in der Masse seinen Interessen zuwiderhandelt, weil diese Interessen zu verfolgen ein gemeines, erniedrigendes Geschäft sei; der Verzicht auf die Elemente des schmutzigen Alltags verspricht Erhöhung, in opferwilliger Selbstentäußerung und im Taumel der Todesbereitschaft (mehr die nationalsozialistischen als die kommunistischen Massen scheinen Koestler bei diesem Gedanken vorgeschwebt zu haben).

Spartacus habe den Fehler begangen, seiner Bewegung keine Religion zu verschaffen, die z. B. den Wert der Arbeit positiv besetzt (Vordeutung auf das Christentum oder den Marxismus?), so daß der Impuls der Aufständischen sich zumeist in einem Nicht-Wollen-wie-bisher, im Ruf der befreiten Sklaven nach uneingeschränktem, ›freigelassenem‹ Leben erschöpft. Es wird keine konstruktive Energie freigesetzt, um eine überlebensfähige Sozietät zu begründen. Die Polemik von Marx und Engels gegen den Anarchismus, der individuelle Glücksansprüche hier und heute einklagt, wird im Umriß sichtbar – im Roman ironischerweise vom scharfsinnigen, weltklugen Kapitalisten Crassus vorgetragen, als sei die Empfehlung einer stabilisierenden Religion guter Rat des Herrschaftswissens (gültig für den Revolutionär als Diktator wie für den Fürsten). Erst die religiöse Verankerung der sozialrevolutionären Idee scheint sie zur Lebensform zu verwandeln, die für die meisten verbindlich ist. Im Umkreis von Spartacus finden sich Repräsentanten vorchristlichen und vorkommunistischen Denkens: Er zieht die Erniedrigten und Beleidigten und die ›Träumer‹ an, die in ausgleichenden Phantasien sich ein ganz anderes Dasein vorstellen. Für Koestler scheint es jedoch wichtig zu sein, daß es Spartacus offenbar nicht gelungen ist, aus dem irrationalen Schub, der seine Revolte zunächst mitangetrieben hat, einen Kultus, eine ritualisierte neue Normalität zu formen. Die Legende, die sich um ihn rankt, zersetzt sich für die Herbeiströmenden allzu rasch. Er kann keinen Gott bieten, wo sein ›Volk‹ doch solchen Halt braucht. Es verhält sich nicht anders als das Volk Israel in der Wüste nach der Flucht aus

Ägypten (wozu sich noch der Roman *Sonnenfinsternis* äußert). Indirekt, vielleicht unwillentlich, scheint Koestler die byzantinische Stalinverehrung während der dreißiger Jahre als am Ende nützliche Symbolbildung zu rechtfertigen. Deren historische Funktion hat eigentlich darin bestanden, eine magnetische Ausrichtung der Loyalitäten auf einen Pol hin zu bewirken. Die Geringschätzung der großen Menge als einer Bezugsgröße gewaltherrschaftlichen Handelns wird von Koestler später auch in *Sonnenfinsternis* als ein Kennzeichen von Stalins Diktatur hervorgehoben (André Gide und andere kommen zu dem gleichen Befund). Der Konzeption einer trägen Masse gemäß ist wiederum die Idee eines Führers, der sich rationaler Kontrolle entzieht und in heilige Höhen aufschwebt. Nicht zufällig sind die Zeugnisse der Exkommunisten mit der quasi-priesterlichen Formel *The God That Failed* überschrieben. Sie reagieren damit wesentlich auch auf die Einschüchterung durch den Personenkult im stalinistischen Kommunismus.

Wo aber ist der Intellektuelle einzuordnen, der diese Konstellation zwischen Führer und Masse beobachtet? Offenbar erweist ihn seine geschichtsphilosophische Rechtfertigung dieser Harmonie zwischen Oben und Unten als Instrument des ›Führers‹. Zugleich aber ist er dessen Diktat ebenso wie die Masse unterworfen. Fulvius, der Advokat und Berater des Spartacus, spricht von dem einen Sehenden, der die Blinden notfalls mit einer Härte behandeln müsse, die ihnen vermutlich unverständlich bleibe. Fulvius wäre zu fragen, woher er weiß, daß der eine sieht, während die anderen blind seien. Er kann es nicht wissen (denn gehört er nicht selbst auch zu den Blinden?), er kann es nur glauben. Fulvius rechnet mit (göttlicher?) Prädestination (hier ist der Sehende, dort sind die Blinden) und legitimiert von daher eine Herrschaftstechnik, die das Kollektiv vor allem als Material für die mächtige Hand des ‚Staatsschöpfers' definiert. Er entwirft den Schattenriß des modernen Führerstaats (wie ihn die dreißiger Jahre nicht nur in der Sowjetunion vor Augen führen). Die untergründigen Analogien zwischen totalitären Systemen rechts und links versucht Koestler in den weitgehend noch orthodox-kommunistisch gedachten *Gladiatoren* nicht offenzulegen. In *Sonnenfinsternis* hebt er die Gemeinsamkeiten mehrfach hervor – wenn auch stets aus der Perspektive der Verfolgten, für die die Verfolger sich physiognomisch angleichen.

Zosimos, der Skeptiker im Roman, befürchtet, daß der Anführer vor lauter Umwegen das Ziel aus dem Auge verliere und sich zu einem weiteren Tyrannen entwickle. Zosimos wäre zu fragen, ob diese scharfe Trennung von Weg und Umweg, Zweck und Mittel (Koestler benutzt dieses Vokabular in *Sonnenfinsternis* und Selbstkommentaren als Schlüsselbegriffe) nicht eine allzu abgehobene, vereinfachende Darstellung verwickelter Verhältnisse ist. Zumindest einen Faktor läßt er aus der Gleichung fort: die reale Situation, in der sich die Ideen des Handelns gewissermaßen brechen, in nie gänzlich voraussehbarer Weise materialisieren. Der ›Weg‹ des Revolutionärs führt ja nicht durch den leeren Raum. Das Bild vom Weg oder Umweg impliziert die Möglichkeit des Abirrens, aber auch eine Zielbestimmtheit, die irritiert. Es ist auffällig, wie stereotyp Koestler in seinen politischen Reflexionen die Geschichte als Fluß beschreibt, der sich wohl winde – und an jeder Windung werden die Erschlagenen und Ertrunkenen, die Wracks angespült –, aber doch die große Linie verfolge. Das Ziel (das Meer?) erwähnt Koestler übrigens nicht zu Unrecht selten – denn es bedeutet Auflösung. Die Metapher der Geschichte als Fluß unterstellt ferner, daß der Mensch mitgeschwemmt werde, also nur zum Teil für die Richtung verantwortlich sei. Der einzelne ist zum Tropfen Wasser oder Treibgut reduziert. Der Führer erscheint als abstrakte Instanz – eher könnte von ›Gelenktsein‹ gesprochen werden. Zosimos' Angst, der Revolutionär finde womöglich nach vielen Umwegen nicht mehr auf den rechten Weg zurück, ist vermutlich tiefer fundiert: im Zweifel, ob es überhaupt einen rechten Weg gebe (da ihn doch noch niemand eingeschlagen hat oder leitend vorangeschritten ist). Und ist nicht das Bild von den Wegen dem des Labyrinths eng benachbart? In einer oberen Schicht benutzt also Koestlers Roman noch die Kategorien, die die gewünschte Zukunft als errechenbar und erreichbar imaginieren: Kategorien, wie Weg und Umweg, Sehen und Blindsein, die rationale Planung erwarten lassen oder Kompetenzen zuschreiben. In einer tieferen Schicht aber herrscht Verwirrung und Unruhe. Es gibt frappierende Anzeichen dafür: Fulvius sagt nicht, was der Sehende denn sieht, oder die Blinden eben verkennen. Wenn er selbst ein Blinder ist, projiziert er etwas ihm Fremdes in das Wissen des ‚Sehenden': eine mystische Extrapolation bar jeden Beweises. Zosimos reagiert unmutig auf den provisorischen Sonnenstaat der revolutionären Sklaven, spricht aber selten vom ›Ziel‹, das anzustreben würdig sei – als sei dies unvorstellbar? Die Figuren verwenden Leitwörter, die ihrem Gefühl und Bewußtsein nicht angemessen sind. Die Rhetorik politischer Klugheit wird durch das tragische, wie zwangsläufig sich ereignende Mißlingen der Revolution als formelhaftes Gerede enthüllt.

Koestlers einziger historischer Roman (der Autor selbst hat ihn übrigens nicht wenig geschätzt) ist hier ausführlicher erörtert worden, weil er im Kern bereits die Problematik des politisch Handelnden offenbart: die für Koestler nicht zu lösende Frage, ob man sich einmischen kann in das Getriebe der Welt, ohne Gefahr zu laufen, sich selbst dabei aufzugeben und zu ›versäumen‹. Erscheint Spartacus weitgehend in Außensicht, so Rubaschow, der Held in *Sonnenfinsternis*, in einer Innensicht, die das Bedrängende des persönlich erlittenen Kasus herausstreicht. Rubaschow, der Bolschewist der ersten Stunde, eine Synthese aus Nikolai Bucharin, Leo Trotzki und Karl Radek, wird als Gefangener im eigenen Land (unverkennbar die Sowjetunion) drei Verhör-Prozeduren unterworfen, die ihn für einen absurden Prozeß präparieren sollen. Ihm wird im Verlauf dieses Geschehens klar, daß der ›Revolutionär als Instrument‹ vielleicht dem Anspruch der Partei genügt, dabei aber etwas Substantielles verfehlt. Rubaschow hat sein Leben dem politischen Dienst gewidmet und sein ›Ich‹ nur als »grammatikalische Fiktion« gelten gelassen. Nun entdeckt er dieses Ich als beunruhigenden ›Leer-Raum‹. Kurz vor seiner Hinrichtung klopft Rubaschow das Wort ›Ich‹ an die Mauer, die ihn von einer leeren

Nachbarzelle trennt – und hört natürlich keinen Widerhall. Er ahnt zudem etwas von einem »ozeanischen Gefühl«: ›Konterrevolutionäre‹ Empfindungen sind es allemal, die sich dem Todgeweihten aufdrängen. Rubaschow ist alle Umwege gegangen, die Spartacus vermieden hat, aber dem im Dunst verhüllten Ziel nicht näher. Er ›erinnert‹ sich in der Zelle plötzlich. Er erinnert sich unter anderem an Parteiaufträge, die er fast bedenkenlos exekutiert hat, obwohl es groteske und brutale Strafsanktionen im Sinne der sowjetischen Außenpolitik gewesen sind, durchaus im Widerspruch zu den ›natürlichen‹ Reaktionen der Kommunisten vor Ort. Diese nationale Politik, wie sie der Roman kennzeichnet, brüskiert durch Forderungen, die den konsequenten Kampf gegen den Faschismus konterkarieren. Der humane Gehalt des Sozialismus wird bei solcher Strategie völlig ignoriert: Der Begriff Kommunismus ist dann nur noch mit einer Praxis verbunden, die Positionen und Argumente zur Disposition stellt. Diese Flexibilität provoziert bei den Mitgliedern der Partei quälende Erklärungsmühe, bis endlich der geheime (im Jargon oft dialektisch genannte) Sinn der überraschenden Wendungen erschlossen zu sein scheint. Koestlers Darstellung dieser ›Rätselproben‹ in *Sonnenfinsternis* fällt durchaus realitätsgerecht aus: Die historische Entwicklung wird in rechtgläubiger Sehweise als erwartetes Ergebnis einer weitblickenden Politik interpretiert, die nur im Moment etwas sprunghaft und unbegreiflich zu sein scheint. Es muß ein Hirn am Werk sein, das bei seinen Prognosen keinen Zufall zu fürchten braucht – alles scheint wie geplant oder vorbedacht einzutreffen. Koestlers Antagonist Merleau-Ponty verfährt in seiner Gegenschrift zu *Sonnenfinsternis*, *Humanismus und Terror*, noch in dieser Weise, wenn er im Blick auf die Moskauer Prozesse etwa erklärt, daß sie nur für Revolutionäre verständlich sind, oder bemerkt, daß sie gar einen Sieg zur Folge gehabt haben.

Rubaschow gesteht sich ein, ein fast willenloses, fühlloses Werkzeug gewesen zu sein. Dennoch bleibt er der Partei treu, unterwirft sich der Anklage und stellt sich als Sündenbock zur Verfügung, auf den die Angst- und Bedrängungsgefühle, die Unzufriedenheit der Massen ablenkbar sind. In seinen letzten Auftritten im »Theater« der Verhöre und Prozesse glaubt er seine Ehre zu behaupten, wenn er ohne Eitelkeit nützlich ist (für den Fortbestand des angeblich bedrohten Landes und der Partei), also wieder hinter ihm aufgedrängten Masken verschwindet – diesmal denen des Verräters, des Spions, des ›tollen Hunds‹ usw. (wie die Injurien in den Moskauer Prozessen eben gelautet haben). Rubaschow ›findet‹ sich nicht. Er durchschaut seine ausweglose Lage, ohne sich aus ihr befreien zu können. Denn das ozeanische Fühlen, dem er sich anzunähern hofft, dieser Inbegriff einer seiner politischen Welt konträren Lebensdimension, verheißt eben nicht Ich-Erfahrung, sondern Verfließen selbst der durch äußere Kräfte aufgeprägten personalen Kontur – und scheint überdies nur im Tode zu gewinnen zu sein.

Der Revolutionär sieht keine Alternative zu seinem verbrauchten Leben. Koestler erwähnt körperliche Leiden als Symptome eines vielleicht unbewußten Aufbegehrens gegen solche ‚Vernutzung' des Menschen. Doch die Vergangenheit hat Rubaschow so viele Gewalttaten abverlangt, daß er sich gegen die nicht zur Wehr setzen kann, die ihm selbst zugefügt werden. Es liegt in der Konsequenz seines früheren Handelns, sich auch noch das eigene Todesurteil zu sprechen. Herbert Wehner oder Leszek Kolakowski bestätigen, daß viele der Angeklagten in den Moskauer Prozessen früher selbst mit ihren Gegnern schonungslos umgegangen sind, daß sie sich durch ihre eigene, einst ausgeübte »massive Gewalttätigkeit« (Kolakowski) und ihre eilfertige Anpassung an die jeweils neue Sprachregelung der »moralischen Grundlage« (Kolakowski) für mögliche Gegenwehr beraubt haben. Koestlers Darstellung pointiert diesen Sachverhalt: Die durch Rubaschows Taten begründeten Schuldgefühle und Strafbedürfnisse erzwingen seine Gefügigkeit, als er aufgefordert wird, sich ungeheuerliche Vorwürfe zu machen. Doch beides, Schuldgefühl und Strafbedürfnis, läßt auch einen Maßstab erkennen, der nicht mit dem der Partei identisch ist. Rubaschow wird von seinen Lügen verfolgt. Wer historische Lügen wahrnimmt, erinnert sich. Die Lüge geringschätzen kann der, der sich im Moment jeweils neu bestimmen läßt – ihm fehlt die Erfahrung der Dauer im Wechsel, wohl auch das Bewußtsein von der (relativen) Kontinuität einer Lebenskarriere.

Man könnte auf den ersten Blick meinen, die in *Sonnenfinsternis* präsentierte Ethik des Revolutionärs, die in vielem den Wertekodex des Stalinismus widerspiegelt, werde demonstrativ als Kontrast-Moral zu christlichen Tugenden und Begriffen, wie Mitleid, Gewissen, Verzweiflung oder Reue, dargestellt. Nur die asketischen Ideale und klösterlichen Prinzipien sind aus solchem Verdikt ausgespart, so daß beinahe auch eine Verwandtschaft mit der ›sachlich-soldatischen Heroik‹ und der pathetischen Selbstverleugnung in jungkonservativer Programmatik vermutet werden kann. Ernst Jüngers Devise, die neuen Helden würden nicht ›fallen‹, sondern ›ausfallen‹, seine Verachtung der Sentimentalität und romantischer Gesten, der ›bürgerlich-wehleidigen‹ Vorurteile scheint auf eine ähnliche Entwertung des Ich zu zielen, eine vergleichbare Apathie gegenüber ›persönlichen Schmerzen‹ auszuweisen, eine analoge Ehre: Dienst ohne Eitelkeit anzusprechen und ebenfalls dem Tod seinen metaphysischen Schrecken zu nehmen. Doch unterscheidet Koestlers Deskription von der Jüngers schon der Umstand, daß sich dieses Ethos in *Sonnenfinsternis* als ungenügend und fragwürdig zeigt. Der Schmerz wächst zur unabweislichen Störung. Der von Koestler mit raunender Ehrfurcht eingeführte Begriff des ozeanischen Gefühls – von dem Jünger schweigt – ist, wie manche andere Ausdrücke in Koestlers psychologischer Terminologie, wahrscheinlich den Spätschriften Sigmund Freuds entliehen, insbesondere dem Aufsatz *Das Unbehagen in der Kultur* (1930). Koestler nimmt nun eine überraschende Umwertung der Freudschen Urteile vor: Dessen eher skeptische Auffassung von der Entgrenzungsekstase wird ins Gegenteil verkehrt. Koestlers glücksbetontes, aufregendes Empfinden des Ozeanischen findet sich nicht nur in *Sonnenfinsternis*, sondern auch zum Beispiel in *Ein spanisches Testament* als innere Erhebung über die Kerkerenge und als Verflüchtigung der Angst. Dies bestätigt zwar auch Freuds Vermutung, daß sich das bedrängte Ich durch solche Einschmelzung der feindlichen Außenwelt eben helfe. Doch berührt Koestler die Funktion des ozeanischen Gefühls für das psychische Gleichgewicht nur am Rande. Der seelische Zustand der ‚Ausdehnung' erscheint als Wert an sich. Rubaschow tendiert dazu, aus der Domäne der Identitäts-Verleugnung in die der Identitäts-Auflösung hineinzuspringen. Wenn es im Roman abschließend heißt, der sterbende Rubaschow werde wie vom Meer überspült, von einer Woge wie einem Achselzucken der Unendlichkeit aufgenommen, so akzentuiert diese Sehweise die gelassene Gleichgültigkeit des Kosmos (parallel dem Argwohn der Partei) angesichts aller individuellen Zuckungen. In der Ausmalung solcher Ich-Vernichtung scheint sich ein radikaler Wunsch nach ‚Seelenfrieden' um jeden Preis auszudrücken.

Die Lösung des Problems des Lebens wird schließlich dadurch gewährt, daß das Leben ein Ende findet. Wie wenig eigene, gar revolutionäre Aktivität mit im Spiel sein darf, verraten die Metaphern des Eintauchens, die in Koestlers Büchern solche Übergangs-Erfahrungen fast leitmotivisch begleiten. Im Vorgang des Hineinsinkens und Hinabfallens verbinden sich die Emotionen der Lust und Angst gleicherweise. Peter Slavek, der Held von *Arrival and Departure*, stürzt zu Beginn und am Schluß dieser Erzählung buchstäblich in eine neue Existenz, in der Chance und Gefahr untrennbar verbunden sind. Er läßt sich als Flüchtling vom Schiff in das Meer vor der Küste des neutralen Landes (Portugal) fallen und springt am Ende mit dem Fallschirm über feindlichem Gebiet ab. Dieser abrupte Lebenswechsel erscheint als gewählt, genauso als zugefügt. Der Form des Transits haftet etwas Gewaltsames, Rapides, Unwiderrufliches an. Auch besteht Unsicherheit darüber, wo und wie man ankommt. So fällt der Mensch bei Koestler auch in den Fluß der Geschichte: Die erste Bewegung geht von ihm aus, die übrige widerfährt ihm als Partikel in einem unsichtbar bleibenden Kraftfeld. Auch das Koestler ebenso dienliche Bild von der Geschichte als Pendelbewegung zwischen extremen Positionen veranschaulicht eine Automatik der historischen Prozesse, in die der einzelne offenbar nolens volens eingeordnet ist. Abgesehen davon taugen solche Perpetuum-mobile-Modelle nicht dazu, die Idee einer linearen Heilsgeschichte, auch nicht in marxistischer Perspektive, zu verdeutlichen oder gar die Philosophie geschichtsverändernder Revolutionen zu illustrieren. Die Metaphorik verrät das verborgene, nicht-revolutionäre Denken Koestlers.

Seine Helden sind gelenkte Menschen, wenn nicht das Instrument der Partei wie Rubaschow, dann das dunkler Autoritäten im eigenen Innern: Peter Slavek erschließt in einer Analyse nach Freudscher Methode die aus Kindheitseindrücken herrührenden Antriebe seines politischen Handelns: Schuldgefühl und Rachewunsch. Dennoch setzt er den Kampf gegen den Nationalsozialismus fort – ohne Illusionen. Auch die Diagnose des ›Hungers nach Gerechtigkeit‹ als Neurose kann den Hunger nicht stillen, die Ungerechtigkeit nicht beseitigen. Koestler hat in *Sonnenfinsternis* und in *Arrival and Departure* viel dazu getan, die Denkweise, die ›Instinkte‹ des Revolutionärs zu durchröntgen, doch weist er der Relativierung des Widerstands durch die psychologische Erklärung ihre Grenzen. Seine Konzeption politischen Handelns, frei von Glaubens- und Zukunfts-Zuversicht, nimmt sich wie eine Spielart existentialistischer Tatphilosophie aus – wo sich der Sinn der Revolte nicht gleich entziffert, mehr in ihr selbst als in äußeren Anlässen zu suchen ist, wo sich Humanität im Widerstand manifestiert, auch wenn kein prompter Erfolg zu erwarten ist. Außerdem mag sich die psychologische Tiefendeutung angesichts des so mechanistisch gedachten Weltbildes, mit dem sich der orthodoxe Kommunismus seinerzeit dargestellt hat, gerade dazu gereizt fühlen – schockierende Motive für revolutionäres Engagement zu Tage zu fördern. So ist es ein verbreitetes Muster, das sich bei Manès Sperber, Franz Borkenau oder auch in Koestlers *Age of Longing* wiederfindet, beim Kommunisten Schuld- und Vergeltungs-Ideen – als Ergebnis von Familienkonflikten – festzustellen und aus beidem auch die Dynamik und Perseveranz seines politischen Elans abzuleiten.

Ausgesetzt der Haft, dem Verhör und manchmal auch der Folter: Diese typischen Szenen und Verhältnisse, denen Enge und Beengung gemeinsam sind, signalisieren in den politischen Büchern Koestlers (hier sind die Werke über Palästina oder Israel nicht in Betracht gezogen) die extreme Gegenwelt zum zivilen Alltag, aus dem der Held herausgerissen wird. Mit überraschender Schnelligkeit findet sich der Gefangene – gleich, ob es sich um Rubaschow, Peter Slavek oder Koestler als Ich-Figur handelt – in diese exzentrische Existenz des Eingesperrtseins. Er spürt bei aller Ohnmacht und Ausgeliefertheit doch auch eine Entlastung. Die Mitverantwortung für das eigene Schicksal scheint ihm abgenommen. Der Gefangene wird zum Gegenstand und ›verliert sich‹, er flieht vielleicht in den Zustand des ›Außersichseins‹. Im spanischen Gefängnis, gesteht Koestler, habe er sich frei von Schuld gefühlt. Rubaschow weiß, daß es im Kerker schlimm und zermürbend ist, sich für unschuldig zu halten. Die schmerzhafte Gewalt, die Fremde an dem Gefangenen oder Gefolterten ausüben, mobilisiert Rechtfertigungsmechanismen: Das Opfer wird zum einverstandenen Komplizen und identifiziert sich partiell mit dem ›Henker‹. Rubaschows Müdigkeit verrät diesen Zustand des Nicht-mehr-Widerstrebens.

Es ist eigentümlich, daß revolutionäres Tun in *Sonnenfinsternis* meistens unter dem Aspekt des Leidens, als verletzender Vorgang, dargestellt wird. Wenn Rubaschow sich die Eitelkeit aus dem Leib brennen will, wenn er den Körper der Partei mit Geschwüren bedeckt sieht, wenn Iwanow, der Kampfgefährte von einst, der ihn zuerst verhört, als eine Intention des sowjetischen Kommunismus beschreibt, den Menschen die alte Haut abzureißen, um sie in eine neue zu stekken, dann teilen diese Gleichnisse von geschundenen Körpern mit, daß die revolutionäre Wandlung oder auch die Verunstaltung der sozialistischen Welt als Marter und Folter erlebt werden. Es fehlt der Vergleich mit der chirurgischen Operation, wie damals der übliche Ausdruck für solche Eingriffe in die dahinschleppende Geschichte lautet – ein Bild, das die Souveränität der Akteure, das Klinische, genau Gewußte des Schnitts, die ständige Überwachung suggeriert! Das Spektrum der Schreckensmotive in Koestlers literarischer Phantasie fungiert sozusagen als Gegensatz zur rechtfertigenden Propaganda. Die Kadaver im Fluß der Geschichte, das Gift im Strom des Kommunismus (von dem Koestler zu Beginn von *The Invisible Writing* spricht) – diese wie Obsessionen immer wiederkehrenden Vorstellungen lebensfeindlicher Bedrohung und sogar bösartiger Infektion fügen sich den anderen Grauensvisionen, den Angst- und Absturzträumen seiner Figuren an. Rubaschow träumt gerade von seiner Verhaftung im Nazi-Reich, als ihn wieder die Häscher wecken. Koestlers Revolutionäre begegnen vor allem als Verfolgte und Gejagte. Das Heft der Geschichte ist ihnen, den bald Gefangenen, schon längst aus der Hand gewunden.

Koestler unterscheidet in seinen Essays aus den vierziger Jahren zwei ›politische‹ Typen: den Yogi und den Kommissar. Er schließt sich damit an eine Tradition an, die in die zwanziger Jahre und weiter zurückreicht, die Europa und Asien als konkurrierende Kulturmodelle begreift und gegeneinander ausspielt. Die Werke von Hermann Hesse, C. G. Jung oder Alfred Döblins früher bedeutender Roman *Die drei Sprünge des Wang-Lun* (nach Koestlers Hinweis in manchem Vorbild für die *Gladiatoren*) bezeugen etwa die Kritik am westlichen ›Alleinvertretungsanspruch‹ im Bereich der Zivilisation. Zentral bei solchen Vergleichen ist fast immer die Problematik der Tat: Dem östlichen Denken wird das Dulden und Betrachten als tiefere Weisheit zugeschrieben, wogegen der abendländische Handlungseifer als oberflächliche Hektik erscheint. ›Indischer‹ Geschichtsverdacht und die Geringschätzung irdischer Leistung entwerten tendenziell auch die Rolle der Revolution. Der Yogi, bei Koestler Firmenname der Kontemplation, der inneren Entwicklung, der ›seelischen Werte‹, steht dem Kommissar, dem realpolitisch denkenden, handelnden Agenten der äußeren Geschichte symmetrisch gegenüber, ohne daß (will man Koestler folgen) Hoffnung auf eine Versöhnung beider besteht. Die Striktheit und plane Geometrie seiner Typenlehre hat vielfach Zweifel vorgerufen. Schon Crossman meint, beide Komponenten in Koestler selbst zu entdecken. Tatsächlich lenkt die analytische Entfaltung der Typen des Yogis und des Kommissars davon ab, daß sie in der Figurenwelt seiner Romane durchaus kombiniert werden. Koestlers Revolutionäre erleben ja im wesentlichen nichts anderes, als daß die Schauseite des Kommissars durchbrochen wird: Rufe ›aus der Tiefe‹ – die Schreie der gekreuzigten Gladiatoren, das Wimmern des zur Exekution Geführten in *Sonnenfinsternis* – bewirken im einst bedenkenlos Handelnden Veränderungen. Koestlers Figuren entdecken in sich einen Abgrund, der unter der Kommissar- oder Revolutionärsebene aufklafft und die unheimliche Sogkraft des Vakuums ausübt. Nur das Rückschreiten in die individuelle Vergangenheit scheint Licht in ihn zu werfen. Durch die Rekonstruktion des Gedächtnisses entkommen die Helden der identitätszerstörenden politischen Raison, auch wenn sie nicht zu einer neuen Existenz (des Yogi) durchdringen. Nicht von ungefähr ist der Repräsentant des totalitären Stalinismus, der ›Kommissar‹ Gletkin in *Sonnenfinsternis,* durch solchen Mangel an Erinnerungsvermögen gekennzeichnet: von aller Kindheit abgeschnitten, ›barbarisiert‹ er zum modernen »Neandertaler«. *Vergangenheitsbewältigung* – bevor es noch dieses Schlagwort gibt – wird zwar selten zur Devise des Polemikers Koestler, der im öffentlichen Disput wohl mehr den Kommissar als den Yogi hervorgekehrt hat, doch in seinen Fiktionen zum Schlüssel für die Befreiung. So ist es nicht verwunderlich, daß Koestler einer der ersten ist (im Aufsatz *Politische Neurosen,* »Monat« 63/1953), der den Deutschen der Nachkriegszeit empfiehlt, ihre Verdrängung des Dritten Reiches in kollektiver Erinnerungsarbeit rückgängig zu machen. Erst, wenn die Deutschen nicht nur »unser Goethe«, sondern auch »unser Auschwitz« sagen können, werden sie zu neuer nationaler Identität gefunden haben.

Zitierte Literatur

Franz Borkenau: Nachwort zu »Der Gott der keiner war«. Zürich 1950.
Margret Boveri: Der Verrat im 20. Jahrhundert. Bd. III. Hamburg 1957.
Richard Crossman: Vorwort zu »The God That Failed«. Zit. n. d. dt. Ausg., Zürich 1950.
Ernst Fischer: Erinnerungen und Reflexionen, Reinbek b. Hamburg 1969.
Alfred Kantorowicz: Deutsches Tagebuch. Bd. 1 und Bd. 2, München 1978 u.1979.
Ders.: Deutsche Schicksale. Intellektuelle unter Hitler und Stalin. [Kap. Abschied von Arthur Koestler]. Wien u. a. 1964.
Leszek Kolakowski: Die Hauptströmungen des Marxismus. III. Bd. München / Zürich 1979.
Maurice Merleau-Ponty: Humanismus und Terror (1947), Frankfurt/M. 1966.
George Orwell: Catastrophic Gradualism. In: George Orwell: The Complete Essays (. . .). Vol IV, ed. by S. Orwell, I. Angus. 1968.
Hans Paeschke: Chronik eines intellektuellen Revolutionärs. In: Merkur 93 (1955), S. 1080–83.
Adelbert Reif: Kassandra zwischen Politik und Wissenschaft. Ein Gespräch mit Arthur Koestler. In: Die Tat, 5. 9. 70.
Gerhard Sczcesny: Die Legitimierung des Bösen. Zu Arthur Koestlers ›Sonnenfinsternis‹. In: Hessische Nachrichten, 10. 1. 48.
Manès Sperber: Bis man mir Scherben auf die Augen legt. All das Vergangene . . . (1977). München 1982.
Ders.: Sieben Fragen zur Gewalt. Leben in dieser Zeit. (1972). München 1978.
Herbert Wehner: Zeugnis. Hg. v. G. Jahn, Köln 1982.

Carel ter Haar

Ernst Tollers Verhältnis zur Sowjetunion

Oskar Maria Grafs aus dem Nachlaß herausgegebener Bericht *Reise in die Sowjetunion* enthält, obwohl Toller in Grafs Darstellung in der Gestalt des ›Herrn Ernst‹[1] als mimosenhafte und geltungsbedürftige Figur erscheint, die kaum einen Blick hat für das, was sich um sie ereignet, und die nur auf eigene Wirkung erpicht ist, einen Satz, der nicht nur für Grafs, sondern genauso für Tollers Verhältnis zur Sowjetunion entscheidend war und zum Zeitpunkt dieser Reise im Jahre 1934 verstärkte Gültigkeit besaß: »›Mensch! ins Land der Oktoberrevolution fahren wir!‹ schrie ich selig lachend.« (S. 16)

Die Sowjetunion als Land der gelungenen proletarischen Revolution übte nicht nur auf Graf oder Toller eine ungeheure Faszination aus. Es gehörte während der zwanziger Jahre wohl eher zum guten Ton in linksbürgerlichen Kreisen, Sympathien für die Sowjetunion zu hegen und sich für sie zu engagieren. Die immer größer werdende Bedrohung durch den Nationalsozialismus und die Folgen der Weltwirtschaftskrise führten um und nach 1930 über die Sympathien für die Sowjetunion hinaus öfter zu einem Anschluß an die KPD, der sich vor allem durch einen betonten Radikalismus und eine verhältnismäßig oft vorkommender Kurzlebigkeit auszeichnete.[2]

Weder Toller (1893) noch Graf (1895) gehörten jedoch dieser Kategorie an. Für beide war die Oktoberrevolution ein fast mythischer Bestandteil ihrer eigenen aktiv erfahrenen Revolutionserlebnisse, die auch oder gerade durch ihren negativen Charakter eine fast zeitlose Präsenz besaßen. Die Oktoberrevolution verkörperte das Gelingen, das der deutschen proletarischen Revolution versagt geblieben war.

Tollers Erklärung zum Ersten Allunionskongreß der Sowjetschriftsteller[3] im Jahre 1934 ist in erster Linie Ausdruck derer, die den »Glauben an die historische Mission der arbeitenden Klasse bewahrt« hatten:

»Als im Jahre 1917 zu uns jungen Menschen, die gegen den Imperialismus aktiv kämpften, die Nachricht von der Oktoberrevolution kam, wußten wir, daß hier endlich der ›Traum der Millionen‹ Wirklichkeit, daß diese Welt des Mordens und des kapitalistischen Raubbaus an menschlicher Kraft durch eine sozialistische Welt voll Sinn und Vernunft überwunden wurde.

Wir erlebten mit leidenschaftlicher Teilnahme die schweren Jahre der Selbstbehauptung und der heroischen Verteidigung gegen die Konterrevolution an allen Fronten. Wir erlebten den Aufbau des Fünfjahresplans, wir waren Zeugen, wie die UdSSR, umgeben von faschistischen Staaten, unbeirrt ihren Weg verfolgte. Wie Völker, die bis vor wenigen Jahren dumpf und versklavt lebten, in fieberhafter Arbeit zu eigenem kulturellen Leben erwachten.«[4]

Eine endgültige politische Heimat aber wurde die Sowjetunion auch im Exil für Toller nicht.

Als Toller am 15. Juli 1924 aus der Festung Niederschönenfeld entlassen wurde, war er politisch heimatlos. Der größere Teil der USPD, der Toller angehörte, war schon im Oktober 1920 der KPD beigetreten, die übriggebliebene »rechte« Minderheit schloß sich im September 1922 wieder der SPD an.[5] Eine kleine Splittergruppe, der Toller Mitgliedsbeiträge zahlte, und die politisch völlig bedeutungslos war, führte den alten Namen weiter. Die SPD war für Toller wegen ihres Verhaltens während der Revolutionszeit indiskutabel, die Gestalt Kilmans in *Hoppla, wir leben!* macht dies deutlich[6], wobei es jedoch unübersehbar ist, daß Toller den von ihm persönlich als tragisch betrachteten Konflikt dieser Partei: als für die Erhaltung der Republik notwendige Kraft einerseits und als historische und traditionelle Vertreterin der Arbeiterklasse andererseits durchaus erkannte. Mögliche Annäherungen an die KPD scheiterten schon an Tollers pazifistischen Auffassungen. Eine Aufnahme in diese Partei hätte »nur um den Preis eines spektakulären Widerrufs seiner Vergangenheit«[7] erfolgen können, wozu Toller nicht bereit war.

Seine nur zu berechtigte Weigerung, sich den deutschen Kommunisten gegenüber wegen seiner Haltung während der Schlußphase der Münchener Räterepublik als schuldig zu bekennen, führte zu einer die zwanziger Jahre andauernden publizistischen Fehde[8] von seiten der kommunistischen Presse und kommunistischer Autoren. Diese Fehde hatte 1920 mit der Broschüre von Paul Werner[9] angefangen, wurde 1925 mit den Angriffen von Eugen Levinés Witwe fortgesetzt[10] und gipfelte schließlich in Erich Wollenbergs Bericht *Als Rotarmist vor München. Reportage aus der Münchener Räterepublik*[11]. Diese Polemik muß Toller um so mehr empört haben, als er ihr bereits während seiner ersten Reise in die Sowjetunion im Jahre 1926 ausgesetzt war[12], was vorübergehend einen Presseboykott zur Folge hatte. Aktionen von deutschen, in Moskau lebenden Kommunisten bewogen Toller, sich bei Lunatscharski zu beschweren:

»In deutschen bürgerlichen Zeitungen wird mit Behagen die Nachricht verbreitet, das russische Blatt *Trud* habe mich kürzlich wiederum (im Zusammenhang mit einer Besprechung von *Hoppla, wir leben!*) als »Verräter der Revolution« abgetan. (...) Angriffe wie die des *Trud* lassen zwar nicht meinen Eifer für die Sache erlahmen, sind mir aber unfaßbar und wirken verbitternd auf mich.«[13]

Außer in Wollenbergs Buch wurde Toller gleichzeitig auch in der *Linkskurve* heftig angegriffen, wobei der Autor dieses Artikels, Friedrich Reifferscheidt, sich ausdrücklich auf Wollenbergs Darstellung bezieht:

»Wer mehr über die Materie Toller erfahren will, lese das kürzlich erschiene(ne) Buch Wollenbergs (...), den Bericht eines Augenzeugen (...) Ein verteufelt unangenehmes Buch für den ehedem Unabhängigen und heute ›unabhängigen Künstler‹ Toller, der – ein wahrer Thersites – wohlbehalten dem Räteabenteuer entkommen sollte, dem Tausende Münchner Proleten zum Opfer fielen.«[14]

Tollers empörte Reaktion auf diese Glosse, an der er sowohl die auf falschen Presseberichten beruhenden sachlichen Angaben, als auch den »unflätigen Ton« beanstandete, wurde abgetan mit der Bemerkung, daß man die Ausführungen »für bare Münze genommen« hätte, »da sie nach unserer Meinung eben gut erfunden, d. h. auf Toller richtig zugeschnitten waren«:

»Für unsere Einschätzung spielt das Angeführte fast gar keine Rolle. Hauptsache ist, daß wir alles, was ihm der amerikanische Lügenwakker in den Mund legte, Toller ebenso seiner Vergangenheit wie seiner Gegenwart nach, tatsächlich zutrauen.«[15]

Das Mißtrauen der Person Tollers gegenüber, ins Extrem getrieben, prägte einen Artikel Sonkas (= Hugo Sonnenschein) in einer Wiener Zeitung, in dem Toller wegen seiner Haltung auf dem internationalen PEN-Klub-Kongreß in Ragusa, im Mai 1933, Paktieren mit der nationalsozialistischen Delegation vorgeworfen wurde – was Johannes R. Becher veranlaßte, in seinem *Bericht über die Tätigkeit während meiner Reise vom 5. Juli bis 27. September 1933* von der »merkwürdigen Haltung« Tollers in Ragusa zu reden.[16]

Es gab weder mit den offiziellen politischen noch den literarischen Vertretern der KPD einen wirklichen Konsens. Die dennoch vorhandene Zusammenarbeit fand auf einer anderen Ebene statt und zwar vor allem im Bereich der von Willy Münzenberg ohne direkten parteipolitischen Bezug durchgeführten Aktionen und Kongresse. Toller unterstützte u. a. aktiv die Internationale Arbeiterhilfe und beteiligte sich am ersten Kongreß der Liga gegen koloniale Unterdrückung in Brüssel 1927.[17]

Sein Verhältnis zur Sowjetunion blieb völlig unberührt von tagespolitischen und polemischen Akzenten: Die Sowjetunion blieb für ihn das Land der erfolgreichen Revolution. Dies erklärt seine konsequente, später auch durch Schweigen zum Ausdruck gebrachte Loyalität. Toller fühlte sich persönlich für das Land der Revolution verantwortlich:

»Seit 1918, seit Schaffung der russischen Räterepublik, habe ich politisch und literarisch in unzähligen Versammlungen, Aufsätzen, Manifesten, Resolutionen als Freund der russischen Revolution gearbeitet. Nicht nur in Deutschland, auch im Auslande.«[18]

Wie die Korrespondenz mit Lunatscharski zeigt, bemühte Toller sich um eine eventuelle Aufnahme der Sowjetunion in den Internationalen PEN-Klub.[19] 1928 war er aktiv beteiligt an der Gründung des Internationalen Komitees der Freunde Sowjet-Rußlands, und 1930 unterschrieb er die Resolution des Internationalen Verteidigungskomitees für die Sowjet-Union.[20] Daß Toller die Sache höher einschätzte als die eigene Person, zeigten seine Antworten auf die anläßlich des Amsterdamer Antikriegskongresses im August 1932[21] von der Redaktion der *Linkskurve* gestellten Fragen, einem ihm bis dahin nicht gerade wohlgesonnenen Blatt.[22] Tollers Antworten sind jedoch charakteristisch für seine Auffassungen sechs Monate vor der nationalsozialistischen Machtergreifung. Einmal glaubte er, daß der organisierte »europäisch-amerikanische Kapitalismus« in wenigen Jahren versuchen werde, »Sowjet-Rußland zu vernichten, weil es 1. zum unbezwinglichen Konkurrenten wird, 2. weil es ein gefährliches Beispiel darstellt für alle Arbeiter, auch die rückschrittlichsten . . .« Ein weiteres Argument lautet: »Wer für Sowjetrußland kämpft, kämpft für den Frieden.« Vom kriegstreiberischen Interesse des Kapitalismus war der revolutionäre Pazifist[23] Toller überzeugt. Sein Pazifismus spielt auch in seiner Beziehung zur Sowjetunion eine entscheidende Rolle. Deswegen ergeht seine Forderung an »die gesamte Arbeiterklasse«, an »die Reste freiheitlichen Bürgertums (. . .), die es noch in Europa gibt« und an die europäische Sozialdemokratie, die Bedeutung der Sowjetunion für den Frieden zu erkennen. Für den Schriftsteller komme es darauf an, »ohne anonyme Rückendeckung« da zu kämpfen, wo es die Forderung des Tages von ihm verlangt:

»Jenseits seines künstlerischen Berufs hat er sich nur einzureihen in die revolutionäre Front und bescheiden zu tun, was Millionen tun.«[24]

Tollers Aussagen anläßlich dieser Umfrage entsprechen teilweise denen seines Sammelbandes *Quer durch* aus dem Jahre 1930. Im ersten Teil, »Amerikanische Reisebilder«, erscheinen die Vereinigten Staaten, die er 1929 für eine Vortragsreise besucht hatte, als Hort des Kapitalismus, in dem die Arbeiter zwar mehr verdienen als in Deutschland oder Rußland, dagegen aber völlig der »unumschränkten Macht« der »Fabrikherren«[25] und deren »Werkspolizisten und Spitzeln« (S. 22) ausgeliefert sind. Toller hebt die Ohnmacht der Gewerkschaften, die Unterdrückung und Verfolgung sozialistischer Parteien und Funktionäre, sowie die schlechte Situation der Neger hervor (vgl. S. 18). Er weist auf die Klassenjustiz hin (S. 33 f.) und erwähnt im Abschnitt »Tonfilm und Theater«, daß in den Vereinigten Staaten, die sich »das Land der Freiheit« nennen, »von geistiger Freiheit wenig zu spüren« (S. 63) ist.

Dieses in seiner Unmittelbarkeit sehr negative Amerikabild Tollers kontrastiert schroff mit den sich anschließenden, auf eine Reise im Jahre 1926 zurückgehenden *Russischen Reisebildern,* die dazu auch wesentlich umfangreicher sind. Toller übt zwar Kritik an einzelnen Erscheinungsformen, wie zum Beispiel am Lenin-Kult (vgl. S. 104 ff.) oder mittelbar auch an Karl Radek wegen seiner Haltung in der Schlageteraffäre (vgl. S. 172), seine Grundeinstellung ist aber positiv, wie auch aus der Vorbemerkung hervorgeht:

»In Sowjet-Rußland geschieht so Ungeheures, für unsere Epoche Bestimmendes, daß jeder ehrliche Bericht, sei er selber so fragmentarisch wie dieser, wichtig und wesentlich wird.« (S. 81)

»Im ersten sozialistischen Land« (S. 86) zu sein, war für Toller ein Erlebnis, das verpflichtete. Das zeigt jede Zeile dieser Reisebriefe, die sich aber gleichzeitig durch einen realistischen und nicht ideologisch geblendeten Blick für die Gefahren, Chancen und Risiken der Entwicklungen in der Sowjetunion auszeichnen.

Entscheidend ist die bejahende Einstellung, die zum Beispiel aus den Bemerkungen zur Mechanisierung der Arbeit bei Ford in Amerika (vgl. S. 26 f.) und zu den entsprechenden Versuchen in Moskau (vgl. S. 121 ff.) oder aus der Darstellung des Gefängniswesens in beiden Ländern hervorgeht. Die Solidarisierung geht so weit, daß Toller, wenn es sich um allgemeine Äußerungen handelt, wiederholt das Personalpronomen »wir« verwendet (vgl. S. 123). Daß es ihm aber um die Gesamtheit des russischen Experiments geht und nicht um die jeweils gültige Parteilinie, erweist sein Brief über den 1929 in Ungnade gefallenen Revolutionsführer Trotzki, dessen triumphalen Empfang in einer Versammlung 1926 er ausführlich beschreibt, und dessen Qualitäten und »Universalität der Bildung« (S. 175) er ausdrücklich unterstreicht.

Die amerikanischen und russischen Reisebilder nehmen über die Hälfte des Bandes ein und sind als Standortbestimmung Tollers gegen den Kapitalismus und für den Sozialismus aufgrund der politischen Weltlage zu verstehen.

Ihnen folgen eine Reihe von Vorträgen und Aufsätzen, die für Tollers politische Auffassungen und für die Art und Weise seines Wirkens aufschlußreich sind. Es ist die Rede von den Vertretern eines individualbetonten und nur an den Bedürfnissen des Menschen orientierten Sozialismus, Gustav Landauer und Kurt Eisner (vgl. S. 189 ff. und S. 252 ff.), der Revolutionszeit, und was aus ihm geworden oder nicht geworden ist, von Pazifismus und Justizkritik, in der noch einmal die parteiübergreifende Solidarität mit dem kommunistischen Revolutionsführer Eugen Leviné (vgl. S. 211 ff.) zum Ausdruck gebracht wird, von Antiimperialismus und den Problemen der Jugend. Der letzte Artikel dieser Abteilung des Bandes durchbricht die sonst konsequent durchgehaltene Chronologie der Aufsätze und Reden. Damit umrahmen zwei große, für Toller entscheidende, Gestalten diesen Teil. Am Anfang steht der Brief an Gustav Landauer, der Tollers Sozialismusauffassung endgültig und nachhaltig geprägt hat, der Schluß ist dem engagierten pazifistischen und sozialistischen Autor Henri Barbusse gewidmet. Barbusse war für Toller »wahrhaft ein revolutionärer Dichter«, den nämlich auszeichnet: »in jedem entscheidenden Augenblick vom Schreibtisch aufzustehen und sich einzusetzen mit der Stimme und mit der Tat gegen Unrecht und Vergewaltigung«. (S. 272)

Vor- und Leitbild ist ihm Barbusse auch in seiner Unabhängigkeit als Künstler:

»Nicht darauf kommt es an, daß der Dichter Parteimann ist, sondern daß der Parteimann Dichter bleibe.« (S. 270)

Insgesamt nennt dieser Band, dessen Erscheinen im Jahr 1930 kaum beachtet wurde, exakt alle Gründe, durch die sich Toller, obwohl er dies hier nicht unmittelbar ausspricht, wie wenige andere als Vorkämpfer und Befürworter einer Einheitsfront legitimiert glaubte. Er weist die unaufschiebbare Notwendigkeit einer solchen Politik nach, in der Absicht, der drohenden faschistischen, nationalsozialistischen Gefahr in letzter Minute noch einigermaßen wirkungsvoll zu begegnen[26]:

»Das erste große Opfer werden die Gewerkschaften sein (...) Wir sind so weit, daß der Gegner den Zeitpunkt der Entscheidung bestimmt. Es gäbe nur noch ein Mittel, den Sieg des Faschismus zu vereiteln: Die

Schaffung einer einheitlichen Organisation der gesamten Arbeiterklasse mit klar umrissenen, konkreten Kampfzielen.«[27]

Neben seiner praktischen Hilfe für die Verfolgten des Naziregimes oder seiner Bemühung um die Anerkennung der emigrierten Autoren – sein Einsatz beim Internationalen PEN-Klub-Kongreß in Ragusa hatte die Gründung eines deutschen PEN-Klubs im Exil[28] 1934 zur Folge –, warb Toller auch nach der Machtergreifung weiterhin für den Volksfrontgedanken. Die Weigerung der SPD im Sommer 1933, auf ein Angebot der KPD zur Zusammenarbeit einzugehen, bestätigte zwar seine Bedenken gegen diese Partei, hatte ihn aber dennoch tief getroffen:

»Was sagen Sie zu den Ereignissen in Deutschland? Am 20. Juli (1933) haben die Sozialdemokraten der deutschen November-Revolution den Todesstoß gegeben. Dieser Weg war (für lange Zeit) die letzte historische Chance (...) An diesem Tage hätte man die ›Einheitsfront‹ des freiheitlichen Deutschland schaffen können. Diese ›Front‹ wird nie theoretisch sich bilden, nur im Kampf konnte sie geschaffen werden. Aber die Sozialdemokraten haben nicht umsonst 14 Jahre mit dem Kapitalismus paktiert, qui en mange, en meurt.«[29]

Bezeichnenderweise äußerte Toller dies nur in einem privaten Brief. Wichtiger als der öffentlich ausgetragene Streit, der die Lage der Emigranten insgesamt schwächen würde, war ihm die Solidarität der Gegner Nazi-Deutschlands.

Während des Ersten Allunionskongresses 1934 fügten sich seine Erklärungen dann auch in den Rahmen eines solchen Einverständnisses. Seinem bereits zitierten Rückblick auf die Oktoberrevolution folgt der Hinweis auf die Verfolgten und die sich daraus ergebenden Notwendigkeiten:

»Öffnet diesen Menschen Eure Heimat. Laßt sie teilnehmen an Eurer Arbeit, Euren Kämpfen, Euren Sorgen. Sie haben in den letzten Jahrzehnten mit Wort und Tat für Euch gezeugt und Euch verteidigt. Heute ist es an Euch, die Schwachen vor Verzweiflung zu retten, die Zweifelnden zu stärken, die Starken zu erhalten. Die UdSSR muß die schöpferische Heimat aller freien Geister sein.«[30]

Es handelt sich wohl um den einzigen direkten Appell Tollers an die Sowjetunion, sich für die Emigranten zu engagieren. In seiner Kongreßansprache *Vom Werk des Dramatikers*[31], die primär den Eindruck einer Selbstrechtfertigung macht und wie eine Vorahnung der bald folgenden Expressionismusdebatte wirkt[32], beteiligt er sich nur mittelbar an der von Karl Radek ausgelösten Kontroverse über Bedeutung und Funktion einer nicht explizit revolutionären Literatur[33], indem er auf die unterschiedlichen Voraussetzungen für die Werke der Autoren aus kapitalistischen Ländern und aus der Sowjetunion hinweist:

»Gewiß, die Thematik der westlichen Schriftsteller ist eine andere als eure. Ihr versucht, die Probleme des ›neuen Lebens‹ zu formen. Ihr habt nach so vielen Jahren der Entbehrung, der heroischen Askese, das private Leben gewissermaßen neu entdeckt. Nicht umsonst. Wir Schriftsteller, die in kapitalistischen Ländern leben, haben andere Aufgaben, andere Themen, andere Formen. Wir kannten in Deutschland mannigfaltige Formen des revolutionären Theaters, mit dem Expressionismus beginnend, endend mit dem proletarischen Kollektivtheater, und der Arbeiter hat sogar expressionistische Werke verstanden, wenn sie künstlerisch gekonnt waren. Man muß sich davor hüten, die künstlerische Auffassungsgabe, die Phantasie der proletarischen Schichten zu *unterschätzen.* (...) Der heute viel gelästerte Expressionismus hat zu seiner Zeit bestimmt revolutionierende Funktionen erfüllt.«[34]

Neben diesem Werben um Verständnis enthält Tollers Ansprache die Aufforderung an die Sowjetautoren, ihr eigenes Können zu zeigen, die anderen durch ihre Leistungen zu überzeugen und sich nicht dem Fremden und Andersartigen zu verschließen. Er wählt die klassische Flucht nach vorne:

»Ja, wir brauchen eure Hilfe, und besonders die aus ihren Ländern verjagten Schriftsteller, deren Lebensraum eng und dürftig geworden ist. Ich begrüße eure Resolution, es ist wichtig, Künstlern, die furchtlos gegen den Faschismus kämpfen, die Türen weit zu öffnen, selbst dann, wenn ihre Werke nicht alle ideologischen Forderungen erfüllen, die ihr stellt (...) Nehmen Sie jede Gelegenheit wahr, im Ausland von Ihrem Leben, Ihrem Werk zu zeugen (...) Es ist aber auch wichtig, daß Sie die westlichen Menschen wirklich erfassen. Hüten Sie sich vor Schematisierung.«[35]

Tollers in der Deutschen Zentral-Zeitung, Moskau, veröffentlichtes Fazit dieses Kongresses ist durchaus positiv. Er hebt die »Fülle von Kraft und Arbeit«, die »Verbundenheit der Schriftsteller mit den Massen, der Massen mit den Schriftstellern und ihren Werken«, sowie die »Freiheit schöpferischer Kritik« hervor:

»In diesem Land lebt der ideale Leser, für ihn ist Literatur ein Teil seines Lebens. Diesen Leser findet man überall (...) Hier sieht man, was die nebulösen Idealisten des Westens nicht glauben wollen: auf dem Boden neuer materieller Bedingungen (nämlich des Sozialismus) wächst eine große, weite, allumfassende Kultur.«[36]

Es bleibt erstaunlich, daß diese Begeisterung, die Tollers Haltung gegenüber der Sowjetunion in den zwanziger Jahren entspricht, sich in seiner Exilpublizistik kaum niederschlägt. Auf die Reise durch die Sowjetunion vom 15. 9. bis zum 8. 10. 1934[37], nach dem Kongreß, gibt es keinen einzigen Hinweis, weder in den Briefen noch in den Reden oder Aufsätzen. Es war auch Tollers letzter Aufenthalt in der Sowjetunion...

In seiner Eröffnungsrede beim internationalen Schriftstellerkongreß in London, Juni 1936, kommt Toller noch einmal auf die Sowjetunion zu sprechen:

»Im Westen Europas sammeln sich ohne Unterschied der Parteien alle jene, die weder Herren noch Knechte sein wollen. Im Osten Europas gibt sich das große russische Volk eine Verfassung, die das Fundament wahrer Demokratie ist.«[38]

Es dürfte sich bei der Betonung des Unfertigen nicht nur um taktische Zurückhaltung im Rahmen der Volksfrontpolitik handeln. Hinweise, die ausschließlich auf das russische Volk zielen und das Verschweigen aktueller politischer Namen, charakterisieren sowohl seine Ansprachen, die er in der Sowjetunion gehalten hat, als auch seine Aufsätze und Reden, die danach entstanden sind.

Schon bald handelte es sich für Toller nicht mehr, wie dies noch in den zwanziger und frühen dreißiger Jahren der Fall gewesen war, um die historische Konfrontation zwischen Sozialismus, in welcher Form auch, und Kapitalismus. Dieser für Tollers Denk- und Vorstellungswelt lange Zeit entscheidende Konflikt – auch darin bezeugt sich die erfahrene Ohnmacht – war spätestens 1936 völlig verdrängt worden von der Erkenntnis, daß es sich gar nicht mehr um den »Kampf zwischen Bolschewismus und Faschismus«, sondern um den »zwischen Freiheit und Unfreiheit, zwischen Barbarei und Zivilisation, zwischen Unverantwortlichkeit, zwischen der Diktatur eines Mannes und *wahrer* Demokratie«[39] handelte. Und obwohl selbstverständlich diese für seine Amerikareise 1936/37 konzipierte Ansprache den amerikanischen Verhältnissen angepaßt worden ist, wie zum Beispiel die Reduzierung des marxistischen Vokabulars[40] zeigt, kommen in diesem Text die eigentlichen Quellen von Tollers Denken zum Vorschein. Denn während er einerseits den Kapitalismus für Fehlentwicklungen der Demokratie verantwortlich macht, aber deshalb durchaus nicht »von einem Versagen der Überlebtheit der Demokratie sprechen« will (S. 282), betont er andererseits die Emanzipation der Bürger und der Arbeiter in der Neuzeit:

»Im 19. und 20. Jahrhundert gewannen die Bürger das Recht, Gesetze zu machen und zu ändern, die Staatsfinanzen zu kontrollieren und über Krieg und Frieden selber zu entscheiden. Die Arbeiterschaft erkämpfte sich ihr Recht zum Zusammenschluß und zum Kampf für ihre eigenen Interessen. Auch die Frauen eroberten sich ihre politische Gleichberechtigung.« (S. 282)

Der klassenkämpferische Aspekt tritt zugunsten des emanzipatorischen in den Hintergrund. Daß bei diesem Geschichtsverständnis, das Toller noch um den Leitwert der sozialen Gerechtigkeit ergänzt, ›gutbürgerliche, keine marxistischen Gedanken‹ (vgl. S. 283) vorherrschen, verrät eine Stelle in den 1935 erschienenen *Briefen aus dem Gefängnis*, die weniger als eine Sammlung historischer Dokumente, sondern vielmehr als eine mit Hilfe des historischen Materials ermöglichte Darstellung der Exilsituation zu betrachten sind:

»Ich entdecke konservative Elemente in mir. Man könnte vielleicht sagen, daß der Revolutionär nur aus Liebe zu einem utopischen Konservatismus revolutionär wird.«[42]

Von dieser Äußerung führt eine gerade Linie zum endgültigen Schluß von Tollers letztem Drama *Pastor Hall*[43]. Für Toller spielte sich in der Spätphase des Exils das Geschehen jenseits der Parteiungen ab, es ging ihm nur noch um die Haltung des Einzelnen. Friedrich Halls Worte, in der Konzentrationslagerbaracke an den Arbeiter Peter Hofer gerichtet, schließen die Verhältnisse in der Sowjetunion ein:

»Vielleicht sollten wir weniger die politischen Systeme anklagen, als die Menschen beklagen, die versagen, weil sie Gerechtigkeit fordern, ohne gerecht zu sein, und Brüderlichkeit, ohne brüderlich zu sein.«[44]

Diese Erkenntnis bedingte wohl mit seine schließlich zum Freitod führende Resignation, an der wohl nicht nur private Schwierigkeiten, die wachsende Macht des Nationalsozialismus oder das Scheitern der spanischen Republik schuld waren.[46] Andererseits ist Tollers Haltung, wie sie in seinem Spätwerk auffällt, bereits während der Revolutionszeit 1918/19 zu erkennen. Hieraus erklärt sich die Tatsache, daß die zahlreichen Äußerungen Tollers vor 1933, aus denen seine Nähe zu kommunistischen Standpunkten hervorgeht, in einem schroffen Kontrast zu seiner Publizistik aus der Exilzeit stehen. Die *Briefe aus dem Gefängnis,* die entweder vor dem Allunionskongreß im August 1934[46] oder kurze Zeit danach zusammengestellt worden sind[47], geben nur wenige Hinweise auf die Sowjetunion und den Kommunismus: Toller erinnert in einem Brief an den Herausgeber des *Tage-Buch,* Stefan Großmann, im Blick auf die Hungersnot und die wirtschaftlichen Schwierigkeiten in der Sowjetunion an die Probleme der Anfangsphase und seinen unerschütterlichen Glauben an Lenins Fähigkeiten.[48] Auf dessen Neue Ökonomische Politik und die schwere Aufgabe des russischen Proletariats bei ihrer Verwirklichung kommt er noch in einem weiteren Brief zurück[49]. Der karge Schlußsatz des Briefes *An Tessa* vom 24. 1. 1924 lautet: »Eben ruft ein Kamerad, daß Lenin starb. Lenin starb.«[50]

Tollers Exiltätigkeit zeichnet sich vor allem durch ihren Pragmatismus aus. Er entzieht sich ideologischen Auseinandersetzungen und hält sich an die Forderung des Tages, die sich aufgrund der aktuellen politischen Situation und der eigenen Ohnmacht als immer schwerer erfüllbar erweist, so daß das Scheitern als unausweichlich erscheint.[51]

Es ist anzunehmen, daß Toller die Gerüchte um den Tod von Max Hoelz im sowjetischen Exil kannte.[52] Für dessen Freilassung aus dem Gefängnis hatte er sich wie wenige andere in den späten zwanziger Jahren engagiert.[53] Es war ihm sicher nicht entgangen, daß nach Trotzki zahlreiche, von ihm verehrte Revolutionsführer in fragwürdigen Prozessen plötzlich als Verräter eben dieser (für ihn mit fast religiöser Bedeutung versehenen) Revolution dazustehen schienen. Spätestens als Willy Münzenberg, mit dem er lange Jahre zusammengearbeitet und an dessen Komitees und Veranstaltungen er sich aktiv beteiligt hatte, 1937 aus der kommunistischen Partei ausgestoßen wurde, dürfte ihm klar geworden sein, daß das russische Experiment, das er im Vorwort zu den Reisebildern als »so gigantische Selbstentfaltung menschlicher Tatkraft« bezeichnet hatte, von dem er »für die Erde eine Regeneration der Kulturen«[54] erwartete, noch nicht so weit fortgeschritten war. Ilja Ehrenburgs Bemerkung über seine letzte, wohl in Spanien erfolgte, Begegnung mit Toller dokumentiert dessen Resignation:

»Im Ausland nahm Toller immer die Sowjetunion in Schutz, auch wenn ihm bei uns einiges gar nicht gefiel (...) Bei unserer letzten Begegnung erklärte er mir offen, wenn er überhaupt eine Hoffnung *hätte,* so sei es Moskau.«[55]

Tollers Aktivität konzentrierte sich auf die westliche Welt. England wurde ihm zur »Wahlheimat«[56], in den Vereinigten Staaten hielt er seine Vortragsreise und schrieb er Drehbücher. Für das republikanische Spanien engagierte er sich. Die Sowjetunion wurde kaum mehr von ihm erwähnt. Es war ein Zeichen dafür, für wie groß und verheerend er die Gefahr des Nationalsozialismus einschätzte, daß er sich während der Exilzeit nicht zu den Ereignissen in der Sowjetunion äußerte. Der Schlußsatz des Vorworts zu *Eine Jugend in Deutschland* von 1933 erhielt so eine zusätzliche Dimension, die der Bekenner Toller zu jenem Zeitpunkt kaum geahnt haben wird: »Wer in solcher Zeit schweigt, verrät seine menschliche Sendung.«[57]

Toller machte am 22. Mai 1939 seinem Leben ein Ende. Drei Monate später, am 23. August, wurde der »Deutsch-sowjetische Nichtangriffspakt« geschlossen.

1 Oskar Maria Graf, *Reise in die Sowjetunion 1934*. Mit Briefen von Sergej Tretjakow. Hg. v. Hans-Albert Walter. Darmstadt/Neuwied 1974, vgl. S. 101. — 2 Vgl. z. B. Ernst Glaeser, Bernhard von Brentano, Arthur Koestler, Gustav Regler usw. — 3 Zum Kongreß vgl. *Zur Tradition der sozialistischen Literatur in Deutschland. Eine Auswahl von Dokumenten*. Hg. und kommentiert v. d. Deutschen Akademie der Künste zu Berlin. Berlin/Weimar (2)

1967, S. 591 ff.; David Pike, *Deutsche Schriftsteller im sowjetischen Exil 1933–1945*. Dt. Frankfurt/M. 1981, S. 139 ff. — **4** *Internationale Literatur*, 4 (1934), Nr. 3., S. 150 f. Ebenfalls enthalten in: *Aktionen, Bekenntnisse, Perspektiven. Berichte und Dokumente vom Kampf um die Freiheit des literarischen Schaffens in der Weimarer Republik*. Hg. v. d. Deutschen Akademie der Künste zu Berlin. Berlin/Weimar 1966, S. 523. — **5** Vgl. Helmut Heiber, *Die Republik von Weimar*. München ⁴1969, S. 86. — **6** Vgl. auch das Nachwort von Ernst Schürer zur Reclamausgabe dieses Dramas. Stuttgart 1980. — **7** Wolfgang Rothe, *Ernst Toller in Selbstzeugnissen und Bilddokumenten*. Reinbek 1983, S. 94. — **8** Vgl. Carel ter Haar, *Ernst Toller. Appell oder Resignation?* München ²1982, S. 173 ff. — **9** *Die Bayrische Räterepublik. Tatsachen und Kritik*. Leipzig ²1920. Nachdruck Frankfurt/M. 1971. — **10** Rosa Leviné, *Aus der Münchener Rätezeit*. Berlin 1925. — **11** Berlin 1929. Vgl. dazu Tollers Erwiderung, in: *Neue Bücherschau*, VII (1929), Nr. 10, S. 542 ff. Eine ältere Erwiderung aus dem Jahre 1926 in: Ernst Toller, *Gesammelte Werke*. Hg. v. John M. Spalek und Wolfgang Frühwald. München 1978. Bd. I, S. 51 ff. — **12** Vgl. Ernst Toller, *Quer durch. Reisebilder und Reden*. Berlin 1930 (Kleiner Zwischenfall). Vgl. auch die Reaktion der sozialdemokratischen Zeitung *Vorwärts*, in: Wolfgang Frühwald/John M. Spalek (Hg.), *Der Fall Toller*. München 1979, S. 170 f. — **13** Brief von Toller an A. Lunatscharski vom 16. 10. 1928. Zitiert nach der Xerokopie der Sammlung Ernst Toller in der Akademie der Künste. Berlin (W). — **14** *Die Linkskurve*, I., Nr. 5., Dezember 1929, S. 24 f. »Von der Bavaria bis zur Freiheitsstatue«. Zitat, S. 25. — **15** Ebd., II., Nr. 2., Februar 1930, S. 19. — **16** Vgl. *Zur Tradition...*, a.a.O., S. 583. — **17** Vgl. *Quer durch*, a.a.O., S. 23 ff. (Zitiert wird nach dem mit einem Vorwort von Stephan Reinhardt versehenen Reprint, Heidelberg o. J. [1981]). — **18** Brief an A. Lunatscharski. Vgl. Anm. 13. — **19** Vgl. die Briefe von Toller an Lunatscharski und von Lunatscharski an Toller vom 25. 10. 1926 und 4. 11. 1926. Xerokopien dieser Briefe befinden sich in der Sammlung Ernst Toller der Akademie der Künste in Berlin. — **20** Vgl. Wolfgang Rothe, *Ernst Toller*, a.a.O., S. 94. — **21** Vgl. David Pike, a.a.O., S. 130 f. Die russische Delegation konnte übrigens an diesem Kongreß nicht teilnehmen, da die niederländische Regierung ihr die Einreise verweigert hatte. — **22** Heft 8, August 1932, S. 3. — **23** Vgl. zum Pazifismus bei Toller: Thomas Bütow, *Der Konflikt zwischen Revolution und Pazifismus im Werk Ernst Tollers*. Hamburg 1975. — **24** Vgl. zu diesem Komplex auch *Zur Tradition...* a.a.O., S. 513 und S. 646 ff. (bes. S. 649). Die Angaben zeigen noch zusätzlich, wie groß Tollers Engagement für die Sowjetunion zwischen 1930 und 1933 gewesen ist. — **25** *Quer durch*, a.a.O:, S. 21. Im folgenden Seitenzahlen im Text. — **26** Vgl. Reichskanzler Hitler. In: *Gesammelte Werke*, a.a.O., Bd. I., S. 69 ff. Der Aufsatz stammt aus dem Jahre 1930. — **27** Zur deutschen Frage, ebd., S. 73 ff. Dieser Text wurde im Juni 1932 zum erstenmal veröffentlicht. — **28** Vgl. dazu den Katalog *Der deutsche PEN-Klub im Exil. 1933–1948*. Bearb. v. Werner Berthold und Brita Eckert. Frankfurt/M. 1980. — **29** Brief an Emil Ludwig, undatiert. Zitiert nach Wolfgang Rothe, *Ernst Toller*, a.a.O., S. 93 f. — **30** Vgl. dazu Anm. 4 und auch David Pike, a.a.O., S. 91 ff. — **31** In: *Gesammelte Werke*, a.a.O., Bd. I, S. 178 ff. — **32** Vgl. Hans Jürgen Schmitt (Hg.), *Die Expressionismusdebatte. Materialien zu einer marxistischen Realismuskonzeption*. Frankfurt/M. 1973. — **33** Vgl. die vorsichtige Darstellung dieser Debatte in: Klaus Jarmatz, Simone Barck, Peter Diesel u. a., *Exil in der UdSSR*. Frankfurt/M. 1979, S. 103 ff. — **34** Vom Werk des Dramatikers, a.a.O., S. 180. — **35** Ebd., S. 181 f. — **36** Vgl. *Zur Tradition...*, a.a.O., S. 658. — **37** Vgl. Oskar Maria Graf, *Reise in die Sowjetunion 1934*, a.a.O., S. 160 f. — **38** *Gesammelte Werke*, a.a.O., Bd. I., S. 197. — **39** »Sind wir verantwortlich für unsere Zeit?« In: vgl. Anm. 41. S. 281 f. — **40** John M. Spalek und Wolfgang Frühwald, Ernst Tollers amerikanische Vortragsreise 1936/37, in: *Literaturwissenschaftliches Jahrbuch* im Auftrage der Görresgesellschaft hg. v. Hermann Kunisch. N.F. 6 (1965), S. 276. Seitenzahlen weiterhin im Text. — **41** Carel ter Haar, a.a.O., S. 35 ff., S. 73 ff., S. 189 f. — **42** *Gesammelte Werke*, a.a.O., Bd. V, S. 67. — **43** Vgl. Carel ter Haar, a.a.O., S. 194 f. Vgl. zu den Fassungen des Schlusses: *Gesammelte Werke*, a.a.O., Bd. IV, S. 329 f. — **44** *Gesammelte Werke*, a.a.O., Bd. IV, S. 289. — **45** Vgl. die Reaktionen auf die Ereignisse in Moskau bei z. B. Alfred Kantorowicz, *Spanisches Kriegstagebuch*. Frankfurt/M. 1982, S. 114 f.; Vgl. auch David Pike, a.a.O., S. 217 ff. — **46** Vgl. Wolfgang Rothe, *Ernst Toller*, a.a.O., S. 138. — **47** Vgl. Carel ter Haar, a.a.O., S. 22. — **48** Vgl. *Gesammelte Werke*, a.a.O., Bd. 5, S. 80 ff. — **49** Ebd., S. 156. — **50** Ebd., S. 175. — **51** Vgl. Tollers Hilfsaktion für Spanien. Dazu: John M. Spalek, »Ernst Tollers Vortragstätigkeit und seine Hilfsaktionen im Exil.« In: Peter Uwe Hohendahl/Egon Schwarz (Hg.), *Exil und innere Emigration*, Frankfurt/M. 1973. — **52** Vgl. Karl Retzlaw, »Zum Tode von Max Hoelz.« In: Anhang zum Reprint von Max Hoelz, *Vom »weißen Kreuz« zur roten Fahne*. Frankfurt/M. 1969, S. 417. — **53** Vgl. *Gesammelte Werke*, a.a.O., Bd. I., S. 86 ff., und *Der Fall Toller*, a.a.O., S. 172 ff. — **54** *Quer durch*, a.a.O., S. 82. — **55** Ilja Ehrenburg, *Menschen/Jahre/Leben*. Autobiographie. München 1962, S. 757. Hervorhebung im Text von mir. Vgl. auch Ludwig Renns Tollers Hoffnungslosigkeit hervorhebenden Bemerkungen in: Ludwig Renn, *Im Spanischen Krieg/Morelia. Eine Universitätsstadt in Mexiko*. Berlin/Weimar 1977, S. 381 f. — **56** Wolfgang Rothe, *Ernst Toller*, a.a.O., S. 116. — **57** *Gesammelte Werke*, a.a.O., Bd. IV, S. 11.

James K. Lyon

Brecht und Stalin – des Dichters »letztes Wort«

Bertolt Brecht hat im Juni/Juli 1956 von Chruschtschows Enthüllungen über Stalin (vorgetragen auf dem XX. Parteitag der KPdSU) gelesen. Sie beschäftigten ihn sehr in den letzten Monaten seines Lebens (er starb am 14. August 1956)[1]. 1959 berichtete Alfred Kantorowicz, daß Brecht seit diesem Schock im Freundeskreis von Stalin nur noch als »verdientem Mörder des Volkes« sprach.[2] In den 1967 bei Suhrkamp erschienenen *Gesammelten Werken* Brechts waren unter der Überschrift »Über die Kritik an Stalin« vier Eintragungen zu lesen, die (laut Anmerkung im Sommer 1956 niedergeschrieben) seine einzigen bis dahin veröffentlichten Reaktionen auf Chruschtschows Rede enthalten.[3]

Erst 1979, auf einem Kongreß der Internationalen Brecht-Gesellschaft in College Park, Maryland (USA), erfuhr man aus einem Vortrag John Fuegis von der Existenz einiger Stalin-Gedichte (Fuegi erwähnte nur drei), deren Anfangszeilen zwar im *Bestandsverzeichnis des Bertolt-Brecht-Archivs* verzeichnet, aber unveröffentlicht geblieben waren. In einem dieser Gedichte kommt das von Kantorowicz zitierte Epitheton »verdienter Mörder des Volkes« vor,[4] was an Brechts Reaktion auf die Rede Chruschtschows denken läßt. Erst bei der Veröffentlichung aller Gedichte aus Brechts Nachlaß (Ende 1982) sind nicht nur die vollständigen Texte von vier Anti-Stalin-Gedichten[5] publiziert worden; die Herausgeberin Herta Ramthun hat auch bestätigt, daß sie tatsächlich in Brechts letzten Lebensmonaten als Ausdruck seines Zorns und seiner Erbitterung über Stalin entstanden sind.

Brechts Verhältnis zu Stalin ist seit den dreißiger Jahren widerspruchsvoll, oder, wenn man will, dialektisch gewesen.[6] Laut Walter Benjamin hat er das Gedicht »Ansprache des Bauern an seinen Ochsen« (GW 9, 683) als Ehrung Stalins verfaßt,[7] und Hans Viertel berichtet, daß Brecht zufolge das Lied über Sosso Robakidze im *Kaukasischen Kreidekreis* (Vier Generäle / zogen nach Iran, GW 4, 2026) ebenfalls als Loblied auf Stalin zu verstehen sei.[8] Stalin kommt namentlich in dem Gedicht »Die Erziehung der Hirse« vor (GW 10, 979), und *Me Ti. Buch der Wendungen* enthält mehrere Stellen, in denen Stalin (Schlüsselname Ni-en) und seine Handlungen gerechtfertigt oder positiv bewertet werden. Bekannt ist auch, daß Brecht jegliche öffentliche Kritik an Stalin ablehnte und Stalins »Säuberungsprozesse« – oft aufs peinlichste für alle Beteiligten – verteidigte,[9] weil ihm Stalin mehr oder weniger »ein Symbol, eine Verkörperung der Hoffnung der Unterdrückten«[10] gewesen war.

Aber zugleich sah Brecht die Probleme solch unkritischer Haltung Stalin gegenüber. Bormans weist auf eine Stelle in *Me Ti* (GW 12, 538) hin, die Brechts Zweifel an den Moskauer Prozessen betont,[11] und nach Walter Benjamins Zeugnis hat er eingestanden, daß in der UdSSR »das persönliche Regiment« herrsche.[12] Im Buch *Me Ti* scheut er sich auch nicht davor, Stalins Herrschaft als »Diktatur« zu charakterisieren, was er allerdings dadurch rechtfertigt, daß sie gegen die falschen ökonomischen Zustände vorgehe und letzten Endes »ihre eigene Wurzel ausreißen« werde. (GW 20, 102.) Auch scheint ihn die grenzenlose Glorifizierung Stalins in der Sowjetunion zu irritieren. In einer Antwort auf einen stalinkritischen Brief von Bernard von Brentano im Januar 1935 versucht Brecht Stalins Geltungssucht herunterzuspielen, indem er sie einfach »schlechten Geschmack« nannte: »Ich teile nicht Ihre Ansicht über Stalin. Das Weihrauchschwingen allzu Eifriger und die Angriffe der aus dem russischen Kampf (...) Ausgeschiedenen verdunkeln sein Bild (...). Daß er gewisse Verhimmlungen duldet, deutet auf schlechten Geschmack. Allerdings ist jemand noch nicht klein, weil er sich gern ›den Großen‹ nennen hört.«[13]

Brecht war der Ansicht, daß eine Kritik an Stalin oder der Sowjetunion eine Parteiangelegenheit zu bleiben habe und objektive Kritik nur von ihnen statthaft sei. Einer Kritik von außen zuzustimmen oder sie gar selber zu praktizieren, bedeutete nach Brecht, Wasser auf die Mühlen der Parteifeinde zu gießen. Bis in die fünfziger Jahre hinein hielt Brecht Stalin für die führende Persönlichkeit in der kommunistischen Weltbewegung und im Kampf gegen den Faschismus. Seine überwiegend anerkennende Einstellung Stalin gegenüber änderte sich nicht nach dessen Tod 1953, als Brecht einen kurzen Nachruf schrieb (GW 20, 325), und auch nicht nach der Entgegennahme des Stalin-Friedenspreises 1955 in Moskau. Erst nachdem er im Sommer 1956 von Chruschtschows Enthüllungen gelesen hatte, entstanden die vier erwähnten Gedichte und die Eintragungen.

Aufgrund der Aussagen Chruschtschows über Stalins verbrecherische, absolute Herrschaft vergleicht Brecht ihn in drei Gedichten mit einem Gott, der versagt hat. Ähnlich einem Christen, dem gesagt wird, daß die Lehren der Kirche zwar wohl wahr seien, Christus selber sich aber als ein Betrüger entpuppt habe, greift Brecht diesen »Gott« an, von dem er und so viele andere enttäuscht worden sind. Sein erstes Gedicht in dieser Gruppe beginnt mit einer Charakterisierung Stalins als eines verfaulten toten Gottes:

> Der Gott ist madig
> Die Anbeter schlagen sich auf die Brust
> Wie sie den Weibern auf den Hintern schlagen
> Mit Wonne.

In Brechts lyrischer Produktion hängt das Wort »Gott« meistens entweder mit rückständigem Denken oder ausbeuterischer Herrschermentalität zusammen. Im »Bericht vom Zeck« (GW 8, 187) wird der christliche Gott als blutsaufende Zecke dargestellt, in dem Gedicht »Die Verwandlung der Götter« (GW 10, 864) erscheinen die nicht mehr auszurottenden heidnischen Götter als »alte Blutsäufer und Gedankenknebler«. Die Götter im Gedicht »Widersprüche« (GW 10, 863) fördern den Aberglauben und die Volksverdummung, im Gedicht »Über den bürgerlichen Gottesglauben« (GW 10, 864) wird die Kraft des Geldes mit der Kraft Gottes gleichgesetzt. In solchem Zusammenhang ist »Gott« für Brecht entweder Gegenstand des Hohns oder der Empörung.

Die Gleichsetzung Stalins mit einem Gott findet sich hier nicht zum ersten Mal in Brechts Werk. Schon in einem (in den vierziger Jahren geschriebenen) Teil des *Me Ti* geht er mit gewissem Unbehagen auf die in der Sowjetunion verbreitete Tendenz ein, Stalin zu vergöttern, während ihm Stalins Nützlichkeit viel wichtiger zu sein scheint:

> »Einige wissen, daß Ni-en (Stalin) in manchem ein nützlicher Mensch ist. Das bedeutet viel bei ihnen. Einige wissen, daß er ein genialer Mensch ist, der größte der Menschen, eine Art Gott. Das bedeutet bei ihnen vielleicht nicht soviel, wie das andere bei den anderen.« (GW 12, 536)

Vielleicht hat Brecht auch gehört, was 1953 viele Sowjetbürger nach dem Tode Stalins geäußert haben, nämlich, daß »er für uns ein Gott« gewesen sei.[14] Mit der sachlichen Feststellung in der Anfangszeile, dieser Gott sei nun angefault und voller Maden, also tot, geht die zweite Verszeile dazu über, nicht Stalin selber, sondern dessen Anbeter, d. h. die gleichen Genossen abzuurteilen, die ihn zum Gott gemacht haben und sich jetzt auf die Brust schlagen.

Die aus der Bibel stammende, symbolische Handlung des »Sich-auf-die-Brust-Schlagens« (biblisch »*an* die Brust«) bedeutet ursprünglich Einsicht in die Schuld und Selbstzerknirschung angesichts der eigenen Sündhaftigkeit. Heute noch spielt dieser Ritus in der jüdischen Zeremonie zum Fest der Versöhnung eine zentrale Rolle. Aber indem Brecht ihn mit einer sexuell-sadistischen Handlung vergleicht, an die »Wonne« erinnert, die einer verspürt, wenn er »Weibern auf den Hintern« schlägt, verschiebt er den Akzent und erschließt neuen Sinn. Zunächst ist reumütige Buße mit dieser Handlung verknüpft. Aber was wird gebüßt? Daß die Anbeter selber, diejenigen, die Stalin am nächsten standen, schuld daran seien, ihn zum Gott gemacht zu haben? Oder ist Buße dafür zu leisten, daß sie ihn jetzt verdammen und verraten? In dem Vergleich mit der Handlung des »Weibern-auf-den-Hintern-Schlagens« weist Brecht auf den öffentlich gezeigten Sadismus dieser ehemaligen Anbeter Stalins hin, die jetzt mit »Wonne« seinen Sturz proklamieren. Der Anfangsvergleich Stalin-Gott ist zwar schon eine Verurteilung für sich, aber Brecht scheint ebenfalls die mit einzubeziehen, die zur Vergötterung Stalins beigetragen haben und nun ihr *mea culpa* zugleich als Verdammungsgeste demonstrieren. Wie so oft in der späten Lyrik Brechts, besteht auch dieses Gedicht aus einer Reihe einfacher Feststellungen, die den Leser zum Weiterdenken veranlassen sollen, deren Schlußfolgerungen zwingend sind.

Im Gegensatz zu diesem Gedicht richtet sich das zweite Stalin-Gedicht, nachdem es ihn mit Zar Nikolai II. vergleicht, unmittelbar gegen den Personenkult und Stalins apotheose-gleiche Selbstverherrlichung:

> Der Zar hat mit ihnen gesprochen
> Mit Gewehr und Peitsche
> Am Blutigen Sonntag. Dann
> Sprach zu ihnen mit Gewehr und Peitsche
> Alle Tage der Woche, alle Werktage
> Der verdiente Mörder des Volkes
>
> Die Sonne der Völker
> Verbrannte ihre Anbeter.
> Der größte Gelehrte der Welt
> Hat das Kommunistische Manifest vergessen.
> Der genialste Schüler Lenins
> Hat ihn aufs Maul geschlagen
>
> Aber jung war er tüchtig
> Aber alt war er grausam
> Jung
> War er nicht der Gott.
> Der zum Gott wird
> Wird dumm.

Durch die Gleichsetzung Stalins mit dem Zaren faßt Brecht nicht nur mehrere Jahrzehnte russischer und sowjetischer Geschichte zusammen, er konstatiert auch Ähnlichkeiten in der Haltung und Handlungsweise dieser zwei Persönlichkeiten. In den eingangs erwähnten Notizen mit dem Titel »Über die Kritik an Stalin« (1956) sieht Brecht ein, daß in der Revolution die Änderung gesellschaftlicher Strukturen nicht nur die besten menschlichen Eigenschaften hervorruft: »Die Revolution entfesselt wunderbare Tugenden und anachronistische Laster zugleich. Die Befreiung von den Lastern braucht mehr Zeit als die Revolution.« (GW 20, 325) Darum werden Stalin und dem Zaren die gleichen (im Falle Stalins »anachronistisch« genannten) Laster zugeschrieben: Grausamkeit (Peitsche) und der Gebrauch von Gewalt (Gewehr). Bekanntlich »spricht« man nicht »mit Gewehr und Peitsche«, sondern mit dem Mund. Die Verwendung dieser Metapher, das Sprechen mit diesen unmenschlichen Mitteln, bezeichnet also eine Mentalität, die sich übers Volk erhoben und keinen Kontakt mehr zu ihm hat, markiert die Entfremdung zwischen Herrscher und Beherrschten. Brecht erfuhr durch Chruschtschows Rede, daß Stalin seit den dreißiger Jahren weder Volk noch Alltagsleben in der Sowjetunion kannte, daß er fern der Realität lebte, weil er fast gar nicht in seinem eigenen Land reiste.[15] In der ersten einer Reihe von Gegenüberstellungen in diesem Gedicht vergleicht Brecht die Gewalttaten des Zaren, verübt am Volk an einem einzigen Tag im Januar 1905, dem »blutigen Sonntag«, mit den täglich vorkommenden Gewalttätigkeiten unter Stalin. Mit der Doppelerwähnung »Alle Tage der Woche, alle Werktage« betont er nicht nur die Ähnlichkeit mit dem »blutigen Sonntag«, sondern auch den Unterschied zu ihm – die

Gewaltakte sind in einem nachrevolutionären Arbeiterstaat an *jedem Werktag* geschehen.

Der Begriff »Mörder des Volkes« scheint übrigens auch auf Zar Iwan den Schrecklichen anzuspielen. Brecht wußte von Stalins Liquidierung unzähliger Kulaken in den zwanziger Jahren, dem Mord tausender schuldloser Parteimitglieder in den »Säuberungswellen« der dreißiger Jahre. Durch Chruschtschows Rede erfuhr er auch, daß die von Stalins Starrsinn, Verfolgungs- und Größenwahn verursachten strategischen Fehler die Sowjetunion im Zweiten Weltkrieg zahllose Leben gekostet hatten, daß die Deportation ganzer Völker der Sowjetunion in andere Teile des Landes 1943–44 ihrer Liquidierung manchmal gleichkam.[16] Aber Brecht, der die Sowjetunion 1932, 1935, 1941 und wieder 1955 besucht hatte, der sie bis zum Lebensende als Modellstaat betrachtete, konnte nicht umhin, Stalins große Verdienste beim Aufbau der Sowjetunion ebenfalls anzuerkennen.

Seit Jahren waren Brecht die außerordentlich übertriebenen Epitheta bekannt, die Kommunisten in der ganzen Welt für Stalin gefunden hatten. Er selber nannte, dem Brauch der Zeit folgend, im Gedicht »Die Erziehung der Hirse« (1950) Stalin »des Sowjetvolkes großen Ernteleiter« (GW 10, 979). Doch schon 1943 hatte er in den USA Boris Souvarines Stalin-Biographie gelesen – eine »niederdrückende« Lektüre, da dieses Buch, um Brecht zu zitieren, »die Umwandlung des Berufsrevolutionärs in den Bürokraten« darstellte.[17] In der zweiten Strophe des zweiten Stalin-Gedichts verwendet Brecht einige bekannte Beinamen Stalins, um ihn abzuurteilen. Das Epitheton »Sonne der Völker« fand sich z. B. überall in der Herrscherlob-Literatur der Sowjetunion, in den einfachsten Schülerhymnen auf Stalin oder in der Rede des Dichters A. O. Awdienko auf dem VII. Parteitag der KPdSU, in der er Stalin als »Sonne, die sich in Millionen Herzen widerspiegelt« preist.[18] Brecht verwendet diese Formel hier ironisch: Die »Sonne« verbrennt ihre Anbeter. Über die Formel »größter Gelehrter der Welt«, ebenfalls ein geläufiger Beiname Stalins, mokiert sich Brecht, weil Stalin nicht einmal die Gedächtnisstärke hatte, die Aussagen des Kommunistischen Manifests behalten zu können. »Der genialste Schüler Lenins« setzt sich aus zwei weitverbreiteten Epitheta Stalins zusammen, nämlich den Bezeichnungen Stalins als »Genie« (eine Qualifizierung, die vielleicht häufiger vorkommt als irgend eine andere) und als »Schüler Lenins«, der dessen Werk fortsetze.[19] Aber mit Grausamkeit habe sich hier das »Genie« gegen seinen Lehrmeister gewendet, ihn und das Proletariat der Sowjetunion verraten, indem er dessen Worte mißachtet und mißbraucht.

In der letzten Strophe scheint Brecht einen halben Rettungsversuch zu unternehmen, indem er erklärt, daß Stalin nicht immer so gewesen sei. Die Gegenüberstellung ›jung und alt‹, ›tüchtig und grausam‹, ›Mensch und Gott‹ geht dem Urteil voraus, daß die Selbstverherrlichung Stalin nicht nur zum Gott, sondern auch »dumm« gemacht habe. Zugleich werden alle göttlichen Attribute mit diesem einzigen Wort, dem letzten im Gedicht, vernichtet. Mit der Anrede Stalins als eines Gottes bezieht sich Brecht offenbar auch auf Chruschtschows

Rede, in der es heißt, es wäre gegen den Geist des Marxismus-Leninismus, einen Einzelmenschen in einen gottähnlichen Übermenschen oder sogar einen Gott zu verwandeln. Stalin aber habe genau dies angestrebt.[20]

Im dritten Gedicht entwickelt Brecht das Bild von Stalin als Gott weiter. Zwar wiegt er dessen wichtigste Charaktereigenschaften auf der Waage der Gerechtigkeit ab:

> Die Gewichte auf der Waage
> Sind groß. Hinaufgeworfen
> Wird auf die andere Skala die Klugheit
> Und als nötige Zuwaag
> Die Grausamkeit.
>
> Die Anbeter sehen sich um:
> Was war falsch? Der Gott?
> Oder das Beten?
>
> Aber die Maschinen:
> Aber die Siegestrophäen?
> Aber das Kind ohne Brot?
>
> Aber der blutenden Genossen[21]
> Ungehörter Angstschrei:
>
> Der alles befohlen hat
> Hat nicht alles gemacht.
>
> Versprochen worden sind Äpfel
> Ausgeblieben ist Brot.

In einer Abweichung von der Redewendung »etwas *in* die Waagschale werfen« läßt Brecht Stalins Klugheit auf eine »Skala« (vielleicht nach dem englischen »scale«, d. h. Waagschale?) *hinauf*werfen – weil sie schon so hoch beladen oder weil sie als leichtere Waagschale hinaufgestiegen ist? Da Brecht sie die »andere Skala« (Schale) nennt, fragt man sich, was wohl auf der Gegenschale liegt. Es ist zu vermuten, daß Beschuldigungen und Enthüllungen über Stalins Verbrechen dort turmhoch aufgestapelt sind. Es ist nicht ganz klar, ob mit dem ungewöhnlichen Wort »Zuwaag« (in bayrisch-österreichischer Mundart bedeutet es eine Knochenbeilage zum Fleisch) ein Gewicht auf der Schale der Verbrechen oder auf der Seite der Klugheit zu verstehen ist.

Ohne Übergang greift die zweite Strophe wieder das Bild von den Anbetern und von Stalin als Gott auf. Wohl aus Verwirrung, aber vielleicht auch aus schlechtem Gewissen, sehen sich die Anbeter um und fragen, ob Stalin selbst sich zum falschen Gott gemacht hat oder ob ihre eigene unkritische, liebedienerische Haltung für seine Vergötterung verantwortlich gewesen ist. In den eingangs erwähnten Notizen kommentiert Brecht diese Mentalität, wenn er in einem fragmentarischen (grammatikalisch nicht ganz korrekten) Satz feststellt: »die Anbetung Stalins (schmerzlich) übergehen in einen Verzicht auf das Beten.« (GW 20, 326)

Die dritte Strophe des Gedichts besteht nur aus Fragen und wirft weitere auf. Wer ist hier der Fragende? Der Dichter? Oder die Anbeter der zweiten Strophe, die fragen, was falsch war? Und welche sind die zu erwartenden Antworten, die die späte Lyrik Brechts sonst in der Fragestellung selbst implizit enthält? Zumindest zwei Fragen des Gedichts könnten auf Verdienste Stalins deuten – die Schwerindustrie in der UdSSR aufgebaut zu haben (Maschinen), der Sowjetunion zum Sieg gegen Hitlerdeutschland verholfen zu haben (die Siegestrophäen). Aber es könnte sich insgesamt auch um Vorwürfe handeln, wie die folgende Lesart annimmt: Wie ist es mit den versprochenen Maschinen, den unverdienten Siegestrophäen, dem Kind, das immer noch kein Brot hat, und dem ungehört verhallten Angstschrei der blutenden Genossen bestellt? Letztere Deutung scheint durch die vierte Strophe bekräftigt zu werden, in der es heißt: »Der alles befohlen hat / Hat nicht alles gemacht.« Chruschtschows Rede klagt an, daß Stalin wegen seines Verfolgungswahns und Starrsinns, seiner Brutalität und Reizbarkeit nicht nur die Kriegsführung der Sowjetunion, sondern auch den gesellschaftlichen, industriellen und ökonomischen Fortschritt verhindert hat.[22] Unterschwellig wird bei Brecht die Vergöttlichung Stalins in ihr Gegenteil verkehrt, wenn Stalin plötzlich mit bekannten Eigenschaften des christlichen Teufels ausgestattet erscheint: Er sei einer, der »dicit non facit«, ein Vielversprechender, der dann weder handelt noch seine Zusagen einhält. Die Schlußstrophe wiederholt dies: Schönes sei versprochen worden (Äpfel), aber nicht einmal das Nötigste (Brot) ist eingetroffen. Man könnte fast meinen, daß die Fragenden und Ankläger in diesen letzten Strophen die toten Opfer Stalins sind – oder vielleicht die Massen der Sowjetunion, die er verraten hat.

Das Motto zum vierten Gedicht erwähnt Stalin zum ersten Mal mit Namen. Obwohl Brecht wahrscheinlich mit Recht behauptet, daß es für eine geschichtliche Einschätzung Stalins im Augenblick noch zu früh sei, fällt er doch ein Urteil, das Stalin in manchem als Hitler identifiziert:

> *Die geschichtliche Einschätzung*
> *Stalins hat im Augenblick*
> *kein Interesse und kann mangels von*
> *Fakten nicht vorgenommen werden.*
> *Seine Autorität muß jedoch zur*
> *Beseitigung der Schädigungen*
> *durch sein Beispiel liquidiert werden.*

Zur Züchtung winterfesten Weizens
Zieht man viele Forscher heran.
Soll der Aufbau des Sozialismus
Von ein paar Leuten im Dunkeln zusammengepfuscht werden?

Schleppt der Führer die Geführten
Auf einen Gipfel, den nur er weiß?
Zumindest durch die Statistik
Indem sie tun oder lassen
Führen die Geführten.

Im Gedicht »Die Erziehung der Hirse« (GW 10, 979) aus dem Jahre 1950 hat Brecht die Leistungen eines einzelnen bei der Züchtung einer besseren Getreideart hervorgehoben und gelobt. In diesem Gedicht von 1956 greift er das gleiche Motiv wieder auf, setzt aber diesmal den Akzent anders. Zur Züchtung winterfesten Weizens, so behauptet er, zieht man nicht einen einzelnen heran, sondern »viele Forscher«. Wer Stalin glaube, als einzelner, oder mit nur »ein paar Leute(n) im Dunkel« den Sozialismus aufbauen zu können, wird als Pfuscher bezeichnet. In »Die Erziehung der Hirse« erwähnt Brecht lobend den sowjetischen Genetiker Lyssenko. Hat er inzwischen erfahren, daß dank Lyssenkos unheilvollem Versuch, alle Forschungen auf seinem Gebiet der engstirnigen stalinistischen Vorstellung von Wissenschaft anzupassen, die sowjetische Genetik um Jahrzehnte zurückversetzt worden ist? Lyssenko kann jedenfalls als ein Beispiel für jene Autoritätsfiguren dienen, die Brecht hier »Pfuscher« nennt. Da aber im Begriff »Pfuscher« ein Beiklang von Trivialität mitschwingt, verwendet er in der zweiten Strophe zur Kennzeichnung und Abgrenzung Stalins den Begriff »Führer«.

Seit der Nazizeit ruft das Wort »Führer« spezifische Assoziationen hervor. Daß Brecht es hier einfügt, um den Abstand zwischen Stalin und seinem sowjetischen Volk zu verdeutlichen, hat wahrscheinlich den Zweck, diese zwei Diktatoren in ihrem Führungsstil zu vergleichen. Der Vergleich reicht sogar bis in die Struktur des Gedichts hinein, die mit den wiederholten Fragen dem Bau einiger Hitler-Gedichte Brechts aus den dreißiger Jahren gleicht. Diese Gedichte stellen Fragen, die dem Führer und dem Naziregime gelten. Das folgende Beispiel soll zur Illustration genügen:

> Denen das Mark noch nicht ausgesogen ist, die
> Loben das Regime, das soll bedeuten, wenn ihnen
> Einmal das Mark ausgesogen sein wird, werden
> Sie immer noch das Regime loben? (GW 9, 707)

Wie in diesem Fall ist auch die Antwort auf die Frage, ob der Führer (Stalin) die Geführten (sein Volk) auf einen Gipfel schleppen soll, »den nur er weiß«, ein klares Nein. Über das Ziel sollen alle mitentscheiden.

Die letzten Zeilen des vierten Stalin-Gedichts knüpfen wahrscheinlich wieder an Chruschtschows Rede an, in der Stalins Behauptung zitiert wird, er könne alle Entscheidungen allein treffen; als Hilfe brauche er nur Statistiker.[22] Brecht wendet die Vorliebe Stalins für die Statistik gegen ihn und behauptet, daß die Geführten, präsent in der Statistik, überlegen durch ihre große Zahl, das Land führen. Nach Brecht sind es nicht die Entscheidungen eines einzelnen, die am Ende bestimmen, was geschieht, sondern das Handeln oder Nichthandeln der Massen. Diese optimistische Auffassung von der Macht der Massen im allgemeinen ist zugleich ein Bekenntnis zu den Massen in der Sowjetunion und eine Verdammung von Stalins diktatorischer Führung.

Thematik, Bilder und Gedanken verbinden diese vier Gedichte zu einem kleinen Zyklus, der wahrscheinlich innerhalb weniger Tage im Juni/Juli 1956 entstanden ist. Das erste Gedicht verurteilt hauptsächlich die Anbeter Stalins, während das zweite mit Stalin selbst abrechnet. Das dritte klagt Stalin und seine Anbeter an, das vierte wiederum nur Stalin. Als Gegenpol zur mißbrauchten Autorität Stalins sind allein die Massen dazu imstande, die durch sein Beispiel bewirkten Schäden zu beseitigen. In den Notizen mit dem Titel »Über Kritik an Stalin«, die aus der gleichen Zeit stammen, behauptet er im Sinne des vierten Gedichts, »die Liquidierung des Stalinismus« könne »nur durch eine gigantische Mobilisierung der Weisheit der Massen durch die Partei gelingen. Sie (die »Weisheit der Massen«) liegt auf der geraden Linie zum Kommunismus«. (GW 20, 326)

Auch die Bilder und Motive der vier Gedichte sprechen dafür, daß sie kurz nacheinander entstanden sind. Das Bild von Stalin als Gott bestimmt die ersten drei Gedichte, während das vierte Stalin als »Führer« anspricht, was bei Brecht genau so pejorativ klingt. Das Motiv der Grausamkeit kommt in den ersten beiden vor, einmal in der sexuellsadistischen Konnotation des »Auf-den-Hintern-Schlagens«, dann in Gestalt der Peitschen des Zaren und Stalins, und zuletzt dort, wo es heißt, Lenin sei von Stalin, bildlich gesprochen, aufs Maul geschlagen worden. Durch alle Gedichte läuft als roter Faden der Gedanke, daß Stalin, statt Oben und Unten abzuschaffen, diese Trennung noch verhärtet habe.

Bekanntlich war für Brecht alles nur vorläufig. Daher kann man wohl nur in einem Sinne von diesen Gedichten und Notizen als seinem letzten Wort zu Stalin sprechen. Es bleibt der Spekulation überlassen, sich die Weiterentwicklung seiner Ansichten von Stalin, hätte Brecht länger gelebt, vorzustellen. Doch eines kann man wohl mit Gewißheit sagen: Brechts bedingungsloses Engagement für die Sache des Marxismus/Leninismus (und, man muß es betonen, des Stalinismus) sind die Gründe seiner in den Gedichten gezeigten Enttäuschung und Bitterkeit.

1 *Brecht-Chronik. Daten zu leben und Werk*. Hg. v. Klaus Völker. München: Hanser, 1971, S. 155. — 2 Alfred Kantorowicz, *Deutsches Tagebuch*. Teil I. München: Kindler, 1959, S. 41. — 3 Bertolt Brecht, *Gesammelte Werke in 20 Bänden*. Frankfurt/M. Suhrkamp, 1967, Band 20, S. 325–326. Alle Zitate entstammen dieser Ausgabe. — 4 John Willett, »›Honoured Murderer‹: Brecht's Stalin Poems«, *New Statesman*, 15. Juni 1979, S. 869–870. Berichtet über Fuegis Vortrag. — 5 Bertolt Brecht, *Gedichte aus dem Nachlaß*. Werkausgabe edition suhrkamp, Supplementband III & IV. Hg. v. Herta Ramthun. Frankfurt/M.: Suhrkamp, 1982. Nach Einsicht in die Manuskripte dieser vier Gedichte kann ich bestätigen, daß die veröffentlichten Texte eine fast exakte und vollständige Wiedergabe der Manuskripttexte sind. Die einzige Abweichung wird in Anmerkung 21 erwähnt. — 6 Die gründlichste und vollständigste Behandlung dieses Verhältnisses bietet Peter Bormans: »Brecht und der Stalinismus«. In: *Brecht-Jahrbuch 1974*. Hg. v. John Fuegi, Reinhold Grimm und Jost Hermand. Frankfurt/M.: Suhrkamp, 1975, S. 53–76. — 7 Walter Benjamin, *Versuche über*

Brecht. Frankfurt/M.: Suhrkamp, 1966, S. 131. — **8** James K. Lyon, *Bertolt Brecht in America.* Princeton, N. J.: Princeton University Press, 1981, S. 296–297. — **9** Sidney Hook, »A Recollection of Berthold (!) Brecht«. In: *The New Leader,* 10. Okt. 1960, S. 22. — **10** Bormans, a.a.O. S. 67. — **11** Ebd., S. 64. — **12** Benjamin, a.a.O. S. 130. — **13** Bertolt Brecht, *Briefe.* Hg. und kommentiert von Günter Glaeser. Frankfurt/M., Suhrkamp, 1981, Bd. I, S. 235. — **14** Michael Voslensky, »Die Angst beim Tode des Diktators. Wie ein Sowjetbürger Stalins Sterben erlebte.« In: *Die Zeit,* Nr. 10, 11. März 1983, S. 6. — **15** »Chruschtschows ›Geheimrede‹ vom 25. Februar 1956«. In: *Entstalinisierung. Der XX. Parteitag der KPdSU und seine Folgen.* Hg. v. Reinhard Crusius und Manfred Wilke. Frankfurt/M.: Suhrkamp, 1977, S. 531. — **16** Ebd., S. 517–520. — **17** Bertolt Brecht, *Arbeitsjournal 1938–1955.* Frankfurt/M.: Suhrkamp 1973, Bd. II, S. 589. — **18** *Stalin.* Hg. v. T. H. Rigby. Englewood Cliffs, N. J.: Prentice-Hall, 1966, S. 112–113. — **19** Ebd., S. 114–118. — **20** »Chruschtschows ›Geheimrede‹«, S. 487, 528. — **21** In der Typoskriptfassung dieses Gedichts im Bertolt-Brecht-Archiv heißt diese Zeile: »Aber des blutenden Genossen« (Mappe 95, Blatt 6). In unserer Diskussion folgen wir dem gedruckten Text. — **22** »Chruschtschows ›Geheimrede‹«, a.a.O. S. 449. Nach T. H. Rigby: *The Stalin Dictatorship. Krushchev's ›Secret Speech‹ and Other Documents.* Sydney: Sydney University Press, 1968, S. 86, ist man sich nicht einig, ob der Ausdruck »Statistiker« oder »Statisten« gewesen ist, obwohl Rigby sich für »Statistiker« entscheidet. Es ist nicht bekannt, in welcher Version Brecht diesen Satz Chruschtschows kannte.

Frithjof Trapp

»Ich empfehle, die ›Prawda‹ über (die) West-Ukraine nachzulesen«

Zwischen Formalismus-Debatte und deutsch-sowjetischem Grenz- und Freundschaftsvertrag (28. September 1939): Gustav von Wangenheims Schauspiel *Die Stärkeren*

> »*Ich habe ein historisches Schauspiel geschrieben.*
> *Nicht die eilfertige Widerspiegelung der eben geschehenen dramatischen Ereignisse in der West-Ukraine habe ich mir als Aufgabe gestellt, sondern die Abbildung einer Handlung ›typischer Charaktere‹ unserer Zeit ›in typischen Umständen‹, also eine typische Handlung, ein typisches Drama, kein ›Zeitdrama‹, sondern ein Drama unserer Zeit.*
> *Daß diese typische Handlung des Stückes am 16. September 1939 spielt, ist kein Zufall.*
> *Die am 17. September beginnende Befreiung der West-Ukraine und West-Weißrußlands, der Vormarsch der Roten Armee, ist die beginnende Befreiung West-Europas, der Welt. Die dreizehn Millionen waren ein Teil der vielen Millionen, die unter dem Kapitalismus leiden. Die jetzt befreite Erde gehörte zu jener Erde, die noch unfrei fünf Sechstel unserer Kugel bedeckt.*
> *Die Stärke des Kommunismus und seiner Weltbewegung besteht in einer bolschewistischen WKP, einer blühenden Sowjet-Union, einer mächtigen Roten Armee und dem Block kommunistischer und parteiloser Freiheitskämpfer der ganzen Welt.*
> *Wir werden die Stärkeren sein.*
> *Wir sind es noch nicht.*«
>
> *Gustav Wangenheim: Einige Bemerkungen für Übersetzer, Regisseur und Schauspieler.*

Der seit August 1933 im sowjetischen Exil lebende Regisseur, Schauspieler und Dramatiker Gustav (von) Wangenheim[1] schickt seinem 1940 in Moskau geschriebenen Drama *Die Stärkeren* den Vorspann voraus, der die Überschrift trägt »Einige Bemerkungen für Übersetzer, Regisseur und Schauspieler«. Das Drama und dieser Vorspann sind bislang noch nicht publiziert worden.[2] Die erste bibliographische Erwähnung geschah 1980.[3]

Ein erstaunlicher Text, der den Leser vor einige Rätsel stellt! Glaubt der Autor tatsächlich, was er sagt? Oder spricht hier ein Opportunist, der einer vorgegebenen Deutung folgt, ohne sich innerlich mit ihr zu identifizieren, der also den Umschwung der politischen Ereignisse des

Jahres 1939 im Sinne der Interessen seines Asyllandes als auch, den eigenen Hoffnungen zuwiderlaufend, im Sinne angeblich »höherer«, allgemeiner politischer Zukunftserwartungen eines abstrakten »proletarischen« Internationalismus interpretiert? Oder verbirgt sich hinter der Selbstsicherheit in Wirklichkeit eine uneingestandene, tiefliegende Unsicherheit? Einiges spricht für diese Vermutung: Das Pathos ist hohl und deklamatorisch; die Argumentationen sind aus dem Zusammenhang gelöst und sind zum Klischee geworden; die naive Zukunftsgläubigkeit, die für kommunistische Exilierte nicht untypisch ist, ist zur politischen Phrase geworden. Erkennbar wird die allgemeine Situation in der Spätphase der Stalinschen »Säuberungen«, die Wangenheim, als deutscher Exilierter auf Gedeih und Verderb einem Asylland ausgeliefert, in dem zu dieser Zeit niemand seines Lebens mehr sicher ist, aufs höchste gefährdet und zu fragwürdigem politischen Bekennertum veranlaßt. – Der Text wirft Fragen auf, die nicht sofort und keineswegs auf einer einzigen argumentativen Ebene zu beantworten sind. Wer sich nicht mit dem oberflächlichen Eindruck begnügen will, der einen nicht unbedingt widerspruchsfreien, aber manche Betrachter bereits zufriedenstellenden Sinn vermittelt, der muß den Text auf tieferliegende Schichten befragen. Er muß den Autor und die Zeitsituation als Teil der Textstruktur begreifen.

An dem Vorspann fällt auf, daß die Überschrift den Leser augenscheinlich mit Absicht in die Irre führt. Der Text richtet sich *nicht* (zumindest nicht hauptsächlich) an »Übersetzer, Regisseur und Schauspieler«, denn der Verfasser geht weder auf sprachliche Besonderheiten seines Dramas ein, die einem russischen Übersetzer erläutert werden müßten, noch unterrichtet Wangenheim den potentiellen russischen Regisseur über den von ihm intendierten Inszenierungsstil; allenfalls spricht Wangenheim über einige Aspekte der Personendarstellung. Es handelt sich vielmehr um ein übliches Vorwort: Ästhetische und politische Intentionen werden charakterisiert; der Leser wird über gewisse Details aus dem Leben des Autors sowie über Stationen seines künstlerischen wie politischen Werdegangs unterrichtet.

Ist die Überschrift einfach falsch gewählt? Diese Schlußfolgerung läge nahe, wenn das eigentümliche Widerspiel von forcierter Selbstsicherheit und augenscheinlicher Verunsicherung, vor allem die merkwürdig zwiespältige Nachwirkung, die der Titel des Dramas und die emphatische Behauptung des Autors bewirken: »Wir werden die Stärkeren sein«, nicht eine ganz andere Vermutung aufkommen ließe: daß der Vorspann in Wahrheit nur für die Gutachterinstanzen der Partei und der staatlichen Kommissionen geschrieben ist,[4] die über die Annahme oder Ablehnung des Dramas, über die künstlerische und politische »Linientreue« des Textes und des Autors bzw. über eine vorliegende »Abweichung« zu befinden haben. Die Schlußfolgerung aus dieser naheliegenden Vermutung wäre, daß die klappernde Rhetorik, die ideologische Phrasenhaftigkeit nur bedingt die Ansichten und **die Persönlichkeit des Autors spiegelten, sondern vor allem der**

Absicht dienten, bei den begutachtenden Instanzen den Anschein unverdächtiger Linientreue zu erwecken und damit Wohlwollen zu erzeugen.

Der Text liefert mancherlei Indizien dafür, daß dieser Verdacht in der Tat richtig ist. Unterstellt man, daß Wangenheim sich nicht mit der Intention äußert, eigenständige Ideen zu formulieren, sondern daß er mit Absicht Bekanntes in einer Weise wiederholt, daß der Adressat seine vorgegebenen, normativen Erwartungen bestätigt sieht, dann erscheinen Wangenheims Formulierungen als weit weniger grotesk. Es wird sichtbar, welchen Wert Wangenheim auf die *möglichst umfassende* Begründung für das »Typische« seines Dramas legt: Er spricht nicht nur von »typischen Charakteren« und »typischen Umständen«, sondern auch von einer »typischen Handlung« und sogar von einem »typischen Drama«. Augenscheinlich, so darf man folgern, ist das Risiko, den Begriff des »Typischen« allzu extensiv zu gebrauchen, weit geringer, als ihn nicht mit hinlänglichem Nachdruck zu gebrauchen.

Welche Absicht Wangenheim mit dem Rekurs auf das »Typische« verfolgt, wird erkennbar, wenn man beobachtet, welchen ideologisch-kunsttheoretischen Stellenwert der Begriff während dieser Jahre besitzt und woher er seine Autorität und Legitimation ableitet. Hinter dem Begriff des »Typischen« verbirgt sich der berühmte Engels-Brief an Miß Harkness. Der Engels-Brief wiederum ist seinerseits ein entscheidendes kunsttheoretisches Fundament der sowjetischen Realismus-Diskussion[5] und ihres politisch-ideologisch »abweichenden« Pendants: der Formalismus-Debatte. Die maßgeblichen Literaturtheoretiker der stalinistischen Ära, allen voran Georg Lukács und Michael Lifschitz,[6] stimmten in der Auffassung überein, dieser alternativen Fragestellung: hier »sozialistischer Realismus«, dort »Formalismus« (bzw. »Dekadenz« oder »ideologisches Diversantentum«), entscheidende Bedeutung zuzumessen. – Aber nicht nur Lukács und Lifschitz, sondern auch Hugo Huppert,[7] der während der »Säuberungen« verhaftet, jedoch wieder freigelassen wurde, und Hans Günther[8], der in der Haft verstarb, vertraten diesen, der führenden Richtung innerhalb der sowjetischen Diskussion entsprechenden, Standpunkt. Andor Gábor, ein enger Vertrauter von Lukács und wie er ungarischer Exilant, veröffentlichte in Heft 3/1938 der *Internationalen Literatur* einen Aufsatz über »Marx und Engels über Realismus, Tendenz und Kritik«[9], der prägnant seinen Ausgang vom Engels-Brief an Miß Harkness nimmt. Man meint übrigens, genau diesen Artikel nach Diktion und Argumentation vor Augen zu haben, wenn man Wangenheims Ausführungen im Vorwort zu *Die Stärkeren* liest.[10] Wangenheims Terminologie legt die Vermutung nahe, daß er versucht, durch eine unterschwellige, aber in dieser Form unmißverständliche Anlehnung an einflußreiche Ideologen und Kunsttheoretiker die politisch-ideologische »Linientreue« seines Dramas mit Hilfe eines scheinbar beiläufig verfaßten Vorwortes abzusichern.

Der ideologischen Absicherung der eigenen Person wie des eigenen Werkes durch eine besondere politische Autorität dient offensichtlich auch ein anderer Kunstgriff Wangenheims, der dem heutigen Leser wiederum zunächst nicht verständlich ist, weil er allzu unvermittelt auftaucht und aufgrund des Inhalts als grotesk erscheint: eine Bezugnahme Wangenheims auf ein Gespräch, das er mit Maxim Gorki über den eigenen Film *Kämpfer* geführt hatte und in dem sich Gorki positiv über den Film geäußert hatte. Wangenheim stellt eine unmittelbare Verbindung her zwischen der eigenen Darstellung des ländlichen Proletariats in *Die Stärkeren* und einem in diesem Gespräch gegebenen Hinweis Gorkis:

»Maxim Gorki sagte mir im Gespräch etwas auch für Schauspieler Wesentliches. Er sprach von einem Film: ›Es ist nicht wichtig, wenn ein Künstler einen Bauern nur in Haltung und Sprache mehr oder weniger gut nachmacht, vor allen Dingen darf er ihn keine Knödel aus dem Fenster schmeißen lassen. Sowas macht kein Bauer.‹« (S. 4).

Als heutiger Leser ist man verwundert, daß Wangenheim eine dermaßen banal-fragwürdige Anekdote von ebenso fragwürdiger Aussagekraft überliefert. Genau damit offenbart sich aber der besondere Wert, den die Möglichkeit, diese Anekdote zu erwähnen, für Wangenheim offensichtlich besitzt: Er kann dem Leser – scheinbar beiläufig, in Wahrheit absichtsvoll[11] – vor Augen führen, daß der Autor dieses Stückes ein so bedeutender Künstler ist, daß Gorki ihn empfangen und ihm künstlerische Ratschläge gegeben hat. Zusätzlich kann Wangenheim die eigene künstlerische Darstellung durch die Autorität von Gorkis »richtungsweisender« Bemerkung absichern. Übrigens: Ebenfalls nicht ohne Absicht vermeidet es Wangenheim, den Titel seines Films zu nennen. Er weiß, was er durch die bloße Nennung des Titels riskieren würde: Als Folge des deutsch-sowjetischen Nichtangriffsvertrages ist der Film *Kämpfer* nicht mehr zur Aufführung freigegeben.

Ein Text wie Wangenheims Vorwort zu *Die Stärkeren* steht stets in der Gefahr, als Äußerung eines nur mittelmäßigen Schriftstellers und dazu eines besonders strikten (und daher besonders opportunistischen) Ideologen verstanden zu werden.[12] Diese Interpretation ist möglicherweise nicht einmal falsch, aber sie vergrößert in unangemessener Form den Abstand, der während der Zeit des Stalinismus zwischen den »anspruchsvollen« und den bloß mittelmäßigen Ideologen bestand. Die philosophisch-theoretischen und die politisch-pragmatischen Argumentationsebenen standen während des Stalinismus in engerer Beziehung zueinander, als wir es heute glauben, und genau dieser Tatbestand ist am Wangenheim-Vorwort erkennbar.

Die Berufung auf Gorki spielt auch bei Georg Lukács eine erhebliche Rolle. Die Art, wie Lukács Gorki in seine Argumentationskette einbaut, unterscheidet sich nicht grundsätzlich von der Art Wangenheims – freilich auf unterschiedlichem sprachlichen und intellektuellen Niveau. Auch Lukács geht von der festen Überzeugung aus, daß in Bezug auf die Person Gorkis künstlerische Autorität und ästhetisch-ideologische Norm deckungsgleich geworden sind. Daher scheut Lukács nicht davor zurück, die Autorität Gorkis im Sinne der Normen des »sozialistischen Realismus« politisch auszubeuten. Mit autoritativem Gestus sagt Lukács in seinem berühmten Essay *Marx und das*

Problem des ideologischen Verfalls[13], einem zentralen Text der Formalismus-Debatte:

»Die große erzieherische Wirkung Maxim Gorkis besteht nicht zuletzt in diesem Kampf um die Kultur des menschlichen Gefühlslebens, in welcher er mit vollem Recht das Zentralproblem eines neuen literarischen Aufschwungs erblickt« (S. 123).

Ein anderes Niveau? In der Tat! Trotzdem ähnelt die Formulierung in ihrer Funktion der der Wangenheim-Anekdote. Auch Lukács erhebt eine im Grunde nach Sinn und Bedeutung nicht befragte Feststellung zum allgemeinen Leitsatz, hier den »Kampf um die Kultur des menschlichen Gefühlslebens«, und verwandelt damit die Autorität des Künstlers Gorki in eine normative Anforderung innerhalb des »sozialistischen Realismus«. Ohne Zweifel versteht Lukács die Darstellung des »menschlichen Gefühlslebens« dabei nicht nur als ästhetisches (oder ideologisches) Postulat, sondern zugleich als absoluten, »parteilichen« Maßstab, aufgrund dessen ersichtlich wird, »auf welcher Seite«, auf seiten des Sozialismus oder auf seiten des Kapitalismus, der politische Standort des Künstlers ist.

Die Verbindung, die Lukács vermittels des Maßstabes der »Kultur des menschlichen Gefühlslebens« zwischen künstlerischer Produktion auf der einen Seite und ideologischem Standort des Künstlers auf der anderen Seite herstellt, wird an Lukács' Ausführungen über die Schriftsteller der »Verfallsperiode« im selben Essay erkennbar:

»So entsteht in jedem realistisch angelegten Schriftsteller dieser Periode ein ständiger Kampf gegen die Vorurteile der ideologischen Dekadenz. Und zwar ein doppelter Kampf: nämlich einerseits der um die Überwindung dieser Vorurteile in der Betrachtung und Beurteilung der Wirklichkeit selbst und andererseits um ihre Überwindung *in dem eigenen Seelenleben*, in seiner Stellungnahme zu den eigenen inneren Erlebnissen, zu den seelischen Prozessen, die sich in ihm selbst abspielen.« (S. 123, Hervorhebung: F. T.)

Man könnte meinen, daß es sich hier um »akademische«, ausschließlich zu philosophischen Zwecken geführte Erörterungen handelt. Doch der Eindruck täuscht. Für Lukács besteht kein Zweifel, daß die kunsttheoretischen Debatten einen Teil der umfassenden ideologischen Debatten darstellen, deren politisch-gewalttätiger Ausdruck die Stalinschen »Säuberungen« sind. (Daß die »Säuberungen« durch die Debatten in Wahrheit nicht zu begründen sind, stellt ein andersgelagertes Problem dar.) – Bezeichnenderweise wiederum mit einem Gorki-Hinweis macht Lukács auf diesen Zusammenhang aufmerksam:

»Der erste, der große Klassiker des sozialistischen Realismus, Maxim Gorki, ist in seinem erbitterten und vielseitigen politischen, weltanschaulichen und künstlerischen Kampf gegen die *Dekadenz* der große Schriftsteller geworden, der er war. (...) Es wäre aber eine opportunistische Illusion zu glauben, daß das gesellschaftliche Sein des siegreichen Sozialismus in jedem Schriftsteller automatisch den sozialen Realismus produzieren müsse. Die Feststellung *Stalins*, daß in der Sowjetunion ökonomisch und ideologisch zu *liquidierende*

Überreste des Kapitalismus vorhanden sind, *ist eine sehr bedeutsame Tatsache auch für die Literatur*, denn eine *Liquidation* von ideologischen Überresten kann nur durch bewußte und selbsttätige Arbeit der Menschen selbst vollzogen werden« (S. 142 f.; Sperrung durch Lukács, die übrigen Hervorhebungen: F. T.).

Hier sind wir bei der berüchtigten These angelangt, die auf der Plenartagung des ZK der KPdSU im Februar/März 1937 von Stalin formuliert wurde, wonach mit dem Fortschreiten der Sowjetunion zum Sozialismus der Klassenkampf sich immer mehr verschärfen würde. Lukács baut diese These, die ideologisch die Notwendigkeit der »Säuberungen« zu erklären versucht, mit Hilfe der Begriffe »liquidieren« und »Liquidation« in seine Analyse des »ideologischen Verfalls« ein, wobei er Wert darauf legt, daß die Stalinsche Äußerung »auch für die Literatur« eine »sehr bedeutsame Tatsache« sei. Was das in der Phase der »Säuberungen« realiter bedeutet, kann man sich unschwer ausmalen. – Brecht, der von Lukács in diesem Essay mit Namen[14] als Beispiel eines Künstlers angeführt wird, der *nicht* die »Kultur des menschlichen Gefühlslebens« ins Zentrum seines Werkes gestellt hat, hat wahrscheinlich als einziger deutscher marxistischer Autor den vollen Zusammenhang zwischen der kunsttheoretischen Diskussion und den »Säuberungen« hinlänglich durchschaut.[15]

Lukács geht in seiner Argumentation so weit, daß er der linken avantgardistischen Literatur vorwirft, sie habe »objektiv« die Bourgeoisie »in ihrem Kampf gegen den wirklichen Realismus« unterstützt:

»So entsteht neben dem offen apologetischen Antirealismus und Pseudorealismus der von der reaktionären Bourgeoisie protegierten Literatur eine lange Kette von Richtungen, die sehr ›radikal‹, ›avantgardistisch‹ prinzipiell bestrebt ist, den Realismus bis in seine Grundlagen hin zu liquidieren. Was immer die Absicht der Vertreter dieser Richtungen gewesen sein mag, *objektiv* haben sie der Bourgeoisie in ihrem Kampf gegen den wirklichen Realismus geholfen. *Diese objektive gesellschaftliche Funktion hat die ganze Literatur der Verfallszeit vom Naturalismus bis zum Surrealismus.*« (S. 142, Hervorhebung: F. T.)

Auch hier könnte man zunächst der Auffassung sein, Lukács spreche von einem »bloß« ideologischen Kampf um den »wirklichen Realismus«. Eine solche Trennung zwischen Philosophie und Praxis gibt es jedoch für ihn nicht. Ebenso nicht eine Trennung zwischen »ideologischem« und »politischem« (wirtschaftlichem, militärischem) Kampf: Die kapitalistische »Umkreisung« der Sowjetunion (die eine reale Bedrohung darstellt und deshalb entsprechende Gegenmaßnahmen rechtfertigt) wird mit dem Fortbestehen ideologischer »Überreste« der »Dekadenz« *gleichgesetzt*,[16] also die »Dekadenz« zum realen »Gegner« erklärt:

»Man könnte vielleicht fragen: muß dieser Kampf gegen die ideologischen Überreste des Kapitalismus unbedingt ein Kampf gegen die Ideologie der Dekadenz sein? Wer daran zweifelt, soll sich an die wiederholten Mahnungen *Stalins* über die Gefahr der kapitalistischen

Umkreisung erinnern. *Diese existiert auch ideologisch.*« (S. 143, Hervorhebung: F. T.)

Schriftsteller, die im sowjetischen Exil lebten und also allen politischen Konsequenzen dieser Formulierungen und Theoreme ausgesetzt waren, mußten solche Argumentationen als potentielle Bedrohung verstehen. Dies schuf Unsicherheit – und wir gehen wohl nicht fehl in der Annahme, daß dies die forciert opportunistische kunsttheoretische Legitimation Wangenheims erklärlich macht. Wer konnte von sich sagen, daß er von »ideologischen Überresten des Kapitalismus« völlig frei sei? Die Allgemeinheit der Formulierung und die Universalität des Vorwurfs zwang die Schriftsteller zu ständiger künstlerischer (!) – nicht nur politischer – Selbstrechtfertigung, und ohne Zweifel ergab sich daraus der Zwang, daß die Schriftsteller sich bemühten, sich und ihr Werk nicht bloß als politisch »linientreu« darzustellen – dies war eine ohnehin selbstverständliche Voraussetzung –, sondern auch als künstlerisch »linientreu«.

Bestand zu dieser Zeit für Wangenheim ein besonderer Anlaß, Vorsicht walten zu lassen? So war es in der Tat! Damit nähern wir uns einem besonderen Aspekt des historischen Hintergrundes, der die Formulierung des Vorwortes zu *Die Stärkeren* beeinflußt hat. Man erinnerte sich an Lukács' abschließenden Artikel zur Expressionismusdebatte.[17] In ihm befindet sich ein langer Abschnitt, der Wangenheim und dessen Beitrag zur Debatte gewidmet ist. Lukács stellt Wangenheim schonungslos bloß:

»Und unser lieber Wangenheim, der in der Expressionismusdebatte eine Möglichkeit sucht, die formalistischen Tendenzen seiner früheren Produktion, die seinen urwüchsigen Realismus so oft gehemmt, ja unterdrückt haben, sub titulo einer breiten und undogmatischen Auffassung des Realismus zu retten und aufzubewahren, muß notwendigerweise zu ganz eklektischen Konsequenzen gelangen. Er will im Expressionismus ein unverlierbares wertvolles Erbe für den sozialistischen Realismus retten. Zu begründen versucht er diese Rettung aber folgendermaßen:

›Grundsätzlich: das Theater des Expressionismus, auch wenn es stark wirkte, reflektierte die Welt in Splittern. Das Theater des sozialistischen Realismus, in aller Vielfalt seiner Formen, spiegelt Einheitlichkeit.‹

Und darum soll der Expressionismus ein wesentlicher Baustein des sozialistischen Realismus sein? Dafür gibt es auch bei Wangenheim kein einziges ästhetisches oder logisches Argument, nur ein biographisches: *den Versuch, mit seiner früheren formalistischen Manier nicht radikal zu brechen.*« (S. 214, Sperrung durch Lukács, die übrigen Hervorhebungen: F. T.)

Den politischen Umständen nach mußte Wangenheim befürchten, daß diese Äußerung eines einflußreichen Kunsttheoretikers ausreichen könnte, ihn in die »Säuberungen« einzubeziehen.[18] Selbst wenn diese Folge nicht eintrat (Wangenheims Verhaftung ist im Augenblick zeitlich nicht zu datieren), so hing die Charakteristik als eines früheren »Formalisten«, der dies möglicherweise noch immer ist, doch wie ein

Damokles-Schwert über ihm. Die Gefahr bestand in der Zeit der »Säuberungen« ja nicht bloß in der Verhaftung selber, sondern auch in der sozialen Ächtung, die alle traf, die mit den »Säuberungen« in Verbindung gebracht wurden. Welcher Lektor, welcher Verlag nahm ein Manuskript eines Autors an, der im Geruche stand, ein »Formalist« zu sein? Weil selbstverständlich niemand dies tat, weil ein solches Verhalten das eigene Leben bedrohen konnte, bestand die Gefahr, daß die als »Formalisten« denunzierten Autoren buchstäblich verhungerten. Wangenheim war dieses Faktum selbstverständlich bekannt.[19]

Es handelte sich jedoch nicht nur um eine mögliche, sondern um eine höchst reale Bedrohung. Vertraute Freunde Wangenheims, nahezu alle Mitglieder der ehemaligen »Kolonne links«, die Wangenheim über Jahre hinweg gekannt hatte, wurden während der »Säuberungen« verhaftet. Die Produktion von Wangenheims Film *Kämpfer* mußte mehrfach unterbrochen werden, weil Mitglieder des Produktionsstabes sowie Schauspieler durch Verhaftung ausfielen. Wangenheim selber wurde vorübergehend verhaftet. Er hatte zudem Kontakte zu Bucharin und Stetzki gehabt,[20] prominenten Opfern der »Prozesse«. Wangenheims Freunde wußten von diesen Kontakten, und er selber wußte gleichzeitig, daß diese Kontakte ihn in Lebensgefahr bringen konnten.

Welche Auswirkungen die »Säuberungen« auf das politische Bewußtsein und Selbstverständnis Wangenheims hatten, wird aus einem politischen Rechenschaftsbericht ersichtlich, den Wangenheim im Rahmen eines Parteilebenslaufes im Jahre 1951 (!) verfaßt hat. Aus heutiger Sicht würden wir vermuten, daß sich zu diesem Zeitpunkt die unmittelbare Angst vor einer persönlichen Gefährdung bereits gelegt hätte und daß Wangenheim politischen Abstand zu den Ereignissen gewonnen hätte. Er besitzt zu diesem Zeitpunkt aufgrund von Mitteilungen Verhafteter auch Klarheit über einige besonders tragische Aspekte des Geschehens.[21] An eine reine »Verschwörungstheorie«, eine Verschwörung des »Trotzkismus« gegen den Sowjetstaat, kann er also nicht mehr glauben. Doch in unmittelbarer Konfrontation mit der »Partei«, dem Über-Ich seines politischen Lebens, unternimmt Wangenheim nicht einmal den Ansatz eines Versuches, das Geschehen politisch aufzuarbeiten:[22]

»In der Zeit der großen Prozesse erhielt ich die ernsteste Lehre meines Lebens. Ich erlebte zu meinem größten Entsetzen, wie schwach meine Wachsamkeit entwickelt war. Ich lernte den schweren Kampf der Sowjetunion und der Partei der Bolschewiki gegen die verbrecherischen Feinde kennen. Der Mord an Kirow war das erste Signal und der Mord an Gorki gehört zu den tiefsten Erschütterungen meines Lebens.

Ich litt unter den vielen, zum Teil gerade auf den ersten Augenblick unfaßbar erscheinenden Verhaftungen bekannter und nahestehender Menschen, die bis zu dieser Stunde meine Genossen gewesen waren. Fast die gesamte ›Kolonne links‹ gehörte dazu, meine beiden Assistenten beim Dimitroff-Film, verschiedene Schauspieler usw. Ich befand mich in dieser Zeit in einer ungeheuren seelischen Erregung, und (es) wurde mir zutiefst klar, wie verantwortlich jedes Wort, jeder Satz und jede kleinste Handlung eines Kommunisten ist. Parteilichkeit in allem, was ich denke und tue. Das war für mich die ernste Lehre aus jener Zeit. Ich hatte noch ein ernstes Erlebnis damals, das ich in diesem Lebenslauf erwähnen möchte. Wie die Erstarkung der bolschewistischen Partei und der Sowjetunion im Krieg und im Aufbau uns gezeigt hat, ist es damals gelungen, die Nester der vom Genossen Stalin im ZK-Plenum, Anfang März 1937, gekennzeichneten Feinde zu zerstören. Wir schwebten damals noch in Unklarheit und ahnten dumpf, was uns Stalin dann erst lehrte:›Der gegenwärtige Trotzkismus ist nicht eine gegensätzliche Strömung in der Arbeiterklasse, sondern eine prinzipien- und ideenlose Bande von Schädlingen, Diversanten, Kundschaftern, Spionen, Mördern, eine Bande geschworener Feinde der Arbeiterklasse, die im Solde der Spione ausländischer Staaten arbeiten.‹ Da wir aber erlebt hatten, daß sich scheinbar bis ins Konzentrationslager treu verhaltende Genossen als korrumpierte Subjekte entpuppten, daß andererseits verhaftete Genossen nach einer gewissen Zeit rehabilitiert in die Freiheit zurückkehrten, drängte sich damals jedem ehrlichen Parteigenossen die Lehre und die Pflicht auf, Wachsamkeit mit Mut zum Vertrauen zu verbinden. Ich lernte, mir trotz alledem das Vertrauen zu guten Genossen zu bewahren. Andererseits mußte ich, wie viele andere, die Möglichkeit fürchten, bei einer Sicherheitsmaßnahme im Zusammenhang mit meinen verschiedenen, nicht immer bis ins Letzte prüfbaren Bekanntschaften ebenfalls in Mitleidenschaft gezogen zu werden. Ich sah die Möglichkeit, Vertrauen zu erwerben für den Parteimenschen nur in der restlosen Bereitschaft, der Partei jederzeit über alles die volle Wahrheit zu sagen. Damals führte mich das zu einem scharfen Zusammenstoß mit einem sowjetischen Untersuchungsrichter, im Haus der N.K.W.D. in der Lubjanka, dem ich die Unterschrift unter sein, meiner Meinung nach, nicht in meinem Sinne geführtes Protokoll verweigerte. Daß er meine Haltung anerkannte, und daß sich sein ursprüngliches Mißtrauen mir gegenüber daraufhin in Vertrauen verwandelte, hat mir in dieser schweren Zeit als entscheidende Lehre gedient und zum besseren Verständnis der bolschewistischen Maßnahmen und Praktiken gedient.« (S. 10–12)

Wir sind aus heutiger Sicht bestürzt über die Naivität, mit der die Ereignisse referiert werden. Natürlich ist die Naivität, die Haltung des »gläubigen« Kommunisten, bis zu einem gewissen Grad eine tarnende Maske, hinter der sich das Individuum Wangenheim absichtsvoll verbirgt. Aber zugleich ist ersichtlich, daß diese Haltung: die Überwindung ehemaliger Vorurteile innerhalb des »eigenen Seelenlebens« (Lukács), auch zur zweiten Natur geworden ist. Wangenheim wagt sich nicht mehr einzugestehen, wo Widersprüche für ihn geblieben sind. Deshalb referiert er, von der Partei zur »Rechenschaft« aufgefordert, mit subjektiver Ehrlichkeit die ihn betreffenden Fakten. Er ist von der historischen »Richtigkeit« des Geschehens überzeugt. Letztlich ist diese Haltung nicht mehr als »Opportunismus« zu bezeichnen. Der scheinbare Opportunismus resultiert aus der absoluten, uneingeschränkten Unterwerfung des Ichs und seines Denkens unter die Linie der »Partei«. Die Partei, die Sowjetunion, Stalin – diese Begriffe, die gegeneinander vertauschbar sind, sind Hypostasierungen der eigenen Persönlichkeitsschwäche.

So aufschlußreich jedoch das Vorwort ist – die wirkliche Sensation stellt die Thematik des Dramas *Die Stärkeren* dar. Wangenheims Schauspiel spielt in Ostpolen am Vorabend jenes 17. September 1939, an dem die sowjetischen Truppen gemäß dem Geheimen Zusatzprotokoll zum Deutsch-sowjetischen Nichtangriffspakt vom 23. August 1939 nach Ostpolen einmarschieren.

Wangenheim kennt das Zusatzprotokoll jedoch nicht, und jede Spekulation, daß eine solche Vereinbarung zwischen dem Dritten Reich und der Sowjetunion existieren könne, liegt seinem Denken fern. Er folgt ganz und gar der offiziellen Darstellung zur Entwicklung der sowjetischen Außenpolitik. Dieser offizielle Standpunkt schlägt sich in den drei Molotow-Reden nieder, die in den Heften 10/11 und 12 (1939)[23] der *Internationalen Literatur* abgedruckt sind. Wangenheim kannte diese Reden mit Sicherheit, denn deutschsprachige Separatdrucke befinden sich in seinem Archiv. Wangenheim bearbeitet – gemessen jedenfalls am zeitgenössischen Kontext – auch kein ungewöhnliches Thema. In der *Internationalen Literatur* finden wir dieses Thema zu dieser Zeit mehrfach behandelt, so vor allem in einer Reportage von Valentin Katajew mit dem Titel *Unterwegs* (1940/H. 1).[24]

Nach dem Standpunkt der offiziellen sowjetischen Politik erfolgte der Einmarsch in die »West-Ukraine«, weil zum Zeitpunkt des deutschen Angriffs auf Polen die reaktionäre polnische Regierung nicht imstande gewesen sei, das Land zu verteidigen. Sie habe das polnische Volk vielmehr seinem Schicksal überlassen und sei ins Ausland geflohen. Um die in Polen lebenden sieben Millionen Ukrainer und drei Millionen Belorussen zu schützen, denen gedroht habe, unter die deutsche Herrschaft zu geraten, habe die Rote Armee am 17. September einen Befreiungsfeldzug begonnen. Sie habe das Leben und das Besitztum der Bevölkerung des westlichen Teils von Belorußland und der West-Ukraine unter ihren Schutz gestellt.[25]

Diese Perspektive wird von Wangenheim vorausgesetzt. Ihre Fragwürdigkeit und Erklärungsbedürftigkeit, vor allem in Hinsicht auf die historisch bedeutsame Frage, ob es sich um eine »vierte Teilung Polens« handelt, wird an keiner Stelle problematisiert; mögliche Unstimmigkeiten und Widersprüche werden im Hinblick auf die jetzt bevorstehende welthistorische Periode, den Beginn der »Befreiung West-Europas« und der »Welt«, nivelliert, obwohl genau diese Perspektive sich bei genauerer Betrachtung als fragwürdig erweisen würde. Das gesamte dramatische Personal baut, was die Klassenzugehörigkeit der Akteure und ihre Verteilung auf die unterschiedlichen Nationalitätengruppen der Region betrifft, auf der offiziellen Interpretation der sowjetischen Politik auf. Das betrifft sowohl die Rolle des ländlichen Proletariats als auch die Rolle der »reaktionären Oberschicht«. Wenn Wangenheim auch einen Vertreter des jüdischen Landproletariats auftreten läßt, was zunächst überrascht, weil Stalins

Antisemitismus bereits hinlänglich bekannt ist,[26] dann weicht er auch hier nicht von der Leitlinie ab, sondern nimmt, wie wir unterstellen können, auch in dieser Frage auf zeitgenössisches Propagandamaterial Bezug.[27] Noch ein anderes Detail, das unmittelbar mit der offiziellen sowjetischen Politik in Zusammenhang steht, ist bemerkenswert: Die Deutschen werden in dem Drama an keiner Stelle mit Namen erwähnt. Nur einmal wird in einer vagen und ungenauen Umschreibung vom »Nordvolk«[28] gesprochen, gegen das sich Polen wehren muß. Das Drama besitzt also politische Konturen im Sinne der offiziellen Politik. Die wirklichen politischen Fragen aber sind auf eine höchst unpolitische Weise ausgeklammert: Auch dies ist kein Sonderfall, sondern entspricht der politisch-literarischen Linie, die z. B. auch in der *Internationalen Literatur* während dieser Zeitspanne verfolgt wird.

Wie bei so vielen anderen im sowjetischen Exil entstandenen Dramen handelt es sich bei *Die Stärkeren* um eine »Familientragödie«. Wangenheim selber spricht von einem »historischen Schauspiel«. Beide Charakterisierungen sind in gleicher Weise zutreffend, und auch der argumentative Zusammenhang ist einsichtig: Sowohl Lukács als auch Gábor argumentieren in ihren dramentheoretischen Arbeiten historisch, indem sie vom »zersetzten Bourgeois«,[29] vom »tragische(n) Zusammenbruch hochbegabter Menschen«,[30] von der »Verfallsperiode«[31] oder von der »Verfallszeit«[32] sprechen. Die welthistorisch bedingte »Tragödie der bürgerlichen Welt« entwickelt sich – in Fortführung der Ibsenschen Familientragödie, so Lukács – zu einer Tragikomödie ihres Untergangs.

Der dramatische Konflikt nimmt bei Wangenheim seinen Ausgang von einer familiären Situation: Der »liberale«, an der französischen Demokratie orientierte Gutsbesitzer Stefan Warczynski lebt in ständiger, durch die gesellschaftlichen Konventionen des gehobenen Bürgertums kaum verdeckter Spannung mit seiner Ehefrau Sofie. Sie, die geborene Komtesse Woroniczki – also eine Vertreterin der feudalen Gruppe innerhalb der polnischen Großgrundbesitzer –, ist anders als ihr Mann nicht zu sozialen und politischen Zugeständnissen gegenüber den Bediensteten, Pächtern und dem »niederen Volk« bereit. Die Mitglieder der niederen Klassen sind für sie keine »Menschen«. Stefan, selber allenfalls ein halbherziger Reformer, kritisiert die Engstirnigkeit seiner Frau und seiner Gutsnachbarn. Er sieht die Mißwirtschaft, die überall herrscht, kritisiert sie, aber flüchtet sich in die Vorstellung, er könne in dieser Welt ungeschoren als privat Andersdenkender, als »guter Landwirt«[33], existieren. Er pflegt eine tändelnde Liebelei mit Gabryela, seiner Schwiegertochter, die in Stefan Warczynski den »Mann«[34] sieht, den sie in ihrem Ehemann, einem Fliegeroffizier, nicht zu sehen vermag. Ist bei Stefan die Idee des »Landwirts« der Fluchtpunkt fragwürdiger, ehemals positiv zu bewertender bürgerlicher Ideale, so ist es bei Gabryela die Vorstellung vom »Mann«.

Die sehr spärlichen Nachrichten über die militärische Entwicklung, die mühsam nur unterdrückte Angst vor einer militärischen Katastrophe erhöhen die allgemeine Nervosität und damit die ohnehin vorhandenen Spannungen. Der Konflikt bricht aus, als Stanislaus, der

Fliegeroffizier, mit seinem Armeeflugzeug eintrifft, um zusammen mit seiner Familie im Flugzeug nach Rumänien zu fliehen. Stefan Warczynski ist über die Vorstellung empört, daß die Regierung und Armeeführung haben fliehen können; seine Empörung blockt zeitweilig jede andere Entscheidung ab. – An diesem Punkt treten die Vertreter des Proletariats aktiv im Sinne einer neuen politischen und menschlichen »Ordnung« in Erscheinung. Sie entwaffnen die Großgrundbesitzer, stellen eine Volksmiliz auf und beginnen, das eigene Leben und das Leben ihrer Familien gegen marodierende Banden hier neu angesiedelter (westpolnischer) Veteranen zu verteidigen. Mann und Frau stehen gleichberechtigt nebeneinander; private Zuneigung und politisches Handeln greifen ineinander. Die Hoffung der Proletarier, die den bewaffneten Veteranen ebenso wie dem fliehenden polnischen Militär unterlegen sind, liegt in der zufällig aufgefangenen Nachricht, daß die Rote Armee marschieren werde. Sie, die Unterdrückten und Parias des polnischen Staates, erwarten eine Änderung der politischen Lage nicht mehr durch den »liberalen« Warczynski, der wechselweise schwankt, ob er sich den Proletariern oder den mordenden Großgrundbesitzern und ihren Banden anschließen soll, sondern ausschließlich von der Roten Armee und der Sowjetunion. Der Vertreter der Welt der »bürgerlichen Wertvorstellungen« ist durch seine Indolenz gegenüber Unterdrückung, Erniedrigung und sogar Mord selber zu einem »Mörder«[35] geworden, wie ihn Taraß, einer der proletarischen Helden, unter Hinweis auf seine Stellung als Gutsbesitzer nennt. Gabryela, die die Berechtigung dieses Vorwurfs inzwischen erkannt hat, schließt sich dem Urteil an. Repräsentieren Sofie und ihr Sohn Stanislaus – so nach den Kategorien von Lukács – die »Unterwerfung des Individuums unter die apologetische Dekadenz der Klassenideologie«[36], so repräsentiert Stefan den »tragische(n) Zusammenbruch hochbegabter Menschen an den Widersprüchen der gesellschaftlichen Entwicklung, an der Zuspitzung der Klassengegensätze, mit denen sie intellektuell und moralisch nicht fertig werden können«[37], und Gabryela den vollständigen »Bruch der intellektuell und moralisch höchststehenden Individuen mit ihrer Klasse.«[38]

Die Handlungsentwicklung macht deutlich, weshalb Wangenheim von einem »historischen Schauspiel« spricht. Der vom Autor gewählte »historische Moment« verknüpft auf unterschiedlichen Ebenen »klassentypische« individuelle Entwicklungsverläufe, die insgesamt darin konvergieren, daß durch die historischen Ereignisse die bislang herrschende Klasse von der historischen Bühne verschwindet und das Proletariat als nunmehr herrschende Klasse – und damit eine neue Ordnung der menschlichen wie der politisch-sozialen Beziehung – in Erscheinung tritt. Der Untergang der einen Klasse bedingt den Aufstieg der anderen Klasse.

Die Schwächen dieser dramatischen Konzeption sind jedoch offensichtlich. Sie liegen einmal in der allzu willkürlichen, von außen gelenkten Motivation der dargestellten Konflikte. Die Handlung wird in nahezu allen Momenten von außen bewegt, nämlich durch den sprichwörtlichen »Gang der Ereignisse«. Das betrifft sowohl die

Zuspitzung der familiären Krise als auch die sich überstürzenden, zum Teil abenteuerlichen Begebenheiten rings um den Gutshof. Wenn hier »historische Dialektik« dargestellt werden soll, dann wird die Dialektik – aufgrund der vorgegebenen, höchst einlinigen Ausdeutung des Vorgangs – mechanistisch interpretiert. Zum zweiten dienen die familiären Konflikte und Spannungen nur zu offensichtlich dazu, einmal die spezifisch »reaktionären« Züge der in Polen bislang herrschenden Schichten zu veranschaulichen, dargestellt durch Klassendünkel und politische Verbohrtheit, zum anderen ihre welthistorische »Überlebtheit« zu demonstrieren, dargestellt durch die »Dekadenz« der Gutsbesitzer. Daß Warczynski offen mit der Schwiegertochter ein Liebesverhältnis anstrebt, Gabryela ihrerseits ihren Mann zugunsten des Schwiegervaters verlassen will, denunziert die »Amoralität« dieser Gesellschaft. Offensichtlich wagt Wangenheim nicht – wie es Ibsen tut, den Lukács immer wieder als Vorbild herausstellt –, einerseits die irrationale »große Leidenschaft« darzustellen oder andererseits den »ehrlichen Ideologen«[39] der bürgerlichen Klasse. Der »ehrliche Ideologe« müßte in dieser Situation ein polnischer Nationalist sein – und dieses Thema ist in der politischen Situation, von der Wangenheim auszugehen hat, nicht opportun. Nur wenn diese beiden Ansatzpunkte aufgegriffen würden, wäre das Drama glaubwürdig. Ob es aber künstlerisch bereits gelungen wäre, ist damit noch nicht gesagt.

Dem schlechten Beispiel der »guten Gesellschaft« steht das positive Beispiel der »einfachen Leute« gegenüber. Taraß und Oleßja leben in nicht-ehelicher Gemeinschaft, verhalten sich aber »moralischer« als die »gute Gesellschaft«. Anstand und Sitte, das »humane« menschliche Miteinanderleben sind »Klasseneigenschaften«. Das Proletariat besitzt diese Eigenschaften – und zeigt deshalb auch in einer Situation der inhumanen Unterdrückung, daß es die »Klasse der Zukunft« ist. Dieser politisch-ethische Moralismus ist peinlich. Man erkennt die Absicht – und ist verstimmt. Der Schematismus wird auch dadurch nicht aufgelockert, daß Gabryela sich entschließt, »ihre Klasse zu verlassen«. Solch ein Entschluß bedarf einer Motivation. Zwar wird der Anlaß beschrieben: Gabryelas Erschütterung über den Mord an Kindern durch die Banden von Veteranen, aber damit wird noch nicht glaubhaft, weshalb sich dieses verwöhnte, egoistische Luxusgeschöpf durch dieses Erlebnis beeindrucken läßt. Hier wirkt es sich negativ aus, daß die Psyche der Personen stets nur in der oberflächlichen Manifestation beschrieben wird. Da der Autor Wangenheim nie den Mut besitzt, ein konventionelles Schema des Negativen wie des Positiven zu durchbrechen, erscheint selbst das Unkonventionelle als Klischee, spürt der Leser die Schablone selbst dort, wo die Handlungsentwicklung überrascht. Wangenheim hatte sich in früheren Dramen dadurch ausgezeichnet, daß er phantastischen, bisweilen sogar widersinnig-abstrus erscheinenden Einfällen nachging, daß er mit der Fiktion spielte und Fiktion und Realität in immer neuen, überraschenden Varianten miteinander verknüpfte. In *Die Stärkeren* deutet sich an, daß er sich auf konventionelle dramatische Muster zurückzieht und Personen zeichnet, die in keiner Weise den politischen Erwartungen von Parteiideologen widersprechen. Das Muster des parteikonformen »Erfolgsstücks«, mit dem Wangenheim nach 1945 reüssiert, ist hier bereits vorbereitet.

Eine nahezu zwangsläufige Folge der Handlungsführung, die in einzelnen Teilen zwar abenteuerlich verwickelt ist, in anderen aber zu übersichtlich und daher spannungsarm, ist, daß das Verhalten der Akteure zum Teil grotesk-farcenhafte Züge annimmt. Das betrifft vor allem die Gestalt Stefan Warczynskis. Mal erscheint er – vor allem aus dem Gesichtswinkel der ihn bewundernden Gabryela – als der charakterfeste, mit nüchternem Realitätssinn ausgestattete »ideale Mann«, mal als ein ebenso tölpelhafter wie verschlagener Intrigant. Dieser Wechsel wäre vielleicht unter Verweis auf den extremen Umschlag der politischen Gesamtkonstellation noch erklärlich – Wangenheim selber versucht, die extremen Schwankungen so zu erklären –, wenn nicht dieser charakterfeste »ideale Mann« nicht zugleich auch als moralisch anrüchiger Liebhaber der eigenen Schwiegertochter vorgeführt würde. Hier stehen sich zwei unterschiedliche Entlarvungsmodelle wechselseitig im Wege. Wangenheim selber versucht, die Widersprüche: die »Uneinheitlichkeit, Zerrissenheit, Widersprüchlichkeit« Warczynskis, als die »klassenmäßig« komischen Züge dieser Gestalt zu erklären.[40] Auch hier folgt Wangenheim in epigonaler Form den Anweisungen von Lukács.[41] »Es ist sein Klassenschicksal, daß er (...) in manchen Augenblicken, die seine Schwächen offenbaren, wie ein Dummkopf wirkt.«[42] Wangenheim führt das – im Sinne von Lukács – auf die Warczynski weitgehend unbewußte Bindung an die welthistorisch reaktionären Ideale seiner Klasse zurück: »Für Warczynski ist alles, bewußt oder unbewußt, Mittel zum Zweck – er will nicht wirklich demokratisch mit wirklich demokratischen Menschen sein, er will die ›Demokratie von Versailles‹ erneuern und so ist er ein Reaktionär. Die Ideale der aufsteigenden Klasse führen ein komisches Leben, wenn sie absteigt.«[43] Diese Erklärung hört sich freilich besser an, als sie in Wirklichkeit ist. Allzu einfach formuliert Wangenheim das Paradox: Demokratie von Versailles = Reaktion. Was die »Demokratie von Versailles« für einen polnischen Nationalisten bedeutet – und das ist Warczynski offenbar –, müßte erst erläutert werden. So einfach und einlinig ist die Gleichsetzung nicht. Wangenheim weiß das, denn er war in seinem Drama *Da liegt der Hund begraben* speziell diesem Problem nachgegangen, aber er wagt einen entsprechenden Versuch in der jetzigen Situation nicht mehr.

Erstaunlicherweise – so zumindest aus heutiger Sicht – nimmt in Wangenheims Eigenkommentar nicht die Begründung für die gesuchte Handlungsführung oder für den kolportagehaft gestalteten Familienkonflikt den größten Raum ein, sondern die Frage, weshalb die Proletariergestalten dem Autor als »glaubwürdig« erscheinen. Innerhalb des zeitgenössischen Kontextes ist dieses Faktum nur zu sehr erklärlich: Bei den begutachtenden Institutionen wird, so weiß Wangenheim,[44] kaum die denunziatorische Darstellung der Gutsbesitzerfamilie Anstoß erregen,[45] aber um so mehr ein möglicher Fehler bei der Darstellung des Proletariats.

Wangenheim führt zur Verteidigung seiner Proletariergestalten im wesentlichen drei Argumente an. Das ausführlich erläuterte erste Argument ist, daß er, Wangenheim, selber genaue Kenntnisse über das Verhalten und über Eigentümlichkeiten ländlicher Proletarier besäße. Er sagt, daß ihre Wortkargheit nur äußerlich sei; im »besonderen Moment« würde auch der Landarbeiter sprechen, reden, argumentieren.[46] Um diese für die Konstruktion des Dramas entscheidend wichtige Aussage zu untermauern, bedient sich Wangenheim eines autoritativen Verweises, der mit einem Schlag verdeutlicht, daß das Drama tatsächlich in jeder Hinsicht von der politischen Konstellation abhängig ist, die zu dieser Zeit in der Sowjetunion besteht: »Ich empfehle, die ›Prawda‹ über West-Ukraine nachzulesen. Welche Fülle von besonderen Menschen, die sich besonders und kraftvoll ausdrücken und die in nichts dem Klischeebild des schwerfällig schweigsamen, wortarmen und wortfaulen Bauern und Arbeiters gleichen.«[47] Das zweite Argument ist geschichtsphilosophisch-ideologisch bestimmt. Wangenheim weist darauf hin, daß die in seinem Stück dargestellten polnisch-ukrainischen Landarbeiter zwar »in der Knechtschaft des Kapitalismus« lebten, aber im Bewußtsein, daß es »eine Sowjet-Union (gibt), in welcher der Arbeiter den Ausdruck seiner Geistigkeit gefunden hat.«[48] Das heißt nichts anderes, als daß der argumentierende, klassenbewußt handelnde Arbeiter ein ideologisches Postulat der sowjetischen Literatur darstellt. Daß damit dieses Argument die Glaubwürdigkeit des ersten erheblich mindert, führt sich Wangenheim nicht vor Augen. Das dritte Argument ist der Verweis auf die Belehrung durch Gorki.

Die Deformation des künstlerischen Selbstbewußtseins, die das Drama *Die Stärkeren* belegt, ist letztendlich bestürzend. Sowohl die ideologische Rechtfertigung im Vorwort als auch das Stück selber machen deutlich, daß der Autor keine eigene Persönlichkeit mehr besitzt. Seine künstlerische Identität ist mit der Ideologie und Politik seines Asyllandes austauschbar geworden. Man mag scheinbar ähnliches bisweilen auch in westlichen Asylländern finden. Dort hat der Zwang, den Lebensunterhalt durch kommerziell bestimmte Literatur zu sichern, einen Teil der Exilierten genötigt, künstlerische und politische Bedenken hintanzustellen und eine »marktgängige« Kunst zu produzieren. Trotzdem ist der Unterschied beträchtlich. In der Sowjetunion nötigt der gleiche Zwang die Autoren ebenfalls, eine entweder marktgängig »unpolitische« oder marktgängig »politische« Literatur zu schreiben. Das eigentlich korrumpierende Element ist dabei jedoch, daß der Anschein, das ideologische Postulat einer Identität zwischen den Interessen der Asylsuchenden und des Asyllandes, fortbesteht – und aufgrund des äußeren Zwangs zum Teil sogar verinnerlicht wird. Die Exilierten suchen die Identifikation mit der politischen Vorstellungswelt des Asyllandes, erkennen aber nicht, daß sie sich einem unerbittlichen, tyrannischen Über-Ich ausliefern.

Diese Diskrepanz wird insbesondere an dem Titel *Die Stärkeren* deutlich. Glaubt Wangenheim wirklich an die eigenen Worte, wenn er sagt: »Wir werden die Stärkeren sein«? Oder ist das nicht eine Beschwörungsformel, mit der sich der Autor der Stärke jener »Instanzen« unterwirft, von denen sein Leben und seine Existenz abhängig sind? »Stark« ist weder der Autor, denn er gibt in diesem Drama seine Identität preis – und es wäre sicherlich zu wenig, über dieses Stück zu sagen, daß es »nur« künstlerisch mißglückt ist –, »stark« sind auch nicht die Akteure: weder die Proletarier und auch nicht die bürgerlichen Gestalten, aber »stark« sind mit Sicherheit die Institutionen, an die sich das Vorwort als potentielle Leser wendet.

Nur wenige Exilanten haben die erforderliche menschliche und künstlerische Kraft besessen, diese Phase des Exils in der Sowjetunion zu überstehen, ohne an ihrer künstlerischen und politischen Identität Schaden zu nehmen. Wangenheim gehörte nicht zu ihnen.

1 Den Adelstitel legte Wangenheim im sowjetischen Exil ab, nahm ihn jedoch bei seiner Rückkehr nach Deutschland auf Empfehlung der KPD-Führung wieder an. Auf den Manuskripten und Veröffentlichungen des Exils fehlt deshalb das Adelsprädikat. — 2 Ein komplettes Exemplar des Dramentextes sowie des Vorspanns (originaler Durchschlag des Typoskripts) befinden sich im Besitz des Verfassers. Das Exemplar umfaßt ein Titelblatt, das separat paginierte Vorwort, ein einseitiges Personenverzeichnis sowie den eigentlichen Text (98 S.). – Die Zitate beziehen sich auf dieses Exemplar, das dem Vf. von Gustav von Wangenheim übergeben wurde. Alle übrigen unveröffentlichen Dokumente stammen aus dem Archiv Gustav von Wangenheims und befinden sich teils in Abschriften, teils in Kopien im Besitz des Verfassers. Sie werden zitiert unter dem Verweis »Wangenheim-Archiv«. — 3 Vgl. Franz Norbert Mennemeier/Frithjof Trapp, *Deutsche Exildramatik 1933 bis 1950*. München 1980, S. 105, Anm. 47, S. 417. — 4 In einem zweiseitigen, undatierten Schreiben, das sich auf die Uraufführung von *Die Friedensstörer* am 1. Juni 1939 bezieht (Wangenheim-Archiv), spricht Wangenheim von der »Repoert-Kom« und vom »Komité Isskusstwo«. Ein Brief an Umanski vom 1. Juli 1941 erwähnt ebenfalls das »Komité Isskusstwo«, berichtet, daß sich Friedrich Wolf und Bernhard Reich in das Gutachterverfahren eingeschaltet hätten, und daß bei Schwierigkeiten Arthur Pieck mit Rat zur Verfügung stünde (Wangenheim-Archiv). — 5 Vgl. Frithjof Trapp, *Deutsche Literatur zwischen den Weltkriegen II: Exilliteratur*. Bern/Frankfurt/M./New York 1983, S. 205; David Pike, *Deutsche Schriftsteller im sowjetischen Exil 1933–1945*. Frankfurt/M. 1981, S. 355 ff. — 6 Vgl. Dietmar-Ingo Michels, »Lukács in der sozialistischen Kritik.« In: Georg Lukács, *Moskauer Schriften*. Frankfurt/M. 1981, S. 147. — 7 Vgl. Frithjof Trapp, »Anna Seghers' Kritik an Georg Lukács und an der ›Internationalen Literatur‹.« In: *Anna Seghers: Mainzer Weltliteratur*. Mainz 1981, S. 130. — 8 Ebd., S. 132. — 9 Andor Gábor, »Marx und Engels über

Realismus, Tendenz und Kritik.« In: *Internationale Literatur* 8 (1938), H. 3, S. 126-139. — **10** Die Begrifflichkeit des »Typischen« im Gegensatz zum »Durchschnitt« wird von Gábor besonders intensiv expliziert. Der »Typus« soll die darzustellenden Eigenschaften ›in gesteigertem Maße« (S. 129) besitzen. Vgl. Wangenheim: »Oleßja ist auch kein Durchschnitt in ihrem Haß, in ihrer Leidenschaftlichkeit« (Einige Bemerkungen, S. 4). — **11** Die Gorki-Anekdote steht im Typoskript in Klammern. — **12** Wangenheim galt in den Augen einiger Moskauer Exilanten als parteigläubiger Dogmatiker und als Opportunist. Vgl. Bernhard Reich, *Im Wettlauf mit der Zeit*. Berlin 1970, S. 351. – Wangenheim selber war der Meinung, in seinem wahren künstlerischen Wert verkannt zu werden und Opfer von Intrigen geworden zu sein. Er sammelte entsprechende Beweisstücke in einer speziell zu diesem Zweck angelegten Mappe seines Archivs. — **13** Georg Lukács, »Marx und das Problem des ideologischen Verfalls.« In: *Internationale Literatur* 8 (1938), H. 7, S. 143. – Bei der in Lukács' »Werken« abgedruckten Variante handelt es sich um eine redigierte Fassung. — **14** »Es entsteht (...) – wie in gewissen Dramen Brechts oder Romanen Ehrenburgs – ein schriftstellerisch abstrakt-revolutionärer Utilitarismus (...)«, ebd., S. 133. — **15** Vgl. Bertolt Brecht, *Arbeitsjournal*. Bd. 1. Frankfurt/M. 1973, S. 13 f. — **16** In dieser *Gleichstellung* einer – angeblichen, behaupteten – ideologischen Gefährdung durch den »Formalismus« mit der (tatsächlichen) politischen Gefährdung, was dann die Begründung dafür liefert, daß der »formalistische« Künstler wie ein politischer Feind behandelt wird, ohne daß sein tatsächlicher politischer Standpunkt auch nur im Ansatz berücksichtigt wird, liegt m. E. die eigentliche Verstrickung der Lukácsschen Ästhetik mit dem System des Stalinismus. Lukács' eigene Erklärungen dieser Verstrickung: »Hitlers Vernichtung war vom Westen nicht zu erwarten, sondern nur von den Sowjets. Und Stalin war die einzige existierende Anti-Hitler-Macht«, sind argumentativ dürftig; sie laufen außerdem auf eine pauschale Exkulpierung des Stalinismus hinaus. – Vgl. Georg Lukács, *Gelebtes Denken*. Frankfurt/M. 1981, S. 174. — **17** Georg Lukács, »Es geht um den Realismus.« In: *Das Wort* 3 (1938), H. 6, S. 112-138, hier zitiert nach: *Die Expressionismusdebatte*. Hg. von Hans-Jürgen Schmitt. Frankfurt/M. 1978, S. 192-230. — **18** Die Gefahr ging von dem *Verdacht* aus, ein »Formalist« zu sein, nicht von Lukács als Person. Im Gegenteil, Lukács verlor 1940 erheblich an Einfluß (David Pike, a.a.O., S. 403 ff.) und wurde 1941 sogar selber verhaftet (Georg Lukács, *Gelebtes Denken*, a.a.O., S. 160). Lukács wurde übrigens unter dem abstrusen Verdacht verhaftet, der »Moskauer *Repräsentant()* der ungarischen politischen Polizei« (ebd.) zu sein. — **19** Wangenheim selber hatte an einer solchen »Ächtung« im Falle Kurellas mitgewirkt, der aufgrund parteilicher Disziplinarmaßnahmen aus dem Komintern entfernt worden war und *deshalb* – auf »Anordnung der Instanzen«, wie Wangenheim vermerkt – im Vorspann des »Kämpfer«-Films als Mitautor nicht genannt werden durfte (Wangenheim-Archiv, Übersetzung eines Briefes von Kurella an Samsonov vom 15. April 1936). — **20** In Tagebuch-Abschriften (Wangenheim-Archiv) schwärzte Wangenheim die Namen Bucharins und Stetzkis, was in dieser Form natürlich ein Zeichen absoluter Hilflosigkeit ist. — **21** Vgl. den Brief Hans Hauskas vom 18. 3. 1946 (Wangenheim-Archiv). Dieses erschütternde Dokument ist ausschnittweise zitiert in Frithjof Trapp: »Zur Vorgeschichte des Engels-Projekts.« In: *Exil* 1 (1981), H. 1, S. 39, Anm. 66. — **22** Lebenslauf (Wangenheim-Archiv), 17 S. — **23** Von Interesse sind hier insbesondere die »Radio-Ansprache« W. M. Molotows vom 17. September 1939 (IL 9 (1939), H. 10/11, S. 163 f.) und die Rede vom 31. Oktober 1939 »Über die Außenpolitik der Sowjetunion« (IL 9 (1939), H. 12, S. 128-141). — **24** Valentin Katajew: »Unterwegs.« In: *Internationale Literatur* 10 (1940), H. 1, S. 3-17. — **25** Vgl. Walther Hofer: *Die Entfesselung des zweiten Weltkrieges. Eine Studie über die internationalen Beziehungen im Sommer 1939. Mit Dokumenten*. Frankfurt/M. 1964, S. 153 ff. — **26** In dem bereits erwähnten Brief an Umansl i vom 1. Juli 1941 (Wangenheim-Archiv) erläutert Wangenheim, daß er im Manuskript der *Friedensstörer* akribisch alle Erwähnungen der »jüdischen« Abstammung der Grabenow-Brüder in eine nicht anstößige »nicht-arische« Abstammung geändert habe. Wangenheim schreibt: »Das Judenproblem ist eliminiert und zur allgemeinen Rassenfrage erweitert«. — **27** Vgl. *Stalin und Hitler. Pakt gegen Europa*. Hg. und eingeleitet von J. W. Brügel. Wien 1973, S. 98 f. — **28** *Die Stärkeren*, S. 87. — **29** Andor Gábor, »Marx und Engels«, a.a.O., S. 132. — **30** Georg Lukács, »Marx und das Problem«, a.a.O., S. 118. — **31** Andor Gábor, ebd.; Georg Lukács, a.a.O., S. 122. — **32** Georg Lukács, ebd.; S. 142 und passim. — **33** Einige Bemerkungen, S. 4 — **34** Ebd. — **35** *Die Stärkeren*, S. 92. — **36** Georg Lukács, »Marx und das Problem«, a.a.O., S. 118. — **37** Ebd. — **38** Ebd. — **39** Ebd. — **40** Einige Bemerkungen, S. 4 f. — **41** Georg Lukács, »Marx und das Problem«, a.a.O., S. 137 ff. — **42** Einige Bemerkungen, S. 4. — **43** Ebd., S. 5 f. — **44** Der ›positive Held aus dem Proletariat‹ wird im Brief an Umanski spöttisch als »Wenzel der Proletarier« bezeichnet (Wangenheim-Arch:v). — **45** Daß solche Darstellungen *nicht* als anstößig gelten, ist den Rezensionen zeitgenössischer sowjetischer Dramatik durch Ernst Held (in: IL 10 (1940), H. 2, S. 88–90) und Hugo Huppert (in: IL 10 (1940), H. 4, S. 101–106, bzw. wiederum Ernst Held, ebd., S. 98–:01) zu entnehmen. — **46** Einige Bemerkungen, S. 3. — **47** Ebd. — **48** Ebd. S. 4.

G. P. Straschek

Stalin, Heinz Goldberg und ГЕНРИХ ГЕЙНЕ

Der Theaterleiter, Regisseur und Drehbuchautor Heinz Goldberg hat 1936/37 als Exilierter in Moskau gelebt, mit der Niederschrift eines Szenarios über Heinrich Heine beschäftigt und in Furcht um sein Leben. Weder David Pike[1] noch der DDR-Band *Exil in der UdSSR*[2] haben diesen Fall erwähnt, selbstredend sucht man ihn vergebens in der dilettantischen und fehlerhaften Dissertation (Univ. Münster) von Maria Hilchenbach.[3]

Die Vorstellung des »Falles Goldberg«, ein kleiner Beitrag zum Exil in der Sowjetunion und gekürzt unserem Manuskript zur Geschichte der deutschsprachigen Filmemigration 1933–1945 entnommen[4], soll zudem auf Probleme der Quellenbewertung verweisen.

Die Exilforschung neigt dazu, ihre bisherigen Ergebnisse als etwas Vorläufiges hinzustellen, great expectations für die Zukunft produzierend. Das sprunghafte Ansteigen in der Zahl von Veröffentlichungen, bedingt durch eine Art Mode, verstärkt durch das Fehlen von Koordination sowie durch einen Run auf die aussterbende Spezies Emigranten und NS-Verfolgte, garantiert keinen Umschlag von Quantität in Qualität: solange derart kritiklos mit den Quellen umgegangen wird. Für die Darstellung des Exillandes Sowjetunion ist unbestritten, wiewohl von kaum einem Autor noch geleistet, daß die diversen Berichte, Urteile, Informationen in ihrer unterschiedlichen Subjektivität dem Leser gegenüber vorzustellen sind, versehen mit einem kritischen Apparat. Denn wer als Kommunist, Enttäuschter, »Unpolitischer« oder Renegat über wen seiner Freunde und Feinde was wann und wo ausgesagt hat, dürfte den Stellenwert in der Quellenbeurteilung wohl mitbestimmen (besonders, wenn es mit der »objektiven Überprüfung« auffallend schlecht bestellt ist). Was jedoch der Erforschung des Exillandes Sowjetunion zugestanden wird, müßte nicht weniger von der Exilforschung im allgemeinen verlangt werden dürfen. Paradoxerweise besteht eine ihrer Schwächen gegenwärtig darin, in einem Überfluß an Informationen sich zu genügen, zu verharren im unreflektierten Aufreihen von Zitaten aus allen Spielarten des Erinnerungsmaterials von Verfolgten. Dieses nun enthält nicht nur die kollektiven Verletzungen, sondern auch die kollektiven Mythen und die persönlichen Versuche, mit dem Geschehen fertig zu werden. In den momentan so zahlreich erscheinenden Erinnerungen von Schauspielern oder Regisseuren wird dies bevorzugt in einer »ungestört« naiven Form geleistet, nämlich in einer bis ins Unerträgliche gehenden Tendenz zur

Verklärung und Verdrängung: überall das Aufzählen von bekannten Namen, göttergleich Reinhardt vorangestellt, die Sentimentalisierungen von Jugendeindrücken, das hymnische Beschreiben von Berlin in den zwanziger Jahren, die »Freundschaft« mit Berühmtheiten, das Schwärmen für das deutschsprachige Theater im ersten Jahrhundertdrittel und die völlige Geringschätzung aller kulturellen Produktion der Nachkriegszeit, das kindische Spiel vom Entdeckthaben oder Erstergewesensein, der laxe Umgang mit Fakten, ein genereller Mangel an Distanz und die Unfähigkeit zur Selbsteinschätzung.

Eine kritische Einführung in das Lesen von Autobiographien wäre vonnöten. Doch harmlos ist die Memoirenschwemme im Vergleich zum Problem der »oral history«, der vom Forscher elizitierten Erinnerung, und ihrer positivistischen Rezeption. Es genügt nicht, jedem »Augenzeugen« ein Mikrophon vorzuhalten und in dem »fortschrittlichen« Gefühl sich zu ergehen, auch den »kleinen Mann« an der Geschichtsschreibung zu beteiligen. Im Falle der Exilforschung verstärken Respekt vor dem Schicksal des Verfolgten und Schuldgefühle die Neigung zur Kritiklosigkeit; die meisten der Emigranten »verbieten« sich zudem jeglichen Zweifel an ihren Erinnerungen mit der bequemen Ansicht, da der jüngere Exilforscher damals nicht gelebt habe, könne er auch nicht wissen, wie es war. Es hieße jedoch, alle potentiellen Vorteile der »oral history« in ihr Gegenteil verkehren, wenn der Forscher nicht fähig oder willens wäre, seine eigene erkenntnistheoretische Position für die zeitgeschichtliche Auswertung einzubringen.

Noch ein Trend läßt sich in der Exilforschung feststellen, nämlich eine Art Rückkehr zur apologetischen Monographie der guten, alten 50er-Jahre-Dissertation: Einführung, nur diesmal nicht Wolfgang Kayser, sondern Hans-Albert Walter zitiert – Biographie – Werk – Würdigung! Das gänzliche Ungenügen eines solchen Biographismus manifestiert sich in einem Nichtauflösen jenes Widerspruchs, daß nämlich aus der Tatsache der Verfolgung des Produzenten auf die Qualität seines Werkes geschlosssen werden dürfe. Das mag sich übertrieben anhören, hier liegt aber mit Sicherheit eines der Tabus in der Exilforschung, die zum Teil immer noch als mißverstandene Wiedergutmachung betrieben wird.

Heinz Goldberg ist ein Beispiel für das vergessene Opfer. Er fällt sozusagen überall »unter den Tisch«. Für den Bereich Sowjetunion scheint er nicht prominent oder »politisch« genug gewesen zu sein, auch hat er nichts veröffentlicht, was literarischen Qualitätskriterien standhalten könnte. Sein Leben im Exil ist eine einzige Abfolge von Niederschlägen, Demütigungen und Ängsten. Er ist voller Wunden, und seine offensichtliche Unfähigkeit, den Dingen »gerecht« zu werden, macht es nicht immer leicht, ihn zu verteidigen. Die ungeheuerliche Zerstörung, die der deutsche Faschismus angerichtet hat, muß im Rahmen der Exilforschung aber auch an jenen Opfern aufgezeigt werden, die nicht mehr das für sich haben retten können, was wir gemeinhin »Werk« nennen. Bevor wir auf das sowjetische Exil von Heinz Goldberg eingehen, sei zum besseren Verständnis des biographischfilmographischen Hintergrundes sein Eintrag aus Band II unserer Untersuchung eingeschoben.⁵

[1. Daten zur Person. *Kursiv* meint, die entsprechende Urkunde konnte eingesehen werden. V = Vater, M = Mutter, Z = Zivilstand, K = Kind/er]

Goldberg, Erwin Max Heinz, nach Großbritannien exilierter und in die BRD remigrierter Drehbuchautor * *30. V. 1891 Königsberg*, O/P, D, heute: Kaliningrad, UdSSR † *2. VII. 1969 Berlin (West)* V *Julius* G., Kaufmann * *18. IV. 1856 Braunschweig*, D/BRD † 1897 Königsberg M *Maria* geb. *Sommerfeld*, Haushalt * ? † 192? Berlin Z *1.oo Berlin 27. X. 1925 – 4. VI 1926 o/o Anita* geb. *Markiewicz*, Haushalt * *11. VII. 1904 Berlin* † 196? Paris K Peter Sebastian G., Diplomat (Peter Sebastian) * 192? Berlin / *2.oo Wien 29. VIII. 1935 – London 10. V. 1946 o/o Cäcilie* geb. *Fuchs*, Schauspielerin (Lia Fuchs) * *7. IX. 1906 Wien* / Lebensgefährtin: Charlotte verw. Bremer geb. Wolff, Schauspielerin (Charlotte Bremer-Wolff) * 10. I. 1920 Weimar, D/DDR

[2. Kurzbiographie]

Studium der Literaturgeschichte (bei Erich Schmidt) und Religionsphilosophie (bei Ernst Troeltsch) an der Universität Berlin, zudem Besuch der Theaterschule der Kgl. Oper ebendort. 1911 Debut als Schauspieler, Regisseur in der Provinz; 1914 Kriegsfreiwilliger (24. Infanterie, Neuruppin), 1916 beinkrank entlassen. 1919 Begründer und Leiter des Neuen Volkstheaters Berlin »für junge Literatur und politische Aussage«; Gastregisseur in Frankfurt am Main, Hamburg (bei Erich Ziegel), München (bei Otto Falckenberg) und in Berlin; Drehbuchautor. Exil als »rassisch und politisch Verfolgter« am 9. V. 1933 nach Praha/Prag. Aufenthalte in Wien, Italien, Paris und in den Niederlanden. 1936/37 in der Sowjetunion. Im Mai 1938 Flucht von Wien über Milano in die Schweiz. Im Sommer 1939 nach London, geplante Weiteremigration in die USA. Nach Kriegsausbruch kurz in Hyton near Liverpool interniert, anschließend auf dem Lande evakuiert. Bis Mitte der 50er Jahre Wiederaufbauarbeit an der Bibliothek im Jesuit Information Office in London. 1956 Remigration in die BRD.

[3. Exil- und Verfolgungsgeschichte der Familie in Stichworten]

Die Schwester Elly, verheiratet zu Kolberg mit dem Augenarzt Dr. med. Edmund Fabian, und deren fünf Kinder konnten nach London exilieren; die Schwester Claire, Gattin des Kunsthändlers Richard Lachmansky, wurde nach Theresienstadt deportiert, ihre Tochter Irmgard konnte nach Belgien flüchten. Der Bruder Max, »Bohémien«, verstarb in Königsberg unbekannten Datums. Der Bruder Albert, Versicherungsvertreter, war »arisch« verheiratet: er, seine Frau und die beiden Söhne konnten in NS-Deutschland überleben. Der Onkel Jacques Goldberg, Geiger, Librettist und Leiter der Stockholmer Oper, ist in Berlin »friedlich unter den Nazis verstorben«; seine Frau Lene und ein Sohn wurden nach Auschwitz deportiert, sein Sohn Fritz, Dramaturg bei Felix Bloch Erben, konnte nach New York City exilieren. Die Schwiegermutter Betti Metzl geb. Fischer, Polizeisanitätsratswitwe, wurde am 14. IX. 1942 aus Wien nach Minsk deportiert. Die erste Ehefrau ist mit dem gemeinsamen Kind nach Paris exiliert; sie soll dort ein Antiquitätengeschäft betrieben haben.

[4. Filmographie. Links die Funktion in englischer Abkürzung (d. = direction/ Regie, s.p. screen play/Drehbuch), rechts Filmtitel im Kino (Ursprungsland abgekürzt, D = Deutschland, A = Österreich, Jahr der Erstaufführung, Herstellerfirma = Produzent) Regisseur]

d. + s.p.	Paganini (D 1923 Conrad Veidt)
d. + s.p. + Erich Pabst	Der Geldteufel (D 1924 Hilde Wörner)
s.p. + Adolf Lantz [+ Willy Haas]	Lumpen und Seide (D 1925 Richard Oswald) Richard Oswald
s.p. + Adolf Lantz	Elegantes Pack (D 1925 Domo) Jaap Speyer
s.p. + Adolf Lantz nach dem Roman »Der Herr Generaldirektor« von Ernst Klein	Der Herr Generaldirektor (D 1925 Maxim, Fritz Wendhausen
s.p. + Fritz Wendhausen nach der Operette »Eine Frau von Format« von Rudolph Schanzer und Ernst Welisch, Musik von Michael Krausz	Eine Frau von Format (D 1928 Terra) Fritz Wendhausen
s.p. + Hans J. Rehfisch nach der Tragikomödie »Kleine Sklavin« von Anton Franz Dietzenschmidt	Die kleine Sklavin (D 1928 Essem = Albert Samek + Leo Meyer) Jakob und Luise Fleck
s.p. nach der Tragikomödie »Razzia« von Hans J. Rehfisch	Kinder der Straße (D 1929 National-Warner = Carl Boese) Carl Boese
s. p. + Ludwig von Wohl nach einer Idee von Hans Wilhelm + Hermann Kosterlitz [Henry Koster]	Die letzte Kompanie (D 1930 Ufa) Kurt Bernhardt
s.p. + Fritz Wendhausen	Dreyfus (D 1930 Richard Oswald) Richard Oswald
s.p. + Hans J. Rehfisch	Danton (D 1931 Allianz) Hans Behrendt
s.p. + Fritz Wendhausen	1914, die letzten Tage vor dem Weltbrand (D 1931 Richard Oswald) Richard Oswald
s.p. + Harry Kahn + Hermann Kosterlitz [Henry Koster] nach dem Roman »L'Homme qui assassina« von Claude Farrère und dem gleichnamigen Theaterstück von Pierre Frondaie	Der Mann, der den Mord beging (D 1931 Terra) Kurt Bernhardt
s.p. + Felix Salten nach dem Lustspiel »Arm wie eine Kirchenmaus« von Ladislaus Fodor	Arm wie eine Kirchenmaus (D 1931 Richard Oswald) Richard Oswald
s.p. nach dem Roman »Lügen auf Rügen« von Dolly Bruck	Lügen auf Rügen (D 1932 Aafa) Victor Janson

s.p. + Robert Blum + Georg C. Klaren nach dem Lustspiel »Chauffeur Antoinette« von Robert Blum nach: Létraz – Desty	Chauffeur Antoinette (D 1932 Excelsior) Herbert Selpin
s.p. + Charlie Roellinghoff + Stephan Mihaly	Holzapfel weiß alles (D 1932 Elite) Victor Janson
s.p. + Charles Rudolph nach dem Theaterstück »Ganovenehre« von Charles Rudolph	Ganovenehre (D 1932 Rio = Richard Oswald) Richard Oswald
s.p. nach der Operette »Die Blume von Hawaii« von Alfred Grünwald, Dr. Fritz Löhner – Beda und Emmerich Földes, Musik von Paul Abraham	Die Blume von Hawaii (D 1932 Rio = Richard Oswald) Richard Oswald
s.p. + Eugen Szatmari nach der Kurzgeschichte »The Black Cat« von Edgar Allan Poe und den Kurzgeschichten »The Suicide Club« von Robert Louis Stevenson	Unheimliche Geschichten (D 1932 Roto = Richard Oswald) Richard Oswald
s.p. + Ernst Neubach	Ein Lied geht um die Welt (D 1933 Rio = Richard Oswald) Richard Oswald
s.p. + Norbert Garay + Richard Arvay + Fritz Rotter (lyrics)	Letzte Liebe (A 1935 Erich Morawsky) Fritz Schulz
s.p. + Siegfried Geyer nach einer Idee von Richard Oswald	Heut' ist der schönste Tag in meinem Leben (A 1936 Globe = Ludwig Vidor ?) Richard Oswald

[5. Primärbibliographie]
Der unscheinbare Mieter. Kleine Erzählung, in: *Die Woche. Neue Schweizerische Illustrierte Zeitung* (Olten und Zürich) Nr. 19, 14. Okt. 1951, S. 12, Ill.
Unveröffentlicht:
Der Scharlatan Jeremias. Novellen;
Mitläufer. Erzählung;
Der gute Tote. Roman; 277 Bl., MS bei Werner Goldberg.

[6. Sekundärbibliographie]
Heinz Elsberg: *Zum Tode H. G.s Sein Leben gehörte der Kunst*, in: *Der Weg. Berliner Allgemeine unabhängige jüdische Wochenzeitung* (Berlin [West]) XXIV. Jg., Nummer 16, 18. VII. 1969, S. 11.
Eg [Heinz Elsberg]: *Ein Leben für die Kunst. Zum Tode H. G.s*, in: *Die Mahnung* (Berlin [West]) 16. Jg., Nr. 15, 1. VIII. 1969, S. 9.
Werner Knoth: *(sprach und zeichnete) H. G.*, in: *Hamburger Abendblatt* (Hamburg) Nr. 123, 30. V. 1961, S. 11, Ill.
Gabriele Tergit: *Joseph Schmidts Entdecker. Zum Tode H. G.s*, in: *Aufbau* (New York City) Vol. XXXV – No. 31, August 1, 1969, pp. 4.

[7. Lexikographie]
Glenzdorf I   International P. E. N.   Kürschners Literatur 1952[52] + 1958[53] + Nekrolog II   Sternfeld-Tiedemann[1+2]

[8. Quellen]

G. P. Straschek Interviews mit Li Zelmanowits 11. IX. 1979 + 6. III. 1980 London, Charlotte Bremer-Wolff 29. VIII. 1978 Hamburg, Günter und Werner Goldberg (Neffen) 17. II. 1979 Berlin (West), Werner Goldberg 9. III. 1983 Berlin (West). IKG, WSLA.

1935 erreichte Goldberg im Haag, wo er mit Kurt Gerron am Szenario für *Merijntje Gijzen's jeugd* schrieb, ein Telegramm aus Moskau: wäre er prinzipiell bereit, in die Sowjetunion zu kommen? In einem der drei Texte, die als Äußerungen von Goldberg dazu vorliegen, heißt es: »Sie planten eine Internationale Filmproduktion in der Krim, mir boten sie die Aufsicht über die Manuskripte an. Da ich mich politisch oder parteipolitisch nur durch Aufführungen von politischen Ansichten aller Richtungen bisher gezeigt hatte, war ich über den Antrag erstaunt, erfuhr dann später, dass eine Reihe Bekannter von mir wie: Piscator, Wangenheim, Granach, Rodenberg in Moskau Filme inscenieren wollten, aber am Manuskript scheiterten. Sie hatten mich empfohlen. Ich wusste damals gar nichts vom Leben in Russland nach der Revolution, war begierig, es kennen zu lernen, zumal man mir einen Zweijahresvertrag mit ausserordentlichen Bedin[gun]gen anbot, der mir Sicherheit bot, in der Emigration sehr wichtig.«[6]

Goldbergs polizeiliche Abmeldung erfolgte am 12. XII. 1935 von Wien »nach unbekannt«.[7] Verheiratet seit vier Monaten, fuhren er und die Schauspielerin Lia Fuchs mit der Eisenbahn nach Moskau. »Ich war zwei Jahre in Russland, die härteste Zeit meines Lebens, da ich in die gefährlichen, die drohenden Jahre 36/37 geraten war, die Zeiten der härtesten Diktatur Stalins, der ersten Prozesse gegen die alten Bolschewisten etc.

Eines war für mich besonders bemerkenswert: Stalin war ein ehrlicher Verehrer von Heinrich Heine. Sein Wunsch, einen Heinefilm herzustellen, wurde mir im Filmkommissariat vorgetragen, als die Krim-Angelegenheit wegen der politischen Lage geplatzt war, und ich wurde gebeten, das Buch zu schreiben. Der große Regisseur Pudowkin sollte den Film inscenieren. Mich zumindest ein Jahr lang mit Heine beschäftigen zu können, lockte mich, ich willigte ein. Als dann der Befehl von oben kam, alle ausländischen Experten des Landes zu verweisen, als die schäbigsten Mittel angewendet wurden, viele – zumeist verdiente Menschen - wurden aus ihren Positionen getrieben, an die Deutsche Grenze gestellt oder ins Gefängnis geschleppt, kurz nach Monaten grössten Leides und wachsend drohender Gefahr, rettete mich dann mein Heinebuch, das Molotow, an den ich mich in meiner Verzweiflung gewendet hatte, seinem Herrn: Stalin vorgelegt hatte, der es für stark genug hielt, alles gegen mich Gewandte einzustellen, mir einen neuen Vertrag anzubieten, das Buch sofort in die Produktion zu befehlen. Ich ging auf jene mir gebotenen Vorteile nicht ein, wählte vielmehr den sogenannten Europaurlaub, der jedem Fremden nach 1 1/2 Jahren Arbeit in der Union zustand, ging nach furchterfüllten weiteren drei Monaten endgültig fort.«[8]

Eine ähnlich gehaltene autobiographische Notiz nennt zudem den Titel des Drehbuchs: »Ich erlebte die beiden verhängnisvollen Jahre

1936/37 in Moskau. Stalins seltsame Liebe zu Heinrich Heine rettete mir dann buchstäblich das Leben, als alle ausländischen Experten auf unterschiedlichste Weise liquidiert, eingesperrt oder des Landes verwiesen wurden. Ich hatte ein Heinebuch als Grundlage für einen Film geschrieben, ›Der Trommler der Revolution‹. Bedroht durch die Säuberungsaktion schrieb ich einen Hilfebrief an Molotow – damals Innenkommissar. Darauf wurde mein Buch aus der Moskwafabrik angefordert. Bei einem plötzlich angeordneten Empfang im Kommissariat für Kunst und Wissenschaft zeigte mir der Kommissar die positiven Aeusserungen von oberster Stelle auf meinen Brief über mein Buch und bot mir einen neuen Vertrag an.«[9]

Ausführlich beschreibt Goldberg seine Eindrücke von der Moskauer Bühne und Kinematographie in einem Vortrag, den er in den 60er Jahren in Berlin (West) gehalten hat, vermutlich vor Studenten der Theaterwissenschaft. »Wachtangow, Tairoff und der einmalige Meyerhold; Meyerholds Frau wurde auf offener Bühne erschossen, und er verschwand und ist umgekommen. Warum? Weil er nicht der Linie gefolgt war, weil er die neuen Stücke nicht für aufführungsreif hielt. Er war, ich könnte sagen, ein Jessner hoch 4. Eine Scene im ›Revisor‹ will ich Ihnen erzählen, die ganze Aufführung war eitel Wonne, aber besonders die Gesellschaftsscene. Auf der grossen Bühne war nur ein Quadrat von etwa 2 Meter beleuchtet und ausgespart. Auf dieser kleinen Fläche stand ein einsames Notenpult. Und nun kamen die Gäste, jeder einen Stuhl in der Hand, den sie placieren und sich setzen wollten. Nach kurzer Zeit entstand mit den Stühle schwingenden Hinzukommern ein Gedränge, so stark, dass mit zwanzig Menschen der Eindruck erweckt werden konnte, eine Menge von Hunderten sei auf der Bühne. Bei Wachtangow sah ich Bewegung der Bühne selbst aus allen Richtungen, Schiebebühnen aus halber Höhe schoben sich weit hinaus über das Publikum. Ich denke heute, diese Zerteilung der Flächen, die Zerstückelung, überall Scenen, einzeln und simultan, waren solche Versuche nicht Vorboten des Fernsehens? Es gab auch Theater ganz ohne Bühnen, alles spielte sich unter den Zuschauern ab. Erinnerungen auch an Reinhardt's grosses Schauspielhaus, Amphitheater, in denen Revolution gespielt wurde, wie Danton damals in der genialen Inszenierung in Berlin. Jedes dieser Theater hatte 120 Schauspieler fest unter Vertrag. Jeder von ihnen musste den oft jahrelangen Proben beiwohnen, sodass es tagsüber für den Film keine Schauspieler gab, man musste in der Nacht filmen. Auch über die jahrelangen Proben, von denen Sie sicherlich wissen, will ich etwas Erklärendes sagen. Die politische Ausdeutung jedes einzelnen Satzes im Sinne des Sowjetdogma's nahm viel Zeit in Anspruch, bevor noch die eigentlichen Proben beginnen konnten. Aber die übermässige Probenzeit hatte ihre Ursache oft im neuen Rhythmus der beherrschenden Schwerindustrie, denn die Theater, die Kostüme, Stiefel, Requisiten etc. brauchten, mussten oft jahrelang warten, bis eine Fabrik eine Pause hatte, um dergleichen liefern zu können.

Ich war noch keine Stunde in Moskau angekommen, bei 38 Grad Frost, als ich bereits zu der Vorführung eines neuen Filmes in die

Fabrik gefahren wurde. Die 14 besten Regisseure der Union kamen aus allen Teilen des Landes nach Moskau, um das Werk eines Kollegen vor der Freigabe für Zensur und Publikum anzusehen. Der Kollektivgedanke lag darin, dass jeder der ausgewählten Regisseure alles, was ihm beim Sehen und Hören des neuen Films einfiel, Änderungsvorschläge, gänzlich neue Aspekte oder Ergänzungsreihen, dem Kollegen unterbreitete, zu seiner freien Verfügung schenkte. Ich lernte die drei grössten Regisseure der Sowjetunion kennen, die damals mit Arbeiten wie ›Potemkin‹ oder ›Petersburger Nächte‹ etc. in der ganzen Welt ungeheures Aufsehen machten: Eisenstein, Pudowkin und Andrews, der einen sehr kühnen Zirkusfilm gemacht hatte [Goldberg muß *Cirk* von Grigorij Vasil'evič Aleksandrov gemeint haben. G. P. S.]. Eisenstein war in Amerika gewesen, musste seine Arbeit jedoch abbrechen. Mit ihm und Pudowkin, der meinen Heinefilm drehen sollte, habe ich dann ausserordentlich wertvolle Arbeitszeiten erlebt. Bis Eisenstein verhaftet wurde. Er drehte an einem Film, der das äusserst aktuelle Kulakenthema behandelte. Den Jungbauern hatte er im Gegensatz zu den schwarzbärtigen Altbauern, den Kulaken, über das blonde Haar einen leisen Lichtschimmer gegeben. Deswegen wurde der Film verboten, verbrannt, Eisenstein aus allen Ehrenämtern, aus seinem Haus, seinem Auto herausgetrieben wegen – religiöser Bezugnahme. Denn: ich hatte in der Prawda einmal die Notiz gelesen: von heute an ist der Formalismus verboten. Seltsame Kunstbehandlung! Nur ein Machtwort des Diktators hat schliesslich Eisensteins Leben gerettet. Er musste sich verpflichten, Iwan den Schrecklichen zu drehen, also im Sinne der damaligen echten Kunsteinstellung einen grossen Schinken.

Abschliessend über die zwei Jahre, denn meine Zeit ist gleich abgelaufen, will ich noch sagen: obwohl ich mit allem ausgestattet wurde, was ausländische Experten verlocken konnte, oder Emigranten, die nie wussten, was ihnen der nächste Morgen bringen würde, ich hatte eine enorme Gage, mit der ich allerdings kaum etwas kaufen konnte, von der ich bei meiner Abfahrt nichts mitnehmen durfte, ich hatte zwei Zimmer mit Bad in den ersten Hotels der Städte wie Leningrad, in der Krim, in Moskau im Hotel National, einen Lincolnwagen ausschliesslich zu meiner Verfügung – ich wurde Zeuge menschlicher Tragödien in meiner nächsten Umgebung, zeitweise war auch ich ernsthaft gefährdet, ich habe die völlige Entwertung des Menschen und seiner Meinung erlebt. Nur die Tatsache, dass ich ein Heine-Buch für den Film geschrieben habe, hat mich deshalb vor schlimmstem bewahrt, weil Stalin ein fanatischer Heineanbeter war. Er hat mein Buch gelesen, und der Kommissar für Kunst und Wissenschaft Kergenzeff hat mir gezeigt, was schriftlich von ihm befohlen wurde, mit dem Buch sofort in die Produktion zu gehen und einen neuen Vertrag mit mir zu schliessen, den ich aber nicht angenommen habe.«[10]

Diese Erinnerungsnotizen Goldbergs, zwanzig bis dreißig Jahre nach dem Erleben formuliert, wurden 1979/80 von seiner ehemaligen Frau im Gespräch ergänzt und korrigiert, allerdings fragmentarisch.[11] Aus der Sicht der (wiederverheirateten) Mrs. Zelmanowits haben sich die Vorgänge ungefähr folgendermaßen abgespielt.

Nacldem ein Beethovenfilmprojekt in der Krim geplatzt war, arbeitete Gddberg als »Spezialist für europäische Thematik« an einem Heinedrebuch. Vertragsgemäß konnte er es auf den Tag genau abgeben. Dabei oll sich zwischen den Eheleuten ein Disput zugetragen haben: CäcilieGoldberg verlangte von ihrem Mann, er möge sich eine Empfangsbestätigung reichen lassen, Heinz Goldberg lehnte ein solches Ansinnen als »unmöglich« ab. Nichtsdestoweniger erbat er eine solche Quittung und erhielt sie ohne Schwierigkeiten. Monatelang habe man dann nichts mehr gehört. Eines Tages findet Frau Goldberg, vom Einkauf nach Hause gekommen, ihren Mann zusammengebrochen vor, der Ohnmacht nahe. Heinz Goldberg war der Sabotage angeklagt worden – wegen Nichtablieferung des Drehbuches! Von da an habe ihr gemeinsamer Leidensweg begonnen: Goldberg wurde krank und mußte das Bett hüten, er bekam kein Geld mehr, später hieß es, sie müßten das Hotel verlassen. Cäcilie Goldberg ging zu Mosfil'm; eine sogenannte Beklagungsstelle, geleitet von einer Schwester Lenins wurde aufgesucht; der Rat, sich einem Rechtsanwalt anzuvertrauen, war zu prüfen; letztlich wurde an Molotow ein Brief geschreben ...

Man muß sich das Klaustrophobische dieser Situation vorstellen: als antifaschistische deutsche Emigranten im Frühjahr 1937 in Moskau, der russischen Sprache nicht mächtig, ausgeliefert der Behördenwillkür (in übrigen bestätigte Mrs. Zelmanowits den Eindruck anderer Refugees, daß zu dieser Zeit in der Sowjetunion kein Antisemitismus spürbar, hingegen eine allgemeine Fremdenfeindlichkeit vorherrschend war) und unter Anklage der Sabotage stehend.

Wie m schlechten Szenario einer Klamotte bestand der dramaturgische Trick darin, daß der Unschuldsbeweis zwar vorhanden war, jedoch nicht benutzt werden durfte. Denn diese Empfangsbestätigung, von Mrs. Zelmanowits »Pomaschka« genannt, war ein Unikat; es durfte deshalb nirgendwo als Beweis aus der Hand gegeben werden, auf keinen Fall bei der unteren Bürokratie; mitgenommen hat Goldberg die »Pomaschka« erst zu seiner Vorsprache bei Keržencev.

Heinz und Cäcilie Goldberg sind noch einmal davongekommen. Ende Juni 1937 durften sie die Sowjetunion verlassen. Werner Goldberg zufolge soll es Hans Rodenberg gewesen sein, der seinen Onkel zum Bahnhof gebracht und sein Bedauern darüber ausgedrückt habe, daß er nicht mit ihm fahren könne. Am 5.VII. 1937 erfolgte Goldbergs polizeiliche Wiederanmeldung in Wien.[12] Neun Monate später mußte Goldberg neuerlich fliehen, diesmal über Italien in die Schweiz, von dort (mit einem Affidavit für die USA) nach London.

Wiewohl die Unterschiede in den Zeugnissen der beiden Ehepartner nicht sensationell widerspruchsvoll zu nennen sind, aufschlußreich bleibt die Differenz der Standorte und Intentionen. Mrs. Zelmanowits zeigte sich denn auch von der Lektüre des Vortrages sehr enttäuscht und überrascht ob der vielen »Irrtümer«, später meinte sie, Goldberg nicht mit Korrekturen schaden zu wollen.

Sicher ließe sich zum Beispiel die Ungereimtheit, daß für Moskau er das Hotel National, sie das Hotel Metropol als Wohnstatt nennt, leicht aufklären – vielleicht hat man in dem einen »auch gewohnt«, in dem anderen aber »eigentlich«. Interessanter ist die Ankunft in Moskau. Während Goldberg in seiner Rede vortrug, innerhalb der ersten Stunde bereits zu einer Filmvorführung gefahren worden zu sein, erklärte Mrs. Zelmanowits dezidiert, sie seien am Bahnhof nicht abgeholt worden, über Wochen habe sich niemand bei ihnen gemeldet. Hier nun dürfte nicht mehr zu klären sein, welcher der einstmals gewonnenen Eindrücke, durch die Jahrzehnte vermutlich zu solchen Extremen verändert, dem tatsächlichen Vorgang am nächsten kommt.

Besonders bemerkenswert ist die unterschiedliche Darstellung der Errettung. Mrs. Zelmanowits hat ihren Alltagskampf mit der sowjetischen Bürokratie sehr anschaulich erzählt, das Absurde vieler Situationen herausstreichend, und sie hat den »Sieg der Gerechtigkeit«, sprich Ausreiseerlaubnis, als Erfolg ihrer unermüdlichen, stets weiter nach oben gerichteten Bemühungen, Eingaben etc. erklären können. Dieses einleuchtende, nicht seltene Beispiel des Nichtaufgebens gerade unter extremen Belastungen mag die These bekräftigen, daß nämlich die Frauen die »eigentlichen Helden« im Exil waren. Denn unbestritten ist die Tendenz vieler männlicher Künstler und Intellektueller, dank ihrer »Unpraktischheit« sich etwas paschahaft verhalten zu haben, gelegentlich in die Krankheit flüchtend. Wohingegen die Gattin, häufig mit einem »praktischen Beruf« (Krankenschwester, Schneiderin, Sekretärin), den alltäglichen Lebenskampf im Exil erfolgreicher zu organisieren gewußt hat. Die psychosomatische Reaktion bei Heinz Goldberg beschrieb Mrs. Zelmanowits schlicht mit »er war dann eben immer krank«. Auch in Moskau war Goldberg, durch die Anklage der Sabotage buchstäblich zu Boden gerissen, »gleich krank geworden«. In seiner Darstellung bleibt der nervenaufreibende Tageseinsatz weitgehend ausgespart, stattdessen erscheint Stalin fast als Deus ex machina. Ob er wirklich dieser »fanatische Heineanbeter« war, der eines Tages die Zeit gefunden hat, das Drehbuch zu lesen und zu entscheiden, »diesem Emigranten will ich das Leben retten«, ist so gesichert trotz der Emphase von Heinz Goldberg nicht. In jener Heineliteratur, von der sich Hinweise erwarten ließen, ist Stalin unerwähnt geblieben.[13]

Mit welcher Vorsicht im übrigen Goldbergs Erinnerungen aufgenommen werden müssen, mag durch folgende Äußerungen illustriert sein: »Konrad Veit [Conrad Veidt] engagierte mich dann für die erste Inszenierung in seiner Gesellschaft. Wir wählten ›Paganini‹ als unseren Stoff, und es entstand der erste Versuch im Film zum Expressionismus, der dann im Dr. Caligari erst richtig glücken sollte.«[14] *Paganini* war jedoch »erst« im April 1923 in die Lichtspieltheater gekommen, drei Jahre nach Robert Wienes *Das Cabinet des Dr. Caligari*. Ausgesprochen irreführend wird Goldberg mit seiner mehrfach aufgestellten Behauptung »Es gelang mir, noch 1932 einen Dreyfus-Film gegen die Ueberzeugung der Filmindustrie durchzusetzen; nur Richard Oswald erklärte sich zur Inszenierung bereit.«[15] Nun mag sich diese Resistenz zu später Stunde gegen eine bereits nazifizierte Branche tapfer anhören – tatsächlich aber war dieser Spielfilm bereits im

August 1930 in Berlin uraufgeführt worden! An anderer Stelle hat Goldberg übrigens die Entstehungszeit halbwegs korrekt dargestellt, gibt sich jedoch leider aller Lächerlichkeit preis mit der Selbsteinschätzung »Mein Dreyfus-Film – zwei Jahre bevor die Nazis kamen – war der erste politische Film in der Welt.«[16]

Heinz Goldberg ist ein erschütterndes Beispiel für den durch das Exil völlig Entwurzelten. Zur Flucht aus Berlin im Alter von 42 Jahren gezwungen, sich offensichtlich bereits in einer beruflichen Krise befindend, war es das traumatische Erleben in der Sowjetunion zu Beginn der Emigration, das ihn völlig ruiniert hat. Nie wieder sollte er sich davon erholen können, ungeachtet des »Ich blieb 18 Jahre in England. Nicht eine Sekunde habe ich das bereut, denn England hat mir alles geboten, was ein in dieser Situation geistig hungriger Mann der besten Jahre brauchte«.[17] Denn alle, die Goldberg nahegestanden haben, berichtigten diesen »Dank an England« als »unverständlich« oder »falsch« – er habe sich in London nicht wohl gefühlt, insbesondere habe ihm die englische Sprache »nichts gesagt«, vermutlich verachtete er sie, und gewiß war er nicht bereit, sie ernsthaft zu erlernen. Er lebte allein und in sehr bescheidenen Verhältnissen. Der einzige Kampf, den Goldberg in der britischen Emigration geführt hat, galt seiner Religion: den Auskünften seiner ehemaligen Frau zufolge war er Jude, wurde als Kind evangelisch getauft, hatte sich wieder zum Judentum bekannt, war dann konvertiert, neuerlich in die jüdische Gemeinde zurückgekehrt und schließlich endgültig zum römisch-katholischen Glauben übergetreten.

Daß die Remigration häufig schmerzhafter war denn die Emigration – dafür ist das Schicksal von Heinz Goldberg ein weiterer Beweis. Sehnsüchtig und leider vergebens hat der Rückkehrer erwartet, daß er vielleicht da anknüpfen könne, wo er aufzuhören gezwungen worden war; er hoffte auf menschliche und berufliche Wiederaufnahme und Eingliederung. Es gab bundesrepublikanische Renten und österreichische Professorentitel stattdessen. Und die Exilforschung hat die Remigration als Teil des Exiliertenschicksals bisher zu wenig beachtet. Als alter und gebrochener Mann war Heinz Goldberg nach Berlin (West) zurückgekommen. Er wollte und konnte die neue Zeit nicht mehr verstehen; die Kollegen starben weg. Ob bei einem Theaterbesuch die Logenschließerin ihn wirklich mit »Ja, Herr Direktor, Sie sind noch da« begrüßt hat, spielt wohl keine Rolle. Erschreckend genug sind Goldbergs Ausführungen, mit denen er einen Lebenslauf beschloß: »Nach schwerer Erkrankung kam ich im Jahr 56 erstmals nach Deutschland, um den Roman [*Der gute Tote*] hiesigen Verlegern anzubieten. Mein alter Freund Werner Schendell schickte das Manuskript zu Glock & Lutz nach Nürnberg, und ich erhielt schon nach 8 Tagen eine wirklich vom Werk erfüllte Annahme. Dann kam die Bitte, kleine Änderungen vorzunehmen. Als ich [mich] dazu bereit fand, den Schluss umzuschreiben, passierte mir ein Unfall, ich musste sofort operiert werden (Darmverschluss, 4 Operationen!) und lag fast 2 Jahre, bevor ich wieder an Arbeit denken konnte. Inzwischen verlegte der Verlag diese Art Bücher nicht mehr.

Ich blieb in Deutschland, habe bisher jedoch keine Möglichkeit gefunden, meine Arbeiten zu zeigen, zumal ich nur noch wenige alte Bekannte unter den Verlegern vorgefunden habe.«[18]

So lebte Heinz Goldberg in den 60er Jahren dahin, an die Kunst glaubend und an Jesus Christus, dafür die Studenten als »ganz was Schlimmes« empfindend. Ob er nur »links wie eben alle anderen in den 20er Jahren« war, stets utopisch, idealistisch und »immer naiv«, wie ihn seine Nächsten schildern, oder ob er Mitglied der KP war, wie ein Neffe behauptet, der einen Ausweis gesehen haben will, bleibt dahingestellt. Aus dem Sozialisten wurde durch NS-Verfolgung, Exil, Sowjetunion, Stalin, Holocaust und Jesuiten ein Katholik, ein »Freund« Adenauers, ein CDU-Wähler. Und wie vielen Renegaten von Jacques Doriot bis Ludek Pachmann oder Günter Maschke geht es diesen ehemaligen Kommunisten keineswegs um eine antikommunistische Résistance, sondern um einen denunzierend-hysterischen Feldzug gegen Linke und Liberale. Nur so vielleicht ist jene Karte zu erklären, die Goldberg seiner Lebensgefährtin aus dem Urlaub geschrieben hat, des Inhalts nämlich, daß er neuerlich emigrieren müsse, wenn Willy Brandt an die Regierung käme...[19] Dieses Schicksal ist dem Remigranten Goldberg erspart geblieben. Allein für seine erfahrenen Schrecken in der Sowjetunion hatte er auch einen »lustigen« Spruch parat: in einem Lande, wo man einen Kulturmenschen wie Heinrich Heine Genrich Gejne nennt, habe er nicht leben können!

---

1 David Pike, *Deutsche Schriftsteller im sowjetischen Exil 1933–1945*, Frankfurt/M. 1981 — 2 Klaus Jarmatz, Simone Barck, Peter Diezel, *Exil in der UdSSR*, Leipzig 1979 (= Kunst und Literatur im antifaschistischen Exil 1933–1945. Band 1). — 3 Maria Hilchenbach, *Kino im Exil. Die Emigration deutscher Filmkünstler 1933–1945*, München, New York, London, Paris 1982 (= Kommunikation und Politik. Band 14). — 4 Günter Peter Straschek, *Kinematographie im Exil. Zur Geschichte der deutschsprachigen Filmemigration 1933–1945*, 2 Bände, Bd. I: Historisch-kritische Darstellung. Manuskriptabschluß 1984. — 5 Bd. II unter Mitarbeit von Karin S. Rausch: Bio-filmo-bibliographisches Handbuch (rund 2000 Exilierte). — 6 Heinz Goldberg, Lebenslauf, undatiert, 6 Bl. Maschinenschrift. Aus dem Nachlaß Goldbergs freundlicherweise von Frau Charlotte Bremer-Wolff zur Verfügung gestellt (Kopie); Bl. 3. — 7 Wiener Stadt- und Landesarchiv, Auskunft vom 22. V. 1979. — 8 Heinz Goldberg: Lebenslauf, a. a. O., Bl. 3–4. — 9 »Heinz Goldberg«, in: *Internationale P. E. N. Autobiographien*, London 1968, p. 29. — 10 Heinz Goldberg: Vortrag, undatiert, 101 DIN-A6-Karteikarten, Maschinenschrift. Aus dem Nachlaß freundlicherweise von Frau Charlotte Bremer-Wolff zur Verfügung gestellt (Kopie); Nr. 85–95. — 11 In zwei Gesprächen hat die geschiedene Frau von Heinz Goldberg, Mrs. Li Zelmanowits, über das Exil in der Sowjetunion berichtet. Sowohl auf eine Tonbandaufnahme als auch auf eine genauere Niederschrift wurde verzichtet im Hinblick auf ein späteres Interview. Es wurde auf den 25. II. 1983 für diesen Aufsatz verabredet, doch sagte Mrs. Zelmanowits kurzfristig ab. — 12 Wiener Stadt- und Landesarchiv, a. a. O. — 13 Cf. Georg Lukács, *Deutsche Realisten des 19. Jahrhunderts*, Berlin (DDR) 1952; L. J. Reinhard, *Heinrich Heine*, Berlin (DDR) 1954² (= Große Sowjet-Enzyklopädie. Reihe Kunst und Literatur. 3); Martin Greiner, *Zwischen Biedermeier und Bourgeoisie. Ein Kapitel deutscher Literaturgeschichte im Zeichen Heinrich Heines*, Leipzig 1954; Lew Kopelew, *Ein Dichter kam vom Rhein. Heinrich Heines Leben und Leiden*, Berlin (West) 1981; *Genrich Gejne. Bibliografija russkich perevodov i kritičeskoj literatury na russkom jazyke*, Moskva 1958 (= Vsesojuznaja gosudarstvennaja biblioteka). — 14 Heinz Goldberg, Vortrag, a. a. O., Nr. 52. — 15 Heinz Goldberg, in: International P. E. N., a. a. O..., p. 28–29. — 16 Heinz Goldberg, Lebenslauf, a. a. O., Bl. 2–3. — 17 Heinz Goldberg, Lebenslauf, a. a. O., Bl. 5. — 18 Heinz Goldberg, Lebenslauf, a. a. O., Bl. 6. - 19 Die Karte selbst konnte im Nachlaß nicht gefunden werden. Frau Charlotte Bremer-Wolff hat ihren Inhalt jedoch mehrfach bestätigt.

Lew Kopelew

Zur Situation der deutschen Emigranten in der Sowjetunion
Aus einem Gespräch

Mit Herbert Wehners »Zeugnis«, kurz nach dem Krieg niedergeschrieben, ist im vergangenen Jahr endlich einer der wichtigsten Erfahrungsberichte vom Leben – und vom unfreiwilligen Sterben – der deutschen Emigranten in der Sowjetunion veröffentlicht worden. Dieser Bericht zeichnet sich gleichermaßen aus durch die Präzision der zahlreichen Fallschilderungen und die Fähigkeit, die Konflikte der exilierten Parteigenossen im Zufluchtsland ihrer Wahl zu verdeutlichen. Bereits Ernst Fischer, der österreichische Kommunist und Intellektuelle (der sich 1968, nach dem Einmarsch in die Tschechoslowakei, von der Partei getrennt hat), hat in seinen »Erinnerungen und Reflexionen«, 1969, selbstkritisch und scharfsinnig die prekäre Lage der ›Fremden‹ in Moskau zu durchleuchten versucht – deren partielle Blindheit für den Terror im Stalinismus durch die Konzentration auf den Hauptgegner, den Faschismus, erklärt (wie Georg Lukács und andere dies im nachhinein auch begründen). Ähnliche Beobachtungen und Urteile finden sich in Ervin Sinkós Moskauer Tagebuch »Roman eines Romans«, deutsche Ausgabe 1964, oder Julius Hays Lebenserinnerungen »Gelebt seit 1900«, 1971. Sie bezeugen das unerwartete Exilelend der Kommunisten, auch ungarischer oder polnischer Nationalität, in dem kommunistischen Staat, von dem alleine sie Rettung erhofften – ein Elend, das in den Jahren der Verfolgungen, spätestens seit 1936, sehr spürbar wird. Der amerikanische Germanist David Pike (»Deutsche Schriftsteller im sowjetischen Exil«, 1981) hat in Moskauer Archiven weitere Dokumente einsehen können, die einige Züge des Bilds noch verstärken, jenes Schreckbilds, das die Autobiographien der genannten Exilanten vom Überstehen oder Umkommen der Geflohenen im Territorium der Sowjetmacht entwerfen. Hans-Albert Walter, der bedeutende Pionier der Exilforschung in der Bundesrepublik, arbeitet an einer umfassenden Darstellung der Ereignisse und Zustände im Exilland Sowjetunion, die demnächst im Druck erscheinen soll.

Lew Kopelew, damals ein junger russischer Zeitgenosse der Exilanten, erinnert sich im Gespräch seiner Begegnungen mit Johannes R. Becher, Willi Bredel, Erich Weinert und anderen, seiner Eindrücke und Erlebnisse. Kopelew, 1912 geboren, hatte in Moskau Germanistik studiert und war später dort – nach Jahren des Straflagers – als Professor für deutsche Literatur und für Theaterwissenschaft tätig. Seit 1981 lebt er, ausgebürgert, mit seiner Frau in Westdeutschland. Mit Leidenschaft und Nachdruck – und berufen wie kaum ein anderer – setzt er sich dafür ein, daß die russische und die deutsche Kultur einander besser kennenlernen, sich füreinander öffnen.

Herwarth Walden, den Begründer der expressionistischen Zeitschrift »Der Sturm« und einst in den zehner Jahren für die Kultur der jungen Generation in Deutschland so wichtig, berichtet Lew Kopelew, habe er in seiner Bedeutung gar nicht erkennen können. Walden hat als Lehrer im Moskauer Pädagogischen Fremdsprachen-Institut gewirkt und deutsche Redewendungen, die Umgangssprache, erläutert, die man beim Zeitunglesen, für die Straße oder das Café braucht. Mit dicker Brille, freundlich vorgebeugt, habe er, Walden, dem jungen Kopelew gegenübergesessen. Dann hieß es, Walden wäre in die Wolgadeutsche Republik gegangen. Dort verschwand er 1938.

Galten denn die deutschen Emigranten in der Sowjetunion als integriert?

Die Sowjetunion hatte noch bis zum Beginn der dreißiger Jahre als ›Vaterland aller Werktätigen‹ Offenheit bewiesen. Aber schon nach 1935 mußten sich die deutschen Emigranten (wie die ungarischen, polnischen und anderen) als Ausländer fühlen. Viele, die die ›Säuberungen‹ während der Jahre des ›großen Terrors‹ (1935–40) und danach überlebt hatten, wurden dann nach Beginn des Krieges zwischen Rußland und Deutschland 1941 deportiert.

Im Verlauf der dreißiger Jahre ist der Kulturtransfer zwischen der Sowjetunion und dem Ausland sehr viel schmaler geworden. Die Neue Weltbühne zum Beispiel bekamen wir kaum zu Gesicht. Von allen Emigranten-Periodika, die außerhalb Moskaus erschienen, war vor allem die AIZ (Arbeiter-Illustrierte-Zeitung), später in Volks-Illustrierte umbenannt, zugänglich.

In den zwanziger Jahren gab es noch viele Privatverlage. Es fehlte die Präventiv-Zensur. Bernhard Kellermann hatte mit seinen (futuristisch-technischen) Romanen, wie zum Beispiel »Der Tunnel«, außerordentlichen Erfolg in der jungen Sowjetunion, ebenso Anatole France, Jack London, O. Henry, Sigmund Freud, Stefan Zweig oder Jakob Wassermann, zum Beispiel mit seinem Buch »Das Gänsemännchen" (also auch ausgeprägte bürgerliche Autoren). In den dreißiger Jahren sind Romain Rolland, E. M. Remarque oder Hans Fallada sehr bekannt geworden, Heinrich Mann wird mit »Der Untertan« und seinem großen, im Exil entstandenen Roman »Henri Quatre« populär, Thomas Mann mit »Lotte in Weimar«, wenn auch »Buddenbrooks« am meisten gelesen worden ist, Anna Seghers mit ihrer Erzählung »Der Aufstand der Fischer von St. Barbara«. Lion Feuchtwanger gilt in der Sowjetunion in den dreißiger Jahren als ›Bestseller‹-Autor.

Welchen Eindruck hat Feuchtwanger bei seinem Besuch in Moskau 1937 hinterlassen?

Feuchtwanger war als gefeierter und berühmter Schriftsteller 1937 sehr ehrenvoll empfangen worden. In der Aula des »Polytechnischen

Instituts« in Moskau hatten sich viele versammelt, um ihn willkommen zu heißen. Der Vorsitzende war der Literaturwissenschaftler und Publizist Sergej Dinamow. Michael Kolzow hielt einen Vortrag. Im Präsidium saß unter anderen Sergej Tretjakow. Diese drei wurden später Opfer von Stalins Säuberungen. Überraschend wirkte Feuchtwangers Auftritt. Er sagte kühl und nüchtern, daß er als Schriftsteller schreiben und nicht reden könne. Er habe in der UdSSR viele überraschende Eindrücke gewonnen und nicht gewußt, daß er hier so viele Leser habe: Manche verständen wohl seine Bücher anders, als er selbst sie verstehe. Die Weltgeschichte sei ein ewiger Kampf zwischen Vernunft und Dummheit. In diesem Kampf, so hoffe er, seien wir alle treue Verbündete. Das war der Schluß.

Einige Anwesende befürchteten, Feuchtwanger werde sich nach seiner Rückkehr in den Westen als ein zweiter André Gide entpuppen (der in seinem Bericht »Retour de l'URSS« noch loyal, aber scharf die geistige Unterdrückung, den Konformismus, den Stalin-Kult usw. im Sowjetsystem angegriffen hatte). Das war nun nicht der Fall. Feuchtwangers Buch »Moskau 1937« gewann im Westen etliche Menschen für Stalin – darin bestand für viele im Westen und später auch im Osten die »Gemeinheit« dieses Werks.

Wie ergaben sich denn ständige Kontakte zwischen russischen Intellektuellen und deutschen Emigranten?

Bis 1937 gab es in Moskau den Thälmann-Club: Dort fanden internationale antifaschistische Abende statt. Zwischen 1935 und 1937 trat dort zum Beispiel zweimal Ernst Busch auf, dessen Lieder wir auswendig lernten. Im »Kolonnensaal« des Gewerkschaftshauses trug auch Erich Weinert vor (wegen seines satirischen, mitreißenden Tons bei Massenversammlungen der Kommunisten in der Weimarer Republik besonders geschätzt). Vorbilder für den Schriftsteller Weinert und seine Versform waren Heinrich Heine, Wilhelm Busch, Christian Morgenstern und Kurt Tucholsky. Als Vortragender erinnerte er an Ernst Busch. Weinert verfügte über eine reich modulierte, aber nicht extrem starke Stimme und konnte mit einem Minimum an Pose auf ungekünstelte Weise Gefühl ausdrücken. Der Eindruck dieser Vortragsabende war außerordentlich gewesen. Zuerst wurde auf russisch, dann auf deutsch rezitiert...

Weinert wohnte während des Krieges in meiner Nähe. Nach Beginn, 1941, ergaben sich viele Gespräche. Er zeigte sich anfangs eher pessimistisch, wenn er an die bevorstehenden Kämpfe dachte, er wollte auf der Straße nicht deutsch sprechen. Weinert war ein »proletarischer Bohemien«. Sein Verhältnis zu Johannes R. Becher war ziemlich gespannt. Becher sei, meinte er, ein Bürgerlicher und noch Parteifunktionär dazu.

Ich lernte Becher kennen, als ich für die Zeitschrift »Internationale Literatur« schrieb (Becher war Chefredakteur der deutschen Ausgabe). Er wirkte intelligent, verschlossen, sachlich, fast trocken. Seine

Poesie erschien damals vielen als der ›sozialistische Klassizismus‹. Auch ich betrachtete diese Entwicklung seinerzeit mit Respekt.

Julius Hay erzählt in seiner Autobiographie (allerdings als einziger), Becher habe in der Sowjetunion mehrere Selbstmordversuche unternommen. Wissen Sie etwas davon?

Ich habe davon nie etwas gehört und kann daher Hays Auskunft nicht bestätigen. Hay lernte ich damals auch kennen: Er war schon seinerzeit ein scharfer Stalinkritiker, er sprach von Stalins rücksichtsloser und grausamer Politik und den »erlogenen« Moskauer Prozessen.

Wie beurteilen Sie die Stellung von Georg Lukács, der ja in den Debatten der deutschen Exilanten während der dreißiger Jahre einen fast konformistisch wirkenden ästhetischen Konservativismus oder Anti-Modernismus vertrat, den man auch politisch generell für ›moskautreu‹ hielt?

Lukács galt bei den sowjetischen Schriftstellern, die seine Arbeiten kannten, eher als Oppositioneller und ›liberaler Marxist‹; nach dem Kriege nannten ihn einige sogar »Thermidorianer«. In einer Diskussion 1939/40 verteidigten Lukács und seine Freunde, darunter Michail Lifschitz (der jetzt Mitglied der Akademie der Künste ist) den Standpunkt, daß in der Zeit vor den siegreichen proletarischen Revolutionen konservative und sogar reaktionäre Weltanschauungen für Schriftsteller und Künstler fruchtbar geworden seien, da sie es ermöglicht haben, die Widersprüche des bürgerlichen Fortschritts der kapitalistischen Zivilisation zu erkennen und zu entlarven – besser, als es liberalen, demokratischen oder sogar sozialistischen Idealisten gelungen ist. Als Beispiele dafür galten Shakespeare, Balzac, Dostojewski und andere. Die Gegner der Lukácsisten behaupteten, daß die großen realistischen Künstler der Vergangenheit nicht dank, sondern trotz ihrer konservativen oder reaktionären Ansichten gute Kunst produziert hätten.

Lukács wurde mit mehreren anderen ungarischen Emigranten im Juni 1941 verhaftet. Nachdem sich Moskauer Autoren und Literaturwissenschaftler, darunter auch seine Gegner, für ihn eingesetzt hatten, wurde er nach einigen Monaten freigelassen. Aber in der Sowjetunion wurde nach 1945 bis heute keine von seinen alten oder neuen Schriften publiziert. Während in der DDR Bücher von ihm erschienen, fiel sein Name in der Sowjetpresse entweder gar nicht oder nur in polemischen Artikeln als negatives Beispiel.

Willi Bredel war unter den Emigranten in Moskau offenbar recht wichtig. Immerhin fungierte er als Herausgeber der Zeitschrift »Das Wort« (neben den nur nominell figurierenden Kollegen Brecht und Feuchtwanger).

Willi Bredel war wirklich ein »proletarischer« Schriftsteller – er sprach manchmal unbeirrt Hamburger Platt –, ein anderer Typus als der bei den Behörden viel einflußreichere Alfred Kurella, der zuhause George und Rilke las und öffentlich über sie als reaktionäre Dekadente wetterte. Vor Kurella wurde man auch gewarnt, er wäre Denunziant! Ich war mit Bredel befreundet und traf ihn nach dem Kriege 1957/58 wieder. Er sprach über Walter Ulbricht ironisch, kritisch, nannte ihn »Spitzbart« und »Sachsenkönig«. Aber so viel auch von Ulbrichts oft verhängnisvollem Intrigieren und Machtstreben bekannt geworden ist – »er ist niemals über die Blutgrenze gegangen«, er hat andere nicht ans Messer geliefert. Dies jedenfalls war Bredels Meinung gewesen.

Wie war das Verhältnis zwischen den Emigranten in Moskau und Bertolt Brecht, der es doch vorzog, sein Asyl zunächst einmal unter dem »dänischen Strohdach« zu suchen, und gar keine Anstalten machte, sich in die Sowjetunion zu flüchten?

Bertolt Brecht galt mehr als guter Dichter denn als guter Genosse. Es gab damals viele dogmatische ›Spürhunde‹, die witterten, daß er ideologisch »nicht sicher« wäre. Die Aufführung, ja schon die Übersetzung der »Maßnahme« war in der Sowjetunion nicht möglich. 1931 kam es zu einer einzigen und schlechten Inszenierung eines Brechtschen Stücks, der »Dreigroschenoper«. Bis 1958/59 gab es dann keine weiteren mehr. Das auch deswegen, weil Tretjakow, der bei den Verfolgungen 1938 umkam, sein Übersetzer und Freund war. Nicht nur einige deutsche Emigranten, sondern auch entsprechende sowjetische Instanzen verzeichneten recht aufmerksam, wie sehr es Brecht vermied, den Weg nach Moskau einzuschlagen (der tatsächlich auch nur einmal durchreiste – auf seiner Flucht in die USA). Schließlich ging er gar 1940 von Dänemark über Schweden nach Finnland – obwohl Finnland kurz zuvor Kriegsgegner der Sowjetunion gewesen war. Diesen Ortswechsel Brechts empfand man fast als brüske Beleidigung... Brecht hatte keine besonderen Illusionen in Bezug auf den »realen Sozialismus«. Doch für ihn blieb er eben ein »kleineres Übel« im Vergleich zum Faschismus und Imperialismus. Aber es ist zu vermuten, daß er auch daran nach dem XX. Parteitag der KPdSU (Chruschtschows Enthüllungen des stalinistischen Terrors) zu zweifeln begann. Er starb noch vor dem Ungarn-Aufstand (1956) – und das war sozusagen rechtzeitig, denn Brecht hätte dieses Jahr 1956 nicht überleben können.

Ich erwähne in meiner Brecht-Monographie (1966; Kopelews letztes Buch, das in der UdSSR erscheinen konnte) ausführlich einen der letzten großen Konflikte in Brechts Leben: die Diskussion um das Stück »Lukullus«. Man hatte diesem Werk Pazifismus, abstrakten Humanismus und Defätismus vorgeworfen und versuchte, zwischen Brecht und seinen Mitarbeiter, den Komponisten Paul Dessau, einen Keil zu treiben – was nicht gelang.

Warum sind eigentlich andere Kommunisten wie etwa Ludwig Renn der Sowjetunion ferngeblieben?

Bei Ludwig Renn weiß ich den Grund. Er wollte die sowjetischen

Gesetze nicht übertreten. Nachdem in den Jahren 1934/35 Paragraphen geändert worden sind, ist Homosexualität in der Sowjetunion als kriminelles Vergehen geahndet worden.

Welchen Eindruck erweckte Stalin in den dreißiger und vierziger Jahren? Gab es da spezifische Merkmale, die die kultische Verehrung seiner Person irgendwie verständlich machen können? Er wirkte ja offenbar ganz anders als der Typus Mussolini oder Hitler, präsentierte sich nicht als demagogischer Rhetor oder in Führerpose vor Massenversammlungen noch durch einen ähnlich charakteristischen Schreiton im Radio.

Stalin war in den dreißiger und vierziger Jahren der Mächtige, aber doch enthoben. Wer konnte ihn auch auf dem Roten Platz bei den Paraden oben auf der Tribüne richtig wahrnehmen. Er war in jedem Sinne weit weg. Sonst trat er öffentlich kaum in Erscheinung. Wenn aber, dann als ›Stimme‹ im Rundfunk, sehr sachlich, beherrscht. Er machte den Eindruck eines »schlichten«, bescheidenen Mannes, der sich nach oben gearbeitet hatte. Nur einmal zitterte diese Stimme richtig: bei der Ansprache zu Kriegsbeginn, am 3. Juli 1941, als er sich an die Sowjetbürger als Freunde, als »Brüder und Schwestern«, wandte.

Viele Emigranten, die die Sowjetunion als Exilland gewählt haben, berichten von der isolierenden Angst während der Zeit der Säuberungen, als man mit fast niemandem mehr freimütig zu verkehren gewagt hat – aus Furcht, denunziert oder mitangeklagt zu werden. Dies bezeugen übrigens nicht nur Beteiligte, die sich in den darauffolgenden Jahren vom Kommunismus abgewandt haben wie Herbert Wehner oder Ernst Fischer, sondern auch Julius Hay oder Ervin Sinkó. Ist dieses Gefühl der Panik, des Ausgeliefertseins bei den Emigranten stärker ausgeprägt gewesen als bei den ›einheimischen‹ Russen, von denen viele aber unter der gleichen Drohung gestanden haben?

Ich war damals, von 1936 bis 1938, bereits aus dem Komsomol ausgeschlossen, weil ich als Sechzehnjähriger Verbindung zu »Trotzkisten« hatte. Doch erfuhr ich viel praktische Solidarität von Kommilitonen und fand etliche hilfsbereite Freunde, auch unter Menschen, die wußten, was es bedeutete, einem »Verdächtigen« zu helfen. Ich halte manche dieser Erzählungen von der allseitigen Ächtung, besonders aus russischer Sicht, für übertrieben. Ich denke dabei etwa an die Berichte Nadeshda Mandelstams.

In der Enge und Abgeschlossenheit des Hotel Lux und ähnlicher Orte, wo sich die meisten deutschen und anderen Emigranten aufgehalten haben (in einer umgrenzten Zwangsgemeinschaft lebend), sind aber die Angst und Vereinsamung vermutlich zu einer viel größeren Pein geworden.

(Das Gespräch mit Lew Kopelew führte Thomas Koebner im März 1983.)

Patrik von zur Mühlen

Säuberungen unter deutschen Spanienkämpfern

Es gab innerhalb der deutschen Emigration Personen, deren politischen Standort man als »doppelte Dissidenz« bezeichnen kann. Es handelt sich hierbei um Gruppen, die – wie alle übrigen Emigranten auch – aus Furcht vor Hitler ins Exil geflohen waren und die außerdem aufgrund ihrer eigenen Ideologie und politischen Position von anderen Exil-Parteien gemieden, diffamiert und dort, wo es möglich war, auch physisch verfolgt wurden. Die hier angesprochenen Opfer der Verfolgung gehören zu den sogenannten »Zwischengruppen«, also Parteien und Organisationen, die sich von der Sozialdemokratie nach links oder von den Kommunisten nach rechts oder nach links abgespalten hatten. Das Phänomen dieser »Zwischengruppen« läßt sich in den meisten europäischen Ländern nachweisen; in Deutschland handelte es sich um die zwischen SPD und KPD angesiedelte Kommunistische Partei Deutschlands/Opposition (KPO) und die Sozialistische Arbeiterpartei (SAP). Hinzurechnen könnte man noch die Gruppe »Neu Beginnen«, den Internationalen Sozialistischen Kampfbund (ISK), die Revolutionären Sozialisten Deutschlands, jedoch spielten sie in dem hier behandelten Zusammenhang keine Rolle. Zu den hier genannten Gruppen gehören aber zweifellos die deutschen Anarchosyndikalisten und die zahlenmäßig geringen deutschen Trotzkisten.

Alle diese Gruppen standen in Opposition zur Sozialdemokratie, der sie Reformismus, Opportunismus, Verbürgerlichung und Verrat am Proletariat vorwarfen. Sie standen in Opposition zum Kommunismus, dem sie je nach Standort den ultralinken Kurs der späten 20er Jahre oder aber Kurskorrekturen nach rechts, zu wenig oder zu viel revolutionäre Politik, in allen Fällen aber autoritäre innerparteiliche Strukturen vorwarfen. Mit der Sozialdemokratie unterhielten sie mehr sporadische Beziehungen, zu den Kommunisten standen sie in der Regel in einem recht gespannten Verhältnis. Den Hintergrund für diese Konflikte innerhalb des linken Spektrums bildete jene Entwicklung im Weltkommunismus, der mit der Abspaltung des Trotzkismus begann und mit den großen Schauprozessen gegen vermeintliche Links- und Rechtsabweichler in der Komintern und der KPdSU in den späten 30er Jahren endete.

Den lokalen spanischen Hintergrund bildeten die politischen Fronten, die innerhalb der Spanischen Republik nach Ausbruch des Bürgerkrieges aufgebrochen waren und von den Meinungsverschiedenheiten im linken Parteienspektrum der europäischen Länder wesentlich mitbestimmt wurden. Bekanntlich hatte der Putsch Francos in weiten Teilen Spaniens Empörung und Erbitterung ausgelöst. Dort, wo Arbeitermassen den Militärputsch niederschlugen, brachen sich revolutionäre Energien ihre Bahn, gespeist aus jahrzehntelang, sogar jahrhundertelang verschleppten sozialen Konfliktstoffen. Die Abwehr der Militärs ging in weiten Teilen des Landes bruchlos über in eine soziale Revolution. Latifundien und große Unternehmen wurden besetzt, ihre Eigentümer verjagt oder erschlagen, Kirchen und Klöster gestürmt und die Geistlichen eingesperrt. Die republikanischen Staatsorgane existierten vielfach nur noch dem Namen nach. Die wirkliche Macht lag bei revolutionären Ausschüssen und den von Gewerkschaften und Linksparteien hastig aufgestellten Milizen, die bis zur Bildung eines neuen republikanischen Heeres die Hauptlast im Kampf gegen die aufständischen Militärs trugen.[1]

Innerhalb des antifaschistischen Lagers in Spanien standen sich daraufhin zwei Richtungen mit unterschiedlichen Zielen gegenüber, eine revolutionäre und eine demokratisch-bürgerliche. Zu den Revolutionären gehörten die Anarchisten, die kleine Linkspartei POUM und der linke Flügel der in sich tief gespaltenen Sozialisten. Die Anarchisten propagierten die Revolution und den sofortigen Aufbau eines libertären, d. h. von unten nach oben aufgebauten repressionsfreien Sozialismus, von dem sie in kleinen ländlichen Gemeinden sowie in einigen Industriebranchen einige Elemente auch zu verwirklichen suchten[2]. Die POUM-Anhänger, die sich selbst als Kommunisten verstanden, setzten sich für Revolution nach dem Vorbild der Oktoberrevolution ein[3]. Und der linke Flügel der in sich tief gespaltenen Sozialistischen Partei (PSOE) wollte die Machtbasis des Feindes zerschlagen, also Großgrundbesitz, Großkapital, Kirche, Militär und Polizei und die Gesellschaft revolutionieren, was den Rahmen eines bürgerlich-demokratischen Staates gesprengt hätte. Die gemäßigten Parteien dagegen wollten den Franco-Putsch niederschlagen und danach die Politik im Rahmen eines parlamentarisch regierten, föderalistisch aufgebauten bürgerlichen Mehrparteienstaates reformieren. Zu diesen Parteien gehörten die rechten Sozialisten, die bürgerlich-liberalen Parteien, katalanische Autonomisten und baskische Separatisten. Diese waren agrarisch-konservativ, tief katholisch, föderalistisch und demokratisch eingestellt, republikanisch, aber nicht revolutionär. Obwohl die revolutionären Kräfte zunächst die Oberhand hatten, begünstigten die Umstände die gemäßigten Parteien und die Restauration der bürgerlichen Republik: noch im Herbst 1936 wurde ein republikanisches Heer aufgestellt, das die Milizen nach und nach verdrängte, wurden die revolutionären Komitees aufgelöst und durch reguläre Staats- und Verfassungsorgane ersetzt. Im Frühjahr 1937 war dieser Prozeß abgeschlossen.

Bislang wurde eine Partei in diesem politischen Panorama ausgelassen, die im Bürgerkriege eine wachsende Bedeutung erlangen sollte: die Kommunisten.[4] Ihrem eigenen Selbstverständnis nach Avantgarde des Proletariats und der Revolution, bezog diese vor dem Bürgerkrieg recht unbedeutende Partei einen Standort im rechten, gemäßigten Lager der Republik. In Übereinstimmung mit der damaligen Volksfront-Politik der Komintern trat die KP für ein breites antifaschistisches Bündnis mit den bürgerlichen Parteien ein und gegen die revolutionäre Einheitsfront der Arbeiterschaft, für ein reguläres Heer mit Berufsoffizieren und gegen die Milizen, für den Schutz des Privateigentums an Produktionsmitteln und gegen die Enteignungspolitik der linken Kräfte. Diese Politik brachte der KP einen kräftigen Zulauf aus dem Kleinbürgertum, das bei ihr Schutz suchte vor den revolutionären Maßnahmen der Anarchisten. Innerhalb eines Jahres konnte die KP ihre Mitgliederzahl verzehnfachen.

Die Politik der Kommunisten ist vor folgenden Hintergründen zu sehen. Zunächst suchte Stalin mit Blick auf Hitler damals die Annäherung an die Westmächte, wozu sich die der Komintern angeschlossenen Parteien politische Mäßigung auferlegen mußten. Zweitens war die kommunistische Politik damals die realistischere, denn eine Revolution innerhalb der Republik hätte diese in zwei Lager gespalten oder aber die bürgerlichen Parteien auf die Seite Francos gedrängt. Zudem sind die Umstände eines Bürgerkrieges nicht gerade günstig für die Einführung neuer Wirtschafts- und Gesellschaftsmodelle. Überdies erlegte die außenpolitische Lage der spanischen Republik Rücksichten auf die Westmächte auf. Ein wichtiger Grund war aber der, daß die Kommunisten keine Revolution gutheißen konnten, die nicht von ihnen geführt wurde und die an ihnen vorbei ausgebrochen war.

Die inneren Konflikte der Republik gipfelten in der Blutwoche von Barcelona Anfang Mai 1937, die durch Schießereien zwischen POUM und Anarchisten einerseits und kommunistisch geführten Polizeitruppen andererseits ausgelöst worden war[5]. Dieser Bürgerkrieg im Bürgerkrieg forderte 500 Tote und führte zu einer schweren Regierungskrise, in deren Verlauf der linkssozialistische Ministerpräsident Francisco Largo Caballero abtreten mußte, die Anarchisten die Regierung verließen und der POUM als angeblicher Urheber der Unruhen auf Hochverrat verklagt und bald verboten wurde. Die Regie hierbei führten Kommunisten, die von Anfang an unauffällig, aber zielstrebig wichtige Schlüsselpositionen in Polizei, Militär und Staatsapparat angestrebt hatten. Die Rolle, die die Sowjetunion als einziger wirksamer Waffenlieferant spielte, hatte diese Personalpolitik unterstützt. Die Politik der KP konzentrierte sich in der Folgezeit auf die Unterdrückung, Entmachtung oder Neutralisierung aller konkurrierenden linken Kräfte – mit Hilfe der Rechtssozialisten und der bürgerlichen Parteien. Die Anarchisten waren zu stark, um unterdrückt zu werden; sie wurden auf geschickte Weise ausgebootet, ihre Basis gegen ihre führenden Vertreter ausgespielt. Die Linkssozialisten wurden entmachtet und aus allen wichtigen Posten entfernt. Der POUM aber wurde verboten. Gegen ihn richtete sich – stellvertretend für alle revolutionären Kräfte – der Hauptangriff der KP.[6]

Bereits im Jahre 1936, während in Moskau die Schauprozesse liefen, war der POUM als angeblich trotzkistische Partei häufig kritisiert worden. An dieser Kritik war insofern ein richtiger Kern, als ein Teil der Partei früher Trotzki nahegestanden, sich aber längst mit ihm überworfen hatte.[7] Der Begriff »Trotzkismus« wurde in der kommunistischen Propaganda vielmehr zum Schimpfwort für alle Linksparteien, die irgendwie vom Komintern-Kurs abwichen, und bald mit zusätzlichen Inhalten besetzt. Seit Anfang 1937 tauchte in der kommunistischen – und unter ihrem Einfluß auch in der sozialistischen – Presse immer häufiger der Vorwurf auf, Trotzki stünde mit Hitler und Mussolini in Verbindung und der POUM sei eine faschistische Organisation im Solde Francos. Es half nichts, daß der POUM die kleine Schar echter Trotzkisten aus seinen Reihen ausschloß, um keine Angriffsflächen zu bieten. Die Kommunisten *wollten* ihn als »trotzkistisch« ansehen und waren daher um keine Fälschung verlegen. POUM-Milizen hätten hinter der Front mit Franco-Truppen Fußball gespielt, ihre Offiziere mit Funktionären der Falange gemeinsam Kaffee-Häuser besucht. Nach der Blutwoche von Barcelona steigerten sich diese Vorwürfe zur Behauptung, der POUM habe im Auftrag Francos geputscht und die Generalstäbe in Berlin und Rom hätten hierzu die Pläne ausgearbeitet. Man klagte die führenden POUM-Funktionäre im Juni 1937 an, in Verbindung mit angeblichen Agenten der Falange gestanden zu haben. Die spanische republikanische Justiz wahrte insofern einen Rest an Rechtsstaatlichkeit, als sie etwa anderthalb Jahre später die Angeklagten von diesem Vorwurf freisprach und sie nur wegen Rebellion zu Haftstrafen verurteilte. Aber die im Juni 1937 einsetzende Hexenjagd gegen alles, was unter das Verdikt des »Trotzkismus« fiel, stellte das direkte spanische Pendant zu den Moskauer »Säuberungen« dar. Der POUM-Vorsitzende Andrés Nin wurde im Gefängnis ermordet, zahlreiche Mitglieder der Partei wurden für Monate eingekerkert und gefoltert, einige tauchten niemals wieder auf.[8]

Die Welle der Säuberungen erfaßte auch die Ausländer in Spanien, unter ihnen die Deutschen. Bekanntlich waren Hunderte von deutschen Emigranten – neben Kommunisten auch Sozialdemokraten, Mitglieder von SAP und KPO, Anarchosyndikalisten und parteilose Antifaschisten – nach Spanien geeilt und arbeiteten in den entsprechenden spanischen Schwesterparteien oder -organisationen mit oder schlossen sich ihren Milizen an. Zwischen 100 und 200 Deutsche kämpften in der anarchistischen »Centuria Erich Mühsam«, etwa 300 Deutsche im POUM-Bataillon »Josep Rovira«, knapp 200 Deutsche in der offiziell überparteilichen, de facto aber kommunistischen »Centuria Ernst Thälmann«. Zu diesen deutschen Miliz-Einheiten, die bereits im Juli/August 1936 an der Aragon-Front standen, kamen noch die rund 5000 Deutschen, die in den im Oktober 1936 aufgestellten Internationalen Brigaden kämpften. Im Laufe von knapp drei Jahren hielten sich also zahlreiche Deutsche in Spanien auf, von denen einige hundert solchen Parteien oder politischen Richtungen angehörten, die den Kommunisten nicht genehm waren und derer man unter den turbulenten Umständen des Bürgerkrieges ohne größeres Aufsehen habhaft werden konnte.

Für die Komintern und für die Sowjetunion war Spanien nicht nur Schlachtfeld gegen Hitler und Mussolini, als deren Marionette Franco damals angesehen wurde, sondern auch Kampfplatz in den Auseinandersetzungen innerhalb der Linken und in der Jagd auf alles, was unter das Verdikt des »Trotzkismus« fiel. Die Moskauer Säuberungen fanden auch auf spanischem Boden statt, durchgeführt durch einen Apparat, dessen Anfänge bis in den September 1936 zurückreichen. Damals wurde eine Gruppe hochqualifizierter sowjetischer Militär- und Geheimdienstspezialisten nach Spanien geschickt, um neben der Beratung der Spanischen Republik auch den Aufbau einer Geheimpolizei vorzubereiten. Bereits im Oktober 1936 deuten Anzeichen auf die Existenz eines solchen Apparates hin.[9] Unter der Oberaufsicht sowjetischer Generäle wurden im zivilen Bereich und in den Internationalen Brigaden geheime Polizeidienste aufgebaut. Ihre offizielle Aufgabe war es, feindliche Agenten im Dienste Francos, Hitlers oder Mussolinis zu suchen und zu verhaften. Diese Aufgabe war nicht vorgeschoben, da es unter Spaniern und Ausländern tatsächlich eine gewisse »Fünfte Kolonne« gab. Darüber hinaus verfolgten diese Dienststellen alle konkurrierenden Linksparteien, behinderten ihre Aktivitäten und schikanierten ihre Vertreter. Wegen der Gleichsetzung von »Trotzkismus« und »Faschismus«, wie sie im Kampf gegen den POUM praktiziert worden war, liefen auch Säuberungsaktionen gegen Angehörige linker Splittergruppen unter der Parole eines Kampfes gegen »Spione, feindliche Agenten und Nazi-Trotzkisten«.

Wir sind über den Gesamtaufbau des geheimen kommunistischen Polizeiapparates nur lückenhaft informiert. Da seine Aktivitäten sich weitgehend im Dunkeln abspielten und entsprechend getarnt waren, sind uns die einzelnen Akteure, ihre Funktionen, Aufgaben und Weisungsbefugnisse nur teilweise bekannt. Besonders groß sind unsere Informationslücken hinsichtlich der Organisation der Geheimpolizei. Es gab einen solchen Apparat sowohl in den Internationalen Brigaden als auch im zivilen Bereich. Beide traten als getrennte Instanzen in Erscheinung, waren jedoch vermutlich Dienststellen desselben Apparates – der sowjetischen Geheimpolizei NKWD. Hier liefern uns kleine Informationen und Indizien Einzelteile zu einem Gesamtmosaik, das trotz des fehlenden Wissens über die Hintergründe sehr wohl in Umrissen die Aktivitäten des NKWD in Spanien gut erkennen läßt.[10]

Recht gut sind wir jedoch über die Geheimpolizei im zivilen Bereich unterrichtet, besonders in Katalonien, wo sich die meisten Deutschen, die nicht den Interbrigaden angehörten, aufhielten. Im Herbst 1936 richtete die katalanische KP (PSUC) eine Ausländerstelle ein (»Servicio extranjero del PSUC«), die von dem KPD-Funktionär Karl Mewis geleitet wurde. Dieses Büro war wiederum personell verknüpft mit dem katalanischen Generalkommissariat für öffentliche Ordnung, einer gewöhnlichen Polizeibehörde, die als Einwohnermeldeamt fungierte, das Personenstandsregister führte und Personaldokumente. Ein Teil der Mitarbeiter dieser Dienststelle wurde von seinen bisherigen Pflichten entbunden und einer weiteren Behörde, dem katalanischen Geheimdienst SSI, zugeteilt. Diese spanischen Beamten und ein Teil der ausländischen Mitarbeiter des »Servicio extranjero del PSUC« bildeten einen gemeinsamen Geheimapparat, der sich hinter den beiden anderen Dienststellen verbarg und offiziell unter eigenem Namen gar nicht existierte. Er wurde informell nach seinem Leiter »Servicio Alfredo Herz« genannt. Untere der Leitung von Alfred Herz, der sich seit 1934 in Spanien aufgehalten hatte, arbeitete ein Stab ausländischer – meistens deutschsprachiger, aber auch polnischer und ungarischer – Agenten, vorwiegend in Barcelona und Valencia.[11] Nach einer Reorganisation der spanischen Polizeidienste im Sommer 1937 wurde der »Servicio Alfredo Herz« offensichtlich aufgelöst; seine Aufgaben und wohl auch das Personal übernahm der neugegründete militärische Geheimdienst SIM.

Wenn wir versuchen, den Kreis der verfolgten Personen näher zu beschreiben, so eröffnet sich uns ein recht breites politisches Spektrum, in dem aber zahlenmäßig die sogenannten »Zwischengruppen« dominieren. Abgesehen davon, daß sich unter den Opfern auch wirkliche Spione der Franco-Regierung, der Gestapo, der deutschen Abwehr oder anderer auswärtiger Geheimdienste befanden, lassen sich die verfolgten Personen in folgende Gruppen[12] einteilen:

1) »Trotzkisten«, zu denen nach kommunistischer Auffassung alle POUM-nahen Parteien wie SAP und KPO gehörten;
2) Anarchosyndikalisten;
3) Sozialdemokraten und linkssozialistische Splittergruppen;
4) Kommunisten, die von Ideologie oder Parteidisziplin abwichen;
5) Personen, die aus irgendwelchen Gründen unbequem oder lästig waren;
6) Opfer von offensichtlich privaten Racheakten.

Auf Personen, die den zwei letztgenannten Kategorien angehören, soll hier nicht näher eingegangen werden. Sie sind anhand von Memoiren, Erlebnisberichten und noch erhaltenen zeitgenössischen Korrespondenzen nachweisbar, aber nicht von politischem Interesse. Ihr Politikum besteht allenfalls darin, daß ein geheimer Apparat die Macht besaß, unliebsame Personen verhaften und beseitigen zu lassen. Die drittletzte Kategorie, die abweichenden Kommunisten, sind nur schwer auszumachen; in den wenigen bekannten Fällen sind die näheren Umstände nur lückenhaft überliefert, so daß eine strenge Trennung von den beiden letzten Kategorien problematisch ist.

Die meisten bekannten Opfer gehörten der Gruppe an, die in der propagandistischen Terminologie als »Trotzkisten« bekannt waren. Dazu gehörten Personen, die zeitweise tatsächlich Trotzki nahegestanden hatten: so der Österreicher Kurt Landau, der tschechoslowakische Staatsbürger (und ehemalige Sekretär Trotzkis) Erwin Wolf, der polnische Staatsbürger Hans Freund-Moulin, das Schweizer Ehepaar Paul und Clara Thalmann, vor allem aber die Angehörigen von SAP und KPO.[13] Etwa seit der Jahreswende 1936/37 nahm die kommunistische Berichterstattung über den POUM zunehmend aggressive Töne an und richtete sich auch gegen seine ausländischen Sympathisanten. Der Vorwurf, daß Trotzki im Bunde mit Hitler und der POUM im Solde Francos stehe, verdächtigte auch SAP und KPO der Komplicenschaft mit der Gestapo. Monate vor der Verhaftungswelle im Juni 1937 war für deutsche POUM-Sympathisanten die Atmosphäre so gespannt, daß der Leiter des deutschen POUM-Büros und SAP-Vertreter in Spanien, Max Diamant, Sicherheitsvorkehrungen treffen mußte: Mitarbeiter, die sich nicht innerhalb eines vereinbarten Zeitraumes telephonisch meldeten, galten als vermißt. Als die Verhaftungswelle einsetzte, wurden sämtliche zivilen SAP- und KPO-Mitglieder in Spanien festgenommen. Max Diamant und Willy Brandt entgingen diesem Schicksal nur, weil sie vorher Spanien verlassen hatten. Auch die Deutschen, die in der kleinen POUM-Miliz gegen Franco kämpften, wurden entwaffnet und größtenteils verhaftet. Sofern sie keine SAP- oder KPO-Mitglieder gewesen, sondern nur durch Zufall in die POUM-Miliz geraten waren, wurden sie in die Internationalen Brigaden übernommen. Personen mit parteipolitischer Vergangenheit traten dagegen in der Regel eine monatelange Odyssee durch spanische Gefängnisse an.

Den zweiten Personenkreis, der verfolgt war, bildeten die ausländischen und damit auch deutschen Anarchosyndikalisten. Ihre Situation war aber weitaus günstiger als die der SAP- und KPO-Mitglieder, weil ihre spanische Schwesterorganisation CNT nicht unterdrückt wurde und sich für ihre ausländischen Genossen einsetzen konnte, während der POUM unterdrückt wurde und somit SAP- und KPO-Anhänger überhaupt keinen Anwalt mehr hatten. Allein die Tatsache, daß eine große Organisation um sie wußte, dürfte vielen Anarchosyndikalisten einen gewissen Schutz geboten haben. Die kommunistische Geheimpolizei vergriff sich auch nicht an solchen Ausländern, die im Zentrum der CNT arbeiteten und somit unter dem bewaffneten Schutz dieser anarchistischen Gewerkschaft standen. Die Deutschen Augustin Souchy, Martin Gudell und andere, die in zentralen anarchistischen Dienststellen arbeiteten, wurden niemals belästigt. Dafür wurden die meisten der ausländischen Angehörigen in den anarchistischen Milizen entwaffnet und eingekerkert, darunter auch die meisten der 100–200 deutschen Anarchosyndikalisten. Allerdings sind keine Fälle von Ermordung bekannt, wenn wir von Camillo Berneri absehen: Er wurde wegen seiner antisowjetischen Äußerungen im Mai 1937 entführt und in einer Seitenstraße in Barcelona erschossen.[14]

Sozialdemokraten waren nur vereinzelt Verfolgungen ausgesetzt. Wegen der damals praktizierten Volksfrontpolitik der Komintern wurden sie in der Regel von Massenverhaftungen ausgenommen. Dennoch sind einige Festnahmen bekannt. So wurde die deutsche Sozialdemokratin Ilse Wolff, die in Madrid als Journalistin für die Zeitung *Claridad* arbeitete, im Sommer 1937 aufgrund von Denunziationen verhaftet und 1938 wahrscheinlich ausgewiesen. Ähnlich erging es dem Sozialdemokraten Rolf Reventlow, der als Major im republikanischen Heer kämpfte und zeitweilig in Haft genommen wurde. Einen Sonderfall bildete der junge Mark Rein, der im März 1937 von seinem schwedischen Exil nach Spanien gegangen war und dort der Republik seine Dienste als Radio-Ingenieur angeboten hatte. Er wurde am 9. April in Barcelona durch Angehörige des »Servicio extranjero del PSUC« zu einem dringenden Treffen gerufen, von dem er niemals wieder zurückkehrte. Über seinen Verbleib gibt es zwei Versionen: entweder man erschoß ihn im Juni 1937 in einem Keller oder man brachte ihn als »Paket« an Bord eines im Hafen ankernden sowjetischen Schiffes, wo er ermordet wurde. Den Hintergrund dieses Entführungsfalls bildete wohl weniger Mark Reins Zugehörigkeit zur linkssozialistischen Gruppe »Neu Beginnen« als vielmehr die Tatsache, daß Mark Rein der Sohn des führenden exilrussischen Sozialisten Rafael Abramowitsch war, den der sowjetische NKWD auf diese Weise zu treffen versuchte.[16]

Die Methoden der Verfolgung blieben während des Spanienkrieges weitgehend gleich. In der Regel erfolgte eine Verhaftung unter dem Vorwand, daß die Papiere überprüft werden sollten. In einigen Fällen wurden die Verhafteten anschließend wieder freigelassen, wobei man ihre Dokumente jedoch einbehielt. Dadurch konnten die betreffenden Ausländer Spanien nicht verlassen. Kurz darauf erfolgte dann eine weitere Verhaftung. In Barcelona wurden die Gefangenen zunächst in eine »Checa« gebracht, in ein privates kommunistisches Gefängnis, das man in irgendeinem beschlagnahmten Privathaus eingerichtet hatte. In den meisten Fällen war dies das Haus 24 der Avenida de la Puerta del Angel. Dort wurden die Häftlinge nächtelang verhört, in vielen Fällen auch gefoltert. Nach einigen Wochen wurden sie gewöhnlich in ein anderes Gefängnis verlegt, von dort in ein drittes und viertes geschleppt, vermutlich um dadurch Nachforschungen über ihren Verbleib zu erschweren. In vielen Fällen endete diese Odyssee vorläufig in einem zum Gefängnis ausgebauten ehemaligen Nonnenkloster, dem Convento de Santa Ursula in der Altstadt von Valencia. Diese Anstalt unterstand einer Zweigstelle des »Servicio Alfredo Herz« und war als Folterzentrum berüchtigt. Dort wurde auch über das weitere Schicksal der Gefangenen entschieden. Entweder wurden sie nach einigen Monaten – in der Regel Ende 1937 – nach Frankreich ausgewiesen oder aber in andere Gefängnisse verlegt, schließlich dem militärischen Geheimdienst SIM ausgeliefert, der sie in das Mustergefängnis (»Cárcel Modelo«) von Barcelona oder aber in bestimmte Haftlager brachte und gegen Ende des Bürgerkrieges zu Fortifikationsarbeiten an die Front verlegte.[17]

Vergleichen wir einige bekannte Einzelschicksale, so erkennen wir trotz aller Parallelen auch gewichtige Unterschiede. Recht glimpflich kam Peter Blachstein von der SAP davon: nach einigen Wochen Haft in der Puerta del Angel erkrankte er aufgrund der hygienischen Verhältnisse schwer und wurde in ein Lungensanatorium verlegt. Diese Klinik stand jedoch unter der Kontrolle der Anarchisten, die ihm nach kurzer Zeit die Ausreise ermöglichten. Die beiden KPO-Funktionäre Karl Bräuning und Waldemar Bolze indessen mußten das Martyrium von Folter und Haft bis Februar 1939 aushalten, bis sie durch den Zusammenbruch der Republik ihren Wächtern entkommen konnten. Die meisten bekannten und belegbaren Einzelschicksale bewegen sich irgendwo zwischen diesen beiden Extremen.[18] Es ist indessen kein einziger Fall bekannt, daß ein verhafteter Deutscher vor Gericht gestellt und zu einer rechtskräftigen Strafe verurteilt worden wäre.

Trotz der Ungeheuerlichkeit dieser Zustände gab es dennoch einen Restbestand an Rechtsstaatlichkeit. Zumindest in einigen Fällen wurde den Häftlingen der Kontakt mit Rechtsanwälten ermöglicht, die wenigstens Angehörige, Freunde sowie politische und humanitäre Organisationen informierten. Dadurch konnten sich spanische und ausländische Stellen zugunsten der Verhafteten einsetzen. Hier sind vor allem die spanischen Anarchisten zu nennen, die für ihre eigenen ausländischen Anhänger, aber auch für spanische und ausländische POUM-Sympathisanten eintraten. Sie taten dies jedoch nicht sehr energisch und spielten hierbei eine – gemessen an ihrer Stärke – recht klägliche Rolle. Zu nennen sind vor allem Organisationen und Persönlichkeiten des Auslandes. Der Generalsekretär der Independant Labour Party, Fenner Brockway, stellte Nachforschungen nach verhafteten POUM-Anhängern und ihren ausländischen Freunden an. Der britische Unterhausabgeordnete John McGovern und der Sorbonne-Professor Félicien Challaye gingen an Ort und Stelle den Berichten über spanische »Checas« nach.[19] Vertreter der Gruppe »Neu Beginnen« sowie der Sozialistischen Arbeiter-Internationale untersuchten den Entführungsfall Mark Rein. Aber unmittelbarer Erfolg war ihnen allen nicht beschieden. Die spanische republikanische Regierung, die sehr wohl um die finsteren Aktivitäten in ihrem Territorium wußte, deckte sie: aus Gleichgültigkeit, aus Schwäche und aus Opportunismus. Allein eine Wirkung dürfte das internationale Interesse an den Gefangenen gehabt haben: die meisten haben überlebt und sind nicht in irgendwelchen Kellern für immer verschwunden.

Nur ein Vorfall führte zu personellen und organisatorischen Konsequenzen. Wegen der Aktivitäten des »Servicio Alfredo Herz« hatte die Regierung im Mai 1937 den aus Jugoslawien stammenden Agenten Alfons Laurenčić mit der Untersuchung dieser Fälle beauftragt. Bis Ende Mai 1937 – also noch vor der eigentlichen Verhaftungswelle – verfaßte Laurenčić etwa 40 Vermerke über Fälle von Verhaftung, Entführung und willkürlichen Schikanen, von denen 18 noch erhalten sind. Als Vertreter der Gruppe »Neu Beginnen« nach Spanien fuhren, um ihren Parteifreund Mark Rein zu suchen, nahmen sie auch Kontakt mit Alfons Laurenčić auf, der sie mit wichtigen Informationen versorgte. In Anwesenheit der beiden Vertreter von »Neu Beginnen« zitierte der Staatssekretär des Innenministeriums sowohl Laurenčić als auch Alfred Herz und seinen spanischen Komplicen Mariano Gómez Emperador im Juli 1937 zu sich und forderte die beiden letztgenannten zur Stellungnahme auf. Bei dieser Unterredung überführte Laurenčić die beiden der Urheberschaft an der Entführung von Mark Rein. Alfred Herz und Gómez Emperador wurden jedoch nicht zur Verantwortung gezogen. Allerdings waren sie so sehr ins Rampenlicht geraten, daß sie für ihre Hintermänner und Auftraggeber unbequem geworden waren. Man versetzte die beiden an weniger auffällige Stellen, wo sie aber weiterhin geheimdienstliche Funktionen ausgeübt haben dürften. Die Aufgaben des »Servicio Alfredo Herz« übernahm wahrscheinlich der im August 1937 gegründete militärische Geheimdienst SIM, der von Kommunisten geführt wurde. Zu einer Zeit, in der sich die meisten politisch unliebsamen Ausländer bereits in Haft befanden, war eine Dienststelle wie der »Servicio Alfredo Herz« in dieser Form nicht mehr erforderlich. Die Konsequenzen, die man aus der Enttarnung von Alfred Herz' Machenschaften zog, waren nur vordergründiger Natur. Alfred Herz selbst verließ Spanien erst im Januar 1939 und emigrierte dann von Belgien aus nach Mexiko, wo er – den glaubwürdigsten Berichten zufolge – Selbstmord beging.[20]

Die hier geschilderten Fälle betrafen durchweg Zivilpersonen. Aufgrund der lückenhaften Quellenlage ist es schwierig, »Säuberungen« in den Interbrigaden näher zu beschreiben. Daß sie stattgefunden haben, steht außer Zweifel. Davon zeugen die Erinnerungen Gustav Reglers, Alfred Kantorowicz' und anderer,[21] in verschlüsselter Form auch Ernest Hemingways »Wem die Stunde schlägt«. Berüchtigt wurden die Erschießungen, die André Marty, der Chef der Internationalen Brigaden, durchführen ließ. Sie sind zwar vor allem als krankhafte Reaktionen eines an Verfolgungswahn leidenden Psychopathen zu sehen, der sich aber nur in einer von Mißtrauen, Verschwörermentalität, Agentenfurcht und »Spionitis« geprägten Atmosphäre entfalten konnte.

Politisch bedeutsamer als Martys spontane Bluttaten war die Arbeit eines geheimdienstlichen Apparates, der stärker im Hintergrund arbeitete und zeitweilig vom italienischen KP-Vorsitzenden Palmiro Togliatti geleitet wurde. Man weiß, daß im Basislager der Interbrigaden zu Albacete Personallisten und Karteien geführt wurden, in denen politisches Belastungsmaterial – auch aus weit zurückreichender Zeit – genauestens vermerkt war. In den Truppenteilen arbeitete ein Netz von Agenten, die Informationen über die Freiwilligen an die Zentrale weiterleiteten. Für die Überwachung der deutschsprachigen Spanienkämpfer scheint zeitweilig Wilhelm Zaisser zuständig gewesen zu sein. Ein enger Mitarbeiter Zaissers war Erich Mielke. Beide avancierten später zu Staatssicherheitsministern der DDR. Zaisser wurde vom früheren sozialistischen Zivilgouverneur der Provinz Albacete beschuldigt, Anfang Dezember 1936 die Erschießung politisch unliebsamer Personen veranlaßt zu haben. Den Vorwurf, Personen verhaftet, gefoltert und getötet zu haben, erhob später Kantorowicz auch gegen Erich Mielke,[22] jedoch konnten seine Behauptungen im einzelnen nicht überprüft werden. Fest steht indessen, daß Mielkes Anwesenheit in Spanien zwar vielfach belegt ist, seine in der DDR-Literatur behauptete militärische Betätigung aber niemals näher angegeben wird.

Insgesamt dürften willkürliche Erschießungen Einzelfälle geblieben sein. Die »Säuberungen« gingen vermutlich subtiler vonstatten, in der Regel wohl so, daß man politisch unliebsame Personen von wichtigen Posten entfernte, sie in schweren Fällen vor ein Feldgericht stellte und zu Gefängnisstrafen verurteilte oder sie an besonders gefährliche Frontabschnitte schickte. In einem maurischen Kastell, dem Alcázar von Chinchilla, befand sich ein solches Gefängnis für Interbrigadisten, ebenso in der alten Burg von Castelldefels südlich von Barcelona. In der Schlußphase des Bürgerkrieges gab es auch Straflager für Interbrigadisten, die der Kontrolle des SIM unterstanden.[23]

Abschließend soll ein Blick auf Motive und Umfang des Terrors sowie auf die Auswahl der Opfer geworfen werden. Gezielte Verfolgungen richteten sich auch vor allem auf solche Personen, die Trotzki ideologisch, organisatorisch oder persönlich nahestanden; sie sollten vernichtet werden und wurden dort ermordet, wo man ihrer habhaft wurde. Bekannteste Opfer dieses relativ kleinen Personenkreises waren Kurt Landau, Erwin Wolf und andere. Bei ihnen ist die Parallele zu den gleichzeitigen Moskauer Schauprozessen nicht zu übersehen. Ein weiterer Personenkreis sollte nur eingeschüchtert, verängstigt, an politischen Aktivitäten gehindert oder aus Spanien hinausgegrault werden. Diese Personen wurden in der Regel für einige Monate eingekerkert und dann ausgewiesen. Hier dienten die Terrormaßnahmen dazu, Gruppen, die in Konkurrenz oder Opposition zu den Kommunisten standen, zu schwächen oder gar zu zerschlagen. Schließlich kann man noch eine dritte Personengruppe annehmen, die gewissermaßen das Treibgut des Terrors darstellt: Personen, die ungeachtet ihrer politischen Inaktivität und Bedeutungslosigkeit durch zufällige Bekanntschaften und andere Umstände in Verdacht gerieten und aufgrund eines bürokratischen Übereifers der Geheimpolizei gleichfalls für einige Zeit verhaftet wurden. Wirkliche Straftaten hat wohl kein Opfer begangen und es sind keine Prozesse bekannt, die gegen eines von ihnen angestrengt worden wären. Soweit die Quellen Schätzungen zulassen, dürften unter den deutschen Zivilisten 200–300 Personen verhaftet und eingekerkert worden sein; wie viele von ihnen für immer »verschwanden« und als ermordet gelten müssen, ist nicht klar, jedoch darf diese Zahl als nicht sehr hoch angesehen werden. Vermutlich bewegt sich die Zahl der Opfer in den Interbrigaden in ähnlichen Größenordnungen, jedoch sind hier keine Schätzungen möglich. Gelegentliche Vermutungen über Tausende von Opfern sind also übertrieben. Andererseits soll diese Einschränkung nicht die Schwere der bekannten Fälle mindern: Viele der Opfer erlitten unsagbare Qualen und nicht wenige waren für ihr weiteres Leben gezeichnet.

1 Für die erste revolutionäre Phase des Spanienkrieges s. Burnett Bolloten, *La Revolución Española. Sus orígenes, la izquierda y la lucha por el poder durante la guerra civil 1936–1939*, Barcelona – Buenos Aires – México D. F. 1980. – Als knappe, einleitende Übersicht hierzu s. Pierre Broué/Emile Témime, *Revolution und Krieg in Spanien*, Bd. 1, Frankfurt/M. 1981. — 2 Hierzu die umfassende Darstellung von Walther L. Bernecker, *Anarchismus und Bürgerkrieg. Zur Geschichte der Sozialen Revolution in Spanien 1936–1939* (Historische Perspektiven 10), Hamburg 1978. — 3 Vgl. Víctor Alba, *Histoire du POUM*, Paris 1975. – Demnächst erscheint eine an der Universität Bochum vorbereitete Dissertation von Reiner Tossdorf, *Der POUM in Bürgerkrieg und Revolution* (Arbeitstitel). — 4 Hierzu Rainer Huhle, *Die Geschichtsvollzieher. Theorie und Politik der Kommunistischen Partei Spaniens 1936 bis 1938*, Gießen 1980. — 5 Hierzu Bolloten, a.a.O., S. 559 ff. — 6 Andrés Suárez, *El proceso contra el POUM. Un episodo de la revolución española*, Paris 1974. — 7 Ignacio Iglesias, *León Trotski y España (1930–1939)*, Madrid 1977. — 8 Vgl. Julián Gorkin, *Stalins langer Arm. Die Vernichtung der freiheitlichen Linken im spanischen Bürgerkrieg*. Mit einem Vorwort von Willy Brandt, Köln 1980. — 9 Patrik von zur Mühlen, *Spanien war ihre Hoffnung. Die deutsche Linke im spanischen Bürgerkrieg*

1936-1939, Bonn 1983, S. 146 ff. — **10** Ebd., S. 148. - Vgl. auch Andreu Castells, *Las brigadas internacionales de la guerra de España*, Barcelona 1974, S. 459 ff. - Carlo Penchienati, *Brigate Internazionali in Spagna. Delitti della »Ceka« comunista*, Milano 1950. — **11** Mühlen, a.a.O., S. 152. — **12** Ebd., S. 155 ff. — **13** Paul & Clara Thalmann, *Revolution für die Freiheit. Stationen eines politischen Kampfes. Moskau / Madrid / Paris*, Hamburg 1976. - Hans Schafranek: Kurt Landau. In: *Bewegung und Klasse. Studien zur österreichischen Arbeiterbewegung*, hg. von Gerhard Botz u. a., Wien 1978, S. 133-216. — **14** Augustin Souchy, *»Vorsicht: Anarchist!« Ein Leben für die Freiheit. Politische Erinnerungen*, Darmstadt - Neuwied 1977. - Mühlen, a.a.O., S. 156. — **15** Rolf Reventlow, *Spanien in diesem Jahrhundert. Bürgerkrieg, Vorgeschichte und Auswirkungen*, Wien - Frankfurt/M. - Zürich 1968. — **16** Zum Fall Mark Rein s. Mühlen, a.a.O., S. 167 ff.; daselbst weitere Quellenangaben. — **17** Mühlen, a.a.O., S. 166. - Vgl. auch Thalmann, a.a.O., S. 206 ff. - Katia Landau, *Le Stalinisme en Espagne (Cahiers Spartacus no 13)*, Paris 1939. - Félix Llaugé Dausá, *El terror staliniano en la España republicana*, Barcelona 1974. — **18** Für diese und andere Einzelschicksale vgl. auch das *Biographische Handbuch der deutschsprachigen Emigration nach 1933*, Bd. I: Politik, Wirtschaft, öffentliches Leben, München - New York - London - Paris 1980. — **19** John McGovern, *Terror in Spain. How the Communist International has destroyed Working Class Unity, undermined the fight against Franco and suppressed the Social Revolution*, London 1938. — **20** Quellenmaterial zum »Servicio Alfredo Herz« befindet sich im Archivo Histórico Nacional / Salamanca sowie im Internationaal Instituut voor Sociale Geschiedenis / Amsterdam; vgl. hierzu die ausführliche Darstellung bei Mühlen, a.a.O., S. 176 ff., sowie Domingo Pastor Petit, *Los dossiers secretos de la guerra civil*, Barcelona 1978. — **21** Vgl. Gustav Regler, *Das Ohr des Malchus. Eine Lebensgeschichte*, Köln 1975. - Alfred Kantorowicz, *Spanisches Kriegstagebuch*, Köln 1966. - Penchienati, a.a.O., S. 42 f. — **22** Justo Martínez Amutio, *Chantaje a un pueblo*, Madrid 1974, S. 232-251; ähnlich auch Penchienati, S. 47 ff. - Alfred Kantorowicz, *Deutsches Tagebuch*. Zweiter Teil, München 1961, S. 635. — **23** Aussagen über Vernehmungen, Verhaftungen, Strafen und Schikanen gegen politisch Andersdenkende finden sich wiederholt in den Vernehmungsprotokollen der von der Gestapo verhörten ehemaligen deutschen Spanienkämpfer, die jedoch als stark situationsgeprägte Aussagen einen problematischen Quellenwert haben; vgl. die Gestapo-Akten im Hauptstaatsarchiv Düsseldorf (Bestand RW 58). - Umfassend, aber wegen des beabsichtigten Propagandaeffektes gleichfalls problematisch sind die 1939/40 von seiten des Franco-Regimes veröffentlichten Enthüllungsschriften über den »Checa«-Terror während des Bürgerkrieges; vgl. hierzu die Literaturangaben bei Klaus-Jörg Ruhl, *Der Spanische Bürgerkrieg. Eine Bibliographie*, Teil 1: Die politische Geschichte des Krieges (Schriften der Bibliothek für Zeitgeschichte Bd. 22), München 1982, S. 55-66.

Peter Seibert

»Dann werden das Blatt wir wenden...«
Verbannte Autoren im Kampf um die Saar (1933–1935)[1]

Aus dem öffentlichen Bewußtsein ist die Auseinandersetzung, die 1933–1935 um ein kleines deutsches Gebiet, die Saar, geführt wurde, weitgehend geschwunden. Dieser »Saarkampf« ist fast vergessen worden über den folgenden Schrecknissen nationalsozialistischer Herrschaft. Die nach der Niederlage Hitlerdeutschlands zum zweitenmal erfolgte wirtschaftliche und politische Separierung der Saar und mehr noch die dann erneut anstehende Rückgliederung an einen größeren deutschen Staatsverband, jetzt die Bundesrepublik Deutschland, haben der Verdrängung eines *Kampfes* um die Saar, d. h. dem Verschweigen der Anti-Hitler-Kräfte, eher noch Vorschub geleistet. Indizien für ein bewußtes Übergehen aller Anstrengungen, das Saargebiet nicht kampflos in die Hände Hitlers zu geben, lassen sich bis in das heutige Stadtbild Saarbrückens verfolgen: 1935 wurde an jenem Gebäude, in dem die Stimmenauszählung nach der Saarabstimmung stattfand, eine Gedenktafel angebracht, auf der es u. a. hieß, daß »hier in der Morgenfrühe des 15. Januar 1935 das überwältigende Ergebnis, auf Grund dessen das Saargebiet ungeteilt zum Deutschen Vaterland zurückkehrte«, verkündet worden sei. Die nach dem Kriege entfernte Tafel wurde, als das Saarland Bundesland geworden war, mit eben dem Text, der die Angliederung an Hitlerdeutschland feierte, wieder befestigt – nur das Hakenkreuzemblem fehlte.[2] Gleichzeitig wurden die Straßen, die nach dem Zusammenbruch des Dritten Reiches mit ihren Namen an antifaschistische Persönlichkeiten des Saarkampfes erinnern sollten, wieder umbenannt, so die Max-Braun-Straße (Max Braun war führend am Zustandekommen einer Anti-Hitler-Koalition beteiligt) in Großherzog-Friedrich-Straße, die Hanna-Kirchner-Straße – der Name der ins Saargebiet emigrierten und später in Plötzensee hingerichteten Sozialpolitikerin der Weimarer Republik stand stellvertretend für andere Opfer des Nazi-Regimes – heißt seit 1957 wieder Bülowstraße. Dagegen behielt Saarbrücken seine »Straße des 13. Januar«, die das Gedächtnis an das Siegesdatum Hitlerdeutschlands an der Saar wachhält. Wohl nicht ganz im Sinne der Verantwortlichen bleibt durch diese Straße die Erinnerung an die Angliederung an das Dritte Reich in doppelter Weise lebendig: die »Straße des 13. Januar« führt von der Polizeikaserne direkt zum Schlachthof.[3]

Auch was die Aufarbeitung des Saarkampfes durch die Wissenschaft betrifft, so ist hier in erster Linie von Versäumnissen zu berichten. In den letzten Jahren erst sind von Historikern umfangreichere Arbeiten zur Politik der Hitler-*Gegner* an der Saar vorgelegt worden[4], von germanistischer Seite ist der Nachweis eines Stellenwertes dieses Saarkampfes für die Entwicklung einer gegen den Nationalsozialismus gerichteten Literatur erst zu erbringen.[5] In der wichtigsten historiographischen Arbeit heißt es noch 1978 zur Erforschung dieser Literatur lapidar: »Es ist der Nachwelt wenig bekannt, daß der Abstimmungskampf sich auch literarisch niederschlug und eine Reihe zeitgenössischer Schriften (...) hervorgebracht hat.«[6] Seit 1978 bedurfte diese Feststellung noch keiner Revision – sieht man vielleicht von dem Werk des Schriftstellers Gustav Regler ab. Sein Saarroman *Im Kreuzfeuer* ist inzwischen wieder aufgelegt worden.[7] Von den anderen Werken fehlt eine Neuedition; ein zentrales Werk eines Autors ist noch verschollen. Diese Forschungs- und Editionssituation ist auch, aber nicht nur ein Resultat der politischen Entwicklung nach 1945 und nach 1957, sie ist ebenso das Ergebnis der Bewertung der ästhetischen Qualitäten dieser Literatur, einer literarischen Abwertung von Werken, die für die sogenannte Tagespolitik geschrieben wurden und bei denen dementsprechend der funktionale Charakter dominiert. Wahrgenommen wird diese Literatur – wenn überhaupt – als historische Quelle. Als solcher ist Theodor Balks Reportage *Hier spricht die Saar*[8] wenigstens Aufmerksamkeit in den Fußnoten einiger historiographischer Beiträge zuteil geworden. Nur Erich Weinert, der in der DDR als Klassiker der politischen Dichtung unseres Jahrhunderts geschätzt wird, scheint die Ausnahme zu sein, die die Regel bestätigt: Ein Teil seiner Gedichte und Lieder von der Saar liegen in der Weinert-Gedichtausgabe wieder vor[9] – aber eben in einer Sammelausgabe, die den konkreten Publikationszusammenhang und auch das operative Genre dieser Dichtung eher verdeckt: Weder hat Weinerts Gedichtsammlung für den Saarkampf, *Pflastersteine,* Saarbrücken 1934, noch hat das antifaschistische Liederbuch *Alles singt mit!,* ebenfalls Saarbrücken 1934, eine Neuauflage erlebt.

Der Saar-Status, um dessen Revision es Hitlerdeutschland vordergründig ging, war eines der Resultate des Versailler Vertrages. Als Ausgleich für die in Nordfrankreich von deutschen Truppen während des Ersten Weltkrieges zerstörten Industrieanlagen hatte Frankreich die Gruben des Saarkohle-Beckens in Besitz genommen und sie mit den lothringischen Erzbergwerken in einem einheitlichen Wirtschaftsraum zusammengefaßt. Ein staatsrechtliches Territorium, flächenmäßig etwas kleiner als das heutige Bundesland mit mehr als 700 000 Einwohnern war entstanden. Im wesentlichen war es das Einzugsgebiet der Hüttenarbeiter und Bergleute einschließlich des zur Versorgung der industriellen Ballungszonen notwendigen Bauernlandes, das als »Saargebiet« der Verwaltung des Völkerbundes unterstellt wurde. Im Gegensatz zu dem bilingualen Oberschlesien beispielsweise wurde eine Volksabstimmung in diesem rein deutschsprachigen Land ausgesetzt: Erst nach 15 Jahren sollten die neugeschaffenen Saarländer befragt werden, ob sie sich Frankreich anschließen, den Status quo des Völkerbundmandats beibehalten oder an das Deutsche Reich rückgegliedert werden wollten. Weder der Anschluß an Frankreich noch der Status quo, der nicht einmal ein politisches Mitspracherecht der Bevölkerung auf Landesebene vorsah, konnten in dem vorgesehenen Plebiszit auch nur mit einer zahlenmäßig respektablen Minderheitszustimmung rechnen. Bis auf frankophile Splittergruppen hatten sich alle Parteien – einschließlich der Kommunisten – für die Wiedervereinigung mit Deutschland ausgesprochen, so daß die Volksabstimmung zu einem formalen Akt zu werden schien.

Diese Entwicklung an der Saar wurde in dem Augenblick unterbrochen, als in Berlin die Nationalsozialisten die Macht an sich rissen, eine Machtergreifung, die aus dem kleinen Land im Südwesten den letzten (freiheitlichen) Zipfel Deutschlands machte, der vom Faschismus noch nicht in seine Gewalt gebracht worden war.[10] Dieses Gebiet bot sich jetzt für viele Verfolgte des Dritten Reiches als Zufluchtsstätte und antifaschistischer Kampfplatz zwischen Deutschem Reich und Exil an.

Die Hoffnungen derer, die sich hier noch einmal gegen Hitler stellen wollten, wurden bestärkt durch eine politische Entwicklung an der Saar, die in den bis zum Abstimmungstermin verbleibenden zwei Jahren zu einer Korrektur der gravierendsten Fehler der beiden großen Arbeiterparteien, der sozialdemokratischen und kommunistischen, führte. Die kommunistische Partei, die im Saargebiet im Gegensatz zur Situation in der Weimarer Republik mehr als doppelt so viele Stimmen wie die Sozialdemokratie verbuchen konnte und neben dem mächtigen Zentrum die zweitstärkste Partei blieb[11], gab nach Zögern sowohl die Sozialfaschismustheorie, die in der Sozialdemokratie bekanntlich einen Hauptfeind der Arbeiterklasse ortete, als auch das Postulat einer »Einheitsfront von unten« auf und schloß sich mit der Sozialdemokratischen Partei der Saar (SPdS) zu einer Front zusammen. Bis zu dieser Einheitsfrontpolitik mußte die KPD/S ihre Position mehrmals revidieren, Kurskorrekturen vornehmen, die sich auch in der Literatur widerspiegeln.

Galt es anfänglich als defätistisch, sich auf ein Verbleiben der Staatsmacht in nationalsozialistischer Hand bis zum Abstimmungstermin einzustellen und plädierte man bei der KPD/S weiter für die Rückkehr der Saar, so wurde in einer zweiten Phase die auf die Abstimmung bezogen unklare und immer noch von einem obsolet gewordenen revolutionären Optimismus getragene Parole »für eine Rote Saar in einem Rätedeutschland« zur Hauptlosung der Politik. Unter maßgeblichem Einfluß der ins Saargebiet gekommenen KPD-Politiker Ulbricht und Wehner und unter Mitwirkung des an die Saar vom illegalen Kampf in Deutschland zurückgerufenen Saarländers Erich Honekker setzte sich die Forderung durch nach einem Fortbestand des Status quo bis zur Niederlage Hitlers. Für die an der KPD/S orientierten Schriftsteller barg dieser mehrfache Positionswechsel die Gefahr, daß ihre operative Literatur bei Erscheinen bereits veraltet war und an ihrer weiteren Veröffentlichung nur mehr bedingt Interesse bestand.

Mit der Politik, die auf die *Verteidigung des Status quo* zielte, hatte die KPD/S die politische Grundlage für das Zustandekommen der ersten antifaschistischen Einheitsfront geschaffen. Auf Seiten der Sozialdemokratischen Partei, deren numerische Schwäche in kausalem Zusammenhang mit der frühen christlichen Bindung der Arbeiterbewegung an der Saar gesehen werden muß, war das offizielle Bündnis mit den Kommunisten nur möglich nach einer ideologischen und organisatorischen Lösung von der Sopade, der Exil-SPD mit ihrem Prager Vorstand. Die Kritik und Ablehnung des Sopade-Kurses als zu zaudernd und abwartend wurde im wesentlichen von dem SPdS-Vorsitzenden Max Braun formuliert, der zum überragenden Politiker der Einheitsfront wurde, so daß die Nationalsozialisten ihn schon in der frühen Phase des Saarkampfes durch ein, dann fehlgeschlagenes, Attentat beseitigen wollten. Diese Einheitsfront weitete sich in dem zweiten Halbjahr 1934 zu einer Volksfront, als sich ihr auch neuformierte, von einem antifaschistischen Katholizismus geprägte Gruppierungen anschlossen.

Politisch wird also im Verlaufe des Saarkampfes durch die Arbeiterparteien die Weimarer Zeit überwunden und an einem kleinen, durch die Sozialstruktur fast idealtypischen Modell eine Politik entwickelt, die in den kommenden Jahren in einigen europäischen Ländern – man denke nur an Spanien – und im deutschen Exil richtungweisend werden sollte. Durch die spätere Zusammenarbeit Max Brauns mit Heinrich Mann im gemeinsamen Pariser Exil beeinflußten saarländische Einheitsfrontpolitiker auch unmittelbar die Formierung einer deutschen Exil-Volksfront.

Der Zusammenschluß zu einer gemeinsamen Anti-Hitler-Koalition an der Saar war um so dringender gewesen, als der Nationalsozialismus hier – ebenfalls modellhaft – seine Volksgemeinschaft organisierte, in der die rassische und blutsmäßige Zusammengehörigkeit über jeden Parteienhader triumphieren sollte: In einer *Deutschen Front* gingen alle Parteien auf, die für den Anschluß an Hitlerdeutschland votierten, darunter auch das einflußreiche Zentrum und die christlichen Arbeiterorganisationen. Selbst Die NSDAP/Saar wurde 1934 als letzte Partei auf Anordnung Hitlers aufgelöst, was Unruhe und Protest bei vielen Mitgliedern der Nazipartei hervorrief – eine von Anhängern der Einheitsfront überbewertete Reaktion.

Während von den Hitler-Gegnern an der Saar bereits neue politische Perspektiven realisiert wurden, bot für die meisten Emigranten, die diese Politik mitbestimmten, das Exil selbst noch eine neue, kaum durch Erfahrung abgesicherte Lebenssituation, eine Situation, die nicht wenige Exilierte nur als kurzes Zwischenspiel bis zum Sturz Hitlers auffaßten, die für alle aber zum Übergang zu einem langjährigen Leben im Ausland wurde. Dieser *Übergangscharakter*, das Arbeiten in einem Land, das nicht mehr Deutschland und noch nicht Ausland war, prägte die Literatur des Saarkampfes mit. Noch kann man sich an ein deutsches Publikum wenden, die links engagierten Schriftsteller treffen weiterhin auf ein politisiertes Proletariat, d. h. für sie bedarf es nicht einmal einer Umorientierung, was die politische und soziale Zusammensetzung ihres Zielpublikums anbelangt. Zu einer Überprüfung der literarischen Traditionen der Weimarer Republik scheint für diese Autoren von daher erst einmal wenig Anlaß bestanden zu haben.

Auch der Distributionsapparat von Literatur ist an der Saar gekennzeichnet durch das Stadium des Übergangs: Noch stehen den exilierten Autoren bereits einige, seit langem existierende lokale und regionale Verlage zur Verfügung; es kommt aber daneben bereits zur Gründung von Exilverlagen im Saargebiet oder zum Erscheinen von Saarkampfliteratur in Exilverlagen, die inzwischen in Paris aufgebaut worden waren, wie der Verlag *Editions du Carrefour*. Die exilierten Schriftsteller können sich vorhandener Zeitungen und Zeitschriften bei ihrer publizistischen Arbeit oder dem Abdruck ihrer jüngsten literarischen Werke bedienen, die überregionale Relevanz des Saarkampfes erzwingt aber auch die Konzipierung und Herausgabe neuer periodischer Publikationsorgane -- von denen ausführlicher noch zu sprechen sein wird.

Nachzeichnen lassen sich diese Übergangserscheinungen im Distributionsapparat von Literatur bis auf die Ebene des Buchhandels: Neben den traditionellen Buchläden boten Buchhandlungen, die sich im Firmennamen jetzt als »antifaschistische« bezeichneten, die Literatur der Exilierten an[12].

Dem Verlust eines literarischen Lebens, den die Schriftsteller in der provinziellen Enge der für kurze Zeit in die Aufmerksamkeit der Weltöffentlichkeit gerückten Stadt Saarbrücken erfahren mußten, wurde durch die Etablierung literarisch-geselliger Strukturen entgegengewirkt. Bezeichnenderweise war es wie in den beiden anderen frühen Exilzentren Prag und Paris auch in dieser Provinzstadt das Café, das zum geselligen Zentrum der antifaschistischen Intellektuellen avancierte. Da allerdings im Vergleich mit Prag und Paris die Kaffeehauskultur in Saarbrücken nur in Ansätzen entwickelt war, eröffnete eine Exilierte, Marie Juchacz[13], im Zentrum ein weiteres Café, das zum wichtigsten Treffpunkt der Emigration an der Saar wurde. Nach Arthur Koestlers Autobiographie *Die Geheimschrift* scheint 1934, als dieser Autor nach Saarbrücken kam, das Exil bereits über festere Geselligkeitsstrukturen verfügt zu haben. Der damalige Kommunist Koestler berichtet, welche ihm aus Moskau bekannten Persönlichkeiten er in Saarbrücker Cafés wiedergetroffen habe, und fährt dann fort: »Kurzum, das Saarland war eine Art von internationalem Rendevous der (...) Vorkämpfer der europäischen kommunistischen Bewegung (geworden).«[14] Partizipieren konnte das intellektuelle Exil schließlich auch an der Geselligkeit, die von den in Saarbrücken akkreditierten europäischen und amerikanischen Journalisten und Korrespondenten geschaffen wurde. An diese Geselligkeit erinnert sich die Reporterin des *Observer*, Sheila Grant Duff, in ihrem Buch *Fünf Jahre bis zum Krieg*: »Zum erstenmal erlebte ich jene gesellige Atmosphäre, die sich in einer Stadt (...) verbreitet, wenn sie mit einem Schlag in den Brennpunkt der internationalen Journalistenelite rückt. Die ganze Welt (»samt Gattin«) schien sich eingefunden zu haben.«[15]

Die geretteten oder verlagerten Geselligkeitsformationen der exilierten Intelligenz, die sich mit denen der ausländischen Pressevertreter z. T. mischen konnten, wurden von den Nationalsozialisten als besondere Provokation empfunden und gewaltsam zu stören versucht. So postierte man vor dem Café Juchacz Fotografen, die die Besucher aufnehmen sollten. Noch nach dem Plebiszit ereiferte sich der Presseverantwortliche des Gauleiters Bürckel, Karl Bartz, über das inzwischen eliminierte intellektuelle und literarische Milieu, in dem die Exilierten sich an der Saar wohlgefühlt hätten: »Man konnte sie (die Emigranten-PS)«, schreibt Bartz, »oft in einigen Kaffees und Wirtshäusern Saarbrückens sehen, sich erhaben gebend, mit den Manieren nicht gesetzter Menschen und herausfordernd irgendeine ihrer Zeitungen lesend. Sie fühlten sich sehr sicher (...).«[16]

Am einschneidendsten mußten die Vertriebenen die materielle Unsicherheit empfinden, mit der sie sich plötzlich konfrontiert sahen. In dieser Hinsicht fand die abrupteste Einübung in die Bedingungen des Exils statt. In der Regel konnten die Probleme der Unterbringung und Verpflegung nur provisorisch und improvisatorisch gelöst werden. Ein Blick auf das Ausmaß des Gesamtexils an der Saar, in dem die Intellektuellen nur einen kleinen Prozentsatz ausmachten, verdeutlicht die Schwierigkeiten, die sich aus der Massenflucht ergeben mußten. Angaben über die Zahlen der Emigration schwanken. Wir sind auf grobe Schätzungen angewiesen, da sich viele Flüchtlinge nicht bei amtlichen Stellen meldeten, sich bei Freunden und Verwandten aufhielten oder sich nach einiger Zeit aus dem überfüllten Saargebiet nach Frankreich absetzten. Bis Juni 1933 wurden von reichsdeutscher Seite aus die Saargrenzen weniger streng überwacht. Die Heilig-Rock-Ausstellung in Trier, die von den Nationalsozialisten zu propagandistischen Zwecken genutzt wurde (wobei das Trierer Episkopat mit den Nationalsozialisten kooperierte) führte noch einmal zu einer durchlässigeren Grenze, so daß viele Flüchtlinge – getarnt als Pilger – ins Saargebiet entkommen konnten.

Im März 1934, bevor der Abstimmungskampf durch die endgültige Festlegung des Wahltermins in eine entscheidende Phase trat, hatten sich nach Schätzung der Gestapo 5000–7000 Menschen ins Saargebiet gerettet.[17] Nach diesen Angaben hätte das Exil fast ein Prozent der Bevölkerung gebildet. Der interne Bericht der Saarländischen Friedensgesellschaft und der Liga für Menschenrechte, die mit der Roten Hilfe die Unterbringung der Vertriebenen organisieren halfen, spricht ebenfalls von 5000–6000 Menschen, die Ende 1933 im saarländischen Exil geblieben seien.[18] Konzentriert waren die Emigranten in der relativ schmalen urbanen Zone zwischen Wiebelskirchen und Völklingen/Saarlouis.

Es würde hier zu weit gehen, die Anstrengungen detaillierter auszuführen, die notwendig waren, diesen Exilanten im kleinen Saargebiets-Raum Essen und Unterkunft zu verschaffen. Arbeit konnte nur in ganz wenigen Fällen vermittelt werden. Für die antifaschistischen Parteien brachte die Emigration eine außerordentliche finanzielle Belastung, zumal die Sopade eine Unterstützung, um die sie von der SPdS gebeten worden war, aus parteipolitischen Gründen ablehnte. Karl Retzlaw, der eine Zeitlang selbst ein für die Exilanten in Betrieb genommenes altes Schlafhaus einer Kohlengrube leitete, schildert in seiner Autobiographie *Spartakus* seine Ankunft in Saarbrücken: »In der ersten Zeit war das Leben in Saarbrücken sehr schwer für mich. Ich hatte kein Zimmer, in dem ich mich auch hätte tagsüber aufhalten können, nur eine Schlafstelle, die ich morgens verlassen mußte.«[19] Die ins Saargebiet geflohenen führenden Kader der KPD, wie Alexander Abusch, Arthur Becker, Anton Switalla, lebten »in den kleinen ärmlichen Wohnungen der saarländischen Kommunisten«.[20] Gustav Regler war in Altenkessel, einem Industrievorort Saarbrückens, bei dem dortigen politischen Leiter der kommunistischen Ortsgruppe untergekommen. Von seinen Vortragsreisen ins Ausland brachte Karl Retzlaw nach seiner Autobiographie »Kleidungsstücke und Wäsche« mit.[21] Der Schriftsteller Karl Otten hatte aus seinem Londoner Exil einen Hilfeaufruf für die Emigranten an der Saar erlassen, der zu einer Kleidersammlung in Schweden führte.[22]

Zu der materiellen Not der Flüchtlinge kam die politische Repression durch die Deutsche Front. Auf führende Vertreter des Exils wurden Anschläge verübt. Die kulturpolitischen Aktivitäten der Hitler-Gegner wurden immer wieder vom nationalsozialistischen Terror beeinträchtigt. Man lese dazu nur das Saarkapitel in Weinerts autobiographischer Schrift *Weinert erzählt*.[23] Die Filmvorführungen der antifaschistischen Parteien – das Kino spielt in dem Saarkampf bereits auf beiden Seiten eine wichtige Rolle (wir werden auf einen Film noch hinweisen) – fanden immer weniger Resonanz, obwohl die Einheitsfront im »Hause der Arbeiterwohlfahrt« über ein, so Retzlaw, »sehr schön eingerichtetes Kino mit ca. 250 Sitzplätzen« verfügte. »Hier wurden«, Retzlaw weiter, »französische und westliche Spitzenfilme gezeigt. Zu all diesen Filmabenden (...) kamen mit dem Vorrücken des Abstimmungstermins ungefähr noch 20 bis 50 Personen. Selbst Flüchtlinge gingen immer seltener hin, sie fürchteten notiert oder photographiert zu werden.«[24] Weinert beispielsweise mußte sich aus Sicherheitsgründen in Forbach, auf französischer Seite, eine Wohnung nehmen.

Es ist als ablehnende Reaktion auf die fortgesetzten Angriffe des Dritten Reiches und der Deutschen Front gegen die Exilierten und auf die von reichsdeutscher Seite immer wieder erhobenen Forderungen an den Völkerbund nach Ausweisung der politischen Flüchtlinge aus dem Saargebiet zu werten, wenn durch die »Polizeiverordnung vom 7. Februar 1934 betr. Regelung der Aufnahme politischer Flüchtlinge im Saargebiet« vom Völkerbund ein Asylrecht erlassen wurde. Nach dieser Verordnung wurde den Flüchtlingen ein Völkerbundschutz gewährt, der ausdrücklich alle einschloß, die aus »politischen oder *kulturellen* Gründen ihren Heimatstaat verlassen haben«.[25] Ein literarisches Exil war damit erstmals rechtlich anerkannt und für eine kurze Zeitspanne geschützt.

Tatsächlich schien der deutsche Faschismus, je näher das Plebiszit rückte, in dem Exil den eigentlichen Gegner im Saarkampf anzuvisieren. Dies lag einmal darin begründet, daß das Dritte Reich hier in einer Frühphase auf eine überraschend schnell geschlossene Phalanx der geflüchteten Antifaschisten stieß, der es galt, vor einer weiteren Formierung und Ausweitung eine vernichtende Niederlage zuzufügen. Des weiteren bezweckte Hitler, indem das Exil an der Saar in das Zentrum der Angriffe gerückt wurde, durch einen hohen Abstimmungssieg unter Aufsicht des Völkerbundes der Weltöffentlichkeit die Identität von Nationalsozialismus und Deutschland, »Deutschtum« etc. zu belegen; die Gegner Hitlers sollten als Gegner Deutschlands, als »Landfremde«, »Undeutsche«, »Separatisten« diskreditiert werden. Eine Ausbürgerung solcher »undeutscher Elemente« mußte als die folgerichtige Konsequenz ihres Handelns erscheinen.

Der nationalsozialistische Landesleiter der Deutschen Front, Pirro, verwies als Argument für seine Forderung »Heraus mit den Emigranten aus dem Saargebiet« auf die »verantwortungslose Hetze jeder Art«, mit der die Exilierten »die Atmosphäre zu vergiften trachten, (...) ohne die Emigranten verliefe (die Abstimmung) ohne die lärmenden Begleitumstände, die einzig und allein die flüchtigen Verbrecher aus dem Reich verschulden«.[26]

»Der Präsident der Regierungskommission«, so Pirro weiter in der Zeitschrift der Akademie für Deutsches Recht, »sucht seit Monaten schon nach internationaler fremder Polizei; angeblich zur Sicherung der öffentlichen Ruhe und Ordnung an der Saar. Sein Bestreben dünkt mir, wie allen Saarländern, völlig deplaziert. Es ist dasselbe, als decke eine Hausfrau den Schmutz zu, statt ihn hinauszuwerfen! Fegt Herr Knox (der Regierungspräsident – PS) die Emigranten aus dem Lande hinaus, braucht er nicht noch weitere (!) landesfremde Menschen hereinzuholen (...).«[27] Bei einer Kundgebung an der Saargrenze in Zweibrücken (6. 5. 1934), die als Propagandaveranstaltung für die saarländischen Arbeiter geplant war, behauptete Goebbels zwar, über die »Landesverräter«, die im Saargebiet herumliefen, erübrige sich jedes Wort, doch diente sein Auftritt dann fast ausschließlich dazu, das Exil an der Saar zu attackieren und zu versprechen, daß man diesen »schimpflichen Tatbestand« beseitigen würde, sobald der deutschen Regierung die entsprechenden Mittel zur Verfügung ständen. Goebbels begriff die Gefahr, die von dem Einfluß des Exils auf die katholischen Arbeiter ausging und stellte darauf seine Rede ab: »Wir müssen den Emigranten (...) die Maske vom Gesichte reißen. Sie treten ein für den Arbeiter, für Sittlichkeit, für den Katholizismus. Man muß schon sagen, die Böcke sind zum Gärtner gemacht. In ihrer glorreichen Vergangenheit im Reiche wollten sie vom Christentum und Katholizismus nicht allzuviel wissen. Jetzt gehen sie ins katholische Saarvolk und rufen: »Die Kirche ist in Gefahr!« (...) Sie reden nicht davon, daß wir die Kirche vor ihnen gerettet haben. Unser Kampf galt ja Organisationen, die einen glatten Hohn auf die Kirche darstellen (...).«[28] Der kirchenfromm sich gebende Goebbels beendete seine Rede als Predigt, mit der soeben eine neue Heilsbotschaft verkündet worden war: »Schenkt den falschen Propheten kein Gehör, gebt vielmehr den Landesverrätern und Emigranten die Quittung eurer Verachtung. Und dann seid überzeugt, daß die große Dulderzeit, die noch vor euch liegt, überwunden wird, und die große Stunde nicht mehr fern ist, wo ihr heimkehrt ins große, einige deutsche Vaterland! (...) Deshalb stehe ich in dieser Stunde hier, um euch den Mut zu stärken und Glauben und Zuversicht über die Grenzen (...) mitzugeben.«[29]

Auch Hitler selbst suchte die katholischen Traditionen des Saarländers für seine politischen Ziele zu mißbrauchen. Er bediente sich ebenfalls eines religiösen, christlichen Vokabulars, um den Saarkampf mit heilsgeschichtlichen Vorgängen zu parallelisieren, wobei die Exilierten in die Rolle des Verräters Judas gedrängt wurden (was gleichzeitig ein »undeutsch-jüdisches« Wesen des Exils konnotieren sollte): »Was beweist es, wenn sie im Saargebiet einzelne Deutsche – leider Deutsche – besitzen, die nicht würdig sind, diesen Namen zu tragen? Unter den 12 Aposteln befand sich ein Judas. Wer will sich wundern, wenn auch wir solche Erscheinungen besitzen? Allein *trotz* dieses Judas hat das Christentum gesiegt, und trotz unserer Emigranten wird die Bewegung siegen.«[30]

Die Warnung der Exilierten, daß der Rückgliederung des Saargebietes, die erste Revision des Versailler Vertrags, andere revanchistische Schritte Hitlerdeutschlands folgen würden und damit ein Prozeß eingeleitet werde, der in einem neuen Weltkrieg eskalieren müßte, wurde von dem Gauleiter Bürckel in seiner vom Rundfunk übertragenen Kaiserslauterner Rede aufgenommen und gegen das Exil an der Saar selbst gewandt: Diese Exilierten erklärte er, seien die eigentlichen Störfaktoren beim Errichten einer europäischen Friedensordnung: »in Wirklichkeit kämpfen für den Status quo Leute, die sich ausdrücklich als Deutsche, ja, oft genug als das bessere Deutschland bezeichnen.[31] Aber (...) ein Status-quo-Saargebiet ist nicht nur das Hindernis für die deutsch-französische Verständigung ... es wäre ein ständiger Gefahrenherd für die nationalpolitische Einheit Frankreichs, weil«, so fuhr der Gauleiter fort, »der Kommunismus, die Emigration ein Aktionszentrum im Herzen Europas erstrebten, ein Asyl von dem aus sie beide Länder mit ihren Ideen durchsetzen wollten. Ein Status-quo-Saargebiet wäre nicht der Sieg Frankreichs über Deutschland ... das wäre der Sieg des internationalen Bolschewismus gegenüber allen europäischen Staaten ... es würde zur Giftküche Europas werden.«[32]

Ausdrücklich bezieht sich diese Rede Bürckels auf einen Aufruf von deutschen antifaschistischen Intellektuellen, der als wichtiges Dokument für das Engagement des literarischen und künstlerischen Exils im Saarkampf noch näher betrachtet werden muß. Diesen Aufruf hatte u. a. auch der wegen seiner pazifistischen Haltung bereits in den zwanziger Jahren von nationaler Seite verleumdete und von seinen Kollegen reglementierte Heidelberger Prof. Gumbel unterschrieben, was Bürckel aufgriff: »Unter den Unterzeichnern des Aufrufs für den Status quo befindet sich jener Herr Professor Gumbel, der sagt: ›Die deutschen Soldaten sind auf dem Felde der Unehre gefallen.‹

Das ist das Gewissen der anderen.

So stehen die Fronten klar.

Hier Deutsche und hier Nichtdeutsche, die aber auch keine Franzosen sind.

(...) Die Stimme dieses Gewissens ist Verrat und Unehre.

Wir wollen den Frieden, sie leben vom Haß.«[33]

Der angefeindete Aufruf hatte gerade jenen Vorwurf, die Exilierten seien keine Deutschen, zurückgewiesen: Er war überschrieben mit »Deutsche sprechen zu Euch! Saarländer!« Unterschrieben von 28 Intellektuellen – darunter viele Exilierte, die sich nicht an der Saar aufhielten – hatte ihn die Saarbrücker »Volksstimme«, das Organ der SPdS, im September 1934 veröffentlicht.[34]

Wir lesen auf der beeindruckenden Liste der Unterzeichner die Namen von:

Heinrich Mann, Lion Feuchtwanger, Professor Gumbel, Leonhard Frank, Alfred Kerr, Johannes R. Becher, Oskar Maria Graf, Prof. Georg Bernhard, Ernst Toller, Balder Olden, Anna Seghers, Theodor Plivier, Erwin Piscator, Prinz Max Karl zu Hohenlohe-Langenburg, Carola Neher, Leopold Schwarzschild, Gustav von Wangenheim, Klaus Mann, Gustav Regler, Erich Weinert, Ernst Ottwalt, Dr. Kurt Rosenfeld, Bodo Uhse, John Heartfield, Walter Schönstedt, Alfred Kantorowicz, Willi Bredel, Peter Maslowski. Mit diesem Aufruf sollte den Saarländern im Spätsommer 1934 die Wirklichkeit des faschistischen Deutschland noch einmal vor Augen geführt werden, eine Wirklichkeit, die auch saarländische Realität würde, stimmte man nicht gegen die »Auslieferung der Saar an Hitler-Deutschland«.[35] Der *Völkische Beobachter* druckte bereits am 26. 9. 34 ein Faksimile des Aufrufs mit Kommentar und Karikatur ab, auf der ein deutscher Saarländer mit Hakenkreuznadel den »Toller, Kerr und Cohnsorten« mit Davidstern und Sowjetstern einen Stuhl bis zur Abstimmung hinschiebt.[36] Auf den Aufruf der exilierten Schriftsteller antwortete der *Völkische Beobachter*: »Man müßte sie photographieren, dieses ganze Geschmeiß von Edelbolschewisten, Landesverrätern und Kriminellen, die im letzten Jahre frühzeitig das Hasenpanier ergriffen haben, um sich den ordentlichen deutschen Gerichten zu entziehen. Die Verherrlicher des bolschewistischen Blutterrors, die Schmäher jedes religiösen Empfindens, die Bankrotteure vom Schlage eines Piscators wagen sich ausgerechnet an die deutsche Saarbevölkerung zu wenden, um für den Status quo zu agitieren! Wie ungemein faul muß es bei der Seporatistenclique aussehen, daß sie keine bessere Gegenpropaganda aufzubieten weiß, als sich an die Rockschöße von jüdischen Literaten zu hängen, jenen Tintenkulis, die ungestraft mehr als ein Jahrzehnt ihre Produkte der Zersetzung dem deutschen Volke anzubieten wagten. Keiner von diesem Gesindel hat jemals an einem Schraubstock gestanden oder ist hinter einem Pflug einhergegangen, und keiner von ihnen hat jemals den Pickel des Bergmanns in der Hand gehabt und im Schweiße seines Angesichts sein Brot verdienen müssen.«[37] Einer solchen billigen Demagogie glaubte Klaus Mann doch noch eine Antwort in der Exilzeitschrift *Gegen-Angriff* schuldig zu sein, nachdem er die Bezeichnung »jüdischer Literat« als Ehrenname akzeptierte, hatte er ansonsten nur Spott für die Schreiber des *Völkischen Beobachters* übrig: »Daß die ›arischen‹ Literaten den ganzen Tag ›hinter dem Pfluge einhergehen‹, ist bekannt; vielleicht schreiben sie deshalb so schlecht.«[38]

Die Diffamierung der Verfechter des Status quo als »antinational« oder »undeutsch« hatte die Anwendung der neugeschaffenen Ausbürgerungsgesetze vorbereitet: Am 5. November erschien der *Völkische Beobachter* mit der Schlagzeile »28 Verräter aus der deutschen Volksgemeinschaft ausgestoßen«. Der Aufruf »Deutsche sprechen zu Euch!« war zum Vorwand genommen worden, jene Künstler und Intellektuelle auszubürgern, die öffentlich verlangt hatten, »das Saargebiet (solle) auch weiterhin ein Brückenkopf des Freiheitskampfes für Deutschland (bleiben)«. Dieser Akt war nach der Bücherverbrennung der *zweite* und in der Konsequenz dieser Bücherverbrennung stehende Höhepunkt nationalsozialistischer Aktionen gegen humanistisch-demokratische Autoren und Künstler.

Drei Wochen nach dem Aufruf der Exilierten, gegen Hitlerdeutschland zu votieren, wandte sich der seit dem Leipziger Reichstagsprozeß populäre Dimitroff »angesichts der weltpolitischen Bedeutung der Saarabstimmung«[39] ebenfalls mit einem eindringlichen Appell an die Saar, in dem er alle dort lebenden Antifaschisten aufforderte, »alle Kräfte an(zu)spannen, um Schritt für Schritt und Tag für Tag *Aufklärung* zu schaffen in den Betrieben, in den Gewerkschaften, an den Stempelstellen, in den Kulturorganisationen, in den Wohnungen des werktätigen Volkes in Stadt und Land, überall (...) die Aufklärung (zu) schaffen, Aufklärung bis zum letzten Mann, bis zur letzten Frau und bis zum letzten Jugendlichen.« »Aufklärung zu schaffen«, heißt es weiter, »ist die große heilige Pflicht eines jeden Saarländers gegen sich selbst, gegenüber seiner Familie und seinem Volk, gegenüber dem internationalen Proletariat und der Menschheit.«[40]

Während die nationalsozialistische Propaganda irrationale Größen wie Blut, Rasse, Abstammung beschwor und an das *Gefühl* appellierte, setzte Dimitroff auf Einsicht und Vernunft. »Aufklärung« mit all ihren optimistischen Implikaten war damit auf dem Höhepunkt des Saarkampfes von Dimitroff als der zentrale Begriff der Saarkampagne bestätigt worden, wie sie von seiten der Einheitsfront geführt wurde: »Aufklärung« war auch das Programm der *Literatur* dieser Einheitsfront. Mit dem Wahrheit über den Nationalsozialismus stiftenden Wort sollte Hitler geschlagen werden. Dies unterscheidet die Situation im Saargebiet grundsätzlich von der des Spanischen Bürgerkriegs: Nicht Literatur *und* Waffe, sondern Literatur *als* Waffe, als einzig zur Verfügung stehende Waffe wurde eingesetzt. Die Losung der Schriftsteller im Spanischen Bürgerkrieg »Nehmt meine Feder, solange ich schieße« hätte im Saarkampf falsche Alternativen aufgezeigt. Wie sehr Dimitroff selbst seine Forderung nach »Aufklärung« als kunst- und literaturprogrammatische für die Auseinandersetzungen um die Saar verstanden haben wollte, könnte am Beispiel einer Auftragsarbeit Dimitroffs für Gustav Regler noch näher erläutert werden.

Den Saarkampf als Aufklärungskampagne gegen den Faschismus zu führen und zu gewinnen, bedingte auch eine bedeutende *publizistische* Komponente in der Status-quo-Literatur. Der publizistischen Literatur kam dabei zustatten, daß auch die bereits jenseits der Saar-Grenzen erscheinenden großen Exilzeitschriften wie Klaus Manns

Sammlung, die *Neue Weltbühne*, das *Neue Tagebuch*, die *Arbeiter-Illustrierte-Zeitung* (AIZ) usw. an der Saar weiterhin an ein deutsches Publikum vertrieben werden konnten. In all diesen Zeitschriften finden sich Aufsätze zum Saarkampf, die sich nicht nur analysierend an das Exil wenden, sondern ebenso oder in erster Linie auf die Saarbevölkerung einwirken wollten. Regionale, auf die Saar bezogene Verkaufszahlen der Exilblätter liegen bisher zwar auch nicht annäherungsweise vor, doch stellt Hans-Albert Walter in seinen Untersuchungen zur Exilpresse bezüglich der Verbreitung der *Neuen Deutschen Blätter* fest: »Als nach dem Plebiszit vom 13. Januar 1935 auch das Saargebiet für den Absatz verloren ging, geriet die Zeitschrift in ernsthafte materielle Schwierigkeiten.«[41]

Der politische Essay der späten Weimarer Zeit, der analytischen und appellativen, zur politischen Tat auffordernden Charakter zugleich aufweist, konnte in diesen Exilorganen, was die Saarfrage angeht, fortgeschrieben werden. Zu nennen ist hier exemplarisch ein mit dem Kürzel »G.« für Golo Mann gezeichneter Essay *Um das Saargebiet* in der *Sammlung*[42], einer Zeitschrift also, die sich bekanntermaßen in Äußerungen zur Tagespolitik ansonsten eher zurückhielt. Golo Mann drängt die Saarkatholiken, sich endlich dem Kampf der Sozialisten anzuschließen. Peter de Mendelssohns Essay *Deutschland an der Saar*, ebenfalls in der *Sammlung* veröffentlicht,[43] spiegelt das ganze Hoffen des Exils auf einen Sieg im Saarkampf: »Unendliche Hoffnung hängt an seinem guten Ausgang: Das erste Stück deutschen Bodens wäre zurückgewonnen in erbittertem Streit, das erste, kleine Stück kommenden Deutschlands wäre erobert. Auf ihm könnte alle Hoffnung blühen, könnte aller Mut wachsen, um das ganze Reich zu gewinnen.«[44] Auch Klaus Mann, der mit dem Aufsatz *Krieg und Saar* in der *Neuen Weltbühne*[45] die Saarländer anspricht und deren mögliche Fehlentscheidung als ersten Schritt zu einem neuen Weltkrieg interpretiert, entwickelt eine These, die Niederlage Hitlers an der Saar müßte das gesamte nationalsozialistische System unterminieren und zum Zusammenbruch präparieren. In Fehleinschätzung der Wirkung nationalsozialistischer Propaganda gegen die Exilierten spricht Klaus Mann den Saarländern gegenüber von einer Identität zwischen der Entscheidung, ins Exil zu gehen, und der Abstimmung für den Status quo: »Saarländer, Männer und Frauen! Ihr seid Deutsche, wir sind es auch. Als wir in die Emigration gingen, haben wir nicht gegen Deutschland optiert; dies war nur ein vorläufiger Entschluss – wie eurer es sein soll. Durch ihn trennten wir uns nicht von Deutschland, sondern nur vom Nationalsozialismus und seinem Führer. Auch ihr sollt euch nicht für immer von Deutschland trennen, sondern ihr sollt es befreien helfen, indem ihr demonstriert gegen seine Unterdrücker. Die könnten erledigt werden durch eure Demonstration.«[46]

Auch Hellmut von Gerlach sieht in der *Neuen Weltbühne* ebenfalls hinter einem Abstimmungssieg Hitlers einen zweiten Weltkrieg heraufziehen.[47]

In den Exilzeitschriften finden sich auch Beiträge, die die dokumentarische Literatur der späten Weimarer Republik fortsetzen und bereits auf die große Saarreportage Theodor Balks verweisen: Von dem zunehmenden braunen Terror an der Saar berichtet in Einzelheiten F. C. Weiskopfs Reise-Reportage: *Neu-Chabrin*.[48] In der *Sammlung* erschien der Saar-Bericht eines Thomas Michel, der auf engste Vertrautheit mit den Vorgängen an der Saar schließen ließ, eine Sachkenntnis, die sich aus der Tatsache erklärt, daß sich hinter dem Pseudonym Thomas Michel der Saarländer Gustav Regler verbarg.[49] Authentizität beansprucht auch der Beitrag *Die Saar verloren?* eines Hans Prümm in der *Neuen Weltbühne*,[50] indem sich der Autor als Saarländer zu Wort meldet: »Hier spricht ein geborener Saarländer, ein Bewohner des dichtesten Bevölkerungsgebietes von Europa, eines frommen Landes, in dem auch Tausende von Revolutionären sitzen (...).«[51] Die Kritik dieses Hans Prümm – auch in diesem Fall scheint es sich um ein Pseudonym zu handeln – richtet sich vor allem gegen die französische, auf appeasement zielende Regierungspolitik. Der Beitrag kämpft für das Zustandekommen der Einheit der Hitlergegner und schlägt ein engeres Bündnis mit den französischen Linken vor. Durch Aufklärung, behauptet auch Hans Prümm, sei die Saar noch zu retten.

Drei Tage vor dem Plebiszit meldete sich die *Neue Weltbühne* mit einem Bericht von Ilja Ehrenburg ein letztes Mal zum Saarkampf zu Wort.[52]

Zweimal hatte auch die AIZ mit Sondernummern in die Auseinandersetzungen eingegriffen: Die Saar-Sondernummer vom 11. Oktober 1934 hatte als Titelbild eine Fotomontage John Heartfields, die den Optimismus des Textteiles der Zeitschrift konterkarierte: Ein übergroßes, mit Hakenkreuzen versehenes Henkerbeil saust auf die kleine Saar zu.[53] Kurz vor der Abstimmung, am 20. 12. 34, erschien eine weitere Sondernummer, diesmal nahm sich Heartfields Titelblatt das Bündnis des Saarindustriellen Röchling mit Hitler vor.

Überblickartig läßt sich, da Einzelauswertungen bisher fehlen, die *Pressesituation an der Saar selbst* und der Einfluß der exilierten Intellektuellen auf die Status-quo-Zeitungen und -Zeitschriften des Saargebietes beschreiben. Weder die katholische, gegen Hitler gerichtete Presse, noch die Zeitung der Gewerkschaftsbewegung, die sich der Einverleibung in die Deutsche Front widersetzt hatte, weisen eine nennenswerte Beteiligung des Exils auf. Der konkrete Nachweis der Mitarbeit von Exilanten ist bei den anderen Publikationsorganen nicht immer leicht zu erbringen, da ihre Namen aus Sicherheitsgründen selten im Impressum auftauchten. Erst in den 70er Jahren hat z. B. Karl Retzlaw von seinen Beiträgen für die sozialdemokratische *Volksstimme* berichtet, eine Zeitung, die ansonsten von ihren Mitarbeitern her eine rein saarländische Zeitung geblieben zu sein scheint – im Gegensatz zum Organ der KPD/Saar der *Arbeiter-Zeitung*, bei der im Frühjahr 1934 ein Revirement in der Redaktion stattfand. Die Redaktion wurde durch den Emigranten Alexander Abusch als Chefredakteur und drei weitere Exilierte als Redakteure erweitert bzw. ergänzt, eine Maßnahme, die das journalistische Niveau der *Arbeiter-Zeitung* binnen kurzem weit über das einer politischen Provinzzeitung hob.

Zu diesen eingesessenen beiden sozialistischen Zeitungen kam schon im Juni 1933 die erste Zeitungsneugründung an der Saar: *Die Deutsche Freiheit*, die sich selbst als »Einzige unabhängige Tageszeitung Deutschlands« titulierte. Als Chefredakteur fungierte nominell zwar Max Braun, redigiert wurde die Zeitung tatsächlich von dem ins Saargebiet geflohenen Reichstagsabgeordneten und ehemaligen Reichsinnenminister Wilhelm Sollmann. Die *Deutsche Freiheit* war konzipiert nicht nur für das Saargebiet, sondern verstand sich als von der Sopade unabhängiges Organ für die illegale Sozialdemokratie im Reich. Als weitere Zeitung gab die KPD in Saarbrücken die *Deutsche Volkszeitung* heraus als »Einziges unabhängiges Wochenblatt aller Werktätigen«. Schon durch die Angabe der Erscheinungsorte Berlin, Zürich, Saarbrücken, Prag, Paris, Amsterdam, Kopenhagen signalisierte sich die Einbindung des Saarkampfes in den Gesamt-Kampf gegen Hitler innerhalb und außerhalb Deutschlands.

Von einer anderen Zeitschrift, die im saarländischen Exil herausgegeben wurde, schreibt Karl Retzlaw in seiner Autobiographie: »In unserem Ringen an der Saar um die Beibehaltung der Völkerbundsverwaltung hatten wir (...) einen wirksamen Helfer erhalten, der in allen Hitlergegnern grosse Hoffnungen weckte. Es wurde eine neue Wochenzeitung *Westland* gegründet. Herausgeber war ein Düsseldorfer Rechtsanwalt, der im Saargebiet Zuflucht gesucht hatte; Chefredakteur war der Saarländer Peter Stern.« *Westland* schreibt Retzlaw weiter, »übernahm die geistige Führung des Kampfes. Um diese Zeitung scharten sich die ins Saargebiet geflüchteten bürgerlichen Intellektuellen, darunter Konrad Heiden. (...) In dieser Zeitung konnte auch ich einige Artikel unterbringen.«[54] Seit November 1933 nahm *Westland* Einfluß auf die Saarauseinandersetzungen. *Westland* blieb dabei ein theoretisches, von einem linksunabhängigen Standpunkt geschriebenes Organ, dessen Leser aus intellektuellen und v. a. aus jüdischen intellektuellen Schichten kamen, so daß der Zeitung eine Wirkung auf die Arbeiter weitgehend versagt bleiben mußte. Als Mitarbeiter gehörten *Westland* neben Retzlaw und Konrad Heiden, der sich durch seine Bücher zur Geschichte des Nationalsozialismus den besonderen Haß des Systems zugezogen hatte, Autoren an wie: Georg Glaser, Balder und Rudolf Olden und der als Kriminalschriftsteller bekannt gewordene Frank Arnau.

In seiner Autobiographie *Die Geheimschrift* schildert Arthur Koestler, wie er von der Kommunistischen Partei ins Saargebiet entsandt wurde, um die Gründung eines besonderen publizistischen Projekts zu übernehmen, einer Zeitschrift, die mit den Mitteln von Humor und Satire den Kampf gegen Hitler aufnehmen sollte. Diese *Saar-Ente*, so der Name der humoristischen Wochenschrift, erlebte nur eine Ausgabe, was Koestler – auf Leitartikel der *Arbeiter-Zeitung* anspielend – später kommentierte: »Meine eigene humoristische Wochenschrift war dialektisch ein großer Erfolg, erlebte aber, mechanistisch gesehen, nur eine Ausgabe.«[55] Offiziell war der in Paris neugegründete »Schutzverband Deutscher Schriftsteller«, unter Verantwortung Gustav Reglers der Herausgeber der *Saar-Ente*. Koestlers Zeitschrift beschränkte sich auf eine satirische Kommentierung der Ereignisse auf gegnerischer Seite. Einen Werbegag der Deutschen Front, welche Abstimmungsplaketten mit der Devise »Jeder trägt den schwarzen Diamanten der Heimat« verkaufte – auf jede Plakette war ein Kohlesteinchen geklebt – beantwortet die *Saar-Ente* mit einem Vierzeiler:

»Das Zeichen, das ist gut gewählt,
das hat'n Sinn, mein Junge:
Der Bonze trägt es auf der Brust –
Der Kumpel in der Lunge.«[56]

Sämtliche Zeitungen und Zeitschriften der Einheitsfront waren auch während der Völkerbundsregierung einem erheblichen Druck von nationalsozialistischer Seite ausgesetzt, ein Druck, der von einer Einschüchterung der Kioskbesitzer und Austräger der Zeitungen bis hin zur finanziellen Ruinierung reichte. Die bereits nationalsozialistisch durchsetzten Stadtverwaltungen entzogen der sozialistischen Presse und ihren Druckereien Aufträge und Inserate. Die Angst vor Repressalien nahm bis Ende '34 so zu, daß Leser von *Westland* ihr Abonnement zurückgaben, weil sie nicht mehr in der Kundenkartei geführt sein wollten. Geschäftsleute zahlten zwar noch Anzeigen, wollten ihre Inserate jedoch nicht mehr veröffentlicht sehen, so daß immer mehr weiße Stellen mit dem Vermerk »Reserviert« im Annoncenteil dieser Presse erscheinen mußten.[57] Ein entscheidender Versuch bei der Liquidierung der Anti-Hitler-Zeitungen schien zwei Monate vor der Abstimmung zu gelingen: Unter Täuschung des Eigentümers wurde ausgerechnet das hochverschuldete *Westland* von nationalsozialistischer Seite aufgekauft und erschien als faschistisches Blatt mit heftigen Angriffen gegen die Status-Quoler wieder. Die alte *Westland*-Redaktion reagierte sofort mit der Herausgabe einer neuen, der letzten anti-nationalsozialistischen Zeitung an der Saar, dem *Grenzland*. Daß unter dem Einfluß des Exils der Deutschen Front in der antifaschistischen Publizistik ein ernster und gefährlicher Gegner entstanden war, beweisen nicht nur die permanenten Einschüchterungsversuche und Anstrengungen, diese Presse mundtot zu machen, es wird auch bestätigt durch den bereits zitierten Presseverantwortlichen des Gauleiters Bürckel, Bartz: »Der Gegner«, urteilte Karl Bartz nach Abschluß des Saarkampfes, »verfügte an der Saar über eine ausgezeichnete Presse.« Diese habe sich »die raffiniertesten Köpfe aus(gesucht), die einstmals in Berlin oder im Reiche eine gefürchtete Feder geführt hatten. Es soll nicht bestritten werden, daß das redaktionelle Niveau einiger Blätter durch diese Zufuhr besonders hoch stand – wenn auch im Bösen.« Für Bartz war ebenfalls das *Westland* der entscheidende publizistische Feind: »Besonders das *Westland* (...) war wegen des Inhalts seiner Beiträge, seiner Verbreitung im Auslande und seiner Schreibweise gefährlich. Hier hatte sich der alte Kurfürstendamm versammelt und schrieb jenen Stil, den früher die Weltbühne schätzte.«[58]

Indem über die Publizistik hinaus die Literatur des Saarkampfes und Saarexils zur politischen Waffe wurde, sich noch einmal eine Literaturkonzeption durchsetzte, wie sie in den letzten Weimarer Jahren von KPD-nahen Schriftstellern gefordert und im BPRS oder im Arbeiter-Theaterbund (ATBD) propagiert worden war, blieb eine Vielzahl operativer Literaturformen der klassenkämpferischen Endphase von Weimar im Gebrauch. Das Flugblatt als zentrale operative Literaturform behielt seine Funktion bei. Aus Reglers Autobiographie *Das Ohr des Malchus* ist zu entnehmen, daß sich an der Saar auch die exilierten Schriftsteller an der Abfassung von Aufrufen beteiligten. Zusammen mit Wilhelm Pieck, Walter Ulbricht und Dimitroff redigierte Regler z. B. während seines Moskau-Aufenthaltes 1934 einen Aufruf, wobei es zu Kontroversen darüber kam, was volkstümlicher Stil sei.[59] Weinert verfaßte Propagandaverse, die nur aus wenigen Zeilen bestanden und geeignet waren, auf Streuzetteln verbreitet zu werden.[60]

»Literatur als Waffe« implizierte auch einen persönlichen Einsatz der Literaten: Künstlerauftritte begleiteten die gesamte Saarkampagne. *Die Arbeiter-Zeitung* kündigte am 11. 1. 1934 eine Tournee Hanns Eislers mit Arbeiterliedern an. Hans Marchwitza, der selbst aus einer Bergarbeiterfamilie stammte und durch seinen Roman *Sturm auf Essen* bekannt geworden war, kam ins Saarland.[61] Gustav Regler trat als Redner auf; nach Reglers Autobiographie scheint sich auch Manès Sperber engagiert zu haben.[62] Unermüdlich tätig war Erich Weinert als Rezitator: Er trug innerhalb eines Jahres auf 50 eigenen Vortragsabenden und 150 politischen Kundgebungen seine Gedichte und Lieder vor – in der letzten Phase des Saarkampfes finden wir ihn an verschiedenen Orten am gleichen Tage. Bei allen wichtigen Kundgebungen der Einheitsfront gehörte der Auftritt Weinerts zum Programm. In den autobiographischen Skizzen *Weinert erzählt* schildert der Autor die Repressionen, denen er bei seinen Vorträgen ausgesetzt war, die Auftrittsverbote und Saalschlachten. Für Weinert evozierte dies – ebenso wie sein unmittelbarer Kontakt zum organisierten Proletariat – die vertraute Situation vor dem Machtantritt der NSDAP. Von seinem ersten Rezitationsabend außerhalb des mit Hakenkreuzfahnen bereits garnierten Saarbrücken schreibt Weinert begeistert:

»Aber welche Überraschung, als ich, draußen im schwarzen Kohlengebiet, vor dem Saale stand! Seit sieben Uhr schon war er überfüllt. Und plötzlich stehe ich mittendrin, mitten unter deutschen Proletariern. Rot-Front-Rufe donnern; der Saal steht auf; die Internationale braust. Der Abend verlief in heller Begeisterung. Wir verstanden uns. Ich war wieder an der Front.«[63]

Daß die Front – für Weinert die Front des Klassenkampfes – sich völlig verändert hatte, daß die Arbeiterorganisationen in die Defensive gedrängt worden waren, wollte Weinert nicht wahrnehmen, zumal er bei seinen Abenden, die in der Regel vor kommunistischen und sozialistischen Arbeitern stattfanden, auf größte Zustimmung stieß. Hier wurde seine mit revolutionärem Pathos vorgetragene These von der weiter siegreich vorwärtsschreitenden Arbeiterklasse begeistert aufgenommen. Ein handschriftlich überliefertes Gedicht eines Zuhörers Weinerts, das die Rezeptionssituation widerspiegelt und damit auch Weinerts vorläufiges Festhalten an seinen literarischen Formen der zwanziger Jahre erklären hilft, verdient zitiert zu werden:

> Im Saal herrscht tiefe Stille.
> Mit Andacht lauschen Tausende von Ohren
> Dem Gebot des eisernen Willens:
> Den Bluthunden Hitlers, den faschistischen Horden,
> Das feige Handwerk zu legen.
> Und jedes Wort, das Erich Weinert spricht,
> Ist ein Dolchhieb, ein verwegener,
> Gegen den Faschismus, dessen Wesen es ist,
> Menschen zu ermorden.
> Mit klaren Worten, rücksichtslos und ohne Furcht
> Erklärt er Hitler und Konsorten:
> Nah ist die Zeit, wo wir für die,
> Die »auf der Flucht erschossen«,
> Abrechnung werden fordern.
> Tosender Beifall, donnerndes Hurra
> Bekräftigt die Worte
> Erich Weinerts.[64]

Im Saargebiet schrieb Weinert über 100 größere Gedichte, die in den Saarbrücker Zeitungen *Deutsche Freiheit, Deutsche Volkszeitung* und *Arbeiter-Zeitung* oder in Weinerts Gedichtbänden von 1934, dem eingangs erwähnten Band *Pflastersteine* und *Es kommt der Tag* (Moskau/Leningrad) veröffentlicht wurden. In diesen Gedichten werden regionale Saarereignisse ebenso aufgegriffen wie wichtige Nachrichten, die aus »Peitschland«, dem Hitlerdeutschland, an die Saar gelangen. Weinert mobilisiert mit dieser politischen Dichtung für die Befreiung Thälmanns oder vergleicht die Arbeit der »Internationalen Arbeiterhilfe« an der Saar mit der des Winterhilfswerks. Als die Entscheidung für ein Zusammengehen der beiden großen Arbeiterparteien gefallen ist, beginnt seine Agitation für die Einheitsfront, wobei er sich in mehreren Gedichten an die katholischen Arbeiter der Saar wendet. Immer wieder ist es das Bild von der letzten Barrikade, der letzten Schanze, die hier gehalten würde, von der gleichzeitig aber auch der entscheidende Schlag gegen Hitler geführt werde, mit dem er die Situation im Saargebiet beschreibt. In dem Gedicht *Eure Sache, Völker* ruft er zu internationaler Solidarität mit der Saar auf:

> Doch nicht um Deutschland und die Saar allein
> Wird diese Schlacht geschlagen!
> Des Aufstands Fahne mitzutragen
> Muß aller Völker Sache sein!
> Denn eins sei klar:
> Wird der Bandit geschlagen an der Saar,
> Wird dieser Schlag weithin durch Deutschland schallen,
> Und was gefesselt und erniedrigt war,
> Wird seinen Quälern in den Rücken fallen!
> Und bricht die deutsche Sklaverei zugrunde,
> Dann schlägt auch bald die letzte Stunde
> Der Herrn der Welt und ihrer Kettenhunde!

> Drum, daß die Saar die letzte Schanze hält,
> Sei eure Sache, Brüder aller Welt![65]

Zäh verteidigt auch hier Weinert seine illusionistische Einschätzung der Situation und verschärft diese Einschätzung noch, denn: nichts weniger als die Weltrevolution steht nach diesem Gedicht an der Saar auf dem Spiel. Einen Teil seiner Gedichte ließ Weinert von dem in Paris lebenden Komponisten Paul Arma nachträglich vertonen oder konzipierte sie gleich als sangbare Lieddichtung. Einige dieser Weinert-Lieder wurden abgedruckt in dem 1934 im Saargebiet erscheinenden antifaschistischen Liederbuch *Alles singt mit!*, darunter auch Weinerts ebenfalls mit einer Melodie von Paul Arma versehenes *Rotes Saarlied*.

In einem appellhaften Refrain, der notwendigerweise verschwommen bleiben muß, ruft dieses *Rote Saarlied* zum Aufstand auf:

> Nehmt den Hammer und Sichel zur Hand!
> Macht die Befreiung wahr!
> Und schafft im roten deutschen Räteland
> Eine freie, rote Saar![66]

Nicht in die Gedichtausgabe Weinerts aufgenommen wurde die Umdichtung des in der Vertonung Hanns Eislers wohl bekanntesten Liedes des politischen Dichters: *Der rote Wedding*. Der *Rote Wedding* war entstanden anläßlich des »Blutmai« 1929, als der Sozialdemokrat Zörgiebel auf demonstrierende Arbeiter schießen ließ, für die KPD eine Bestätigung der Sozialfaschismustheorie. Dementsprechend handelt das Lied von »der Schande der SPD, die die Arbeiter nie vergessen könnten« (2. Strophe). Ausgerechnet dieses Lied schrieb Weinert nun um zum *Freiheitsmarsch der Saar*.[67] Die Saarfassung des *Roten Wedding* mußte nicht nur verstärkt durch das Prinzip der Kontrafaktur immanente Widersprüche und Ungereimtheiten aufweisen, sie dokumentiert darüber hinaus ein weiteres Mal, in welchem Maße Weinert der Literatur der Weimarer Zeit verhaftet geblieben war.

Für das *Saarlied*, mit dem Bertolt Brecht den Saarkampf unterstützte, hatte ebenfalls Eisler die Melodie komponiert. Wie Weinerts Saarlied war auch das von Brecht – der Refrain bei Brecht deutet schon darauf hin – für ein kollektives Singen geschrieben worden. Aber Brecht knüpfte – im Gegensatz zu Weinert – nicht an die Arbeiterliedtradition an, sondern bezog sich formal und inhaltlich auf die nationalistische Propaganda der politischen Gegner, konkret auf die sakrosankte Nationalhymne *Deutschland, Deutschland, über alles*, deren Text von den Nationalsozialisten genutzt wurde, um jede Unterwerfung, jede Hingabe für das »Vaterland« zu verlangen und jede Unterdrückung anderer Völker zu legitimieren. Brechts Saarlied beginnt mit dem Vers des »Deutschlandliedes« »Von der Maas bis an die Memel«, um dann dieses Deutschland zwischen Maas und Memel als Land der Unterdrückung und der Folter anzuklagen.

Wendepunkt in dem Kampf um ein anderes, freies Deutschland wird auch nach Brecht der Sieg an der Saar sein. Mit der Siegeszuversicht, die im Refrain zum Ausdruck kommt, paart sich aber bereits ein fast *verzweifelt eindringlicher* Appell, die Saar zu verteidigen, ein Eindruck, der durch die doppelte Wiederholung dieser Aufforderung im Refrain verstärkt wird:

> Haltet die Saar, Genossen
> Genossen, haltet die Saar.
> Dann werden das Blatt wir wenden
> Ab 13. Januar.[68]

So wie die Gedichte Erich Weinerts noch als spätes literarhistorisches Kapitel der Weimarer Republik gefaßt werden können, so sehr blieb auch die literarische Großform im Saarkampf literarischen Traditionen der vorfaschistischen Zeit verhaftet. Es ist bereits darauf aufmerksam gemacht worden, daß der Tatsachenbericht, die literarische Reportage, obwohl sie von Lukács bereits in seiner Kritik an Ottwalt in Frage gestellt worden war, weiterhin eine bevorzugte Textgattung blieb, mit der die Faschisten entlarvt, die Saarländer aufgeklärt werden sollten: Die Fakten sollten sprechen, der Überzeugungskraft der Dokumente vertraute man. Die Breite der im Saarkampf eingesetzten dokumentarisch-reportagehaften Literatur reicht von reinen Quelleneditionen, wie der 1934 anonym in Saarbrücken erschienenen Sammlung *Sind die Nazis Sozialisten? 100 Dokumente aus 14 Monaten* bis zu Reglers *Im Kreuzfeuer*, in dem die politischen Fakten jeweils im Kapitelvorspann aufgelistet sind, der dokumentarische Stoff im Text episch eingekleidet ist, wobei Regler die Tendenz hat, historische Vorgänge und Figuren zu verschlüsseln.

An dieser Stelle sollen nur zwei Werke dokumentarischen Charakters herausgegriffen werden: Ohne Angabe von Herausgebernamen erschien kurz nach der Ermordung der SA-Führung um Röhm im Saarbrücker Uranus-Verlag eine Neuauflage von Röhms *Memoiren*; diese Neuausgabe ist aufschlußreich für den Umgang mit den Dokumenten. Die Erschießung Röhms hatte in Emigrantenkreisen zu einer kurzfristigen Euphorie geführt – man glaubte der offiziellen Nachricht vom Röhm-Putsch, man glaubte sie um so lieber, als die SA sich überwiegend aus proletarischen und kleinbürgerlichen Schichten rekrutierte, deren Unzufriedenheit jetzt erstmals in Rebellion umgeschlagen sein sollte. Aus Straßburg kam der Schriftsteller Berthold Jacob, der Militärexperte des Exils, nach Saarbrücken und traf sich dort mit Retzlaw und Rudolf Olden, um die Lage zu besprechen. Man beschloß, einen Zersetzungsprozeß in der SA zu initiieren und strich die erwähnten »Memoiren« auf in dieser Situation wichtig erscheinende Kernaussagen Röhms zusammen, Retzlaw versah die Memoiren mit einem Dokumentenanhang, darunter gerade 6 Monate alte Freundschaftsbriefe von Hitler an Röhm, Berthold Jacob schrieb ohne Nennung seines Namens ein – so Retzlaw – damals »sehr beachtet(es) und viel zitiert(es) Vorwort«[69].

Nur »authentische Äußerungen« vorstellen, die »Wahrheit« zu Wort kommen lassen, sollte auch Theodor Balks Reportage *Hier spricht die Saar. Ein Land wird interviewt*. Die englische Ausgabe (London), die wie die deutsche 1934 erschien, trug den ebenfalls bezeichnenden Titel *The Saar at first hand*. Theodor Balk, mit bürgerlichem Namen Dragutin Fodor, war Mitglied der KPD und des BPRS gewesen. Neben seiner Tätigkeit als Arzt – als solcher arbeitete er später auch im Spanischen Bürgerkrieg – schrieb er für die Presse der KPD. Bereits 1931 und 1932 waren von ihm Reportagebücher zur Lage der Arbeiter in verschiedenen Industriezweigen veröffentlicht worden. 1934 begann Balk mit seinen Recherchen im Saargebiet. Da Balk als ›seriöser‹, ausländischer und neutraler Reporter auftrat, er sich also einer recherchierenden Methode bediente, wie sie in unseren Tagen Wallraff zur Vollkommenheit entwickelt hat, gelangen ihm auch Interviews mit führenden Vertretern des gegnerischen Lagers, z. B. mit dem Industriellen Röchling und dem Führer der Deutschen Front, Pirro, Interviews, in denen beide unverblümt ihre Ziele und Methoden darlegten. Die Reportage spannt den Bogen von der Deutschen Front bis zur Einheitsfront und bietet einen Querschnitt durch alle Bevölkerungsschichten und alle politischen Gruppierungen des Saarkampfes. »Mitten im Kampfe« leitet Balk die Reportage ein, »wurde dieses Buch geschrieben. Mitten an der Saar. Der Autor ging in die Hauptquartiere der Parteien (...) Er sprach mit den Industriekapitänen – aber auch mit ihren Arbeitern, mit den Bankiers – aber auch mit kleinen Angestellten, mit Gräfinnen – aber auch mit Arbeiterfrauen, mit Ministern – aber auch mit Erwerbslosen, mit Großkaufleuten – aber auch mit Kleinbudikern, mit französischen Grubendirektoren – aber auch mit deutschen Bergleuten, mit Bauern – aber auch mit Landarbeitern, mit Katholiken, Protestanten, Juden. Was er gehört, was er gesehen hat – in diesem Buche ist es niedergelegt. Die Wahrheit über die Saar.«[70]
Das Beweismaterial der emotionslos dargebotenen Fakten, die durch das Mittel der Kontrastierung der verschiedenen Perspektiven als »objektive« bestätigt werden, läßt den Leser, dem die Funktion eines ›arbitre de la situation‹ zukommt, nur das Fazit ziehen, daß es ein Votum für Hitler nicht geben darf. Balk selbst scheint am Ende aber unter dem Eindruck der Entwicklung an der Saar die Grenzen der Reportage als operative Textgattung wahrzunehmen: Die *Attraktivität* der emotionsgeladenen, irrationalistischen Propaganda Hitlers, in der die Parole »Nix wie hemm!« gegen die intellektualistisch-nüchterne Forderung nach »Status quo« gestellt wurde, die Attraktivität einer Propaganda, deren zentrales Wahlplakat ein Kind zeigte, das in den Schoß der Mutter flüchtete, konnte Balk nicht verborgen bleiben. Theodor Balk fügt seiner Reportage ein Kapitel an, in dem der Autor, nachdem die Fakten gesprochen haben, sich selbst zum Wort meldet: »Hier spricht der Autor«.[71] In diesem letzten Kapitel löst sich Theodor Balk von seinem reportagehaften neusachlichen Stil – von der empirisch-gegenständlichen Seite verlagert er den Schwerpunkt auf die sprachliche: Die Prosa wird rhythmisiert, der Text nähert sich stilistisch expressionistischen Deklamationen an; inhaltlich erfolgt eine

Gleichsetzung der Saarabstimmung mit dem heilsgeschichtlichen »Jüngsten Tag«, so daß revolutionärer Anspruch und religiöses Pathos am Ende der Reportage verschmelzen:

> Verlaßt eure ruhigen Heime.
> Verlaßt eure vorsichtige Lauheit.
> Verlaßt euren friedlichen Alltag.
> Denn es ist Krieg.
> Brüllt es laut ins Land:
> Es geht um eure Freiheit und die eurer Kinder.
> Es geht um euer Brot und um das eurer Kinder.
> Es geht um euer Leben und um das eurer Kinder.
> Nützt die letzten Sekunden aus.
> Es ist eine Minute vor zwölf.
> Und wisset: Die Weltgeschichte wird eure Tat in goldenen Lettern vermerken.[72]

Gustav Regler kam im Saarkampf schon allein deshalb eine besondere Rolle zu, weil er sich als gebürtiger Saarländer politisch – er reiste z. B. als Saardelegierter nach Genf – und literarisch zu Wort melden konnte. Reglers *Im Kreuzfeuer*, der einzige Versuch von antifaschistischer Seite, die Auseinandersetzungen um das Saargebiet in einem Roman zu gestalten, ist durch die erwähnte Neuauflage heute wieder leicht zugänglich. Weniger bekannt ist, daß Regler auch einen Film für den Saarkampf drehte, der bisher nicht wieder aufgefunden werden konnte. Der Roman *Im Kreuzfeuer* entstand auf Drängen Münzenbergs, der den Saarroman, nachdem Regler einigen Exilierten in Paris einzelne Kapitel in einer Lesung zur Diskussion gestellt hatte, in seinem Exilverlag *Editions du Carrefour* publizierte. Für die Saararbeiter begann die Saarbrücker *Arbeiter-Zeitung* einen Abdruck. *Im Kreuzfeuer* umfaßt als erzählte Zeit die ersten sieben Monate der nationalsozialistischen Gewaltherrschaft, gespiegelt an den Ereignissen im Saargebiet. Diese sieben Monate bilden gleichzeitig die Grundstruktur der sieben Romankapitel. Der Autor hat auf einen durchgängigen Handlungsstrang verzichtet und versucht mit einer Episodentechnik – ähnlich der Reportage Balks – die Vorgänge auf verschiedenen sozialen Ebenen und in einer Multiperspektivität darzustellen. Nur wenige Figuren erscheinen in mehreren Episoden als Handlungsträger: ein kommunistischer Flüchtling aus einem deutschen Konzentrationslager (eine Figur, mit der Regler sich thematisch in die KZ-Literatur wie Langhoffs *Moorsoldaten* und Gerd Seegers *Oranienburg* einreiht), dann ein saarländischer Arbeiter, Werner, und dessen Freundin Lisbeth. In der Lisbeth-Figur wird die katholische Bindung der Saarbevölkerung problematisiert: Nicht als Katholikin, sondern nur insofern sie ihren Katholizismus abstreifen kann, ist es ihr möglich, sich am Kampf gegen Hitler zu beteiligen, eine Auffassung, die bei der Herausbildung der antifaschistischen Aktionseinheit über Bord geworfen werden mußte. An Werners verschiedenen politischen Anschauungen – er wandelt sich vom Individualterroristen, der ein Attentat auf Hitler plant, über einen Separatisten, der sich von den Franzosen kaufen läßt, bis zum Kommunisten – soll der Roman die Korrektheit der Position der Kommunistischen Partei belegen, wobei der ehemalige KZ-Häftling – Inkarnation der illegal im Reich kämpfenden Partei – für Werner das wichtige Korrektiv bildet. Die aktuelle Taktik der KP, ihre Losung »Für eine Rote Saar«, ihre Ablehnung der Einheitsfront mit der sozialdemokratischen Partei, all dies bestimmt das Romangeschehen. Oskar Maria Graf, mit dem Regler Mitte August 1934 auf dem 1. Allunionskongreß der Sowjetschriftsteller zusammentraf, empfindet den saarländischen Autor als »kommunistischen Musterschüler«, der mit seinem Saarroman prahle. Den Roman selbst charakterisiert Graf in seiner *Reise in die Sowjetunion 1934*: »Regler hatte den Roman genau nach der Linie und den Losungen der Partei (...) geschrieben. Das Buch galt als offiziell anerkanntes Meisterwerk. Dummerweise aber richtet sich jede gute Politik nach den fast täglich wechselnden Realitäten. Was heute gilt, ist morgen schon falsch.«[73] Tatsächlich mußte die *Arbeiter-Zeitung*, da sich die Taktik der Partei änderte, den Abdruck stoppen und unterband die Wirkungsmöglichkeit Reglers als Schriftsteller.[74] Die Forschung müßte heute den Roman wiederentdecken auch als Gegenentwurf zu einer Heimatliteratur, wie sie von der nationalsozialistischen Literaturpolitik gefordert und gefördert wurde, als einen Gegenentwurf, wie er auch von Anna Seghers in *Der Kopflohn* versucht und im *Siebten Kreuz* in seiner weltliterarischen Geltung vorgelegt wurde.

Der Film, den Regler mit dem holländischen Regisseur Joris Ivens unter Patronage und Einfluß Dimitroffs für den Saarkampf drehte, hatte noch geringere Wirkungschancen: Nach einer ersten, eher parteiinternen Aufführung in einem Saarbrücker Lokal zog ihn die KPD zurück. Die Erklärung für diese Indizierung liegt nicht allein in dem fehlenden Stalin-Porträt bzw. dessen nachträglicher Ersetzung durch eine Aufnahme des populären Dimitroff. In Moskau scheinen, bevor Regler dort das Imprimatur erhielt, politästhetische Auseinandersetzungen stattgefunden zu haben. Interpretiert man Reglers Autobiographie richtig, hat man seine »Schwarz-Weiß-Malerei« moniert. Der Film – in dem Regler selbst den Reporter darstellte – arbeitete noch sehr stark mit den filmischen Mitteln der zwanziger Jahre, mit dem harten Schnitt, der Montage. Den eingeblendeten Greuelnachrichten des *Völkischen Beobachters* über die Sowjetunion stellte man Bilder vom sozialistischen Aufbau entgegen.

Das Wiederauffinden des Saar-Films von Regler und Ivens, die sich beide wie die anderen Saar-Kombattanten Theodor Balk, Koestler und Weinert im Spanischen Bürgerkrieg politisch und künstlerisch engagierten, müßte ein Desiderat auch der Filmhistoriker sein.

Diese vielfältigen Anstrengungen der verbrannten Autoren an der Saar konnten »das Blatt nicht mehr wenden«. Die Niederlage der Hitlergegner war vernichtend. Fast 90% (88,43) der Bevölkerung stimmten unter Aufsicht des Völkerbundes für Hitlerdeutschland. Nicht einmal die Hälfte jener, die auf der letzten Kundgebung der Einheitsfront für die Freiheit der Saar öffentlich demonstriert hatten, gaben auch die Stimme für die Einheitsfront ab. Am Tag der Auszählung der Stimmen schrieb Klaus Mann an seine Mutter Katja Mann: »Ärmste Muttmaus, Dir muß man ja wohl am ersten einen Kondolenzbrief schreiben: wir müssen uns alle gegenseitig Kondolenzbriefe schreiben, denn es ist ja ganz fürchterlich. Das geht ja über die ärgsten Erwartungen... Wie ist es denn nur möglich, daß die Menschen derartig dumm sind. Dabei handelt es sich doch dort zum größten Teil um Arbeiter. – Nun sind alle Hoffnungen wohl zunächst vernichtet (...).«[75]

Zitieren wir zum Schluß noch den Bericht, den Gustav Regler im *Ohr des Malchus* von der Aufnahme des Abstimmungsergebnisses durch die Hitlergegner an der Saar selbst gibt:

»Am Morgen, als im Wirtshaus der ›Stiefel‹ die Nachricht aus dem Radio kam, daß 85% der Saarbevölkerung für die Rückkehr zum Reich gestimmt hatten, warf sich ein Mädchen aus dem engeren Stab der Propagandisten in einem erschütternden Anfall von Verzweiflung über den runden Biertisch, an dem sie saß und schrie, mit dem Gesicht auf der Tischplatte: »Wem soll man denn noch glauben?« Keiner wagte, sie hochzuheben und zu trösten. Sie war aus dem Reich entflohen, als man ihren Mann verhaftet hatte. Sie hatte Tag und Nacht für den Status quo gearbeitet (...) Nach vielen Versammlungen – sie muß mindestens hundert geleitet haben – gab es für sie keinen Zeifel mehr, daß die Arbeiter der Saar den Nazis eine ungeheure Ohrfeige geben würden. Sie sah den Sieg voraus; sie schwärmte davon, daß Hitler die Schmach nicht ertragen und ins Saarland einmarschieren würde; dann aber sollte er die Arbeiter auf den Barrikaden finden; jedes Haus sollte er einzeln nehmen müssen; keine Grube sollte für seine Rüstung in die Hände fallen; die französischen Arbeiter würden von Forbach herbeieilen und Munition bringen. (...) wie ein weiblicher David hatte sie die Schleuder erhoben und Goliath in die Stirn zu treffen versucht. Nun schallte Goliaths Lachen aus dem Radio, er tanzte einen Freudentanz; morgen würde er einmarschieren, und die Fahnen würden ihn grüßen. (...) Ich entkam in der Nacht durch die Wälder von Forbach (...) nach Lothringen.«[76]

Wie für Regler begann in dieser Nacht für Tausende, die an die Saar emigriert waren, die Flucht in ein neues Exil, zweitausend Saarländer, die gemeinsam mit den Exilierten gegen Hitler gekämpft hatten, schlossen sich ihnen an.[77]

Vor einem halben Jahrhundert reagierten die Hitler-Gegner mit Fassungslosigkeit auf das Abstimmungsergebnis. Heute drängt sich immer noch die Frage auf, wieso der Nationalsozialismus, nachdem bereits 2 Jahre seine diktatorischen Herrschaftsmethoden und seine Alltagspraxis erfahrbar gewesen waren, für große Teile der Bevölkerung eine annehmbare ideologische und politische Perspektive bieten konnte. Insofern müßten weitergehende Analysen gerade des Saarkampfes immer auch auf die zentrale Fragestellung nach den Funktionsweisen des Faschismus zielen.

1 Die folgenden Ausführungen wurden im Rahmen einer Veranstaltungsreihe des Fachbereichs Sprach- und Literaturwissenschaften der Universität Siegen zur nationalsozialistischen Bücherverbrennung vorgetragen. Der Charakter eines Vortrags ist – trotz der vorgenommenen Kürzungen – auch in der Druckfassung beibehalten worden. — 2 Vgl. Archiv

der Baupolizei Saarbrücken. Blaue Hausakten betreffend Nauwieserstr. 75 (später Martin-Luther-Str. 12). — **3** Vgl. Ursula Theisen, *Die Haltung der sozialistischen Presse des Saargebietes im Abstimmungskampf 1934/1935.* Unveröffentlichte Staatsarbeit, Universität des Saarlandes 1975, S. 121. — **4** Zu nennen sind hier die Untersuchungen: Luitwin Bies, *Klassenkampf an der Saar 1919–1935. Die KPD im Saargebiet im Ringen um die soziale und nationale Befreiung des Volkes.* Frankfurt 1978 (= Marxistische Paperbacks 84), Patrik von zur Mühlen, »*Schlagt Hitler an der Saar!*«. *Abstimmungskampf, Emigration und Widerstand im Saargebiet 1933–1935.* Bonn 1979 (= Reihe Politik und Gesellschaftsgeschichte 7), Maria Zenner, *Parteien und Politik im Saargebiet unter dem Völkerbundregime 1920–1935.* Saarbrücken 1966. — **5** Aufmerksam gemacht auf diese Literatur hat z. B. ein Feuilleton-Artikel der Saarbrücker Zeitung: Gerhard Bungert / Klaus Michael Mallmann, »Als Brecht das Saarlied schrieb... Deutsche Künstler auf der Flucht vor Hitler.« In: *Saarbrücker Zeitung*, 24./25. Juli 1976, S. I. — **6** von zur Mühlen, S. 215. — **7** Gustav Regler, *Im Kreuzfeuer. Ein Saarroman.* Hildesheim 1978 (= Exilliteratur Band 6). Reprint der Ausgabe Paris 1934. — **8** Theodor Balk, *Hier spricht die Saar. Ein Land wird interviewt.* Zürich 1934. — **9** Erich Weinert, *Gesammelte Gedichte*, Band 5 (1933–1941). Hg. von der Akademie der Künste, Berlin (DDR)/Weimar 1975. – **10** Die besondere Situation von Danzig kann hier unberücksichtigt bleiben. — **11** Bei den Landesratswahlen 1932 an der Saar, der letzten wichtigen Wahl vor dem nationalsozialistischen Machtantritt in Berlin und damit dem Beginn des Saarkampfes, erhielt die KPD 23,2% der Stimmen, die sozialdemokratische Partei 9,9%, das Zentrum 43,2%. Während die Deutsch-Saarländische Volkspartei (DSVP), die Deutsche Wirtschaftspartei des Mittelstandes (DWP) und die Deutschnationale Volkspartei (DNVP) zusammen auf 11,4% kamen, erreichte die NSDAP nur einen Stimmenanteil von 6,7%.Vgl. von zur Mühlen, S. 32. — **12** Fotos dieser antifaschistischen Buchhandlungen in: *Der Saar-Befreiungskampf im Reich 1918–1935.* Hg. von der Geschäftsstelle des »Bundes der Saarvereine«. Berlin 1935, S. 185 (»Antideutsche Buchhandlungen«). In dem Dokumentenbändchen *Sind die Nazis Sozialisten? 100 Dokumente aus 14 Monaten. Gesammelt von ✱✱✱* (Saarbrücken 1934) annoncierte die Buchhandlung der Volksstimme, Zeitung der SPdS: »*Verbrannte Bücher? Gestohlene Bibliotheken?* Die letzte rote Buchhandlung auf deutschem Boden beschafft, was fehlt. Gebt Euren Auftrag auch für in Deutschland verbotene politische und freigeistige Literatur an die *Buchhandlung der ›Vosti‹.* Saarbrücken, Bahnhofstraße 32 (...).« Ebd. S. 55. — **13** Marie Juchacz, Mitbegründerin der Arbeiterwohlfahrt, war bis 1933 sozialdemokratische Reichstagsabgeordnete gewesen. — **14** Arthur Koestler, *Die Geheimschrift. Bericht eines Lebens.* Wien/München/Basel 1955, S. 288. — **15** Shiela Grant Duff, *Fünf Jahre bis zum Krieg (1934–1939). Eine Engländerin im Widerstand gegen Hitler.* München 1978, S. 87. — **16** Karl Bartz, *Weltgeschichte an der Saar.* Neustadt a. d. Hdt. 1935, S. 61. — **17** Vgl. von zur Mühlen, S. 170. — **18** Vgl. Gerhard Bungert / Klaus-Michael Mallmann, »Exil an der Saar 1933–1935.« In: *Saarheimat*, Jg. 22 (1978), S. 134–138, S. 134. Zur Datierung des Berichts der Saarländischen Friedensgesellschaft und Liga für Menschenrechte heißt es bei Bungert/Mallmann: »der Bericht ist undatiert, stammt jedoch mit Sicherheit aus dem Dezember 1933.« Ebd., S. 138, Anm. 13. — **19** Karl Retzlaw, *Spartakus.Aufstieg und Niedergang. Erinnerungen eines Parteiarbeiters.* Frankfurt/M. 1974, S. 373. — **20** Bies, S. 105. — **21** Retzlaw, S. 379. — **22** Ebd. — **23** Erich Weinert, »Im Saargebiet«. In: *Erich Weinert erzählt. Berichte und Bilder aus seinem Leben.* Hg. von Rudolf Engel. Berlin (DDR) 1955, S. 55–59. — **24** Retzlaw, S. 384. — **25** Zit. nach Bungert/Mallmann, *Exil*, S. 135. — **26** Jacob Pirro, »Vor dem 13. Januar!« In: *Zeitschrift der Akademie für Deutsches Recht*, 1. Jg. (1934), Saarausgabe, S. 7–8, S. 7. — **27** Ebd., S. 7–8. — **28** Zit. nach Bartz, S. 68. — **29** Zit. nach Herbert E. Tutas, *NS-Propaganda und deutsches Exil 1933–1939.* Worms 1973 (= Deutsches Exil 1933–1945, Band 4), S. 92–93. — **30** Ebd., S. 93. Die verstärkten Bemühungen der nationalsozialistischen Führer um die saarländischen Katholiken waren notwendig geworden, nachdem die sogenannte Spaniol-Affäre zu Spannungen zwischen der Kirche und dem Faschismus geführt hatte: Alois Spaniol, Landesleiter der NSDAP/Saar, hatte in einem Interview mit einem schwedischen Journalisten, das im Januar 1934 im Saargebiet veröffentlicht wurde, Hitler kurzerhand einen neuen Christus erklärt: »Hitler ist ein neuer Christus, noch größer und gewaltiger. Im Nationalsozialismus ist Platz für Gott und für das Volk. Ich bin selbst Katholik, aber ich glaube, daß in dreißig Jahren die römische Kirche in ihrer jetzigen Form nicht mehr existieren wird. Sie wird sich dann nennen: Nationalsozialismus. Ihr Prophet, ihr Christus wird Adolf Hitler sein.« Dem stimmte auch der Pressechef der Deutschen Front, König, dem schwedischen Journalisten Viktor Vinde gegenüber zu: »Unser Papst ist Adolf Hitler. In fünfzig Jahren wird die ganze Welt durch einen neuen Glauben erneuert worden sein. Hitler wird für die Zukunft als Vertreter Gottes gelten, wie in der Vergangenheit Christus zweitausend Jahre hindurch als Vertreter Gottes gegolten hat.« (Zit. nach: Hellmut von Gerlach, »Röchling und die Saar«. In: *Neue Weltbühne*, 3. Jg., Nr. 22 (31. 5. 1934), S. 672–676, S. 657.) Nach dieser grobschlächtigen heilsgeschichtlichen Interpretation des Hitlerfaschismus mußte Spaniol im Februar

1934 als Landesleiter abgesetzt werden. — **31** Bartz, S. 127-128. — **32** Ebd., S. 129-130. — **33** Ebd., S. 131. — **34** *Volksstimme*, 21. September 1934. — **35** Ebd. — **36** Wieder abgedruckt bei: Tutas, Anhang II. Dokumente, S. 133-134. — **37** Ebd., S. 133. — **38** In: *Gegen-Angriff*, Nr. 40, 1934. Faksimile der Antwort Klaus Manns in: Ralph Schock, »Klaus Mann im Saarkampf.« In: *Einzelheiten*, 8. Jg. (1978), Nr. 3/4, S. 4-25, S. 6. — **39** Dimitroff an das Saarvolk. In: *Arbeiter-Zeitung*, 10. Oktober 1934. Abgedruckt in: Bies, S. 186-190, S. 186. — **40** Ebd., S. 189-190 [Hervorh. von mir - PS]. — **41** Hans-Albert Walter, *Deutsche Exilliteratur 1933-1950*, Band 4: *Exilpresse*. Stuttgart 1978, S. 448. — **42** In: *Die Sammlung*, 2. Jg., H. 5 (Januar 1935), S. 221-224. — **43** Ebd., S. 225-230. — **44** Ebd., S. 230. — **45** In: *Neue Weltbühne*, 3. Jg. Nr. 45 (November 1934). Abgedruckt in: *Schock*, S.7. — **46** Ebd. — **47** Hellmut von Gerlach, »Saar und Völkerbund«. In: *Neue Weltbühne*, 3. Jg., Nr. 47 (November 1934), S. 1480-1483. Hellmut von Gerlach hatte sich bereits mehrfach in der *Neuen Weltbühne* zum Saarkampf geäußert. So in dem oben zitierten Aufsatz »Röchling und die Saar« im Mai 1934. Die *Neue Weltbühne* publizierte im Juli von ihm den Beitrag »Enthitlerte Saar«. (Neue Weltbühne, 3. Jg., Nr. 31 (Juli 1934), S. 929-932. — **48** In: *Neue Weltbühne*, 3. Jg., Nr. 47 (November 1934), S. 1471-1480. — **49** Thomas Michel, »Die Saar«. In: *Die Sammlung*, 1. Jg. (Dezember 1934), S. 169-181. — **50** In: *Neue Weltbühne*, 3. Jg., Nr. 12 (März 1934), S. 361-365.— **51** Ebd., S. 361. — **52** In: *Neue Weltbühne*, 31. Jg., Nr. 2 (Januar 1935), S. 37. — **53** Abgedruckt in: Bies, Bildanhang. Das Titelbild hat als Subscriptio: »Deutsches Land haltet frei / Von der braunen Barbarei / Schützt die Saar vor des Henkers Beil / Alles für den Status quo!« — **54** Retzlaw, S. 389. Die bisher wichtigste Untersuchung zu diesen Zeitungsneugründungen stellt die bereits erwähnte Staatsarbeit von Ursula Theisen dar. Hans-Albert Walter bemerkt zu diesen Publikationsorganen nur: »Eine weitere Gruppe von Zeitschriften verdankt ihre Entstehung jeweils aktuellen politischen Ereignissen. So ist der Volksabstimmung an der Saar (1935) die Gründung mehrerer Organe vorausgegangen, mit denen die Exilierten propagandistisch in die Abstimmungskampagne eingriffen.« (Hans-Albert Walter, »Funktionen und Existenzbedingungen der Exilpresse.« In: Hans-Albert Walter *Deutsche Exilliteratur 1933-1950*, Band 4, S. 1-19, S. 4. Eine Sichtung dieser Presse unter literaturhistorischen und publizistischen Gesichtspunkten steht noch aus. — **55** Koestler, S. 286. Ein Exemplar der *Saar-Ente* ist nachgewiesen im Stadtarchiv Saarlouis. — **56** In der »Geheimschrift« führt Koestler weiter an, daß die Zeichnungen von »Fritta« stammten. Er erinnere sich »nur noch an ein illustriertes Gedicht »Zehn kleine Negerlein«. Die zehn kleinen Negerlein waren SA-Männer, die einer nach dem anderen liquidiert wurden, in der Strasser-Säuberungsaktion, im Röhm-Putsch, wegen einer nichtarischen Großmutter und so weiter; bis das letzte überlebende Negerlein sich der antifaschistischen Front anschloß.« (Ebd., S. 286-287). — **57** Vgl. Theisen, S. 28-29. — **58** Bartz, S. 61.— **59** Gustav Regler, *Das Ohr des Malchus. Eine Lebensgeschichte*. Köln/Berlin 1958, S. 264. — **60** Mit solchen Versen, die Weinert z. T. auf der Bühne improvisierte, sollte die Status-quo-Parole popularisiert werden. Als Beispiele seien zwei der vielen Propagandaverse Weinerts zitiert: Kein STATUS QUO in Ewigkeit! / Doch jetzt bleib er zur Hand! / Ins Land der Freiheit – jederzeit! / Doch nie ins Hitlerland! (In: Weinert, *Gedichte*, Bd. 5, S. 127) Oder: Wehrt euch mit dem STATUS QUO an der Saar / Gegen den Einbruch der Mörder und Großprofitler! / Dann führt ihr am dreizehnten Januar / Den entscheidendsten Schlag gegen Hitler. (Ebd., S. 128). — **61** Vgl. Bungert/Mallmann, »Als Brecht das Saarlied schrieb...« — **62** »Ich kam aus Rußland zurück, entschlossen, dieser Stimme [der Stimme des Faschismus an der Saar - PS] die meine entgegenzusetzen. Durch Zufall war ich hier geboren und konnte reden. Allen anderen Emigranten von Paris, selbst den intelligentesten, wie Koestler und Manès Sperber, konnte man vorwerfen, daß sie sich in fremde Angelegenheiten einmischten.« (Regler, *Ohr des Malchus*, S. 299). — **63** Weinert erzählt, S. 55. — **64** Weinert, *Gedichte*, Bd. 5, S. 538. — **65** Ebd., S. 250-251, S. 251. — **66** Ebd., S. 172-173. — **67** Abgedruckt in: Theisen, S. 33-34. — **68** In: Bertolt Brecht, *Gesammelte Werke*, Band 9. Frankfurt/M. 1967, S. 542-543. — **69** Retzlaw, S. 386. — **70** Balk, S. 4. — **71** Vgl. Inhaltsverzeichnis, S. 176. — **72** Ebd., S. 174. — **73** Oskar Maria Graf, *Reise in die Sowjetunion 1934*. Hg. von Hans-Albert Walter. Darmstadt/Neuwied 1974, S. 30-31. — **74** In der *Arbeiter-Zeitung* vom 12. 10. 1934 wurde zwar noch mit »Fortsetzung folgt« ein weiterer Abdruck des Romans angekündigt, ab November erschien dann an der Stelle des Regler-Romans Adam Scharrers *Die Maulwürfe* in Fortsetzungen. — **75** Schock, S. 9-10. Bei Schock als Faksimile abgedruckt ist auch der Antwortbrief Klaus Manns an eine Freundin, der noch deutlicher als der Brief an Katja Mann die Erschütterung und Verzweiflung unter den Exilierten nach dem Abstimmungsergebnis widerspiegelt: »Dein Brief ist sehr bitter. Wie sollte es anders sein? Er ist datiert vom 15. Januar. Gerade hattest du das Resultat des Saar-Plebiszits erfahren. So trostlos entsetzt wie du waren zu dieser Stunde von uns die meisten – und wenn ich sage: von ›uns‹, so meine ich damit nicht nur uns Emigranten, sondern auch Ungezählte in Deutschland. Für alle, die Hitler und den Nationalsozialismus bekämpfen, bedeutet sein Sieg im Saargebiet den allerschmerzlichsten Schlag (...) Es ehrt dich, daß du fassungslos warst und daß du dieses

Abstimmungsresultat empfandest, wie einen physischen Schmerz. Ja, das brennt, ja, das bohrt. Es ehrt dich, daß du geweint hast. (...) Wie gut, daß du weinen konntest! Andere saßen wie vor den Kopf geschlagen, gelähmt; andere schimpften und tobten; andere wurden zynisch und meinten, nun sei alles schon gleich, es lohne nicht mehr sich aufzuregen.« (Ebd., S. 12–24, S. 12). — **76** Regler, *Ohr des Malchus*, S. 313–314. — **77** Vgl. Hans-Walter Herrmann: »Beiträge zur Geschichte der saarländischen Emigration 1935–1939.« In: *Jahrbuch für westdeutsche Landesgeschichte*, 4. Jg. (1978), S. 357–412.

Klaus Briegleb und Walter Uka

Zwanzig Jahre nach unserer Abreise ...*

I

»Es gibt kein Recht gegen amtlich empfohlene Brutalitäten«
Der Kongreß »Das Freie Wort« 1933

Gewaltloser Widerstand ist Gewalt
(Friedrich Zimmermann, 1983)

Neues aus dem Polizeiarchiv

Die im Teil III mitgeteilten Dokumente über den Kongreß »Das Freie Wort«, der am 19. Februar 1933 in der Berliner Krolloper stattfand, sind ein Fund aus Akten des Bundesarchivs in Koblenz, aus dem Bestand »Sicherheitspolizei und politischer Nachrichtendienst«, den Vorgängerbehörden des im September 1939 unter Heydrich gebildeten Reichs-Sicherheits-Hauptamtes.[1] Die wenigen Darstellungen des Kongresses bisher[2] können nunmehr korrigiert werden und ergänzt um die folgenden faktischen Hauptpunkte:

1) die publizistische Vorbereitung des Kongresses durch die Münzenberg-Presse,[3]
2) die vollständigen Namenslisten von Präsidium und Initiativkomitee,
3) die Liste der unterstützenden Organisationen,
4) der Wortlaut von Programm, Protestresolution und Aufruf zum Kongreß,
5) der »Schriftwechsel« zwischen dem Initiativkomitee und dem Polizeipräsidenten,
6) die Protokollierung der Versammlung durch die observierenden Polizeibeamten,
7) ein (vermutlich) auf dem Kongreß verteiltes Flugblatt der »Roten Hilfe« mit einer Statistik über Presseverbote und Anschläge gegen politisch links stehende Personen.

---

* Der Titel verwendet den Einfall Hermann Kestens, einen Vortrag 1938 in Paris »Fünf Jahre nach unserer Abreise« zu nennen (Kesten, Geist (1959), S. 52 ff.). – Über die »Abreisen« im einzelnen vgl. Sternfeld/Tiedemann (1970) und H. A. Walter (1972), S. 208 ff.
Die Titelwahl ist abgeleitet aus dem von K. Briegleb geschriebenen Teil II (vgl. Titelanmerkung dort).
In Teil I kommentiert W. Uka die von ihm aufgefundenen Dokumente. In Teil III legt sie K. Briegleb mit Anmerkungen versehen vor.

Der zusätzliche Erkenntniswert, den die »Staatsschutzperspektive« auf diese »letzte überparteiliche Kundgebung der Linken«[4] vor Reichstagsbrand und Ermächtigungsgesetz haben kann, liegt nur in geringem Maß in den ergänzenden Fakten. Was die Polizeiakten jahrzehntelang an Dokumenten über Aufbäumen und Niederlagen der Nazi-Opposition wohlgeordnet verwahren, drängt auf die Präzisierung eines aktuell diskutierten, höchst umstrittenen Begriffs: Widerstand.[5]

H. A. Walter überläßt die politische Charakterisierung des Kongresses »Das Freie Wort« weitgehend Alfred Kantorowicz. Dessen Schilderung, er sei als Kommunist (von Rudolf Olden) dringend ersucht worden, auf der Versammlung *nicht* das Wort zu ergreifen, sei Kommentar genug. Wenn Walter zur Einordnung den relativierenden Terminus »Widerstandsversuch« wählt, klingt durch: Es war kein »richtiger« Widerstand mehr, allenfalls das Bekenntnis dazu.

Kurt R. Grossmann, einer der Organisatoren, überschreibt seine Ausführungen zum Kongreß mit: »Letzte Regungen der Freiheit«.[6] Diese in der Weimarer Republik zur Traditionsformel heruntergekommene Kampfparole der Arbeiterbewegung – »Freiheit« – wurde in den Monaten des Siechtums der Demokratie zum »Trotzbegriff« der sozialdemokratischen und linksbürgerlichen Intelligenz. Die Rufe nach Freiheit der Presse, der Versammlung, der Rede und der Kunst, die Forderungen nach »Rettung« der klassisch-liberalen Grundrechte mußten vor dem Hintergrund einer seit Jahren gegen Linke und Liberale betriebenen Zensurpolitik »symbolische Handlungen« sein. Wer hätten (in der durch die Notverordnungspraxis fast vollständig paralysierten Republik) im bürgerlichen Lager die Ansprechpartner sein können, die sich noch für die Umsetzung von liberalen Prinzipien in praktische Politik einsetzten? Der öffentliche Appell »an die Männer der Wissenschaft, der Wirtschaft, des Verlagswesens, Schriftsteller, Rechtsanwälte aller Kreise und Parteien« ignorierte die Tatsache, daß wesentliche Teile der demokratischen Spielregeln bereits außer Kraft gesetzt waren, daß die Gewöhnung an autoritäre staatliche Maßnahmen weit fortgeschritten war.

Wie anders muß die »Zwangs«-Anmeldung einer im Saale stattfindenden Veranstaltung beim Berliner Polizeipräsidenten verstanden werden? Ist die »ergebenste Bitte« an den Polizeipräsidenten nur eine Floskel oder nicht auch eine – demokratisches Selbstbewußtsein aufzehrende – Unterwerfung unter ein demütigendes Ritual? Welchen Eindruck muß eine Freiheits-Kundgebung machen, deren Veranstalter den bürokratischen Observations-Routiniers im höflichen Umgangston den günstigsten Zuhörer-Platz anbieten? Ironisch-subversive List oder Anpassung an die Gegebenheiten von Zensur-Verhältnissen? »Der Polizeihauptmann und der Kriminalkommissar hatten meinen Vorschlag, sich an einen Tisch auf der Empore zu setzen, dankbar abgelehnt. Sie nahmen weniger sichtbar mit Plätzen an dem Auslagetisch für Kongreßliteratur an der Seite unterhalb der Empore vorlieb«.[7]

Hatten die Polizisten mehr Gespür für das Peinliche einer Beschwörung von Freiheitsrechten, weil sie als Vertreter der Ordnungsmacht darüber verfügen konnten, welches »freie« Wort noch, welches nicht mehr gesagt werden durfte?

Es mag eine Spur Überheblichkeit darin liegen, von heutiger Sicht aus über die Bedingungen öffentlicher Manifestationen in jenen Wochen der Ungewißheit über die zu erwartenden Repressionen einer sich anbahnenden Gewaltherrschaft befinden zu wollen. Das Dilemma *jeder* sich auf eine demokratische Verfassung berufenden, liberalen Intelligenz angesichts einer *gesetzlich* legitimierten Staatswillkür kann jedoch nicht übersehen werden. Es wird verdeutlicht in einem Satz der Rede Dr. Wolfgang Heines, die dann zum Abbruch der Kundgebung führte. Heine folgerte unter dem Eindruck brutalen SA-Terrors an der Staatlichen Hochschule der Künste in Berlin:[8] »Es gibt kein Recht gegen amtlich empfohlene Brutalitäten.«

Mit bitterer Ironie ließe sich fragen: Aber was will der Mann? Die Brutalitäten sind doch »amtlich« – nicht nur »empfohlen«, sondern sogar Gesetz.

Denn die Reklamation von Freiheitsrechten auf dem Kongreß geschah nicht allein vor dem Hintergrund eines anarchischen SA-Straßenterrors. Zwei Tage vorher (am 17. 2. 1933) hatte der neue preußische Innen- und Polizeiminister Hermann Göring seinen berüchtigten »Schießerlaß« verkündet, in dem der rücksichtslose Einsatz von Schußwaffen, durch die Polizei gegen alle »staatsfeindlichen Kräfte« legalisiert worden war. Am 11. und 22. 2. 1933 wurden (wiederum durch eine »Anordnung« Görings) die bewaffneten Einheiten von SA und SS zu einer gesetzlich legitimierten Hilfspolizeitruppe gemacht, um Ausschreitungen von linksradikaler, insbesondere kommunistischer Seite entgegentreten zu können. Damit hatte die Regierung offen zum Ausdruck gebracht, daß sie nicht mehr diskutieren wollte. Welche Art von »Widerstand« hätten in solcher Situation appellative Wortproteste sein können? Die Berufung auf Verfassungsrechte blieb eine heroisch-hilflose Geste von Männern und Frauen, für die ein permanenter Mißbrauch parlamentarisch errungener Macht (trotz der sich häufenden Akte nationalsozialistisch inspirierten Staats-Terrors) unvorstellbar schien.

Wolfgang Heines Vorwurf an den preußischen Kultusminister, er »verachte die Verfassung« (der dann auch prompt zur Auflösung der Versammlung führt), stellte noch die mutigste Artikulation verbalen Ungehorsams auf dem Kongreß dar. Professor Evert in seinem Referat über die Pressefreiheit und Dr. Falck in seinen Ausführungen zur Versammlungsfreiheit rügten in eher mildem Tonfall die einseitigen Begünstigungen der nationalen Kräfte und die Benachteiligung der oppositionellen Parteien, die durch die presse- und versammlungsrechtlichen Bestimmungen der Notverordnung vom 4. 2. 1933 Gesetz wurden. Ihre »republikanische Rezeption« der politischen »Krisen«-Ereignisse in der Endphase der Weimarer Republik (eine Haltung, die bis in die KPD hineinreichte) verstellte den liberalen Intellektuellen einen vorurteilsfreien Blick auf die drohende, sich verfassungskonform und staatsloyal tarnende Diktatur.[9]

Welch gänzlich andere Vorstellungen von der »Legalität« der Gesetze hatten jene, die in den Wochen nach dem 30. Januar 1933 einen aktiven Gebrauch der Paragraphen zur Verwirklichung ihrer »Volksgemeinschaft« machten. »Jetzt haben wir auch eine neue Handhabe gegen die Presse und nun knallen die Verbote, daß es nur so eine Art hat. ›Vorwärts‹ und ›8-Uhr-Abendblatt‹, alle jene jüdischen Organe, die uns so viel Ärger und Kummer bereitet haben, verschwinden mit einem Schlage aus dem Berliner Stadtbild. Das beruhigt und wirkt wie eine Wohltat für die Seele. (...) Es scheint sich im übrigen in Deutschland noch nicht herumgesprochen zu haben, daß eine Revolution im Gange ist.«[10]

Diesen von Goebbels am 15. 2. 1933 mit sarkastisch-unverfrorener Deutlichkeit notierten Tatbestand schien ein Großteil der liberalen Intelligenz wenige Tage vor dem Reichstagsbrand in Deutschland immer noch nicht begreifen zu können. Welche Lehren wurden aus der Auflösung des Kongresses »Das Freie Wort« gezogen, wenn zwei Tage danach vom Sekretariat des Initiativ-Komitees beim Polizeipräsidium um eine *schriftliche Begründung* für die Anordnung gebeten wird? Glaubte man im Ernst immer noch, man könnte gegen administrative Verbote, die Grundrechtsprinzipien mit Vorsatz beiseite schieben, mit Beschwerderechten und Argumenten opponieren? Vielleicht liegt die Tragik dieser »Ohnmacht des liberalen Geistes« wirklich darin, daß der die Perversion demokratisch-parlamentarischer Grundsätze durch die Staatsorgane selber erst erkennen konnte, als »demokratische Opposition« dagegen längst eine hoffnungslose Perspektive geworden war.[11] Daß »Widerstand« vonnöten gewesen wäre, hätte spätestens nach der *legalen* (Artikel 48 der Weimarer Verfassung) »Verjagung« der preußischen Regierung aus ihrem Amt erkannt werden müssen.

Inwiefern Willi Münzenberg, der den entscheidenden Anstoß für die organisatorische Durchführung des Kongresses in der Krolloper gegeben hatte,[12] in dieser Situation eines bereits bestehenden »Ausnahmezustands« noch ernsthaft an das Zustandekommen eines Aktionsbündnisses der liberalen Intelligenz mit den Arbeiterparteien glaubte, läßt sich nicht belegen. Die Vorbereitung dieser »überparteilichen« Kundgebung sowie ihre publizistische Auswertung müssen jedoch auch als Bestandteile einer routinemäßigen Propagandapraxis gewertet werden, die (nach einem Wort von Bruno Frei) die »Münzenberg-Methode« kennzeichnet: »Das Ereignis (schafft) die Zeitung und die Zeitung das Ereignis.«[13]

Jahrelang hatte es zu den Standards der Münzenbergschen »Werbung für den Kommunismus« gehört, auf internationalen Kongressen Solidarität gegen Kolonialismus, Imperialismus und Krieg zu proklamieren. Die meist linksliberale, bürgerliche Prominenz, die der kommunistische Agitator durch den Appell an ihr »moralisches Gefühl« für derartige Veranstaltungen als »fellow traveller«[14] gewinnen konnte, dokumentierte mit ihrer »Bekenntnisfreudigkeit« für die Sache des Proletariats ein Einverständnis, das in der Krise der Demokratie perspektivlos war.

Daß Münzenberg, der die Intellektuellen »zwar respektierte, aber nicht ganz ernst nahm«[15], in den Februartagen des Jahres 1933 weiterhin »Kongreß-Solidarität« organisierte, obwohl ihm die »kalte Routine und (das) effektvolle Arrangement«[16] derartiger Veranstaltungen bewußt war, läßt darauf schließen, daß in dieser Situation nahezu vollständiger politischer Ziellosigkeit auf Seiten der Linken die eingeübte Propaganda-Praxis schlicht weiterbetrieben wurde.[17]

Münzenbergs Rolle als »Inspirator« im Hintergrund des Kongresses »Das Freie Wort« wird an Hand der propagandistischen Vorbereitung deutlich, die seine Tageszeitung *Welt am Abend* für die Kundgebung betreibt. Im Polizeibericht vom 13. 2. 33 wird ein solcher Zusammenhang auch sofort vorausgesetzt, weil man ähnliche Situationen kennt, in denen die Münzenberg-Presse (anstelle der *Roten Fahne*) die kommunistische Propaganda übernommen hatte.

Die selbst-organisierte Publizität konnte jedoch nicht mehr bewirken (wie in den suggestiven Leserbriefen der *Welt am Abend* gefordert), daß der Kongreß »Das Freie Wort« »zu dem Funken wird, der das ganze Lager der Geistesarbeiter in einen *revolutionären Brandherd* verwandelt.« Die Perspektive einer »Einheitsfront« und das Bündnis der liberalen Intelligenz mit dem proletarischen Lager (Volksfront-Perspektive) konnten schon nicht einmal mehr öffentlich diskutiert werden. Die 13 für die »Generalaussprache« vorgesehenen Redner kamen nicht mehr zu Wort.[18]

Unter ihrer Rubrik »Verlustliste« (einige Wochen vorher hieß sie noch »Wochenschau des Rücktritts«) vermerkt die *Weltbühne* lapidar zum Schicksal der Versammlung: Die Kundgebung »Das Freie Wort« in Berlin: aufgelöst.[19]

II

»Das Freie Wort« – Berlin 1933 · München 1953*

»Trotzdem ackert man weiter...«
(Münzenberg an Brupbacher, 1936)

Am 4. Februar 1933[20] ergreift Willi Münzenberg auf seine verdeckt-ironische Art die Initiative zum Kongreß »Das Freie Wort« in Berlin, wohlwissend, daß die bürgerlichen Freiheitsrechte, wo immer sie durch »bürgerlich« legalisierte Gewalt außer Kraft gesetzt werden, mit der Waffe des Appells an die Verfassung nicht zu retten sind. Der Aufregung der Berliner Intellektuellen-Opposition, die »ihre« Freiheiten *plötzlich* gefährdet sah, begegnet Münzenberg dennoch mit der gleichen produktiven *Routine,* die ihm seit seinen Anfängen als Revolutionär in der Kommunistischen Jugendinternationale (KJI) bald zu Gebote stand und *zugleich* mit einem der Situation Berlin 1932/33 abgewonnenen besonderen Kalkül.

Das Komitee, dessen er sich diesmal bediente,[21] war nach dem Katastrophenmonat Juli 32 entstanden.

Am 20. 7. 32 beugte sich die preußische Regierung ihrer »legalen« Gleichschaltung durch die Reichsregierung Papen. Wie man im Kreis der Personen und Gruppen, die dann »Das Freie Wort« initiieren und tragen werden, über dieses traumatisierende Ereignis dachte, ist in ihren Schriften nachzulesen.[22] Seit *diesem* Tag (Münzenberg soll sich auf – auf eigene Faust? – um ein Zusammengehen des »Reichsbanners« und des »Roten Frontkämpferbunds« gegen die schwach

---

* Der folgende Text ist ein Vorabdruck aus einem 1982 begonnenen größeren Essay *(Deutschland, Dein Tänzer ist der Tod),* der gewisse Kontinuitäten in der Geschichte der deutschen literarischen Intelligenz seit 33 analytisch nacherzählt und dabei auch aus eigenen Erinnerungsbildern Szenen rekonstruiert, die mir als Situationen erscheinen, in denen sich Literaturgeschichte verdichtet; eine Literaturgeschichte, in der die Voraussetzungen dafür, daß literarischer Sprachgebrauch und »Politik« den Grad ihrer *Verwandtschaft* in einer Kultur des *Widerstandes* fänden, sich nicht allgemein entfalten wollen. Kultur wofür? Widerstand wogegen?
Im Mittelpunkt des hier wiedergegebenen Abschnitts steht der Satz eines westdeutschen Intellektuellen im April 1953: »Der Nationalsozialismus ist die beste Waffe gegen den Bolschewismus gewesen« (überliefert in: Verf. (1979), S. 140). — Am Abend des 30. Januar 1933 versammelten sich im »Kaiserhof« deutsche konservative und linkspazifistische Intellektuelle zu einem Vortrag von Coudenhove, des Pan-Europäers, über »Deutschlands europäische Sendung«. »Was mich stört«, notiert am selben Abend Graf Kessler (1961, S. 703), »ist, daß er sein Pan-Europa als Abwehr gegen Sowjet-Rußland errichten will und so den Imperialisten und Propagandisten eines Vernichtungskrieges gegen die Bolschewiki in die Hände spielt...« Man ging auseinander durch den »Karneval« der SA- und SS-Leute, der »im und um den ›Kaiserhof‹ tobte«. Ich schreibe mir in dem Essay die Beklemmung aus dem Kopf, die aus der Ansicht kommt, die deutsche Literatur habe die schwierige Aufgabe, dem Antikommunismus unter der historischen Last des »Stalinismus« zu widerstehen, »Anderen« (z. B. Merleau-Ponty, 1947) und »Späteren« (z. B. P. Weiss) überlassen. Ist diese Ansicht gerecht? Gibt es eine »andere« deutsche Literatur? Der Essay, ausgehend von einer Reihe von Charakteristiken: »Blicke 1933«, wird am Ende Paul Zechs 1980 (Ost) und 81 (West) erstmals veröffentlichten Schlüsselroman *Deutschland, Dein Tänzer ist der Tod* unter dieser Frage zu deuten versuchen.

bewaffnete Reichsregierung bemüht haben)²³ – der Generalprobe sozialdemokratischer und gewerkschaftlicher Gesetzestreue und kommunistischer Komintern-Hörigkeit – richtet sich Münzenberg auf eine kampflose Übergabe der Republik an den Nazifaschismus ein; der Wahlsieg der NSDAP am 31. Juli hatte auf ihn keine vergleichbare Wirkung mehr. Konnte der politisch erfolgreiche, historisch allein erfolgversprechende *Antifaschismus als Einheitsfront* nicht organisiert werden, weil die Arbeiterparteien nicht gemeinsam kämpfen wollten und der Allgemeine Deutsche Gewerkschaftsbund den Generalstreik nicht ausrufen würde, so wäre doch ein *Weiterleben* im Geschichtsbegriff der Kommunistischen Internationale möglich, wenn der Kampf mit den Mitteln des methodischen Apparats der Internationalen Arbeiterhilfe (IAH) gegen den *Antikommunismus fortgeführt* würde. Dazu brauchte Münzenberg die Intellektuellen, die man die fortschrittlichen nennt. Ihnen, die gegen den »Faschismus in der Republik« eher unpolitisch und ohne »große politische Theorie« tätig sind,²⁴ müßte sich ein Kommunist auch ferner empfehlen, dessen *Temperament* ihnen vertrauter war als der phantasielose Legalismus der sozialdemokratischen und Gewerkschaftsfunktionäre, und dessen erfindungsreiche und allgegenwärtige *Radikalität* für den kämpferischen sozialen Internationalismus auch in Zeiten des legalisierten Faschismus werben mochte. *So*, in Übereinstimmung mit seinen Prinzipien und seinem Temperament am Volksfrontgedanken, also mit Intellektuellen zu arbeiten, war Münzenberg gewöhnt. Daß er *nun*, Sommer 32, darauf *allein* setzen sollte, machte ihn zwar wohl grüblerisch, nervös, *machtpolitisch* »ratlos«.²⁵ Aber es war die ihm auch politisch gemäße Perspektive *hinweg* über die schrittweisen Niederlagen gegen den Faschismus, die zu erwarten waren. Sie erhielt ihm die Kraft zu seinem Internationalismus als Einzelkämpfer in *seiner* Partei und gab seiner Offenheit für Bündnisse in die anderen Parteien hinein, auch in die gehaßte SPD, die von nun an mehr denn je notwendige kämpferische Form und Eindeutigkeit. So auch nur konnte die Münzenberg-Methode im Kampf gegen den Antikommunismus in der Wahrnehmung der meisten liberalen und linken Intellektuellen noch nach dem Bruch der Person Münzenberg mit der Partei 1937 als Volksfrontkonzept glaubwürdig bleiben.

Bis hin zur gewaltigen Thematisierung »unsres Daseins in der Partei« in Peter Weiss' *Ästhetik des Widerstands* hat sich schließlich auch ein späteres Nachdenken über die am Ende »parteilose« sozialistische Kulturarbeit Münzenbergs *unserer* geschichtlichen Erinnerung nachdrücklich empfohlen – »im Augenblick einer Gefahr«.²⁶

Im August 32 hatten sich auf Einladung Georg Bernhards, eines der Aktivsten (neben H. Mann, Münzenberg ...) bei Bildung und Formulierungsarbeit des »Komitees zur Schaffung der Deutschen Volksfront« *1935 in Paris* (»Lutetia-Kreis«), eine Reihe von Intellektuellen aus dem Umkreis der Deutschen Liga für Menschenrechte, des Berliner Schutzverbands Deutscher Schriftsteller (SDS) und des Münzenberg-Apparates versammelt – »Der Gewaltstreich Papen-Schleicher (...) vom 20. Juli lag uns noch in allen Gliedern«²⁷–, um über eine

»politische Nothilfe« für den Fall zu sprechen, daß es »eines Tages« unmöglich werde, gegen den Faschismus in der Republik unter den bisherigen Organisationsnamen intellektuelle Opposition zu sammeln. Ein Aktionsausschuß sollte dann unter dem *neutralen Namen* »Das Freie Wort« die *letzte Bastion* verteidigen.[28] Man »gründete« ein Komitee dieses Namens. H. Mann muß wohl mit seiner »Funktion« als »Initiator«, zusammen mit R. Olden, einverstanden gewesen sein. Aber nicht nur er vergaß die Sache, auch der »Exekutivsekretär« Grossmann. Solch Vergessen besänftigt die Gemüter der Intellektuellen wieder, haben sie die Wort-»Bastion« ihrer angestrengten Selbstüberschätzung erst einmal kühn und gekonnt gegen die Ohnmachtsgefühle ihres Geistes unter »politischem« Druck geltend gemacht. Der mit politischer Verantwortung professioneller umgehende R. Olden vergaß den Anstoß nicht; er holte bald darauf A. Einsteins »wärmste Unterstützung« des Komitee-Programms ein.[29] Und natürlich hatte man sich im Münzenberg-Apparat das Komitee vorgemerkt. Hier gehörte es zur Routine, den Intellektuellen, über deren Geist und Sozialcharakter keine Illusionen gehegt wurden, geschichtliche *Lernsituationen* nach dem »Volksfront«-Modell anzubieten, sie ihnen auch listig aufzuzwingen, wenn es not tat. Denn es gehört zu Münzenbergs ehrlichem Realismus seiner geschichtlichen Erfahrungsdeutung, trotz allem an eine intellektuelle Lerngeschichte glauben zu können, die noch die finsterste *politische Situation* überdauert – und vielleicht verarbeitet. Als nun am 4. Februar 33 die Verordnung des Reichspräsidenten zum Schutz des deutschen Volkes verschärfte Fahndungs- und Zensurbedingungen für Versammlungen, Druckschriften und Aufrufe schafft,[30] bringt Münzenberg den Sekretär der Deutschen Liga für Menschenrechte Grossmann dazu, aus dem ›ruhenden‹ Komitee »Das Freie Wort« einen Kongreß zu machen. Der Liga-Funktionär nimmt die Arbeit auf – Geld, Namen, Versammlungsort zu beschaffen –, nachdem er dem kommunistischen Eulenspiegel kühn abgerungen hat, »die Kommunisten« *nicht beherrschend* in Erscheinung treten zu lassen: Für den Fall einer Diskussion nach den Referaten sollte ein KP-Abgeordneter 7 Minuten Redezeit beanspruchen dürfen.[31] Münzenberg geht darüber gelassen hinweg. Münzenberg-Methode! Von dem Abgeordneten (Schneller) ist später nicht mehr die Rede. Münzenberg sichert die Erstfinanzierung durch Ankauf von 100 Teilnehmerkarten zu je 10 Reichsmark. Und seine Zeitungen beginnen sofort mit der Inszenierung der Kongreßöffentlichkeit. Noch ehe ein »Aufruf« von Olden oder Grossmann formuliert und an Personen eines angestrebten »Initiativ-Komitees« mit der Bitte um Zustimmung verschickt war,[32] als die »erste Linie« in der Protestaktion also noch gar nicht zustande gekommen war, kündigt die *Welt am Montag* den Kongreß an (5./6. 2.); – bringt die *Welt am Abend* eine Kongreßaufforderung von A. Einstein, H. Mann und R. Olden, wovon Einstein und Mann nichts wissen, sowie eine Kurzfassung des »Aufrufs« mit vorläufiger Komitee-Liste (8. 2.); – liefert dieselbe Zeitung in ihrer nächsten Ausgabe bereits »Das Echo« (9. 2.); – läßt weitere Leserzuschriften zu Wort kommen (10. 2.); – fragt am 13. 2. (Montag) nach dem Sinn des Kongresses, usw. Aufgrund einer Pressemitteilung in der liberalen Zeitung des Mitorganisators H. v. Gerlach, *Berlin am Morgen* und in der *Welt am Abend* am 10. 2., noch vor der polizeilichen Anmeldung des Kongresses, nimmt man im Polizeipräsidium den Vorgang zu den Akten und leitet die Fahndung ein.[33]

Was ist die in den überlieferten Berichten der Exilierten melancholisch beschworene letzte Kundgebung des freien Wortes, die der Kongreß demonstrieren sollte, in der kühl realistischen Version, die uns die Anschauung der Münzenberg-Methode aufzwingt, »eigentlich« gewesen? Eine kommunistische, pazifistische, liberaldemokratische, polizeiliche Öffentlichkeit, *gemeinsam inszeniert!* – *Versuch* dem gegen die bürgerlichen Rechte der Juden, Kommunisten, Sozialisten, radikalen Intellektuellen eskalierenden *Legalterror* selber die augenblicksgerechte Lernsituation im Volksfrontumriß abzutrotzen, nach allen Regeln der *Improvisation!*[34]

Noch um einen Zug schärfer sei der methodische, nicht heroische Charakter des Kongresses gezeichnet: Die Münzenberg-Methode ist verantwortlich für Einleitung und Struktur der Lernsituation »Das Freie Wort« Februar 33. Eine aus den Antrieben »uralter« Grundrechtsenergien angeleitete Alternative selbst zu schaffen, haben die bedrohten Intellektuellen Berlins nicht »gekonnt«; es war ihnen nicht »natürlich«, sich um die Liga oder den SDS zu versammeln, um das Freie Wort in einer antifaschistischen Oppositionsform kollektiv zu organisieren. Sie haben sich vertreten lassen oder haben »Das Freie Wort« gar nicht bemerkt.[35] So *beiläufig* also die Inszenierung am Bewußtsein der Berliner Linksintellektuellen vorüberzog, so gering nur ist der erzielte geschichtliche Gehalt einer intellektuellen Opposition gegen den Faschismus der Stunde. – Aber es *ist* ein Gehalt erzielt worden: Republikanismus-Schock und die Erkenntnis, »daß solche späten Einheitskundgebungen das Sterben der Weimarer Republik nicht mehr aufhalten konnten«.[36] – Dieser *geringe* Gehalt, dem *Ende* der Republik abgerungen: sollte vielleicht gerade er politische Zukunft enthalten, weil er eine republikanische Gegenwart, für die zu kämpfen vergeblich geworden war, überleben würde? – Wofür aber lohnt der *weitere* Kampf?

Die *Lernmöglichkeit* der methodisch herbeigeführten *Lernsituation* mag im Augenblick ihrer gewaltsamen Beendigung wirklich geworden sein. Der liberale Graf Kessler erfährt es offenbar wie viele in der Stimmung eines »starken mitreißenden Pathos«. Mitreißend wohin? Was war geschehen? Als die Polizei die Versammlung am Sonntag, dem 19. Februar um 13.25 Uhr gemäß § 2, Abs. 2 u. 3 der am 4. Februar erlassenen Notverordnung »zum Schutze des deutschen Volkes« nach 140 Minuten Dauer auflöst, wurde nach Kesslers Bericht »allerseits ›Freiheit!‹ und von einigen ›Rotfront!‹ gerufen, und ein großer Teil der Versammlung sang die ›Internationale‹ und ›Brüder, zur Freiheit‹«.[37] Ein politisch-intellektuelles Lebenszeichen? Wenn es eines war, dann würde es sich bewähren müssen. Die Münzenberg-Methode hatte den Intellektuellen einen Abgang von der Bühne abgelistet, der in ihrer Geschichte erinnerungsfähig bleibt: Der antifaschistische Einheitswunsch hat sich noch einmal, »im Augenblick einer Gefahr«, auf eine mögliche Zukunft hin erfahren können, das ist, er hat sich nicht aufgegeben. Münzenberg improvisierte eine ›neue‹ Utopie, die so alt war wie diese Republik, an ihrem Ende. Das machte seine Methode in diesen Tagen *sichtbar* als lehrende auf dem Weg des »Geistes« ins Exil.

»Improvisation« steht als Motto auch über Münzenbergs eigener glücklicher Flucht. Am Abend des 27. Februar: riskanter persönlicher Versammlungseinsatz gegen die Nazis in seinem Wahlkreis; der Mainzer Karneval hilft beim Entkommen.[38] In Paris nimmt er seine Arbeitsweise umstandslos auf, forciert sie. Sein Apparat läuft, der Haß der Faschisten ist der historische Maßstab seines Wirkens. Konnte der lehrende Gehalt der Münzenberg-Methode (Schafft die Einheit im Volksfrontausmaß!) in der Geschichte aufgenommen werden – als Widerstandskultur in der sozialpolitischen Programmgestalt der IAH, nach dem Zerfall des großen Versuchs 1935–39?[39] Angesichts des Scheiterns eines Temperaments und einer notwendigen Idee[39a] am Faschismus, am Stalinismus, in der Partei des Internationalen Kommunismus könnte die Frage aus unserem Rückblick 83 abgetan und verneint werden. – Die Erinnerungsarbeit einer Literaturtheorie jedoch, die das Exil der Hitler- und Stalin-Zeit als Lerngeschichte auf sich genommen hat, findet nicht in *Münzenbergs* Scheitern den primären Gegenstand des Nachdenkens über das Beispiel »Das Freie Wort«. Die Ironie des großen politischen Managers »seinen« Intellektuellen gegenüber hatte nach dem Juli 32 ihre Perspektive darin, in der »Schwäche des Geistes vor dem Faschismus« keine End-Gültigkeit sehen zu wollen. Das methodische Prinzip Hoffnung, das aus Münzenbergs Volksfrontkonzept spricht, lehrt, daß unsere Erinnerungsarbeit nicht bei der Schuldzuweisung an den siegreichen faschistischen Weltgeist und den stalinistischen Zynismus enden darf, wenn über die Bilanzen der Zeit 32–39 nachgedacht wird, sondern daß sie dort einen *Ausgangspunkt* finden müsse für die historische Kritik an den antikommunistischen Dispositionen der sogenannten antifaschistischen Intelligenz – gemäß der Hoffnung, das intellektuelle Antikommunismus-Syndrom bestimmbar und auflösbar denken zu können. So gesehen sind von der fortschreitenden Zeit die uns aufgenötigten Studien und die Arbeit der Selbsterforschung nicht einfacher, sondern komplizierter gemacht worden. Der Volksfrontgedanke zum Beispiel ist nicht »erledigt«; weder seine Unvollkommenheit, noch seine Zerstörung heben seine herausfordernden Hinweise auf die unwürdigen Opportunismen und narzißtischen Selbsttäuschungen der deutschen Intellektuellen in Vor- und Nachkriegszeit auf.

Bürgerliche Ästhetik, mit Staatsgewalt in Opposition gedrängt, geht ihren vorgezeichneten Weg über Illusionsbildungen, Unterwerfung unter das Unausweichliche und Flucht nach Innen oder Außen zur Endstation »geistiges Exil«. Ein solcher Satz ist möglicherweise sinnvoll. Wohl aber nur, wenn das bürgerliche Prinzip »Harmonie« gegen eine Verschwisterung mit dem sozialistischen Prinzip »Solidarität« immunisiert bleibt. – Seit dem für den Volksfrontgedanken schwärzesten Monat der Republik, Juli 32, einer signifikanten Niederlage der

Linken also, die »nicht gehandelt« hat,[40] taucht ein Redetypus in der autobiographisch erzählenden deutschen Literatur auf, der bezeugt, daß man im »bürgerlichen Lager« solche Immunisierung selber betreibt; eine ideologische Arbeit, die sich in hämischen Anekdoten pointieren kann,[41] fortan aber mehr wird: verspielte Sachlichkeit linksintellektueller Abseitsrede als ein *Ferment* zynischer Ironie in der Literatur, bis hin zum Kultton 1983 auf dem Niveau des zynischen Doppelspiels einer vorgeblichen *Kritik* der zynischen Vernunft.[42]

Die bürgerlich-ironische Rede über Intellektuelle, denen eine sozialistische Ästhetik nach 1932 das Ziel ihrer methodischen *Arbeit* geblieben ist, übersieht, daß dies nicht Übereinstimmung mit KP-Strategien erheischt; würdigt nicht, daß eine *Auseinandersetzung* bürgerlicher Intelligenz mit kommunistischer oder sozialistischer Politik ihre ästhetische Arbeit den Irrtümern dieser Politik direkter aussetzt, ja anschließt; und schließlich ignoriert sie planvoll, daß Kommunisten und Sozialisten selber, die eine Volksfrontpolitik als *Partei*funktionäre *ehrlich* durchhalten, dem Zynismus-Vorwurf nicht platterdings preisgegeben werden können. Die alternativlos-ironische Rede über die *Absichten* und *Versuche* auf dem Terrain der »Volksfront« ist ein Produkt jeder Selbstimmunisierung in der Hermetik bürgerlicher Ästhetik. Wahre den Abstand! Verschleiert bleibt im Konsensbereich solchen Redens, daß dieser Abwehrgestus seine »breite« Einigungskraft aus der antikommunistischen Disposition »liberaler« Konsensbildungen bezieht und in Bereitschaft zur Zensur- oder Fahndungsgewalt überspringt, wo er als Ausgrenzung derer zu sich kommt, die zum Widerstand an der Seite kommunistischer Antifaschisten bereit gewesen sind.[43] Wo aber Gefahr ist, wächst das Rettende auch?

Die Mehrzahl der deutschen Schriftsteller *im äußeren und innern Exil* hat an den *anti*faschistischen Charakter ihrer *nicht*faschistischen *Kunst* als solcher geglaubt: »Rettung der deutschen Literatur«. Hermann Kesten gehört zu den beeindruckenden Repräsentanten dieses Glaubens.[44]

*

Die Münzenberg-Inszenierung des »Freien Wortes« in Berlin Februar 33 mußte aus Polizei- und anderen Unterlagen rekonstruiert werden; dabei ist »ich« anwesend als heute recherchierendes und deutendes Subjekt. Die Selbstinszenierung des Freien Wortes in München April 53 habe ich miterlebt; um die Erinnerung an »mich« ist nun meine historische Kritik ergänzt. Das ist eine der Komplikationen, von denen ich eben gesprochen habe; eine literaturtheoretisch interessierte *Exil*forschung aber gerade, die den Augenblicksschrecknissen im Vaterlande grundsätzlich (den ›früheren‹, den ›späteren‹) nicht aus dem Wege gehen mag, kann auf die angedeutete Doppelrolle des ›mitgehenden‹ Ich nicht verzichten, will sie ›altem‹ *Erschrecken* auf die Spur kommen und ›neuem‹ ruhiger, vorgedacht, radikal begegnen. Der »Geist«, der sich *heute* ins Exil verstoßen läßt – wohin soll er gehen, auf die Rückkehr ins erlöste Vaterland zu warten?

*

Am 16. April 1953 berief der PEN-Club in die Münchner Kammerspiele eine Diskussion deutscher Schriftsteller ein zum Thema »Die Aufgaben der Literatur«. Das Referat hielt Hermann Kesten.[45] Empört, aggressiv, schneidend rechnete er mit dem Alt- und Neonazismus in der deutschen Gegenwartsliteratur ab. Benn, Nadler, Paul Fechter, Klüterkreis... Die Zuhörer wurden zunehmend unruhig, Zwischenrufer beschwerten sich, Kesten kam nicht an. Nicht seine politische Einseitigkeit erregte Ärgernis,[46] sondern seine moralische Wut auf die Kritiklosigkeit der Deutschen gegen ihre literarische und gesellschaftliche Vergangenheit. Objektiv einseitig war sein Schweigen über die »sozialistische Situation« nach 45 und die Versuche, sie in der Literatur zu untersuchen, zu gestalten. Noch zu viel aber forderte er: »Reinigung« der bürgerlichen Literatur von den Nazisresten! – Dieser Angriff traf »ins Herz« der betroffenen Nichtnazis, Pazifisten, Freischwebenden..., von denen sich einige sogar immer auch ein wenig links fühlten. Erich Kuby, der im April 47 aus der Hand der amerikanischen Administration den »Ruf« nach dem Rausschmiß der linken Redakteure Richter und Andersch übernommen hatte und zur Zeit das Feuilletongesicht der »Süddeutschen Zeitung« bestimmte, warf im Feldwebelton dem Redner vor, er sei von gestern.

Es begann ein Familienstreit um einen neuaufgelegten Republikrealismus und eine Aufgabe für *schöne* Literatur in *ihm*, man forderte den Blick in die Zeit nach vorn, über den Zusammenbruch 33 sprach keiner: Kestens moralisches Plus, das mich Jungdemokraten beeindruckte, war sein Beharren darauf, daß man nicht umflaggen dürfe, solange das Alte noch weiterwirke: die völkische Barbarei. Auch Kestens tragische Stellung spürte ich. Der Faschismus hatte seine bürgerlichen *Gegner* heimatlos gemacht: seine Immanenz in der bürgerlichen *Gesellschaft* nach der Abdankung der Staatsform stieß sie weiterhin zurück, war nun nicht mehr zu übersehen. Hatte man vor 33 die ganze Hitlerei nicht ernst genommen – man saß am Weddinger Blutmai 1929 im »Romanischen« und saß im Februar 33 noch dort –, so wäre es jetzt, da man nach der Niederlage der »Barbaren« den Geruch der Barbarei nicht aus der Welt schaffen konnte, unehrlich gewesen, in diesem Land, in dem es noch stank, zu »leben«. Da aber der moralische Internationalismus der bürgerlichen Ästhetik keine politische Perspektive für dieses oder ein anderes Land, für *irgendein* »gerechtes Vaterland« einschließt – an wessen Seite auch sollte man kämpfen? –, war es gleichgültig, wo man »wohnt«.[47] Andere, wie Leonhard Frank (»soeben«, 1950), Alfred Kantorovicz (»gleich«, 1946), die früh zurückkehrten in der Hoffnung auf das *befreite linke* Kontinuum in Deutschland, um die Mühen der Volksfront fortzuführen, in Ost und West, sie wurden isoliert oder blieben es. Leonhard Frank, den ich aus einer sehr schüchternen, sehr unpolitischen Lesung und Vertretung seiner Erzählarbeiten kannte, als Diskussionsredner vorangemeldet, lächelte mich mit seinen naiven Augen verlegen an und schwieg, während die Auseinandersetzung nach Kubys erstem Eingreifen heftiger wurde. Sie steuerte auf ihre Pointe zu, die Tumult machte und doch nur ein Doppelversprecher war, aus gemeinsamer Quelle:

»Der Nationalsozialismus ist die beste Waffe gegen den Kommunismus gewesen« (Kuby) – »Das sind die Worte eines Irren« (Kesten).

Es war nur dies: Kesten wollte *keine* Rechtfertigung für Nazideutschland gelten lassen und der persönlich Verletzte (seine »Sternjahre« seien vorüber) muß wohl in seiner Erregung präzis wahrgenommen haben, daß der amerikanisch lizenzierte Gegenwartsjournalist die historische *Wahrheit des Tages* gegen den Schriftsteller vorgebracht hatte, der noch immer, in der westdeutschen Aura, gegen die Nazis schrieb wie zur Zeit der großen antifaschistischen Allianz, als man sich am *konsequenten* Antikommunismus nicht die Hände schmutzig machen mußte: ihn besorgte in der Tat der Nazifaschismus. 1933 hatte man sich *mehr* oder *weniger* gegen die Nazis entschieden, das war die Differenz. In eine Widerstandsfront mit »Roten« hatte man sich nicht gestellt, das war das Gemeinsame – nun brach Haß zwischen ihnen auf, die Atemnot der bürgerlichen Intelligenz im eingeklemmten Kontinuum ihrer Geschichte nach dem Scheitern der Volksfront. Selbstlähmung vor dem »Eisernen Vorhang«, rhetorisch überschrien. Der Moderator Kästner stellte sich ostentativ neben seinen Freund Kesten ans Pult auf der Bühne. Ich stand »im Geist« dort auch; mein Antikommunismus, der sich mir *nicht* verriet, sondern sich in der Affektübertragung als meine Vaterlandslosigkeit äußerte, die immer noch auf der Suche nach »Vätern« war, er »stellte« mich dorthin. Andere »Positionen« blieben vage, wie in der Geschichte ihrer »Inhaber«. W. E. Süskind vermittelte, ich verstand ihn nicht,[48] Horst Lange äußerte sich, unsicher, schlacksig in der engen Stuhlreihe stehend, scheu, irgendwie. Martin Kessel geschliffen; ich habe vergessen, was er sagte. Wo waren die anderen Auferstandenen aus der »inneren Opposition«? Wo die Linken? Warum war Alfred Andersch nicht da?

1953 war die »Nachkriegskrise« der deutschen Literatur ausgestanden, ein dauerhafter Bruch mit dem Kontinuum der bürgerlichen Ästhetik nicht gelungen. Alfred Andersch steht in der Literaturgeschichte für den Versuch, nach der Nullpunkterfahrung 1933 den Bruch existentiell auszuloten und die politischen Grundorientierungen der Schriftsteller nach 45 auf die Füße zu stellen. Es ist eine symptomatische, geradezu formelhaft herrschende Geschichtsfälschung in der bürgerlich-zynischen Nachkriegsrede aus dem Abseits der Verdrängungen, den *Ruf* 1946/47 insgesamt in die Tradition des sogenannten humanistischen Sozialismus zu stellen, der in der Unentschiedenheit zwischen Kapitalismus und Stalinismus politisch perspektivlos geblieben sei und sich zwischen den Blöcken aufreiben mußte oder nur noch in das Opportunitätsschema aller »liberalen Demokraten« heutigen Zuschnitts paßt.[49] Alfred Andersch hat am 15. März 47 mit seinem Manifest *Die sozialistische Situation. Versuch einer synthetischen Kritik*, der im *Ruf* vertretenen *Literatur und Zeitkritik* empfohlen, das Nachdenken über »revolutionäres Handeln«, »*die Lebensprinzipien der menschlichen Existenz*« und »einen stickigen Reformismus« ebenso nachzuholen wie das dem *Parteisozialismus* unabdingbar sei, wenn die »sozialistische Entwicklung Europas« gelingen soll. Da er wie nur wenige undogmatische Linke nach 45 sieht, daß es sich bei der

Nachkriegspolitik der deutschen Arbeiterparteien »lediglich um eine Reproduktion der Situation des Jahres 1932« handle, ist seine politische Position unzweideutig: »Die große Lehre, die der Faschismus erteilt hat, besteht darin, daß er die Romantik enthüllt hat, die dem Reformismus, der glaubt, mit dem Bürgertum paktieren zu können, innewohnt. Die Wiederaufnahme revolutionärer Kampfmethoden zur Erreichung des sozialistischen Endziels ist heute eine conditio sine qua non.«

Daß Andersch mit seiner Entschiedenheit in der deutschen literarischen Nachkriegspraxis abstrakt blieb, liegt nicht an ihm und widerlegt ihn *literaturtheoretisch* nicht. Die Durchsetzung des »amerikanischen« Europasystems, die im *Ruf* bei aller Prinzipienklarheit gegenüber den kapitalistischen Wertsetzungen nicht erkannt und in ihrer gesellschaftlichen Gewalt nicht für möglich gehalten wurde, entzog dem sozialistischen Appell rasch den Resonanzboden.

(...)

Während der Sieg über den »Geist« der kriegsmüden Menschen wieder einmal und besonders im kriegsschuldigen Deutschland den Weitermachern gehörte, nicht denen, die sich zum Ruf nach den *richtigen und gerechten* Folgerungen aus diesem Kriegsende hätten vereinigen müssen, schloß sich ein von Andersch bereits analysierter »Teufelszirkel«, der Zirkel des Streites zwischen Utopismus und Machiavellismus im europäischen Diskurs über den antikapitalistischen Weg in die Zukunft. Andersch hatte in der Faszination einer utopischen Krisenauffassung den sozialistischen Appell formuliert und ist deshalb wieder zu dem paradoxen Realismus vorgedrungen, der dem Volksfrontgedanken auf der Traditionsspur Münzenbergs eignet. Die historische Nuance: konkret »Zu spät« im Februar 33, »Noch nicht zu spät« im März 47. Das Paradox im Textkern des Appells: Der Sozialismus in Europa stünde »fünf Minuten vor seiner Verwirklichung«; der Streit um den Weg scheine auswegslos zu sein.[50] Der Anstrengung, ein solches Paradox um der Perspektive einer neuen Literatur der Lebensprinzipien willen auf sich zu nehmen, haben sich fast alle deutschen Schriftsteller der Nachkriegsliteratur 45–53 entzogen. Sie haben den Utopismus in den schillernden Farben eines gedankenlosen Kulturpluralismus gewählt und den Machiavellismus der über sie »hereinbrechenden« kalten Kriegsfrontideologie zunächst kaum bemerkt – und zuerst als den stalinistischen – und dann, so sie keine Rechten waren, nach beiden Seiten bloß beklagt. *Jetzt, 1953,* hatte »sich« der unfruchtbare »humanistische Sozialismus« bei den Linksintellektuellen durchgesetzt, die Abstandnehmenden hatten ihren »Ort« zwischen den Stühlen wieder gefunden. Die Literaturtheorie des parteilichen Sozialismusappells eines Alfred Andersch zog sich »in sich selbst« zurück, noch ehe sie zu einer praktischen Mitsprache im Kampf gegen den sich formierenden realen Antikommunismus der »greifenden« amerikanischen Europapolitik hat werden können. Die im Feuilleton bestimmend gewordene Manipulationselite der Sieburgs, Rychners, Hoyers, Hohoffs, Holthusens usw. kehrte den freiwillig schamhaften

Trümmerrealismus aus und setzte eine vorfaschistische, 1933 nach innen und außen emigrierte Klassizität wieder aufs Programm: »*Anschluß* an eine gewisse Modernität – *weniger der Stoffwahl* als des Ausdrucks und der Experimentierfreude – auf daß der Rückfall in Blut, Boden und Oberflächen-Realismus nicht unser Schicksal *bleibe* (...): wenn das Wort erlaubt ist – *moderne Klassizität*«[51]; die Wiederaufrüstung war beschlossene Sache, der Antikommunismus amtlich paraphiert und die höchstrichterlichen Eliminierungsprozesse gegen den deutschen Kommunismus waren eingeleitet, die kommunistische Gewerkschaftsarbeit war unterdrückt,[52] Brechts Proteste gegen die Neulegitimation des faschistischen Antikommunismuskonzepts im Aufrüstungsklima von Wolfgang Weyrauch stellvertretend für den deutschliterarischen *freien* Pazifismus verdächtigt und zurückgewiesen.[53] Einer der Ehrlichen unter den damals Jüngeren sagt heute: »Wir haben nicht aufgepaßt« (Heißenbüttel).[54]

Wird es in solcher ehrlichen Erinnerungssprache – »im Augenblick einer Gefahr« – möglich werden, an die paradoxe Wahrheit des *literarischen* Sozialismusappells aus der Zeit der verspielten Kritik am *politischen* Neuanfang in Deutschland wieder anzuknüpfen? Für eine undogmatische Literatur der Suche nach unserer *Lebens*-Geschichte ist es nie »zu spät«? Heissenbüttel spricht auch für andere schon, die damals »nicht aufgepaßt« haben.[55] Zurückgehen auf 1945 in einer Haltung strenger Selbsterforschung! Eine Literatur des »Nochnichtwissens« könne daraus entstehen. »Wir haben noch gar nicht angefangen, die Lehren zu ziehen!« – »1945 ist eine Frage gestellt worden. Sie stellt sich noch immer. 1945, so würde ich sagen, ist noch immer.«[56] Ausrede oder konkrete Methode?

Was hätte Alfred Andersch in den Münchner Kammerspielen 1953 diskutieren sollen!? Die Ortlosigkeit des sozialistischen Appells wäre im Klima des literarischen Scheinkonflikts von den anderen anwesenden Ortlosen nicht begriffen worden. Hatte es Kesten »Fünf Jahre nach unserer Abreise« 1938 noch abgelehnt, die Literatur, die er vertrat, mit einer politischen Aufgabe im Exil und des Exils zu belasten und ihr eine andere Norm abzuverlangen als die, in der »souveränen Haltung des moralisch autonomen Künstlers« dem zeitlosen Auftrag des »echten Schriftstellers« nachzukommen, so bleibt er sich auch nun, 20 Jahre nach der Abreise der »Exilanten des Geistes« ins äußere und innere Exil, mit den Versammelten einig darüber, daß *diese* Reisenden die deutsche Literatur moralisch und geistig *gerettet* haben. Bürgerliche Ästhetik. Welchen Unterschied machte es, ob das Pathos, das sich dem Traditionsanspruch der Volksfront-Linken in der Literatur entgegenstemmte, sich in Worten Kestens: »Ich brauche kein Bündnis mit Beelzebub, um gegen den Satan zu kämpfen« (zum Volksfrontkonzept 1935 in Paris),[57] der Kubys 1953 in München: »Der Nationalsozialismus ist die beste Waffe gegen den Bolschewismus gewesen«, äußerte? Auch Kuby war kein Nazi. Mit dem antifaschistischen *Widerstand* haben beide nichts zu schaffen. 1933 in der Krolloper waren die Kommunisten der anwesenden Mehrheit unerwünscht, aber noch »da«. 1953 in den Kammerspielen – die überlebenden deutschen Kommunisten waren auf dem Weg in die erneute republikanische Illegalität – war nicht einmal mehr von sozialistischer *Literatur* die Rede: Die bürgerlichen Ästheten überließen das ideologische Terrain im »Freien Teil Deutschlands« dem Antikommunismus oder nahmen ihn »in Kauf«. Keiner der Versammelten dürfte den Antikommunismus in der ganz nackten Gestalt des Menschenhasses »gedacht« haben, da sie alle auch keiner Judenseele etwas zuleide getan hatten. Sie waren Humanisten. – Aber welche »Aufgaben« außer der, auch entnazifiziert zu werden, den Elitentausch zwischen Nazis und Nichtnazis also endgültig zu vollziehen, hatte die Gegenwartsliteratur denn nun eigentlich? Welche Perspektive?

III
Dokumente
(1) Aufruf

Wir leben in einer Zeit, die so eminent mit Politik erfüllt ist, daß ihre Auswirkungen sich für jeden Menschen spürbar machen und ihn zu einer Stellungnahme zwingen. Aus diesem Grunde wenden sich die 3 Unterzeichneten, die sich ohne parteipolitische Bindung spontan zusammengetan haben, mit einem Vorschlag an Sie, für den sie um Ihr Interesse und möglichst auch Ihre Mitwirkung bitten.

Der Kampf um die politische Umgestaltung hat dazu geführt, dass gewisse Grundrechte des deutschen Volkes in Frage gestellt, wenn nicht schon nahezu beseitigt sind. Es handelt sich um Grundrechte, für die die besten demokratischen Kräfte gerade des deutschen Bürgertums schon vor hundert Jahren kämpfend eingetreten sind. Diese Grundrechte sind:

<u>Pressefreiheit</u>
<u>Versammlungsfreiheit</u>
<u>Rede- und Lehrfreiheit</u>

Diese uralten demokratischen Grundrechte, die notwendig sind zur Bildung einer wirklichen Volksgemeinschaft auf breiter Basis, werden heute wieder hart umkämpft und erbittert bestritten und beschnitten. Wir brauchen sicherlich nicht Einzelvorgänge anzuführen, jeder Tag bringt neue; wir erinnern nur an die augenblicklichen Verhältnisse beim Rundfunk, der keineswegs für jeden, der etwas zu sagen hat, frei ist.

Die drei Unterzeichneten sind der Ansicht, es sei dringend an der Zeit, dass alle im weitesten Sinne fortschrittlich Denkenden zusammenkommen, um für die Wiedererringung und Erhaltung dieser allgemeinen demokratischen Grundrechte einzutreten. Wir wenden uns zunächst und in erster Linie an die Männer der Wissenschaft, der Wirtschaft, des Verlagswesens, Schriftsteller, Rechtsanwälte aller Kreise und aller Parteien, in der bestimmten Erwartung, dass sich hervorragende Männer und Frauen genug finden, die bereit sind, auch öffentlich für diese Ziele einzutreten.

Die drei Unterzeichneten beabsichtigen, falls dieser ihr Ruf zustimmend aufgenommen wird, möglichst sofort, etwa in den letzten Tagen des Februars, zusammen mit allen, die gleicher Ansicht sind, eine öffentliche Kundgebung in Berlin zu veranstalten, deren Grösse sich nach der Teilnehmerzahl richtet. Wir bitte Sie daher, uns möglichst umgehend wissen zu lassen, ob Sie sich mit unserer Ansicht solidarisch erklären und ob Sie an der geplanten Kundgebung teilnehmen werden. Die Zeit eilt, und die technischen Vorbereitungen zu der Kundgebung bedürfen ebenfalls einige Zeit.

In der bestimmten Erwartung, von Ihnen eine Antwort zu erhalten, zeichnen wir mit vorzüglicher Hochachtung

Professor Albert Einstein   Heinrich Mann
Rudolf Olden

(Undatiert. Keine polizeilichen Bearbeitungsvermerke.)

(2)

Nr. 33 (8. 2. 33) »Die Welt am Abend«

(Zeitungsausschnitte)

Für die Grundrechte des deutschen Volkes
»DAS FREIE WORT«
Eine Aufforderung Albert Einsteins,
Heinrich Manns und Rudolf Oldens

Wir erhalten von einem »Initiativ-Komitee« eine Zuschrift, die im Hinblick auf die gegenwärtigen Verhältnisse besondere Beachtung findet, wir bringen sie unsern Lesern zur Kenntnis, da wir voraussetzen, daß sie ihr Interesse findet; wir möchten allerdings hervorheben, daß wir uns unsere eigene Stellungnahme zu diesem Schreiben vorbehalten, so begrüßenswert an sich ein solcher Schritt auch ist, wie ihn das Initiativ-Komitee vorschlägt.

In dem Schreiben heißt es:
»Bereits im vergangenen Jahre hatten sich Männer aller geistigen Richtungen zusammengefunden, welche bestrebt waren, für die Grundrechte des deutschen Volkes einzutreten. Es handelt sich um die Grundrechte der Pressefreiheit, Versammlungsfreiheit und Rede- und Lehrfreiheit.

Für diese uralten demokratischen Grundrechte soll ein für den 18. und 19. Februar 1933 nach Berlin einberufener Kongreß »Das Freie Wort« eintreten.

Zur Teilnahme an dem Kongreß sind alle diejenigen berechtigt, welche sich als Einzelpersönlichkeiten oder als Vertreter von Organisationen zu diesen Grundanschauungen des Kongresses bekennen. Anmeldungen werden an die Adresse des Kongreßbüros: Dr. Rudolf Olden, Berlin W 10, Regentenstr. 5, erbeten.«

(Es folgt nocheinmal ein Hinweis auf das Initiativ-Komitee, Einstein, Mann und Olden, und auf die dem Komitee schon beigetretenen Personen: B. Asch, H. Baluschek, A. Behne, M. Beradt, G. Bermann-Fischer, G. Bernhard, K. Brandt, M. Brauer, A. Döblin, H. v. Eckardt, A. Ehrenstein – nicht auf der späteren Liste –, F. Engel – ebenso –, G. Eysoldt, L. Feuchtwanger, S. Fischer, W. Hegemann, W. Heine, R. Huelsenbeck, H. Ihering, Prof. Jastrow, H. Kantorowicz, F. Karsen, B. Kellermann, F. Kern, A. Kerr, H. (Kaeser)-Kesser, G. Kiepenheuer, Oberverwaltungsgerichtsrat Kroner, R. Kuczynski, O. Lehmann-Rußbüldt, Th. Mann, K.-H. Martin, Rechtsanwalt May – nicht auf der späteren Liste –, Prof. Noelting, P. Oestreich, A. Paquet, G. Radbruch, E.(?) Reuter, W. Rothschild – nicht auf der späteren Liste –, E. Rowohlt, H. Simon, H. Sinzheimer, J. Schaxel, H. Stöcker, M. Wagner, Justizrat Werthauer, E. Wutzky, A. Zweig. Die gesperrten Namen von der Polizei angestrichen; Bernhard und Döblin doppelt. Zum Schluß:)

Wir richten an unsere Leser die Bitte, sich zu diesem Schritt des Initiativ-Komitees zu äußern; wir werden ihre Zuschriften, soweit es der Raum gestattet, veröffentlichen.

Nr. 34 (9. 2. 33)

Zuschriften aus unserm Leserkreis zum Kongreß »Das Freie Wort«
DAS ECHO AUF EINSTEINS, MANNS UND OLDENS APELL

(Die Information zur Kongreßvorbereitung wird wiederholt. Der Aufforderung des Komitees seien bereits zahlreiche »Persönlichkeiten aus den verschiedensten Lagern« gefolgt.)

Wir hatten an unsere Leser die Bitte gerichtet, sich zu diesem Plan des genannten Komitees zu äußern und hatten sofort betont, daß wir uns unsere eigene Stellungnahme zu diesem Vorhaben vorbehalten, schon deshalb, weil wir grundsätzlich nicht der Auffassung huldigen, daß man jene »uralten demokratischen Grundrechte« nicht unabhängig, losgelöst vom Gesamtkomplex der politischen Fragen aufwerfen kann. Aber wir glauben, daß man angesichts der gegenwärtigen Verhältnisse nicht an dieser Aktion vorübergehen kann; es erscheint uns am besten, wenn wir es zunächst den Lesern selbst überlassen, sich zu der Idee und der Durchführung eines solchen Kongresses zu äußern. Wir können auf Grund unserer gestrigen Veröffentlichung heute einige Zuschriften aus unserem Leserkreise mitteilen, die wir heute früh erhalten haben.

(Unter den Zuschriften überwiegen die ablehnend-skeptischen, ja ironischen. Es gibt keine Beweisindizien für die Echtheit der Zuschriften. Wenn sie echt sind, ist durch Auswahl eine Argumentationslinie geschaffen. Die erste Zuschrift gibt den Tenor an:)

Ein Ingenieur M. K. aus Wilmersdorf schreibt:

»Ich halte nicht viel von dem Initiativ-Komitee, dessen Aufruf in der »Welt am Abend« abgedruckt wurde. Gegen die mißhandelten demokratischen Grundrechte im heutigen Augenblick einen Kongreß in Berlin abzuhalten, mag ja ganz gut und schön sein, aber es kommt doch wohl in erster Linie darauf an, wer ihn abhält. Die Personen des Komitees aber, die ebenfalls in der »Welt am Abend« abgedruckt wurden, scheinen mir durchaus keine Gewähr dafür zu bieten, daß hier wirklich etwas Tatkräftiges geschieht. Es sind das alles jene Demokraten, Halbdemokraten und Altliberalen, die die ganzen letzten Jahre des ständig zunehmenden kulturellen Faschismus nichts getan haben, um den Verfall aufzuhalten. Wenn sie auch nicht offen umschwenkten, so schwiegen sie doch, versuchten, sich durch halbe und viertel Kompromisse »irgendwie« anzupassen und haben damit der kulturellen Reaktion nur den Weg erleichtert.

Presse-, Versammlungs- und Redefreiheit besteht schon seit langer Zeit in Deutschland nicht mehr – jedenfalls nicht für die Arbeiterschaft und für die Masse der werktätigen Bevölkerung. Damals, als Brüning mit den ersten schweren Notverordnungen anfing, damals hat sich im demokratischen Kulturlager nichts gerührt, ja viele sogenannte Liberale haben diese Maßnahmen für unumgänglich notwendig erklärt. Jetzt, wo ihnen das Wasser an der Kehle steht, rufen sie plötzlich um Hilfe und wollen einen Kongreß veranstalten. Man wird auf ihm protestieren und feierliche Reden auf die Güte und Fortschrittlichkeit der Weimarer Verfassung halten, wie wir sie zur Genüge ausgekostet haben, sondern vorwärts zur wahren Freiheit, zum Sozialismus! Nur in diesem Sinne hätte ein Kongreß einen Sinn.«

*

Eine Frau G. Ring aus Charlottenburg, Witwe eines Gymnasiallehrers, schrieb:
»Ich möchte Ihnen ganz offen erklären, daß ich mich sehr wundere, weshalb Ihre Redaktion sich so zurückhaltend zu diesem Schritt des Komitees äußert, und weshalb sie überhaupt noch ihre Leser zur Diskussion über eine Frage auffordert, für die es nur eine bejahende Antwort geben kann.«

*

Ein Metallarbeiter schreibt:
»Ich bin schon seit zwei Jahren arbeitslos, ich habe in meiner frühesten Jugend noch das Sozialistengesetz mitgemacht und weiß, wie es uns damals ergangen ist, und wie wir doch durchgehalten haben. Ich kenne viele Leute nicht, die den Aufruf unterschrieben haben, und ich halte als alter organisierter Arbeiter nicht viel von solchen Sachen, aber ich glaube doch sagen zu müssen, man soll in solchen Zeiten, wie wir sie jetzt haben, auch einen solchen Schritt begrüßen, wenn man auch nur im ungleichen Tritt mitgeht, und immer wieder sagen muß, daß uns nur die proletarische Einheitsfront aus dem Dreck heraushilft, in den wir durch eigene Schuld geraten sind.«

*

Wir werden auch in der morgigen Nummer Zuschriften aus unserem Leserkreis veröffentlichen
(Folgt Spendenaufruf.)

Nr. 35 (10. 2. 33)

LESER ZUM KONGRESS »DAS FREIE WORT«

In einer Zeit, in der das gesamte deutsche Proletariat endlich den Weg zum Zusammenschluß gegen politische Unterdrückung und kulturelle Reaktion gefunden zu haben scheint, ist es vorbehaltlos zu begrüßen, daß von intellektueller Seite her ebenfalls ein Kampf aufgenommen wird, der sich allerdings vorläufig nur gegen Auswüchse, nicht gegen das System wendet.

Aber die Hoffnung ist da – und sie darf nicht losgelassen werden –, daß diese Aktion, die in ihrem Anfang schon großes bedeutet, zu dem Funken wird, der das ganze Lager der Geistesarbeiter in einen revolutionären Brandherd verwandelt.

Kurt W. Marek

Wer eine wirkliche demokratische Gesinnung hat, kann das Bestreben des Initiativ-Komitees nur begrüßen, jedoch gilt es heute mehr zu verteidigen als Presse-, Versammlungs-, Rede- und Lehrfreiheit;

denn Millionen und abermals Millionen Volksgenossen müssen heute ihr nacktes Leben verteidigen. In tausenden von Eingaben haben diese Unglücklichen ihre Rechte geltend gemacht, aber ihre Eingaben sind in den Papierkorb versenkt worden. Glaubt das Initiativ-Komitee, seine Eingaben werden einen anderen Aufbewahrungsort erhalten? – Heute gibt es nur ein Mittel zur Abwehr, und dieses Mittel heißt: »Einheitsfront«. Wo die Einheitsfront ihr siegreiches Banner entfalten wird, da gibt es Arbeit und Brot, Presse-, Versammlungs-, Rede- und Lehrfreiheit für alle Volksgenossen.

M. S., Erwerbsloser

(Folgt Pressemitteilung des »vorläufigen Kongreßbüros« von R. Olden: Bestätigung des Termins, geplant noch 2 Tage (18./19. 2.; in der Scala), Teilnahmeberechtigung; Vorverkauf. Die Komitee-Liste scheint rasch zu wachsen:)

Der Aufruf des Initiativ-Komitees ist mit außerordentlich <u>vielen Zuschriften beantwortet worden.</u> Es ist eine Reihe weiterer hervorragender Persönlichkeiten dem Komitee beigetreten. Es seien nur genannt: Siegfried von Kardorff, Frau Katharina von Kardorff, Professor E. Lederer, Oberschulrätin Dr. Hildegard Wegscheider. Reichstagsabgeordnete Toni Sender, der Vorsitzende des deutschen Landarbeiterverbandes Georg Schmidt, Professor Martin Hobohm, Frau Adele Schreiber-Krieger, Thea von Harbou, der Deutsche Studentenverband und viele andere mehr.

(Alle Anstreichungen von der Polizei. G. Schmidt taucht später nicht mehr auf.)

Nr. 36 (11. 2. 33)

KONGRESS »DAS FREIE WORT«
Lebhafte Diskussion in weiten
Kreisen

Die Anregung des »Initiativkomitees«, einen Kongreß »Das Freie Wort« einzuberufen, hat fruchtbaren Boden gefunden; vor allem hat zunächst unsere Aufforderung, über diesen Kongreß eine Diskussion zu eröffnen, allseitig großes Interesse hervorgerufen. Uns sind eine Fülle von Zuschriften aus Leserkreisen zugegangen, in denen das »Für und Wider« eines solchen Kongresses lebhaft erörtert wird.

Wir werden am Montag eine große Zahl dieser Zuschriften veröffentlichen, und bitten unsere Leser uns fernerhin ihre Stellungnahme zu diesem Kongreß zu unterbreiten.

Nr. 37 (13. 2. 33)

Um die »uralten demokratischen Grundrechte«

WELCHEN SINN HAT DER KONGRESS »DAS FREIE WORT«?
Was unsere Leser zur Anregung des Initiativkomitees sagen

Unserer Aufforderung, sich über den am 18. und 19. Februar stattfindenden Kongreß »Das Freie Wort« zu äußern, sind zahlreiche Leser aus verschiedensten Schichten der Bevölkerung gefolgt; wir veröffentlichen heute eine Reihe dieser Zuschriften, in denen das »Für und

Wider« dieses Kongresses erörtert wird. Wir werden die Veröffentlichung weiterer Zuschriften morgen fortsetzen.

(Nach der Montagsausgabe ist kein Beleg mehr in der Akte. Möglicherweise hat ein Verbot
– das bisher nicht zu ermitteln war – den weiteren Öffentlichkeitszeichen ein Ende gesetzt.
Der kleinere Schriftgrad schafft jedoch schon den Eindruck der »Fülle von Zuschriften«:)

Ich kann nur sagen, daß die Einberufer die beste Absicht haben, aber sich auf dem falschen Wege befinden. Wenn mit Kongressen etwas zu erreichen wäre, hätte die Welt längst ein anderes Aussehen. Es ist recht schade, daß alle die Unterzeichner des Aufrufs sich noch nicht zu der Erkenntnis aufschwingen können, daß nur eine neue Weltordnung die Freiheit wieder herstellen kann. Diese erringt man aber nur durch Kampf, und zwar Seite an Seite mit dem Proletariat.

F. O., Pankow,
Kleingewerbetreibende, jetzt erwerbslos.

Sicher ist es eine Tat von hohem sittlichem Wert, wenn jemand mannhaft für die ureigenen Rechte der Demokratie einzutreten gewillt ist. Und man setzt voraus, daß die Betreffenden durch Ideale und Ueberzeugung zu diesem Schritt bewogen werden.

Aber schon die Durchsicht der Liste der bis jetzt gezeichneten Herren beweist, daß diesen Drang Personen in sich spüren, deren Verhalten in der gar nicht so entfernten Vergangenheit bewiesen hat, daß sie die letzten sind, die in die Reihe jener Kämpfer für Freiheit und Recht gehören.

Es ist ein eigen Ding, über Gewalt zu schreien, wenn sie von anderen ausgeübt wird, während man zustimmte oder Gewehr bei Fuß stand, wenn dasselbe Recht mit Füßen getreten wurde, wenn Gesinnungsgenossen die Geißel schwangen. Die Herren Brauer, Sinzheimer, Reuter und Genossen sind die unberufensten Hüter von Recht und Freiheit. Das arbeitende Volk hat sich ihre Namen zu deutlich ins Gehirn geprägt.

Ein Betriebsarbeiter.

»Die Abhaltung eines Kongresses, der für das freie Wort sich einsetzen will, möchte ich, nach reiflicher Ueberlegung bejahen. Dabei gebe ich Ihnen ganz recht, wenn Sie die wirkliche Lösung dieser Frage nur in einer Erörterung der ganzen politischen Zusammenhänge für möglich halten.

Wenn die Gegner auch so tun, als verabscheuten sie den Intellektualismus, so jagt ihnen jede derartige Demonstration doch einen großen Schreck ein, denn sie wissen, daß sie den Fehdehandschuh, den ihnen der geistige Kämpfer hinwirft, nicht aufheben können, ohne sich lächerlich zu machen.

Wenn sie uns also auch knebeln (...) sie sollen wenigstens wissen, daß wir wach sind und uns wehren können, und ein Beweis dafür wird diese Konferenz sein.«

O.

»Das freie Wort«, d. h. Presse., Versammlungs-, Rede- und Lehrfreiheit, entspricht ganz gewiß einer gesunden Weltanschauung. Fraglich aber ist, ob der vom Initiativkomitee beabsichtigte Weg richtig ist.

Zunächst sollte man meinen, daß die Existenz der Weimarer Verfassung, in der die »Grundrechte der Deutschen« verankert sind, einen Kampf überflüssig machen müßten, durch den einigen der Grundrechte Geltung verschafft werden soll.

Der größte Erfolg des Kongresses
wäre aber, wenn er seine Anhänger, die durchweg Anhänger der Reichsverfassung sind, zum Nachdenken anregen würde, wieso »das freie Wort« nicht etwa erst seit Brüning, sondern schon seit der Geburtsstunde der Verfassung nicht bestand.

M. Pr., cand. jur.

Es wird einem bitter zu Mute, wenn man den Aufruf und die Namen des »Initiativkomitees« liest; sie treten ein für die Pressefreiheit, Versammlungsfreiheit, Rede- und Lehrfreiheit, – jetzt, nachdem der bürgerliche Staat die Maske »Demokratie« nicht mehr braucht. Wo waren sie alle, als die »demokratischen Grundrechte« Stück für Stück abgebaut wurden? Wenn der zur Macht gekommene Faschismus jetzt endlich die Intellektuellen aufrüttelt und aufklärt über die Rolle der bürgerlichen Demokratie, so können wir es nur dann von Herzen begrüßen, wenn sie auch zur Erkenntnis kommen: Es gibt nur einen Weg zur wirklichen Demokratie: Den vom Kapitalismus befreiten Staat!

L. P.

Jeder denkende, jeder die Bewegungsfreiheit des Geistes liebende, muß die Stellungnahme dieses Komitees begrüßen. Ich weiß schon. Man kann tausende Gründe dagegen sagen: Verwirrung! Minderung der Aktivität der Massen! Planlos!

Mitnichten Freunde! Weil nicht jeder so ist wie jeder. Mancher wird als Person die ganze Dynamik seines Ichs, seines ganzen geistigen Elan, freudig einsetzen für das große Ziel. Als Teil eines Systems ist er vielleicht nichts.

Und weil der Schritt des Komitees ein Vorwärtsschritt ist, vorwärts zum Ziel, bin ich dafür.

H. H. aus Neuenhagen.

Der olle Duden übersetzt Initiative mit: »Recht oder Fähigkeit aus eigenem Antrieb zu handeln.« Wenn das Initiativ-Komitee sich diese Übersetzung zu eigen macht, so könnte vielleicht durch den Kongreß »Das freie Wort« etwas Beachtenswertes erreicht werden. Wenn aber – wie es in solchen Fällen leider üblich – der Kongreß sich nur zu irgendeiner mehr oder minder glücklich formulierten Resolution aufschwingen kann, und wenn es nicht gelingt, gleichgestimmte Kreise in der ganzen Welt mobil zu machen, so bleibt alles noch so schön Gesagte genau so wirkungslos wie die in der Tasche geballte Faust.

B. B. BIX

Warum unterstützt die »Welt am Abend« den »Kongreß das Freie Wort?« Daß ein paar bürgerliche Literaten jetzt auch schon gemerkt haben, daß die demokratischen Grundrechte nicht mehr bestehen, ist für uns Arbeiter wirklich uninteressant, und wir haben auch für wichtigere Forderungen zu kämpfen als für die Aufhebung der Pressefreiheit, Versammlungsfreiheit und der Rede- und Lehrfreiheit.
Im übrigen wird an den bestehenden Zuständen durch solche zwecklosen Kongresse und Aufrufe nicht das geringste geändert.
(3) I. W.

I. Ad. II[5] Berlin, den 13. Februar 1933.

Betrifft: Kongreß »Das freie Wort«.

Am 18. und 19. 2. 33 findet nach Pressemeldungen in der Skala in der Lutherstr. ein Kongreß statt, der Stellung nehmen soll zur Pressefreiheit, Versammlungsfreiheit, weiter zur Rede- und Lehrfreiheit.
Dieser Kongreß ist auf Veranlassung Münzenbergs durch die unter Einfluß der R.G.O. stehenden Berliner Ortsgruppe des »Schutzverbandes deutscher Schriftsteller« (S.D.S.) einberufen, vorbereitet und organisiert worden.
Unter Betonung völliger Überparteilichkeit hat sich ein »Initiativ-Komitee« unter Leitung von Dr. Rudolf Olden, Büro Regentenstr. 5, von der Ortsgruppenleitung des S.D.S. gebildet, das Anmeldungen zur Teilnahme entgegennimmt. Teilnahmeberechtigt sind sowohl Organisationen, als auch Einzelpersonen, doch ist Bekenntnis zu den Grundsätzen des Kongresses Bedingung.
Um dem Kongreß einen möglichst überparteilichen Anstrich zu geben, ist die Zustimmung einer Reihe bekannter und namhafter Persönlichkeiten eingeholt worden, u.a. von Professor Einstein, Heinrich Mann usw.; weiter haben sich viele pazifistische, jüdische und sozialdemokratische Gelehrte für den Kongreß ausgesprochen.
Die Propaganda erfolgt zur Wahrung des Charakters nicht in der »Roten Fahne«, sondern wie immer bei solchen Anlässen, in der »Welt am Abend«, »Berlin am Morgen« usw.
Bemerkt werden soll noch, daß die Ortsgruppe des S.D.S. in enger Verbindung mit der »Internationalen Vereinigung revolutionärer Schriftsteller in Moskau steht.
(RGO = Revolutionäre Gewerkschafts-Opposition. Über das SDS-Vorstandsmitglied Olden schließt der Polizeibericht fälschlicherweise auf eine Ausrichtung des Kongresses durch die SDS-Ortsgruppe. Im Berichtsteil/Arbeitsprogramm Februar/März/April der Berliner Verbandszeitung »Der Oppositionelle Schriftsteller«, die nach dem 14. Februar ausgegeben worden ist, den Aufruf an alle Oppositionellen im Verband (»Es ist die letzte Stunde; wer heute schweigt, wird morgen den Mund nicht mehr aufmachen können«) enthält und von der Polizei sogleich zur Akte »Das Freie Wort« genommen wurde, ist vom Kongreß jedoch nicht die Rede. Auch ließ Grossmann die Kongreßdrucksachen nicht in der Druckerei Alban Horn (Berlin) drucken, der sich der SDS, sondern in der Druckerei Otto Gröner (Berlin), der sich die Liga für Menschenrechte bediente. Der Bericht trägt eine Unterschrift (Röhn?) mit der Bezeichnung K.B.S. und ist mehrfach gegengezeichnet. Vermerk:)
dem Dez. 2 vorzulegen.

(4)
          Kongreß 1933: DAS FREIE WORT
                  Initiativ-Komitee
        Albert Einstein · Heinrich Mann · Rudolf Olden

Zustelladresse
Dr. Rudolf Olden
Berlin W 10, Regentenstr. 5
Telefon: BI Kurfürst 2427
Postscheck: Rudolf Olden
Berlin 67299   Berlin, Den 13. Febr. 1933

An den
Herrn Polizeipräsidenten
Abteilung A I
BERLIN

Wir teilen Ihnen hierdurch ergebenst mit, daß wir am
         Sonntag, den 19. Febr.
evt. auch noch Montag, den 20. Febr. im grossen Festsaal bei Kroll den
         Kongreß für »Das Freie Wort«
stattfinden lassen werden. Die Bescheinigung über die Anmeldung
belieben Sie freundlichst an die obige Zustelladresse
         Dr. Rudolf Olden
         Berlin W 10
         Regentenstr. 5
baldmöglichst zu richten.

Zu dem Kongreß haben Vertreter von geladenen Organisationen und
geladene Einzelpersönlichkeiten Zutritt.

                            Hochachtungsvoll
                            INITIATIV-KOMITEE
                            Sekretariat

(Die ›Mitteilung‹ ist gez. von Olden. Anstreichungen von der Polizei. Eingangsstempel: 14. 2. 33)

I. Ad. I[3]
       1.) Nicht anmeldepflichtig
       2.) I Ad.III z.K.
       3.) Weglegen.
           Bln., den. . . 2. 33.

(Der Bearbeiter der Kongreßanmeldung reagiert entsprechend dem Versuch
Oldens, die Veranstaltung als nichtöffentliche zu deklarieren, so daß sie nicht
den Bestimmungen des Abschnitts I (»Versammlungen und Aufzüge«) der Verordnung des Reichspräsidenten zum Schutze des deutschen Volkes vom 4. 2. 33
unterworfen werde. Der Stellenleiter trägt das Datum 14. ein und zeichnet ab.)

(Am 17. Februar bittet das Komitee-Sekretariat, unterzeichnet von Grossmann, »ergebenst« um »freundliche Bestätigung unserer Anmeldung«. Derselbe Bearbeiter in I. Ad. I³ vermerkt:)

 1.) Anmeldebestätigung ist erteilt u. behändigt.
 2.) I Ad. III zum gefl. Bericht über Veranstaltung und Organisation (vertraulich).

(Unterstrichen vom Stellenleiter, der wieder abzeichnet. Das Blatt trägt noch den Vermerk »9⁰⁰ vorm.« »L 17. 2.«, d. i. wahrscheinlich: persönlich überbracht, sowie den Bericht der Abteilung:)

I. Ad.III[1]   Bln., den 18. 2. 33

Das Initiativ-Komitee hat sich zur Aufgabe gemacht für die Grundrechte des deutschen Volkes als da sind, Pressefreiheit, Versammlungsfreiheit, Rede- u. Lehrfreiheit, einzutreten. Das <u>Komitee setzt sich vorwiegend</u> aus Mitgl. <u>der K.P.D.</u>, dem sich auch einige S.P.D.-Mitgl., die sich für die Einheitsbestrebungen auf <u>kommunistischer</u> Grundlage einsetzen, (sic!) zusammen. Veröffentlichungen bzw. Bekanntmachungen des Komitees erfolgen in den <u>kommunistischen</u> Zeitungen.
Zuständig <u>dürfte daher I Ad.II sein.</u>
          Gottmann (Göttmann?)
          Kri.Sekr.

(Unterstreichungen vom Bearbeiter in I Ad.II, am 18. 2. So ist der Vorgang aufgrund der Anmeldung, die das nicht verhindern konnte, dort angelangt, wo er aufgrund der Pressemitteilung vom 10. 2. schon am 13. 2. zum Fahndungsbericht betrifft Kongreß »Das Freie Wort« geführt hatte.)

(5)   Kongreß 1933: DAS FREIE WORT
        Das Initiativkomitee

Stadtkämmerer Bruno Asch · Julius Bab · Landgerichtsrat H. Bakkes · Prof. Hans Baluschek · Prof. Otto Baumgarten · Stadtrat H. Beck · Dr. Adolf Behne · Dr. Otto Benecke · Rechtsanwalt Martin Beradt · Dr. (G.) Bermann-Fischer · Prof. Georg Bernhard · Prof. Dr. Karl Brandt · Oberbürgermeister Brauer · Prof. Dr. Bredig · Prof. Martin Buber · Prof. Dr. Chajes · General B. von Deimling · Dr. Alfred Döblin · Bernhard Düwell · Prof. Dr. von Eckardt · Axel Eggebrecht · <u>Prof. Albert Einstein</u> · Arthur Eloesser · Prof. Eskuchen · Gertud Eysoldt · Ministerialrat a. D. Falkenberg · Lion Feuchtwanger · S. Fischer · Pastor Hans Francke · Bruno (??, Leonhardt?!) Frank · A. M. Frey · Prof. Dr. Friedman · Prof. Geiler · Dr. Manfred Georg · Helmut von Gerlach · Valeska Gert (V. Anderson) · Dr. Otto Grautoff · Erich Grisar · Prof. (H.) Gropius · Constance Hallgarten · Thea von Harbou · Liz. Dr. Hans Hartmann · Walter Hasenclever · Werner Hegemann · Dr. Wolfgang Heine ·

Prof. J. (?, Max? MdR) Herrmann · Bürgermeister Dr. Herz (Paul Hertz?) · Prof. M. Hobohm · Dr. Max Hodann · Polizeipräsident z. D. Hohenstein · Prof. Dr. Hopf · Richard Huelsenbeck · Prof. Hüter · Herbert Ihering · Monty Jakobs · Prof. Dr. Jastrow · Senator a. D. B. Kamnitzer · Prof. K. (Hermann) Kantorowicz · Siegfried von Kardorff · Katharina von Kardorff · Dr. Fritz Karsen · Bernhard Kellermann · Prof. Dr. Kern · Dr. Hermann (Kaiser-)Kesser · Alfred Kerr · Gustav Kiepenheuer · Dr. H. Klotz · Willibald Krain · Oberverwaltungsgerichtsrat Kroner · Staatssekretär z. D. H. Krüger · Dr. Robert Kuczynski · Pol-Oberst a. D. Hans Lange · Prof. Emil Lederer · Otto Lehmann-Rußbüldt · Prof. Dr. Th. Lessing · Staatsbankpräsident a. D. W. Loeb · Dr. E. Lüders · Rechtsanwalt Dr. Maase · Justizrat Dr. Mannroth · Thomas Mann · Karl-Heinz Martin · Prof. Dr. Mosse · Prof. Dr. Noelting · Prof. Paul Oestreich · Rudolf Olden · Dr. Heinz Ollendorf · Dr. Max Osborn · Carl von Ossietzky · Adolf Otto · Alfons Paquet · Prof. W. Paulsen · Frieda Perlen · Tony Pfülf · Ludwig Quidde · Prof. Radbruch · Frau Dr. M. v. Reding · Erik Reger · Oberbürgermeister (Ernst) Reuter (MdR) · Dr. Kurt Riedel · Roda Roda · Prof. A. Rosenberg · Ernst Rowohlt · Dr. Eduard Senator · Toni Sender · Heinrich (Heinz) Simon (Frankf. Ztg.) · Prof. Dr. (H.) Sinzheimer · Min.Dir. z. D. (C.) Spiecker · Prof. Dr. J. Schaxel · (Paul) Freiherr von Schoenaich · Adele Schreiber-Krieger (MdR) · Friedrich Stampfer (MdR) · Graf Stenbock-Fermor · Prof. Dr. Strecker · Dr. Helene Stöcker · Dr. Jakob Stöcker · Stud.Dir. Dr. Tacke · Dr. W. Thormann · Prof. (F.) Tönnies · Prof. Veit Valentin · Stadtbaurat (M.) Wagner · Dr. H. Wegscheider · Justizrat Dr. Werthauer · Mathias Wieman · Stadtrat E. Wutzky · Hans von Zwehl · Arnold Zweig · Prof. Mittermaier · Kurt Heinig, MdR. · René Schickele · Professor (Rudolf?) Lerch · Hugo Saupe, MdR. · Gustav Hartung.

(Briefkopf des Kongresses wie oben (Faks.), aber ohne die Namen Einstein, Mann und Olden. Es gelten nun alle Namen als Initiativ-Komitee. Keine polizeilichen Bearbeitungsvermerke, außer Anstreichung Prof. Albert Einstein.)

Präsidium

Stadtkämmerer Bruno Asch · Prof. Hans Baluschek · Prof. Otto Baumgarten · Dr. Adolf Behne · Dr. Otto Benecke · Prof. Georg Bernhard · Oberbürgermeister Brauer · General B. von Deimling · Dr. Herm. Duncker · Prof. Albert Einstein · Prof. Erich Everth · Gertrud Eysoldt · Ministerialrat a. D. Falkenberg · Helmut von Gerlach · Prof. Gropius · Reichsgerichtsrat Grossmann · Wolfgang Heine, Min. a. D. · Prof. Dr. Jastrow · Katharina von Kardoff · Siegfried von Kardorff · Dr. Kurt Kersten · Harry Graf Kessler · Prof. Käthe Kollwitz · Staatssekretär z. D. H. Krüger · Dr. Robert Kuczynski · Prof. Emil Lederer · Heinrich Mann · Thomas Mann · Karl-Heinz Martin · Rudolf Olden · Prof. Radbruch · Adele Schreiber-Krieger · Min.Dir. z. D. Spiecker · Prof. Ferd. Tönnies · Stadtbaurat Wagner · Dr. H. Wegscheider.

(Keine polizeilichen Bearbeitungsvermerke. Erstmals genannt: K. Kersten, Graf Kessler, H. Duncker, K. Kollwitz. Das Präsidium wurde am Vorabend gewählt.)

Beteiligte Organisationen

Adolf-Koch-Schule
Arbeiter-Föderation
Arbeitsgemeinschaft sozialdemokratischer Aerzte
Arbeitsgemeinschaft sozialpolitischer Organisationen
Arbeiter-Radiobund
Allgemeine freie Lehrergewerkschaft Deutschlands
Bund der Freunde der Sowjetunion
Bund für Mutterschutz, Berlin
Bund für radikale Ethik
Deutscher demokratischer Studentenbund
Deutscher Freidenkerverband
Deutsche Gesellschaft für ethische Kultur
Deutsches Kampfkomitee gegen den imperialistischen Krieg
Deutscher Landarbeiterverband
Deutscher Lederarbeiterverband
Deutscher Monistenbund (Zentrale) Ortsgruppen Berlin, Hamburg
Deutscher republikanischer Lehrerbund
Deutscher republikanischer Pfadfinderbund
Deutscher republikanischer Reichsbund (Gau Sachsen)
Deutsche Staatspartei (Reichsgeschäftsstelle)
Deutscher Studentenverband
Einheitsausschuss werktätiger Rundfunkhörer
Freie Arbeiter-Union Deutschlands
Freie nationale Schülerschaft
Freie wissenschaftliche Vereinigung
Freiwirtschaftsbund F.F.F.
Friedensbund deutscher Katholiken, Ortsgruppe Bonn
Genossenschaft deutscher Bühnenangehöriger
Gesellschaft für Ausdruckskunde und Seelenforschung
Gruppe revolutionärer Pazifisten
Internationale Arbeiterhilfe
Internationale Artisten-Loge
Internationale der Kriegsdienstgegner
Internationale Frauenliga für Frieden und Freiheit, Ortsgr. Leipzig, Berlin
Internationale Heinrich-Heine-Gesellschaft
Linkskartell der Geistesarbeiter und freien Berufe
Loge »Freie Nordmark«
Loge »Wacht am Rhein«
Loge »Zur wahren Erkenntnis« Hamburg
Radikaldemokratische Partei
Reichsbund radikaldemokratischer Jugend
Reichs- und Heimatbund deutscher Katholiken, Ortsgruppe Köln
Republikanische Beschwerdestelle
Republikanisches Kartell, München
Schutzverband deutscher Schriftsteller, Verband Nord-Westdeutschland, Berlin
Schutzbund »Künstlerkolonie«

Sozialdemokratische Partei Deutschlands
Sozialistische Arbeiter-Partei Deutschlands
Theosophische Gesellschaft
Verband der deutschen Volksbühnenvereine
Verband der Nahrungsmittel- und Getränkearbeiter
Vereinigung sozialdemokratischer Juristen
Weltfriedensbund der Mütter und Erzieherinnen
Weltjugendliga
Werkleute, Bund deutsch-jüdischer Jugend
Deutsche Liga für Menschenrechte EV.
Kampfgemeinschaft der Arbeitersänger
Jugendliga für Menschenrechte

(Keine Bearbeitungsvermerke, andere Maschinentype; wahrscheinlich nicht in Grossmanns Büro geschrieben.)

Kommentar zur Namensliste:
Die Namen sind mit den originalen Ergänzungen wiedergegeben und wenn nötig und möglich ergänzt oder korrigiert. Ich versuche, in die Gruppenbeziehungen der Genannten etwas Licht zu bringen. (I) Die Mehrzahl der Namen verweist auf den Umkreis der *Deutschen Liga für Menschenrechte,* die für ihre Untersuchungsausschüsse, Protestkundgebungen, Petitionen und Unterstützungs-Komitees in den letzten Jahren der Republik auf einen großen Kreis Intellektueller bauen konnte. Sie unterzeichneten, schrieben, sprachen, diplomatisierten für die Liga. Die so wirkten – die Führenden in ihren Berufen als Journalisten der Konzerne Ullstein und Mosse, der *Weltbühne,* als Anwälte, engagierte Künstler, Schulbeamte, Professoren, Funktionäre in Verbänden und Parteien oder als pensionierte Beamte, Militärs. Polizeiführer –, sie waren Pazifisten aller Couleur, meist zuzuordnen dem weitgesteckten Positionsrahmen der *Deutschen Friedensgesellschaft* (manifestiert in prominenten Doppelmitgliedschaften); im Zugehörigkeitsjargon: zwischen »linksbürgerlich – überparteilich – freisinnig« (typische Beispiele: Bernhard, Gerlach, Eysoldt, Frey, Georg, Hegemann, Heine, Loeb, Mosse, Olden, Roda Roda, Simon) und »konservativ« à Deutsche Volkspartei oder Zentrum (Katharina und Siegfried von Kardorff, Carl Spiecker) oder »links-katholisch« wie Werner Thormann. Der politischen Polizei, wie natürlich den Völkischen aller Schattierungen, galt die Liga für kommunistisch unterwandert; Sie war es nicht. Vielmehr war die Haltung ihrer »sprechenden« Mitglieder und Sympathisanten von einem typischen *Antikommunismus* jener republikanischen Kampfjahre und ihren Erfahrungen mit der kommunistischen *Partei* geprägt, der von apolitischer »Unabhängigkeit« bis zur intellektuellen Sensibilität und Funktionärsfeindschaft Ossietzkys reicht. Mit dem parteilichen Antikommunismus der SPD oder von Schriftstellern vom Typ R. Schickeles hatte das wenig zu tun. Daß es trotzdem eine Zusammenarbeit mit der kulturpolitischen »Nebenpartei« der KI in Deutschland, der Internationalen Arbeiterhilfe (IAH) und ihren Aktivitäten gab, war vor allem dem Geschick und Temperament, ja auch der politischen Ehrlichkeit ihres Generalsekretärs Münzenberg zu verdanken. Auch gab es echte Gemeinsamkeiten, z. B. zwischen Münzenberg und Olden die Klarheit über die sozialdemokratische Politik, die das Erstarken des deutschen Faschismus strukturell eher begünstigte als die schwankende Dogmatik der KP. Und selbst Grossmann, dem der »rote Hugenberg«, wie er Münzenberg im antikommunistischen Westdeutschland 1963 tituliert (Grossmann S. 102, 204, 343), unheimlich ist, er teilte mit dem Leninisten an der Spitze der IAH wenigstens den Haß auf die sozialdemokratische Polizeipolitik gegen die Freiheit staatskritischer Unternehmungen. Als Münzenberg den Liga-Funktionär Grossmann zum Kongreß

drängt (siehe Anm. 12), spult die Einfädelung der Namen, die beide Seiten »hinter sich haben«, nach dem Muster ihrer geradezu unpersönlichen Zusammenarbeit wie von selbst ab. Die beiden Prominentesten, deren Unterzeichnervergangenheit je in *beide* Gruppierungen zurückreicht, in die IAH- und die Liga-Aktivitäten (Einstein/Mann), führen an (rufen angeblich auf); nur noch in Ausnahmefällen (Hodann, Schoenaich, H. Stöcker) entstammen die nachfolgenden Namen beiden Gruppierungen zugleich. – (II) Im »linken Pluralismus« des Initiativkomitees *verbirgt* sich der härtere Kern der IAH-Sympathisanten, die wir z. T. schon seit den ersten Arbeiterhilfen 1921 »die ideologische, organisatorische und materielle Verbindung« der Intellektuellen mit dem kämpferischen Proletariat unterstützen sehen (Münzenberg: Solidarität S. 74 f.) Aus dieser Tradition stammen die Unterschriften Baluschek, Behne, Eggebracht, Einstein, Eloesser, Eysoldt, Feuchtwanger, Gropius, Hodann, Ihrering, Kellermann, Kerr, Kollwitz, Krain, Lehmann-Rußbüldt, Lessing, H. Mann, Ossietzky, Oestreich, Osborn, Quidde, Rowohlt, Schoenaich, H. Stöcker, Werthauer. – (III) Zu der Mehrheit der Namen, die aus dem Liga-Umkreis bekannt sind, tritt eine dritte, auch große Zahl hinzu, für die eine politische Bestimmung einer irgend aktiven Beziehung zu Münzenberg oder zur Liga schwierig, wenn nicht unmöglich ist; es sind dies Schriftsteller, Künstler oder Wissenschaftler, die man gemeinhin »links« oder »Nichtnazis« nennt, wie Valeska Anderson, Döblin, Frey, Grautoff, Hasenclever, Huelsenbeck, Käser-Kesser, Th. Mann, Paquet, Roda Roda, Rosenberg, Schickele, Sinzheimer, Valentin, die Professoren der Bildenden Künste, soweit sie nicht zu den bekannten IAH.Sympathisanten gehören. Das gelegenheitspolitische Sympathie-Verhalten in dieser Gruppe schwankt, ist jedenfalls in der Regel nicht so fest wie bei der wenig vertretenen Gruppe der linkspolitisch Profilierten (Leonhard Frank, Reger, Schaxel, A. Zweig), die aber auch im IAH-Rahmen nicht hervorgetreten sind. Im Parlamentsspektrum heißt die Grobzuordnung für diese politisch unbestimmte III. Gruppe »Demokratische Mitte« mit Orientierung am *Berliner Tageblatt* (Mosse-Konzern), an der *Frankfurter Zeitung* (liberaler Flügel: Simon), an der *Vossischen* (Ullstein), an Gerlachs *Berlin am Morgen*, bis hin zur *Weltbühne*; obwohl die führenden Publizisten dieser Blätter meist klares politisches Profil im Liga-Umkreis hatten – allerdings auch im SDS, wo die Überschneidung mit dem IAH-Umkreis wieder beginnt (Lehmann-Rußbüldt, Eloesser). – (IV) Die deutliche Vertretung der SPD (vgl. auch Liste der Organisationen!) mit ihren Kommunalpolitikern und Abgeordneten ist ein »inoffiziell« starkes Volksfrontsignal, wenn sie auch zugleich die Kehrseite der Medaille zeigt: die Stärke des Volksfrontgedankens in den Köpfen der »mittleren« Parteifunktionäre und bei den Mitgliedern, aber seine politische Planlosigkeit. An die Gewerkschaften scheint niemand gedacht zu haben. Dort war man auf die Betriebsrätewahlen konzentriert, gegeneinander konkurrierend selbstverständlich, die Anfangserfolge jener Wochen (ADGB und RGO hielten ›gemeinsam‹ die Nazizellen überlegen in Schach) nicht hochrechnend zu einer Generalstreikstrategie oder zu geordneten Volksfrontabsprachen. Als Unterstützerorganisationen von gewerkschaftlicher Seite haben sich autonome kulturelle Vertretungsverbände einschreiben lassen und bezeichnenderweise der Vorsitzende des *Allgemeinen Freigewerkschaftlichen Beamtenbundes* Falkenberg. Ob die unterzeichneten Reichstagsabgeordneten am 19. Februar anwesend waren, ist fraglich (vgl. Anm. 35); der Wahlkampf schluckte alle Kräfte. Nur der Antikommunist vom Dienst, der *Vorwärts*-Chef Stampfer, hatte Zeit für die kulturelle Bühne. Die KPD war nicht vertreten. Nur ein Kommunisten-Vater, Kuczynski, ließ sich einzeichnen. Ob Hermann Duncker, der Parteilehrer, gewählt ins Kongreß-Präsidium, anwesend war, ist ungewiß. Die Namen der beiden feindlichen Partei*ideologen* Stampfer und Duncker in der Kongreßplattform belegen gerade die *Abwesenheit* eines *politischen* Einigungswillens auch jetzt. Mit Lehmann-Rußbüldt fanden sie sich am Morgen des 28. Februar im Korridor des Polizeipräsidiums als Gefangene wieder. Die Vertreter aus Kirche, Justiz, Theater, Schule/ Schulverwaltung dürften sich auf die skizzierten Gruppierungen verteilen. – Schließlich sei bemerkt, daß sich, soweit ich feststellen konnte, nur zwei Nochnicht-Nazis auf der Liste befinden, die beiden Filmschauspieler Thea von Harbou und Mathias Wiemann.

Zum Thema *Widerstand:* Drei Mordopfer der Nazifaschisten stehen auf der Liste, Helmut Klotz, Theodor Lessing, Carl von Ossietzky. – Was ist aus der *Festnahme* geworden? Vgl. Dok. 8.

Spuren zum antifaschistischen Untergrund in Berlin sind nach meinen bisherigen Recherchen kaum mehr als zu ahnen: Ist die soziale Klassen- und Kulturgrenze um die Berliner linke und liberale Intelligenz, *einschließlich* der kämpferischen Münzenberggruppe und radikaler Außenseiter, in den ersten Februarwochen, als der illegale Zellen- und Flugschriften-Widerstand ohne Parteiapparate auflebt und sich »nur« mithilfe mittlerer »Apparatreste« die ersten konspirativen Regeln gibt, absolut geworden? Selbstredend gibt es unter Bedingungen der Illegalität kein Bündnis mehr zwischen dem »kämpferischen Proletariat« und der »Komitee-Prominenz« im Umkreis Münzenbergs, der Liga, des SDS oder anderer Kulturvereine, die sich seit Jahren gegen die Spaltungen der Arbeiterbewegung, die politische Justiz, den SA-Terror oder den internationalen Kriegsimperialismus in aller Öffentlichkeit – in einem »Widerstands-Feuilleton« – verausgabten. Nun plötzlich Klassengegensätze, persönlichen Mut, falsche Orientierungen zu bearbeiten, zu frommen einer Volksfront im Untergrund, war für *alle* öffentlich tätigen Intellektuellengruppen zu spät: Nach dem 27. Februar entkam mit Glück und mehr oder weniger Geschick, wer dem überraschenden Verhaftungsterror nicht sofort zum Opfer fiel. *Außer Ossietzky,* der nicht gehen wollte – er gehörte, nach Grossmanns Bericht, am 20. Februar zur *Auswertungsgruppe* bei Falkenberg (mit Gerlach, Grossmann, Hertz (?), Lehmann-Rußbüldt, Küster und Lange), wo überlegt wurde, ob aus dem Scheitern des Kongresses die Folgerung *Flucht oder Warten auf das Wahlergebnis* am 5. März gezogen werden solle..., »Ossietzky schwieg« –, konnten die Prominenten aus dem Liga-Umkreis, die auf der Liste waren, fliehen: Deimling (?), Gerlach, Grossmann, Lange(?), Keßler, Lehmann-Rußbüldt (nach kurzer Haft), Quidde, Schoenaich (?), Schreiber-Krieger, Stöcker, Veit Valentin (das Fragezeichen steht hinter den drei ehemaligen Offizieren! Kümmert sich unsereiner nicht um die »unbekannten Soldaten« des antifaschistischen Pazifismus?). Vom engeren Kreis Münzenbergs (Hans Schulz, Bruno Frei...) stand, versteht sich, niemand auf der Initiativliste; auch niemand von der SAP. Was ist aus dem *Akademieprofessor* Baluschek geworden, der zusammen mit K. Kollwitz, George Grosz, O. Dix, K. Hofer, M. v. Rohe, B. Taut, Gropius und Hobohm stets die IAH unterstützt hatte? – Die *Schriftsteller* unter den IAH-Unterstützern auf der Liste gehörten alle zu den Sofortverfolgten, Erstausgebürgerten oder zur nächsten Gruppe: Opfer der ersten inoffiziellen *Bücherausrottungslisten* und -verbrennungen waren Asch, Bernhard, Döblin, Eloesser, Feuchtwanger, Frey, Hasenclever, Hegemann, Hodann, Kerr, Lehmann-Rußbüldt, H. und Th. Mann, Oestreich, Schaxel, Stampfer, A. Zweig. – (Von den 33 am 23. August 33 Erstausgebürgerten stehen 9 auf unserer Liste – Bernhard, Feuchtwanger, Gerlach, Grossmann, Kerr, Lehmann-Rußbüldt, H. Mann, Stampfer, (Johann) Werthauer – sowie Münzenberg.)

Von den Unterzeichnern insgesamt gingen 36 ins Exil, wenige Tage oder Wochen nach dem Kongreß, 26 in den Jahren nach 1933. – Aber trotz der so plausiblen »Klassen«- und »Kultur«-Trennung zwischen Untergrund und intellektueller Widerstandstätigkeit 1933 gehört zur »Widerstandssoziologie« unserer Liste die Vermutung eines entfernten Zusammenhangs: Fritz Karsen, der Leiter der Karl-Marx-Schule in *Neu-Kölln,* gehörte zur ausgefahndeten Prominenz; am 22. Februar wird er aus der Schule geholt. Er entkommt. Oestreich ist einer seiner Lehrer. Brecht hat er zur Lehrstückpraxis mit Schülern verholfen. Aus seiner Arbeiterbildung, aus dem Kreis der gleichgeschalteten Schule (Schüler und Lehrer), wie aus anderen Schulen in Berlin, kommen Widerstandskämpfer, die teilweise überleben. Was wurde aus Hildegard Wegscheider? Welcher Beziehungsgehalt verbindet die Widerstandsarbeit der Gruppe um Hanno Günther der Jahre 39–41 und ihre Flugblattzeitung *Das freie Wort* mit dem Komitee, dem Kongreß und dem SDS Februar 1933? Welche Beziehungen verschlüsselt Paul Zech in *Deutschland, Dein Tänzer ist der Tod* bei der Beschreibung der Berliner Untergrundöffentlichkeit »Widerstand«, Februar–August 1933?

(6)
PROGRAMM
Für den Kongress
»DAS FREIE WORT«

Sonntag, den 19. Februar 1933, in
BERLIN_____

Tagungslokal: Großer Festsaal von Kroll, Berlin NW, Platz der Republik 7 (Eingang: Große Querallee)

SONNTAG 10 UHR VORM. ERÖFFNUNG DES KONGRESSES

1. **»Eröffnungsansprache«**
Rednerin: Katharina von Kardorff

2. **»Die Pressefreiheit«**
Referat gehalten von Prof. Dr. Erich Evert, vom Institut für Zeitungskunde in Leipzig, Universität Leipzig

3. **»Die Versammlungsfreiheit«**
Referat gehalten von Oberpräsid. a. D. Dr. Carl Falck

4. **»Die Lehr- und Redefreiheit«**
Referat gehalten von Professor Ferd. Tönnies, Kiel

5. **»Die Freiheit der Kunst«**
Referat gehalten von Dr. Wolfgang Heine

ZUR GENERALAUSSPRACHE HABEN SICH GEMELDET:

Dr. Adolf Behne
Ministerialrat a. D. A. Falkenberg
Dr. Manfred Georg
Liz. Dr. Hans Hartmann
Prof. Martin Hobohm
Richard Huelsenbeck
Staatsbankpräsident a. D. Walter Loeb
Dr. Max Osborn
Frieda Perlen
Toni Pfülf
Lisa Rietz
Friedrich Stampfer
Oberschulrätin Hildegard Wegscheider

Abstimmung über das Manifest des Kongresses

Schlußansprache: Redner Professor Georg Bernhard

(7)   Protest

der 1500 Delegierten des Kongresses »Das Freie Wort«:

Das Recht der freien Meinungsäusserung in Wort und Schrift ist in der Weimarer Verfassung festgestellt. Durch die Notverordnung vom 4. Februar 1933 und die Art ihrer Anwendung ist sein letzter Rest beseitigt. Schon ist die Freiheit der Wissenschaft und Kunst, die Unabhängigkeit der Akademien und Kunstschulen angetastet. Der Rundfunk ist zum Werkzeug einseitiger Parteipolitik geworden.

Ohne die Freiheit geistigen Kampfes erlischt die politische Kraft unseres Volkes innen und aussen.

Der Kongreß fordert freies Wort im freien Land!

(Undatiert; für den Kongreß vorbereitet und dort zu Beginn verabschiedet. Keine polizeilichen Bearbeitungsvermerke. Die angegebene Delegiertenzahl läßt vermuten, daß die Veranstalter erwartet haben, daß über die »geladenen Organisationen und geladenen Einzelpersönlichkeiten« hinaus ein öffentlicher Kongreß entstehe. Die genaue Zahl gibt die Polizei wahrscheinlich am genauesten an: 500. Vielleicht aber hat sie die ›amtlichen‹ Journalisten nicht mitgezählt. B. Gross spricht von »einigen hundert persönlich geladenen Gästen (Gross S. 244), Grossmann von »etwa neunhundert Besuchern und hundert Journalisten« (Grossmann S. 345) und Kessler notiert am Abend des 19. Februar, der große Festsaal der Krolloper sei »ganz voll« gewesen (Kessler S. 705).

(8)

I Ad.-Dauerdienst   Berlin, den 19. Februar 1933.
   Meldung!

Krim.-Kom. Geissler teilt um 14.30 Uhr fernmündlich mit:
Die Versammlung »Das freie Wort«, einberufen vom Initiativkomitee, Seite 4 der Versammlungsübersicht, wurde in Krolls-Festsäle um 13.25 Uhr aufgelöst und zwar wegen Beschimpfung des preußischen Kultusministers Rust und Verächtlichmachung der christlichen Religion durch den Redner Wolfgang Heine. 1 Festnahme.

(Unterschrift des Krim-.Ass., der die Meldung aufgenommen hat. Vermerk: (nach) I Ad.II)

(9)

Pol.Oblnt.Rev. 33. Seeger
Krim.Komm. Abt.I. Geißler   Berlin, den 19. 2. 33.
   Bericht
über die Auflösung der Versammlung des Initiativ-Komitee
»Das freie Wort«.

Die Versammlung wurde von 9 bis 13.15 Uhr von K. K. Heisig und Pol.-Oblnt. Semm überwacht. Um 13.15 Uhr erfolgte die Ablösung der Ueberwachenden durch K. K. Geissler und Oblnt. Seeger. Zu diesem Zeitpunkt sprach gerade Dr. Wolfgang Heine über das Thema

»Die Freiheit der Kunst«. Er führte gerade aus, dass schon in dem Wilhelminischen Zeitalter es mit der Freiheit der Kunst nicht allzu gut bestellt gewesen sei. Das aber, was sich die jetzigen Machthaber erlaubten, übersteige alles bisher Dagewesene. In Fortsetzung dieser Ausführungen gebrauchte Heine die Redewendung: »Er (der preussische Kultusminister) verachte die Verfassung« und weiter »der preussische Kultusminister ist zwar Kultusminister, aber kein Kulturminister. Im Zusammenhang mit den von amtlicher Seite gegebenen Darstellungen über den Zwischenfall in der staatl. Kunstschule in der Grunewaldstr. sagte Heine wörtlich: »Es gibt kein Recht gegen amtlich empfohlene Brutalitäten.«

Nachdem Heine weiter noch ausgeführt hatte, daß das Christentum jetzt wieder sehr in Mode gekommen sei und er nicht wisse, ob das daran läge, daß man in einem Christengrabe (es ist möglich, daß er auch gesagt hat: »daß man in dem Grabe Christi...) ein Hakenkreuz gefunden habe, wurde die Versammlung aufgelöst wegen Beschimpfung des prss. Kultusministers und wegen Verächtlichmachung der christlichen Religion. Zeitpunkt der Auflösung 13.25 Uhr.

(Unterzeichnet von Seeger und Geißler. Keine Vermerke. Der Bericht ging wie die Meldung an den Dauerdienst, Abt. I. Kessler, S. 706, notiert: »Nach Tönnies ergriff Heine das Wort und legte gleich mit den schärfsten Ausdrücken los, mit beißendem Hohn und ätzender Ironie. Ich sagte Bernhard, jetzt werde die Versammlung aufgelöst werden. Und richtig: Als Heine davon sprach, daß die neuerliche Bekehrung der Nazis zum Christentum vielleicht darauf zurückzuführen sei, daß in Palästina in einem zweitausend Jahre alten Grab kürzlich ein Hakenkreuz gefunden worden sei, trat der Polizeioffizier an Lange heran und erklärte die Versammlung für aufgelöst. Laute Rufe: »Weiterreden, weiterreden!« ertönten, aber Lange löste trotzdem unter großem Lärm auf.«)

(10)

Abteilung I Ad. II[1] *Berlin*, 20. Februar 1933.
P.K.D.

Bericht
über den Verlauf der
am 19. 2. 33
in Kroll's Festsälen
stattgefundenen öffentlichen
Versammlung des Initiativ-Komités
»Das freie Wort«
Veranstalter: wie oben
Leiter: Pol. Oberst a. D. Lange

Beginn: 10.45 Uhr
Schluß: 13.25 Uhr

Tagesordnung. Referate über Presse- und Versammlungsfreiheit, Freiheit der Kunst u. a. Aussprache.
Über den Verlauf ist zu berichten: Die Saaleröffnung erfolgte gegen 9.15 Uhr. Eine Kontrolle der Kongreßteilnehmer am Saaleingang konnte nicht festgestellt werden, vielmehr hatte jedermann Zutritt zum Saale, sodaß die Versammlung als öffentliche angesehen werden muß.

Zahl der Teilnehmer: 500
(schätzungsweise)
Männer: 350
Frauen: 150
Jugendliche: ./.
Als Hauptredner sind aufgetreten:
1. Prof. Evert (Leipzig)
2. Prof. Tönnies (Kiel)
3. Dr. Wolfgang Heine (Berlin)
4. Dr. Grimme (Berlin)
5. Oberpräsident a. D. Falck

Als Leiter der Versammlung gab sich der Sekretär der »Liga für Menschenrechte« Grossmann aus. Die eigentliche Leitung hatte aber, wie oben angegeben, Lange, der nach kurzen Begrüßungsworten Prof. Evert das Wort zu seinem Referat erteilte. Nach einleitenden Worten über die presserechtlichen Bestimmungen führte Redner aus, daß die Presse keine Ausnahmestellung verlange, aber auch nicht unter eine Ausnahmegesetzgebung gestellt werden dürfe. Die letzte Pressenotverordnung, die teilweise wörtlich aus früheren Verordnungen übernommen sei und ihre Anwendung seien geeignet, in erster Linie oppositionelle Parteien zu treffen. Irgendwelche Äußerungen, die zum Einschreiten Anlaß gegeben hätten, sind von Seiten des Redners nicht gefallen. Das Referat, das um 10.45 Uhr begonnen hatte, endete um 11.20 Uhr. Anschließend verlas Großmann verschiedene Beifallstelegramme, worauf dann um 11.25 Uhr Dr. Falck sein Referat über »Versammlungsfreiheit« hielt. Er gab zunächst die Entwicklung der Rechte der Versammlungsfreiheit. Grundlegende Rechte seien das erste Mal in der Weimarer Verfassung niedergelegt worden. Gegen die letzte Verordnung zum Schutze des deutschen Volkes vom 4. 2. 33 hätte er keine Bedenken, sie wäre sogar zu begrüßen. Was daran auszusetzen wäre, sei, daß sie einseitig gehalten sei, und zwar deshalb, weil eine Anwendung auf nationale Parteien nicht möglich sei. Ein Beweis für diese Behauptung sei in der amtlichen Bekanntmachung zu ersehen. Die Ausführungen schloß Redner um 11.45 Uhr.

Anschließend wurde dem Kultusminister a. D. Dr. Grimme das Wort erteilt, der mitteilte, daß die Kundgebung des »Sozialistischen Kulturbundes« in der Berliner »Volksbühne« nicht stattfinden konnte. Man sei zwar so loyal gewesen, die Kundgebung ausdrücklich zu genehmigen, hat aber eine Durchführung dadurch verhindert, daß man den Zugang zum Bülowplatz abriegelte und so den von allen Seiten zusammengeströmten Teilnehmern einen Besuch unmöglich machte. Die Abriegelung sei vorgenommen worden, um ein Platzkonzert der SA. vor dem Karl-Liebknecht-Hause störungsfrei stattfinden lassen zu können.

Um 11.45 Uhr wurde Prof. Tönnies das Wort erteilt. Seine wissenschaftlichen Ausführungen über die »Lehr- und Redefreiheit« waren äußerst langatmig. Der Vortrag selbst bzw. die Aussprache des Redners war nur mit Mühe zu verstehen, sodaß bald ein großer Teil der Kongreßteilnehmer den Saal verließ. Die immer stärker anwachsende Unruhe im Saal hatte schließlich zur Folge, daß kaum noch ein Wort verstanden werden konnte. Redner schloß um 12.40 Uhr.

Anschließend verlas Dr. Grimme eine Botschaft von Thomas Mann, deren geplante Bekanntgabe in der »Volksbühne« nicht durchgeführt werden konnte.

Kurz vor 13 Uhr begann Heine sein Referat über »Die Freiheit der Kunst«. Kurz nach Beginn wurden Unterzeichneter und Oberleutnant Semm durch K. K. Geissler und Oberleutnant Seeger abgelöst, die nach einigen Minuten die Versammlung für aufgelöst erklärten. Besonderer Bericht über die Gründe der Auflösung ist am 19. 2. 33 dem Dauerdienst, Abteilung I zugeleitet worden.

(Unterzeichnet von Heisig, Kriminalkommisar. Vermerke:)

1. I Ad II
2. Ad L
3. Dez. I[3]
z. gfl. Kenntnisnahme

(Nach Abzeichnung in Ad II und L abgelegt. Grimme als Hauptredner eingestuft: Er verlas eine Botschaft Th. Manns, die für die verhinderte Veranstaltung des Kulturbunds bestimmt gewesen war. Kessler, S. 706, notiert »starkes Gefühl für die deutsche Republik«, die aber »durch ihre Gutmütigkeit« den jetzigen Zustand auch herbeigeführt habe. »Dieser Passus wurde von der Versammlung am stärksten beklatscht.« Vgl. auch Grossmann S. 346 und Gross S. 245. Text bei Th. Mann: »Bekenntnis zur sozialen Republik«. – »Tönnies nur mit Mühe (...): Dazu Kessler, S. 706: »Dann hielt der alte Tönnies eine geschichtsphilosophische Vorlesung in seinen Bart hinein, die die Versammlung wieder einschläferte, obwohl er privatim mir gegenüber mit dem stärksten Temperament und den schärfsten Ausdrücken gegen Hitler losgezogen war: (...) ›Hans Wurst‹. Er sei der unwissendste junge Mann, der ihm in seiner Laufbahn vorgekommen sei.«)

Kongreß 1933: DAS FREIE WORT
Initiativ-Komitee
Albert Einstein · Heinrich Mann · Rudolf Olden

Zustelladresse
Dr. Rudolf Olden
Berlin W 10, Regentenstr. 5
Telefon: B 1 Kurfürst 2427
Postscheck: Rudolf Olden
Berlin 67299   Berlin, den 19. Februar 1933.

An das

Polizeipräsidium,
Abteilung I.,

Berlin C. 25.

Der heutige am 19. Februar 1933 im Großen Festsaal bei Kroll tagende Kongreß ist um 14 Uhr 25 aus uns noch nicht bekannten Gründen von der Polizei aufgelöst worden.

Gemäß § 4 Abs. 1 der Verordnung des Reichspräsidenten zum Schutz des deutschen Volkes vom 4. Februar 1933 beantragen wir, uns die mit Tatsachen zu belegenden Gründe der Anordnung schriftlich mitzuteilen.

Das Initiativ-Komitee
Sekretariat:

(Die Lakonität dieses letzten Blattes – Abzeichnungen, Aktenverweise, keine Bearbeitungsvermerke – spricht für sich. ›Zu den Akten‹ am 22. Februar. Unterzeichnet hatte Grossmann. § 4 Abs. 1 (mit 2) lautet: »Ist eine Versammlung für aufgelöst erklärt, so hat die Polizeibehörde dem Leiter oder Veranstalter der Versammlung die mit Tatsachen zu belegenden Gründe der Anordnung schriftlich mitzuteilen, falls er dies binnen drei Tagen beantragt. Die Auflösung kann nach den Bestimmungen des Landesrechts angefochten werden.«)

*

DAS »FREIE WORT« 46
Statistik der Roten Hilfe über Presseverbote

Seit dem 1. Januar 1931 wurden verboten insgesamt

208 Tageszeitungen
3482 Tage

(Wie aus dem Schlußdatum der Statistik (18. Februar) hervorgeht, ist dieses Flugblatt für den Kongreß zusammengestellt worden. – Es demonstriert den nicht nur kommunistischen Begriff von Faschismus in der Republik: Statistisch scheint sich die neue Regierung als Unterdrückungsregime von ihren Vorläuferinnen nicht zu unterscheiden. (Bis dato) hatten die kommunistischen Zeitungen unter Papen und Hitler durchschnittlich etwa gleiche Verbotszahlen zu beklagen. Wie warnend wird ergänzt, daß die Hitlerregierung nun auch die SPD nicht mehr schont. Bei der Statistik der politischen Morde und Schwerverletzungen, S. 3 des Flugblatts, wird zwischen den Parteien nicht mehr unterschieden. – Die Todesschüsse der Polizei schnellten unter Schleicher in die Höhe, während die SA-Morde unter Papen besonders zahlreich waren. Insgesamt führt die Statistik auf: 471 politische Morde und 1735 Schwerverletzte seit dem 1.1.1931.

Außer einer Reg.-Nr. trägt das Flugblatt keinen Bearbeitungsvermerk.)

1 Bundesarchiv Koblenz – R 58/391. — **2** A. Kantorowicz (1959), Kessler (1961), Grossmann (1963), B. Gross (1967), Walter (1972). Zu berichten dort vorerst im kleinen: Der Referent zum Thema »Pressefreiheit« aus Leipzig heißt Prof. Dr. Erich *Evert*. / Dr. Wolfgang Heine hielt ein Referat zum Thema »Freiheit der *Kunst*«. / Der Kongreß wurde aufgelöst wegen der Beschimpfung des preußischen Kultusministers *und* wegen Verächtlichmachung der christlichen Religion. — **3** Willi Münzenberg (1889–1940), ZK-Mitglied und Reichstagsabgeordneter der kommunistischen Partei, wird in der Weimarer Republik als Organisator eines linken »Medien-Konzerns« zum publizistischen Gegenspieler des rechts-konservativen Presse-Magnaten Hugenberg und des Nazi-Propagandisten Goebbels. Die »Münzenberg-Presse« unterscheidet sich von der Parteipresse der KPD dadurch, daß sie weniger dogmatisch die Ziele kommunistischer Politik propagiert und unmittelbar an Lese- und Informationsbedürfnisse eines proletarischen und kleinbürgerlichen Publikums anknüpft. Publikationen wie die Tageszeitungen *Welt am Abend* und *Berlin am Morgen* erreichen Auflagenhöhen bis zu 100 000 Exemplaren; die *Arbeiter-Illustrierte-Zeitung* (*AIZ*) wird mit einer Auflage von knapp einer halben Million zur zweitgrößten Illustrierten Deutschlands. Ende der zwanziger Jahre hat Münzenberg einen linken »Medien-Verbund« geschaffen, zu dem u. a. ein Verlag (»Neuer Deutscher Verlag«), ein Buchklub (»Universum«), eine Filmproduktionsgesellschaft (»Prometheus«, später »Weltfilm«) und diverse Zielgruppen-Zeitschriften (»Weg der Frau«, »Arbeiterfotograf«) gehören. 1933 muß er nach Frankreich emigrieren und setzt von dort den propagandistischen Widerstand gegen das faschistische Deutschland fort. 1936 organisiert er in Paris (»Lutetia-Kreis«) das Einigungs-Treffen für eine deutsche Volksfront. Bei diesem Bemühen wird der »Kommunist der ersten Stunde« verdächtigt, »opportunistisch« zu handeln und eigene, vom Parteistandpunkt abweichende Wege zu gehen. 1938 wird er aller seiner Parteiämter enthoben und nach seiner Weigerung, in Moskau vor Stalin Rechenschaft abzulegen, aus der Partei ausgeschlossen. Münzenbergs letzte publizistische Aktion, die Herausgabe der Zeitschrift *Die Zukunft* im Jahre 1939, ist gekennzeichnet von dem Versuch, einen unabhängigen sozialistischen Standpunkt zu finden. Im Sommer 1940 wird er in der Nähe der südost-französischen Stadt Saint Marcellin erhängt aufgefunden. — **4** Grossmann (1963), S. 347. — **5** Vgl. die Diskussion um ein verfassungsmäßig verankertes Widerstandsrecht im Zusammenhang mit der Stationierung von Atomraketen in der Bundesrepublik / siehe Stellungnahmen von Bundesverfassungsminister Helmut Simon und Staatsminister Friedrich Vogel. In: *Frankfurter Rundschau* Nr. 134 v. 13. 6. 83, S. 4 / Hans Schulte, »Wer bestimmt, was ein demokratischer Rechtsstaat ist« (Rede auf der Jahrestagung der Gustav-Heinemann-Initiative: »Gewaltloser Widerstand – Ziviler Ungehorsam«). In: *Frankfurter Rundschau* Nr. 166 v. 21. 7. 83, S. 15. — **6** Grossmann, S. 340 ff. — **7** Grossmann, S. 346 – Vgl. § 3 (3) der Verordnung zum Schutz des deutschen Volkes vom 4. 2. 33 (»Den Beauftragten muß ein angemessener Platz eingeräumt werden«). — **8** Eine ausführliche Schilderung der Erstürmung der Kunstschule Schöneberg durch Studenten-SA am 17. 2. 33 enthält das Info Nr. 2/83 der Hochschule der Künste, Berlin, 9. Jg., Januar 1983. — **9** Eine exemplarische Analyse dieser »republikanischen Rezeption« am Beispiel zweier illustrierter Zeitschriften der Weimarer Republik erscheint im Herbst dieses Jahres; vgl. Walter Uka, »Bildjournalismus zwischen Widerborstigkeit und Anpassung«. In: *Die Gleichschaltung der Bilder* (Ausstellungskatalog), Berlin 1983. — **10** Joseph Goebbels, »Vom Kaiserhof zur Reichskanzlei«, München 1937, S. 263. — **11** Selbst einem so klar analysierenden Republikaner wie Rudolf Olden, der nach dem 20. Juli 1932 an eine Mobilisierung der Gewerkschaften und einen Generalstreik dachte (vgl. Babette Gross, *Willi Münzenberg*, Stuttgart 1967, S. 239 f.), und der nach 1933 sehr schnell in den Blick bekommt, was sich in Deutschland abgespielt hat (vgl. Rudolf Olden, *Hitler, der Eroberer*, Prag 1933), fehlte in den Wochen nach der Machtübergabe die »Perspektive«. — **12** Grossmann, S. 342. — **13** Tonband-Interview des Verf. mit Bruno Frei, Wien, September 1981. — **14** Zu den bedeutendsten Veranstaltungen dieser Art gehören der Brüsseler Kongreß gegen Kolonialismus und Imperialismus im Palais Egmont im Februar 1927 und der antiimperialistische Friedenskongreß in Amsterdam im August 1932. — **15** Gross, S. 233. — **16** Gross, S. 234. — **17** Vgl. Teil II, Gross (1967), S. 230 ff. — **18** Wenig Beachtung hat wahrscheinlich auch das mit dem Motto des Kongresses überschriebene Flugblatt »Das Freie Wort« der »Roten Hilfe« gefunden. Immerhin liefert es präzises Material über Presseverbote kommunistischer Zeitungen und über Anschläge auf links stehende Personen und dokumentiert damit auf eindrucksvolle Weise, wie längst vor der Machtübergabe mit den »demokratischen Rechten« umgegangen wurde. — **19** *Die Weltbühne*, 29. Jg., 1933, Königstein, Ts. 1978, S. 336. — **20** Grossmann (1963), S. 342. G. ist eine der wenigen Quellen für den Kongreß »Das Freie Wort«. Das Datum ist verifiziert, die Überlieferung im ganzen aber widersprüchlich und dünn. Auf keines der erinnerungsliterarischen Quellenzeugnisse sollte man sich kritiklos verlassen. Unsere Publikation ist als neuer Anstoß gedacht, den Februar 1933 genauer zu erforschen und in seinen literaturgeschichtlichen Zusammenhängen komplex zu bewerten. — **21** Vgl. W. Ukas Kommentar und dort die Anm. 3 zu Münzenberg. Unsere Deutungen der Münzenberg-Politik sind nicht in jedem Punkt identisch, verweisen aber aufeinander. Die Diplomatie der Vor- und Nach-Komitees spielt in der Serie der von Münzenberg initiierten Kongresse eine wichtige Rolle, vgl. z. B. vor dem Kongreß »Das Freie Wort«: Brüssel, 10. 2. 27; Köln, August 27; Frankfurt/ M. 21. 7. 29; Essen, März 30; Berlin, Dezember 30; Düsseldorf, Dezember 30; Berlin, Herbst 31; Berlin, November 31; 17. 2. 32; 3. 3. 32; April 32; Amsterdam 27.–28. 8. 32. (Siehe B. Gross (1967), S. 204, 207, 209, 223, 225, 226, 234, 235, 236 ff.). Hier nicht aufgeführt die Untersuchungsausschüsse gegen den »Blutmai« 29, den »Braunen Terror« usw. — **22** Vgl. R. Olden (1934); Grossmann (1963), S. 325 f. u. 342; Kessler (1961), S. 690 f.; Gross (1967), S. 241 f.; Sender (1981), S. 257 f.; vgl. auch den Gewährsmann Goebbels (1934): »Die Roten haben ihre große Stunde verpaßt. Die kommt nie wieder.« (21. 7. 32). Darstellung mit Quellen u. Literatur siehe zuletzt: A. Kaiserin: Wege (1983). — **23** In geläufiger u. tabellarischer Geschichtsschreibung kann man lesen, »die« KPD habe nach dem Staatsstreich Papens die SPD u. die Gewerkschaften zum Generalstreik aufgerufen; vgl. zu dieser mißverständlichen Formel Gross (1967), S. 242 oder Duhnke (1972), S. 31 ff. — **24** H. Mann bei einem Rebhuhn-Essen bei Georg Bernhard am 21. 9. 32: Die »Sozis seien an der Verachtung des Geistes gescheitert; die Zurückdrängung der Intellektuellen und die Vorherrschaft der Gewerkschaften habe sich gerächt; um Widerstand zu leisten, hätte Severin der Intellekt gefehlt« (Kessler, 1961, S. 691); A. Einstein auf eine Anfrage der Münzenberg-Zeitungen *Welt am Abend* u. *Berlin am Morgen* am 13. 10. 32: »Ein Staat, der die schriftliche und mündliche freie Kritik und Meinungsäußerung über politische Gegenstände beeinträchtigt oder gar unterbindet, muß notwendig degenerieren. Die Tolerierung solcher Beschränkungen beweist und bezeugt die politische Minderwertigkeit seiner Bürger.« (Einstein, 1975, S. 221). — **25** Gross (1967), S. 242 f. — **26** W. Benjamin, Geschichtsbegriff (*Schriften* I, S. 695). - Im FS-Interview W. Ukas mit Bruno Frei, dem energischen »Gehilfen« Münzenbergs bis zu dessen Parteiaustritt, u. a. Chefredakteur des *Berlin am Montag*, also Mitarrangeur des »Freien Worts«, sagt der Linientreue von damals, er habe mit der Abkehr von Münzenberg geirrt; dessen Weg sei der richtige gewesen. - P. Weiss über Münzenberg, vor allem *Ästhetik* I, S. 157 ff., II, S. 54 ff. u. 124 ff., III. S. 22 ff. »Unser Dasein in der Partei« (Reflexionsfigur »Münzer«: I. S. 248). Münzenbergs Lenin- und Parteitreue und den aus ihren Widersprüchlichkeiten früh schon »herausgehaltenen« politischen Arbeitsbegriff »Volksfront« muß eine neue Münzenberg-Biographie einmal genauer erklären und darstellen. Weiss' Versuche zum späten Münzenberg halte ich für die bislang gültigsten. Vgl. auch Surmann (1938); Duhnke (1972), S. 231 ff.; Langkau-Alex (1970); Gross (1967), s. 285 ff.; Gross (1962); Wiesner/Traub (1976). — **27** Grossmann (1963), S. 342. Es ist auffällig, daß in der Datierung (August 32) Grossmann und Münzenbergs Biographin und Lebensgefährtin B. Gross übereinstimmen. Ein bei allgemeinen Zeitpunkterinnerungen in unseren Quellen seltener Fall. Vielleicht ist Grossmanns Erleuchtung am 4. 2. 33, als Münzenberg ihn unter einem Vorwand ins Café bestellte und ihn an seine Funktion als »Exekutivsekretär« erinnerte: Münzenberg habe schon »hinter der Komitee-Idee bei Georg Bernhard gesteckt«, zutreffend (Grossmann S. 343). In Kesslers Tagebüchern ist über das Treffen bei Bernhard nichts eingetragen, obwohl Kessler angeblich dabei war (Grossmann S. 342). Auch bei H. Mann, Zeitalter (1973), nichts! — **28** aus dem Symbol »letzte Bastion«, deren Verteidigung *anstehe*, wird dann in den *Reflexen* auf den Tag der Handlung selbst: »Gefühl, daß dieses für lange Zeit das letzte Mal sei, wo Intellektuelle in Berlin öffentlich . . .« (Kessler (1961), S. 707 –« . . . wo zum letzten Mal der Ruf nach Gedankenfreiheit ertönte« (A. Kantorowicz (1959), S. 393 – »Es war die letzte überparteiliche Kundgebung der Linken gewesen« (Grossmann S. 347) usw. Bezeichnend dagegen Münzenberg: »*Er knüpfte* im Herbst 1935 dort wieder *an*, wo im Februar 1933 in Berlin der letzte *Versuch* unternommen *worden war*, die Hitlergegner der verschiedenen Parteien und Gruppen zur gemeinsamen Aktion zu sammeln.« (Gross (1967), S. 292. (Unterstr. v. m.). — **29** Einstein schreibt am 12. 10. 32: »Ich bin fest davon durchdrungen, daß ein Staat, dessen Bürger eines der drei von Ihnen genannten Rechte preisgeben (»Freiheit der Presse, Rede und Versammlung«), nicht als Kulturstaat, sondern als eine Art Untertanenverband anzusehen ist. Einem solchen anzugehören ist eines selbständigen Menschen nicht würdig . . .« (Einstein, 1975, S. 221) Vgl. das Antwortdatum Einsteins in Anm. 24. — **30** »Aufgrund des Artikels 48 Abs. 2 der Reichsverfassung.« — **31** Grossmann S. 342 f. gibt als Anlaß zur Münzenberg-Initiative »nur« das Redeverbot für den soeben haftentlassenen Ossietzky am Vortag an. Er könne nun, habe Münzenberg zu ihm gesagt, mit dem »Freien Wort« *zurückschlagen*. - Seine diplomatische Zusammenarbeit mit Kommunisten entschuldigt Grossmann so: »Ich war damals durchaus für eine Einheitsfront (!) der ganzen Linken als der letzten Chance . . .« — **32** Siehe Dok. I. Bei den beiden Blättern könnte es sich um einen Entwurf Grossmanns handeln. Er kam undatiert und ohne Unterschrift in die Hände der Polizei. — **33** Siehe die polizeilichen Zeitungsausschnitte Dok. 2. Die über die Vorgeschichte des Kongresses bei Kantorowicz (1959), S. 393 ff. (und vgl. H. A. Walter, S. 152 f.) gebreitete monodramatische Legende sollte nicht kritiklos Quelle seriöser Geschichtsschreibung sein. — **34** Diese Deutung hat ihre Logik in dem Bild vom Vorgehensstil Münzenbergs, das wir hier entwerfen. In einem Geschichtsbild, in dem auf die Frontstellung »Hie Faschismus – Dort geknechteter Geist« nicht verzichtet ist, erscheint der Kongreß notwendig unter dem Aspekt liberaler Untergangsheroik und wird von Protagonisten des »demokratischen Berlin« oder der Geschichte höchstselbst einberufen, nicht vom Marionettenmeister Münzenberg. – Der geradezu technische Charakter der Improvisation hat zwei konkrete Voraussetzungen: das Tempo der Aktionsabfolge im Münzenberg-Konzept *und* die Trägheit des liberalen und die Negativität des antikommunistischen Politikverständnisses. — 35 Ich schätze, daß die Zahl der Personen, deren Namen auf der Liste des Initiativkomitees nur symbolisch genutzt worden sind, groß ist. Viele, je näher sie der Münzenberg-Methode standen, desto bereitwilliger, waren damit einverstanden. Es war das ihre Solidarität in der Zusammenarbeit mit der IAH. »Beweise« sind in diesem Zusammenhang schwierig zu erbringen. Eine flüchtige Stichprobe (vgl. auch Anm. zu Dok. 5) hat ergeben: Einstein, am 10. 12. 32 nach Amerika abgereist, stand, wenn auch seit dem Amsterdamer Kongreß schwankend, als Sympathisant grundsätzlich zur Verfügung. H. Mann soll sich über seine Wahl ins Präsidium des Kongresses beschwert haben (Grossmann S. 343), in seinen Aufzeichnungen (Zeitalter (1976), S. 239 f. (19.–21. Februar) findet sich nichts über den Kongreß; er hatte zwischen Akademie-Rausschmiß (15. 2.) und Abreise (21. 2.) andere Sorgen. Kurt Kersten war nicht in Berlin, Th. Mann in der Schweiz, Toni Sender auf Wahlkampfreise. Ob die im übrigen Reichsgebiet wohnenden Initiatoren (Sinzheimer, B. Frank – oder ist Leonhard F. gemeint? – Reger u. a.) telefonisch um Zustimmung gefragt wurden, ist natürlich nicht zu ermitteln; wie Münzenberg mit dem Telefon umging, vgl. die Anekdoten darüber, z. B. Gross (1967), S. 234. Symptomatisch für das beiläufige Bewußtsein vom Kongreß im demokratischen Berlin Februar 33 muß uns sein, daß er so gut wie keine Spuren in der Menge der Memoirenliteratur hinterlassen hat. Der Chefredakteur der *Welt am Montag*, Bruno Frei, z. B. erwähnt ihn weder im *Papiersäbel* noch in der Ossietzky-Biographie; dort vielmehr gilt ihm Ossietzkys letzte öffentliche Rede in der Ortsgruppenversammlung der Berliner SDS am 20. Februar (fehlerhaft (?) datiert auf den 17.) als »die letzte Manifestation der linksbürgerlichen Intelligenz gegen den faschistischen Ungeist« (Frei 1978, S. 204; vgl. auch S. 348); möglich, daß im Hintergrund des Gedächtnisses der Kongreß sich in die Beschreibung dieser Veranstaltung mischte: »Die Kundgebung galt dem freien Wort, dem Protest gegen seine Unterdrückung.« B. Frei sagt mir (26. 7. 83), er habe den Kongreß »vergessen oder nie gekannt«. Axel Eggebrecht, der fast jeden einzelnen jener Tage genau erinnert und erzählt, IAH-Angestellter und so wohl auch auf die Initiativ-Liste gekommen, weiß nichts vom Kongreß. Ossietzky scheint nicht anwesend gewesen zu sein. Hermann Kesten, Lektor bei Gustav Kiepenheuer (der auf der Liste steht) bis zur Abreise im März, schreibt mir (21. 7. 83): »Ich war nicht in der Kroll-Oper damals. Ich weiß nichts über den Ausschuß ›Das Freie Wort‹« (vgl. auch Interview Schöffling-Kesten, Schöffling, 1983, S. 386 ff.). — 36 Gross (1967), S. 245. — 37 Kessler (1961), S. 706 f. — 38 Gross, S. 246 ff. — 39 Neben der angegebenen Literatur zur Volksfront sei hier für erste Orientierung empfohlen: Frei (1972), S. 174–179; Kersten (1957); Koestler (1971), S. 239 ff.; R. Fischer (1948), S. 743. — 39a Gross, S. 317 f. — 40 Vgl. einer für viele: Kesten an Toller, 27. 6. 33 — 41 Als Beispiel siehe H. Kestens Erzählung, wie H. Mann B. Brechts (weder von Mann noch Kesten begriffene) Selbstparodie eines Widerstand leistenden Intellektuellen habe abblitzen lassen, Kesten, Freunde, (1959), S. 43 u. ff. — 42 Vgl. P. Sloterdijk über den Zeitraum 1932/33 in seinem »Historischen Hauptstück. Das Weimarer Symptom. Bewußtseinsmodelle der deutschen Moderne«, S. 909 ff. — 43 Ich muß hier auf den entstehenden Essay insgesamt verweisen, wo solche Ausgrenzungen konkret erörtert werden. — 44 Vgl. seine Reden »Der Preis der Freiheit« (1933), »Die Literatur und das Dritte Reich« (1934), »Fünf Jahre nach unserer Abreise« (1938), »Meine Freunde die Poeten« (1949), »Literatur im Exil«, (1956) in: *Geist* 1959). — 45 Abgedruckt in Kesten, Geist, 1959, S. 163 ff. – Ich habe den Text erst nach meinen Aufzeichnungen in »Literatur und Fahndung«, nach Wiederlesen meines Textes von 1953 (»Hitler in uns selbst« in den Münchner Kammerspielen«) und nach der Wiederfassung in diesem Essay gelesen. Die Totalitarismus-These im Referat ist mir damals nicht aufgefallen! — 46 Mir fällt jetzt im Text erst auf, daß Kesten mit Verachtung von Brecht, auch A. Seghers spricht. Die Undifferenziertheit des antikommunistischen Gestus ist vergleichbar mit Weyrauchs Anfragen an Brecht (siehe Anm. 34), ist bei Kesten aber konstant (vgl. Frei (1972), S. 193 u. Winkler (1977), S. 160). — 47 Kesten, Abreise (1959), S. 55. — 48 Süskind schrieb dann am 18. 4. 83 in der *Süddeutschen Zeitung* über die Veranstaltung (»Mißverständnisse um Literatur«). — 49 Siehe Nymphenburg-Verleger Neunzig im Auswahlneudruck: *Der Ruf* (1976), S. 12 ff. — 50 Den Andersch-Text zit. nach Ruf (1976), S. 270 ff. — 51 W. E. Süskind, »Mißverständnisse« (1953), III, IV. v. m. umgest. — 52 Beschluß d. Bundesreg. zur polit. Betätigung v. Angehörigen d. ö. Dienstes gegen d. demokratische Grundordnung v. 19. 9. 1950. - Erstes Strafrechtsänderungsgesetz v. 30. 8. 1951. — W. Wagner (Hg.): *Hochverrat und Staatsgefährdung. Urteile des Bundesgerichtshofes* Bd. I (1958). – Vgl. W. Abendroth (1981), S. 216. Zur Frühorientierung vgl. Schmidt/Fichter (1971) u. für die SBZ/DDR Staritz (1976).

— 53 Vgl. Weyrauch/Brecht in Brecht, Ges. W. 19, S. 496 ff., u. Anm. und Hecht (1975). —
54 Hamburger »Literatrubel« 1982. — 55 H. Kipphardt auf derselben Veranstaltung. —
56 Heißenbüttel (1977). — 57 Kesten, Dichter (1959), S. 72.

Benützte oder erwähnte Literatur:

Abendroth, Wolfgang, *Ein Leben in der Arbeiterbewegung. Gespräche aufgezeichnet und hg. v. B. Dierich u. J. Perels.* Frankfurt/M.³ 1981.

Andrae, Friedrich / Jan Hans (Hg.), *Schädlich und unerwünscht, verboten und verbrannt. Die Bücherverbrennung vom 10. Mai 1933 und ihre Folgen.* Hamburg (Bezug: Hamburger Arbeitsstelle für deutsche Exilliteratur, von Melle Park 3, Hamburg 13) 1983.

Brecht, Bertolt, *Gesammelte Werke 19.,* Frankfurt/M. 1973.

Briegleb, Klaus, *Literatur und Fahndung. 1978 – Ein Jahr Literaturwissenschaft konkret. Aufzeichnungen.* München 1979.

Der Ruf. Unabhängige Blätter für die junge Generation. Eine Auswahl. Vorwort von Hans Werner Richter. Hg. u. m. e. Einl. v. Hans A. Neunzig. München 1976.

Deutsche Widerstandskämpfer 1933–1945. Biographien und Briefe. II. II. Hg. v. Institut für Marxismus-Leninismus beim ZK der SED. Berlin (DDR) 1970.

Duhnke, Horst, *Die KPD von 1933 bis 1945.* Köln 1972.

Einstein, Albert, *Über den Frieden. Weltordnung oder Weltuntergang?* Hg. v. U. Nathan u. H. Norden. Vorw. v. B. Russell. Dt. Ausg. Bern 1975.

Erken, Günther / Dieter Ruckhaberle / Christiane Zieseke (Red.), *Weimarer Republik.* (Ausstellungskatalog) Hg. v. Kunstamt Kreuzberg, Berlin, und dem Institut für Theaterwissenschaft, Köln. Hamburg, Berlin West³ 1977.

Fischer, Ruth, *Stalin und der deutsche Kommunismus. Der Übergang zur Konterrevolution.* Frankfurt/M.² 1948.

Frei, Bruno. *Carl v. Ossietzky. Eine politische Biographie.* Berlin West² 1978.

Ders., *Der Papiersäbel. Autobiographie.* Frankfurt/M. 1972.

Gross, Babette, *Willi Münzenberg. Eine politische Biographie.* Mit e. Vorw. v. A. Koestler. Stuttgart² 1968.

Dies., Die Volksfrontpolitik in den dreißiger Jahren. Beil. zu: Das Parlament, 24. Oktober 1962.

Grossmann, Kurt R., *Ossietzky. Ein deutscher Patriot.* München 1963.

Haarmann, Hermann / Walter Huder / Klaus Siebenhaar (Hg.), *»Das war ein Vorspiel nur...« Bücherverbrennung Deutschland 1933. Voraussetzungen und Folgen.* (Ausstellung der Akademie der Künste. Katalog) Berlin West 1983.

Hecht, Werner (Hg.), *Brecht im Gespräch. Diskussionen, Dialoge, Interviews.* Frankfurt/M. 1975.

Heißenbüttel, Helmut, »1945 ist heute. Ein persönlicher Bericht.« In: *Literaturmagazin 7. Nachkriegsliteratur.* Hg. v. N. Born u. J. Manthey. Reinbek 1977, S. 232 ff.

Kaiser, Andreas, »Preußenschlag 1932.« In: Staatliche Kunsthalle Berlin (Hg.): *1933 – Wege zur Diktatur* (Ausstellungskatalog). Berlin West 1983.

Kantorowicz, Alfred, *Deutsches Tagebuch.* I., München 1959.

Kersten, Kurt, »Das Ende Münzenbergs«. In: *Dt. Rdsch.* 83 (1957).

Kessler, Harry Graf, *Tagebücher 1918–1937. (Politik, Kunst und Gesellschaft der zwanziger Jahre.)* Hg. v. W. Pfeiffer-Belli. Frankfurt/M. 1971.

Kesten, Hermann, *Der Geist der Unruhe. Literarische Streifzüge.* Köln, Berlin 1959.

Ders., *Meine Freunde die Poeten.* München 1959.

Ders., *Dichter im Café.* München 1959.

Koestler, Arthur, *Abschaum der Erde. Gesammelte autobiographische Schriften.* II., Wien, München, Zürich 1971.

Langkau-Alex, Ursula, *Volksfront für Deutschland? – I.: Vorgeschichte und Gründung des »Ausschusses zur Vorbereitung einer deutschen Volksfront«, 1933–1936.* Frankfurt/M. 1977.

Mann, Heinrich, *Ein Zeitalter wird besichtigt.* Reinbek 1976.

Merleau-Ponty, Maurice, *Humanismus und Terror.* I., II. Frankfurt/M. 1966.

Münzenberg, Willi, *Fünf Jahre Internationale Arbeiterhilfe.* Berlin 1928.

Ders., *Die dritte Front.* Berlin 1930.

Ders., *Solidarität. Zehn Jahre Internationale Arbeiterhilfe. 1921–1931.* Berlin 1931.

Neuköllner Kulturverein (Hg.), *Widerstand in Neukölln.* (Ausstellungsheft). (Berlin 1983).

Schmidt, Ute / Tilman Fichter, *Der erzwungene Kapitalismus. Klassenkämpfe in den Westzonen 1945–48.* Berlin West 1971.

Schöffling, Klaus (Hg.), *Dort wo man Bücher verbrennt. Stimmen der Betroffenen.* Frankfurt/M. 1983.

Sender, Toni, *Autobiographie einer deutschen Rebellin.* Hg. u. eingel. v. G. Brinker-Gabler. Frankfurt/M. 1981.

Sloterdijk, Peter, *Kritik der zynischen Vernunft.* II., Frankfurt/M. 1983.

Staritz, Dietrich, *Sozialismus in einem halben Land. Zur Programmatik und Politik der KPD: SED in der Phase der antifaschistisch-demokratischen Umwälzung in der DDR.* Berlin-West 1976.

Sternfeld, Wilhelm / Eva Tiedemann, *Deutsche Exil-Literatur 1933–1945. Eine Bio-Bibliographie.* Heidelberg ²1970.

Surmann, Rolf, *Die Münzenberg-Legende. Zur Publizistik der revolutionären deutschen Arbeiterbewegung 1921–1933.* Köln 1983.

Walter, Hans-Albert, *Bedrohung und Verfolgung bis 1933. Deutsche Exilliteratur 1933–1950,* I (= Slg. Luchterhand 76). Darmstadt, Neuwied 1972.

Wehner, Herbert, *Wandel und Bewährung. Ausgewählte Reden und Schriften 1930–1967.* Hg. v. H.-W. Graf Finckenstein u. G. Jahn. Mit e. Einl. v. G. Gaus. Frankfurt/M., Berlin-West 1968.

Ders., *Notizen.* 1946 Typoskr. In der Forschungsliteratur meist zitiert als: *Erinnerungen.*

Weiss, Peter, *Die Ästhetik des Widerstands.* Roman. I (1975), II (1978), III (1981). Frankfurt/M.

Wieser, Harald / Rainer Traub, »Die Volksfront. Zur Entstehung. Geschichte und Theorie.« In: *Kursbuch* 46. Volksfront für Europa? Berlin-West 1976.

Winckler, Andreas, *Hermann Kesten im Exil (1933–1940). Sein politisches und künstlerisches Selbstverständnis und seine Tätigkeit als Lektor in der deutschen Abteilung des Allert de Lange Verlages. Mit einem Anhang unveröffentlichter Verlagskorrespondenz von und an Hermann Kesten.* (Phil. Diss.) Hamburg 1977.

Wulf, Joseph, *Theater und Film im Dritten Reich. Eine Dokumentation.* Frankfurt/M., Berlin, Wien, 1983.

Lieselotte Maas

Die »Neue Weltbühne« und der »Aufbau«
Zwei Beispiele für Grenzen und Möglichkeiten journalistischer Arbeit im Exil

I Einleitung

Die Presse des deutschen Exils ist geprägt von zahlreichen Gegensätzen und Widersprüchen. Neben einer imponierenden Meinungsvielfalt steht eine erschreckende Unfähigkeit zur Solidarität. Zum selbstbewußten Anspruch, die eigentliche Stimme Deutschlands zu sein, kontrastiert das heimliche Unbehagen am Zeitungsmachen als bloßer Beschäftigungstherapie. Auf der einen Seite wird die Aufgabe, die in Deutschland außer Kraft gesetzten Werte jenseits seiner Grenzen aufzubewahren, zum vielleicht wichtigsten Auftrag, zugleich aber verliert auf der anderen Seite das Denken im bloßen Festhalten oft genug die Möglichkeit, sich zu entwickeln und progressiv zu verändern.

Höchst widersprüchlich sind nicht zuletzt auch die Voraussetzungen für journalistisches Arbeiten im Exil. Für die Redakteure der Partei-Bulletins, die naturgemäß einen nicht geringen Teil der deutschen Exilpresse ausmachen, veränderte sich zunächst einmal wenig: Sie veröffentlichten und erläuterten nach wie vor die Richtlinienbeschlüsse und Erklärungen zum Selbstverständnis der mit ihnen emigrierten Parteivorstände und politischen Gruppierungen. Für viele andere wurde das Schreiben in einer Zeitung, auch wenn es sich dabei oft genug nur um hektographierte Rundbriefe für einen kleinen Freundeskreis handelte, zu einer ganz neuen Erfahrung. Mit der Flucht aus Deutschland um den Beruf als Politiker, Gewerkschafter, Bibliothekar, Lehrer usw. gebracht, war es Surrogat für diesen Verlust und häufig die einzig verbliebene Möglichkeit, sich geistig selbst zu behaupten und mit anderen zu verständigen. Der traditionelle Berufsjournalist aber befand sich im Ausnahmezustand des Exils im Gegensatz zu alledem in einem fast luftleeren Raum. Von seinem wichtigsten Gegenstand Deutschland von Anbeginn geographisch und in zunehmendem Maße auch zeitlich abgeschnitten, mußte er sich zwangsläufig von einem Produzenten von Primärinformationen zu deren Weiterverarbeiter verändern. Nicht zufällig scheiterten die Versuche einer Exil-Tageszeitung einigermaßen kläglich. Der Regelfall für die Presse des Exils ist eben nicht die brandneue Nachricht des Tages, sondern die nacharbeitende Reflexion der Wochen- und Monatsschrift.

Das zentrale Dilemma des Berufsjournalisten im Exil beschreibt freilich diese Veränderung noch nicht. Viel entscheidender mußte ihn einschränken, daß seine in normalen Zeiten vornehmste Aufgabe, in der unmittelbaren Teilhabe am politischen und kulturellen Geschehen dieses *kritisch* zu begleiten, im Exil viel von ihrem Sinn eingebüßt hatte. Zur kritischen Auseinandersetzung mit dem jeweiligen Asylland waren Emigranten auch da, wo formale Verbote fehlten, nicht autorisiert, sie lag auch nicht in ihrem Interesse. Der unermüdliche Kampf gegen Hitler, das eigentliche Verdienst der deutschen Exilpresse, blieb notwendigerweise ein fast ohnmächtiger Appell aus der Ferne, ohne jede Chance zu einer direkten journalistischen Einflußnahme. Die scharfe, »zersetzende« Analyse der Aktivitäten im Exil selbst schließlich konnte im Kreis der um ihre Lebenssicherheit gebrachten Emigranten nur lähmend und selbstzerstörerisch wirken.

Die besondere Situation, die oft genug im Vergleich zu einer selbstverständlichen Presse die normalen Verhältnisse geradezu auf den Kopf stellte, kann man sich bei der Beschäftigung mit den Zeitungen des Exils nicht deutlich genug machen. Erst ihre ungewöhnlichen Bedingungen erklären ihre Inhalte und Erscheinungsformen. Nur im Zusammenhang mit diesen ungewöhnlichen Bedingungen sind Versäumnisse und Leistungen gerecht zu diskutieren.[1] Gerade in der Fähigkeit der Macher, sich wie bewußt auch immer auf den Sonderfall Exil einzustellen, gründen darüber hinaus oft genug auch Erfolg und Scheitern einer Zeitung im Exil. Die zuerst in Prag und später in Paris erschienene *Neue Weltbühne* und der New Yorker *Aufbau* sind hierfür zwei sehr unterschiedliche, aber gleichermaßen exponierte Beispiele.

Die neue Weltbühne ist eine typische Exilzeitschrift. Wie häufig in den ersten Jahren des Exils übernimmt sie ihre Form von einem Vorbild aus der Weimarer Republik. Zwar produzierten die Verhältnisse des Exils gleich eine Fülle von neuen Genres, wie z. B. maschinenschriftlich vervielfältigte Mitteilungsblätter oder Kleinformate für den illegalen Vertrieb in Deutschland. Die Zeitungen aber, die noch mit einer natürlichen Öffentlichkeit rechneten, lehnten sich in Typ, Titel und Aussehen gern an Weimarer Modelle an. Schon in der Auswanderung zahlreicher publizistischer Signets spiegelt sich damit, was mit der Machtergreifung Hitlers aus Deutschland vertrieben wurde und was von nun an im Ausland aufgehoben sein wollte.

Abgesehen vom übernommenen Gewand wurde der Inhalt gleichwohl sehr schnell spezifisch. Wie in jeder politischen Exilzeitung drehte sich auch in der *Neuen Weltbühne* alles um Deutschland. Die ferne Heimat war ihre eigentliche Welt. Die politische Gewalt der Vertreibung beantwortete sie mit dem politischen Anspruch, Sprecher und Repräsentant des eigentlichen (anderen und besseren) Deutschland zu sein.

»Nicht Hitler, wir sind Deutschland«: das hätte der Wahlspruch der *Neuen Weltbühne* sein können. Gerade mit solch einem Selbstverständnis als – um es leicht abgewandelt mit den Worten Heinrich Manns zu sagen – »Stimme eines stumm gewordenen Volkes« hatte nun freilich der New Yorker *Aufbau* nichts gemein. Denn wo *Die Neue Weltbühne* Identifikation anstrebte, bemühte er sich um Distanz. Schon äußerlich knüpfte er nicht an Vorbilder an, sondern schuf sich seinen eigenen originären Zeitungstyp. Während *Die neue Weltbühne* mit einer Auflage von maximal 9000 ihre Öffentlichkeit nur im isolierten und abgegrenzten Zirkel des politischen Exils fand, öffnete sich der *Aufbau* mit Auflagen bis über 30 000 ganz bewußt für die Interessen und Bedürfnisse einer unpolitischen Massenemigration. Vor allem zog er zumindest politisch einen unmißverständlichen Trennungsstrich zwischen seiner amerikanischen Gegenwart und seiner mitteleuropäischen Vergangenheit, wollte er ausdrücklich nicht Sprecher des »wahren Deutschland« sein, vielmehr Wegbereiter und Begleiter bei der Suche nach einer neuen geographischen und gesellschaftlichen Heimat.

Die neue Weltbühne und der *Aufbau* sind damit Beispiele für die beiden möglichen konträren Haltungen des Emigranten. Darüber hinaus scheinen sie jeweils charakteristisch für die zwei durch den Kriegsausbruch getrennten Etappen des Exils. Bis 1939 gab es praktisch nur eine politische Publizistik im Sinn und im Selbstverständnis der *Neuen Weltbühne*. Ein *Aufbau* wäre vor 1939 und in Europa nicht machbar gewesen. Erst mit der Ausweitung der Emigration über den europäischen Kontinent hinaus und erst durch die ganz anderen Verhältnisse vor allem in Nord- und Südamerika ergaben sich solche zusätzlichen Möglichkeiten.

Die neue Weltbühne und der *Aufbau* gaben extrem unterschiedliche Antworten auf das Schicksal des Exils. Dennoch haben diese Zeitungen gerade in Hinblick auf den Sonderfall einer Presse für Emigranten auch entscheidende Gemeinsamkeiten. Beide sind das Werk von Redakteuren, die kaum in die üblichen Klischees vom erfolgreichen Journalisten passen. Weder Hermann Budzislawski noch Manfred George waren brillante Schreiber oder primär kritische Köpfe. Schwer vorstellbar, daß sie in der Weimarer Republik oder anderswo unter normalen Verhältnissen eine ähnlich bemerkenswerte Karriere gemacht hätten. Für *Die neue Weltbühne* und den *Aufbau* aber wurden sie zu Glücksfällen. Wohl vor allem deshalb, weil sie fernab von jedem schriftstellerischen Ehrgeiz ein besonderes Gespür und auch die geeigneten Fähigkeiten entwickelten für das im Exil Sinnvolle und Machbare.

Die neue Weltbühne und der *Aufbau* rührten nicht an die offenen Wunden des Exils; sie vermittelten dem Emigranten vielmehr positive Wunschbilder. Notwendigerweise in einem Zustand der Zerstörung, der Auflösung und der Desillusionierung wurde er so nicht durch scharfe analysierende Kritik zusätzlich verunsichert, sondern durch Aspekte der Hoffnung gestützt. Bei Hermann Budzislawski und der *Neuen Weltbühne* durch die kämpferische Zuversicht auf den endlichen Zusammenschluß aller Antifaschisten, bei Manfred George und dem *Aufbau* durch den optimistischen Glauben an die Möglichkeit eines neuen Lebens in einer neuen Welt.

Ein Jahr nach dem Krieg klagte ein deutscher Physiker in einem Brief an Freunde in Europa über sein »sinnloses Vegetieren« in den in seiner Sicht »sinnlosen« Vereinigten Staaten: »Nur wer in dieses Land die Nase hineingesteckt hat, kann die Dringlichkeit meines Wunsches begreifen, wieder durch die ganze Breite des Ozeans davon getrennt zu sein.«[2] Diese eine persönliche Äußerung belegt hinreichend, wie weit der individuelle Einzelfall vom Integrations-Enthusiasmus des *Aufbau* entfernt sein konnte. Aber nur weil dieser *Aufbau* eben nicht so sehr die Probleme, sondern vor allem die Chancen zu seinem Thema machte, wurde er für die Entwurzelten zu einem Halt, schuf er für den größeren Kreis der unpolitischen jüdischen Emigration – nicht anders als *Die neue Weltbühne* für den isolierten Zirkel des politischen Exils – positive Signale für eine sinnvole Existenz.

Wer heute *Die neue Weltbühne* oder auch den *Aufbau* ohne den Blick auf den Ausnahmezustand des Exils liest, wird möglicherweise beide Zeitungen nicht gerade aufregend finden. Als »normale« Zeitungen in einer »normalen« Zeit verdienten sie wohl kaum überdurchschnittliches Interesse. Das aber ändert nichts an ihrem Rang als exemplarische Zeitungen der deutschen Emigration nach 1933, in der und für die sie journalistisch verwirklichten, was unter sehr besonderen Bedingungen möglich und vor allem nötig war.[3]

II Die »Neue Weltbühne« – Treffpunkt für Gleichgesinnte in begrenzter Öffentlichkeit
Prag, dann Paris 1933 – 1939

Redaktion: ab März 1934 Hermann Budzislawski, davor Willi Schlamm. Mitarbeiter u. a.: Siegfried Aufhäuser, Ernst Bloch, Wolfgang Bretholz, Friedrich Burschell, Louis Fischer, Bruno Frei, Hellmut von Gerlach, Kurt R. Grossmann, Julius Hollos, Anton Kuh, Rudolf Leonhard, Emil Ludwig, Heinrich Mann, Balder Olden, Heinz Pol, Maximilian Scheer, Alexander Schifrin, Walter Theimer, Werner Türk, Berthold Viertel, F. C. Weiskopf, Paul Westheim, Hermann Zucker, Arnold Zweig.

Wie *Das Neue Tage-Buch* an das alte Berliner *Tagebuch*, knüpfte *Die neue Weltbühne* an die wohl renommierteste Zeitschrift der Weimarer Republik an: die von Siegfried Jacobson gegründete, von Kurt Tucholsky und Carl von Ossietzky weitergeführte *Weltbühne*. *Die neue Weltbühne*, die ab April 1933 in Prag, ab Juni 1938 in Paris erschien, übernahm denn auch in der Aufmachung alle wichtigen Merkmale ihrer Berliner Vorgängerin: das Quartformat, den roten Umschlag, die Schrifttypen, den Wechsel zwischen ganzseitigen und zweispaltig gedruckten Artikeln, die verschiedenen Rubriken. 1935 wurde sogar die alte Jahrgangszählung der *Weltbühne* wieder aufgenommen und fortgeführt.

Diese ihrem Vorbild treue äußere Gestalt änderte Die neue Weltbühne in ihren über sechs Exiljahren praktisch nicht. Ihre journalistische Geschichte zerfiel allerdings in zwei inhaltlich sehr unterschiedlich akzentuierte Phasen, die jeweils die einander folgenden Redakteure Willi Schlamm und Hermann Budzislawski entscheidend prägten.

Willi Schlamm war von beiden ohne Zweifel der großstädtische Journalist aus Profession. Mit scharfer, alles in Frage setzender Kritik und flammenden Appellen für die seiner Meinung nach weltpolitisch notwendigen Entscheidungen und Taten versuchte er gewissermaßen, den normalen Journalismus einer normalen Republik ins Exil zu retten. Sein Nachfolger Hermann Budzislawski dagegen interessierte sich weitaus mehr für das unter den besonderen Bedingungen dieses Exils und aus dem begrenzten Kreis der Emigranten heraus Machbare. Im Vergleich zum unbedingten Journalisten Schlamm dachte er eher (real)politisch. Für Willi Schlamm blieben Stil und Brillanz der Formulierung (der engagierte Kampf mit der Feder) immer das Primäre; Hermann Budzislawski suchte demgegenüber in sprachlich durchaus bescheidenem Rahmen nach den für die neue, beschränkte Situation geeigneten journalistischen Inhalten. Im nur geringen Erfolg des ersten und dem erkennbar größeren des zweiten spiegeln sich weit über den Einzelfall der *Neuen Weltbühne* hinaus Grenzen und Möglichkeiten journalistischer Arbeit zumindest in der ersten Etappe des Exils.

Willi Schlamm leitete *Die neue Weltbühne* von April 1933 bis Anfang März 1934. Zuvor war er Redakteur der *Wiener Weltbühne,* eines ab September 1932 in Österreich erschienenen Pendants der Berliner *Weltbühne,* die nach dem Verbot der *Weltbühne* in Deutschland für einige Zeit allein die Tradition der Zeitschrift fortführte. Anfang April 1933 verlegte Schlamm die Redaktion von Wien nach Prag und betonte durch den Titel *Die neue Weltbühne* die enge Beziehung zum Berliner Original und zur Fortsetzung von dessen »bis zum letzten Augenblick« geführten »Kampf für die Freiheit und gegen den Faschismus« (1933, Nr. 14, S. 440).

Der Weg der Berliner *Weltbühne* ins Exil über die Zwischenstation ihrer Wiener Parallelausgabe hat sicher mit dazu beigetragen, daß die Exilzeitschrift der spezifischen Entwicklung in Österreich besondere Aufmerksamkeit widmete. Die politische Lage dort bot freilich dazu Anlaß genug: Schlug doch, wie Schlamm formulierte, »heute ... im kleinen Österreich das Herz der todkranken Freiheit Europas; (wird) im engen Raum zwischen Eisenstadt und Bregenz ... über Krieg und Untergang entschieden« (1933, Nr. 15, S. 441). Wie schon die *Wiener Weltbühne* appellierte *Die neue Weltbühne* an die österreichische Linke und insbesondere an die Sozialdemokratische Partei, eine aktive und selbständige, »revolutionäre Politik« zu betreiben und den »ernsthaften Zweifrontenkrieg« »gegen Dollfuß und gegen die Nazis« zu wagen (1933, Nr. 25, S. 759 ff.). Immer wieder attackierte Schlamm die »politische Strategie« der österreichischen Sozialdemokratie und die »Entschlußlosigkeit« ihrer »Führer«, die »unter dem Druck eines übersteigerten Verantwortungsbewußtseins die Passivität zum Prinzip erheben« (1933, Nr. 15, S. 441) und damit versuchen, »einen kataleptischen Starrkrampf in eine politische Linie umzulamentieren« (1933, Nr. 25, S. 760).

Natürlich galt trotz der gezielten Auseinandersetzungen mit der Politik in Österreich das vornehmliche Interesse auch der *Neuen Weltbühne* den Zuständen in Hitlerdeutschland. Judenboykott, Bücherverbrennungen und Reichstagsbrandprozeß, Kriegsvorbereitungen und Wirtschaftslage, Arbeitsdienst, Jugenderziehung und Konzentrationslager, Reichswehr, Gestapo und SA, Theaterspielpläne, Rundfunkpropaganda und Verlagsprogramme waren wichtige Gegenstände in den Artikeln der *Neuen Weltbühne*. Die Zeitschrift wollte aber nicht nur über die aktuelle Situation in Deutschland berichten, sondern auch die Ursachen für den Sieg des Faschismus deutlich machen, die insbesondere der Redakteur Willi Schlamm entscheidend auf das Versagen der »Linksparteien« zurückführte: »Sie hatten programmatisch alle Probleme bewältigt, wußten zulängliche Antwort auf alle Fragen, wußten Ziel, Richtung und Mittel – und indessen hatte die Rechte die Macht erobert (...) Aus diesem Widerspruch (...) ergibt sich entweder die Brüchigkeit der alten Programme oder die Nichtswürdigkeit ihrer Repräsentanz.« (1933, Nr. 19, S. 566).

An der Gültigkeit der »alten Programme«, am Wert der sozialistischen Idee mochten die linken Autoren der *Neuen Weltbühne* nicht zweifeln: »Wir haben keine grundsätzlichen Erkenntnisse zu revidieren. Das Urteil des wissenschaftlichen Sozialismus über die Entwicklungstendenz des Kapitalismus wurde gerade in Deutschland tragisch bestätigt« (1933, Nr. 20, S. 608). Für Willi Schlamm hatten nicht der Marxismus, »nicht Vernunft und Wissenschaften (...) versagt, sondern die Menschen und die Apparate« (1933, Nr. 19, S. 567). Der spätere Germanist Erich Heller, damals gelegentlicher Autor der *Neuen Weltbühne*, brachte diese generelle Einschätzung der Zeitschrift auf den Nenner eines nachgerade poetischen Bildes: »Wir sind auf einem guten Schiff in eine Untiefe geraten. Deshalb das Schiff verbrennen, ist Wahnsinn. Das Fahrzeug ist unversehrt; auch der Polarstern unsres Himmels steht unverrückt. Was einzig nottut, sind bessere Pläne und neue Führer.« (1933, Nr. 21, S. 643).

Hand in Hand mit solcher Bejahung des Sozialismus ging für *Die neue Weltbühne* eine vernichtende Kritik an den Führern der Arbeiterbewegung, deren Unfähigkeit zur »Tat« für Willi Schlamm und seine Mitarbeiter die »Quelle« der sozialistischen Niederlage war (1933, Nr. 36, S. 1123). Ja, die ständig wiederholten Attacken gegen die bankrotten Parteiapparate von SPD und KPD, alle Institutionen des »organisierten Sozialismus« (1933, Nr. 42, S. 1301), die »alten, verendeten Parteien« (1933, Nr. 50, S. 1554), die »überalterte Welt von Würdenträgern, Formeln und Bürokraten (1933, Nr. 52, S. 1620), schließlich gegen die »beschränkte(n) Epigonen einer mißverstandenen Geschichtstheorie«, die auf den »automatischen, auf den ›unvermeidlichen‹ Sieg« hofften (1933, Nr. 17, S. 501), prägen wie nichts anderes das Bild der *Neuen Weltbühne* unter Schlamm. Für seine Zeitschrift war der Linken »nichts ... heute nötiger als die Erkenntnis der Schuld und des Bankrotts ihrer Parteiapparate« (1933, Nr. 19, S. 566). Denn von ihnen muß sie sich trennen, um einen Neubeginn möglich zu machen: »Es ist unmöglich, das Neue, ohne das die deutsche sozialistische Arbeiterbewegung nicht wieder groß werden kann, durch die Bindung an das Alte lebendig zu machen« (1933, Nr. 25, S. 769). Nur rückhaltlose Kritik und »rigorose Säuberung aller alten Begriffe und verschlampten Nachbarschaften« (1933, Nr. 31, S. 945) können der Linken »aus der Ohnmacht zur Macht helfen« (1933, Nr. 19, S. 565).

Für solch eine Aufgabe der Erneuerung durch Kritik und Selbstkritik hielt Schlamm die Emigration für besonders geeignet, und er sah allein in dieser Chance »die ideelle Lebensberechtigung der deutschen Emigration«: »Die Emigration, das ist eine zähe und verpflichtete [!] Vorbereitung, unermüdliche Arbeit an der Erneuerung, harte Selbstkorrektur.« (1933, Nr. 31, S. 945, S. 948)

Ähnlich nachdrücklich rief *Die neue Weltbühne* nach gewichtigen, die internationale Politik bewegenden Taten. Die »Unfähigkeit, Aktivität zu entwickeln« (1933, Nr. 47, S. 1458), die die Linke vor 1933 gezeigt hatte, beobachtete Schlamm auch nach dem Sieg des Faschismus. Den Sozialisten fiele nichts Besseres ein, als »Kundgebungen zu organisieren«, »Geldsammlungen für die Opfer Hitlers zu veranstalten« und »dafür einzutreten, daß gegen die Gewaltakte des Nationalsozialismus der – Völkerbund angerufen wird« (1933, Nr. 35, S. 1074). Statt solcher Geschäftigkeiten am Rande oder jenseits der großen Politik propagierte Schlamm »die mitreißende, gewinnende, sammelnde Wucht« eines »Transportboykotts gegen die neudeutsche Infamie« (1933, Nr. 45, S. 1395) oder feierte das mutige Auftreten von Dimitroff im Leipziger Reichstagsbrandprozeß: »Dieser Dimitroff war mehr wert als eine Milliarde Flugblätter, tausend Kongresse und fünfzig Parteien: Er war da; er hat nicht meditiert, er war in Aktion. Er hat erobert, fasziniert die Jugend unterrichtet, was in Wahrheit ein Held ist.« (1933, Nr. 45, S. 1395).

Ganz besonders Schlamms Forderung, »die Verkehrsblockade gegen Hitlerdeutschland (zu) beschließen« (1933, Nr. 34, S. 1041), dokumentiert, wie wenig der erste Redakteur der *Neuen Weltbühne* die spezifischen Probleme seines Lesepublikums und die Realität des Exils überhaupt zur Kenntnis nahm. Seine Appelle und Glossen hätten in normalen Zeiten als veröffentlichte Meinung durchaus eine politische Wirkung haben können; einigen tausend Versprengten brachten sie dagegen mit Sicherheit weder Hilfe noch Anregung.

Tatsächlich schrieb Schlamm seine Artikel wohl zuletzt um einer möglichen realen Wirkung willen: zu deutlich fanden sie ihre Erfüllung und Befriedigung in sich. Anders als bei Leopold Schwarzschild, der im *Neuen Tage-Buch* seine stilistische Eleganz dazu benutzte, Tatsachen und Zusammenhänge um so klarer hervortreten zu lassen, erscheinen bei Schlamm Sachinformationen eher wie Vehikel für brillante Formulierungen. Im Gegensatz zu Schwarzschild und im Gegensatz auch zu Hermann Budzislawski hielt Schlamm seine Artikel deshalb auch weitgehend von Fakten und Zahlen frei. Als er einmal von dieser Praxis abwich, bemerkte er bedauernd: »(...) das (war), fürchte ich, ein trockner Exkurs, ein langweiliger Marsch durch die Tatsachenwüste (...)« (1933, Nr. 23, S. 699). Seine eigentliche Fähigkeit war eben der Aphorismus: »Die unvergängliche geistesgeschichtliche Leistung des Faschismus besteht in der Erhärtung der von Hitler belächelten Erkenntnis, daß die Freiheit des Besitzes mit dem Besitz der Freiheit kontrastiert.« (1933, Nr. 27, S. 823).

Eine verpflichtende politische Linie konnte bei alledem nicht entstehen. Zwar wurde *Die neue Weltbühne,* vor allem wohl wegen der zwölf Artikel Trotzkis in den 48 von Schlamm redigierten Heften, gelegentlich als »trotzkistisch« bezeichnet. Exakt konnte sich jedoch der an Trotzkis Konzepten Interessierte nur in der Zeitschrift *Unser Wort* informieren. *Die neue Weltbühne* bot eher ein verwirrendes Gemisch aus trotzkistischen, kommunistischen und sozialistischen Gedanken. So machte sich die Zeitschrift zum Beispiel zwar weitgehend Trotzkis Überzeugung von der Konsolidierung des deutschen Faschismus zu eigen, behauptete daneben aber auch, daß man in Deutschland »von der Konsolidierung des Systems ... von Monat zu Monat weiter entfernt (ist)« (1933, Nr. 35, S. 1089). Insgesamt war *Die neue Weltbühne* Schlamms eben nicht von »trotzkistischen« Theorien geprägt, sondern von einem verbal äußerst radikalen, in bezug auf konkrete politische Entwürfe jedoch mehr als vagen Gefühl generellen »Linksseins«. Die Haltung der Zeitschrift zur Frage einer Sammlung der Linken ist dafür äußerst charakteristisch. Zwar wurde eine solche Sammlung als Ziel pathetisch postuliert, der dafür notwendige Dialog aber zwischen den verschiedenen sozialistischen und kommunistischen Gruppierungen, der sich bei der linksradikalen Grundtendenz der *Neuen Weltbühne* durchaus angeboten hätte, ausgespart. Schlamms Beitrag zur »Neuformierung der internationalen Linken« (1933, Nr. 27, S. 824) blieb praktisch auf die bloße Forderung nach einer »Einheit der entwickeltsten, selbständigsten, qualifiziertesten Menschen gleichen Willens« beschränkt. (1933, Nr. 50, S. 5054).

Das war letztlich zu elitär für die der Arbeiterbewegung verbundenen Emigranten. Schlamms Weigerung, seine Appelle an konkrete, im Umfeld des Exils einsehbare und realisierbare Konzepte zu binden, und sein Beharren auf einer radikalen Position der Kritik – »Wir üben Kritik. Das ist unsre Haltung...«, hielt er denjenigen entgegen, die nach dem »Positiven« fragten (1933, Nr. 9, S. 565) – entfremdeten jedenfalls die Zeitschrift zunehmend ihrem möglichen Publikum. Während Leopold Schwarzschilds *Neues Tage-Buch,* konservatives Gegenstück der *Neuen Weltbühne,* zur gleichen Zeit mehr und mehr Bedeutung erlangte, geriet diese immer weiter ins sektiererische Abseits – war sie, laut Tucholsky, der Schlamm anfangs sehr positiv beurteilt hatte, »kaum noch lesbar – völlig ins Ghetto abgesunken«[4]. Die schwindende Auflage zeigte, daß sie für die Leser, der stagnierende Mitarbeiterstamm, daß sie für die Autoren des Exils jede Attraktivität verloren hatte.

Hermann Budzislawski, der im März 1934 die Redaktion der *Neuen Weltbühne* übernahm, proklamierte gleich in seinem ersten Leitartikel ein Konzept, das dem seines Vorgängers diametral entgegenstand. Ein wenig bedauernd war in seiner programmatischen Grundsatzerklärung, die Schlamms Namen nicht erwähnt, von der »Handvoll Aktivisten unter den Emigranten« die Rede, die »von Boykott, Blockade, Transportstreik (träumten)«; ein wenig verwundert von denen, die »den Fraktionsgegner (...) mehr hassen als den gemeinsamen Feind, den Faschismus«, die »analysieren, formulieren, fechten und parieren« und »nur eins (...) nicht (können): in einer gewissen Breite den Gesinnungsgenossen sammeln«. Budzislawski wollte Sektenbildung durch Koalitionen ersetzen: »Wir müssen aus der Isolierung heraus, zusammenstehn mit der europäischen Linken (...) und (...) mit den eigenen Leidensgenossen (...) Politik heißt heute: Bundesgenossen sammeln, überall im Volk, überall unter den Völkern (...) Das wichtigste, was wir aus der nationalsozialistischen Praxis (...) lernen können, wäre wohl dies, es ist möglich, wenigstens vorübergehend antagonistische Elemente in einer oppositionellen Bewegung zusammenzufassen und damit die Macht zu erringen.« (1934, Nr. 11, S. 317 ff.).

Wenigstens »die primitivste Solidarität« zu beweisen und sich einig zu zeigen, sich zusammenzuschließen – »nicht in Weltuntergangsstimmung, ... sondern im Angriff« (1934, Nr. 11, S. 320) –, verstand der zweite Redakteur der *Neuen Weltbühne* als die machbare Aufgabe der deutschen Emigration. Dem immer wieder «mit Leidenschaft und mit Vernunftgründen« vertretenen Grundsatz, »das Trennende« zurückzustellen und »das Einigende« zu betonen (1939, Nr. 29, S. 891), verpflichtete er nun die journalistische Arbeit der Zeitschrift. Die ständig in Frage setzende Kritik seines Vorgängers beantwortete Budzislawski mit der Überzeugung, daß die Emigration sich »positive« und im eigenen Bereich des Exils lösbare Ziele setzen müsse (1934, Nr. 11, S. 320). In den über fünf Jahren seiner Redaktionsführung erneuerte er immer wieder seine Absage an diejenigen, die sich »den vernichtenden Luxus« leisten, »ihre Sonderstandpunkte zu konservieren« (1938, Nr. 12, S. 353), die »viel Krach mit sprühendem geistigen Leben verwechseln« und die Kräfte der Emigration durch »innere Streitigkeiten« (1937, Nr. 11, S. 319) auf »Zwistigkeiten aus alten und neueren Zeiten« verschwenden, die »keinen Menschen mehr (interessieren)« (1939, Nr. 12, S. 354): »Die Linke ... muß es lernen, viele Menschen unter einen Hut zu bringen, oder sie geht zugrunde.« (1937, Nr. 11, S. 319).

»Unter einen Hut«, »an einen Tisch (...) Genauer gesagt: in ein Blatt« zu bringen, suchte Budzislawski zunächst die »feindlichen Brüder«, Sozialdemokraten und Kommunisten (1935, Nr. 47, S. 1467). In seinen Leitartikeln erwies sich Budzislawski selbst als überzeugter Sozialist, der keiner Parteilinie verpflichtet war und ohne jedes Verständnis für die jeweiligen Gruppenegoismen von SPD und KPD. Politisch am nächsten waren ihm wohl Sozialisten und linke Sozialdemokraten wie Max Seydewitz und Siegfried Aufhäuser, der denn auch Ende August 1934 die Einheitsfrontdiskussion der *Neuen Weltbühne* mit dem Aufsatz »Hauptfeind Faschismus« eröffnete (1934, Nr. 35, S. 1088 ff.).

Die Diskussion zunächst um die linke Einheitsfront und später um eine antifaschistische Volksfront war der wichtigste politische Gegenstand der *Neuen Weltbühne* in den Jahren unter der Leitung von Hermann Budzislawski. Mit ihrer Betonung dokumentierte der Redakteur geradezu exemplarisch seine Absicht, alle publizistischen Anstrengungen auf das im Umfeld der Emigranten Erreichbare zu konzentrieren, und in ihrem Verlauf gelang ihm sogar der Beleg, daß im Exil mit den Mitteln einer Zeitung tatsächlich etwas zu bewirken war.

1934 appellierte Budzislawski unermüdlich an die beiden großen Parteien der Arbeiterbewegung, die zentrale Aufgabe einer Einheitsfront zu leisten und monierte alle Versuche ihrer Be- und Verhinderung. So tadelte er den zu keinen Verhandlungen bereiten SPD-Parteivorstand, kritisierte aber auch die KPD, die durch »grobe Formulierungen und unsachliche Einwände« das Zustandekommen der Verhandlungen erschwerte: »(...) die kürzlich in Bewegung geratenen Fronten (sind) leider wieder erstarrt, und man muß schon sagen: nicht ohne Schuld der Kommunisten.« (1934, Nr. 40, S. 1249).

Nicht um das Wie ging es Budzislawski bei der Diskussion um die Einheitsfront, sondern allein darum, daß sie überhaupt und auf jeden Fall zustande kam. Gespräche zwischen den Parteispitzen von KPD und SPD galten ihm hierzu ebenso als möglicher Weg wie der Gedanke, die »offiziellen Apparate« der beiden Parteien einfach zu umgehen (1934, Nr. 28, S. 863). Aber erst nach der Wendung der KPD zur Volksfronttaktik konnte Budzislawski vorsichtig von »nicht mehr unüberwindlich(en)« Gegensätzen und von der Hoffnung sprechen, »daß man sich eines Tages einigen wird« (1935, Nr. 47, S. 1467). Die mit Beiträgen von Walter Ulbricht und Franz Dahlem von der KPD-Seite und dem SPD-Vorstandsmitglied Siegfried Aufhäuser zum erstenmal »in den Spalten einer unabhängigen Zeitschrift« zustande gekommene »Aussprache zwischen führenden Sozialdemokraten und Kommunisten« (1934, Nr. 43, S. 1348) hätte Budzislawski jedenfalls durchaus als einen Erfolg seiner Redaktionsführung in Anspruch nehmen dürfen.

Da sich das Engagement Budzislawskis für die Einheits- und Volksfront zeitweise mit der offiziellen Politik der KPD deckte, kamen er und seine *Neue Weltbühne* später in den Ruf, praktisch in deren Auftrag gehandelt zu haben. Diese Hypothese wurde sicherlich wesentlich von dem Umstand beeinflußt, daß Budzislawski, obwohl ohne größeres eigenes Vermögen ab 1936 möglicherweise auch Besitzer der *Neuen Weltbühne*[5], nach Kriegsende Mitglied der KPD wurde und in die spätere DDR heimkehrte. Aus dem Wirken des Redakteurs in seiner Zeitschrift selbst läßt sich eine solche Vermutung freilich nicht belegen. Ohne Zweifel war die politische Grundtendenz der *Neuen Weltbühne* trotz aller Abweichungen und Widersprüche zur offiziellen Parteilinie der KPD insgesamt höchst willkommen. Nie jedoch erschien sie oder gab sie sich als deren bloßes Instrument.

Charakteristischerweise fanden so auch die durchaus unorthodoxen Vorschläge der *Neuen Weltbühne* zur Frage der Einheitsfrontverhandlungen zunächst keineswegs die uneingeschränkte Zustimmung der kommunistischen Parteiführung. Im Sommer 1934 wieder ganz auf die Taktik der »Einheitsfront von unten« eingeschworen, kamen ihr die von Aufhäuser angeregten Gespräche zwischen den Parteispitzen ebenso wenig gelegen wie Budzislawskis Forderung nach einer »Reorganisation« der SPD (1934, Nr. 28, S. 863), auf deren Auflösung die KPD damals noch hoffte. Daß der Redakteur der *Neuen Weltbühne* sogar ein Unterlaufen der Parteispitzen ins Kalkül zog, galt der KP-Zeitschrift *Unsere Zeit* sogar als »ein bedenklicher Rückfall in die Vergangenheit«, in der Willi Schlamm den Parteiführungen von KPD und SPD jede Existenzberechtigung abgesprochen hatte (*Unsere Zeit*,

1934, Nr. 9, S. 69). Erst im März 1935 (nach der Volksfront-Wende) erinnerte sich der kommunistische *Gegen-Angriff*, nun plötzlich begeistert, an die alten Vorschläge von Siegfried Aufhäuser (*Der Gegen-Angriff*, 1935, Nr. 11, S. 1).

Seine Freiheit von jeder Unterordnung unter die Disziplin einer Parteilinie bewies Budzislawski besonders deutlich in der letzten Nummer der *Neuen Weltbühne* im August 1939. Gemäß seiner Maxime, daß »das Wesen jeder Bundesgenossenschaft... die Solidarität (ist)« (1936, Nr. 43, S. 1338) und nach seiner Überzeugung, daß »ungeachtet aller weltanschaulichen Differenzen und verschiedenartigen Einschätzungen der Lage«, »die außenpolitischen und inneroppositionellen Bündnisse nicht torpediert werden« dürfen (1937, Nr. 37, S. 1147), hatte Budzislawski die mit den Moskauer Prozessen auch im linken Lager laut werdende Kritik an der UdSSR in der *Neuen Weltbühne* eher heruntergespielt: »Denn die Sowjetunion bleibt auf Gedeih und Verderb mit dem antifaschistischen Europa verbündet (...)« (1936, Nr. 36, S. 1114 f.). Nachdem jedoch die UdSSR mit dem deutsch-sowjetischen Nichtangriffspakt für ihn aus dieser »Politik der Solidarität«, die sie selbst »am heftigsten gefordert hatte«, ausgebrochen und damit – aus Gründen, die »für Menschen, die nicht Sowjetbürger sind«, keine sein konnten – aus dem großen Bündnis gegen Hitler ausgeschieden war, schrieb er eine der bittersten Kritiken an diesem »von den raffiniertesten, verschlagensten Dummköpfen unserer Epoche geschlossen(en) Vertrag)« (1939, Nr. 35, S. 1081 ff.).[6]

Die Unabhängigkeit im eignen linken Lager war aber sicher nur ein Grund für die glückliche Redaktionsführung von Hermann Budzislawski. Daß er Engagement und Parteilichkeit in der Sache mit Konzilianz und Redlichkeit gegenüber den streitenden Gesprächspartnern zu verbinden wußte, befähigte ihn, Diskussionen einzuleiten und voranzutreiben. Weil er die eigenen sozialistischen Grundpositionen zwar nie verleugnete, zugleich aber alle dogmatischen und sektiererischen Verkürzungen vermied, gelang es ihm darüber hinaus, *Die neue Weltbühne* zu einem linksdemokratischen, weniger streng marxistischen, vielmehr offenen und generell diskussionsfreudigen Blatt zu öffnen. Wenn Budzislawski beispielsweise über die Judenverfolgungen in Hitlerdeutschland weitaus sensibler schrieb als viele Marxisten des Exils oder auch sein Vorgänger Schlamm, der hier nichts als eine Verwirrung der »wahren Kampfpositionen« gesehen (1933, Nr. 14, S. 414) und sie mit dem Morgenstern-Vers »Hinter dem Rassen-, verbirgt / Schlecht sich Klassenhaß nur« kommentiert hatte (1933, Nr. 20, S. 615), lag das eben nicht nur an dem immer erkennbarer werdenden Ausmaß dieser Verfolgungen. Es hatte auch damit zu tun, daß Budzislawski sich in dieser wie in vielen anderen Fragen nicht auf die allzu flachen Vereinfachungen vieler Marxisten einlassen mochte.

Unorthodox und unabhängig von den Formeln des Marxismus waren auch seine Urteile über den Nationalsozialismus. Zunächst sah Budzislawski die Nazis als »hilflose Kleinbürger«, vollkommen abhängig vom »Finanzkapital« (1934, Nr. 26, S. 797), später aber auch als Herren der Industrie (1937, Nr. 24, S. 736; 1938, Nr. 32, S. 987); 1938 schrieb er, daß »die Junker (...) gemeinsam mit dem Militär und der Industrie, durch die Vermittlung einer von ihnen beeinflußten, aus dem Kleinbürgertum hervorgegangenen, militanten Organisation (regieren)« (1938, Nr. 3, S. 94).

So wie sich Budzislawski in seinen Leitartikeln verschiedenen linken Theorien gegenüber offen zeigte, bemühte sich *Die neue Weltbühne* unter seiner Leitung auch insgesamt, ein Diskussionsforum nicht nur möglichst aller Linken, sondern aller Antifaschisten des deutschen Exils zu sein. Insbesondere in ihren Literaturkritiken gab sich die Zeitschrift ausgesprochen pluralistisch – auch bürgerliche Autoren fanden Anerkennung: die »Anmut« etwa des so gar nicht kämpferischen Musil (1937, Nr. 31, S. 981) oder die »Lieblichkeit« der Novellen von Alfred Wolfenstein (1936, Nr. 34, S. 1079). Gegen eine nur dogmatische Sicht verteidigte die Zeitschrift Ernst Blochs und Hanns Eislers Aufsatz »Die Kunst zu erben« und interpretierte ihn als Korrektur einer »allzu primitiven Benutzung der Parole ›Wahrt das Kulturerbe‹« (1938, Nr. 1, S. 13). Auch Ignazio Silone, von der KP-Presse längst zur Unperson erklärt, wurde in einer Rezension des Kommunisten F. C. Weiskopf äußerst positiv besprochen (1936, Nr. 32, S. 988).

Für Leser und Autoren des deutschen Exils war die Praxis der Budzislawskischen Redaktionsführung ohne Frage ebenso anregend wie anziehend: Die Auflage der Zeitschrift stieg, ihr Mitarbeiterkreis erweiterte sich erheblich. Ab 1935 brauchte *Die neue Weltbühne* jedenfalls den Vergleich mit dem *Neuen Tage-Buch* nicht mehr zu scheuen, und am Ende der 30er Jahre, als das *Neue Tage-Buch* fast nur noch Autoren auf der antikommunistischen Linie des Herausgebers akzeptierte, präsentierte sie sich sogar als die interessantere Zeitschrift mit dem vielseitigeren Mitarbeiterkreis.

Aber nicht nur durch undogmatische Offenheit, mehr noch durch ein optimistisches Klima wurde *Die neue Weltbühne* für die deutsche Emigration wichtig. Bereits in seinem ersten Leitartikel hatte sich Budzislawski gegen den »Defaitismus«, die »Müdigkeit«, das »Sektenbilden« – gegen alles, was »entmutigt« – ausgesprochen (1934, Nr. 11, S. 319), und in der Folge machte er eben jenen Optimismus, den Schlamm eine »Taktik des Blödmachens« genannt hatte (1933, Nr. 19, S. 566) zum eigentlichen Tenor, ja zur praktischen Philosophie seiner Zeitschrift. Dem Optimismus, der mutig macht zur Tat, hat er, über alle Niederlagen hinweg, das Wort geredet. »Selbstmord ist verpönt«, schrieb er im Sommer 1939: »Nicht aus Sentimentalität – er untergräbt die Moral der Gemeinschaft.« (1939, Nr. 28, S. 857). Optimismus hat die Diskussionen der *Neuen Weltbühne* um die Möglichkeit einer Einigung der verschiedenen Lager in der Emigration, hat die Beurteilung der Entwicklung in Deutschland und von Möglichkeiten der deutschen Opposition bestimmt, Optimismus war die für ihre Autoren verbindliche Haltung.

An der Ausformung dieser »Ideologie des Optimismus« war neben Ernst Bloch vor allem Heinrich Mann beteiligt, der eigentliche Repräsentant der Emigration der 30er Jahre und der verehrte Mittelpunkt auch des Mitarbeiterkreises der *Neuen Weltbühne*. In seinem Aufsatz

»Heinrich Mann und die Volksfront« schrieb Rudolf Olden: »Gefährlich, bis zum Grade des Verrates gefährlich, sind nur Pessimismus und Skepsis (...) der Defaitismus im politischen Kampf kehrt sich gegen den Träger. Er ist (...) mehr als ein Verbrechen, er ist eine Dummheit (...) Eins mit der Wirklichkeit ist die Tugend der Volksfront, der heroische Optimismus, der alle Aufsätze Heinrich Manns trägt (...)« (1937, Nr. 51, S. 1614) Und in einer Rezension Balder Oldens zu Heinrich Manns »Es kommt der Tag« hieß es: »Manchmal scheint es (...) als traue (der Autor) (...) zu fest auf die Unbezwingbarkeit der Wahrheit, des Ethos, des Geistes. Ich glaube ihm, auch gegen Zweifel im eigenen Hirn (...) Er hat bewiesen, daß er den Wald sieht und seine Grenze fühlt, wo andere nichts mehr als Bäume und schreckliches Dunkel empfinden.« (1936, Nr. 34, S. 1056).

Die Autoren der *Neuen Weltbühne* verstanden Mut und Zuversicht als Voraussetzung des Handelns, glaubten, daß nur der Hoffende aktiv wird. Denn sie sahen die entscheidende Aufgabe der Emigration eben nicht wie Schlamm in selbstkritischer Reflexion, sondern im Mutmachen zum Lösen von Aufgaben. Für sie hatten die Emigranten ihren eigenen Beitrag zu leisten zur »Einheit des deutschen Volkes gegen Hitler«, zum Sturz des Regimes, der »die einzige Hoffnung für ganz Europa« ist (1937, Nr. 16, S. 479), denn »so ist es nicht in der Welt, daß die andern Hitler eines Tages stürzen werden, und daß wir uns dann in die gemachten Betten legen« (1939, Nr. 12, S. 354).

Wie die meisten Exilzeitschriften unterschätzte auch *Die Neue Weltbühne* die Macht des Nationalsozialismus, überschätzte sie den Widerstandswillen des deutschen Volkes. Aber auch eine realistischere Beurteilung der Situation in Deutschland hätte an ihrer grundsätzlichen Entscheidung für eine konkrete deutsche Exilpolitik wohl wenig geändert. Sich »abzufinden« mit einer verhängnisvollen Entwicklung, ihr nicht entgegenzusteuern, nannte Budzislawski »verbrecherisch (1936, Nr. 1, S. 4) und Otto Friedländer schrieb: »Unmoralisch (...) ist es, dem Übel nicht zu widerstehen (...) Die Freiheit verkünden, ohne um sie zu kämpfen, das ist nicht Politik, das ist – Heilung durch den Geist.« (1938, Nr. 13, S. 405).

In diesen Sätzen steckt der Schlüssel für den prinzipiellen Unterschied zwischen den beiden Phasen der *Neuen Weltbühne*. Hermann Budzislawski und seine Mitarbeiter verstanden die deutsche Exilpresse eben nicht wie Willi Schlamm journalistisch, sondern als einen Ort konkreter politischer Wirksamkeit: »Die Emigration ist jener Teil der deutschen Opposition, der sich frei äußern darf, und sie hat die Funktion einer politischen Opposition zu übernehmen, mit dem Willen zur Macht. Die Macht kann sie nur durch Einigkeit erringen (...)« (1937, Nr. 7, S. 191). Für Budzislawski stand mithin die deutsche Exilpresse in politischer Verantwortung und hatte gemäß dieser Verantwortung zu handeln: »Publizistik ist ein Teil der aktiven Politik.« (1936, Nr. 26, S. 802). Konsequent fehlte Budzislawski jedes Verständnis für den »bloßen« Journalisten mit der Maxime: »Wer bin ich schon? Ich habe keine Macht. Also habe ich auch keine Verantwortung. Also kann ich schreiben, was mir in den Sinn kommt.« (1939, Nr. 29, S. 893).

Daß *Die Neue Weltbühne* neben Leopold Schwarzschilds *Neuem Tage-Buch* zur wichtigsten Exilzeitschrift der 30er Jahre werden konnte, war zweifellos das Verdienst ihres Redakteurs Hermann Budzislawski. Im Gegensatz zu Schwarzschild, der schon vor 1933 ein renommierter Publizist war, hatte Budzislawski freilich weder vor noch nach seiner Exilzeit einen besonderen journalistischen Ruf. Im Vergleich zu Schwarzschild, von dem Budzislawski schrieb, daß er einem Advokaten gleiche, »der allwöchentlich glänzende Plädoyers hält und sein Publikum hinzureissen versteht« (1937, Nr. 47, S. 1476), wirkte der Redakteur der *Neuen Weltbühne* denn auch ausgesprochen solide und nüchtern. Seine Artikel waren selten witzig, nie brillant; Eindringlichkeit erreichten sie vor allem durch ihre Unbeirrbarkeit und ihr beharrliches wie optimistisches Bestehen auf der Machbarkeit des Vernünftigen. Ein Mangel an stilistischer Brillanz, an Neigung und Fähigkeit zur Pointe unterschied Budzislawski auch von seinem Vorgänger Willi Schlamm: Die für solches Schreiben notwendige Begabung fehlte ihm, sie war allerdings für die Aufgabe, die er erfüllen wollte, entbehrlich. Aus dem luftleeren Raum, in dem Schlamm *Die Neue Weltbühne* angesiedelt hatte, holte Budzislawski sie auf den Boden der Exiltatsachen zurück. Aus einer Zeitschrift für nur noch fiktive, weil nicht mehr vorhandene Massen machte er ein Diskussionsforum für die begrenzte Öffentlichkeit der Emigranten. Im Gegensatz zu seinem Vorgänger akzeptierte Budzislawski Schicksal und Realität des Exils. Nicht zuletzt darin gründet wohl der Erfolg der *Neuen Weltbühne* unter seiner Leitung.

III Der Aufbau – Empfänger und Sendestation für breitere Massen

New York 1934 ff.
Chefredakteur (1939–1965): Manfred George
Mitarbeiter u. a.: Hannah Arendt, Siegfried Aufhäuser, Julius Bab, Max Behrens, Adolf Caspary, W. M. Citron, Vera Craener, B. F. Dolbin, Richard Dyck, Heinz F. Eulau, Walter D. Floersheimer, Oskar Maria Graf, Kurt R. Grossmann, Kurt Hellmer, Arthur Holde, W. C. Hulse, Hans Kafka, Mascha Kaléko, Ruth Karpf, Alfred Kerr, Anton Kuh, Kurt Lubinski, Emil Ludwig, Josef Maier, Paul Marcus (Pem), Ludwig Marcuse, Arthur Michel, Carl Misch, Max Osborn, Therese Pol, Roda Roda, Hilde Schottländer, Ernst Waldinger, Herbert Weichmann, F. C. Weiskopf, Ludwig Wronkow, Michael Wurmbrand.

Unter den Zeitungen des Exils ist der New Yorker *Aufbau* ein seltener Glücksfall. Obwohl fast ausschließlich Emigranten seine Leser waren, wurde er dennoch eine »normale Zeitung« von öffentlichem Anspruch und Interesse. Auch Persönlichkeiten, die den Zielen und dem Charakter des Blattes eher reserviert gegenüberstanden, haben seinen enormen Stellenwert als Sammelpunkt und vielfältiges Forum des Exils nie in Frage gestellt. Diese Entwicklung war freilich zunächst überhaupt nicht beabsichtigt.

Der *Aufbau* erschien zum erstenmal am 1. Dezember 1934 zur Feier des zehnjährigen Bestehens des German-Jewish Club. Gegründet Ende 1924 von »acht lebens- und jugendfrohen jüdisch-gesinnten Einwanderern«, die »dem Ideenkreis des Reichsbundes jüdischer Frontsoldaten nahestanden«, hatte sich dieser Klub der »Pflege geistiger Bestrebungen« und der »Förderung« von »Freundschaft und Geselligkeit« gewidmet (Jg. 1, 1934/35, No. 1, S. 1, No. 2, S. 1) und sich damit – wie der *Aufbau* 1944 rückblickend feststellte – »durch nichts von anderen landsmannschaftlichen Vereinen der Stadt New York« unterschieden (Vol. 10, 1944, No. 46, S. 24).

Erst die »Nazibombe« des Jahres 1933 (Vol. 10, 1944, No. 46, S. 24) veränderte dieses Selbstverständnis des Klubs. Denn nicht nur beeinflußten »die tragischen Ereignisse im Dritten Reich« – in Deutschland, aber auch »in unserem Kreise« – »die individuelle Einstellung des Einzelnen zum Judentum revidierend und entscheidend« (Jg. 1, 1934/35, No. 1, S. 4, No. 2, S. 4); die nun aus Deutschland in die USA flüchtenden Juden bewirkten darüber hinaus für den Klub auch einen »rapiden Aufschwung« (Jg. 1, 1934/35, No. 2, S. 9). Mit der Gründung einer Vereinszeitschrift reagierte der German-Jewish Club auf diese Veränderungen. Ein kleines, monatlich mit 12 Seiten im Quartformat erscheinendes Mitteilungsblatt sollte erstens den Neuankömmlingen aus Deutschland Orientierungshilfen für das Leben auf einem anderen Kontinent geben, zweitens »gerade heutzutage, wo Haß und Gemeinheit an den Grundfesten unseres Volkes rütteln«, »zur Kräftigung unserer Abwehr, zur Stärkung unserer Hoffnungen und unserer Treue die Kenntnis um das Judentum« mehren (Jg. 1, 1934/35, No. 1, S. 4).

Der Name der Klubzeitschrift verstand sich also durchaus wörtlich: »ideell wie materiell« wollte sie den »vertriebenen deutschen Juden beim Aufbau einer neuen Existenz in einem neuen Lande... behilflich sein« (Jg. 3, 1936/37, No. 7, S. 4). Prägend für den Inhalt des *Aufbau* in dieser Frühzeit sind darum auch vor allem Notizen und Berichte über die Versammlungen, Feiern, Vorträge, Sportveranstaltungen des German-Jewish Club und anderer deutsch-jüdischer Organisationen, Informationen über die sozialen Einrichtungen des Klubs (Stellen- und Zimmervermittlung, Hilfe für die Abwicklung der Einbürgerungsformalitäten) und zahlreiche Inserate, die in der Regel freilich auf einen Austausch von Angeboten unter Klubmitgliedern beschränkt blieben.

In ihrem redaktionellen Teil gab sich die Klubzeitschrift so dezidiert jüdisch, wie es ihre erste Nummer angekündigt hatte. Aufsätze über jüdische Geschichte, Philosophie, Religion, über die Großen des Judentums von Maimonides über Moses Mendelssohn bis zu Max Liebermann, über Verfolgungen und Anfeindungen in Vergangenheit und Gegenwart, über den Weg nach »Erez Israel« und die Möglichkeiten jüdischer Existenz in der Welt sollten bei den Lesern das stärken, »was uns alle festigt und eint: das Bekenntnis zum Judentum« (Jg. 1, 1934/35, No. 2, S. 4). Daß er eine jüdische Zeitung war, unterstrich der *Aufbau* in seinen Anfangsjahren auch durch sein Äußeres – einen Davidstern auf dem Titelblatt, der 1936 zusätzlich in eine strahlende

Sonne gesetzt wurde. Solch »positiv-jüdisches« Bewußtsein verstanden die Herausgeber allerdings keineswegs als Propagierung einer bestimmten »Richtung innerhalb des Judentums« (Jg. 1, 1934/35, No. 1, S. 1 ff., No. 2, S. 1 f.): Die Klubzeitschrift veröffentlichte vielmehr Meinungen von Zionisten, Staatszionisten oder auch von Kritikern des Zionismus. Zwar wurde der »Palästinaaufbau« prinzipiell unterstützt – auch den an der nationalen Bewegung Zweifelnden schien er »so nötig wie das tägliche Brot« (Jg. 2, 1935/36, No. 3, S. 5) –, doch als unabdingbare Notwendigkeit, als einzig mögliche Voraussetzung für das Überleben des jüdischen Volkes betrachtete man ihn zu dieser Zeit noch nicht. Anders als in den 40er Jahren konnte man in den 30ern im *Aufbau*-Kreis noch darauf bestehen, daß die Juden schließlich »zwei Jahrtausende... bewiesen (haben)«, daß man kein »normales Volk... auf eigener Scholle« sein muß, »um doch – trotz allem – zu sein!« (Jg. 3, 1936/37, No. 10, S. 1, No. 12, S. 2). W. C. Hulse, Emigrant aus Hitlerdeutschland und sozusagen der erste »Chefideologe« des *Aufbau*, sah in den ersten Jahren der Zeitung im »Schicksal der deutschen Juden« durchaus keinen Grund, für eine »›Lösung‹ der Judenfrage« durch ein »jüdisches Nationalheim« einzutreten – schließlich habe die jüdische Gemeinschaft schon »Katastrophen viel größeren Ausmasses« erlebt als das Dritte Reich (Jg. 2, 1935/36, No. 3, S. 9).

Aber es war wohl nicht nur die noch fehlende Einsicht in die eben noch singuläre Dimension der Verfolgung der Juden durch den Nationalsozialismus, die den *Aufbau* hinderte, sich vorbehaltlos für den Zionismus zu erklären. Auch die Vorstellungen über die eigene Rolle in Amerika waren hierfür ganz sicher ein wichtiges Motiv. Schließlich waren Klub und Klubzeitschrift die Gründung von Einwanderern in die Vereinigten Staaten, die ihre Mitglieder und Leser nicht nur »zu selbstbewußten, aufrechten Juden«, sondern auch »zu guten amerikanischen Bürgern« machen wollten (Jg. 3, 1936/37, No. 7, S. 4). Denn wenn auch die »Amerikanisierung« für den *Aufbau* erst Ende der 30er Jahre zum erklärten Konzept wurde, ließ doch auch schon die Klubzeitschrift der Anfangszeit nie einen Zweifel daran, daß nach ihrer Meinung für die »Neuankömmlinge« ebenso wie zuvor für die deutschen Juden, »die, nicht politischer Not gehorchend, in früheren Jahren Amerika zu ihrem neuen Wohnsitz« erwählten, nur der eine Weg einer (möglichst umfassenden) Integration in die Vereinigten Staaten übrigblieb (Jg. 2, 1935/36, No. 10, S. 1). Die Emigranten mit ihrer »paradoxen Sehnsucht nach einem Lande, das ihnen alles, aber auch alles genommen« hat, erinnerte der *Aufbau* an das Beispiel von Carl Schurz und den übrigen 48ern, die »im Augenblick«, da sie »das neue Land betraten, (auf)hörten, politische Flüchtlinge, Emigranten zu sein« und »sofort Anteil (nahmen) an den politischen Problemen der neuen Heimat, ... ihre politische Begabung in den Dienst des Landes der Zukunft (stellten)«: »Laßt uns vergessen, was war – laßt uns lernen, vorwärts zu schauen!« (Jg. 3, 1936/37, No. 1, S. 1).

Im Herbst 1936 erwog der German-Jewish Club, das mit der stetig ansteigenden Mitgliederzahl wachsende Zuschußgeschäft seiner Klubzeitschrift aufzugeben (Jg. 5, 1939, No. 22, S. 1). Tatsächlich hatte die politische Entwicklung das Vereinsblatt an die Grenzen seiner Möglichkeiten geführt. Gerade das zunehmende Interesse für dieses Vereinsblatt dokumentierte freilich auch das große Bedürfnis der deutsch-jüdischen Emigration in den USA nach einer eigenen Zeitung. Ihm konnte die vorhandene deutschamerikanische Presse nicht entsprechen, weder die auf Fragen der Arbeiterbewegung beschränkte sozialdemokratische *Neue Volks-Zeitung* noch die konservative *New Yorker Staats-Zeitung*, deren Antisemitismus der *Aufbau* mehrmals attackierte. Statt das Blatt einzustellen, suchten deshalb die Herausgeber für den *Aufbau* nach neuen Wegen.

Ihr erster Versuch allerdings mißlang. Im Frühjahr 1937 engagierten sie an Stelle der bis dahin als Redakteure dilettierenden Klubmitglieder den Berufsjournalisten Rudolf Brandl und gaben dem *Aufbau* darüber hinaus durch eine unregelmäßige Erweiterung des Umfangs von 12 bis auf 20 Seiten (1938) und vierzehntägiges Erscheinen (ab Februar 1939) einen breiteren Rahmen. Brandl aber konnte den immer größer werdenden Spielraum nicht nutzen. Zwar veränderte er mit der Eliminierung des Davidssterns aus dem Zeitschriftenkopf das Aussehen des *Aufbau*, ansonsten aber intensivierte er allenfalls die gewohnten Themen von der Amerikanisierung der Emigranten und ihrem Selbstverständnis als Juden (z. B. in der Artikelserie »Judentum, Judensein, Judenlos«). Auch Brandls gelegentliche Versuche, auf die sich zuspitzende Weltlage in einem Kästchen auf Seite 1 mit allgemeinphilosophischen Kurzkommentaren zu reagieren, blieben, wie seine übrigen wenigen Neuerungen auch, im bloßen Ansatz stecken. In der Erkenntnis, daß Brandl ganz offensichtlich nicht der Mann war, den inzwischen überholten Ausgangspunkt der Zeitung als das eher private Mitteilungsblatt eines Klubs mit wenigen Grundsatzartikeln zu jüdischen Problemen und ansonsten internen Vereinsnachrichten durch überzeugende neue und im Zusammenwirken ihrer Teile schlüssige Konzepte zu überwinden, trennte sich der German-Jewish Club im März 1939 von seinem ersten Berufsredakteur. Mit dessen Nachfolger Manfred George beginnt die eigentliche Geschichte des *Aufbau*.

Gleich mit der ersten von ihm gestalteten Ausgabe vom 1. April 1939 gab Manfred George dem *Aufbau* mit einem politischen Kommentar auf Seite 1 (»Wann kommt der Weltkrieg?«) und mit weiteren aktuellen Berichten und Informationen zu Ereignissen des politischen Lebens eine ganz neue, bislang unbekannte thematische Vielfalt. Die Zahl der neuen Sparten und Rubriken wurde in den folgenden Wochen und Monaten ständig größer, und bald platzte der *Aufbau*, der immer noch alle 14 Tage im Quartformat der früheren Klubzeitschriften erschien, mit schließlich 36 Seiten förmlich aus allen Nähten. Ende November wurde diese Diskrepanz zwischen den neuen Inhalten und dem alten Format aufgehoben: Der *Aufbau* erschien nun als 16seitige Wochenzeitung im Großformat.

Schon in der Brandl-Ära hatte sich die Auflage des *Aufbau* von 4 000 auf 8 000 verdoppelt (1938). In der Zeit des Übergangs zur Chefredaktion von Manfred George wuchs sie weiter auf 10 000 (Ende 1939). Aber erst danach stieg sie auf eine für Exilverhältnisse beispiellose Höhe. Von Ende 1940 bis Anfang 1942 schnellte die Auflage von 12 000 auf 26 000 und erreichte Ende 1944 mit nunmehr 30 500 ihren Höchststand (Vol. 10, 1944, No. 51, S. 28).[7]

Auch der Umfang des *Aufbau* nahm noch einmal beträchtlich zu. Aus den wöchentlich 16 wurden im Herbst 1940 24 Seiten und ein Jahr später, nach wechselnden Ausgaben zwischen 24 und 28, schließlich auf Dauer 32 Seiten; einzelne Ausgaben waren sogar 40 Seiten stark. Solch florierendem Wachstum im Äußeren entsprach eine stetige Ausdehnung des Inhalts. Tatsächlich konnte sich bald in puncto Vielfalt und Farbigkeit keine andere Zeitung des Exils mit dem *Aufbau* messen.

In seinen Berichten und Leitartikeln, dem Kommentar »Zur Lage« und der Chronik »Marsch der Zeit« beschäftigte sich der *Aufbau* ebenso mit der amerikanischen Innen- und Außenpolitik wie mit dem Kriegsverlauf, mit weltpolitischen Ereignissen wie mit der Lage in Hitlerdeutschland, mit der Vernichtung der Juden in Europa wie mit dem jüdischen Aufbauwerk in Palästina. Sein Wirtschaftsteil informierte im »Wall Street-Telegramm« des Bankiers Walter D. Floersheimer über die »Geschäftslage ... und die Faktoren, von denen sie abhängig sein wird« (Vol. 6, 1940, No. 1, S. 6), und in der »Review of Labor« des ehemaligen Gewerkschaftsführers Siegfried Aufhäuser über die Situation auf dem Arbeitsmarkt, Sozialpolitik und Probleme der amerikanischen Arbeiterbewegung. Fotos und Rezensionen spiegelten die Welt des amerikanischen Films wider und in der Rubrik »Hollywood meldet« – ab Sommer 1941 als »Hollywood Calling« in Englisch noch ausführlicher – registrierte der *Aufbau* so ziemlich jedes Ereignis in der Filmmetropole. Als Chronist der deutschen Emigration verfolgte er aufmerksam die Entwicklung in den verschiedenen Asylländern: Regelmäßig wurde aus England und Palästina, gelegentlich aus Südamerika, Shanghai, Australien oder Südafrika berichtet. Der Emigranten-Kolonie in und um Los Angeles, dem neben New York zweiten Exilzentrum in den USA, widmete der *Aufbau* ab 1941 sogar eine eigene, alle 14 Tage erscheinende Beilage *Die Westküste*: Hier konnte man z. B. erfahren, wie es um Thomas Manns Hausbau und Bruno Franks neuesten Roman stand und daß Helene Weigel in einer Matinee des deutsch-jüdischen Klubs aufgetreten war.

Kein für sie interessanter Aspekt der Kulturszene von New York konnte den Lesern des *Aufbau* entgehen. Neben dem »New Yorker Notizbuch« Kurt Hellmers mit Impressionen aus dem Alltagsleben berichtete der Zeichner B. F. Dolbin unter dem Spartenschlagwort »Art Events« über Ereignisse auf dem Sektor der Bildenden Kunst, informierten die Rubriken »Tanz« und »Broadway Bulletin« über die neuesten Ballettaufführungen, Theaterstücke, Revuen und Musicals in New York. Besonders zuverlässig und ausführlich verfolgte die Zeitung die Aktivitäten der vielen aus Europa vertriebenen Schauspieler, Sänger, Dirigenten, Regisseure. Der *Aufbau* beobachtete Ernst Lothars »Österreichische Bühne« und Erwin Piscators Studio-Theater, eine Aufführung von Brechts *Furcht und Elend des Dritten Reiches* und die Emigranten-Revue *Von der Donau zum Hudson*, Bruno Walters Interpretation von Mahlers »Lied von der Erde« oder Robert Stolz als Dirigenten des *Zigeunerbaron*. Wer immer den »Reigen alter Bekannter« (Vol. 11, 1945, No. 6, S. 12) durch sein Erscheinen in den USA vermehrte – im *Aufbau* wurde er vorgestellt. Denn in Übereinstimmung mit seiner eigenen Einschätzung als »Treuhänder (...) einer Kultur, in der wir erzogen wurden« (Vol. 6, 1940, No. 1, S. 11), verstand er sich nicht zuletzt als ein Ort der Sammlung für das in der Welt zersprengte europäische Kunst- und Geistesleben. Was in Europa unterging, sollte in die neue amerikanische Welt gerettet werden. Bezeichnenderweise inspirierte eine gelungene Wagner-Aufführung in New York den *Aufbau*-Rezensenten zu der Schlagzeile »Walküre wie einst!« (Vol. 6, 1940, No. 10, S. 9), und der in der Subway von alten Berliner Zeiten und einem Klemperer-Abend in der Kroll-Oper träumende W. C. Hulse verscheuchte alle aufkommende Wehmut mit dem emphatischen Bekenntnis: »Ich bin hier – Otto Klemperer ist hier! Zum Teufel mit der Kroll-Oper!« (Vol. 6, 1940, No. 43, S. 3).

Auch in seinen literarischen Beiträgen, die ab 1941 deutlich zunahmen, bemühte sich der *Aufbau* vor allem um deutsche Literatur, war er in erster Linie ein Forum für die deutschschreibenden emigrierten Schriftsteller. Freilich blieb deshalb die englische und amerikanische Literatur keineswegs völlig ausgespart. Neue Werke etwa von Hemmingway, Upton Sinclair oder John Steinbeck wurden besprochen, und Julius Bab machte über einen langen Zeitraum in loser Folge mit »Gestalten der amerikanischen Literatur« aus Vergangenheit und Gegenwart bekannt. Eine besondere Vorliebe des *Aufbau* galt dem angelsächsischen Detektivroman. Ihn hat er ähnlich intensiv beachtet wie die Welt des Hollywood-Films. Vielleicht auch ein wenig deshalb, weil diese originär englisch-amerikanischen Genres wohl besonders geeignet waren, deutschen Emigranten den Einstieg in die Sprache und das Denken Amerikas zu erleichtern.

Ende 1944 veröffentlichte der *Aufbau* eine Liste mit Büchertips (Vol. 10, 1944, No. 49, S. 9, No. 50, S. 8). Unter den hier empfohlenen Sachbüchern, Romanen und Lyrikausgaben sind englische Titel deutlich in der Überzahl. Das darf aber nicht darüber hinwegtäuschen, daß es dem *Aufbau* im engeren literarischen Bereich vornehmlich darum ging, das deutsche »Kulturerbe« und damit das zu bewahren, was Redakteuren und Lesern einst »schöpferischer Lebensinhalt war« (Vol. 6, 1940, No. 1, S. 11, Vol. 6, 1940, No. 22, S. 2). So erschien im *Aufbau* deutsche Exilliteratur unterschiedlichster Provenienz: Gedichte von Mascha Kaléko, Ernst Waldinger, Hans Sahl, Berthold Viertel, Alfred Wolfenstein, Hans Natonek, Richard Beer-Hofmann, Franz Werfel, Alfred Mombert, Margarete Susmann, Albert Ehrenstein, Else Lasker-Schüler, Walter Mehring, Bruno Frank, Fritz von Unruh oder Günther Anders; Prosa von Lion Feuchtwanger, Thomas und Heinrich Mann, F. C. Weiskopf, Franz Werfel, Gustav Regler, Oskar Maria Graf, Heinrich Eduard Jakob, Hans Habe, Hermann Kesten, Maximilian Scheer, Fritz Brügel, Arnold Zweig, Leo Lania, Leonhard Frank, Roda Roda, Alfred Polgar, Anton Kuh, Alfred Kerr oder Emil Ludwig.

Tatsächlich wollte der *Aufbau* möglichst die ganze Palette der deutschsprachigen Exilliteratur widerspiegeln. Zwar waren ihm einzelne Autoren, etwa Thomas Mann oder Emil Ludwig, wegen deren Haltung in bestimmten für die Zeitung zentralen Fragen enger verbunden als andere, unabhängig davon aber waren seine Spalten offen für alle. So überging denn der *Aufbau* auch kaum ein in der Emigration veröffentlichtes deutschsprachiges Werk und stellte es, wenn schon nicht in jedem Fall ausführlich, so doch zumindest mit einer knappen Notiz vor, z. B. Vicki Baums Romane und Egon Kischs Mexiko-Buch, Johannes R. Bechers *Deutsche Lehre* und Werfels *Lied von Bernadette*, Emil Ludwigs *Bolivar* und F. C. Weiskopfs *Vor einem neuen Tag* (damals noch in seiner englischsprachigen Erstausgabe *Dawn Breaks*), Hans Marchwitzas neuesten Gedichtband und den jüngsten Kolportageroman von Curt Riess, George Grosz' eben erschienene Grafik-Sammlung und Leo Lanias *Welt im Umbruch* (Today we are brothers).

Bunt wie die besprochenen Werke war auch die Schar der Rezensenten, unter denen sich Liberale und Konservative, Kommunisten und Sozialisten befanden – Ludwig Marcuse und Hermann Steinhausen, Friedrich Torberg und Julius Bab, Curt Riess und Max Osborn, Hermann Broch und Hermann Kesten, Heinrich Eduard Jacob und Walther Victor, F. C. Weiskopf und Wieland Herzfelde, Maximilian Scheer und Oskar Maria Graf. Seine Offenheit gegenüber allen Literaten bekräftigte der *Aufbau* an den Ehrentagen der großen Autoren des Exils, so wenn er etwa Heinrich Mann zum 60. Geburtstag von Feuchtwanger, Oskar Maria Graf zum 60. Geburtstag von Kisch oder Berthold Viertel zum 65. Geburtstag von Döblin öffentlich gratulieren ließ. Nicht die sehr unterschiedlichen politischen Haltungen dieser Schriftsteller interessierten den *Aufbau*, sondern ihre Zugehörigkeit zur großen Schicksalsgemeinschaft der Emigration.

Überhaupt sammelte der *Aufbau* gern Prominenz um sich. Wer in der Weimarer Republik oder im europäischen Exil eine Rolle gespielt hatte, wurde häufig in dieser Rolle auch vorgestellt. So waren die Artikel etwa gezeichnet »von Theodor Wolff, ehem. Chefredakteur des *Berliner Tageblatts*«, »von Hermann Budzislawski, früher Herausgeber der *Neuen Weltbühne*«, »von Carl Misch, ehem. Chefredakteur der *Pariser Tageszeitung*«. Zu dieser Tendenz paßt, daß der *Aufbau* prominente Schriftsteller auch als journalistische Mitarbeiter gewann. Nicht nur durch Vorab- oder Nachdrucke ihrer Werke sollten Literaten die Zeitung schmücken, sondern auch durch Originalbeiträge zum Zeitgeschehen. So war z. B. Alfred Kerr mit seinen Berichten über das Leben und die Atmosphäre im bedrohten England für den *Aufbau* insgeheim so etwas wie ein Auslandskorrespondent; mehrere der in den USA lebenden Schriftsteller wurden gelegentlich seine Kommentatoren. Franz Werfel und Thomas Mann schrieben Leitartikel, Mann etwa zum Tode von F. D. Roosevelt (Vol. 11, 1945, No. 16, S. 1), Emil Ludwig und Alfred Polgar Glossen zum Verhalten der deutschen Exilpolitiker (Vol. 9, 1943, No. 15, S. 4) und zur aktuellen Problematik des deutschen Volkes (Vol. 11, 1945, No. 9, S. 4).

Die Beiträge von deutschen Schriftstellern zum Zeitgeschehen, überhaupt die Vorliebe für den bekannten, möglichst großen Namen sind chrakteristische Belege für das zentrale Ziel des *Aufbau*, eine ebenso attraktive, anregende wie lebendige, auf jeden Fall eben eine publikumsfreundliche Zeitung zu sein. Auch die Literatur diente bei aller Beachtung, die sie im *Aufbau* fand, zunächst einmal dieser Grundabsicht, war eine willkommene Farbe im angestrebten breiten Spektrum anspruchsvoller Popularität. Natürlich gab es in der Zeitung immer wieder höchst gewichtige politische oder literarische Artikel im einzelnen – aber sie standen stets in einem im besten Sinne volkstümlichen Rahmen, waren Teil eines Blattes der Lebenshilfe für die »einfachen Menschen« (Vol. 8, 1942, No. 18, S. 4). Der *Aufbau* wollte eben nicht nur »ein geistiges Zentrum der Sammlung« sein, sondern auch sehr konkret »ein materielles« (Vol. 6, 1940, No. 48, S. 4). »Jene Tausende (...), die gestern noch Vertriebene und Beraubte, heute mit eisernem Willen und traditioneller Zähigkeit« wieder aufbauen (Vol. 6, 1940, No. 39, S. 8), sollten in ihm einen Ort »für die Zuflucht ihrer Sorgen und die Fragen ihres Alltags« finden (Vol. 6, 1940, No. 48, S. 4).

Eine sehr enge Bindung seiner Zeitung an die Bedürfnisse und Interessen ihrer Leser war für Manfred George von Anfang an die Basis seines journalistischen Programms. »Der Leser arbeitet mit uns« proklamierte gleich seine zweite Aufbau-Nummer (Vol. 5, 1939, No. 7, S. 6), und auch danach wurde die Frage an den Leser »Was interessiert Sie?« (Vol. 6, 1940, No. 16, S. 3) nie vergessen. Ganz sicher war denn der Aufbau auch in den frühen 40er Jahren für viele der entscheidende Umschlagplatz ihrer Informationen und Meinungen. Als Empfänger und Sender, »Radio und Sendestation der breiten Massen der jüngsten Immigration« (Vol. 9, 1943, No. 21, S. 23) feierte ihn ein Leserbrief, und Manfred George konstatierte nicht ohne Stolz, daß wohl »selten (...) eine Zeitung solche Beziehung zu ihren Lesern gehabt (hat), wie die unsrige« (Vol. 8, 1942, No. 18, S. 4).

»Elementare Instruktions- und Weghilfe« für das neue Leben in Amerika (Vol. 8, 1942, No. 18, S. 4) gab der Aufbau mit Hinweisen für billiges Einkaufen, Modetips und Kochrezepten, Vorschlägen für Wintersport und Sommerurlaub oder einer englischen »Sprachecke«; als »Wegweiser« auf allen Gebieten informierte er über amerikanische Landschaften und amerikanische Zeitschriften, über den Unterschied zwischen amerikanischer und deutscher Geselligkeit und über richtiges Verhalten in der amerikanischen Gesellschaft, z. B. im Fahrstuhl, aber auch als Zeuge vor Gericht.

Solche praktischen Ratschläge zur Orientierung in den USA sind die vielleicht oberflächlichsten Belege für das umfassende Ziel »einer organischen Amerikanisierung« (Vol. 10, 1944, No. 51, S. 17). Hatte der *Aufbau* in seiner Frühzeit als Klubzeitschrift die Integration der deutschsprachigen Emigranten eher als eine selbstverständliche Voraussetzung verstanden, wurde sie für ihn nun zum erklärten, kämpferisch vorgetragenen Konzept. Seine Leser »hinüberzuführen« aus einer »versunkenen und zerschlagenen Welt in eine schöpferische amerikanische Gegenwart« (Vol. 6, 1940, No. 48, S. 4) und jeder möglichen »Isolierung im wirtschaftlichen und gesellschaftlichen Leben« aktiv zu begegnen (Vol. 6, 1940, No. 15, S. 4), waren seine zentralen Anliegen.

In diesem Zusammenhang erhielten auch die Anzeigen erklärtermaßen eine neue Funktion. Denn entgegen der Praxis der Anfangsjahre, in der Emigranten für Emigranten inserierten, versuchte der *Aufbau* nun, die »wirtschaftlichen Interessen der Einwanderer mit denen der Amerikaner in Kontakt« zu bringen (Vol. 6, 1940, No. 14, S. 4). Ein Plan, der ganz offensichtlich gelang. Der Anzeigenteil trug zur immer weiteren Ausdehnung des *Aufbau* erheblich bei und machte aus der inzwischen verkauften Zeitung schließlich sogar ein florierendes Geschäftsunternehmen. 1944 stellte man rückblickend mit großer Zufriedenheit fest: »Die Inserenten und Leser des *Aufbau* entdeckten nicht nur Amerika, sondern Amerika entdeckte (auch) die Immigranten« (Vol. 10, 1944, No. 51, S. 19).

Ähnlich wie sich im Kulturellen das Interesse für Hollywood mit der Bewahrung des deutschen Erbes verband, entsprach im Bereich der praktischen Lebenshilfe dem Ziel der Eingliederung in eine neue Gesellschaft ein Bemühen um die Sammlung der »in alle fünf Winde« (Vol. 6, 1940, No. 48, S. 4) verstreuten deutschen Juden. »Der Bindung und der Verbindung der Versprengten und Verjagten« (Vol. 7, 1941, No. 29, S. 4) dienten zahlreiche ständige Rubriken. Unter »Es trafen ein« fand man die Namen der neu in die Vereinigten Staaten Gelangten, unter »Es suchen« die von vermißten Freunden und Verwandten. »Wie wir hören« informierte, wer in den verschiedenen Ländern des Exils gestorben, wer mit welchem Buch hervorgetreten, wer wo erfolgreich war; »Wir bauen auf« darüber, wer in den USA ein Geschäft eröffnet oder sein Unternehmen vergrößert hatte. Ab 1944 veröffentlichte die Zeitung unter »Die Geretteten« die fortlaufenden Namenslisten derer, die aus den vom Nationalsozialismus befreiten europäischen Ländern in den USA eintrafen. Aber nicht nur diese gleichsam öffentlichen Rubriken, auch die vielen privaten Anzeigen verstärkten das Zusammengehörigkeitsgefühl innerhalb einer »einzigen großen Schicksalsgemeinschaft« (Vol. 11, 1945, No. 16, S. 4). Hier zeigten »Hedwig Rosenberg, Buenos Aires, Julius Nathan, Newark, und Oskar Falk, Jamaica«, den Tod von »Henriette Levy, geb. Rosenboom, früher Hamburg« an oder »Leo Marlow (früher Manhardt)« aus Buxton/England (»früher München«), daß sein Neffe »Paul M. Harris (früher Hechinger), am 8. Februar 1944 in Italien für seine neue Heimat gefallen ist«. »Julius Stern, früher Kitzingen« und »Bella Rohrheimer, früher Fürth« publizierten die Nachricht ihrer Heirat, »Kurt Heiser und Frau Meta, New York City, früher Frankfurt am Main, die von der Geburt ihrer Tochter Susan. Gerade zu diesem Aspekt schrieb Alfred Kerr an die Redaktion: »Der *Aufbau* ist mehr als ein Trost. Er wird etwas Geschichtliches gewesen sein. In der Diaspora das Zentripetale. In der Versprengung ein Magnet. Ich kann selbst die Familienanzeigen nicht ohne Erschütterung lesen (...)« (Vol. 10, 1944, No. 18, S. 5).

Natürlich blieb der *Aufbau* auch nach seiner Explosion vom Vereinsblatt zur Zeitung offen für die Mitteilungen des German-Jewish

Club, der nach wie vor, ab 1940 als New World Club, sein Herausgeber war. Über die verschiedenen Veranstaltungen des Klubs und sein außerordentlich effektives soziales Hilfswerk wurde weiterhin ausführlich informiert. Allerdings standen diese internen Notizen nun in einem ganz anderen Zusammenhang. Manfred George hat diese Veränderung in der Geschichte des *Aufbau* in der Betonung seiner Besonderheit im Vergleich zu üblichen jüdischen Zeitschriften indirekt dargestellt: »Was aber ist eine jüdische Zeitung? Ist das nur ein Blatt, das vorne mit einem erbaulichen Artikel anfängt und hinten sich durch besondere Rezepte für die Feiertagsküche qualifiziert? Ist ein jüdisches Blatt ein Blatt, das sich nur mit jüdischen Dingen beschäftigt? Das ist die typische europäische Ghetto-Einstellung gewesen, die zwischen sich und die übrige Welt eine hohe Wand der Trennung errichtete. Das farblose, verängstigte, fast unwirkliche jüdische Leben in den Assimilationsländern spiegelte sich in den meisten Blättern der jüdischen Gemeindepresse. Staat, Leben, Welt waren tabu (...) Unsere Zeitung umfaßt das Gesamtleben unserer Leser. Jüdisches Volk und Judentum sind keine abstrakten Begriffe im luftleeren Raum von Doktrinen. Rings um sie ist Welt. Und diese Welt ist ebenso unser Thema wie der Kreis der spezifischen jüdischen Interessen.« (Vol. 10, 1944, No. 51, S. 17).

Im Gegensatz zur frühen Klubzeitschrift wollte der *Aufbau* Manfred Georges eben kein Blatt mehr sein, das »nur von Juden handelt, das nur jüdische Namen kennt und feiert« (Vol. 7, 1941, No. 29, S. 4). Auch die ab 1941 alle 14 Tage erscheinende Beilage *Die Jüdische Welt* unterstrich nur die neue Tendenz, die »spezifisch jüdischen Interessen« als ein zentrales eigenes Anliegen im Verbund mit den Themen der Welt zu sehen und darzustellen. Für die oft endlosen Diskussionen der 30er Jahre über das Selbstverständnis als Jude hatte der *Aufbau* nun jedenfalls keinen Platz mehr. Nicht ohne Ironie bemerkte W. C. Hulse, daß er auf diese Fragen »vor mehreren Jahren« eingegangen sei – »ausführlicher als der Chefredakteur das heute zulassen würde« (Vol. 7, 1941, No. 3, S. 7).

Im neuen weltoffenen Gewand, in dem eine Erinnerung an die Weihnachtseinkäufe neben der Ankündigung der Chanukka-Feier koexistieren konnte (Vol. 10, 1944, No. 50, S. 10, S. 16), gewann das Bekenntnis zur jüdischen Tradition und Schicksalsgemeinschaft eine dem *Aufbau* zuvor unbekannte Selbstverständlichkeit. Ja, wie schon bei den Amerikanisierungstendenzen fand auch das Selbstverständnis des *Aufbau* als eine erklärtermaßen jüdische Zeitung erst in der George-Ära zur Qualität eines bewußten und klar ausgesprochenen Programms.

Das war allerdings nicht zuletzt eine geradezu notwendige Reaktion auf Hitlers immer fürchterlicheren Kampf gegen die Juden in Europa. Hannah Arendt, die 1941 Mitarbeiterin des *Aufbau* wurde und gewissermaßen W. C. Hulse als »Chefideologen« in Fragen des Judentums ablöste, hat diesen Zusammenhang besonders deutlich betont: »Eine dem jüdischen Volk unbekannte Wahrheit, die es erst jetzt zu lernen beginnt, ist, daß man sich nur als das wehren kann, als was man angegriffen wird. Ein als Jude angegriffener Mensch kann sich nicht als Engländer oder Franzose wehren.« (Vol. 7, 1941, No. 46, S. 1).

Tatsächlich erzwangen die Ereignisse in Deutschland bei den Lesern und auch bei der Redaktion des *Aufbau* einen Prozeß, in dessen Verlauf sich das Bekenntnis zum Judentum sowohl intensivierte wie veränderte. Mit der Parole »Ein Volk von Juden sollt ihr sein« hatten sich die Autoren der ersten *Aufbau*-Ausgabe Anfang 1935 die scharfe Kritik vieler Leser eingehandelt (Jg. 1, 1934/35, No. 2, S. 1, S. 4), und auch noch fünf Jahre später verhielt sich die *Aufbau*-Gemeinde gegenüber Appellen zum »Jude-Sein« und zur »jüdischen Gemeinschaft« eher reserviert (Vol. 6, 1940, No. 32, S. 4). Eine Umfrage unter prominenten Emigranten Ende 1940 hatte jedenfalls nicht das von der *Aufbau*-Redaktion wohl erhoffte Ergebnis eines neuen jüdischen Selbstverständnisses. Denn hier bejahte etwa Bruno Frank die »Aufsaugung des jüdischen Elementes« durch die europäischen Völker »von Herzen«, nannte Ferdinand Bruckner das jüdische »in keiner Weise ein besonderes Schicksal« und wandte sich Martin Gumpert, weil ihm »nationalistische Juden zuwider« seien, gegen die Idee einer »nationalen Wiedergeburt« der Juden (Vol. 6, 1940, No. 52, S. 9).

Eine gewichtige Schlußeinschränkung in der Antwort Bruno Franks auf die *Aufbau*-Umfrage machte allerdings zugleich deutlich, welche Kräfte solche Zurückhaltung sehr bald gegenstandslos machen sollten. Hier nämlich heißt es: »Selbstverständlich ist freilich eines: Auch wer sich ein Leben lang als Deutscher, Tscheche, Holländer, Franzose gefühlt hat und den verdünntesten Tropfen jüdischen Blutes in seinen Adern weiß, der hat sich heute als Jude zu bekennen, wo er nur kann, und so laut er nur kann (...) Es ist eine simple Forderung des Anstands und der Ehre« (Vol. 6, 1940, No. 52, S. 9). Alfred Kerr sagte es wenig später noch deutlicher: »(...) auch die Schwierigen, die Schwankenden, die Schwachen, ob willig oder nicht, sagen heute notgedrungen, dank Hitler: ›Wir sind Juden‹. Das ist, dieser erbärmlichen Gegenwart ungeachtet, ein künftiger Zuwachs an geballter Kraft.« (Vol. 7, 1941, No. 9, S. 5).

Die Bereitschaft im *Aufbau*-Kreis, sich – wie von der Zeitung stets gefordert – engagiert und vorbehaltlos zum Judentum zu bekennen, wuchs in der Tat mit dem Ausmaß des Leidens der Juden in Hitlers Vernichtungslagern. Die Entwicklung des Wiener Literaten Anton Kuh, der in seiner *Aufbau*-Kolumne »The Skeptical Reader« seine Heimkehr zum Judentum offen eingestand, ist hierfür ein charakteristisches Beispiel. Der *Aufbau* würdigte Kuh nach seinem Tode im Januar 1941 mit den ebenfalls charakteristischen Worten: »Kuh ordnete seinem Haß gegen Hitler alle persönlichen Eigenheiten unter. Der schwierige Mensch, der er war, wurde sozial und willig zur Einordnung in dem Kampf des jüdischen Volkes gegen seine Unterdrücker und Bedroher.« (Vol. 7, 1941, No. 4, S. 7).

Parallel zu den immer grauenhafteren Meldungen aus Europa verwandelte sich so die bloße Forderung des *Aufbau* nach einem offenen Bekenntnis zum »Jude-Sein« zu einem kämpferisch vorgetragenen und vom Leserkreis akzeptierten Programm. 1944, als die ganze Wahrheit über Auschwitz bekannt geworden war, faßte Manfred George die Entwicklung in dem einen Satz zusammen: »Es ist kaum vorstellbar, daß es Juden gibt, die etwas anderes als Juden sein wollen.« (Vol. 10, 1944, No. 41, S. 4).

Das von Hitlers Vernichtungspolitik erzwungene bekenntnishafte Zusammenrücken der Juden mußte viele ihrer traditionellen Haltungen und Anschauungen zum Teil radikal verändern. Gerade die jüdischen Flüchtlinge aus Mitteleuropa waren praktisch alle als Anhänger des Assimilationsgedankens in die USA gekommen, hatten im Bewußtsein großer Beispiele aus dem 19. und frühen 20. Jahrhundert an die Möglichkeit geglaubt, sich mit ihrer gesellschaftlichen und persönlichen Emanzipation in das Land, dem sie sich zugehörig fühlten, zu integrieren. In den Gaskammern der Nazis versank nun aber für den *Aufbau* mit den deutschen Juden »auch das Zeitalter der Emanzipation« (Vol. 6, 1940, No. 44, S. 4). Denn in der Sicht des *Aufbau* hatte diese Emanzipation die Juden ihrer Umwelt nur ausgeliefert, »viele krumm, lau und klein« gemacht (Vol. 7, 1941, No. 29, S. 4) und Selbstaufgabe und Vernichtung, statt sie zu verhindern, eher umgekehrt ermöglicht. Gleichgültig ob *Aufbau*-Autoren wie Carl Misch voller Trauer auf diese »Einsargung eines der glanzvollsten Kapitel« der jüdischen Geschichte blickten (Vol. 6, 1940, No. 44, S. 4) oder andere wie Hannah Arendt über »unsere« immer noch »›emanzipierten‹ Juden« spotteten, denen es »nicht gelingen (wird), sich selbst und uns aus der Welt zu debattieren« (Vol. 8, 1942, No. 32, S. 17) – einig waren sie alle in der Erkenntnis, daß »jüdische Existenz und Zukunft« von nun an auf ganz anderen Wegen gesichert werden mußte (Vol. 9, 1943, No. 45, S. 14).

Solch ein ganz anderer Weg war für den *Aufbau* im klaren Gegensatz zu den alten Assimilationshoffnungen »die Emanzipation als Volk« (Vol. 10, 1941, No. 28, S. 1). Hierfür galt Hannah Arendt die Situation der in der Sowjetunion als Volksgruppe anerkannten und im Staatsverbund der Republiken integrierten Juden als ein Modell. Zwar sah sie die russischen Juden so unfrei wie alle Bürger der UdSSR, doch zugleich auch als »die ersten Juden der Welt... juristisch und gesellschaftlich wirklich ›emanzipiert‹, nämlich als Nationalität anerkannt und befreit« (Vol. 8, 1942, No. 35, S. 18). Obwohl der liberale *Aufbau* »jede Art von Diktatur« ablehnte (Vol. 7, 1941, No. 20, S. 1), stellte Manfred George deshalb 1944 in bezug auf die aktuellen Probleme der Juden die UdSSR gleichberechtigt neben die USA und Palästina: »Es gibt nur drei Länder, wo jeder, nicht nur das aus irgendwelchen Verdiensten avancierte jüdische Individuum so ganz sein kann: Palästina, Rußland und die USA. Drei Lösungen für das Problem des jüdischen Selbstgefühls: eine nationale, eine sozialistische und eine demokratische.« (Vol. 10, 1944, No. 51, S. 17).

Welch »großes Glück« (Vol. 10, 1944, No. 51, S. 17) nach seiner Einschätzung gerade die »demokratische Lösung« für jeden Juden bedeutete, hat der Amerika-begeisterte *Aufbau* immer wieder betont: Die »selbstverständliche nationale Volksgruppeneinteilung« der USA und die amerikanische Demokratie erlauben ihm, sein Judentum »zu bekennen wie sonst nirgends auf der Welt« (Vol. 6, 1940, No. 22, S. 2; Vol. 7, 1941, No. 29, S. 4) – hier genießt er die »Freiheit amerikanischen Bürgertums und seiner demokratischen Weltanschauung« und die Freiheit, »zu sein, was unsere Vorfahren waren: Söhne und Töchter des jüdischen Volkes« (Vol. 10, 1944, No. 51, S. 17). Denn in den Vereinigten Staaten von Amerika mit ihren vielfältigen nationalen Wurzeln und Traditionen mußte ein »Einschmelzungsprozeß« eben »nicht wie in Deutschland ein Auflösungsprozeß, ein Chamäleon-Stück« sein (Vol. 9, 1943, No. 2, S. 4). Die Juden in Deutschland hatten in der Sicht des *Aufbau* immer nur die Alternative gehabt, »entweder Deutsche oder Juden« zu sein; die Juden in Amerika dagegen hatten »auf wunderbare Weise eine Synthese gefunden« – sie waren »ebenso bewußte Juden wie bewußte Amerikaner« (Vol. 10, 1944, No. 18, S. 15). Die noch zögernde Frage der Anfangsjahre, »als wir deutsche Juden uns in die Vereinigten Staaten eingliedern können und müssen« (Jg. 2, 1935/36, No. 10, S. 2), war mithin inzwischen für den *Aufbau* entschieden. Der »Weg nach Amerika«, der »Weg zur wirklichen Amerikanisierung« führte »durch das amerikanische Judentum hindurch« (Vol. 10, 1944, No. 40, S. 4).

Garant für die Möglichkeit eines Lebens als Jude in Amerika, Garant auch für eine dauerhafte Verwirklichung der Hoffnung auf eine jüdische »Emanzipation als Volk« wurde für den *Aufbau* der George-Ära in zunehmendem Maße die Existenz eines jüdischen »Nationalheims« Palästina. Früher hatte der *Aufbau* Palästina eher allgemein als Zufluchtsort für alle Verfolgten und Bedrängten erhofft, als neue Heimat für sonst Entwurzelte. Mit dem wachsenden Bekenntnis zum »Jude-Sein« und aufs engste verbunden mit der Idee einer Emanzipation und Existenz als Volk erschien ihm nun aber das Vorhandensein eines jüdischen »Nationalheims« oder »Vaterlandes« so etwas wie ein notwendiger »Garantieschein« für ein ungefährdetes Leben auch in der Welt. »Ein Volk ohne Fahne ist kein Volk, oder bestenfalls ein totes« (Vol. 10, 1944, No. 39, S. 4): Auf diese fast triviale Formel brachte der *Aufbau* seine Überzeugung, erst mit einem eigenen Staat und allen dazugehörenden Requisiten die Existenzmöglichkeit der Juden auf Dauer absichern zu können.

Das betraf auch seine Hoffnungen auf ein Leben in den USA. Denn trotz seines Enthusiasmus für »die amerikanische Lösung (. . .) der allgemeinen Verschmelzung eingewanderter Völkergruppen auf dem Boden einer allen gemeinsamen nationalen Idee, nämlich der Demokratie Amerikas« (Vol. 9, 1943, No. 35, S. 14), machte sich der *Aufbau* doch keine Illusionen darüber, »wie leicht es antisemitische Hetze« auch hier hatte, »das Feuer des Verleumdens zu entzünden« (Vol. 6, 1940, No. 38, S. 17). Im Herbst 1944 beobachtete Manfred George, daß auch in den USA »der Antisemitismus in den letzten Jahren nicht geschwunden (ist), sondern (. . .) sogar zugenommen (hat)« (Vol. 10, 1944, No. 42, S. 15). Nichts schien ihm »gefährlicher und unbegründeter« als die Ansicht, mit dem Sieg über den Nationalsozialismus werde unvermeidlich auch der Antisemitismus verschwinden (Vol. 10, 1944, No. 48, S. 4). Ja, in dieser Frage gab sich der ansonsten so optimistische *Aufbau* sogar einmal ausgesprochen skeptisch und bitter: »Die antisemitische Saat« ist wohl das, »was von der deutschen Propaganda in der Welt übrig bleiben dürfte« (Vol. 11, 1945, No. 6, S. 28). Zwar war der *Aufbau* überzeugt, den Kampf gegen den Antisemitismus gerade in der Freiheit Amerikas zu gewinnen. Als unabdingbare Voraussetzung hierfür aber nannte er die Existenz eines »festen Vaterlandes« auch für die Juden: Ebenso wie alle anderen braucht der Jude einen »zentralen Ort seines Volkes, von dem er sich sozusagen lossagen muß, um in das werdende amerikanische Volk einzugehen«. Fazit: Erst »ein Zentrum Palästina« wird »die jüdische Gruppe in Amerika jeder anderen Gruppe gleichsetzen« (Vol. 9, 1943, No. 35, S. 14).

Mit dem Plädoyer für die Juden als ein Volk wie jedes andere auch, distanzierte sich der *Aufbau* der Kriegsjahre immer deutlicher von der Position seines ersten »Chefideologen« W. C. Hulse. Seine Thesen von den »Besonderheiten« der Juden und ihrer »Sonderstellung« unter den Völkern (Vol. 8, 1942, No. 18, S. 4, No. 19, S. 19) gerieten denn auch mehr und mehr in den Hintergrund gegenüber der Sehnsucht nach einem ganz »normalen« Leben, nach »Gleichberechtigung mit dem Nachbarn« und »Gleichartigkeit des [eigenen] Schicksals« mit dem anderer Völker (Vol. 9, 1943, No. 35, S. 14). Tatsächlich erstrebte der *Aufbau* nun ziemlich genau das, was W. C. Hulse noch Ende 1937 engagiert abgelehnt hatte, nämlich »die Juden (...) zu einem braven und glücklichen Volk von Ackerbauern und Bürgern« zu machen (Jg. 3, 1936/37, No. 12, S. 2).

Indem sie mit den Zionisten »dem jüdisch nationalistischen Unsinn vom ›Salz der Erde‹ (...) den Garaus« wünschte (Vol. 10, 1944, No. 38, S. 13), brachte Hannah Arendt die veränderte Situation auf den knappsten Nenner. Etwas moderater hatte Franz Werfel schon Jahre zuvor in einem *Aufbau*-Leitartikel über die »Märchen«nachgedacht, die »in der Welt seit eh und je... umgehen«: »Erstens, daß die Juden so besonders reich und zweitens, daß sie so besonders gescheit sind. Der Hass ruht immer auf einer Überschätzung des von ihm gewählten Objekts.« (Vol. 6, 1940, No. 52, S. 1). Gerade in diesem Zusammenhang mußte der geschätzte *Aufbau*-Autor später freilich selbst die für die Position der Zeitschrift in den letzten Kriegsjahren bezeichnende Schelte einstekken, in seinem Schauspiel *Jacobowsky und der Oberst* mit dem Klischee vom intellektuellen und gescheiten Juden in die Kategorien des Antisemitismus verfallen zu sein (Vol. 10, 1944, No. 27, S. 17).

Das eigene Selbstverständnis als Zeitung bewußter Juden und Amerikaner bestimmte auch das Verhältnis des *Aufbau* zu Deutschland und zum Lager des politischen Exils. Die deutschen Exilpolitiker standen mit ihrer eigenen Einschätzung als Sprecher des anderen und besseren Deutschland vor der nicht selten konfliktreichen Aufgabe, für die vermeintlich berechtigten Interessen des von Hitler geknechteten deutschen Volkes kämpfen zu müssen. Der *Aufbau* sah sich dagegen als eine Kraft innerhalb der gegen Hitler kämpfenden USA. Er hatte sich von Deutschland politisch losgesagt und mochte sich nun »keine politischen Sentiments«, keine »falsche Solidarität einreden lassen« (Vol. 10, 1944, No. 4, S. 3). Die Frage einer Kollektivschuld der

Deutschen, die möglichen Perspektiven für den Neuaufbau nach dem Kriege und auch die Aktivitäten der politischen Emigranten diskutierte er darum auch nicht aus der Sicht von Mitbetroffenen, sondern erklärtermaßen aus der Distanz.

Daß »von deutscher Seite aus ... gegen Hitler vom ersten Augenblick seines Sieges an gekämpft worden (ist)«, hat der *Aufbau* nie bezweifelt (Vol. 7, 1941, No. 48, S. 3). Noch kurz vor Kriegsende erinnerte er an »jene Deutschen, die sich dem Nazismus widersetzt haben, und von denen die meisten entweder tot, in Konzentrationslagern oder im Exil sind« (Vol. 11, 1945, No. 6, S. 4). Die »Blutzeugen« und »individuellen Sabotageakte« (Vol. 11, 1945, No. 14, S. 1, No. 16, S. 20) bewiesen für ihn aber nicht – wie die politischen Emigranten nicht müde wurden zu beteuern –, daß in Deutschland widerstandsbereite »revolutionäre Massen« nur auf den Augenblick der Erhebung warteten (Vol. 11, 1945, No. 10, S. 5). Schon 1939 hatte W. C. Hulse nüchtern festgestellt, daß in Deutschland »Gegenbewegungen (...) sicher vorhanden (sind)«, daß sie aber »ebenso sicher *nicht* von der breiten Masse des Volkes getragen (werden)« (Jg. 6, 1939, No. 22, S. 7). In der bis zum Kriegsende unveränderten Kampfbereitschaft der deutschen Soldaten und in der »geistigen Haltung der deutschen Kriegsgefangenen«, die »zeigt, daß sie zu 85% echte Nazis sind und bleiben« (Vol. 10, 1944, No. 2, S. 7), aber auch im »fatalistischen Aufgeben ohne Verständnis für die Gründe des Zusammenbruchs« oder sogar »Kampfwillen« bei der deutschen Bevölkerung angesichts der einmarschierenden Alliierten (Vol. 11, 1945, No. 14, S. 1) fand der *Aufbau* diese Einschätzung bestätigt. Für ihn schien erwiesen, daß die Deutschen – »wobei die Gründe dafür dahingestellt sein mögen« – »nicht imstande waren, eine Widerstandsbewegung auch nur geringsten Umfanges gegen den Nazismus zu entfesseln« (Vol. 11, 1945, No. 2, S. 2). Ja, weit schlimmer noch: Die Mehrheit des deutschen Volkes lehnte in der Sicht des *Aufbau* seine Widerstandskämpfer sogar insgeheim ab. Charakteristischerweise bemängelte Manfred George an dem nach Anna Seghers' Roman *Das Siebte Kreuz* gedrehten Film, daß er mit dem Widerstandskämpfer Heisler »nur den Helden (zeigt), nicht aber seinen Feind, jene Mehrheit, die Deutschland in den letzten (...) Jahren ausmachte« (Vol. 10, 1944, No. 40, S. 11).

Die »ergebnislosen Auseinandersetzungen über die ›zwei Deutschland‹« beantwortete Manfred George so mit der These, »daß es in Wirklichkeit drei gibt: nämlich die Nazis, die Anti-Nazis und die große amorphe Masse dazwischen« (Vol. 10, 1944, No. 2, S. 7). Jenseits der – wie George schätzte – 10 bis 15 Millionen Kriegsverbrecher (Vol. 9, 1943, No. 46, S. 1) und erst recht abseits der Minderheit wirklicher Gegner des Nationalsozialismus diagnostizierte er die »Majorität des deutschen Volkes« als »eine politisch denkunfähige Masse« (Vol. 11, 1945, No. 14, S. 1).

Der *Aufbau* sah die Deutschen in der Tradition »eines politisch zurückgebliebenen Volkes« (Vol. 10, 1944, No. 24, S. 4), das im Laufe seiner Geschichte »nie die Gesinnung und Stärke aufgebracht hat, sich selbst zu befreien«, vielmehr in seiner »Majorität sich fast immer willenlos der Vergewaltigung durch die Obrigkeit unterworfen« hat (Vol. 11, 1945, No. 11, S. 2). Auf dieser Basis hatte nun in der Interpretation des *Aufbau* das Naziregime »das Böse – das wie jedes Gute in jedem Volke ist – zum Prinzip einer radikal durchgeführten und grauenhaft erfolgreichen Erziehung gemacht« (Vol. 10, 1944, No. 24, S. 4) und so die Deutschen eben in der Verquickung von Traditionen des Gehorsams mit dem Terror der Gegenwart dazu gebracht, »daß sie für ein oder zwei Generationen, vielleicht auch für drei, den Stempel dulden, den eine entschlossene Minorität ihnen aufdrückt. Ja, bisweilen geht die Entwicklung so weit, daß eine schwankende Mitte haltlos sich zum Handlanger der aktiven Minorität macht und dieser nach außen das subjektive Recht gibt, sich zeitweise als Majorität aufzuspielen« (Vol. 9, 1943, No. 52, S. 1).

»Alle, die freiwillig oder unfreiwillig, zumindest aber passiv (...) mitgewirkt haben« (Vol. 8, 1942, No. 28, S. 6), von jeder Mitverantwortung einfach zu entbinden, war der *Aufbau* nicht bereit. Gleichwohl hat er nie – wie ihm manche Exilpolitiker unterstellten – einen »Straffrieden« für Deutschland gefordert. Als »Advokat einer harten Lösung, aber auch einer gerechten« (Vol. 11, 1945, No. 2, S. 4) vermied er es vielmehr ganz bewußt, sich »in der deutschen Frage« zu irgendwelchen »Pauschalverdammungen« »hinreißen (zu) lassen« (Vol. 6, 1940, No. 39, S. 9; Vol. 10, 1944, No. 2, S. 7). Eine »General-Diskriminierung« lehnte der *Aufbau* auch »aus der Erfahrung unseres eigenen Schicksals« ab (Vol. 10, 1944, No. 11, S. 4) – »(...) kein deutscher Greuel sollte uns dahin bringen: so ungerecht, so unmenschlich-simpel, so unzugänglich für das Individuum zu sein wie die verstorbene deutsche Gewalt.« (Vol. 11, 1945, No. 19, S. 6).

Sehr wohl propagierte der *Aufbau* aber das Konzept einer ebenso gründlichen wie strengen demokratischen Umerziehung der Deutschen. Wenn Erziehung »in negativem Sinne möglich ist«, fragte Manfred George, »warum nicht auch in positivem?« (Vol. 10, 1944, No. 2, S. 8). Der auf den Balkan gemünzte zuversichtliche Titel »Es gibt keine ewigen Pulverfässer« (Vol. 10, 1944, No. 40, S. 3) stand als unsichtbare Schlagzeile über allen *Aufbau*-Artikeln zur zukünftigen Entwicklung in Deutschland.

Dabei machte sich der *Aufbau* allerdings im Hinblick auf einen schnellen Wandel keinerlei Illusionen. Er erinnerte vielmehr – wie Albert Einstein es ausdrückte – an die »Binsenweisheit (...), daß tief eingewurzelte Tradition sich nicht in kurzer Zeit radikal ändert« (Vol. 10, 1944, No. 51, S. 3). Eine »viele Jahre« währende Umerziehung sollte deshalb Deutschland zunächst einmal als »Machtfaktor (ausschalten)« und jede Möglichkeit eines »Revanchekrieges« bereits im Keime ersticken (Vol. 9, 1943, No. 17, S. 2; Vol. 10, 1944, No. 2, S. 8): Denn wenn die Welt »nicht nur diesen Krieg, sondern auch den Frieden gewinnen und einen Dritten Weltkrieg verhindern« will (Vol. 10, 1944, No. 33, S. 10), darf sie »die Nazis, die Junker, die Generäle, die Industriellen« – in ihrem Expansionsdrang »alle gleich gefährlich« – nicht unbeschadet aus dem »militärischen Zusammenbruch des Dritten Reichs« auferstehen lassen (Vol. 10, 1944, No. 31, S. 4). Aus diesem

Grunde unterstützte der *Aufbau* die alliierten Beschlüsse, die eine Besetzung und Kontrolle, neue Grenzen und gegebenenfalls auch eine Aufteilung für Deutschland vorsahen. Aus demselben Grunde beobachtete er aber auch mit großem Mißtrauen alle Bestrebungen »der deutschen Reaktion im In- und Ausland« (Vol. 10, 1944, No. 2, S. 8), die eine »totale Ausrottung der deutschen Gefahr« in Frage stellten (Vol. 10, 1944, No. 19, S. 1).

Das kommunistisch initiierte Moskauer »Nationalkomitee ›Freies Deutschland‹« (Vol. 9, 1943, No. 13, S. 4), aber auch den »Aufstandsversuch der deutschen Junker« am 20. Juli 1944 (Vol. 10, 1944, No. 30, S. 1; Vol. 11, 1945, No. 13, S. 4) disqualifizierte der *Aufbau* in diesem Zusammenhang als bloße Anstrengungen der deutschen Reaktion, im taktischen Kalkül gefährliche Machtansprüche zu retten. Als ein Signal für den deutschen Widerstandswillen hatte der 20. Juli jedenfalls sogar in den KPD-Blättern noch eine bessere Presse. Im *Aufbau* erinnerte Kurt Hellmer nur daran, daß die Generäle schließlich lange Jahre »sehr wohl im Einverständnis mit Hitler« handelten (Vol. 10, 1944, No. 31, S. 4), und konstatierte Hannah Arendt befriedigt: »Unsere Feinde, von allen Seiten umringt, haben begonnen, sich gegenseitig den Garaus zu machen.« (Vol. 10, 1944, No. 30, S. 16).

Tatsächlich propagierte der *Aufbau* als Voraussetzung für einen Wandel in Deutschland den uneingeschränkten Sieg der Alliierten. Das brachte ihn zwangsläufig in Gegensatz zu vielen Bestrebungen des politischen Exils. Für Versuche, durch »antirussische Hetze« die Allianz der Hitlergegner zu spalten (Vol. 11, 1945, No. 7, S. 3, No. 8, S. 3), oder in New York und mitten im Kriege Kundgebungen gegen die Abtretung Ostpreußens zu organisieren (Vol. 10, 1944, No. 9, S. 11), fehlte dem *Aufbau* jedes Verständnis. Befremdet registrierte er, wie sich ehemalige Größen der Weimarer Republik »heuchlerisch als Schutzpatrone des besiegten Nazideutschland ›um der Arbeiterschaft willen‹ (aufspielen)« (Vol. 11, 1945, No. 20, S. 2), oder »die Taten einzelner« zum Teil einer »deutschen Massenabstimmung« gegen den Nationalsozialismus hochstilisieren (Vol. 11, 1945, No. 13, S. 4). Mit solchen Aktivitäten erwiesen sich deutsche Exilpolitiker in der Sicht des *Aufbau* nur als »unheilbare Patrioten« (Vol. 11, 1945, No. 20, S. 4), die allzu offenkundig »unter dem Deckmantel demokratischer oder sozialistischer Schlagworte« eine »alldeutsch gefärbte Weltanschauung« versteckten (Vol. 11, 1945, No. 14, S. 2), riskierten »übereifrige deutschnationale Emigranten« (Vol. 10, 1944, No. 45, S. 11) – um ihren Traum von Deutschland (zu) retten« (Vol. 10, 1944, No. 2, S. 8) – erneut den Frieden der Welt.

In den Spannungen zur sozialdemokratischen *Neuen Volks-Zeitung* wurde der Gegensatz zwischen der amerikaorientierten Position des *Aufbau* und vielen Einstellungen des politischen Exils besonders deutlich. Schon in den 30er Jahren, als das sozialdemokratische Blatt noch mit Anzeigen in der damaligen Klubzeitschrift um Leser warb, hatten die deutschamerikanische Arbeiterzeitung und der bürgerliche *Aufbau* kaum Gemeinsamkeiten. Aber erst 1939, als die Richtung der *Neuen Volks-Zeitung* zunehmend von Sozialdemokraten des rechten

Flügels bestimmt wurde, kam es zu offenen Feindseligkeiten. Mit dem »Klüngel« um Rudolf Katz (Vol. 10, 1944, No. 11, S. 4) und dem immer lauter im Pathos der »Kaiser-Wilhelm-Zeit« tönenden Friedrich Stampfer (Vol. 11. 1945, No. 8, S. 3) sah der *Aufbau* ganz besonders Exilpolitiker aus dem Umkreis der *Neuen Volks-Zeitung* als »empfindsame Freunde der Nazis« (Vol. 10, 1944, No. 11, S. 3) und deren »beste Bundesgenossen« (Vol. 11, 1945, No. 14, S. 2) eifrig um den alten deutschnationalen Größenwahn bemüht. Die militant antikommunistische *Neue Volks-Zeitung* verdächtigte umgekehrt den *Aufbau*, von der Sowjetunion, wenn schon nicht gesteuert, so doch in jedem Fall beeinflußt zu sein.

So diffamierte sie den liberalen *Aufbau*-Chefredakteur, der nach dem deutsch-sowjetischen Nichtangriffspakt nicht in das antikommunistische Feldgeschrei der Sozialdemokraten einstimmen mochte, als KP-Agenten. Daß der *Aufbau* nach dem deutschen Überfall auf die UdSSR manch freundliches Wort für die Sowjetunion fand, war ihr zumindest ein Beleg für eine viel zu lasche Einstellung gegenüber dem Kommunismus. Als der *Aufbau* dann 1944 in Übereinstimmung mit den KP-Zeitungen den Beschlüssen der Alliierten von Teheran zustimmte, fand sie endgültig ihre düsteren Vermutungen bestätigt und attackierte die – mit den Worten ihres »Statement of Policy« zum eigenen Selbstverständnis – eindeutig auf »freedom and democracy« eingeschworene jüdische Zeitschrift (Vol. 6, 1940, No. 1, S. 4) als »unverkennbar Moskau schillernd« (*Neue Volks-Zeitung*, Jg. 13, 1944, No. 19, S. 3).

Weitere Konflikte entzündeten sich an der Berichterstattung über die Verfolgung der Juden in Deutschland, an der Frage einer Mitschuld des deutschen Volkes an Hitlers Verbrechen oder auch an der Forderung der Exilpolitiker nach einer führenden Rolle beim Neuaufbau Deutschlands nach dem Kriege und bei der Umerziehung der Deutschen zur Demokratie. Aber nicht in den Differenzen zu solchen Einzelthemen lag die zentrale Ursache für die Auseinandersetzungen zwischen der *Neuen Volks-Zeitung* und dem *Aufbau*. Weitaus entscheidender war die grundsätzlich verschiedene Haltung beider Zeitungen angesichts des Exilschicksals. Die *Neue Volks-Zeitung* hatten engagierte Sozialdemokraten zielsicher und konsequent zu einem Sprachrohr für deutsche Exilpolitik gemacht, zu einem Instrument für die Vertretung deutscher Interessen. Den *Aufbau* dagegen beschäftigte »die deutsche Frage lediglich unter dem Gesichtspunkt (...) einer dauerhaften friedenssichernden Neuordnung der Welt« (Vol. 10, 1944, No. 18, S. 7). So sehr seine Spalten offen waren für die Probleme und Diskussionen des Exils, fühlte er sich diesen doch keineswegs unmittelbar zugehörig. Zwar kritisierte er die »Selbstgefälligkeit im Lager der Antifaschisten« des Exils (Vol. 11, 1945, No. 2, S. 7) und die »Konfusion« ihrer zahlreichen ideologischen Richtungen und politischen Gruppierungen (Vol. 10, 1944, No. 32, S. 4). Er beklagte das Fehlen eines »Willens zur Objektivität« in den Kreisen der politischen Emigration (Vol. 10, 1944, No. 4, S. 3) und die »Gereiztheit« ihrer Verlautbarungen (Vol. 11, 1945, No. 8, S. 3). Aber all das tat er erklärtermaßen von außen. Den »Blick zurück« (des Exils) hatte er mit dem »Blick nach vorwärts« (der Immigration) vertauscht (Vol. 6, 1940, No. 13, S. 4). Seine Hoffnungen galten nicht dem Neuaufbau Deutschlands, sondern den demokratischen und freiheitlichen Traditionen Amerikas – und darüber hinaus einer verläßlichen, auf Dauer Krieg ausschließenden Allianz zwischen den Großmächten der Welt.

Während sich die *Neue Volks-Zeitung* – in der Einschätzung des *Aufbau* völlig unangemessen und deplaziert – mit immer schrilleren Tönen zum emphatischen Verteidiger der nationalen Interessen Deutschlands aufwarf, ging es dem *Aufbau* eben vor allem anderen um die Integration in und die Identifikation mit den Vereinigten Staaten: »Wir (meinen) es mit unserer Loyalität so ernst (...), daß wir nur ein einziges Interesse kennen und pflegen: die Durchsetzung der amerikanischen Kriegsziele.« (Vol. 10, 1944, No. 11, S. 4). Für deren »möglichst vollkommene Erfüllung« (Vol. 9, 1943, No. 33, S. 4) engagierte sich der *Aufbau* nicht zuletzt durch die Beteiligung am »war effort«. Er forderte seine Leser auf, als Hilfe für die US-Armee deutsche Landkarten und Stadtpläne zur Verfügung zu stellen, animierte zum Kauf von »war bonds« und »stamps« und warb in einer spektakulären Kampagne um Spenden für den Bau eines Kampfflugzeuges, das schließlich im März 1943 – von der Schauspielerin Elisabeth Bergner auf den bezeichnenden Namen »Loyalty« getauft – der Air Force übergeben wurde (Vol. 9, 1943, No. 12, S. 1). Daß die Mitglieder des *Aufbau*-Kreises als neue amerikanische Bürger in die Armee der Vereinigten Staaten eintraten, war für die Zeitschrift geradezu selbstverständlich. Ab 1942 brachte die ständige Rubrik »Our Boys in the Army« Fotos und Berichte von Immigranten an den Fronten.

Der Entschluß, für die Immigration zu sprechen, dürfte dem *Aufbau* »ganz besonders viel Feindschaft seitens der politischen deutschen Emigration in diesem Lande eintragen« (Vol. 9, 1943, No. 17, S. 7): Diese Vermutung von Oskar Maria Graf formuliert die Kernursache für alle Spannungen und Kontroversen zwischen deutschen Exilpolitikern und dem *Aufbau*. Denn sie wurzelten eben nicht in Meinungsunterschieden im Detail, sondern in der grundsätzlichen Entscheidung der Zeitschrift gegen ein Verharren im Zustand des Exils und für eine vorbehaltlose Eingliederung in die neue Heimat. Andererseits gab wohl erst diese Distanz zum Exil dem *Aufbau* umgekehrt die Möglichkeit, ein sozusagen unabhängiges, freies und neutrales Diskussionsforum für die Emigranten und ihre Probleme zu sein. Nach dem eigenen Selbstverständnis »weder speziell Deutschland noch irgendeiner besonderen deutschen Partei« verpflichtet (Vol. 9, 1943, No. 33, S. 4), wurde er vielleicht gerade deshalb für »alle aufrechten und loyalen Hitlergegner« im Lager des Exils zum wohl wichtigsten »›Clearing House‹ der Meinungen« (Vol. 9, 1943, No. 17, S. 5). Paradoxerweise kann man sich so auch über die politischen Fragen, die deutsche Emigranten während der Kriegsjahre in den USA beschäftigten, nirgendwo besser informieren als eben in jener Zeitung, die selbst immer wieder beteuerte, »ein Sprachrohr der Immigration und nicht der Exilgruppen« zu sein (Vol. 10, 1944, No. 19, S. 4), und die sich energisch von den deutschen Exil-»Fehden« distanzierte, die »Gruppen, Grüppchen und Cliquen« »auf amerikanischen Boden (...) ausfechten« (Vol. 9, 1943, No. 8, S. 4).

Mit dem ihm eigenen Geschick versammelte der *Aufbau* auch bei der Diskussion von Exilthemen in seinen Spalten viel Prominenz. Zur Frage der Existenz oder Nichtexistenz eines »anderen Deutschland«, zum Verhalten des deutschen Volkes, zu seiner Erziehung zur Demokratie, zur Einheit oder Aufteilung Deutschlands, zur möglichen Abtretung deutscher Gebiete äußerten sich Paul Tillich und Emil Ludwig, Fritz von Unruh und Friedrich Wilhelm Foerster, Carl Zuckmayer und Erika Mann, Ferdinand Bruckner und Toni Sender, Hubertus Prinz zu Löwenstein und Siegfried Marck, Kurt Rosenfeld und Albert Grzesinski, Gerhart H. Seger und Carl Landauer. Ein besonderes Verdienst war in diesem Zusammenhang ganz ohne Frage die Beachtung des großen Moralisten und Preußen-Kritikers Friedrich Wilhelm Foerster. Im *Aufbau*-Kreis fand der 75jährige, der Deutschland bereits nach dem Ersten Weltkrieg verlassen hatte, und den die Emigration nach 1933 nie so recht als einen der ihren anerkennen mochte, späte Ehrungen und Verständnis. Foersters Thesen paßten freilich besonders gut ins *Aufbau*-Konzept, mit der Ableitung des Nationalsozialismus aus den preußischen Traditionen eines fatalen Machtwahns und obrigkeitshörigen Militarismus und mit der Überzeugung, man dürfe das deutsche Volk nicht durch einen »Soft Peace« »vor den Folgen seiner Verbrechen oder seiner verantwortungslosen Schwäche (...) bewahren«, sondern müsse es radikal und endgültig weg-erziehen von jenen verhängnisvollen und geschichtlich gewachsenen Haltungen, die zweimal dazu beitrugen, die Katastrophe eines Weltkrieges auszulösen (Vol. 9, 1943, No. 2, S. 1, S. 8, No. 3, S. 3).

Das journalistische Interesse des *Aufbau* galt jedoch nie nur den Gleichgesinnten. In den Kommentaren zu spezifisch deutschen Fragen begegneten sich konträre Positionen und Richtungen. Auch wurden aus sachlichen Meinungsunterschieden nicht gleich persönliche Feindschaften. Schon generell demonstrierte der *Aufbau* für die »gesittete und persönlich meist sehr liebenswerte Spezies« der politischen Emigranten (Vol. 9, 1943, No. 52, S. 2), die »zum größten Teil die Menschen wie Ereignisse anders sehen müssen als wir, die sich ganz auf Amerika eingestellt haben« (Vol. 9, 1943, No. 33, S. 4), ein zwischen Wohlwollen und leichter Ironie schillerndes Verständnis. Erst recht aber waren individuelle Beziehungen gekennzeichnet von Fairneß und Respekt gegenüber dem Andersdenkenden. Sogar der Chefredakteur der *Neuen Volks-Zeitung* konnte trotz aller politischen Differenzen im *Aufbau* schreiben, und bei einem seiner Vorträge fungierte Manfred George als »Chairman« (Vol. 10, 1944, No. 24, S. 26). Als sich die Zeitung von ihrem Redakteur Siegfried Aufhäuser trennte, weil dieser sich – in der Sicht des *Aufbau* für einen Juden völlig »unverständlich« (Vol. 10, 1944, No. 19, S. 4, No. 22, S. 4) – im 1942 als Vertretung des deutschen Exils gegründeten »Council for a Democratic Germany« als deutscher Exilpolitiker engagierte, verzichtete man damit keineswegs zugleich auf seine journalistische Mitarbeit. Auch nach dem Abschied aus der Redaktion war Aufhäuser vielmehr mit Artikeln, Interviews und vor allem mit seiner Kolumne »Review of Labor« nach wie vor als Autor im *Aufbau* vertreten.

Die liberale Offenheit gegenüber allen potentiellen deutschsprachigen Autoren und die Toleranz und Konzilianz im Umgang mit dem politischen Gegner waren ganz sicher entscheidende Ursachen für die Vielfalt in den Spalten des *Aufbau*. In der 64seitigen Geburtstagsausgabe zum 10jährigen Jubiläum der Zeitschrift gratulierten im Dezember 1944 Zionisten und Parteikommunisten, deutsche Wissenschaftler und amerikanische Politiker, Literaten und Theaterleute, Juden und Nicht-Juden, Exilpolitiker und Emigranten aller Couleurs. Renommierte amerikanische Journalisten, Minister aus Washington und eine Grußadresse von Präsident Roosevelt attestierten dem *Aufbau* als dem »meist zitierten fremdsprachigen Blatt« in der amerikanischen Tagespresse (Vol. 10, 1944, No. 51, S. 18) einen beachtlichen Stellenwert im öffentlichen Leben der USA. Eine bunt zusammengewürfelte Schar von Einwanderern und Emigranten bestätigte ihn als Sammelpunkt für »alle fortschrittlichen deutschsprachigen (Elemente)« in den Vereinigten Staaten (Vol. 7, 1941, No. 49, S. 19).

Der *Aufbau* war eben beides: Orientierungshilfe für die einen, die mit ihm Amerikaner werden wollten, aber auch Halt für die anderen, die auf den Augenblick der Rückkehr warteten; eine deutschsprachige amerikanische Zeitung und doch zugleich auch ein Spiegel der öffentlichen Meinung im Lager der deutschen Emigranten während des Krieges. Nirgendwo sonst gab es ein vergleichbar reiches Spektrum der Positionen und Anschauungen, und es war der besondere Stolz des *Aufbau*, dem »Ungeist« eines »bankrotten Europa« ein wahrhaft liberales Forum entgegengesetzt zu haben, das »auf derselben Seite (...) Probleme« von den unterschiedlichsten Standpunkten aus »sachlich diskutiert« (Vol. 8, 1942, No. 18, S. 4, No. 28, S. 19).

Aber nicht nur seine Themen-Offenheit und sein Meinungspluralismus machten den *Aufbau* zu einer attraktiven Zeitung; sein einzigartiger Erfolg hatte auch ganz konkrete inhaltliche Gründe. Das bunte Kaufhaus der Leitartikel, Anzeigen, Ratschläge, Gedichte und Erzählungen wurde zusammengehalten und getragen von drei »Botschaften«.

1. »*Neue Welt – Neues Leben*« (Vol. 6, 1940, No. 20, S. 13)

Von den 180 000 Deutschen, die nach 1933 in die Vereinigten Staaten flüchteten, waren – nach einer Mitteilung des *Aufbau* (Vol. 11, 1945, No. 8, S. 3) – 178 000 Juden. Auch wenn diese Angaben nicht bis ins Detail stimmen sollten, war die Zahl der nichtjüdischen Vertriebenen in jedem Fall verschwindend gering. Die große Mehrzahl der deutschen Juden aber konnte sich angesichts der Hitler-Greuel eine Rückkehr nach Deutschland nicht vorstellen. Hans Sahl versuchte im *Auf-*

bau, diese bittere und verzweifelte Situation in einem kleinen Gedicht auszudrücken (Vol. 10, 1944, No. 40, S. 20):

> Du sollst Dein Herz nicht an Verlorenes hängen,
> Nicht lieben sollst Du, was Dich gehen hieß,
> Vergiß die Bilder, die Dich nachts bedrängen,
> Vergiß die Hand, die Dich ins Leere stieß (...)

Allen, die sich so »ins Leere« gestoßen sahen, machte der *Aufbau* das Angebot einer neuen Selbstfindung. Er reaktivierte jüdisches Bewußtsein und öffnete den Blick für ein neues Leben in der Neuen Welt. Damit setzte er an die Stelle der bloßen Trauer den Glauben an die Möglichkeit, die Schrecken der Vergangenheit in einer neuen und anderen Zukunft zu überwinden.

2. *»Die Zukunft suchen, ohne die Vergangenheit zu hassen«* (Vol. 6, 1940, No. 15, S. 4)

In seinem Bekenntnis zu einem Neubeginn vermied der *Aufbau* freilich jede Radikalität. Zwar sagte er sich von Deutschland als politischer Heimat mit Entschiedenheit los, verleugnete jedoch zugleich keineswegs die eigenen geistigen Traditionen. Man »kann seine Herkunft nicht abtun wie einen beschmutzten Rock«, konstatierte der *Aufbau* lapidar (Vol. 11, 1945, No. 20, S. 4) und verurteilte die Ablehnung der deutschen Sprache durch zionistische Extremisten in Palästina als »Narrentum umgekehrten Nazigeistes« (Vol. 10, 1944, No. 2, S. 4).

Für den *Aufbau* war das Festhalten an der deutschen Sprache geradezu ein Symbol für das, was aus der Vergangenheit bewahrt und in die Zukunft eingebracht werden sollte. Nur in der deutschen Sprache konnten sich nach seiner Meinung seine Autoren und Leser angemessen und differenziert verständigen: Es gibt »sehr notwendige und wichtige Dinge, die vielen Menschen nur in der Sprache nahe gebracht werden können, in der sie aufgewachsen sind und in der sie denken« (Vol. 7, 1941, No. 51, S. 4). Nur die deutsche Sprache sicherte darüber hinaus nach der politischen und geographischen Trennung von Deutschland sozusagen den eigenen Boden. In ihr lebte die Kultur- und Geistesgeschichte, der man sie verdankte. Sie war der einzig verbliebene Garant für die eigene Geschichte.

Eine *amerikanisch* gemachte Zeitung in *deutscher* Sprache – in dieser Formel scheint der vom *Aufbau* gesuchte und propagierte »Mittelweg« (Vol. 6, 1940, No. 15, S. 4) zwischen der Hoffnung auf eine neue gesellschaftliche Heimat und der Bewahrung der eigenen kulturellen Geschichte angedeutet. Max Horkheimers Lob »der sorgsamen Pflege der deutschen Sprache« im *Aufbau* trifft mithin durchaus einen Lebensnerv dieser Zeitung: »Die Bewahrung des deutschen Wortes, die der *Aufbau* zu seiner Sache gemacht hat, enthält eine Hoffnung: daß der ins Wort versenkte Geist nicht ganz zerfällt.« (Vol. 11, 1945, No. 1, S. 3).

3. »*Neues Licht aus den eigenen Reihen*« (Vol. 6, 1940, No. 39, S. 8)

Für die in die USA flüchtenden Juden gab es Gründe genug, verzweifelt zu sein. Sie hatten alles verloren, ihre Zukunft in Amerika war ungewiß und im Blick zurück nach Europa mußten sie ohnmächtig und machtlos der Vernichtung ihrer Freunde und Verwandten zusehen. Der *Aufbau* begegnete all dem nicht mit Haßtiraden, Verzweiflungsausbrüchen oder intellektuellen Analysen und Rationalisierungsversuchen. Sein Credo war vielmehr ein Optimismus trotz allem. So sehr er sich verpflichtet fühlte, die Schrecken der nationalsozialistischen Konzentrationslager zu dokumentieren, war er doch zugleich geradezu ängstlich darum besorgt, mit solchen Meldungen die *Aufbau*-Leser nicht zu entmutigen. Die Nachrichten aus Deutschland wurden nie ausgeschlachtet, eher umgekehrt behutsam verpackt. Bezeichnend scheint in diesem Zusammenhang der Leserbrief eines Rabbiners an den Chefredakteur, dieser fühle sich offenbar verpflichtet, sich »von Zeit zu Zeit (...) für die Fülle der grauenhaften Nachrichten, die Sie im *Aufbau* bringen«, zu entschuldigen (Vol. 8, 1942, No. 49, S. 9).

Der *Aufbau* wollte den Tod in Europa eben nicht nur hilflos beklagen, sondern ihm ein ebenso mutiges wie optimistisches Ja zum Leben entgegensetzen. Carl Zuckmayers Aufruf an die *Aufbau*-Leser »Kämpft, indem ihr nicht aufgebt zu leben« (Vol. 8, 1942, No. 12, S. 3), ist die vielleicht treffendste Schlagzeile für das wichtigste Anliegen des *Aufbau:* Nicht durch scharfe Kritik Hoffnungen zu zerstören, sondern umgekehrt durch Mutmachen zum Leben aufzubauen, nicht im Grübeln über das furchtbare Geschehen in Europa sich zu verlieren und pessimistisch aufzugeben, sondern zu glauben an »neues Licht aus den eigenen Reihen« (Vol. 6, 1940, No. 39, S. 8).

Weil er den Weg zeigte für ein neues Leben in einer neuen Welt, weil er versuchte, bei diesem Weg in die Zukunft die geistigen Wurzeln der eigenen Herkunft und Geschichte zu bewahren, weil er in einer Zeit schlimmster Bedrängnis auf dem Mut zum Leben bestand, vermittelte der *Aufbau* auch über seine Eigenschaft als praktischer Ratgeber für die kleinen Schwierigkeiten des Alltags hinaus in einem ganz umfassenden Sinn Orientierungshilfen beim Versuch zu überleben. Er reagierte als Zeitung auf die kleinen und großen Sorgen seiner Leser und gab ihnen damit im Niemandsland zwischen der verlorenen Vergangenheit und der noch nicht gewonnenen Zukunft ein Gefühl der Zusammengehörigkeit. Der unpolitischen jüdischen Emigration gelang damit, was das politische Exil zwar oft ersehnte, aber im intransigenten Beharren auf den jeweils eigenen Positionen nicht erreichte: sich in *einer* Zeitung zusammenzuschließen und sich mit und in ihr als Schicksalsgemeinschaft zu solidarisieren.

Wie nur wenige Zeitungen der Emigration hatte der *Aufbau* in der Tat ein Publikum. Anders als die vielen Protokolle zum politischen Selbstverständnis von Parteien und Parteigruppierungen war er eine journalistische Antwort auf die vielfältigen Bedürfnisse einer Lesergemeinde. Und nicht zuletzt dieses im Vergleich zur übrigen Exilpresse geradezu »normale« Wechselspiel zwischen einem journalistischen Angebot und einer öffentlichen Nachfrage machten den *Aufbau* zu einer wirklichen Zeitung. Charakteristischerweise und in Übereinstimmung mit seinem Selbstverständnis als einem Blatt deutschjüdischer Einwanderer bedeutete das Ende des Krieges keineswegs das Ende seiner Existenz. Noch 1960 lag die Auflage des New Yorker *Aufbau* bei 30 000 Exemplaren; erst heute, da seine ersten Leser zumeist nicht mehr leben und deren zweite und dritte Generation die Integration in die USA vollzogen haben, erwägt er, zum 50. Geburtstag 1984 sein Erscheinen einzustellen.

Der Glücksfall *Aufbau* hatte viele Voraussetzungen. Die besondere Situation der unpolitischen jüdischen Massenemigration aus Mitteleuropa, die spezifischen Verhältnisse in den Vereinigten Staaten. Eine nicht zu unterschätzende war, daß er einen journalistischen Gestalter fand wie Manfred George. Keineswegs ein brillanter Autor, war er in jedem Fall ein leidenschaftlicher Journalist und genialer Zeitungsmacher, der – dem eigenen Handwerk verfallen wie »sonst nur noch der Schauspieler der Bühne« – darum betete, »lieber zwischen Depeschenhaufen und beim Geläute der Telefone zu sterben als im ruhigen Bett« (Vol. 10, 1944, No. 51, S. 17).

Manfred George steckte den *Aufbau* nicht in die Zwangsjacke einer Doktrin. Bei aller Bindung an ein Grundkonzept interessierte ihn ebenso der wechselnde Trend des Tags. Was er wollte und erreichte, war: anzukommen bei seinen Lesern. Nicht auf der Suche nach einer »reinen Lehre«, bewies er Gespür für das im Augenblick Richtige, war er ein Seismograph der Wahrheit in der Aktualität.

Neben Hermann Budzislawski gehört Manfred George zu den wenigen, die in der Emigration eine bemerkenswerte journalistische Karriere gemacht haben. Er war die große Integrationsfigur, die auch Widersprüche und Gegensätze zu einer Einheit zu verschmelzen verstand. Was Egon Erwin Kisch in seinem Glückwunsch zum 10jährigen Jubiläum am *Aufbau* pries, war nicht zuletzt das Verdienst des Mannes, der diese Zeitschrift zum Mittelpunkt seines Lebens gemacht hatte und den Freunde scherzhaft »Mr. Aufbau« nannten: »Der *Aufbau* ist noch besser geworden, als ich es erhoffte. Denn ich konnte mir nicht vorstellen, daß die Unterschiede der Meinungen und Niveaus, die in einer nicht politischen Emigration bestehen müssen, so brillant überbrückt werden könnten.« (Vol. 10, 1944, No. 52, S. 24).

---

1 Die in der Exilforschung vorherrschende Neigung, Fakten zu sichern und gleichsam objektiv zu diskutieren, hat bisher eine Auseinandersetzung mit den im Umkreis der Emigration entwickelten oder auch verpaßten Konzepten weitgehend verhindert. Darauf hat besonders Joachim Radkau in seinem Aufsatz »Das Elend deutscher Exilpolitik 1933–1945 als Spiegel von Defiziten der politischen Kultur« hingewiesen: »Die Erforschung des Exils sollte mehr als bisher unter dem Blickwinkel ungenutzter Chancen erfolgen; wie wenige andere Stoffe der Geschichte ist die Materie des Exils so geartet, daß sie als pure Faktizität in einen Wust wenig zusammenhängender Einzelheiten zerfällt, während sie als unerfüllte Möglichkeit, als verdrängte Alternative durchgehende Leitmotive – mögen sie auch nur in Fehlanzeigen bestehen – und Bedeutungsebenen bekommt ... man braucht ... Modelle über die Möglichkeiten einer Emigration und über die Erfordernisse sinnvoller Exilpolitik,

um vielen einzelnen Episoden und Selbstzeugnissen des Exils ihre Bedeutung und Aussagekraft zu geben – wenn nicht im Positiven, so im Negativen.« Horst Schallenberger und Helmut Schrey (Hg.): *Im Gegenstrom*. Wuppertal 1977, S. 113 f. — **2** Ungezeichneter Brief Cambridge Mass. vom 21. 4. 1946, Institut für Zeitgeschichte München, Archiv-Nr. 4549/71; Fb. 200/1. — **3** Die hier erstmals veröffentlichten Texte gehören zum Projekt der Autorin, alle Zeitungen und Zeitschriften des deutschen Exils von 1933 bis 1945 in Einzelcharakteristiken darzustellen. Sie sollen als 4. Band das *Handbuch der deutschen Exilpresse* abschließen. Sein bibliographischer Teil liegt bereits vor: L. M. *Handbuch der deutschen Exilpresse 1933–1945*. München 1976 ff. — **4** Kurt Tucholsky, *Politische Briefe*. Zusammengestellt von Fritz J. Raddatz. Reinbek 1969. Rowohlt Taschenbuch, S. 101. — **5** Der Auflagenrückgang der Zeitschrift veranlaßte Edith Jacobsohn, die Witwe Siegfried Jacobsohns, den Redakteur Willi Schlamm durch Hermann Budzislawski zu ersetzen (Horst Eckert: *Die Beiträge der deutschen emigrierten Schriftsteller in der Neuen Weltbühne von 1934–1939*. Phil. Diss. Berlin/DDR: Humboldt Universität, 1962, S. 9). Da Frau Jacobsohn nicht Allein-, sondern nur Mitbesitzerin der Neuen Weltbühne war, kam es zu Auseinandersetzungen mit ihrem Geschäftspartner, dem Wiener Fabrikanten Dr. Hans Heller, der mit Schlamm befreundet war und diesen halten wollte. Da das nicht gelang, verkaufte Heller seine Anteile an den Besitzer des Simplicus, Dr. Hans Nathan. Dessen Freund, ein Dr. Stein, erwarb wenig später, im Sommer 1934, die Anteile von Frau Jacobsohn (schriftl. Mitteilung von Heinz Pol, 23. 2. 1971), so daß nun Nathan und Stein Besitzer der Zeitschrift waren. Ab Mai 1935 wurde Budzislawski im Impressum der Zeitschrift als Herausgeber genannt und nach Meinung Heinz Pols war er »von 1936 an ... mehr oder minder legal auch der Besitzer«. Wieweit zumindest Nathan weiter an der Neuen Weltbühne beteiligt war, ist unklar; sein Simpl-Verlag existierte jedenfalls auch nach Einstellung der Zeitschriften Simplicus und Simpl weiter und stand mit dem Verlag der Neuen Weltbühne in enger Verbindung: Bücher des Simpl-Verlages konnten über den Zeitschriftenverlag bezogen werden (Anzeige in der Neuen Weltbühne, 1937, Nr. 11). — **6** Die Behauptung, Budzislawski habe Die Neue Weltbühne der KPD zugespielt, findet sich in zahlreichen westlichen Publikationen. Ein Beispiel von vielen sind die Kommentare des Herausgebers zu Kurt Tucholskys *Politischen Briefen* (a. a. O., S. 133). Bei der generellen Nähe der Position von Budzislawski zur Politik der KPD lag und liegt der schwer beweisbare Verdacht, der zweite Redakteur der Neuen Weltbühne sei »ein Beauftragter« der Kommunistischen Partei gewesen (schriftl. Mitteilung von Heinz Pol, 3. 12. 1969), offensichtlich zu nah. Kaum mehr nachvollziehbar scheint freilich der Versuch, gerade mit der unorthodoxen Diskussion der Einheitsfrontfrage und sogar mit der unerbittlichen Kritik am deutsch-sowjetischen Nichtangriffspakt zu belegen, Die neue Weltbühne sei ein getarntes KP-Organ gewesen (Hans-Albert Walter, *Deutsche Exilliteratur 1933–1950*. Bd. IV: *Exilpressse*. Stuttgart 1978, S. 69 ff.). Es ist hier sehr viel mehr Joachim Radkau zuzustimmen, der ironisch anmerkt, daß Budzislawski nach seiner Kritik am Nichtangriffspakt »vermutlich gut daran (tat), nicht in die Sowjetunion, sondern in die USA zu emigrieren« (Joachim Radkau, *Die deutsche Emigration in den USA*. Düsseldorf 1971, S. 71 f.). — **7** Ohne die Papierrationierung in den Kriegsjahren wäre die Auflage sicher noch weiter gestiegen. Die Nachfrage war jedenfalls größer als das Angebot. So erwarben z. B. mehrere New Yorker Kioske Aufbau-Exemplare von ihren Lesern zurück, um sie an neue Interessenten weiterzuverkaufen. (Mitteilung von Willi Schaber, 31. Mai 1983).

Gilbert Badia und René Geoffroy

Ernst Glaeser, ein Antisemit?

Eine kritische Untersuchung des in der Emigration gegen Ernst Glaeser erhobenen Vorwurfs des Antisemitismus[1]

Kann man als Emigrant/Exilierter/Verbannter vom »infamen jüdischen Cliquen-Wesen« sprechen und kein Antisemit und ein Antifaschist sein? Man kann. Thomas Mann, der sich dieser Termini in seinen Tagebüchern (1937–1939) bedient hat, ist hierfür das eklatanteste Beispiel. Was im Fall Thomas Manns gilt, muß jedoch nicht zur Regel erhoben werden. So kann denn auch eine »unfreundliche Haltung«(!) Juden gegenüber oder die einfache Differenzierung zwischen Judenverfolgung und Verfolgung politischer Gegner – ohne Antifaschismus ausdrücklich auszuschließen – in Grenzfällen zum unfreiwilligen Ausdruck eines latent vorhandenen antisemitischen Vorurteils werden.

Auf der anderen Seite impliziert deutscher Nationalismus – selbst in extremer Form – keineswegs notwendig Antisemitismus. Antisemitismus war lediglich eine der Komponenten der nationalsozialistischen »Ideologie« und selbst innerhalb der nationalsozialistischen »Bewegung« und ihres Sympathisantenkreises in unterschiedlich starkem Maße vertreten. Allein diese Umstände verdeutlichen, wie facettenreich das »Problem« Antisemitismus ist. Im nachfolgenden Beitrag werden von den Verfassern Aspekte dieses Komplexes anhand des »Falles Ernst Glaeser« beleuchtet – Aspekte, die auf eine deutsche Problematik hinweisen, die über diesen Einzelfall hinausreicht. »Es ist besser aussichtslos zu kämpfen und zu leiden, als mitverantwortlich für das zu werden, was sich über euren Köpfen ... zusammenzieht.« Diese Zeilen stammen aus dem Roman *Das Gut im Elsaß*[2], den Ernst Glaeser 1932 veröffentlichte. Wer den Lebensweg dieses Schriftstellers kennt, der weiß, daß er dieser Maxime nicht gerecht wurde. So besteht dann auch die Tragik des Menschen Ernst Glaeser in seiner Unfähigkeit, den humanistischen Idealen treu zu bleiben, die der Schriftsteller Ernst Glaeser in seiner literarischen Produktion stets beschwor und gestaltete. Vermutlich war er sich selbst dieser Diskrepanz sogar bewußt. Man beachte nur, mit welcher Beharrlichkeit er immer wieder die stark autobiographische Hauptfigur seiner drei, in der Weimarer Republik verfaßten, Romane[3] mit den Attributen der Schwäche, der Standortlosigkeit, ja der Feigheit ausstattete.

Die Literaturgeschichte hat sich mit dem »Fall Ernst Glaeser« bisher wenig beschäftigt[4]. Dasselbe gilt für die Exilforschung. Dies ist um so erstaunlicher, als dieser Fall doch wohl zu den psychologisch interessantesten in der Geschichte des deutschsprachigen Exils zwischen 1933 und 1945 gehört. Ein breiteres Echo fand der »Fall Ernst Glaeser« in den Memoiren und Briefveröffentlichungen von Emigranten, in kritischen Zeitungs- und Zeitschriftenartikeln aus den Jahren 1945 bis

1963, in literaturhistorischen Abhandlungen, Schriftstellerlexika und dgl. Doch gerade diese Quellen sind bis auf wenige Ausnahmen wenig brauchbar für den Versuch einer Rekonstruktion der Entwicklung, die Ernst Glaeser von 1933 bis 1945 durchlief. Da tritt an die Stelle einer nüchternen Tatbestandsaufnahme Polemik, emotional bedingte »Abrechnung« mit dem »Volksverräter«[5] oder dem »schwarzen Schaf«[6]. Da wird nachträglich gedeutet und interpretiert, Geschichte um- bzw. neugeschrieben, werden Zusammenhänge geschaffen, die nie bestanden, da werden Behauptungen aufgestellt und die Beweise nicht geliefert, da tritt an die Stelle von Fakten das Gerücht, das jeder sicheren Grundlage entbehrt. Da wird letztendlich von dem einen ungeprüft übernommen, was der andere schon ungeprüft niederschrieb... Schon in den elementarsten Detailfragen widerspricht man sich. Für die meisten Autoren kehrte Ernst Glaeser 1938 aus der Emigration ins nationalsozialistische Deutschland zurück, für andere wieder erst zwei Jahre später[7]. Nach dem französischen Standardwerk, dem *Larousse Encyclopédique du XXème siècle* emigrierte er nach Frankreich. Auf der Buchklappe einer französischen Ausgabe des Romans *Frieden*[8] wird er schon im Jahre 1954 zu Grabe getragen. Im Lexikon deutschsprachiger Schriftsteller taucht eine Verfilmung seines Romans *Jahrgang 1902* auf, und Glaesers »Distanz zum Marxismus«[9] soll schon in der Bilddokumentation *Der Staat ohne Arbeitslose*[10] – für die er lediglich ein Vorwort, und dieses noch zusammen mit F. C. Weiskopf, schrieb – »sichtbar« gewesen sein. Jürgen Rühle[11] führt ihn als Teilnehmer des »Ersten Schriftstellerkongresses zur Verteidigung der Kultur« 1935 in Paris auf...

Bevor wir anhand eines Beispiels zeigen werden, wie leichtfertig konstruiert einige der gegen Glaeser im Zusammenhang mit seiner Rückkehr nach Deutschland erhobenen Vorwürfe sind, möchten wir zur Korrektur der in der Sekundärliteratur häufig auftretenden Fehlinformationen einen kurzen biographischen Abriß der Entwicklung des Schriftstellers zwischen 1933 und 1945 geben. »Vom Untergang Deutschlands überzeugt«[12] und ausgestattet mit einem bis Juni 1937 gültigen Reisepaß verläßt Ernst Glaeser im Dezember 1933 Deutschland. Die Tschechoslowakei wird für viereinhalb Monate die erste Station seines Exils (Hronov, Schwarzschlagbaude, Prag). Ende April 1934 siedelt er in die Schweiz um und läßt sich dort zuerst in Locarno und dann im Oktober 1935 in Zürich nieder. Er gehört hier zu den wenigen Exilierten, die eine Arbeitserlaubnis erhielten. Noch im selben Jahr erscheint sein Roman *Der letzte Zivilist*[13], eine beeindruckende und psychologisch tiefsinnige Schilderung der Taktik, derer sich die Nationalsozialisten bedienten, um in einer kleinen Stadt an die Macht zu gelangen. Ab 1935/36 distanziert sich Ernst Glaeser, der sich selber übrigens nie als Emigrant betrachtete, in zunehmendem Maße vom antifaschistischen Engagement der literarischen Emigration. Er lehnt die Mitarbeit an Exilpublikationen sowie die Aufnahme in die »Deutsche Akademie zu New York« ab und versteigt sich immer mehr in ein von Resignation und Heimweh geprägtes regressives Deutschlandbild, das auch sein weiteres literarisches Schaffen prägte[14]. Ein Deutschland der glücklichen Kindheitserinnerungen und der »ewigen Werte« stellt er von nun an dem »Deutschlandhaß« der Emigranten sowie den »Fanfaren« und der »Hybris« des Nationalsozialismus entgegen. Davon überzeugt, daß sich die Lage in Deutschland zu normalisieren beginne und der Nationalsozialismus in eine Phase der Humanisierung eingetreten sei, fängt er an, an die Möglichkeit eines integren Wirkens als Schriftsteller im nationalsozialistischen Deutschland zu glauben. Die Existenz von Schriftstellern wie Hans Carossa, Hans Löscher und Gerhart Pohl – die Stillen im Land, wie er sie nennt – bestärkt ihn in seiner Vorstellung. Im September 1936 wird Ernst Glaeser im Deutschen Generalkonsulat in Zürich vorstellig, das schon einen Monat später dem Auswärtigen Amt in Berlin melden kann, Glaeser hege den Wunsch, nach Deutschland zurückzukehren[15]. Bei den zuständigen Behörden des Dritten Reiches, die gerade damit beschäftigt waren, die Ausbürgerung des Schriftstellers zu betreiben, löst diese Nachricht zuerst Skepsis aus. Man verharrt zunächst in einer abwartenden Haltung, bedacht, die weitere Entwicklung des Falles zu verfolgen. Die Ausbürgerung Glaesers wird jedoch zurückgestellt und sein Reisepaß verlängert. Versuche aus den Kreisen des S. Fischer (Berlin) und des Eher Verlages, Glaeser im Februar und im April 1938 für eine von Deutschland aus finanzierte und gegen die Emigration gerichtete Zeitschrift zu gewinnen, scheitern an dessen Weigerung[16]. Welches Ausmaß jedoch die politische Verwirrung des Schriftstellers inzwischen schon angenommen hatte, verdeutlicht dessen Teilnahme an der »Volksabstimmung über den Anschluß Österreichs«, die er – auf die Ideale der bürgerlichen Revolution von 1848 hinweisend – mit Begeisterung begrüßt[17]. Doch selbst dieser Akt scheint den Behörden im Dritten Reich als Loyalitätsbekundung nicht genügt zu haben. Sie zögern ihr Einverständnis weiter hinaus und zwingen Glaeser, dessen politische und wirtschaftliche Lage in der Schweiz sich zunehmend verschlechtert, zu weiterreichenden Schritten. Am 2. März 1939 übermittelt das deutsche Generalkonsulat dem Auswärtigen Amt einen Antrag Glaesers auf Einstellung als Freiwilliger in die Wehrmacht. Drei Wochen später meldet das Reichsministerium des Innern, daß »gegen die Rückkehr Ernst Glaesers in das Reichsgebiet keine Bedenken bestehen«[18]. Der Autor des *Letzten Zivilisten* verläßt die Schweiz am 1. April 1939 und zieht zuerst nach Darmstadt, dann nach Heidelberg um. Vom Reichsministerium für Volksaufklärung und Propaganda erhält er zunächst eine befristete Genehmigung zur »Veröffentlichung literarischer Arbeiten in der Presse«[19]. Seine Aufnahme in die Reichsschrifttumskammer wird vom Erscheinen eines gegen die Emigration gerichteten Romans abhängig gemacht, den Glaeser schon in der Schweiz den Behörden versprach, jedoch niemals schrieb bzw. veröffentlichte. Im Dezember 1942 wird die befristete Veröffentlichungsgenehmigung auf »Weisung des Führers« zurückgezogen[20]. Zu diesem Zeitpunkt war Ernst Glaeser jedoch schon Kriegsberichterstatter der deutschen Wehrmacht. Er war Ende 1940 einberufen, zum Funker ausgebildet und zunächst als Lastkraftwagenfahrer nach Brüssel abkommandiert worden. Im Juni 1941 hatte er sich bereit erklärt, die Funktion eines stellvertretenden Hauptschriftleiters bei der »Luftflottenfrontzeitung« *Adler im Osten*, die den faschistischen Überfall auf die Sowjetunion propagandistisch begleitete, zu übernehmen. Ab Januar 1942 und bis zum Zusammenbruch der deutschen Wehrmacht in Italien, bekleidete er dieselbe Funktion bei der Luftwaffenzeitung *Adler im Süden*. Diese von Ernst Glaeser zwischen 1933 und 1939 durchlebte Wandlung, die wir hier nur schematisch andeuten konnten, muß keineswegs eine Bekehrung des Autors zur Ideologie des Nationalsozialismus implizieren. So besteht denn auch, unserer Auffassung nach, die »Ungeheuerlichkeit« des Falles Glaeser weniger in der Tatsache, daß er sich weigerte, am antifaschistischen Kampf der politischen Emigration teilzunehmen und auch nicht darin, daß er ins nationalsozialistische Deutschland zurückkehrte, sondern im Preis, den er bereit war zu zahlen, um sich die Rückkehr nach Deutschland zu erkaufen, in seiner Bereitschaft, die Bedingungen zu erfüllen, von denen die Behörden im Dritten Reich ihr Einverständnis abhängig machten, und vor allem darin, daß er sich in eine ausweglose Situation hineinmanövrieren ließ, die ihn schließlich zum Gehilfen der nationalsozialistischen Propaganda degradierte.

Alle darüber hinausgehenden Anschuldigungen gehören in den Bereich der Spekulation ... so denn auch der Vorwurf, mit dem wir uns hier befassen wollen, nämlich, Ernst Glaeser habe 1937 die Mitarbeit an der Zeitschrift *Maß und Wert* abgelehnt, weil Juden zu ihren Mitarbeitern zählten.

Die gegen Ernst Glaeser in diesem Zusammenhang erhobene Anschuldigung geht auf eine Notiz zurück, die Joseph Roth im *Neuen Tagebuch* vom 4. September 1937 veröffentlichte und in der es u. a. hieß: »Es wird mir ›vertraulich‹ mitgeteilt, aber ich zögere nicht es publik zu machen, daß ein mittelmäßiger deutscher Schriftsteller, der emigriert ist – ich weiß nicht genau warum – die Mitarbeit an einer neu gegründeten Zeitschrift abgelehnt hat, weil Juden an ihr mitarbeiten.«[21]

Von dieser Notiz angesprochen, protestierte Ernst Glaeser[22] bei Ferdinand Lion[23] und Thomas Mann[24] und forderte von der Redaktion des *Neuen Tagebuchs*, sowie von Joseph Roth eine Richtigstellung. Am 6. November 1937 kam Roth dieser Bitte nach und veröffentlichte im *Neuen Tagebuch* folgenden ironischen »Widerruf«: »In Nr. 36 des NTB habe ich erwähnt, daß ein emigrierter deutscher Schriftsteller die Mitarbeit an einer neuen Zeitschrift abgelehnt hat, weil auch Juden an ihr mitarbeiten. Ernst Glaeser, den ich gemeint hatte, erklärt mir nun, er hätte nicht mit dieser Begründung eine Mitarbeit an jener Zeitschrift abgelehnt. Der Herr, dessen Darstellung der Anlaß meiner Erwähnung war, hat die damalige Version inzwischen berichtigt. Infolge dieser Umstände ziehe ich selbstverständlich meine Bemerkung mit ebensoviel Bedauern wie Freude zurück.«[25]

Joseph Roth sah in dem Sich-betroffen-Fühlen Glaesers eine »Selbst-Denunziation«[26], und diese Einschätzung wird auch noch heute von manchen Autoren geteilt. Selbst der angesehene Literaturkritiker Marcel Reich-Ranicki legte die Notiz Roths in diesem Sinne aus. Dasselbe in einer 1963 erschienenen Rezension des von Glaeser 1960 veröffentlichten Romans *Glanz und Elend der Deutschen*[27] und in einer Besprechung der von Egon Schwarz und Matthias Wegner 1964 herausgebrachten Anthologie *Verbannung – Aufzeichnungen deutscher Schriftsteller im Exil*[28].

Die Tatsache, daß Glaeser überhaupt auf die Ausführungen Roths reagierte, mag sicherlich ungeschickt und unbedacht gewesen sein. Dies verdeutlicht ja allein schon der Umstand, daß Joseph Roth einen »mittelmäßigen Schriftsteller« beschuldigt hatte. Daß er sich jedoch in der Schilderung Roths wiedererkennen mußte, wird nur der in Abrede stellen können, der über die provozierende Zielsicherheit der nur scheinbar so anonym gehaltenen Notiz hinwegsieht. Joseph Roth hatte es nämlich im weiteren Verlauf seiner Anschuldigungen keineswegs versäumt zu präzisieren, daß es sich bei dem Beschuldigten um einen in Zürich lebenden, nichtjüdischen Emigranten handele und somit den Kreis der in Frage kommenden Emigranten von vornherein stark eingeschränkt. Auch scheint es uns keineswegs eine »Selbstdenunziation« zu sein, wenn sich jemand von dem gegen ihn erhobenen Vorwurf des Antisemitismus betroffen fühlt und dagegen öffentlich protestiert bzw. eine Richtigstellung verlangt. Dies trifft um so mehr zu, als Glaeser die Mitarbeit an *Maß und Wert* tatsächlich aus anderen Gründen ablehnte, nicht wegen des ihm zur Last gelegten Antisemitismus. Diese unsere Behauptung möchten wir nun anhand von bisher zum größten Teil unveröffentlichten Materials belegen. Dieses Material – es handelt sich um einen Briefwechsel rund um Glaesers Verhältnis zu *Maß und Wert* sowie um eine Reihe von Berichten, die das Deutsche Generalkonsulat in Zürich für das Auswärtige Amt in Berlin anfertigte – widerlegt nicht nur Joseph Roths Anschuldigung, sondern kennzeichnet auch anschaulich Glaesers politischen Standort im Jahre 1937.

Ernst Glaeser und die Zeitschrift *Maß und Wert*

Mag die Anzahl der Briefe, auf die wir unsere These stützen, auch begrenzt sein – es sind vier[29] – so sind sie doch nicht wenig aufschlußreich. Fast vier Monate vor dem Erscheinen des ersten Heftes der Zeitschrift *Maß und Wert*[30] schrieb Ferdinand Lion am 19. Mai 1937 an Ernst Glaeser[31]. Im einführenden Teil des Schreibens zeigt sich Ferdinand Lion zunächst erstaunt über den »Haß«, den Ernst Glaeser einer »Sache« (gemeint ist *Maß und Wert*) entgegenbringe, die doch noch gar nicht bestände. Er tritt dann der Annahme Glaesers entgegen, daß dessen für *Maß und Wert* geplanter Beitrag aufgrund der Forderung einer »Pariser Emigrantenfront« von Heft 1 auf Heft 2 verlegt worden sei. Abschließend wirft er Glaeser vor, Thomas Mann zu mißtrauen und diesen wie auch ihn mit »Verachtung« und »Haß« zu verfolgen und dies bevor er sich überhaupt von ihren »Absichten« (in Sache »Maß und Wert«) selbst überzeugt habe. Diese Ausführungen gestatten uns mit Sicherheit, den Schluß zu ziehen, daß Glaeser ursprünglich sehr wohl geneigt war, an *Maß und Wert* mitzuarbeiten und dürften auch die Annahme nicht abwegig erscheinen lassen, daß er erst dann, aufgrund einer angeblichen »Konspiration« gegen den Inhalt seines Beitrags, seine Zusage zurückzog. Ganz besonders möchten wir hier schon auf die angesprochene Feindschaft Glaesers gegenüber Thomas Mann hinweisen, die – wie wir noch sehen werden – ein ganz zentrales Element im politischen Selbstverständnis des Emigranten Glaeser darstellt.

Die drei übrigen Briefe sind unmittelbare Reaktionen auf die Notiz Joseph Roths im *Neuen Tagebuch*. Es handelt sich um einen Brief Ferdinand Lions an Joseph Roth vom 8. September 1937[32], um einen Brief Ernst Glaesers an Thomas Mann vom 11. September 1937[33] und dessen Antwort vom 13. September 1937[34].

Von diesen drei Briefen ist sicherlich der an Joseph Roth gerichtete hier am relevantesten. In ihm erfahren wir, daß sowohl Ernst Glaeser wie auch Bernhard von Brentano bei Ferdinand Lion gegen das, was dieser »die aggressive Botschaft« im *Neuen Tagebuch* nennt, protestierten. Nicht wissend – oder dies zumindest vorgebend [35] –, wem dieser Angriff Roths nun eigentlich gelte, nimmt Lion beide Schriftsteller in Schutz und legt deren Einstellung gegenüber *Maß und Wert* dar. Interessant ist in diesem Zusammenhang, daß Lions Darstellung in bezug auf Brentano diesen im Sinne der Rothschen Anschuldigung eher belastet als entlastet und ihn in einem schlechteren Licht erscheinen läßt als Ernst Glaeser. Brentano, so schreibt Lion, habe keineswegs die Mitarbeit an *Maß und Wert* abgelehnt, ja sogar Thomas Mann einen Essay angeboten. Dann jedoch führt er aus, daß Brentano nie »*generell*« etwas gegen Juden gesagt habe und sein Protest sich lediglich gegen einen Artikel Erich von Kahlers in Heft 1 der Zeitschrift richte[36]. Brentano, so Lion, vertrete den Standpunkt, Kahler sei ein »Ausländer«, und diese hätten nicht über »deutsche Dinge« zu schreiben[37].

Glaesers Einstellung betreffend, teilt Lion Roth mit, daß dieser tatsächlich »dauernd nicht mitmachen wolle«[38]. In zwei an ihn gerichteten Briefen habe Glaeser seinen Entschluß begründet. Im ersten mit Kahlers Beitrag, im zweiten »ausschließlich« mit der Furcht, daß *Maß und Wert* kommunistenfreundlich sein oder langsam in diese Richtung abgleiten könnte. Wir wollen uns hier zunächst nur mit der ersten Begründung befassen, weil sie im Sinne der Anschuldigung Roths ausgelegt werden könnte und der Schluß naheliegt, daß Glaeser – sich dessen bewußt – sie dann zugunsten der zweiten fallen ließ. Die zentrale Frage, vor der wir hier stehen, ist, worauf sich Glaesers Abneigung gegenüber Kahlers Artikel in *Maß und Wert* stützt, wobei die Tatsache, ob er zu diesem Zeitpunkt dessen Artikel überhaupt schon kannte, eine untergeordnete Rolle spielt, weil sich seine Ausführungen keineswegs auf den Artikel selbst beziehen müssen, sondern sehr wohl den Umstand betreffen mögen, daß Kahler in *Maß und Wert* überhaupt mit einem Beitrag vertreten sein würde. Worauf also beruht die ablehnende Haltung Glaesers Erich von Kahler gegenüber? Diese Frage könnte eine Antwort erfahren durch eine Mitteilung Golo Manns[39], die besagt, daß Glaeser in einem Brief an Ferdinand Lion[40] die Arbeit an *Maß und Wert* mit der Begründung verweigert habe, daß dort Erich von Kahler mitwirke, (und er) mit dessen »kapitalistisch-jüdischem Geschick«[41] nichts zu tun haben wolle.

Zweifelsohne gehört eine solche Formulierung eher in das Vokabularium eines Nazis als in das des Autors von *Jahrgang 1902*. Auch könnte sie dahingehend interpretiert werden, daß Glaesers Abneigung Kahler gegenüber nicht politisch, nicht sachlich bezogen, sondern »rassisch« bedingt war und somit als Bestätigung für die von Joseph Roth erhobene Anschuldigung dienen. Eine solche Induktion scheint uns jedoch schon deshalb unhaltbar zu sein, weil ein antisemitisch gesinnter Glaeser es schon von vornherein abgelehnt hätte, an einer Zeitschrift mitzuarbeiten, deren Redaktion in den Händen von Ferdinand Lion lag, und die neben Erich von Kahler auch noch andere jüdische Autoren vorsah. In diesem Zusammenhang darf wohl darauf hingewiesen werden, daß Glaeser im antifaschistischen Kampf der Emigration »einen Leerlauf von Haß und Ohnmacht«[42] erblickte, und daß man ihn Anfang 1937 für *Maß und Wert* nur gewinnen konnte, indem man ihm versicherte, die Zeitschrift werde keine »antideutsche« Tendenz haben, sondern im Gegenteil das »wahre und ewige Deutschland« vertreten[43]. Der hieraus ableitbare Schluß, er habe diese Konzeption der Zeitschrift in zunehmendem Maße, u. a. auch durch die Mitarbeit Kahlers, gefährdet gesehen und sei dann letztendlich seiner ursprünglichen Absicht, an keiner Exilpublikation mitzuarbeiten, treu geblieben, scheint uns wesentlich realistischer zu sein, als alle anderen Erwägungen. Auch sollte man keineswegs vergessen, daß Glaeser zu dieser Zeit das Deutsche Generalkonsulat in Zürich schon davon in Kenntnis gesetzt hatte, daß er nach Deutschland zurückkehren wolle, und daß das 1936 gegen ihn eingeleitete Ausbürgerungsverfahren lediglich zurückgestellt worden war. Eine Mitarbeit von *Maß und Wert*, also an einer Exil-Zeitschrift, die nun doch wesentlich »politischer« gewesen wäre als Glaeser dies ursprünglich glaubte, wäre der Niederschlagung seiner Ausbürgerung sicherlich nicht dienlich gewesen und hätte auch seine Aussichten, nach Deutschland zurückkehren zu dürfen, geschmälert. Derlei Erwägungen werden möglicherweise bei Glaesers Weigerung, an *Maß und Wert* mitzuarbeiten, auch eine Rolle gespielt haben. Daß neben der politischen Abneigung Glaesers Erich von Kahler gegenüber auch die gegenüber Thomas Mann verspürte eine wesentliche Rolle spielte, haben wir bereits erwähnt. Ein Brief Glaesers an Thomas Mann vom 11. September 1937 läßt darüber kaum einen Zweifel bestehen:

Ernst Glaeser   Zürich, Hofstraße 12
                                                                                                                       11. 9. 37

Sehr verehrter Herr Thomas Mann,
      bitte entschuldigen Sie, dass ich Ihnen mit der Maschine schreibe.
      Aber ich möchte von diesem Brief eine Copie zurückbehalten.
      Im vorletzten NEUEN TAGEBUCH hat Joseph Roth in unrühmlicher, versteckter Form einen Angriff gegen mich unternommen. Ich weiss nicht, ob Sie die Zeilen gelesen haben. Dem Dichter der »Lotte in Weimar« wünschte ich auch eine andere Lektüre.

Leider geht Sie, als Herausgeber von MAASS und WERT der Angriff doch etwas an. Herr Roth besitzt die Unritterlichkeit, keinen Namen zu nennen. Er lässt die Deutung offen, ob Brentano oder ich gemeint sei. Das Motiv jedoch, das er unterschiebt, ist böse und hässlich. Es passt in seiner Anwendung genau in diese verlotterte Zeit. Er nennt mich abschätzig »blond«. Das ist der Deutschenhass par excellence. Das ist umgekehrte Stürmermentalität.

Sie wissen, dass das Motiv meiner Absage ein rein politisches war. Ich verehre Sie als grossen Schriftsteller, als den Dichter der letzten bürgerlichen Legende, aber ich habe doch wohl das Recht, Ihre Politik höflich abzulehnen. Es liegt mir fern mit Ihnen über diese Ihre Politik zu rechten, aber eine Zeitschrift ist eine Gesinnungsgemeinschaft, und ich teile nicht Ihre Gesinnung gegenüber der Münzenbergschen Volksfront, gegenüber dem Moskauer WORT, und auch nicht gegenüber Valencia.

Ich habe das in privaten Briefen an Herrn Lion ausgesagt. Ich habe das nicht publiziert, obwohl es mir ein Leichtes gewesen wäre. Herr Roth trägt nun den Fall unter falscher Flagge in die Oeffentlichkeit, dazu noch unter der Pestflagge der Feigheit. Was ist das für eine Humanität, die das Wort »blond« wie Herr Roth benutzt? Würde ich Herrn Roths Glosse in der Schweiz und in Frankreich veröffentlichen und nur leicht kommentieren, so wäre, abgesehen von seiner Unwahrheit, auch sein Deutschenhass evident. Er stände für eine ganze Schicht der Emigration, die, gelinde gesagt, an Beziehungswahn leidet.

Ich werde, nachdem Herr Lion freundlicherweise und sehr ritterlich, Roth brieflich zur Ordnung gerufen hat, vorläufig davon absehen. Sie bitte ich, den Fall mit der Ihnen eignen Würde zu lösen. Sie werden mich begreifen: gegen Unwahrheit und Verleumdung wappnet sich schliesslich auch das geduldigste Herz.

Ihr sehr ergebener

Dieser Brief sprengt den Rahmen der Diskussion über die Gründe der Absage Glaesers an *Maß und Wert*. Indem Glaeser hier zusammenfaßt, was seiner Meinung nach die Gesinnung Thomas Manns, die er nicht teilen könne, ausmacht, liefert er uns zugleich eine Selbstbeschreibung seines damaligen politischen Standortes. So dokumentiert denn auch dieser Brief seine Wandlung vom engagierten Sozialisten der Weimarer Republik zum Volksfrontgegner und vehementen Antikommunisten. Thomas Manns Antwort vom 13. September 1937 entlastet Glaeser in bezug auf die Anschuldigung Roths, entbehrt jedoch nicht eines ironischen Untertons. Er, so Thomas Mann, bedauere die Klatschereien und Reibereien innerhalb der Emigration. Über die Äußerung Roths habe er nur den Kopf schütteln können, denn es sei ihm bekannt, daß Glaeser die Mitarbeit an *Maß und Wert* nicht verweigert habe, weil daran Juden mitarbeiteten; ihn habe das gehindert, was Glaeser seine politische Entwicklung nenne. Sollte er sich mit dem Brief Ferdinand Lions an Joseph Roth nicht zufrieden geben, so könne er sich ja überlegen, ob er gegen die Unterstellung vorgehen und feststellen wolle, daß er nichts gegen jüdische Mitarbeit habe, sondern gegen die Gesinnung Thomas Manns sei (!). Er, der an Schlimmeres gewöhnt sei, würde »dergleichen mit Stillschweigen übergehen«.

Obwohl mit der »Affäre« um die Zeitschrift *Maß und Wert* nicht direkt in Zusammenhang stehend, sei hier noch ein Brief erwähnt, den Else Lasker-Schüler am 5. Juni 1937 aus Jerusalem an Ernst Glaeser schrieb[44], um ihm für einen Beitrag[45] zu danken, den er über eines ihrer »Bücher«[46] veröffentlicht hatte. In ihm heißt es u. a.: »Was ich ja so hoch schätze an Ihrer Kritik ist, daß Sie zu dieser Zeit des Judenhasses mein Buch besprachen.« Auch dieser Brief beweist, daß man sich hüten sollte, voreilig aus dem antikommunistischen Emigranten Glaeser auch noch einen antisemitischen zu machen.

Die Berichterstattung des Deutschen Generalkonsulats in Zürich

Zwischen dem 26. September 1937[47] und dem 29. März 1939[48] erstellte das Deutsche Generalkonsulat in Zürich nicht minder als 14, zum Teil mehrseitige, Berichte über das Verhalten Glaesers im schweizerischen Exil. Bei der überwiegenden Zahl dieser Berichte handelt es sich um Zusammenfassungen von Gesprächen, die zwischen dem deutschen Konsul Vogt und Ernst Glaeser stattfanden, sowie um die Wiedergabe von Informationen, die dem Generalkonsulat von »Kontaktpersonen« zugetragen worden sind. Faßt man das Erscheinungsbild zusammen, das diese Berichte uns von Ernst Glaeser vermitteln, so kann man sagen, daß dieser gegenüber dem Konsul und seinen »Gewährsmännern« sehr wenig ausließ, was nicht als Anbiederung verstanden werden müßte. Diese Verhaltensweise gipfelt sicherlich in der rapportierten Bemerkung Glaesers, sein Buch *Jahrgang 1902* sei zu Recht verbrannt worden, »nur sei es ihm peinlich gewesen, daß es gerade vor der Wohnung seines Vaters verbrannt worden sei, der doch an der geistigen Entwicklung seines Sohnes unschuldig« wäre[49]. Inwieweit das Verhalten Glaesers eine von ihm bewußt inszenierte Komödie darstellt, die dazu angetan war, seine »Wandlung« glaubhaft erscheinen zu lassen und somit eine rasche Einwilligung der Behörden für seine Rückkehr nach Deutschland zu erwirken, sei dahingestellt. Wie dem auch sei, ein wenig Antisemitismus hatte sich sicherlich gut ausgemacht in diesem Konzert der Treuebekundungen und der Selbsterniedrigung. Auch kann man davon ausgehen, daß ein antisemitisch eingestellter Glaeser sicherlich nicht gerade dem deutschen Generalkonsulat gegenüber sein Credo verheimlicht hätte. Die Tatsache nun, daß es in diesen Berichten – die u. a. ein sehr genaues Bild der Distanzierung Glaesers von der Emigration geben – keine Stelle gibt, die eine antisemitische Haltung Glaesers widerspiegelt, scheint uns ein weiterer Beweis dafür zu sein, daß alle in diese Richtung zielenden Vorwürfe für die hier in Frage kommende Periode gegenstandslos sind[50].

Anschaulich bestätigt wird diese Tatsache durch den am 24. März 1937 ausgefertigten Bericht des Generalkonsulats. Er präzisiert Glaesers Haltung gegenüber *Maß und Wert*[51]. So erfahren wir hier, daß Glaeser eine »völlig unpolitische Mitarbeit (Schilderung deutscher, insbesondere süddeutscher Landschaften) angeboten worden sei«. Die Gründe, die zur Weigerung der Mitarbeit Glaesers führten, werden als politisch motiviert angegeben:

»Bei näherer Erkundigung habe er [Ernst Glaeser] aber bald festgestellt, daß die Zeitschrift wohl einige wertvolle und unpolitische Arbeiten bringen werde, aber in Buchbesprechungen, Übersichten, Glossen und ähnlichen Nebendingen allerhand Hiebe gegen Deutschland austeilen wolle. Daraufhin sei seine Entscheidung natürlich klar gewesen«.

Die weiteren Ausführungen des Berichtes in Sachen *Maß und Wert* dürften als Bestätigung der Vermutungen H. A. Walters über die ursprüngliche Diskussion der für die Zeitschrift in Frage kommenden Mitarbeiter angesehen werden können[52]:

»An Mitarbeitern der Zeitschrift nannte er [Glaeser] den Juden von Kahler, der seines Wissens früher in oder bei München gelebt habe, und Ferdinand Lion, ebenfalls Jude, der die Sekretariatsgeschäfte besorgen werde. Vielleicht werde auch René Schickele zu den Mitarbeitern zählen. Heinrich Mann und Klaus Mann würden, soviel er wisse, zur Mitarbeit nicht zugelassen, es sei aber als möglich hingestellt worden, daß Heinrich Mann nach einer gewissen Zeit einmal einen Aufsatz in der Zeitschrift veröffentlichen könne«[53].

Der hier erfolgten Betonung der jüdischen Abstammung zweier Mitarbeiter von *Maß und Wert* darf wohl keine allzu große Bedeutung beigemessen werden. Auch scheint sie uns eher dem Sprachgebrauch des referierenden Konsuls zu entspringen als eine Wiedergabe der Worte Glaesers durch den Referierenden zu sein.

Das schriftstellerische Schaffen Ernst Glaesers bis April 1939

Faßt man das bisher Gesagte zusammen, so gelangt man zu dem Schluß, daß nicht nur die Behauptung Roths jeder Grundlage entbehrt, sondern muß darüber hinaus feststellen, daß es auch unabhängig von der Affäre um *Maß und Wert* und trotz des Verhaltens Glaesers in der Emigration unserer Kenntnis nach kein Indiz gibt, das eine antisemitische Grundhaltung Glaesers während seines Schweizer Exils glaubwürdig erscheinen läßt.

Diese Schlußfolgerung wird zudem auch durch die schriftstellerische und journalistische Tätigkeit Glaesers bestätigt. In keiner Zeile seiner veröffentlichten Bücher oder zahlreichen Zeitungs- und Zeitschriftbeiträge klingt bis zu seiner Rückkehr nach Deutschland ein antisemitischer Unterton durch. Wir wollen hier gar nicht seine in der Weimarer Republik geschriebenen Romane anführen, in denen der Antisemitismus stets als eine niederträchtige Komponente der reaktionärsten gesellschaftlichen Kräfte geschildert wird[54]. Auch nicht den in dem ersten Jahr seines Exils entstandenen *Letzten Zivilisten*, der den Antisemitismus als kleinstmöglichen Nenner sozial deklassierter und intellektuell verkommener Elemente charakterisiert. Würden wir dies tun, so könnte man uns entgegnen, daß diese Bücher weitgehend vom sozialistisch-pazifistischen Engagement Glaesers charakterisiert waren, seine politische Einstellung in der Emigration jedoch einen Wandel erfahren habe und somit eine Korrektur, auch in bezug auf seine Einstellung gegenüber den Juden, nicht auszuschließen sei. Genauso wenig werden wir uns hier auf den 1936 veröffentlichten Novellenband *Das Unvergängliche* und die 1938 unter dem Titel *Das Jahr* erschienenen Betrachtungen stützen. Einerseits, weil in beiden Büchern Erzählungen von vor 1933 verarbeitet wurden und andererseits, weil diese beiden Werke vorwiegend kontemplative Landschaftsschilderungen beinhalten.

Erwähnen wollen wir dagegen den 1936 von Glaeser angekündigten Roman *Das Wort Gottes*[55]. Obwohl dieser Roman nie veröffentlicht wurde, kann man seinen Handlungsablauf aufgrund von Verlautbarungen Glaesers in der schweizerischen und französischen Presse[56] folgendermaßen zusammenfassen:

Heinrich Fabricius, der Sohn eines deutschen Pastors ist nach dem Reichstagsbrand nach Frankreich emigriert. Er lebt dort mit der jüdischen Emigrantin Henriette zusammen. Langsam spürt Heinrich jedoch, wie sein Leben in der Fremde zwischen »Polizeischikanen und Hungersnächten, zwischen Disputen über die Generallinie der Partei und der hochmütigen Rechthaberei gescheiterter Funktionäre« zu »vergehen« droht. In der Revolution, von der die Kameraden sprechen, sieht er nur noch den »Paravent ihrer Angst«, in der Emigration ein »Ghetto«, eine »verlorene Sache«, einen »Leerlauf von Haß und Ohnmacht«. So beschließt er denn auch nach Deutschland zurückzukehren, wo er »lieber leiden« will, als in der Fremde »auszudorren«. In der Heimat angelangt, stellt er sich den Behörden, die ihn verhaften und einsperren. An dieser Stelle des Romans geht die Rolle der Hauptfigur vom Sohn auf den Vater über. Dieser beteiligt sich still, aber beharrlich am Kampf der bekennenden Kirche gegen den Nationalsozialismus[57].

Hier sei lediglich auf zwei Sätze hingewiesen, mit denen Glaeser die Beziehung zwischen der Jüdin Henriette und dem Pastorensohn Heinrich beschreibt:

»Es war über ein Jahr her, daß sie zusammen lebten. Beim Comité hatten sie sich kennengelernt. Ach, ihre Liebe war größer gewesen als die Not, und in ihren Küssen versank die Stadt Paris und das fürchterliche Ghetto der Emigration.«[58]

Diese Zeilen wurden zu einem Zeitpunkt geschrieben und veröffentlicht, als das sozialistische Engagement des Autors als endgültig überwunden betrachtet werden mußte und seine »Wandlung« immerhin schon so fortgeschritten war, daß er wenige Monate später den Weg zum Deutschen Generalkonsulat fand. Zusammen mit der Besprechung Else Lasker-Schülers beweisen sie jedoch, daß diese »Wandlung« keineswegs eine Korrektur seiner Einstellung gegenüber den Juden einschloß. Daß sich hieran bis zu seiner Rückkehr nach Deutschland im April 1939 nichts änderte, mag die Tatsache verdeutlichen, daß Ernst Glaeser noch am 24. Februar 1939 (also einen Monat vor seiner Abreise!) Bernhard Diebolds Roman *Das Reich ohne Mitte*[59] rezensierte.

Ernst Glaeser im nationalsozialistischen Deutschland (1939–1945)

Ernst Glaesers Rückkehr ins nationalsozialistische Deutschland zeugt u. a. von seiner moralischen Bereitschaft, in einem Land zu leben, dessen Machthaber nach Jahren der Judenverfolgung und Entrechtung sich anschickten, die »Endlösung der Judenfrage« in Angriff zu nehmen. Mit diesem Schritt reihte sich Glaeser unter die zahlreichen in Deutschland verbliebenen Intellektuellen ein, die, ohne den Nationalsozialismus ausdrücklich bejaht zu haben, es immerhin fertigbrachten, aus Gründen ihres eigenen Wohlergehens, oder was immer auch sonst sie zu diesem Entschluß bewegt hatte, die im Namen Deutschlands begangenen Verbrechen in Kauf zu nehmen und mit ihrem Gewissen zu vereinbaren. Nicht zuletzt indem sie sich – um eine Formulierung Glaesers wieder aufzunehmen – des »Paravents« ihrer sogenannten Innerlichkeit bedienten. Bis zu seiner Einberufung in die Luftwaffe lebt Glaeser zurückgezogen[60], er wird von den Machthabern geduldet, geht Kompromisse ein, übt Selbstzensur und muß seine Beiträge nationalsozialistischen Zensoren vorlegen[61]. Schriftstellerisch tritt er in dieser Zeit ausschließlich durch die Veröffentlichung von Beiträgen in vielgelesenen Tageszeitungen[62] auf. Bei der überwiegenden Zahl dieser von Ernst Töpfer gezeichneten Arbeiten handelt es sich um leicht abgewandelte Erzählungen oder Auszüge aus dem Novellenband *Das Unvergängliche,* aus dem Buch *Das Jahr* sowie um andere, schon in der Weimarer Republik oder in der Schweiz entstandene Kurzgeschichten. Keine dieser Arbeiten erfuhr eine antisemitische Umdeutung. An neuentstandenen Beiträgen haben wir bisher nur wenig entdecken und auswerten können[63]. Auch sie enthalten genauso wenig, wie einige in dieser Zeit geschriebene Manuskripte – von denen wir aber nicht wissen, ob sie publiziert wurden –, irgendwelche antisemitische Passagen.

Erst die Leitartikel und ganzseitigen Beiträge, die Ernst Glaeser in seiner Eigenschaft als stellvertretender Schriftleiter der beiden Luftwaffenfrontzeitungen *Adler im Osten*[64] und *Adler im Süden*[65] verfaßte, wären geeignet, unsere bisherigen Schlußfolgerungen ins Wanken zu bringen.

So konnte man denn auch in der *Weltbühne* vom 2. August 1947 folgende Sätze lesen:

»Unter seinen [Glaesers] Schlägen wanden sich links östliche Herdenmenschen, kaukasische Bestien, rote Steppenwölfe, verlauste Ghettobrut und Bolschewistenschweine, erzitterten rechts jüdische Börsenjobber, angelsächsische Seeräuber, plutokratische Blutsauger und Sklavenhalter. Mit dem verfeinerten Vokabularium eines preußischen Rekrutendompteurs wurde in diesen Artikeln der heilige Kreuzzug der Neugermanen gegen das Untermenschentum gepredigt.«[66]

Die Fakten. Für *Adler im Osten*[67] schrieb Glaeser zwischen dem 24. Juni 1941 und dem 21. November 1941 64 Beiträge. Wir haben bisher »nur« 5 antisemitische Passagen ermitteln können. Von den 54 Artikeln die Ernst Glaeser im Zeitraum vom 21. Januar 1942 bis zum 13. Juni 1944 für *Adler im Süden*[68] schrieb, haben wir nur 23 untersuchen können und in keinem eine antisemitische Äußerung ausfindig gemacht.

Der Umstand, daß sich bisher keine antisemitische Äußerung in AiS finden ließ, bestätigt den allgemeinen Charakter dieses Blattes, das man im Vergleich zu AiO als eine relativ »zivilisierte« Frontzeitung bezeichnen kann. Man verstehe uns recht. AiS ist und bleibt eine nationalsozialistische Soldatenzeitung, sie verherrlicht den nationalsozialistischen Eroberungskrieg an allen Fronten, das nationalsozialistische Gewaltsystem und den »Führer«, doch geschieht dies alles in einem gemäßigteren Ton, mit weitaus weniger aggressiven, menschenverachtenden Ausdrücken und Inhalten als in AiO. Einige Gegenüberstellungen mögen dies verdeutlichen. In AiO bezeichnet Glaeser die Russen als »bewaffnetes Gewimmel«, als »niederentwickelte« Wesen »biologisch tiefstehendster Art«[70], die man »zertreten« solle »wie eine Laus«[71]. Im AiS geht die Formulierung nicht über »Mißgeburt des liberalen Zeitalters«[72] hinaus. Führt er, wenn von Franzosen die Rede ist, im AiO deren »biologische«[73] Inferiorität an, so bezeichnet er sie im AiS als »dumpf-bürgerlich«[74]. Bedient sich Glaeser im AiO ausnahmslos der ganzen Palette des nationalsozialistischen Sprachgebrauchs, so schreibt er für AiS eine ganze Reihe von Beiträgen, die dieses Vokabularium gänzlich entbehren. Auch sind die »ideologischen« Inhalte stellenweise zweideutig. Im AiS heben sich auch – im Gegensatz zum AiO – die sogenannten »Stimmungsartikel« (eindeutige Auftragsarbeiten z. B. anläßlich des Geburtstags Adolf Hitlers, des »Heldengedenktages«, usw. . . .) wesentlich deutlicher von den übrigen Arbeiten ab. Berücksichtigt man Wortlaut und Diktion der Ausführungen, die die *Weltbühne* Ernst Glaeser zur Last legt, so könnten diese zwar als durchaus zutreffend für dessen Mitarbeit an AiO gelten, müssen jedoch dagegen als völlig uncharakteristisch für dessen Mitarbeit an AiS angesehen werden. Da die *Weltbühne* sich in ihrer Beurteilung jedoch ausschließlich auf AiS bezieht (die Mitarbeit Glaesers an AiO war bislang unbekannt), muß ihr Urteil als zumindest falsch fundiert angesehen werden. Dies soll uns jedoch keineswegs daran hindern, auf die Beiträge mit antisemitischen Passagen einzugehen, die Ernst Glaeser für AiO verfaßte. Einzig und allein sie könnten geeignet erscheinen, einen Vorwurf des Antisemitismus zu begründen. In 4 dieser 5 Abhandlungen spielt der Antisemitismus eine untergeordnete Nebenrolle, beschränkt er sich auf einmalige Wortkombinationen des Typs »jüdisch-spekulativ«[75] oder auf eine propagandistische »Stürmer«-These der Art Jude = Sittenstrolch[76], die mit 15 Zeilen in einem Bericht von 275 Zeilen eingeflochten wird.

Einen wesentlich breiteren Raum nimmt der Antisemitismus dagegen in dem Artikel »Götzendämmerung« ein, den Glaeser am 13. Oktober 1941 signierte. Zu seinem Verständnis darf darauf hingewiesen werden, daß dieser Beitrag zu einem Zeitpunkt erschien, als die Wehrmacht die Schlacht um Moskau lieferte, der Massenmord an sowjetischen Juden und Geiseln in vollem Gang war, und die Massendeportationen von Juden aus Deutschland begannen. So weist Glaeser denn auch zu Beginn seines Artikels auf die »blutige« Schlacht hin, um dann seinen Lesern zu verdeutlichen, daß diese sich nicht nur gegen den »Bolschewismus« richte, sondern ganz allgemein gegen den Marxismus, in dem man vor allem eine weltweite jüdische Verschwörung gegen die »Substanz der Völker« sehen müsse. Wörtlich fährt er fort:

»Karl Marx wurde in Trier geboren. Er war Jude und der aus hundert Köpfchen zusammengesetzte Vertreter seiner Rasse. Als er sich in Bonn um eine Professur bewarb und sie nicht erhielt, ging er nach England. Dort schrieb er *Das Kapital*, eine zweibändige (!) Arbeit, die den giftigen Nährboden jener Bewegung darstellt, welche von diesem Tage an... das Gerüst des Jahrhunderts immer mehr ins Wanken brachte.
(...)
Damit war in das Organische das Dynamit der jüdischen permanenten Revolution gelegt. Wir sagen der jüdischen nicht deshalb, weil Marx dem jüdischen Ghetto in Trier entsprang und die Chancen der Judenemanzipation benutzte, um gegen die Gesellschaft, die ihm Freiheit und Gleichberechtigung gab, die Pistole eines intellektuellen Wegelagerers zu erheben. Wir sagen dies aus einem anderen Grund. Das Judentum als Rasse und geistige Haltung lebt, davon hat uns dieser Krieg überzeugt, von der Unruhe... Es ist die Unruhe der irdischen Eifersucht, die diese Rasse immer überfällt, wenn sie merkt, daß sich etwas rein und erhaben gestaltet und sich abzuheben beginnt und sich abhebt von dem Kellerasselgeruch dieses sich durch die Geschichte hindurchschleichenden Volkes. Als sie Christus ans Kreuz schlugen, zerriß der Vorhang im Tempel. Als Karl Marx seinem Kameraden Friedrich Engels zu dem Tod seiner Frau kondolierte und ihn im gleichen Brief um ein paar hundert Pfund anpumpte, war der Zustand des Weltpöbels erreicht, den diese Rasse, mag sie sich kleiden und tarnen wie sie will, im Grunde verkörpert.
Wir haben uns lange gegen diesen Gedanken gesträubt. Wir haben Spinoza gelesen und wissen, wem Lessing den *Nathan* gewidmet hat. Aber so sehr auch das deutsche Gefühl für Humanität, für Ritterlichkeit, für Noblesse und Achtung vor dem anständigen Gegner sich im holden Zweifel bemühte, diese Erkenntnis zu verdrängen, der harte Zusammenstoß mit den Tatsachen hat uns wachgerüttelt und ›rechtwinklig an Leib und Seele‹, wie Nietzsche es nennt, werden lassen.«

Dieses Dokument läßt in seiner Aussage im Gegensatz zu den restlichen vier Beiträgen in *AiO* an Eindeutigkeit nichts zu wünschen übrig. Nichtsdestoweniger müssen wir uns die Frage stellen, ob wir es als eindeutigen und endgültigen Beweis einer antisemitischen Grundhaltung Glaesers interpretieren dürfen. Können antisemitische Artikel dieser Art, die mit allergrößter Wahrscheinlichkeit weisungsgebunden entstanden, alles das lügen strafen, was das Schaffen des »freien« Schriftstellers und Journalisten bis zu seiner Einberufung ausmachte: Können sie einfach all das, was Glaeser tat bzw. nicht tat, aufheben und auslöschen? Warum ist Glaeser gerade hier Antisemit und nicht schon dort, wo er Rücksichten nicht zu nehmen brauchte: so etwa dem deutschen Generalkonsul in Zürich gegenüber oder in seinen Beiträgen, die er nach seiner Rückkehr veröffentlichte, als er noch »Zivilist« war?

Haben wir es hier mit einer – wie Glaeser es in seinem Artikel selber andeutet – plötzlichen, durch die Ereignisse des Krieges hervorgerufenen »Bekehrung« zu tun? Aber warum ist er dann Antisemit im *AiO* und nicht mehr im *AiS*? Man verstehe uns recht; das Hauptanliegen unserer Arbeit ist es nicht, Ernst Glaeser zu rechtfertigen oder ganz allgemein Werturteile über sein Verhalten zu fällen, sondern in der »Antisemitismus-Debatte« einiges »zurechtzubiegen« und mit nicht haltbaren Anschuldigungen aufzuräumen. Faßt man zusammen, so bleibt unserer Meinung nach unbestreitbar, daß:

erstens der im Zusammenhang mit der Affäre um die Zeitschrift *Maß und Wert* erhobene Vorwurf des Antisemitismus ganz und gar unbegründet ist;

zweitens es bis zu seiner Einberufung in die Luftwaffe anscheinend kein sicheres Indiz für eine antisemitische Einstellung Glaesers gibt;

drittens Glaeser – wenn man sein Leben und sein Gesamtwerk betrachtet – kein *überzeugter* Antisemit gewesen ist;

viertens der »Antisemitismus Glaesers«, wie er im betreffenden Beitrag des *AiO* zu Tage tritt, das Verhalten eines Mannes dokumentiert, der es in der Emigration nicht aushielt, sich bereit fand, die Bedingungen der Nazis für seine Rückkehr zu akzeptieren, sich im Dritten Reich nicht in eine »Innerlichkeit« flüchten konnte, weil er sich in der Schweiz schon freiwillig zur Wehrmacht gemeldet hatte und schließlich als Soldat der Luftwaffe zum Mitläufer und Jasager wurde, weil er nicht die Fähigkeit besaß, die moralische Kraft des Widerstandes aufzubringen.

Dokumente
(1)

19. 5. (1937)

Lieber Herr Glaeser!

Ich beantworte Ihren Brief mit Verspätung.
Er gab mir Rätsel auf: wie kann man etwas, das noch gar nicht besteht, vor seiner Geburt schon, mit solcher Leidenschaft hassen?
Der eine Grund war ein Irrtum. Ihr geplanter Beitrag wäre auf Forderung einer Pariser Emigrantenfront aus Heft 1 in Heft 2 verlegt worden??? Das ist einfach *nicht wahr*. Eine solche Front hätte ich nicht nur für Sie, sondern für mich als Affront betrachtet.

So bleibt nur übrig, dass Sie Thomas Mann im Grossen und Kleinen misstrauen und uns halb mit Verachtung, halb mit Hass verfolgen, bevor Sie eine Probe unserer Absichten mit eigenen Augen gesehen haben.
Ich suchte, suche da fast mit wissenschaftlicher Neugier, nach Gründen Ihrer Abneigung gegen mich. Offenbar habe ich, sei es in Zürich sei es in Arosa, Fehler gegen Sie begangen, die Sie zwingen, jetzt, da ich eine (übrigens minimale) Lebensbasis zu haben scheine, zu wünschen, diese zu zerstören, so bald auch nur möglich. Ich selber freilich war mir dieser Fehler nicht bewusst, obwohl ich wohl übersah, dass ich in manchem nicht perfekt war.
Wir wollen oder sollten beide weise genug sein und einige Monate verstreichen lassen. Vielleicht hilft uns die an sich nicht leichte Zeit zu einer neuen tieferen, und dann gerechteren Einsicht.

Ganz ergebenst

Ferdinand Lion

---

(2)

Dr. Thomas Mann   Küsnacht-Zürich
                       Schiedhaldenstrasse 33

Sehr verehrter Herr Gläser:
                                                    1. X. 37

Ich danke für Ihren Brief und kann Ihnen nur wiederholen, was ich neulich schon Herrn von Brentano schrieb, dass ich diese Klatschereien und Reibereien innerhalb der deutschen Emigration aufrichtig bedaure. Die Aeusserung Roths war auch mir vor Augen gekommen, und ich konnte nur den Kopf darüber schütteln, denn offensichtlich war er ja falsch informiert oder hatte von einer Information, die an sich zu verurteilen ist, falschen Gebrauch gemacht. Mir ist ja bekannt, dass Sie die Mitarbeit an »Mass und Wert« nicht verweigert haben, weil Juden daran mitarbeiten, sondern aus Antipathie gegen das, was Sie meine »politische Entwicklung« nennen. Das muss ich hinnehmen, kann Ihnen aber nicht recht darin geben, dass mich Roths missglückte Anspielung irgend etwas angeht und dass ich berufen wäre, zur Lösung dieses Falles, wie Sie sagen, etwas beizutragen. Ich sehe nicht, wie ich das anfangen sollte. Wenn Sie sich mit dem Brief Lions an Roth nicht zufrieden geben können, so müssen Sie sich überlegen, ob Sie gegen die falsche Unterstellung im »Tagebuch« rekurrieren und feststellen wollen, dass Sie nicht gegen jüdische Mitarbeit, sondern gegen meine Gesinnung sind. Ich, der ich an Schlimmeres gewöhnt bin, muss gestehen, dass ich dergleichen mit Stillschweigen übergehen würde.

Mit hochachtungsvoller Begrüssung

Ihr ergebener   gez. Thomas Mann

1 Folgender Beitrag beruht hauptsächlich auf der von René Geoffroy gesammelten Ernst-Glaeser-Dokumentation. R. G. steht kurz vor dem Abschluß einer Dissertation über Ernst Glaeser. — **2** Ernst Glaeser, *Das Gut im Elsaß*. Berlin 1932, S. 286. — **3** Ernst Glaeser, *Jahrgang 1902*. Berlin 1928. - *Frieden*. Berlin 1930. - *Das Gut im Elsaß*. — **4** Eine rühmliche Ausnahme stellt hier die ausgezeichnete Untersuchung Thomas Koebners (»Ernst Glaeser, Reaktion der betrogenen Generation«) dar. In: *Zeitkritische Romane des 20. Jahrhunderts. Die Gesellschaft in der Kritik der deutschen Literatur*. Hg. v. H. Wagner. Stuttgart 1975, S. 192–219. Erwähnenswert, wenn auch in bezug auf die historisch-biographischen Erläuterungen nicht ohne Fehler, ist die Studie *Zwischen Exildichtung und Innerer Emigration. Ernst Glaesers Erzählung ›Der Pächter‹* von Erwin Rothermund, München 1980. Einen ersten umfassenden, wenngleich auch unkritischen Überblick über das Schaffen Ernst Glaesers gibt die unveröffentlichte Magisterarbeit Jochen Fritz Burckhardts: *Ernst Glaeser and his works. A Thesis presented to the Faculty of the Graduate School of Southern Methodist University*. O. O. Juli 1967. — **5** Ulrich Becher, »Der Fall E. G.« In: *Weltbühne*, Nr. 3, 1. Februar 1947. — **6** F. C. Weiskopf, *Unter fremden Himmeln. Ein Abriß der deutschen Literatur im Exil 1933–47*. Berlin und Weimar 1981, S. 21. — **7** So glaubt Erwin Rothermund (»Zwischen Exildichtung«, S. 16) schreiben zu müssen: »Im Jahre 1938 – nicht 1939 wie vielfach zu lesen – kehrte er (Glaeser) überraschend nach Deutschland zurück«. Auch Gisela Berglund (*Deutsche Opposition gegen Hitler in Presse und Roman des Exils. Eine Darstellung und ein Vergleich mit der historischen Wirklichkeit*. Stockholm 1972, S. 345, Anm. 27) glaubt die Rückkehr auf das Jahr 1938 zurückdatieren zu müssen. Das Jahr 1940 wird von Werner Mittenzwei in: *Exil in der Schweiz*. Leipzig 1978, S. 110, als Rückkehrdatum Glaesers aufgeführt. — **8** Ernst Glaeser, *La Paix*. Introduction de Lionel Richard. Paris: Maspero, 1977. — **9** *Lexikon deutschsprachiger Schriftsteller*. Band 1 (A–K) Leipzig 1974, S. 256–257. Auch Gisela Berglund (*Dt. Opposition gegen Hitler in Presse und Roman des Exils*, a. a. O., S. 128) spricht von einer Verfilmung. — **10** Ernst Glaeser/F. C. Weiskopf, *Der Staat ohne Arbeitslose. Drei Jahre Fünfjahresplan*. Mit einem Nachwort v. Alfred Kurella. Berlin 1931. — **11** S. Jürgen Rühle, *Literatur und Revolution. Die Schriftsteller und der Kommunismus*. Köln, Berlin 1960, S. 507. — **12** *Dt. Freiheit*. 5. 1. 1934. — **13** E. G., *Der letzte Zivilist*. Paris, Zürich 1935. — **14** E. G., *Das Unvergängliche*. Amsterdam 1936. - *Die Sühne*. Zürich 1938. - *Das Jahr*. Zürich 1938. — **15** Schreiben des Deutschen Generalkonsulats in Zürich an das Auswärtige Amt in Berlin vom 15. Oktober 1936. In: *Sonderheft: Ausbürgerung Ernst Glaeser*. Bestand Ausbürgerungsakten. Signatur. Inland. II A/B 83–76. Politisches Archiv des Auswärtigen Amtes Bonn (künftig P A II A/B 83–76). — **16** Schreiben des Deutschen Generalkonsulats in Zürich an das Auswärtige Amt in Berlin vom 2. Mai 1938. P A II A/B 83–76. — **17** Ebd. — **18** »Schnellbrief« des Reichsführers SS und Chef der Deutschen Polizei im Reichsministerium des Innern an das Auswärtige Amt vom 20. März 1939. PA II A/B 83/76. — **19** Schreiben des Reichsministers für Volksaufklärung und Propaganda an Ernst Glaeser vom 16. Mai 1939. In: Personalakte Ernst Glaeser. Bestand Reichskulturkammer/Reichsschrifttumskammer. In: Berlin Document Center (künftig BDC). — **20** Schreiben des Reichsministers für Volksaufklärung und Propaganda an den Präsidenten der Reichsschrifttumskammer vom 21. 12. 1942. BDC. — **21** Joseph Roth, »Aus dem Tagebuch eines Schriftstellers«. In: *Neues Tagebuch*, Nr. 36 v. 4. 9. 1936. — **22** Wir werden in der Folge noch sehen, daß auch Bernard von Brentano sich von der Notiz Roths angesprochen fühlte. Dies scheint Joseph Roth unbekannt gewesen zu sein. — **23** Bis August/September 1939 verantwortlicher Redakteur von *Maß und Wert*. — **24** Zusammen mit Konrad Falke Herausgeber von *Maß und Wert*. — **25** Joseph Roth, »Richtigstellung«. In: *Neues Tagebuch*, Nr. 45 v. 6. 11. 1937. — **26** Joseph Roth, »Die Tinte nicht wert«. In: *Neues Tagebuch*, Nr. 20 v. 14. 5. 1938. — **27** Marcel Reich-Ranicki, »Ernst Glaesers Glanz und Elend der Deutschen«. In: M. R.-R., *Literatur in West und Ost*. München 1963. — **28** Ders., »Fahrlässig gemacht und dennoch nicht unnütz.« *Die Zeit* v. 4. 12. 1964. Neben Reich-Ranicki erwähnte auch F. C. Weiskopf die Rothsche Notiz. Siehe F. C. Weiskopf, *Unter fremden Himmeln*, a. a. O., S. 23. — **29** Sämtliche hier aufgeführten Briefe befinden sich im Besitz der zweiten Ehefrau des Schriftstellers, Frau Mathilde Glaeser. — **30** Die erste Nummer von *Maß und Wert* erschien im September/Oktober 1937. — **31** Bei diesem Brief handelt es sich um eine Antwort auf ein Schreiben Ernst Glaesers an Ferdinand Lion, das wir bisher jedoch noch nicht ausfindig machen konnten. Dieser Brief könnte sich im Nachlaß Ferdinand Lions – falls es einen solchen überhaupt gibt – befinden. Trotz umfangreicher Recherchen gelang es uns bisher noch nicht, in Erfahrung zu bringen, wer ggf. der literarische Nachlaßverwalter Ferdinand Lions ist. Der Brief befindet sich als Dokument Nr. 1 im Anhang. — **32** Wie der zuvor erwähnte Brief Lions ist auch dieser handgeschrieben, im Gegensatz zu ihm jedoch auf Redaktionspapier der Zeitschrift *Maß und Wert*. Der Brief befindet sich im Besitz von Frau Mathilde Glaeser. — **33** Maschinenschriftlich. Siehe Seite 9. — **34** Maschinenschriftlich. Als Dokument 2 im Anhang (mit freundlicher Genehmigung von Herrn Prof. Golo Mann). — **35** S. Anmerkung 2. — **36** Erich von Kahler, »Die Preussische Oekonomie.« In: *Maß und Wert*. Heft 1, September/

Oktober 1937, S. 35–62. — **37** Da Erich von Kahler Jude war, ist man geneigt, diese Argumentation in Zusammenhang zu bringen mit dem Bestreben Brentanos, zwischen Juden einerseits und Deutschen andererseits, so wie er es noch 1952 in seinen Erinnerungen durchklingen ließ, unterscheiden zu wollen. »Ein Jude durfte anders handeln (...) und wenn ein Jude eine sich bietende Gelegenheit wahrnahm und sich in einem anderen Land einbürgerte, dann hatte er weiß Gott recht. Für uns Deutsche aber lagen die Dinge anders (...)« B. v. Brentano, *Du Land der Liebe. Bericht von Abschied und Heimkehr eines Deutschen*. Tübingen u. Stuttgart 1952, S. 26. Diese Differenzierung muß nicht unbedingt mit Antisemitismus gleichgesetzt werden, sie scheint uns jedoch zumindest in dessen Vorfeld zu liegen. — **38** Man kann also davon ausgehen, daß Glaeser zu diesem Zeitpunkt seinen vorgesehenen Beitrag noch nicht zurückgezogen hatte, jedoch eine weitere Mitarbeit für *Maß und Wert* ablehnte. — **39** Brief an den Verfasser vom 20. 7. 1980. — **40** Diese Mitteilung läßt nebenbei die Annahme nicht abwegig erscheinen, daß der Informant, von dem Joseph Roth in seiner Notiz im *Neuen Tagebuch* sprach, Ferdinand Lion selber war. Auch ein Brief von Thomas Mann an B. v. Brentano, den dieser am 1. 1. 1965 in der *Zeit* zu Verteidigung Glaesers veröffentlichte, könnte ganz in diesem Sinne verstanden werden »Auch Glaeser hat seine Mitarbeit an M. und W. ja nicht verweigert, weil Juden dafür schreiben, sondern mit der Begründung, daß er mit meiner ›politischen Entwicklung‹ nicht einverstanden sei. Das kann ich zwar verstehen, aber es ist jedenfalls etwas anderes als was Roth uns zu lesen gibt, und ich muß *Lion bei nächster Gelegenheit fragen, ob wirklich er es war, der ihm so falsch berichtet hat*« (Hervorhebung d. Verf.). — **41** Gold Mann setzte diese Formulierung in seinem Brief an R. G. in Anführungszeichen mit der Bemerkung, er könne sich an diesen Ausdruck in Glaesers Brief an den Redakteur der Zeitschrift, Ferdinand Lion, »gut erinnern«. — **42** Ernst Glaeser, »Der Uebergang«. *Neue Zürcher Ztg.* v. 14. 2. 1936. — **43** Auswärtiges Amt in Berlin v. 24. März 1937. In: *Sonderheft Ausbürgerung Ernst Glaeser*. Bestand Ausbürgerungsakten. Signatur: Inland II.A/B 83–76. Politisches Archiv des Auswärtigen Amts, Bonn. — **44** Handgeschrieben. Auf der linken oberen Ecke des Briefes ist ein Blumenstrauß gezeichnet mit dem Zusatz »zum Gruß«. Der Brief befindet sich im Besitz von Frau Else Glaeser, der ersten Gattin des Schriftstellers. — **45** Wo und wann genau dieser Beitrag erschien, konnten wir bisher noch nicht ermitteln. — **46** Es wird sich hier wahrscheinlich um den 1937 erschienenen Prosaband *Das Hebräerland* (Oprecht/Zürich) handeln. Gemeint könnte aber auch das 1936 in Zürich uraufgeführte Drama »*Arthur Aronymus und seine Väter*« sein. — **47** An diesem Tag suchte Glaeser das Deutsche Generalkonsulat in Zürich zum ersten Mal auf, um zu erfragen, ob es für seine Frau eine Möglichkeit gebe, ihren in Deutschland schwer erkrankten Vater zu besuchen. — **48** In diesem letzten Bericht teilt das Generalkonsulat dem Auswärtigen Amt mit, es habe Glaeser davon in Kenntnis gesetzt, daß seiner Rückkehr nach Deutschland nunmehr nichts im Wege stehen würde. — **49** Aus dem Bericht des Deutschen Generalkonsulats in Zürich an das Auswärtige Amt vom 15. Oktober 1936. P A II A/B 83–76. — **50** Wir beziehen in dieser Wertung auch die Behauptung Ulrich Bechers ein, Glaeser habe in der Schweiz »auch die Juden . . . vorschriftsmäßig verflucht«. Becher formulierte diese Anschuldigung im Rahmen einer Art Generalabrechnung mit seinem ehemaligen Freund, die er im Juli 1944 in der Zeitschrift *Freies Deutschland* (Mexiko. Heft 8) unter dem Titel: »Die Seine fließt nicht mehr durch Paris, Portrait eines literarischen Kriegsverbrechers« veröffentlichte. Seine polemischen Ausführungen beruhen zum größten Teil auf Vermutungen, Gerüchten und Biertischkonfessionen Glaesers. Wie wenig Ulrich Becher über die Einzelheiten im Fall Glaeser unterrichtet war, verdeutlicht schon die Tatsache, daß er dessen Rückkehr nach Deutschland auf das Jahr 1938 vorverlegt. Nichtsdestoweniger wurde der Beitrag Bechers unter dem entschärften Titel »Der Fall Glaeser« in der [*Weltbühne*] Nr. 3 vom 1. Februar 1947 wieder abgedruckt. Auch nahm ihn Becher 1978 in seine Essaysammlung *SIPP, Selektive Identifizierung von Freund und Feind*, Zürich, Köln auf. Hier wurde lediglich der letzte Satz: »Ich klage Ernst Glaeser des Volksverrates an« gestrichen. — **51** S. auch Satz 22, Anm. 43. — **52** Hans Albert Walter, *Deutsche Exilliteratur 1933–1950*. Bd. 4: Exilpresse. Stuttgart 1978. Wir denken hier insbesondere an folgende Stelle im *Maß und Wert* gewidmeten Kapitel auf Seite 504: »Lion zufolge soll sich auch René Schickele Hoffnungen auf die Redaktion gemacht haben, und angesichts seiner freundschaftlichen Beziehungen zu Thomas Mann hätte der Kandidatur des einstigen Herausgebers der *Weißen Blätter* wohl auch nichts im Weg stehen sollen; auch für diese Angabe hat sich indes bisher kein Beleg gefunden.« — **53** Die Art und Weise, in der Glaeser gegenüber dem Deutschen Generalkonsulat über Projekte und Aktivitäten der Emigration Auskunft gab, ist geradezu erschreckend. Dieser Aspekt im Verhalten Glaesers steht jedoch hier nicht zur Debatte. — **54** In einem Schreiben der »Sicherheitspolizei und des SD« an die Reichsschrifttumskammer vom 17. Mai 1940 liest man: »so war sein Roman *Jahrgang 1902* (...) eine Verherrlichung des Märtyrertums der Juden.« BDC. — **55** Der Roman wurde auf den Verlagsseiten des 1936 im Querido Verlag, Amsterdam, erschienenen Novellenbands *Das Unvergängliche* angekündigt. Hiernach sollte er noch im Herbst desselben Jahres im »Schweizer Spiegel Verlag Zürich« veröffentlicht werden. Er wurde jedoch nicht fertiggestellt. Das Manuskript, bzw. das Fragment gilt als verloren. — **56** Ernst Glaeser, »Der Übergang.« In: *Neue Zürcher Zeitung* v. 14. 2. 1936 (Veröffentlichung eines Abschnittes aus dem Roman); Armand Pierhal: »En écoutant Glaeser.« In: *Sept* v. 7. 5. 1937 (Zusammenfassung des Romankonzepts). — **57** Die in Anführungszeichen stehenden Worte sind aus dem veröffentlichten Kapitel des Romans übernommen. Siehe Anmerkung 56. — **58** Ebd. — **59** Ernst Glaeser, »Das Reich ohne Mitte.« In: *Weltwoche* v. 24. Februar 1939. Der Schweizer Schriftsteller und Theaterkritiker Bernhard Diebold (1886–1945), Dramaturg am Münchener Schauspielhaus (1913–1916) und langjähriger Schriftleiter der *Frankfurter Zeitung* kehrte 1935 in die Schweiz zurück. »Als Jude hatte er in dem Lande, mit dessen Kultur er sich leidenschaftlich verbunden fühlte, keine Existenzberechtigung mehr.« (Werner Mittenzwei, *Exil in der Schweiz*. Leipzig 1978, S. 236). — **60** Auf der Rückseite eines Briefes, den Glaeser Ende April 1939 erhielt, notierte er: »Ich komme hier in Darmstadt mit niemandem zusammen, ausser mit mir selbst – und das ist gut so.«

Gert Sautermeister

Thomas Mann: Volksverführer, Künstler-Politiker, Weltbürger

Führerfiguren zwischen Ästhetik, Dämonie, Politik

Im Künstler den Politiker, im Politiker den Künstler zu entdecken – dies war eines der unbekanntesten und eigenwilligsten Experimente, die Thomas Mann bei seinen Forschungsreisen ins eigene Selbst und ins gesellschaftliche Umfeld durchführte. Davon viel Aufhebens zu machen, mag müßig erscheinen bei einem Schriftsteller, der ohnehin Kunst und Politik wechselseitig zu erhellen liebte. Aber eins ist es, die Beziehung zwischen Kunst und Politik in ihrer Allgemeinheit zu bedenken, ein anderes, ihre Besonderheiten und Personifikationen ins Auge zu fassen und miteinander zu vergleichen. Zu vergleichen, nicht etwa zu vermischen. Denn wie sehr auch Mann unvermutete Gemeinsamkeiten zwischen Politiker und Künstler durch ihre wechselseitige Spiegelung zum Vorschein bringt, so achtet er doch nicht minder auf ihr spezifisches Gewicht und ihre spezifischen Differenzen. Aus dem Doppelspiel von Annäherung und Abgrenzung entsteht hier seine ironisch gebrochene Gleichnissprache; sie erzählt, wie moderne totalitäre Politik in die Kunst eindringt oder sie in ihren Dienst nimmt, wie sich der Künstler als Politiker, der Politiker als Künstler aufführt, aber auch, wie Kunst und künstlerischer Genius zum kritisch-utopischen Gegentypus des totalitären Systems und seines Führers werden.

Thomas Mann hat im Jahre 1930 die Krise der Weimarer Demokratie in einer harmlos anmutenden Feriennovelle *Mario und der Zauberer* beschworen; im faschistischen Italien spielend, setzt diese anzügliche Parabel einen Halbkünstler in eine delikate Analogie zum politischen Volks-Führer und macht in einer quasi-künstlerischen Veranstaltung Öffentlichkeitsstrategien des Faschismus transparent, wenn auch nicht in durchdringender Helle. Noch ist undurchschaute Dämonie im Spiel, die sich wenig später, 1933, als wirkungsmächtige Volksverführung auf dem Felde der Politik durchsetzen sollte. Wer ihr widerstand und emigrierte, konnte nicht umhin, die rätselhafte Anziehungskraft des faschistischen Führers auf breite Massen aufklärender Reflexion zu unterziehen. Mann versuchte dies 1937 in seinem Essay *Bruder Hitler,* mit dem provozierenden Titel auf eine mögliche Verwandtschaft zwischen Politiker und Künstler anspielend, womit ja das schreibende Subjekt sich und seinen Lesern eine radikale Selbsterforschung auferlegte: Inwiefern war der epochemachende ›Führer‹ eine Objektivation subjektiver Wünsche, Interessen, Neurosen? Für eine Bewältigung des Faschismus, auch nach seiner Agonie, war dies eine der zentralen, in Deutschland nie recht gestellten, weder individual- noch sozialpsychisch wirksamen Fragen.¹ Sie schloß die Gegenfrage ein, die Mann 1939 in seinem Exilroman *Lotte in Weimar* stellte: Wer in deutscher und europäischer Geschichte taugte als faschismuskritisches Vorbild? als Kontrapunkt zur verderbten Zeitgeschichte? als Gegenspieler des Dämons Hitler, ja als Gegenführer? Manns Wiedererweckung des klassischen Genius der Deutschen, Goethes, erfolgte nicht als holzschnittartige Antithese zum herrschenden Ungeist; sie rief vielmehr dämonische Züge des Weimarer Privattyrannen ins Gedächtnis zurück, von seinen Zeitgenossen mitproduzierte Züge, um alsdann davon die geistige Physiognomie des Künstlers und die Essenz seines Werks abzusondern. So entstand ein Goethe-Bild, das der nationalsozialistischen Umdeutung Goethes als Vorläufer Hitlers opponierte; es hatte seinen wahren Ort einzig und allein im Exil, im Reich des aufgeklärten und demokratisierten Geistes, und es ist seitdem nicht verwittert: kraft seiner Weltbürgerlichkeit erhebt es heute Einspruch gegen die riskante Welt- und Friedenspolitik maßgeblicher Führer und ihrer Parteien.

Wir beschränken uns auf eine Kurzcharakteristik der drei genannten Werke Manns, ohne daß wir für jedes Einzelwerk die wissenschaftliche Literatur systematisch einbeziehen könnten.² Die thematische Bündelung einer Novelle, eines Essays und eines Romans unter einer bestimmten, weitgehend unerprobten Optik mag dieses Manko entschuldigen. Auch den Blick auf Manns *Deutsche Hörer!* erlassen wir uns – von diesen *Fünfundfünfzig Radiosendungen nach Deutschland* vom Oktober 1940 bis zum Mai 1945 war andernorts schon die Rede³; als Aufrufe zum Widerstand gegen Hitler und seine Clique bilden sie ein hochbedeutsames Kapitel in der Geschichte der Exilliteratur; ihre Teufels- und Höllenmetaphorik, zur stereotypen Kennzeichnung der Nationalsozialisten eingesetzt, verbannt diese jedoch aus dem Umfeld der Kunst und des Künstlertums, das der nachfolgende Aufsatz einblenden will.⁴

Der Führer als Zauberer und Viertelskünstler

1. Mario und der Zauberer

Wer sich an die ›italienische‹ Novelle Thomas Manns erinnert, hat gewiß einen Schauplatz und eine Gestalt unverrückbar im Gedächtnis: einen von sommerlicher Hitze überfluteten südlichen Badeort, auf dem sich faschistischer Ungeist ankündigt, und einen Zauberkünstler, den Hypnotiseur Cipolla. Wie dieser in einer abendfüllenden Veranstaltung sein Publikum allmählich aller kritischen Urteilskraft beraubt, es nach seiner Peitsche tanzen läßt und zu einer willenlosen Masse herabwürdigt, die zu böser Letzt verzückt um ihn tanzt – es ist denkwürdig, schlechterdings unvergeßlich. In Parenthese sei vermerkt, daß die von Cipolla inszenierte Hypnose mehr als nur eine novellistische, also eine aufsehenerregende, »unerhörte Begebenheit« ist. Sie ist vielmehr ein Symbol der Zeit, in welcher die Erzählung erschien: der Weimarer Epoche, wo in einem heute unvorstellbaren Ausmaß Feierabend und Alltagskultur breiter Schichten von hypnotischen Veranstaltungen begleitet wurden.[5] Mediziner, Theologen, Politiker, Erzieher, Psychologen, vor allem Verkaufspsychologen, widmeten dem Phänomen Bücher, Artikel, Reden, überhaupt allen erdenklichen Scharfsinn – und nicht von ungefähr hat Brecht, bei seiner Erfindung des epischen Theaters, polemisch sich vom Hypnose-Charakter des aristotelischen Theaters distanziert: er wußte, in welchen zeittypischen Gestalten der Hauptgegner seines Theaters, die ›Einfühlung‹, auftrat, und die hypnotische war gewiß die zudringlichste und zugleich geheimnisreichste. Daß Hitlers *Mein Kampf* die Hypnose mehrfach ins Feld führte als strategische Kunst der Massenunterwerfung, war ganz und gar nicht außergewöhnlich, es handelte sich nur um die bedenkenlose Zuspitzung einer wohlbekannten Zeiterscheinung. Und es lag gleichsam in der Logik zeitgemäßer Dichtung, der Logik des *Mario*, wenn sie ihrerseits der dargestellten Hypnose eine politische Krönung zukommen ließ. Die Krönung nimmt der Zauberer Cipolla vor, indem er sein Verhältnis zum Publikum selbstbewußt hochspielt und es zum Gleichnis für das faschistische Führer-Volk-Verhältnis stilisiert. Zur Entstehungs- und Publikationszeit der Novelle, 1929/30, kam dies keineswegs einer Prophetie gleich: seit 1926 war dem demokratischen Europa das faschistische Italien Mussolinis ein vielberedeter Stein des Anstoßes. Eine Prophetie war die Hypnose-Veranstaltung Cipollas eher im Hinblick auf die demokratische Krise der Weimarer Republik, die der Nationalsozialismus für sich ausbeuten sollte. Und doch tut hier eine Unterscheidung not. Bei Cipollas abendlicher Inszenierung eines Führer-Volk-Verhältnisses handelt es sich um ein *Gleichnis* für den Faschismus, nicht um diesen selbst. Die Forschung hat in einem gewissen politischen Ungestüm diesen Gleichnischarakter der Hypnose Cipollas übersehen, und damit auch die ästhetische Dimension der Novelle. Die Interpreten haben, mit anderen Worten, den spielerisch-theatralischen Rahmen verkannt, in dem Cipollas Hypnose vonstatten geht; sie haben statt dessen die Gewalt des Zauberers kurzerhand mit der eines Hitler identifiziert und die Kunst wieder einmal zum platten Abbild der Realität trivialisiert. Es war Lukács, der diesem trivialen Widerspiegelungsverständnis Bahn brach. Sein vielzitierter Kommentar zu *Mario und der Zauberer* lautete: In der Novelle »haben wir es bereits mit der entfalteten Massenkampfweise des Faschismus, mit Suggestion und Hypnose zu tun«.[6]

Dieses Lob der Novelle als eines authentischen Abbilds der »entfalteten Massenkampfweise des Faschismus« hat sowohl in der ostdeutschen wie in der westdeutschen Germanistik Schule gemacht, wobei die ostdeutsche gedacht haben mag, es genüge, in der Aufbauphase des Sozialismus, einen Dichter als Antifaschisten zu beerben, ohne Rücksicht auf seine ästhetischen Darbietungsformen, in der westdeutschen Germanistik mag hingegen das schlechte Gewissen gegenüber der Vergangenheit federführend gewesen sein, mag man die Verbeugung vor einer antifaschistischen Dichter-Botschaft als politisch entlastend empfunden haben.

Daß man ein spielerisch-theatralisches Gleichnis mit der Realpolitik, einen Halbkünstler mit einem faschistischen Politiker gleichsetzt, kündet zwar von einer politisch interessierten, aber gleichwohl amusischen Gesinnung. Auch wenn Cipolla selber noch so prononciert seine Kunst mit aktuellen politischen Ideen auflädt, so ist er deshalb noch kein Politiker und seine Soirée noch keine politische Aktion. Selbst der Umstand, daß die hypnotische Veranstaltung des Schauspielers Cipolla an die quasi-hypnotischen, schauspielhaften Veranstaltungen von Politikern wie Mussolini und Hitler erinnert, darf für die Differenz der Sphären nicht blind machen. Wie Lukács übersehen gerade die politisch interessierten Interpreten diesen *Unterschied zwischen dem politischen Charakter des Schauspiels und dem Schauspiel-Charakter des Politischen*. Bei Hans Mayer z. B. ist zu lesen, daß sich ein streitbarer Dorfbursche aus dem Publikum auf Geheiß Cipollas »in Darmkoliken krümmt und damit an jene Rizinusfoltern erinnert, wie sie Mussolinis Polizei in solchen Fällen der Resistenz anzuwenden pflegte.«[7] Mayers Behauptung unterschlägt die Differenz zwischen der Gewalt als Theater und der Gewalt als politischer Realität. Im ersten Fall spielt das Individuum eine vom Hypnotiseur imaginierte, zeitlich befristete Rolle, die von seiner normalen Existenz abgehoben ist oder sie allenfalls für Augenblicke in Mitleidenschaft zieht – im zweiten Fall ist es elementar betroffen, wird in seine gesamte Existenz eingegriffen – ein sehr folgenreicher Unterschied. Vergißt man ihn, ergeben sich so typische Pauschalurteile wie das folgende von Inge Diersen: »In Cipollas Auftreten spiegeln sich Erscheinungsformen und Methoden faschistischer Herrschaftsausübung«[8], ohne daß die Spiegelungsweise selbst, also das genuin ästhetische Verfahren, ins Blickfeld tritt. Die Kunst wird in Politik überführt, als wären beide identisch.

Was ist der polemischen Rede kurzer Sinn? Er besteht, methodisch gesprochen, darin, die Signatur der Zeit im ästhetischen Medium selber zu entdecken, nicht jenseits von ihm. Cipollas hypnotisches Spiel hat zwar keinen Realitätscharakter im Sinne einer Abbildung realer Gewalt, dafür jedoch in einem anderen, subtileren Sinn.

Wenn der Zauberer das faschistische Volk-Führer-Verhältnis theatralisch imitiert, wenn er die Barbarei dieses Verhältnisses als faszinierendes Spektakel inszeniert, dann verschönt er die reale Gewalt und macht aus ihr einen bestaunenswerten Zauber. Cipollas Politisierung des hypnotischen Spiels läuft auf eine Beschönigung politischer Gewalt hinaus. Nicht zufällig hat Cipollas politisierendes Spiel eine unverkennbar ästhetische Machart; schon die klassische Gliederung seiner Soirée mit ihren Akten und Steigerungen verleiht im Bunde mit einer nimmermüden Rhetorik seinen Darbietungen Kunstcharakter. Indem Cipolla im ästhetischen Spiel politische Gewalt zitiert und imitiert, ästhetisiert er sie, wird seine Demonstration auf überraschende Weise mit der trügerischen Selbstdarstellung faschistischer Politik vergleichbar: mit ihrer Ästhetisierung realer Gewaltverhältnisse, ihrer theatralischen Beschönigung und Verschönerung rücksichtsloser Herrschaft, ihrer Vorliebe für das sinnenberückende Spiel und das spektakuläre Blendwerk. Walter Benjamins viel zitierte Wendung von der »Ästhetisierung der Politik« präzisierte diesen Sachverhalt einige Jahre nach dem Erscheinen der Novelle; Benjamin verwies darauf, daß faschistische Herrschaft die Politik als monumentales Theater inszeniert, daß sie die Massen an sich bindet, indem sie deren Feierabend kunstvoll-künstlich ritualisiert, mit ideologischen Feiern, Festen und politischen Spielen durchsetzt.[9] Eines der Ziele dieser menschenverächterischen Regierungskunst ist, so Benjamin, die ästhetisch gelungene »Vergewaltigung der Massen«, die der Faschismus »im Kult eines Führers zu Boden zwingt«.[10] An diesem Kult wirkt Cipolla mit, wenn er sein Publikum als das »Volk« auf sich, den »Führer« fixiert, und zwar so, daß damit auf das realpolitische Gewaltverhältnis von der Theaterbühne her ein zauberischer Glanz fällt, eine unio mystica zwischen Führer und Geführten aufscheint. An solch blendendem und verblendendem Glanze ist der faschistische Staatskünstler leidenschaftlich interessiert. Daran hat Maria-Antonietta Macciocchi erinnert: »Bei Mussolini wird die Politik der Sprache zu seiner spezifischen Art, die Frauen zu manipulieren. Zuerst seine Rede mit ihren zwanghaften Wiederholungen. Dann das Ritual, das Zeremoniell, in dem sich die Gebärden der Frauen, Massenschauspielerinnen, ebenso zwanghaft wiederholen wie die des Duce. Die einen wie die anderen wurden in den unterwürfigen Chroniken der Zeit als gelungene Theaterinszenierung beschrieben.«[11] Man sieht, wie perfekt Mussolini die Auslöschung der Individuen durch den Kult seiner selbst betreibt. Sein ästhetisierender Antihumanismus entspricht vollkommen seinem Verständnis der Politik als einer »schwierigen und delikaten Kunst, welche die widersetzlichste und beweglichste Materie bearbeitet, da sie es mit den Lebendigen zu tun hat und nicht mit den Toten.«[12]

Wenn Cipolla als quasi-politischer »Führer« das Publikum als quasi-politisches »Volk« in den Bann schlägt, wenn er es zu einer knechtischen Masse erniedrigt und selber zu einem mystischen Faszinosum emporwächst, so verleiht er seiner Hypnose-Demonstration den Charakter einer Einübung in die faschistische Ästhetisierung der Politik. Der Erzähler trifft damit aus skeptisch-ionischer Distanz einen zentralen Nerv faschistischer Strategie. Freilich – die äußeren Bedingungen und den gesellschaftlichen Zweck dieser Strategie muß er dabei ausblenden, notwendigerweise. Die autonome Praxis des selbständigen und sich selbst genügenden Schauspielers kann das überpersönliche, politisch-ökonomische Kräftefeld, vor dessen Hintergrund der faschistische Führer agitiert, ebenso wenig offenbaren wie die überpersönlichen, politisch-ökonomischen Zwecke faschistischer Staatskunst. Das ist nicht als Kritik, Ideologiekritik, gemeint, ist doch die politische Symbolik, die Thomas Mann im engen Rahmen eines Provinz-Schauspiels zu entfalten weiß, an sich schon erstaunlich, bestaunenswert. Aber angesichts einer Forschung, die den Abbildcharakter des Ästhetischen recht plan und holzschnittartig auffaßte, ist die Erinnerung daran, was die Novelle *nicht* leistet und nicht leisten will, unumgänglich. Erst so fällt der Blick auf ihre eigentliche, subtile Leistung.

Läßt sich diese Leistung für das novellistische Phänomen der Hypnose insgesamt namhaft machen? Betrachten wir es abschließend etwas eingehender. Die künstlerische Wahl der Hypnose als des elementaren Stoffes, aus dem die Novelle gewoben ist, ermöglicht es dem Erzähler, die hypnotische Zweierbeziehung zwischen Führer und Geführten zum Sinnbild für die Entstehung einer Masse zu machen. Darin liegt einer der sinnreichsten Vorzüge dieses novellistischen Stoffes: aus einem zusammenhanglosen, durch bloße Neugier geeinten Publikum, das zwischen Bewunderung und Aufsässigkeit, offenem Beifall und unterirdischer Rebellion lange schwankt, macht Cipolla durch fortgesetzte Einzelhypnosen allmählich eine selbstvergessen tanzende und willfährig ihm applaudierende Menge. So kommt nicht nur die sadistische Fremdbestimmung des Publikums, sondern auch seine masochistische Lust daran zum Vorschein. Der Erzähler legt die Entstehung der Führer-Masse-Beziehung szenisch-plastisch offen; wir wohnen ihrer Geburt aus dem Ungeist des Führerkults und lustvoller Selbstunterwerfung bei. Kein Wunder, daß Freud, als er das Führer-Masse-Verhältnis klären wollte, ausgerechnet die Hypnose zur Illustration herbeibemühte: der Demonstrationswert dieses Phänomens springt in die Augen, er konnte auch einen Ästheten zur Gestaltung reizen. Was Freud psycho-analytisch am hypnotischen Geschehen aufdeckte, setzt der Erzähler Thomas Manns auf seiner theatralischen Bühne sinnlich in Szene, mehr noch: er läßt im gleichnishaft-hypnotischen Spiel faschistische Öffentlichkeitsstrategien mit einer Hellsicht Revue passieren, die in der Literatur vor 1933 ihresgleichen sucht. Das eindringlichste Beispiel dafür ist die Verführung des Kellnerburschen Mario durch den Hypnosekünstler, eine Verführung, in deren Verlauf Mario dem Wahn anheimfällt, er habe in Cipolla seine heimliche Geliebte vor sich: so glaubt er sie denn zu küssen, indem er vor aller Augen seinen Mund auf den des Hypnotiseurs heftet. Mit der »Preisgabe des Innigsten«, mit der »öffentlichen Ausstellung verzagter und wahrhaft beseligter Leidenschaft« fällt eine Privatperson dem Voyeurismus des Publikums und dem unersättlichen Expansionsdrang Cipollas zum Opfer. Die Auslöschung des Individuums zum höheren Ruhm des Führers scheint perfekt.

In symbolischer Abbreviatur zeichnet sich hier das Profil des deformierten Führertypus ab: der verwachsene Cipolla hält sich für seine körperliche Mißbildung, die ihm in der Liebe gewiß kein Glück bringt, schadlos, indem er sich einem Geschlechtsgenossen als dessen Geliebte unterschiebt. Verkleidete er gegenüber dem schönen Dorfburschen im Baumwollhemd sein erotisches Interesse in anzügliche Sticheleien, so scheint ihn an Mario die Seelenverwandtschaft des unglücklich Liebenden zu reizen. An Cipolla wird eine Spielart irrational-autoritärer Macht augenfällig: sie entsteht als Ersatz für persönliche Versagungen und Gebrechen, bleibt aber durch diese Herkunft gezeichnet, entstellt, stigmatisiert. Die Dialektik solcher Macht dürfte namentlich für den faschistischen Führertyp charakteristisch sein. Bei Cipolla äußert sie sich darin, daß er sein unbefriedigtes Liebesinteresse nur in Form der Gewalt zum Ausdruck bringen kann. Das hypnotische Spiel nährt sich sowohl auf der Seite Marios wie auf der Cipollas mehr als zuvor aus dem Ernst der Wirklichkeit, es enthüllt sich als ein nicht mehr erfundenes, phantasiertes, sondern aus dem Leben gespeistes Gleichnis für faschistische Verkehrsformen. Als ein ästhetisches Gleichnis, wohlgemerkt, nicht als diese Verkehrsformen selbst. In der Realität herrscht zwischen Führer und Geführten Abstand und Anonymität – nur die faschistische Ideologie fingiert ein persönliches Vertrauensverhältnis und eine an Identität rührende Intimität. Just dieser ideologische Schein aber wird durch Cipollas Rollenspiel evident: das Führer-Volk-Verhältnis ist in einem Maße unmittelbar, Politik erscheint bis zu einem Grad personalisiert, wie faschistische Regierungskunst es sich nur wünschen kann.

Noch schärferes Profil gewinnt dieser ideologische Schein aus der Optik des Opfers. Mario küßt den Hypnotiseur als seine Geliebte, erfüllt sich also realiter ein Bedürfnis, indem er sich im Bedürfnisobjekt täuscht und den Täuscher für die Königin seines Herzens hält. Diese Form der realen und gleichzeitig täuschenden Befriedigung aber ist ein Gleichnis für die Pointe faschistischer Beziehungsstrategie. Sie wäre perfekt realisiert, würde das Volk seine Liebeswünsche mittels des Führers, mittels entsprechender Ersatzobjekte und symbolischer Behelfe stillen. Anstelle des Terrors würde dann die innige Fühlungnahme zwischen Volk und Führer, Individuum und Staat herrschen: der Knecht hielte den Herrn, der Unterdrückte den Unterdrücker für den wahren Liebespartner. Nicht vom nackten Terror, der kein dauerhaftes Bindemittel ist, träumt der Faschismus, sondern von einem sublimen, auf den der Terrorisierte Liebesblicke wirft: solcher Terror würde faschistischer Regierungskunst Dauer verleihen. Von dieser Intention erzählt das Ende der Novelle – und das verleiht ihrem Einblick in faschistische Verkehrsformen eine ungeahnte Tiefe: ungeahnt, weil die Forschung in faschistischer Regierungskunst nur den Schrecken und den leeren Trug, nicht die ›entartete‹ Liebesbeziehung, den erfüllten Trug zu sehen gewohnt ist – den Trug, der die Liebesbedürfnisse der Masse anruft, aufweckt, irreführt. Der Spielcharakter der Hypnose ermöglicht eine immer kühnere, persönlichere Inszenierung solchen Trugs: Mario geht mit Cipolla einen regelrechten Liebesbund ein, stellvertretend für die Masse, deren Einverständnis total ist. Jetzt ist die ästhetisierende Vorwegnahme einer faschistischen Verkehrsform im gleichnishaften Experiment perfekt, verzaubert der abendliche Liebesglanz die Realpolitik.

Diese erhellende Kraft des Hypnose-Spiels hat jedoch eine verdunkelnde Mystik zur Kehrseite. Freud selber hat die Hypnose nicht befriedigend zu erklären vermocht und sie als weitgehend »rätselhaft« und »mystisch« bezeichnet: »Die Art, wie sie erzeugt wird, ihre Beziehung zum Schlaf, sind nicht durchsichtig, und die rätselhafte Auswahl von Personen, die sich für sie eignen, während andere sie gänzlich ablehnen, weist auf ein noch unbekanntes Moment hin, welches in ihr verwirklicht wird (...).«[13] Damit ist eine wesentliche *Inkongruenz zwischen Hypnose und gesellschaftlicher Realität* bezeichnet. Letztere nämlich ist interpretierbar: lustvoll erfahrene Selbstunterwerfung und Fremdbestimmung lassen sich auf bestimmte Motive hin transparent machen, ergründen läßt sich, warum gewisse Personengruppen,

Schichten und Klassen für die Appelle autoritärer Herrschaft in besonderem oder nur geringem Maße anfällig sind, ergründen lassen sich die sozialen und politischen Fundamente, auf denen diese Herrschaft ruht. Heinrich Manns *Der Untertan* ist auf derlei Ergründungen hin angelegt. Ihnen verschließt sich die Hypnose weitgehend. Sie, die undurchschaubare Kunst der Versklavung, läßt die Frage nach dem sozialpolitischen Fundament autoritärer Herrschaft erst gar nicht aufkommen – und sie verheimlicht auch die individual- und sozialpsychischen Antriebe für massenhafte Selbstunterwerfung, von den wirtschaftlichen und politischen Motiven ganz zu schweigen. So gesehen, webt die Novelle an dem magischen Schleier mit, den Zeitgenossen über das Führer-Volk-Verhältnis auszubreiten pflegten. Der ironische Erzähler rückt den Hypnotiseur zwar ins Licht der Komik und der Groteske, kann jedoch seine dämonische Wirkung nicht enträtseln. Er knüpft an die Tradition der Novelle an, übernimmt von ihr die Gliederungselemente der leitmotivischen Wiederholung, des Wendepunkts, der unerhörten Begebenheit und kann dennoch nicht die Magie der Hypnose durchdringen, die Explosivität und Irrationalität des Geschehens überschaubar distanzieren. Zwischen der traditionsreichen Form und der zeitgenössischen Aussagekraft der Handlung, zwischen der kunstbewußten Reprise einer tradierten Struktur und der aktuellen Dämonie eines Cipolla herrscht eine unschlichtbare Spannung, eine beunruhigende Inkongruenz, unvereinbar mit der herkömmlichen Rede von der Entsprechung zwischen Form und Gehalt des Kunstwerks: unvereinbar und also bedenkenswert.

2. Bruder Hitler

Die beunruhigende Inkongruenz in *Mario und der Zauberer* – könnte sie nicht im Exil Thomas Manns Selbstbefragung, bekannt geworden unter dem Titel *Bruder Hitler*, mitverursacht haben? Gesetzt, der Novellist hätte alle Rätsel zu lösen vermocht, die 1930 die Gestalt seines Zauberkünstlers Cipolla umspielten: würde er sich dann 1939 so nachhaltig mit dessen politischem Nachfolger, Adolf Hitler, auseinandergesetzt haben? Hat Thomas Mann vielleicht die Rätsel damals bestehen lassen, damit Figuren wie der Ästhet Cipolla und ihre Erben auf dem Felde der Politik eine Herausforderung für ihn blieben, damit sie ihn zur Höllenfahrt der Selbsterkenntnis inspirieren sollten? Es scheint geradezu, als habe sich Thomas Mann wie unter einem inneren Zwang von früh an Gestalten zugewandt, in denen sich Ästhetentum mit Politik fatal mischte: In *Gladius Dei* erhebt sich ein asketischer Mönch kraft seiner narzißtischen Künstler-Phantasie zum massenbeherrschenden Diktator; in der novellistischen Szene *Beim Propheten* kommt politischer Terror auf den Flügeln visionärer Ekstase und in ästhetischer Vermummung daher. In beiden Fällen schlägt der Erzähler jedoch den Ton kritischer Ernüchterung an – offenbar ist er seinen Kunstgestalten um einen wesentlichen Schritt voraus. Wie verhält es sich in dieser Hinsicht mit *Bruder Hitler*? Der Essayist unterwirft hier seinen »Haß« auf Hitler einer disziplinierten Selbstbefragung, und zwar auf die Gefahr hin, daß eine geheime »Neigung zum

Wiedererkennen, zur Identifikation, zum Solidaritätsbekenntnis« zum Vorschein kommen könnte. Die Forschung hat aus der *möglichen* Gefahr auf eine faktische Verwandtschaft geschlossen, zu Unrecht. Thomas Manns Verfahren ist für derlei eindeutige Schlüsse zu subtil. Es zeichnet sich dadurch aus, daß der faschistische Führer, aller unverhohlenen Kritik zum Trotz, in die Nähe des Kritikers gerückt, ja, in sein eigenes Ich hineinversetzt wird, damit überprüfbar werde, ob Teile dieses Ich im Führer selbst Gestalt angenommen haben, ob, mit anderen Worten, die faszinierende Wirkung des obersten Nationalsozialisten nicht gerade darin beruhe, daß er geheime Wesenszüge der Faszinierten besonders auffällig zur öffentlichen Geltung bringe. Thomas Manns Methode der Selbstprüfung ist eine Vorwegnahme dessen, was erst Jahrzehnte später, in den siebziger Jahren, unter dem Zauberbegriff »Subjektiver Faschismus« zur Sprache kam: entsprach die terroristische, auf ökonomische Interessen und auf politische Gleichschaltung gegründete Herrschaft nicht auch Bedürfnissen der beherrschten Subjekte? Erst unter dieser Fragestellung kann das Individuum überindividuelles Geschehen als möglichen Reflex seiner eigenen Subjektivität begreifen und bewältigen: andernfalls hebt es sich davon in hehrem Protest und kritischem Hochmut ab und bleibt im übrigen selbst unverändert.

Man sehe sich unter diesem Blickwinkel Manns essayistisches Verfahren im einzelnen an. Er schmäht Hitler zunächst als einen »Viertelskünstler«, den »eine unsäglich inferiore, aber massenwirksame Beredsamkeit« auszeichne. Mit dem Hinweis auf Hitlers marktschreierische Ästhetisierung der Politik könnte sich Thomas Mann von dem heruntergekommenen ‚Bruder' wieder abwenden – die qualitative Differenz ist offensichtlich geworden. Im Zuge seiner Selbsterforschung überprüft der Schriftsteller jedoch Künstlertum und faschistische Herrschaft auch individualpsychologisch, unter dem Blickwinkel der seelischen Antriebe, der inneren Motivation. Und hier entdeckt Thomas Mann einen gemeinsamen Ursprung: der Künstler und der Faschist sind soziale Außenseiter, denen aus »tiefster sozialer und seelischer Bohème« der »Drang zur Überwältigung, Unterwerfung« der Welt erwächst. Allerdings benennt Mann den gemeinsamen psychologischen Ursprung nur, um sogleich ihre auseinanderstrebende Entwicklung hervorzukehren: der Künstler unterwirft sein Herrschaftsbegehren dem »Geist«, der Faschist lebt es in geistverlassener »Primitivität« aus. Gewiß – von der zeitspezifischen Tendenz zur »Primitivität« und zur »Vereinfachung der Seele« war auch Thomas Mann einmal gefesselt, wie er mit einem Hinweis auf den *Tod in Venedig* bekundet. Doch hatte er schon damals, 1912, in selbstkritischer Ironie seine Sympathie »mit den Hängen und Ambitionen der Zeit« durch den Untergang Gustav Aschenbachs »tragisch« enden lassen. Inzwischen ist aus der schwankenden Sympathie mit dem Zeitgeist, den er in Hitler verleiblicht sieht, die entschiedenste Gegnerschaft geworden. Der »Führer« ist ihm nichts weiter als die geniale »Verhunzung des großen Mannes«, eines Napoleon beispielsweise. Thomas Mann, der ausgezogen war, eine geheime Verwandtschaft zwischen Künstlertum und faschistischem Führertum zu erfragen, reißt am Ende die tiefste Kluft zwischen beidem auf.[14] Hier den »ironisch-antipolitischen Ästhetizismus« aus dem Frühwerk Thomas Manns am Werk zu sehen, ist ein Mißverständnis.[15] Die Solidaritätserwägungen gegenüber dem faschistischen Viertelskünstler sind in diesem Essay Reflexionsstufen, die Thomas Mann im Prozeß seiner Selbstbefragung hinter sich läßt, um den magisch-primitiven Ästhetizismus eines Hitler – und auch eines Cipolla – ein für allemal zu stigmatisieren. Er sieht darin nur »schwarze Magie und hirnlos unverantwortliche Instinktgeburt«: »Kunst ist freilich nicht nur Licht und Geist, aber sie ist auch nicht nur Dunkelgebräu und blinde Ausgeburt der tellurischen Unterwelt, nicht nur ›Leben‹. Deutlicher und glücklicher als bisher wird Künstlertum sich in Zukunft als einen helleren Zauber erkennen und manifestieren: als ein beflügelt-hermetisch-mondverwandtes Mittlertum zwichen Geist und Leben. Aber Mittlertum selbst ist Geist.«

Mit welcher Klarheit Thomas Mann in seinem Essay den faschistischen Realpolitiker als Viertelskünstler bloßstellt, mag ein Blick auf Hitlers künstlerisch-politisches Selbstverständnis in Mein Kampf lehren. Mit seinen massenverächterischen Lobreden auf die »Genialität der Persönlichkeit«, auf die »schöpferischen Kräfte« und »schöpferischen Köpfe« als die »einzigen Wohltäter des Menschengeschlechts«, auf die »Kultur« als das ausschließliche Produkt der »schöpferischen Tätigkeit der Person« erzeugt Hitler wohlberechnete rhetorische Faltenwürfe: er schlüpft in das Gewand des romantisch-genialen Künstlers, um seiner faschistischen Politik einen ästhetischen Schleier überzuwerfen. Der faschistischen Politisierung der Kunst durch einen Cipolla entspricht die faschistische Ästhetisierung der Politik in Hitlers Mein Kampf.[16]

Vom Führerkult zum Weltbürgertum: Lotte in Weimar.

Thomas Mann, der im Ästheten ein Gleichnis für den politischen Führer (Cipolla) und im politischen Führer eines für den Ästheten (Hitler) sieht – Mann erprobt mit dieser Gleichnissprache eine keineswegs geläufige, vielmehr eigenwillige und überraschende Variation des vertrauteren Themas Kunst und Politik. Daß »Politik ›die Kunst des Möglichen‹« genannt werden dürfe, hat er in seinem Aufsatz Deutschland und die Deutschen (1945) erwogen, und zwar mit dem Argument, die Politik habe, »gleich der Kunst, eine schöpferisch vermittelnde Stellung (...) zwischen Geist und Leben, Idee und Wirklichkeit, dem Wünschenswerten und dem Notwendigen, Gewissen und Tat, Sittlichkeit und Macht«. Man muß diese These cum grano salis verstehen – als den Optativ eines am Nationalsozialismus Verzweifelnden, der schon vor dessen Herrschaft das Schöpferisch-Vermittelnde, die »kunstähnliche Sphäre« in deutscher Politik vermißte. Wenngleich aber Thomas Mann im allgemeinen Kunst und Politik weniger strikt in Analogie zueinander setzte – isoliert hat er beide Sphären doch nie voneinander; er hätte sonst nicht 1932 den Aufsatz Die drei Gewaltigen verfassen können, worin er drei Monumentalgestalten, eine religiöse (Luther), eine politische (Bismarck) und eine ästhetische (Goethe) unmittelbar einander zuordnet: als Verkörperung des »deutschen Genius«. Der deutsche Genius – in diesem Begriff konzentrierte sich für Mann eine Frage, welcher er in *Deutschland und die Deutschen* abermals nachging: »Es ist sehr schwer, zu bestimmen und zu unterscheiden, wie weit die großen Männer einem Volkscharakter ihr Gepräge aufdrücken, ihn vorbildlich formen – und wie weit sie selbst bereits eine Personifikation, sein Ausdruck sind.« Mann ist diese Frage nie los geworden, vor allem im Hinblick auf Deutschland nicht, »wo immer die Größe zu einem undemokratischen Hypertrophieren neigt«, wie er in seinem Essay *Goethe und die Demokratie* (1949) behauptete; unübersehbar schien ihm der Gegensatz zu anderen Ländern, »wo Größe nicht Knechtschaft auf der einen und ein Überwuchern absolutistischen Ich-Gefühls auf der anderen Seite schafft«. Von diesem Ich-Gefühl aber, so setzt Mann seine Behauptung kühn fort, »von diesem Absolutismus und persönlichem Imperialismus hatte Goethe's majestätisches Alter viel«. Kühn und überraschend ist hier nicht nur die bewußte Übertragung politischer Begriffe auf einen Künstler und sein Künstlertum – darauf sind wir inzwischen beinahe gefaßt: eher ist es die Übertragung auf Goethe, die uns an dieser Stelle frappiert, da derselbe Goethe doch im selben Essay zunächst für die Sache der Demokratie zeugen sollte, einer europäisch-weltbürgerlichen Demokratie: »Er war mehr als ein Dichter: ein Weiser, ein Herrscher, der letzte Repräsentant und geistige Gebieter Europas, ein großer Mensch.« Aber Thomas Mann liebt die Ambivalenzen und gelegentlich auch die Dialektik zu sehr, als daß er es bei so unironischer Feier des Eindeutig-Positiven bewenden lassen könnte, und wie ihm Deutschland schon immer als problematischer Geschichtsraum galt, so wird ihm auch Goethe, sein sublimster und humanster Repräsentant, erst einmal zu einem delikaten Problem: »Großes Deutschtum hat von Gutsein soviel, wie Größe überhaupt eben davon haben mag, aber das ›böse‹ Deutschland ist immer auch in ihm.« Wäre dem nicht so, Thomas Mann hätte schwerlich den verehrten Dichterfürsten zum Helden seines Exilromans *Lotte in Weimar* gewählt, dieser anspielungsreichen Darstellung des klassischen Weimar und seines geistigen Führers unterm Blickwinkel politischen Führertums und politischer Barbarei.

Man erinnert sich der Exposition des Romans: wie die Hofrätin Kestner, geb. Buff, 45 Jahre nach ihrem betörenden Auftritt als Lotte im *Werther*, an einem gewöhnlichen Tag im Jahre 1816 unvermutet in Weimar anlangt und dort das ungewöhnlichste Aufsehen erregt, dergestalt, daß einige hochgebildete Weimarianer ihr, der von poetischer Aura umstrahlten Jugendgeliebten Goethes, unverzüglich huldigen – zu schweigen von dem nicht ganz so hochgebildeten Volk, das alsbald das Hotel belagert, worin Werthers in die Jahre gekommene Lotte residiert. Wir befinden uns wahrhaftig in Deutschland, dem Land der »Dichter und Denker«, wo auch die frühesten Zeugnisse eines Dichterlebens und einer Denkerstirn, die fernsten Lebenswinkel eines großen Mannes, die intimsten Begleitumstände seiner Vergangenheit, ausgeforscht werden. Der Geniekult, das verrät die kleinstädtische

Belagerung einer früheren Gespielin Goethes, greift um sich und wird zum Gewerbe großen Stils. Es war kein Zufall, wenn neben dem Loreley-Felsen das Weimarer Goethe-Haus zu einem der geschätztesten und meistbereisten Ausflugsziele der gebildeten Touristen im ersten Drittel des 19. Jahrhunderts wurde. Man bahnte sich nicht etwa einen Weg zu den Schriften des Dichters, sondern zu seiner nächsten Umgebung, man las nicht kritischen Verstands sein Werk, sondern gab vor seiner Person allen Verstand auf – ganz gleich, ob man zum mäßig literarisierten Durchschnittsbürgertum oder zu den versierten Belletristen und Kennern zählte. Da ist zum Beispiel der Dr. Riemer, Goethes Sekretär, der kraft seiner stadtbekannten Würde die vor dem Hotel lagernde Masse zu teilen weiß und vis-à-vis der Hofrätin Kestner sich nun in weitläufigen Gedanken ergeht. Er hat, wie der Erzähler uns wissen läßt, »einen weichen Mund«, »um den ein etwas verdrießlicher, gleichsam maulender Zug« spielt, außerdem steht ihm der Kopf »etwas schief«. Das kommt nicht von ungefähr, bedenkt man, wie der Dr. Riemer Goethes Korrespondenz versieht, eigenem Bekunden zufolge:

»Es ist ja so, daß ich durch lange Jahre einen großen Teil seiner Correspondenz nicht etwa nur dictatweise, sondern ganz selbständig für ihn, oder richtiger gesagt: *als er selbst* geführt habe, – an seiner Statt und in seinem Namen und Geiste. Hier nun kommt es, wie Sie sehen, mit der Selbständigkeit auf solchen Grad, daß sie gleichsam dialektisch in ihr Gegenteil umschlägt und zur totalen Selbstentäußerung wird, dergestalt, daß ich überhaupt nicht mehr vorhanden bin und nur er noch aus mir redet. (...) Zweifel freilich hege auch ich, und sie betreffen das Problem der Würde, das eines der schwierigsten und beunruhigendsten bleibt. In der Aufgabe des eigenen Mannes-Ich mag wohl, allgemein gesprochen, etwas Schändliches liegen – wenigstens argwöhne ich zuweilen, daß es darin liege. Wenn man aber auf diese Weise zu Goethe wird und seine Briefe schreibt, so ist eine höhere Würdigung doch auch wieder nicht vorstellbar. Auf der anderen Seite – wer ist er? Wer ist er nach allem und zuletzt, daß es nur überaus ehrenvoll und gar nichts anders sein sollte, sich in ihm zu verlieren und ihm sein Lebens-Ich aufzuopfern?«

Bemerkenswert, wie Goethes Sekretär seine Unterwürfigkeit legitimiert – man sieht sie seinem schief stehenden Kopfe richtig an – und wie er gleichzeitig ihrer überdrüssig ist, was den maulenden Zug um den Mund erklären dürfte. Letzterer hindert ihn, den versierten Intellektuellen, freilich nicht am eloquenten Entwurf einer Lebensphilosophie:

»Nicht jeder, verehrteste Frau, ist dazu geboren, seinen eigenen Weg zu gehen, sein eigenes Leben zu leben, seines eigenen Glückes Schmied zu sein, oder vielmehr: manch einer, der es im voraus nicht wußte und eigene Pläne und Hoffnungen glaubte hegen und pflegen zu sollen, macht die Erfahrung, daß sein eigenstes Leben und sein persönlichstes Glück eben darin bestehen, daß er auf beides Verzicht leistet, – sie bestehen für ihn paradoxaler Weise in der Selbstentäußerung, im Dienste an einer Sache, die nicht die seine und nicht er selbst ist, es schon darum nicht sein kann, weil diese Sache höchst persönlich, ja eigentlich mehr schon eine Person ist, weshalb denn der Dienst daran auch meist nur recht untergeordneter und mechanischer Natur sein kann, – Eigenschaften, die aber übrigens überwogen und aufgehoben werden durch die außerordentlich hohe Ehre, die vor Mit- und Nachwelt mit dem Dienst an dieser wunderbaren Sache verbunden ist. Durch die gewaltige Ehre.«

Je überwältigender der große Mann, um so gewaltiger die Ehre seiner Liebediener. Riemer und seinesgleichen machen aus ihrer schmählichen Selbstaufgabe eine neue Religion – die Religion des Lebensopfers, dargeboten einem »Gott« und einem »Götterfürsten«, vor dessen »Mysterium« sie erschaudern wie einst Moses vor dem Dornbusch. Es mag wie ein leichtfertiges Geschichts-Spiel anmuten, an dieser Stelle die faschistische Opfer-Ideologie in Erinnerung zu rufen, die so behende das Lebens-Opfer des Individuums für eine Person oder eine Sache einfordert. Aber die Verschränkung der historischen Vergangenheit mit der Gegenwart ist, wir werden es noch sehen, eines der Gestaltungsprinzipien des Exilromans Thomas Manns. In Hitlers *Mein Kampf* spielt das individuelle Lebensopfer im Namen von Führer und Volk eine Hauptrolle bei der ideologischen Steuerung des Lesers – womit nicht verleugnet werden soll, daß auch andere Ideologien, etwa die rigideren Spielarten des Kommunismus, vom Opfer in Sirenentönen zu reden vermögen. Doch kommt es hier auf die Beziehung der klassischen Epoche Weimars zum Nationalsozialismus an, dessen Führer so eiserne Sätze wie den folgenden zu schmieden verstand: »In der Hingabe des eigenen Lebens für die Existenz der Gemeinschaft liegt die Krönung allen Opfersinnes.« *(Mein Kampf)* Da die Gemeinschaft ihrerseits von Führers Gnaden lebt und seinen Geist atmet, ist *er* der würdige Altar, worauf der einzelne das Opfer seines Lebens darbringt: woraus erhellt, welche Seelenverwandtschaft zwischen einem Sekretär im Dienste Goethes und seines Werks und einem Opferwilligen im Dienste des politischen Führers und Volkes herrschen kann. Thomas Mann findet indes an derlei Parallelen nicht sein Genüge. Als Epiker – und nicht nur als Essayist – hält er es auch mit dialektischem Aufklärertum, und so erscheint die Opferwilligkeit der Paladine Goethes zugleich als eine Folge Goethescher Lebensstrategie. Der Erzähler läßt durchblicken, mit welch souveräner Unbedenklichkeit der Dichter seine Umgebung an sich fesselt. Gebraucht er nicht die Menschen als Mittel zum Zweck, als Material für seine poetischen Aufschwünge? Mischt er sich beispielsweise nicht mit verräterischem Eifer in feste Liebesverhältnisse ein, vornehmlich in Verlöbnisse und in Ehen, um sich, quasi im Vorbeigehen, an der Braut oder Ehefrau zu entzünden und dann am Feuer seiner Leidenschaft glühende Verse zu schmieden und eine schlackenlose Prosa zu bereiten? Indem der Erzähler am Privatmann Goethe Züge der Willkürherrschaft freilegt, entgöttert er den Vergötterten. Die geläufige Rede, Thomas Mann habe ein Leben lang im Banne des Dichterfürsten gestanden, trifft nicht die ganze Wahrheit. Er stand mehr noch im Banne seines Werks – und um dieses Werk für eine kritische Liebe und eine liebende Kritik zugänglich zu machen, suchte er die unkritische Verehrung der Person zu mäßigen – eine Voraussetzung für das emanzipierte Verhältnis des namenlosen Individuums zu den Großen der Welt, also auch für ein Nein zum Führerkult jeder politischen Couleur. Unter des Erzählers Feder entsteht ein Rankenwerk voller ironisch gemeinter Episoden, das den Leser sehr wohl in überlegte Distanz zur historischen Größe versetzen kann, so, wenn zutage tritt, daß Goethe seinen minder begabten Sohn, den schwerfällig-düsteren August, zu seinem Doppelgänger abrichtet, zu einem Goethe en miniature, dem des Vaters Hang zum Champagner ebenso in Fleisch und Blut übergeht wie sein Drang zu Frauenzimmern der loseren Sorte; ja, auch ein höheres Liebesverhältnis muß der Sohn nach dem Geschmack des Vaters einrichten, und Augusts hohe Geliebte, eine Adlige namens Ottilie von Pogwisch, sieht es ihrerseits als hehre Pflicht an, um des großen Mannes willen sich seinem dürftigen Spiegelbild hinzugeben. So droht ihr das Schicksal einer Friederike Brion und einer Lili Schönemann, die sich vom Mysterium der großen Persönlichkeit verzaubern und vernichten ließen: Sie fanden niemals zu ihrem eigenen Selbst und zu bürgerlicher Selbständigkeit zurück.

Thomas Mann zieht Goethe deshalb nicht etwa *moralisch* zur Rechenschaft – das überläßt er den Kleinstädtern und Kleinbürgern. Er läßt vielmehr die Dämonie des großen Mannes widerstrahlen, um ihrer Unwiderstehlichkeit und ihrer Verderblichkeit Grenzen vorzuzeichnen. Denn die Menschen sind keineswegs zu »lebenslanger Hörigkeit« im Bannkreis der Großen verdammt, wie der schwermütig maulende Dr. Riemer wähnt, sie verdammen sich selber dazu. Daran läßt das Fräulein Adele Schopenhauer keinen Zweifel, das nach Riemer der Hofrätin Kestner ihre Aufwartung macht – jene wortgewaltige Liebhaberin der Musen, die ihren Bruder Arthur zu Lebzeiten an Berühmtheit übertraf, vielleicht, weil sie ihre Geistesgaben durch einen »in gebildeter Rede geübten Mund« kundtat, wie uns Thomas Mann versichert, der die sprudelnde Wortlust dieses jungfräulichen Mundes nicht genug zu rühmen weiß: »Er wässerte«, so heißt es im Roman, »er wässerte etwas, so daß es mit der fließenden, leicht sächsisch gefärbten Rede tatsächlich wie geschmiert ging«. Der wahrhaft flüssigen Rede des Fräulein Schopenhauer entnehmen wir manch aufschlußreiche Verhaltensweise Goethes, der ja häufig den Sonntag- und Donnerstag-Tee der Madame Schopenhauer mit seiner Anwesenheit beehrte; aufschlußreicher noch dürfte das Gehabe der um ihn Versammelten sein:

»War er oft auch ein wenig stumm, still für sich sitzend und zeichnend an seinem Tisch, so dominierte er doch im Salon, einfach weil alles sich nach ihm richtete, und er tyrannisierte die Gesellschaft, weniger weil er ein Tyrann gewesen wäre, als weil die anderen sich ihm unterwarfen und ihn geradezu nötigten, den Tyrannen zu machen. So machte er ihn denn und regierte sie, klopfte auf seinen Tisch und verfügte dies und das (...).«

Die dichtervernarrte Gesellschaft, die ihren Tyrannen tatkräftig selbst erzeugt – sie stellt beileibe nicht nur ein kulturhistorisches Glasperlenspiel Thomas Manns dar, denn ehe sich's der Leser versieht, schlägt mitten im Spiel seine Zeit, das 20. Jahrhundert, ihr Gesicht auf, ein blutig-ernstes Gesicht. Wie könnte es bei einem so zeitbewußten, von seiner Zeit so sehr bedrohten Schriftsteller wie Thomas Mann auch anders sein! Als er 1939 die *Lotte in Weimar* publizierte, schrieb und redete er seit Jahren in verzweifelter Unruhe gegen das nationalsozialistische Unwesen in der Heimat an. Zu seinen wirkungsvollsten Kunstgriffen im Goethe-Roman zählen die leitmotivisch wiederkehrenden Spiegelungen des Gegenwärtigen im Vergangenen, bestätigende, aber auch kontrastive Spiegelungen. Dazu bedurfte es der fortschreitenden Umwandlung des Privatmannes Goethe in einen Repräsentanten des Geistes und der Politik. Die Gestalt Goethes erscheint über sechs Kapitel hinweg immer wieder im Gewand des Privattyrannen, als den ihn seine Umwelt darstellt, ehe er im 7. Kapitel selber die Szene betritt und in einem Selbstgespräch seine geistig-politische Physiognomie enthüllt, eine gänzlich anti-despotische Physiognomie! Nun ist kein Zweifel mehr, daß die Tyrannei, unter der die Gesellschaft leidet, ihr ureigenes Werk ist. Goethe hadert mit seinem Volk, den Deutschen, führt Klage darüber, »daß ihnen Dunst und Rausch und all berserkerisches Unmaß so teuer« ist, »daß sie sich jedem verzückten Schurken gläubig hingeben, der ihr Niedrigstes aufruft, sie in ihren Lastern bestärkt und sie lehrt, Nationalität als Isolierung und Roheit zu begreifen«. Die Anspielung auf ‚Bruder Hitler' und den Nationalsozialismus ist unüberhörbar, und sie erhält einen noch viel schrofferen, schrilleren Klang im Schlußkapitel, als Goethe der Lotte in Weimar zu Ehren eine Mittagsgesellschaft gibt. Wie gewohnt reißt er das Gespräch an sich, wie gewohnt hört die Umgebung ihm gebannt zu, ehe Goethe mit souveräner Ironie sein Verhältnis zu den sklavisch lauschenden Gästen in einer abseitigen und doch höchst typischen Geschichte, einer deutschtypischen Geschichte, widerspiegelt:

»Auf großherzoglicher Bibliothek befinde sich ein alter Globus, der in manchmal frappanten Inschriften knappe Charakteristiken der unterschiedlichen Erdenbewohner gebe, wo es denn über Deutschland heiße: ›Die Deutschen sind ein Volk, welches eine große Ähnlichkeit mit den Chinesen aufweist.‹ Ob das nicht sehr drollig sei und sein Zutreffendes habe, wenn man sich der Titelfreude der Deutschen und ihres eingefleischten Respects vor der Gelehrsamkeit erinnere. Freilich bleibe solchen völkerpsychologischen Aperçus immer etwas Beliebiges, und der Vergleich passe ebenso gut oder besser auf die Franzosen, deren culturelle Selbstgenügsamkeit und mandarinenhaft rigoroses Prüfungswesen sehr stark ins Chinesische schlügen. Diese seien außerdem Demokraten und auch hierin den Chinesen verwandt, wenn sie sie in der Radicalität demokratischer Gesinnung auch nicht erreichten. Die Landsleute des Confucius nämlich hätten das Wort geprägt: ›Der große Mann ist ein öffentliches Unglück.‹
Hier brach ein Gelächter aus, das denn doch noch schallender war

als das vorige. Dies Wort in diesem Munde erregte einen wahren Sturm von Heiterkeit. Man warf sich in den Stühlen zurück und lehnte sich über den Tisch, schlug auch wohl mit der flachen Hand darauf, – chokiert bis zur Ausgelassenheit von diesem principiellen Unsinn, erfüllt von dem Wunsch, dem Gastgeber zu zeigen, wie man es zu schätzen wisse, daß er es auf sich genommen, ihn zu referieren, und ihm zugleich zu bekunden, für welche ungeheuerliche und lästerliche Absurdität man den Ausspruch erachte. Nur Charlotte saß gerade aufgerichtet, in Abwehr erstarrt, die Vergißmeinnichtaugen schreckhaft erweitert. Ihr war kalt. (...) Während aber dieser Alb sie heimsuchte, kroch dieselbe Angst, wie schon einmal, ihr kalt den Rücken hinab: es möchte nämlich das überlaute Gelächter der Tafelrunde bestimmt sein ein Böses zuzudecken, das in irgendeinem schrecklichen Augenblick verwahrlost ausbrechen könnte, also, daß einer aufspringen, den Tisch umstoßen und rufen möchte: ›Die Chinesen haben recht!‹«

Charlottes angstvolle Vision ist durchaus keine Phantasterei. Hat sie nicht in den unterwürfigen Goethe-Hymnen des Dr. Riemer unschwer die Spuren heimlicher Opposition entdeckt? Und hat sie nicht selbst erlebt, wie den Sohn des Dichterfürsten Schadenfreude durchbebte, als er von jener unglückseligen Fahrt erzählte, da der Göttliche aus der Postkutsche herausgeschleudert wurde und, aller Autorität ledig, »mit besudelten Kleidern und aufgelöster Kragenbinde in einem Straßengraben« dahinkroch? Freilich – *mehr* Opposition als heimliche Schadenfreude und melancholisches Muckertum werden die Unterdrückten kaum wagen, und keiner wird aufspringen und öffentlich rufen: »Die Chinesen haben recht!« Vor allem aber werden sie das gesellschaftliche Fundament nicht verrücken, auf dem erst der große Mann zu einem Unglück wird. Es ist dasselbe Fundament, auf dem der Geniekult blüht, welcher noch einem Hitler zugute kommen sollte. Der hat wohl gewußt, welche unterwürfige Verehrung Deutsche ihren Kulturgrößen entgegenzubringen pflegen und hat sich deshalb schon in *Mein Kampf* als Künstler-Politiker aufgeführt. Man hat, um es noch einmal zu sagen, auf diese raffiniert kalkulierte Selbstdarstellung des Tyrannen noch viel zu wenig geachtet, hat noch kaum bemerkt, mit wieviel geschickter Anmaßung hier ein inferiorer Staatsmann sich als Künstler drapierte mit dem untrüglichen Gespür für eine deutschtypische Schwäche, den prompten Kniefall vor der Größe, auch vor der künstlerischen Größe, dem Genie.[16] Die von Goethe erzählte Chinesen-Episode hat ihre Pointe darin, daß sie diesen Kniefall auf den Mangel an demokratischen Verkehrsformen zurückführt. Der Geniekult, von dem Goethe als Privatmann und Privattyrann gerne zehrt, wird von ihm zugleich als kultursoziales und politisches Phänomen in Frage gestellt. Von dieser Infragestellung geht in einem Atemzug eine aktuelle Frage an die Zeitgenossen Thomas Manns aus: ob sie denn weiterhin den großen Mann als »öffentliches Unglück« erdulden wollten? Um die Frage zu pointieren, übt sich der Romanerzähler in der Kunst der virtuosen Provokation: Er läßt Goethes patriarchalische Hausidylle in die Schrecken der jüngsten Geschichte umschlagen, als der kräftig tafelnde Dichter, wohlzufrieden mit diversen Gängen, unversehens eine ferne Vergangenheit heraufbeschwört, in der abermals ideologisch-politische Führer eine unheilvolle Rolle spielen:

»Dann, mit gesenkter Stimme, vorgeschobenen Lippen und einem Unheilsausdruck, der doch auch wieder etwas episch Scherzhaftes hatte, wie wenn man Kindern Schauriges erzählt, berichtete er von einer Blutnacht, die jene merkwürdige Stadt in einem Jahrhundert der späteren Mittelzeit gesehen, einem Judenmorden, zu dem sich die Einwohnerschaft jäh und wie im Krampf habe hinreißen lassen und von dem in alten Chroniken die Kunde gehe. Viele Kinder Israel nämlich hätten zu Eger gelebt, in mehreren ihnen zugewiesenen Gassen, wo denn auch eine ihrer berühmtesten Synagogen nebst Hoher Judenschule, der einzigen in Deutschland, gelegen gewesen sei. Eines Tages nun habe ein Barfüßermönch, der offenbar fatale rednerische Gaben besessen, das Leiden Christi von der Kanzel herab aufs erbarmungswürdigste geschildert und die Juden als die Urheber allen Unheils empörend dargestellt, worauf ein zur Tat geneigter und durch die Predigt außer sich gebrachter Kriegsmann zum Hochaltar gesprungen sei, das Crucifix ergriffen und mit dem Schrei: ›Wer ein Christ ist, folge mir nach!‹ den Funken in die hochentzündliche Menge geworfen habe. Sie folgte ihm, außen fand Gesindel jeglicher Art sich dazu, und ein Plündern und Morden begann in den Judengassen, unerhört: die unseligen Bewohner seien in ein gewisses schmales Gäßchen zwischen zweien ihrer Hauptstraßen geschleppt und dort gemetzelt worden, dergestalt, daß aus dem Gäßchen, welches noch heute die Mordgasse heiße, das Blut wie ein Bach herabgeflossen sei.«

Ließ sich das Grauen der deutschen Kristallnacht bedrängender in Erinnerung rufen? Und konnte man als deutscher Schriftsteller entschiedener den nationalsozialistischen Zeitgeist herausfordern als durch den Kommentar, den Thomas Mann im Anschluß an die schaurige Geschichte dem Weimarer Dichterfürsten in den Mund legt?

»Die Religiosität der Juden aber sei charakteristischerweise auf das Diesseitige verpflichtet und daran gebunden, und eben ihre Neigung und Fähigkeit, irdischen Angelegenheiten den Dynamismus des Religiösen zu verleihen, lasse darauf schließen, daß sie berufen seien, an der Gestaltung irdischer Zukunft noch einen bedeutenden Anteil zu nehmen. Höchst merkwürdig nun und schwer zu ergründen sei angesichts des so erheblichen Beitrags, den sie der allgemeinen Gesittung geleistet, die uralte Antipathie, die in den Völkern, gegen das jüdische Menschenbild schwele und jeden Augenblick bereit sei, in tätlichen Haß aufzuflammen, wie jene Egerer Unordnung zur Genüge zeige.«

Goethe als Kritiker des Antisemitismus und als Fürsprecher jüdischen Geisteslebens – dies ist mehr als ein poetischer Einfall des Erzählers: es ist das streitbare Unterfangen, Werk und Ideenwelt des deutschen Klassikers dem Dritten Reich zu entreißen und zum Gegenbild faschistischen Führertums umzugestalten, zu einem beweglichen, landflüchtigen Gegenbild. Mit Goethe, dem Inbegriff deutscher Kultur, wird die Klassik modern und wird der Moderne ein Führer zugewiesen; mit ihm wandert das wahre Deutschland aus dem Dritten

Reich aus: sein Ort ist von nun an auf ungewisse Zeit das Exil. Für diesen bewegenden Vorgang hat Thomas Mann eine unvergeßliche Präfiguration ersonnen – das Geistesexil Goethes inmitten der Befreiungskriege. Es ist ein Geistesexil, das nicht der Flucht Goethes aus seiner Zeit, sondern der Opposition gegen sie entspringt. Das Jahr 1816, in dem Thomas Manns Roman einsetzt, gestattet den wiederholten Rückblick auf die eben zu Ende gegangenen Befreiungskriege, auf die Zeit der deutschnationalen Erhebung gegen die napoleonische Fremdherrschaft. In dieser Zeit macht Goethe unmißverständlich Front gegen den rauschhaft anschwellenden Patriotismus seiner Landsleute. Er nennt ihn, wie uns Adele Schopenhauer wissen läßt, eine »widerliche und völlig unanständige Erhitzung« – und das adlige Fräulein kann in fließender, leicht wässernder Rede auch Gründe für dieses schneidende Urteil anführen. Das Volk der Dichter und Denker erhebt sich gegen Napoleon mit den Mitteln der Bildung und der Kultur – und dennoch mißrät ihm die Erhebung zu einem Hohngesang auf alle Bildung und Kultur:

»In Berlin gingen Fichte, Schleiermacher und Iffland bis an die Zähne bewaffnet umher und ließen ihre Säbel auf dem Pflaster klirren. Herr von Kotzebue, unser berühmter Theaterdichter, wollte eine Amazonenschar gründen (...). Es war nicht eben eine Zeit des guten Geschmacks, das nicht, und wem es nur um diesen zu tun war, nur um Cultur, Besonnenheit, zügelnde Selbstkritik, der kam nicht auf seine Kosten. Er kam zum Exempel nicht darauf bei den Poesien, die jene aufgewühlte Epoche zeitigte, und die wir heute wohl widrig fänden, ob sie uns gleich damals Tränen popularischer Ergriffenheit in die Augen trieben. Das ganze Volk dichtete, es schwelgte und schwamm in Apokalypsen, Prophetengesichten, in blutigen Schwärmereien des Hasses und der Rache. Ein Pfarrer gab ein Spottpoem auf den Untergang der Großen Armee in Rußland an Tag, das im Ganzen wie in seinen Einzelheiten geradezu anstößig war. Die Begeisterung ist schön, allein wenn es ihr gar zu sehr an Erleuchtung fehlt und exaltierte Spießbürger in heißem Feindesblut schwelgen, weil eben die historische Stunde ihnen ihre bösen Lüste freigibt, so hat das selbstverständlich sein Peinliches. Man muß es gestehen: was damals von wütenden Reimergüssen das Land überflutete zur Verhöhnung, Erniedrigung, Beschimpfung des Mannes, vor dem die Tobenden noch jüngst in Furcht und Glauben erstorben waren, das ging über Spaß und Ernst, durchaus über Vernunft und Anstand, um so mehr, als es sich vielfach gar nicht so sehr gegen den Tyrannen wie gegen den Emporkömmling, den Sohn des Volkes und der Revolution, den Bringer der neuen Zeit richtete.«

Wer könnte bei Adele Schopenhauers beredter Darstellung einer wild gewordenen Geisteskultur übersehen, daß deutsche Bildungsträger 100 Jahre später, zu Beginn des ersten Weltkriegs, und kurze Zeit darauf noch einmal, in den Gründerjahren des Dritten Reiches, ihre kultivierte Feder für eine barbarische Politik abermals spitzten? Thomas Mann läßt nicht nur den Geist der Befreiungskriege als ein Präludium zum Nationalismus des 20. Jahrhunderts erscheinen; er beruft sich im gleichen Atemzug auf Goethes Weltbürgertum als das Gegengift gegen den nationalen Ungeist vornehmlich der Faschisten. »Der Deutsche«, sagt Goethe einmal im Salon der Madame Schopenhauer, »muß die Welt in sich aufnehmen, um auf die Welt zu wirken. Nicht feindliche Absonderung von anderen Völkern darf unser Ziel sein, sondern freundschaftlicher Verkehr mit aller Welt, Ausbildung der gesellschaftlichen Tugenden«. Daß dieser kosmopolitische Humanismus dem Weimarer Klassiker »Gesinnungsvereinsamung« und »Volksentfremdung« aufzwang, stiftet die Verwandtschaft seines Geistesexils mit dem Exil der humanistisch gebildeten Intelligenz in der faschistischen Ära. Man muß die Streitschriften Paul Rillas zu einigen repräsentativen Goethe-Bildern von 1883 bis 1941 lesen, um ermessen zu können, wogegen diese Geistesverwandtschaft im einzelnen opponierte.[17] »Die Goethe-Interpretation von Scherer über Gundolf bis Hildebrandt«, so wies Rilla nach, »ist der Weg von Friedrich (dem Großen) über Bismarck zu Hitler.«[18] Von Stefan George, der von der Führeraufgabe kündete, das Neue Reich zu pflanzen, übernahm Kurt Hildebrandt, einer seiner Meisterschüler, das Vermächtnis, das entsprechende Führertum und seine Tradition namhaft zu machen. Und siehe – es war Goethe, der instinktiv fühlte, »daß nur ein großer deutscher Täter, eine das Volk mitreißende Führerpersönlichkeit, die deutsche Zukunft in sich trug«, Goethe selbst legte es »nicht darauf an, allen Menschen die höchste Vervollkommnung zu predigen, sondern der Eine Führer, die volksrepräsentierende Monade zu werden«.[19] Es ereignete sich das Wunder, daß derselbe Goethe seine Erfüllung in Hitler fand, was den Schluß gestattete, daß im deutschen Klassiker, der volksrepräsentierenden Monade, immer schon der »Mythos vom deutschen Genius als weltrepräsentierender Macht«[20] weste: Hildebrandt zufolge bestätigte es der *Faust* unzweifelhaft. Der *Faust* und auch *Dichtung und Wahrheit*, wie eine »berühmte Stelle« verrät, an die Hildebrandt die rheotrische Frage knüpfte: »Wo sonst ist der Sinn der Nation, gefaßt in der Einheit von Volk, Führer, Dichtung, so großartig-einfach ausgesprochen?«[21] – Gegen solche und ähnliche geistverlassenen Goethe-Bilder erhob dasjenige Thomas Manns Einspruch, um den Mythos Goethe dem Tausendjährigen Reich zu entwinden und mit seiner Hilfe im gebrechlichen Reich des Exils zu überwintern. Doch des Exils schien kein Ende zu sein, auch dann nicht, als man es de facto, im Jahr 1945, mit der Heimat vertauschen konnte. Dort war schon im Goethe-Jahr 1949 wieder eine »reaktionäre Kulturgemeinde« am Werk, wie Rilla scharfsichtig wahrnahm, ein »demokratisch getarnter Neofaschismus«[22], der den Weimarer Goethe-Preisträger Thomas Mann ebenso erbittert bekämpfte und verfälschte wie das von ihm entworfene Goethe-Bild. »Freiheit, Bildung, Allseitigkeit und Liebe« waren Leitmotive jenes Weltbürgertums, das Thomas Mann in seinem Exil-Roman am Beispiel Goethes entfaltete, eines Weltbürgertums, das nicht nur 1812, 1939 und 1949 von politischer Charakterstärke und widerstandsmutiger Individualität zeugte. Es stiftet noch heute, heute besonders, die Identität der streitbaren Pazifisten in der westlichen Welt.

1 Alexander und Margarete Mitscherlich, *Die Unfähigkeit zu trauern. Grundlagen kollektiven Verhaltens.* München 1970. — 2 Für *Mario und der Zauberer* und *Bruder Hitler* vgl. Verf., *Thomas Mann: Mario und der Zauberer.* München 1981 (UTB 976). – Für *Lotte in Weimar* vgl. Hinrich Siefken, *Thomas Mann. Goethe – »Ideal der Deutschheit«. Wiederholte Spiegelungen 1893–1949.* München 1981. — 3 Vgl. Verf., »Widersprüchlicher Antifaschismus. Thomas Manns politische Schriften (1914–1945)«. In: Lutz Winckler (Hg.): *Antifaschistische Literatur. Programme, Autoren, Werke.* Bd. 1. Kronberg/Ts. 1977. S. 142–222; zu den *Radiosendungen* vgl. S. 93–98. — 4 Dieser Absicht folgend, verzichten wir außerdem auf interpretatorische Hinweise zu Thomas Manns Exilnovelle *Das Gesetz* (1943), welche die Zeitgeschichte in eine alttestamentarisch gewandete Parabel – das verteufelt schwere Erziehungswerk des Führers Moses angesichts eines aus den Fugen der Moral geratenen Volks – entrückt. — 5 Dazu und zum Folgenden vgl. Verf., Thomas Mann: *Mario und der Zauberer*, a.a.O. — 6 Georg Lukács, *Thomas Mann.* Berlin 1953. S. 35. — 7 Hans Mayer, *Thomas Mann. Werk und Entwicklung.* Berlin 1950. S. 192. — 8 Inge Diersen, *Thomas Mann. Episches Werk, Weltanschauung, Leben.* Berlin (DDR) 1975. S. 214. — 9 Walter Benjamin, »Nachwort« zur Abhandlung »Das Kunstwerk im Zeitalter seiner technischen Reproduzierbarkeit«. In: W. B.: *Illuminationen*, Frankfurt/M. 1961. – Erstdruck in: *Zeitschrift für Sozialforschung*, Jg. 1, 1936. — 10 Benjamin (Anm. 9), S. 175. — 11 Maria-Antonietta Macciocchi, *Jungfrauen, Mütter und ein Führer. Frauen im Faschismus.* Berlin 1976. S. 38. — 12 Benito Mussolini, »Die Lehre des Faschismus«. In: Ernst Nolte (Hg.): *Theorien über den Faschismus.* Köln 1976. S. 84. — 13 Sigmund Freud, »Massenpsychologie und Ich-Analyse.« In: *Studienausgabe.* Bd. IX. Frankfurt/M. 1974. S. 108. — 14 Diesen Argumentationsverlauf übersehen auch neuere Interpretationen. — 15 So Hermann Kurzke, Herausgeber der Essays von Thomas Mann, hier Bd. 2: *Politische Reden und Schriften.* Frankfurt/M. 1977, S. 365. — 16 Vgl. zu diesem wenig beachteten Phänomen J. P. Stern, *Hitler. Der Führer und das Volk.* München 1978. (Hier S. 41.) — 17 Paul Rilla, *Literatur als Geschichte. Zwei Streitschriften.* München 1978. (Erstmals Berlin 1948 u. 1949). — 18 Ebd. S. 142. — 19 Zit. nach Rilla, S. 138 u. 139. 29 Zit. nach Rilla, S. 142. 21 Zit. nach Rilla, edb. 22 Ebd. S. 156 u. 157.

Lutz Winckler

Klaus Mann: Mephisto

Schlüsselroman und Gesellschaftssatire*

I

Mephisto ist nach *Flucht in den Norden,* nach *Symphonie Pathétique* Klaus Manns dritter Exilroman. Die entscheidende Anregung zum Romanprojekt und seinem Schlüsselmotiv schreiben Martin Gregor-Dellin und Berthold Spangenberg Hermann Kesten zu. Sie beziehen sich dabei auf einen von Gregor-Dellin 1974 wiederentdeckten Brief Hermann Kestens an Klaus Mann.[1] Kesten entwirft in diesem vom 15. 11. 1935 datierten Brief das scenario für eine Gesellschaftssatire in der Tradition Maupassants. Die Rede ist von einem »Theaterroman«, der das Schicksal »eines homosexuellen Karrieristen im Dritten Reich« schildern solle. Als mögliches Vorbild nennt Kesten Gustaf Gründgens. Kestens Vorschlag enthält in der Tat wesentliche Elemente des Romankonzepts – aber er ist weniger originell als die Klaus-Mann-Forschung vermutet. Vielmehr bringt er einen mehr als einjährigen Diskussionsprozeß zwischen Klaus Mann und Fritz Landshoff, dem Amsterdamer Lektoratskollegen Kestens, zum Abschluß. Von solchen Diskussionen spricht Landshoff in einem bisher unveröffentlichten Brief an Klaus Mann vom 29. 10. 1935. Er bezieht sich in diesem Brief – werbend, unsicher und warnend – auf ein ihm vorliegendes »Exposé« des Freundes. Landshoff schreibt: »Ich habe mit Deinem Exposé unruhige Tage und Nächte verbracht. Wir sprachen ja schon vor Jahresfrist über nicht ganz unähnliche Pläne. Meine Vorstellungskraft versagt. Ein heikles Thema, das ganz groß zu sehen ist (aber, soweit ich weiß, fast nie wirklich gelungen ist) – oder aber ein richtiger »Versager« sein kann. Ich – kleinmütig – fürchte mich etwas. Besprich es doch auch mit der Eri (...) es ist ein *gefährlicher* Stoff. Überlege es noch einmal – *und noch einmal.*«[2] Über den Verbleib des Exposés ist nichts bekannt; alles spricht aber dafür, daß es sich dabei um das Mephisto-Projekt handelt. In diesem Fall wäre Klaus Mann selbst der Erfinder und Urheber der Romanidee. Denkbar ist, daß Hermann Kesten auf Bitten Fritz Landshoffs – und in Kenntnis des Exposés – sich an den Überlegungen beteiligt hat.[3] Wie immer die Frage der geistigen Urheberschaft am Romanprojekt zu beantworten sein mag, an der Sache selbst erscheint wichtig, daß sich in der Debatte der befreundeten Briefpartner zentrale Probleme des »Schreibens im Exil« widerspiegeln: auf die wohlbegründete Angst des Lektors und

---

* Es handelt sich bei diesem Beitrag um die erweiterte und überarbeitete Fassung eines Vortrags, den ich im Mai 1982 auf Einladung des Fachbereichs Sprachwissenschaften an der Universität Hamburg gehalten habe.

Verlegers Fritz Landshoff vor Zensur- und Verfolgungsmaßnahmen der Behörden, aber auch vor einem ökonomischen Fehlschlag auf dem stark geschrumpften Exilmarkt[4] antwortet der »rettende« Hinweis des Lektors, Kritikers und Autors Hermann Kesten auf literarische Muster und Traditionen der europäischen Gesellschaftssatire; der Vorschlag, das »Ganze im ironischen Spiegel einer großen versteckten, freilich spürbaren Leidenschaft« zu reflektieren und so den privaten Schreibanlaß in ästhetischer Verallgemeinerung politisch womöglich zu entschärfen.[5] Der Autor sucht den Erwartungen der Freunde (und der potentiellen Leser) zu entsprechen – ohne jedoch das ganz persönliche Motiv und das gesellschaftliche Anliegen des Romanprojekts preiszugeben. Dieses Anliegen ist unübersehbar polemisch; aber die Auseinandersetzung mit dem ehemaligen Freund und Schwager Gustaf Gründgens, der als Schauspieler für den literarischen Debütanten Klaus Mann auch künstlerisches Vorbild gewesen ist, verweist über den privaten Anlaß hinaus auf den grenzüberschreitenden Konflikt der Exilierten mit den in Deutschland Gebliebenen – den Schweigenden, den Mitläufern, den »Verrätern«, wie Klaus Mann sie in einem 1937 geschriebenen Essay nannte. Dieser bis heute nicht publizierte Essay trägt den Titel *Haben die deutschen Intellektuellen versagt?*[6] Er steht im Zusammenhang mit dem Versuch einer Standortbestimmung und Standortklärung der Künstler in den durch den Faschismus herausgeforderten kulturellen und politischen Konflikten. Eine typische, sowohl selbstkritisch wie kämpferisch nutzbare Form dieser Selbstverständigung war die Intellektuellen- und Künstlerpolemik. Es war eine Polemik, die sich richtete gegen Gottfried Benn, Gerhart Hauptmann, Rudolf Binding, Hanns Johst und an der sich namhafte Exilschriftsteller wie Ernst Toller mit seiner Rede auf dem Internationalen PEN-Kongreß in Ragusa, Heinrich Mann in der *Sammlung*, Alfred Kerr, Lion Feuchtwanger und nach der Herausforderung durch Eduard Korrodi Anfang 1936 auch Thomas Mann beteiligten.[7] Klaus Mann hatte schon im April 1933 interveniert. Sein Brief an Gottfried Benn provozierte diesen zum öffentlichen Bekenntnis für den »neuen Staat«, verwickelte ihn selbst aber in eine langjährige essayistische Auseinandersetzung mit Werk und politischer Position des Lyrikers.[8] Brecht hatte 1933 in einem *offenen Brief an den Schauspieler Heinrich George* diesen nach der Vereinbarkeit seiner künstlerischen Moral mit der Ermordung seines »Kollege(n) am Staatlichen Schauspielhaus Hans Otto« durch die Nazis gefragt.[9] Klaus Manns offener Brief *An die Staatsschauspielerin Emmy Sonnemann-Göring*, der in die 1935 vom exilierten Schutzverband deutscher Schriftsteller herausgegebene Tarnschrift *Deutsch für Deutsche* aufgenommen wurde, folgt diesem Muster, wenn er die Darstellerin der Minna von Barnhelm des Verrats an ihren künstlerischen Rollen bezichtigt.[10] Der unpublizierte Essay aus dem Jahr 1937 handelt ebenfalls von der moralischen Verantwortung der deutschen Intelligenz. Von den intellektuellen Repräsentanten des Exils, von Albert Einstein und Thomas Mann, geht der Blick auf die in Deutschland gebliebenen Wissenschaftler, Philosophen, Geistlichen, Publizisten, Schriftsteller und Künstler. Klaus Mann unterscheidet zwischen Enttäuschten und konservativen Oppositionellen, zwischen Angepaßten und nazifizierten Intellektuellen. Gründgens zählt er, zusammen mit Emil Jannings, Werner Krauss und Hanns Johst zur letzten Gruppe. Es ist die Gruppe der »Verräter«, jenes »Typus des deutschen Künstlers, der, um des Geldes und um des Ruhmes willen, sein Talent an die blutbefleckte Macht verkaufte...«[11] Klaus Mann begreift das Exil hier als persönliche Entscheidung und als »symbolischen« Akt: dokumentiert wird in ihm die Unterdrückung von Humanität und Moral in Deutschland, deren Pflege stellvertretend das Exil übernimmt.

II

In diese Auseinandersetzung also greift Klaus Mann mit dem Roman ein. Der Text ist vielschichtig: verschiedene Leser sollen angesprochen, möglichst viele Eingriffsmöglichkeiten genutzt werden. So ist der Roman – trotz aller Versicherungen und Proteste seines Autors und Verlegers[12] – zunächst einmal als Schlüsselroman zu lesen. Nahezu alle Figuren des Romans haben Schlüsselcharakter. Die Reaktionen der ersten Leser, interessierte Nachfragen in den Briefen Kurt Hillers, Christa Hatvany-Winsloes, Herbert Schlüters, Golo Manns zeigen, daß amüsiert und voyeuristisch, zurückhaltend und zustimmend »entschlüsselt« wurde.[13] Die Klaus-Mann-Forschung hat weitere Arbeit geleistet.[14] Wie zwingend die Schlüssel im einzelnen sein mögen: die ersten Entwürfe und Skizzen Klaus Manns zum Roman gelten Schlüsselporträts, von denen etwa die des Hendrik Höfgen und der Barbara Bruckner noch alternierend die Bezeichnung G. G. und E. (Erika Mann) tragen. Auch die verschlüsselten Naziporträts tauchen zunächst unter den historischen Namen auf.[15] Daß die Schlüssel sämtlich auf die Theaterwelt bezogen bleiben, hat seinen Sinn. Die von Klaus Mann gewählte Form des »Theaterromans« bietet die Möglichkeit, im gegebenen Ausschnitt die Geschichte der deutschen literarischen und künstlerischen Intelligenz in den Krisenjahren der Weimarer Republik zu erinnern und die Schlüsselfiguren episch an den Punkt der moralisch-künstlerischen Entscheidung zwischen Faschismus und Exil zu führen.

Das Zentrum dieser Schlüsselgeschichte bildet die Geschichte der Karriere des Hendrik Höfgen. Wie treffend dieser Schlüssel gewählt ist, mit welchem Recht die Wahl der Hauptfigur auf Gründgens fiel, soll nicht verschwiegen werden. Fraglos war Gustaf Gründgens eine vielschichtige Person; er war lebenslang Außenseiter, so scheint es, Opfer mehr als Täter. Seinem persönlichen Schicksal kann vom Ende her ein unbedingtes Mitgefühl nicht verweigert werden.[16] Der Blick auf die Person aber, der von der durchweg apologetischen Gründgensbiographik vorgeschrieben und kultiviert wird,[17] muß hier verlassen werden, wenn über die Funktion des Schauspielers und Intendanten, des Staatsrats und kulturellen Repräsentanten in der Zeit des Faschismus gesprochen werden soll. Diese öffentliche Person war – in ihrer besonderen Sphäre und mit ihren zuweilen aparten Mitteln – dem

Faschismus zu Diensten. Das Institut, dem Gustaf Gründgens zwischen 1934 und 1945 als verantwortlicher Intendant vorstand, das preußische »Staatliche Schauspielhaus« in Berlin, hatte eine herausragende kulturpolitische Funktion: der Ko-Intendant Heinz Tietjen beschrieb diese Funktion als »Reichsrepräsentation«.[18] Dieser Aufgabe entsprach eine institutionelle Konstruktion, die die Verwaltung der Berliner Staatstheater unmittelbar dem Einfluß des preußischen Ministerpräsidenten Göring unterstellte.[19] Gründgens verband mit seiner Intendantenstellung zusätzliche Funktionen in den kulturellen Lenkungsorganen des Dritten Reiches: er war Mitglied des Verwaltungsrats der Reichstheaterkammer und des Reichskultursenats.[20]

Die kulturpolitische Führungsfunktion der Berliner Staatstheater und seiner Intendanten fand ihren Ausdruck im künstlerischen Programm.[21] Das Staatliche Schauspielhaus präsentierte unter der Leitung von Gründgens eine wohlberechnete Mischung repräsentativ inszenierter Klassikeraufführungen, von Unterhaltungsstücken und nationalistischer Dramatik angefangen von Hanns Johsts *Schlageter* und *Thomas Paine* über Hans Rehbergs Preußenzyklus bis hin zu Hans Baumanns *Alexander*. Daß es sich dabei nicht lediglich um ein widerwillig abgeleistetes Pflichtpensum gehandelt haben kann, läßt sich der Tatsache entnehmen, daß Gründgens selbst, offenbar mit Erfolg, Hauptrollen übernahm: 1938 die Friedrichs II. in Hans Rehbergs gleichnamigem Stück, 1942 die Rolle des Alexander in Hans Baumanns Drama.[22] Peinliche Beispiele zeigen, daß der Drang zu ganz persönlicher Repräsentation vorhanden war. So gingen die beiden von Mussolini und Forzano geschriebenen Stücke, *Hundert Tage* 1934 mit Gustaf Gründgens in der Rolle des Fouché, *Cavour* 1940 unter seiner Regie, über die Bühne.[23] Die Aufführung von *Cavour* war Reichsrepräsentation in besonderem Sinn: sie war das kulturelle Spitzenereignis der staatlichen Feiern anläßlich des 5jährigen Bestehens des »Italienischen Imperiums«. Die Premiere fand statt in Anwesenheit des preußischen Ministerpräsidenten, des italienischen Botschafters, des diplomatischen Corps und der hohen Generalität beider Länder.

Gründgens' Programmpolitik und Aufführungspraxis ist begleitet von kunstpolitischen Äußerungen, deren Konformität mit der herrschenden Kulturpolitik ins Auge fällt. Die Gründgensbiographik hat einschlägige Texte unterschlagen oder entschärft: ein Interview in der Novemberausgabe 1934 der Zeitschrift der Deutschen Studentenschaft, in dem Gründgens die Hoffnung ausspricht, »daß einmal aus einer Hitlerjugend-, Arbeiterdienstgruppe oder einer anderen neuen Gemeinschaft der neue Dramatiker wachsen wird«[24]; die Interviews 1939 und 1940 im *Völkischen Beobachter* und im *Berliner Börsencourier*, die den Intendanten eingeschwenkt sehen auf die ›innere Front‹ kultureller Kriegsführung.[25] Schließlich das kulturpolitische Bekenntnis zum NS-Staat in der 1941 gehaltenen Rede über *Das künstlerische Erleben des Schauspielers*, deren kompromittierendste Stellen in den Nachkriegsveröffentlichungen kommentarlos gestrichen oder umformuliert wurden: aus der »Verpflichtung« des Theaters »zum Staat« (1941) wurde 1953 die »Verpflichtung zum Ganzen« und was

1953 lakonisch die »allgemein gültigen Kulturaufgaben« der Schauspielkunst genannt wurden, das waren in der Fassung von 1941 noch die »Kulturaufgaben, die ihr vom Staat gesetzt sind.«[26]

Göring hatte die preußischen Staatstheater, insbesondere das Staatliche Schauspielhaus seinem Ministerium mit der Absicht unterstellt, es zu der »repräsentativsten deutschen Bühne« zu machen.[27] Dieses Ziel erschien ihm unter der Intendanz von Gründgens bereits nach kurzer Zeit erreicht. Göring ließ es in den 1936 abgeschlossenen dritten Vertrag mit seinem Intendanten einschreiben, daß Gründgens seine Theater zu »Musterstätten deutscher Schauspielkunst« ausgebaut habe.[28] Er lobte ihn anläßlich der 150. Jahrfeier des Staatlichen Schauspielhauses öffentlich dafür, »daß er meinen Wunsch und meine Sehnsucht, aus diesem Hause das große deutsche Theater zu machen, voll und ganz erfüllt hat.«[29] Er gab ihm schließlich den wohl höchstdotierten Theatervertrag im Reich mit einem Jahresgehalt von 200 000 RM.[30] Die Gründgens-Biographen haben diese Fakten unterschlagen – ihre Bewertung stünde an.[31]

III

Der historische und quellenkritische Exkurs vermag die Schlüsselaussagen des Romans zu überprüfen und, wie hier versucht, in ihren faschismusrelevanten Aspekten zu bekräftigen. So fundamental indes die Schlüsselebene für den Roman und die Erzählabsichten seines Autors sind: der Text erschöpft sich darin nicht. *Mephisto* ist, wie die Redaktion der Pariser Tageszeitung mit dem Beginn des Fortsetzungsabdrucks ankündigte, »ein Theaterroman aus dem Dritten Reich«; er ist, wie Balder Olden in der Neuen Weltbühne formulierte, »ein brillantes Pamphlet in Romanform«;[32] er ist, worauf die Gründgens-Partei in ihren Gerichtsklagen insistierte, ein Roman über den Schauspieler und die Person Gustaf Gründgens.[33] Zugleich aber ist *Mephisto* nach den Absichten des Autors und in den Augen seiner zeitgenössischen Leser und Kritiker Hermann Kesten, Hugo Huppert, Johannes R. Becher und Oskar Seidlin[34] mehr: ein Roman mit den umfassenden Verallgemeinerungsansprüchen und gesellschaftskritischen Erzählfunktionen eines Kunstprodukts. Klaus Mann selbst hat dies bei jeder Gelegenheit – in seiner der Pariser Tageszeitung zugesandten Richtigstellung *Kein Schlüsselroman*, der 1936 verfaßten *Selbstanzeige*, später schließlich im *Wendepunkt* – in nahezu gleichlautenden Formulierungen betont: er habe keine einzelne Figur, sondern einen »symbolischen Typus« darstellen, keine private Abrechnung, sondern Gesellschaftskritik betreiben wollen; das Verfahren sei nicht dokumentarisch, sondern »dichterisch«, die Romanhandlung »episch«, die Figuren »erfunden«. Klaus Mann unterstreicht – ohne private Motive: »Entrüstung«, »Zorn« und »Schmerz« auszuklammern – den nicht-privaten, öffentlichen Schreibanlaß.[35] Indem Klaus Mann, ganz im Sinn Hermann Kestens und Fritz Landshoffs, die Absicht bekundet, das Interesse des Lesers »auf größere Gegenstände« als auf das Schicksal einer eher zufälligen Person zu lenken, meldet er ein spezifisch erzählerisches Interesse an: angekündigt und episch realisiert wird der Übergang vom Schlüsselroman zum Gesellschaftsroman.

Der gesellschaftskritische Anspruch des Erzählens ist dabei sehr weitgesteckt: er zielt auf die faschistische Gesellschaft insgesamt; mit Klaus Mann zu sprechen: auf den Typus des »Komödianten« und damit auch auf ein »durchaus komödiantisch(es), zutiefst unwahr(es), unwirklich(es) Regime (...)«.[36] Daß solche Kritik im Roman sich letztlich auf Symptome, noch dazu solche einer eher erzwungenen Übereinstimmung einer Schauspielerexistenz mit dem Faschismus beschränkt, hat Marcel Reich-Ranicki behauptet.[37] Hans-Albert Walter hingegen betont den Systemcharakter der Gesellschafts- und Faschismuskritik im Roman, unterstellt ihn aber mehr, als daß er ihn ästhetisch herleitet.[38] Die widersprüchliche Rezeption legt nahe, faschismuskritischen Anspruch und epische Realisation im Roman selbst zu untersuchen.

Es hat seine Bedeutung, daß die Geschichte eines Mitläufers und Karrieristen, die ich hier in ihrem epischen Verlauf nicht nachzeichne, erzählt wird als Geschichte einer Schauspielerkarriere. Die Funktion des Schauspielermotivs für das erzählerische Vorhaben Klaus Manns ergibt sich aus der kulturkritischen Tradition des Motivs: seit Nietzsche war im Medium der Schauspielerthematik diskutiert worden über Wahrheit und Lüge, Rolle und Charakter, über Entfremdung und Selbstverwirklichung in Kunst und Leben. Klaus Mann kannte das ästhetizistische Programm des a-moralisch Schönen und der schönen A-Sozialität; mit dessen literarischen Exponenten – dem Komödianten, dem Dandy, dem Verbrecher – war er durch seine Lektüre vertraut. Und er kannte die moralischen Antworten Heinrich Manns und André Gides auf das widersprüchliche Befreiungsangebot des bürgerlichen Ästhetizismus.[39] Daß »das Schönheitspathos« zum »sozialmoralischen Pathos« führen könne und müsse – dieser mögliche Schlüsselsatz in der Auseinandersetzung mit Gottfried Benn[40] – bezeichnet Klaus Manns eigene Position in dieser Debatte.

Vor diesem Hintergrund ist die Geschichte des Schauspielers Hendrik Höfgen zu lesen: als Entscheidungsgeschichte zwischen dem verantwortlichen Künstler und dem opportunistischen Komödianten, mehr noch: Zwischen einem authentischen, auf Wahrheit und Moral verpflichteten Leben und einer entfremdeten Scheinexistenz. Das Schlüsselereignis dieser Geschichte ist der Pakt des Schauspielers mit dem Bösen – vom Autor als Teufelspakt disponiert (204 f.).[41] Diese Entscheidung ist im Konfliktaufbau des Romans verbunden mit der Entscheidung Höfgens *gegen* das Exil und *für* den Faschismus.

Die Verbindung von Faschismus und Komödiantentum stellt sich für Klaus Mann einmal in der eher äußerlichen Weise der Unter- und Einordnung des Komödianten in faschistische Herrschaftszwecke dar. Festgehalten wird, daß der Schauspieler Hendrik Höfgen zu einer Art von »Hofnarr« und »brillantem Schalk« (259), zum »Affe(n) der Macht und (...) Clown zur Zerstreuung der Mörder« (331) herabsinkt. Solche Verbindung ist aber noch weit grundsätzlicher angelegt: das Komödiantische selbst als negative Lebensform wird zum Modell faschistischer Herrschaft und Machtausübung. Der Teufelspakt, den Höfgen mit dem Faschismus eingeht, ist ein Pakt unter Komödianten. Eine später gestrichene Passage im Manuskript des Romans hält diesen Zusammenhang ausdrücklich fest: »Komödianten waren sie samt und sonders, wie er; sie liebten alle die große mephistophelische Rolle, sie brauchten alle das Scheinwerferlicht, hungerten nach dem Beifall der Menge, die sich gerne betrügen ließ, und gefielen sich in Posituren, die historischen oder zeitgenössischen Vorbildern abgeschaut waren (...) Sollten wirklich unüberwindbare Gegensätze bestehen zwischen diesen Komödianten, die wirkliche Verbrechen begingen, und dem anderen, der die Verbrechen nur spielte? Gehörten sie nicht im Grunde zu einer Familie?«[42]

Die Affinität des Faschismus zum Theatralischen und Komödiantischen pointiert der Autor einmal durch die Schauspielerphysiognomie seiner politischen Repräsentanten. Der »Hinkende«, der »Schwarzbärtige« und der »Dicke« werden als bewaffnete Komödianten vorgestellt. Ein Freund von Festen und Hinrichtungen, von Kostümen und Orden, ein Förderer der Künste, des Theaters und des Krieges ist der »Dicke«, ein Schauspieler-Politiker, der Kunst und Gewalt, Autorität und Artismus skrupellos verbindet. Das Motiv ist bekannt: im säbelrasselnden »Bürgerkaiser« Wilhelm II. »mit seinen siebzig Uniformen« hat Heinrich Mann es in »Kaiserreich und Republik« vorgestellt; in den »Szenen aus dem Nazileben« seines Essays *Der Haß* hat er es auf die Figur Görings übertragen.[43] In *Mephisto* baut Klaus Mann zwischen dem »Dicken« und Hendrik Höfgen eine Handlung auf, die beide bald als Doppelgänger und Dialogpartner szenisch abgerufener Faust-Texte, bald als notwendig aufeinander bezogene Konfliktpartner des faschistischen Schönheits- und Gewaltkults zeigt. Die Bedeutung des Motivs reicht weiter. Die Affinität des Komödiantischen zum Faschismus wird vor allem dadurch herausgestellt, daß die faschistische Öffentlichkeit, wie sie im Prolog, in den Salon- und Theaterszenen, den allegorischen Bildern sich präsentiert, als theatralische Inszenierung des gesellschaftlichen Zentrums begriffen wird. Dies unterscheidet Klaus Manns Darstellung von der Feuchtwangers etwa im *Falschen Nero* oder in *Die Brüder Lautensack*, von Thomas Manns *Mario und der Zauberer*. Dort wird das Schauspieler- und Komödiantentum begriffen als Lebensform gesellschaftlicher Außenseiter und Außenseiterschichten, die sich im abnormen Künstler repräsentiert sehen. In *Mephisto* wird das Zentrum der Gesellschaft »abnorm«, wird das Komödiantische zum Charakteristikum der faschistischen Unterwelt, in die die bürgerliche Gesellschaft als ganze sich transformiert hat. Ebendies versucht die spätere Formulierung im *Wendepunkt* vom Faschismus als einem »durchaus komödiantischen, zutiefst unwahren, unwirklichen Regime« festzuhalten.

Damit stellt sich, wie gleichzeitig für Walter Benjamin, auch für Klaus Mann das Problem des gesellschaftlichen Scheincharakters des Faschismus als Frage des öffentlich inszenierten ästhetischen Scheins.[44] Entziffert wird der Schein von beiden als Lüge. Im Unterschied aber zu Benjamin, der den Schein materialistisch als Negation sozialer Verwirklichungsansprüche der Massen begriff, deutete Klaus Mann ihn als Denunziation eines moralischen Anspruchs des Individuums auf Selbstverwirklichung. Seine Faschismuskritik bleibt gleichwohl angelegt auf die Kontinuität der bürgerlichen Entfremdungs- und Krisenproblematik. In überraschender Übereinstimmung mit Walter Benjamin argumentiert Klaus Mann dabei aus der Logik einer geschichtsphilosophischen Kritik des Ästhetizismus heraus. In dem unveröffentlichten, nach Erscheinen des *Mephisto* verfaßten Essay *Die Mythen der Unterwelt*, beschreibt Klaus Mann den Faschismus als die »äußerste Degeneration«.⁴⁵ Die zur Charakteristik des Faschismus hier wie im Roman verwendete Metaphorik einer dämonisch-schillernden, morbiden Unterwelt, die bevölkert ist von den Erben der Dekadenz und Komödianten des Fin-de-siècle, innerviert kritisch den geschichtlichen Verfallsprozeß der bürgerlichen Gesellschaft. Die höllische Unterwelt Klaus Manns und die »strahlende Nazihölle«⁴⁶ Benjamins meinen denselben sozialhistorischen Tatbestand: die Transformation der bürgerlichen Gesellschaft in den Faschismus. Daß in solche Transformation kompromittierend eingeschlossen ist die Transformation ästhetizistischen Künstlertums in den faschistischen Schmierenkomödianten, daß die Praxis faschistischer Ästhetisierung der Politik gedacht werden kann nach dem Modell ästhetizistischer Kunstpraxis – dies dürfte (ähnlich wie für den Thomas Mann des *Bruder Hitler* und des *Doktor Faustus*) auch für Klaus Mann der eigentlich provozierende Anlaß fürs Schreiben und der skandalöse Schock im Schreibprozeß selbst gewesen sein.

IV

Festgehalten werden muß der Versuchscharakter solch provokanter Antwort in *Mephisto*. Es war nicht Klaus Manns erste Antwort auf das Künstler- und Komödiantenproblem und sollte seine letzte nicht sein. Daß Klaus Mann ihrer Beantwortung Schlüsselcharakter für die literarische Selbstkritik und die Analyse des Faschismus zumaß, ließe sich zeigen an den seit 1932 geschriebenen Romanen und Novellen. Sie alle, angefangen von *Treffpunkt im Unendlichen* (1932) bis hin zur Novelle *Vergittertes Fenster* (1937), traktieren in unterschiedlicher historischer Perspektive und aktualisierender Brechung und Bewertung wesentliche Motive, Themen und Figuren der Komödiantenthematik des *Mephisto*. Eine ganze Reihe von Entwürfen, dramatischen Skizzen und unpublizierten Notizen zum Thema des Schauspielers, des Dandys und der Künstlerbohème aus den Jahren des Exils dokumentiert den Stellenwert dieser bis zur Aufarbeitung der historischen Ursprünge reichenden Auseinandersetzung mit dem Ästhetizismus.⁴⁷

Unzweifelhaft ist die künstlerische Selbstkritik Klaus Manns in *Mephisto* am weitesten in die Faschismuskritik vorangetrieben. Eine der Ursachen dafür mag in der literarischen Form zu suchen sein. *Mephisto* ist als einziger der Romane Klaus Manns konzipiert als Satire. Als »satirisch-politischen Roman« hat Klaus Mann ihn bezeichnet⁴⁸; Hermann Kesten, Hugo Huppert, Johannes R. Becher und Oskar

Seidlin haben in ihren brieflichen Äußerungen und in öffentlicher Kritik den Roman an diesem Anspruch gemessen.[49] Den historischen Standindex des satirischen Romans im Krisenprozeß der bürgerlichen Moderne hat Thomas Mann in der 1916 verfaßten Notiz zum »Entwicklungsroman« benannt.[50] Der Ursprung des Gesellschaftsromans in der Form der ‚politisch-sozialen Satire' wird von ihm lokalisiert im Prozeß der »Zersetzung des individualistischen deutschen Bildungsromans« und der ihn tragenden Ideologie »romantisch-unpolitischen Individualismus«. Sein gesellschaftlicher Ort – die »Politisierung, Literarisierung, Intellektualisierung, Radikalisierung«, kurz die »Demokratisierung Deutschlands« – ist besetzt vom Bruder Heinrich.[51] Auf dessen Werk sieht sich Klaus Mann denn auch verwiesen. Im Brief vom 8. 2. 1936 an Katia Mann notiert er im Zusammenhang mit der Arbeit am *Mephisto* die erneute Lektüre des *Untertan*. Klaus Mann nennt den Roman »ein nicht nur literarisch ganz außerordentliches, sondern absolut erschreckend prophetisches Buch«; es komme in ihm »einfach *alles* schon vor«.[52] Dieser Hinweis zeigt Klaus Mann bereits am Strom Heinrich Mannscher Gesellschaftssatire; als sicher darf seine Kenntnis der Quellen gelten. Klaus Manns Epik bis hin zu *Mephisto* scheint mir wenigstens in *einer* Hinsicht die Entwicklung des satirischen Werks Heinrich Manns von den Künstlernovellen über *Schlaraffenland* bis zur *Kleinen Stadt* nachzuvollziehen: die Entwicklung nämlich von der novellistischen Künstlerepik zum satirischen Theater- und Gesellschaftsroman. *Treffpunkt im Unendlichen* ist Klaus Manns erster Gesellschaftsroman; der Tschaikowski-Roman *Symphonie Pathétique* ist als historischer Künstlerroman zugleich Entwicklungsroman. *Mephisto* vereinigt alle diese Merkmale: er ist Gesellschaftsroman in der Form des Künstlerromans, seine parodistische Anlage als umgekehrter Entwicklungsroman erhält er aus der Tradition Heinrich Mannscher Künstler- und Gesellschaftssatire. Und es ist die im satirischen Roman Heinrich Manns angelegte politisierende Ästhetizismus- und Komödiantenkritik, die der Entwicklung des Hendrik Höfgen das Thema des »Verrats« vorschreibt. So waren es formelle und ideelle Implikate des Genres, die Klaus Mann hier gleichsam zwangen (einige Briefe, vor allem an die Mutter, verraten etwas von dem durchaus psychischen Druck), die entwicklungslose und wertfreie Geschichte des »tänzerischen Herrenmenschen« Gregor Gregori um- und zuendezuschreiben als Geschichte der Karriere des »Verräters« Hendrik Höfgen.[53]

Es hieße freilich die besondere Struktur des Romans verfehlen, wollte man dem Hinweis auf Heinrich Manns *Untertan* unbesehen folgen. Das satirische Baugesetz von *Mephisto* ist komplizierter, seine satirischen Effekte sind vermittelter. Der Roman arbeitet zwar mit dem gesellschaftlichen Material und den historischen Schlüsseln des satirischen Zeitromans. Die Gesellschaftssatire in *Mephisto* hat aber ganz wesentlich die Form der Literatursatire. Gegenstand der satirischen Kritik ist die parodistische und groteske Umdeutung literarischer Motive, Bilder und Traditionen, der Kampf um deren moralische Neubesetzung. Ein solches Motiv ist das aus verschiedenen Traditionen – der klassischen deutschen Literatur, dem romantischen Satanismus und dem Dandyismus des Fin-de-siècle – zusammengesetzte Motiv des *Mephisto*. Als satirisches Zitat erinnert es an seinen Ursprung im Umkreis der heroischen Moderne des 19. Jahrhunderts.[54] Ihre Beispiele entnimmt die satirische Kritik indes dem Stadium seines Verfalls, als Mephisto schon eine parodistische Bühnenexistenz in den Satiren Wedekinds und Sternheims führt oder schließlich bloße Animationsfigur in den Berliner Boulevardkomödien der zwanziger Jahre ist. Endpunkt der satirischen Kritik dieses Motivs im Roman bilden die faschistischen Schmierenkomödianten oder, wie in Klaus Manns *Wendepunkt,* der Bohemien Hitler.[55] – Ein anderes literarisches Motiv verbindet sich mit der Tänzerin Tebab: Die »schwarze Venus« ist die späte Nachfahrin der Medusen, Pantherfrauen und Exotinnen, der Tänzerinnen, Kurtisanen und schönen Bettlerinnen, in denen die englische und französische Romantik, der Ästhetizismus den Typus der »dämonischen Frau« und der »verfluchten Schönheit« evoziert haben. Eine literarische Erinnerung also an jene »sinnbildliche Gottheit unzerstörbarer Wollust, die Göttin der unsterblichen Hysterie (...) jenes einfache Sinnentier, ungeheuer, gefühllos, unempfindlich« – wie Mario Praz jenen Typus in seiner späten Ausprägung bei Huysman (einem Lieblingsschriftsteller Klaus Manns) beschrieben hat.[56] Doch die Juliette des Romans hat »keine Erinnerung« (S. 72): sie ist als peitschenschwingende, gestiefelte Geliebte Höfgens eine bloße Parodie auf die Baudelairesche Imago »grausamer Schönheit« und zugleich deren ungeschminkte Wahrheit. Als Freiheitsgöttin ihres afrikanischen Volks und anarchische Rächerin an der europäischen Zivilisation ist sie ein zuendegeträumtes Gegenbild zur chronique scandaleuse bürgerlicher Liebe und weiblicher Emanzipation.

Es ist typisch für die Literatursatire in *Mephisto,* daß ihr archimedischer Punkt so prosaisch-politisch gewählt ist. (Die Schlußszene des Romans mit dem Auftritt des unbekannten Widerstandskämpfers ist nach dieser Logik konzipiert.) Dazu paßt auch, daß die Esoterik der zitierten Traditionen schließlich durchbrochen wird: die Metaphern, Themen und Motive werden bis zur Verständlichkeit deutlich. Daher auch rührt das leicht kolportagehafte, psychologisierend-triviale Moment, der Eindruck von Indezenz in der Darstellung. Sie sind von satirischer Schreibweise grundsätzlich nicht zu trennen. Ihre Wirkung bezieht die Satire bei Klaus Mann gerade daraus, daß sie sich in ständigem Umschlag vom Schlüsselroman zur Literatursatire und umgekehrt vorwärtsbewegt. Hendrik Höfgen ist der Schauspieler »dekadenter Jünglinge und Neurastheniker«, wie ihn die zeitgenössische Kritik mit Gustaf Gründgens identifiziert;[57] er ist der preußische Staatsrat und Generalintendant – und er verkörpert den literarischen Typus des Dandy und Komödianten, der seinen Pakt mit dem Teufel schließt. Der »Dicke« ist der preußische Ministerpräsident – und er ist der Typus des Schmierenkomödianten in der Tradition ästhetizistischen Gewaltkults. Die faschistische Gesellschaft, wie der Roman sie zeichnet, ist die entwickelte, pervertierte bürgerliche Gesellschaft – und die allegorische Unterwelt in konsequenter Fortschreibung der ästhetizistischen Bilder des bürgerlichen Salons. Aus solcher ineinander umschlagender Doppeldeutigkeit gewinnt die Satire ihre Schärfe, soweit das konkrete historische Objekt gemeint ist, ihre repräsentative Verbindlichkeit, soweit die tragende ästhetische Norm innerviert ist.

Daß als Medium der Gesellschaftskritik die Literatursatire gewählt ist, macht die »Schwierigkeit« des Romans aus. Gerade in dieser Wahl aber äußert sich eine spezifische Form antifaschistischer Gesellschaftskritik. Diese Vermutung wird jedenfalls durch einen Blick auf die kulturpolitische Situation des Exils der Jahre 1935/36 nahegelegt. In seiner sowohl rettenden wie verwerfenden Kritik des traditionellen »Erbes« bürgerlicher Literatur und Theaterkultur stellt der Roman eine Antwort dar auf die im Zusammenhang der Volksfront unternommene Strategie der »Verteidigung der Kultur«.[58] Es ist eine überraschende skeptische Antwort, die Klaus Mann hier gibt: Opportunismus, Faschismusanfälligkeit, ja faschismuskonstitutive Haltungen werden festgemacht an Traditionen jenes Kulturguts, dessen Bewahrung zum Ausgang des antifaschistischen »großen Bündnisses« und zum Inhalt seines »Humanismus« gemacht werden sollte. Klaus Mann sprach auf dem Pariser Kongreß zur Verteidigung der Kultur 1935 – Walter Benjamin hielt sich in skeptischer Distanz. Ich lasse offen, wie groß auch hier die Gemeinsamkeiten zwischen dem unglücklichen Bürger und dem marxistischen Melancholiker waren.

V

Satire zeichnet sich nach Jürgen Brummack durch eine spezifische Aggressivität aus, die im Schreibprozeß selbst durch einen Akt permanenter Normsetzung sozialisiert wird.[59] Der offensive und der normsetzende Charakter der Satire sind erwünschte (wenn nicht konstitutive) Anlässe antifaschistischer Epik. Zu beobachten ist, daß die antifaschistisch fungierende Aggressivität bei Klaus Mann Potentiale literarischer Bürgerkritik freisetzt. So ist die Darstellung bürgerlicher Gesellschaft und pseudorepräsentativer faschistischer Geselligkeit, wie sie Klaus Mann im Prolog, in den Salon- und Theaterszenen des *Mephisto* gibt, als Parodie sozialanalytisch unvergleichlich schärfer als die Vorstufen solcher Salonkritik in *Treffpunkt im Unendlichen* oder *Flucht in den Norden*. Die gesellschaftliche Normsetzung wiederum gestattet Klaus Mann den Tansfer seiner in der Auseinandersetzung mit Gottfried Benn, André Gide und Heinrich Mann gewonnenen Überzeugung von der humanitären Moralität des Schreibens in den Roman. Dabei trifft sich das ausgeprägte Bedürfnis des Autors Klaus Mann nach Selbstaussprache mit einem Genremerkmal der Satire scheinbar aufs glücklichste: ihr geradezu existentieller Moralismus führt dazu, daß, im Unterschied zu den übrigen Romanen Klaus Manns, im *Mephisto* das auktoriale Erzählen zum erzählerischen Grundgestus avanciert. Dieser Erzählgestus ist es aber, der an jedem Punkt des Erzählens verlangt, daß Romanfiktion und Autorerfahrung, historisches Tatsachenmaterial und die ›repräsentativen‹ Erzählabsichten des Autors in widerspruchsfreier Weise miteinander korrelieren.

Gesprochen werden muß also vom Autor selbst und den Erwartungen, die er mit dem sehr öffentlichen und sehr privaten Geschäft des Schreibens verbindet. Schreiben hatte für Klaus Mann, mehr als für andere Autoren, immer autobiographische Funktion: »Selbstsuche« nennt Elke Kerker den entscheidenden Impuls seiner literarischen Existenz[60]. In einem vermutlich 1934 entstandenen Entwurf für einen Beitrag im Pariser Tageszeitung äußert Klaus Mann: »Wir können nur schreiben, was uns auf den Nägeln brennt; was uns aufs heftigste angeht; was unser Herz wirklich erfüllt.« Schreiben sei darum »autobiographisch«. Weil aber – und hier spricht der vom Exil belehrte Autor – die private Existenz des Autors in die »soziale und geistige Gesamtproblematik« eingebettet sei, werde die »autobiographische Bemühung eine zugleich allgemeine, soziale sein«.[61] Was geschieht nun, wenn der Autor Klaus Mann auf der Suche nach seiner sozialen Biographie auf Freunde stößt, die zu Verrätern wurden, auf Haltungen wie den Narzißmus des Komödianten, auf sehr vertraute Traditionen wie den Ästhetizismus und seinen Gewaltkult – was also, wenn er auf den Faschismus stößt? Ist es wirklich so, daß der Autor des *Mephisto*, wie es Oskar Seidlin in einem Brief an den Freund sehen wollte, den »mitleidlosen Blick der Satiriker« verbindet mit dem »versöhnlich-heilenden Blick, der zärtlich auf dem Bild des Menschlich-Wahren (...) ruht«?[62] Ist es nicht eher so, daß die Satire mit ihren parodistischen Techniken der Reduktion, der Übertreibung, mit ihrer spezifischen Charaktertypologie das Einschreiben autobiographischer Erfahrungsanteile, das verständnisvolle Aufschließen fremder, personengebundener Problematiken verhindert? Nicht darauf möchte ich hier eingehen. Ich will vielmehr den Blick lenken auf die psychische Problematik satirischer Normsetzung – auf die Schwierigkeiten nämlich, die der Autor Klaus Mann im Umgang mit den Normen sexuellen Verhaltens im Roman hat. Auffällig ist – Kurt Hiller hat es als einziger unter den zeitgenössischen Lesern angemerkt –[63], daß Klaus Mann seiner Schlüsselfigur mit dem Sadomasochismus eine Form abweichenden Sexualverhaltens zuschreibt, das die biographisch verbürgte Homosexualität »ersetzt«. Die eigene und fremde Homosexualität erfährt so einmal eine argumentative Entlastung: unmöglich konnte Klaus Mann den in der Sowjetunion polemisch evozierten Zusammenhang von Faschismus und Homosexualität akzeptieren und episch gleichsam sanktionieren.[64] Andererseits ließ sich über das Motiv des Sadomasochismus der für den Faschismus zentrale autoritäre Verhaltenskomplex[65] gesellschaftlicher Subjekte literarisch erkunden und satirisch ausstellen. So ist die Geschichte des Hendrik Höfgen zu lesen als eine Geschichte der Unterwerfung: sowohl anderer Individuen unter die eigene Verfügungsgewalt wie der Selbstunterwerfung unter die politische und soziale Macht.[66] Die durch den Autor vorgenommene »Ersetzung« der Homosexualität durch den Sadomasochismus verweist jedoch widersprüchlich auf ein gegenüber der Homosexualität behauptetes Vorurteil: das ihrer gesellschaftlichen Abnormität. Gert Mattenklott hat auf die spezifisch geschichtsphilosophischen Umstände hingewiesen, unter denen sich der homosexuelle Durchbruch bei Klaus Mann historisch vollzogen hat: das den Durchbruch zeitweise bestimmende Moment sexueller Anarchie habe sich bei Klaus Mann philosophisch mit Theorieelementen eines antizivilisatorischen Irrationalismus rechter Prägung verbunden.[67] Die Erfahrung der Homosexualität war für Klaus Mann damit ideologisch auch in präfaschistische Grundströmungen eingebunden. Solche keineswegs zwangsläufige und unwidersprochene Nähe zum Faschismus mag es Klaus Mann nach 1933 erschwert haben, das emanzipatorische Moment von Homosexualität zu pointieren. Problematisch erscheint indes, daß im Roman die Innervation von erotischer Phantasie und Befreiung an den Faschismus verlorengegeben wird. Vorstellbar ist, daß sein ideologisches Gewissen Klaus Mann zur Amputation seiner Libido geraten hat. Deren anarchischer, weder von bürgerlicher noch von sozialistischer Gesellschaft voll integrierbarer, ästhetisch-produktiver Impuls sieht sich in die faschistische Unterwelt verbannt. Das Autoren-Ich erkennt sich hier gleichsam verkehrt in der komödiantisch-amoralischen Existenz des Mephisto wieder. Seine Wünsche nach Selbstverwirklichung bleiben so lange blockiert, wie mit den erotischen auch Elemente ästhetischer Betätigung zwanghaft an die Figur des »Bösen« gebunden erscheinen. Mehr noch: indem es die Schuld für solche Verkehrung auf sich nimmt, wendet das Autoren-Ich die für die Satire konstitutive Aggressivität pathologisch gegen die eigene Person. Der von Lukács der Satire zugeschriebene »heilige Haß«[68] auf den gesellschaftlichen Gegner betätigt sich unglücklich als Selbsthaß.

So besehen war der Preis, den der Autor Klaus Mann hier glaubte für seine antifaschistische Rechtschaffenheit zahlen zu müssen, groß. Daß in solchem literarischen Verdrängungsprozeß zugleich die Psychogenese Klaus Mannscher Moralität mit gegeben ist, dürfte einsichtig sein. Das Schicksal des Schriftstellers Klaus Mann zeigt, daß der humanitäre Inhalt, den er dieser Moralität zu geben verstand, ihren psychischen Ursprung niemals vollends verdrängen konnte. Als tragisches Paradox aber will mir scheinen, daß es gerade dieser moralische Impuls gewesen ist, der Klaus Mann in der Zeit des Faschismus einsichtsvoller antizipieren und konsequenter hat handeln lassen als viele seiner künstlerischen Zeitgenossen, und daß es wiederum dieser Impuls gewesen ist, der Klaus Mann angesichts der neuen Karrieren der »Staatsräte und PGs«[69] in der restaurativen Nachkriegszeit hat zugrunde gehen lassen.

---

1 Berthold Spangenberg, *Vorwort* zu: Klaus Mann, *Mephisto. Roman einer Karriere*. Reinbek b. Hamburg 1981, S. I ff. – Der Brief Hermann Kestens vom 15. 11. 1935 ist abgedruckt in: Klaus Mann, *Briefe und Antworten I: 1922–1937*. Hg. von Martin Gregor-Dellin, München 1975, S. 236–239. — **2** Fritz Landshoff an Klaus Mann, 29. 10. 1935. Klaus-Mann-Archiv (München). — **3** Hermann Kesten bezieht sich in seinem Brief vom 15. 11. 1935 mehrfach auf ein Gespräch mit Fritz Landshoff über das Projekt eines »neuen Romans«. Fritz Landshoff wiederum bezieht sich in einem Brief vom 28. 11. 1935 an Klaus Mann (Klaus-Mann-Archiv) positiv und bestätigend auf »den Kestenschen Vorschlag«, meldet allerdings Bedenken gegen das Gründgens-Motiv an: »es muß ja kein Gründgens werden –

sondern irgend ein ›Karrierist‹ ...«. — **4** Anlässe für solche Befürchtungen waren im unmittelbaren Erfahrungs- und Arbeitskreis Fritz Landshoffs zu finden. So die Verhaftung und Verurteilung Heinz Liepmanns durch ein holländisches Gericht 1934 wegen einer Passage in seinem Roman *Das Vaterland,* die als Beleidigung Hindenburgs gewertet wurde (Klaus Hermsdorf, Hugo Fetting, Silvia Schlenstedt, *Exil in den Niederlanden und in Spanien, (Kunst und Literatur im antifaschistischen Exil 1933–1945.* Bd. 6), Frankfurt/ M. 1981, S. 41 ff.). Oder aber die aus ökonomischen Gründen 1935 erfolgte Einstellung der von Klaus Mann herausgegebenen Zeitschrift *Sammlung,* an deren Schicksal Fritz Landshoff als Teilhaber und Lektor der deutschen Abteilung des Querido-Verlages mitbeteiligt war (ebd., S. 117 ff.). — **5** Hermann Kesten an Klaus Mann, 15. 11. 1935, a.a.O. — **6** Klaus-Mann-Archiv KM 464. Das Manuskript ist undatiert. Einen Anhaltspunkt für den Zeitpunkt der Niederschrift gibt der Hinweis auf die Ansprache Ernst (im Text fälschlich Hans) Wiecherts an die Münchener Studenten 1936, die Klaus Mann vermutlich aus dem Abdruck in *Das Wort* (1937) H. 4–5 (April–Mai), S. 5–10, bekannt geworden sein dürfte. — **7** Eine Untersuchung dieser Debatten und Kontroversen steht noch aus. Ihre Vorgeschichte reicht in die Krisenjahre der Weimarer Republik zurück. (Vgl. dazu jetzt die Beiträge in: Thomas Koebner (Hg.), *Weimars Ende.* Frankfurt/M. 1982; Hans-Albert Walter, *Bedrohung und Verfolgung bis 1933. Deutsche Exilliteratur 1933–1950.* Bd. 1. Darmstadt und Neuwied 1972, S. 89 ff.; zu den Debatten und Ausschlüssen 1933 und zur Auflösung der Preußischen Akademie der Künste vgl. Inge Jens, *Dichter zwischen rechts und links. Die Geschichte der Sektion für Dichtkunst der Preußischen Akademie der Künste dargestellt nach Dokumenten.* München 1979²; Materialien zum Jahr 1933 bei Joseph Wulf (Hg.), *Literatur und Dichtung im Dritten Reich.* Reinbek b. Hamburg 1966 (rororo 809–811), S. 68 ff.; zur Auseinandersetzung auf dem XI. Internat. PEN-Kongreß in Ragusa vom 25.–28. Mai vgl. *Der deutsche PEN-Club im Exil 1933–1948. Eine Ausstellung der Deutschen Bibliothek Frankfurt am Main.* Katalog: Werner Berthold und Brita Eckert. Frankfurt/M. 1980, S. 12 ff. — **8** Klaus Manns Brief an Gottfried Benn vom 9. 5. 1933 und seine Essays über Benn aus den Jahren 1929 bis 1937 sind abgedruckt in: Klaus Mann, *Prüfungen. Schriften zur Literatur.* Hg. von Martin Gregor-Dellin. München 1968, S. 167–192. – Gottfried Benns Antwort an die literarischen Emigranten vom 24. 5. 1933 findet sich in G. B., *Gesammelte Werke.* Bd. IV. Wiesbaden 1961, S. 239–248. — **9** Bertolt Brecht, *Gesammelte Werke.* Bd. 15. Frankfurt/M. 1967, S. 229–234. — **10** Wieder abgedruckt in: Klaus Mann, *Briefe und Antworten I.* a.a.O., S. 212–215. Zur Bedeutung und Verbreitung der Tarnschrift *Deutsch für Deutsche* vgl. *Exil in Frankreich.* Hg. Dieter Schiller u. a. *(Kunst und Literatur im antifaschistischen Exil.* Bd. 7) Frankfurt/M. 1981, S. 199 ff. — **11** Klaus Mann, Haben die deutschen Intellektuellen versagt? Klaus-Mann-Archiv KM 464, S. 20. — **12** Klaus Mann, »Kein Schlüsselroman.« In: Klaus Mann, *Heute und morgen. Schriften zur Zeit.* Hg. von Martin Gregor-Dellin. München 1969, S. 48–50. Die *Pariser Tageszeitung* hatte ihren Lesern am 19. 6. 1936 den Fortsetzungsabdruck des *Mephisto* in Formulierungen angekündigt, die den Schlüsselcharakter des Romans hervorhoben: »Ein Schlüsselroman. Das neue Werk von Klaus Mann, mit dessen Veröffentlichung die Pariser Tageszeitung am Sonntag beginnt, ist ein Theaterroman aus dem Dritten Reich. Im Mittelpunkt steht die Figur eines Intendanten und braunen Staatsrates, der die Züge Gustav Gründgens trägt. Um ihn herum erkennt man den ganzen Tross der nationalsozialistischen Würdenträger. Klaus Mann ist es gelungen, in MEPHISTO ein packendes Zeitgemälde zu entwerfen.« Weitere redaktionelle Ankündigungen, jedoch ohne den namentlichen Hinweis auf Gründgens finden sich in den Ausgaben vom 21. und 22. 6. 1936 auf der ersten Seite. Am 20. 6. 1936 informierte Fritz Landshoff Klaus Mann von der Ankündigung in der Pariser Tageszeitung: »Ich bin der Ansicht, daß wir auf diese Weise unfehlbar in einen schnellen und unangenehmen Prozeß hineinsegeln. Die P.T. muß unbedingt eine Berichtigung an gleicher Stelle und in gleicher Größe herausbringen, die aber besser von Dir als von uns kommt. Schicke sie also, falls Du nicht gar telefonieren willst, *express.«* (Fritz Landshoff an Klaus Mann, 20. 6. 1936. Klaus-Mann-Archiv) Am 23. 6. 1936 druckte die *Pariser Tageszeitung* auf der ersten Seite ein Telegramm von Klaus Mann ab: »Mein Roman ist kein Schlüsselroman. Held des Romans erfunden. Figur ohne Zusammenhang mit bestimmter Person.« Dem begleitenden redaktionellen Text lag offenbar Klaus Manns *Kein Schlüsselroman* zugrunde. Der Text selbst wurde nicht abgedruckt, der Wortlaut des Telegramms offenbar von der Redaktion verändert (Brief Fritz Landshoffs an die Redaktion der *Pariser Tageszeitung* vom 26. 6. 1936. Klaus-Mann-Archiv). — **13** Kurt Hiller schreibt: »Entspricht Miklas einer Realgestalt ähnlich anderen? Ich erkannte wieder: Gründgens, Johst, André Germain (dieses Schwein! glänzend!), Sternheim (nicht minder glänzend!), Reinhardt, Erika (ist aber der Professor Bruckner... Vater oder Onkel?), die Bergner, Ihering und, in Herrn Benjamin Pelz (ich habe mich schiefgelacht), den Abgott, wenn auch ehemaligen, unsrer linken Kollegenschaft: Gottfried Benn. Ist Rahel Mohrenwitz Mirjam Horwitz? (Kenne sie nicht.)« (Kurt Hiller an Klaus Mann, 3. 12. 1936. Klaus-Mann-Archiv). Vgl. auch die Briefe von Christa von Windsloe-Hatvany (undatiert), von Golo Mann (11. 12. [1936]) und Katia Mann (23. 11. 1936) an Klaus Mann (Klaus-Mann-Archiv). Herbert Schlüter kehrt das Schlüsselmotiv gegen die Schlüsselpersonen selbst: »Während des Lesens fragte ich mich immer, ob die Modelle das Buch gelesen haben – wovon ich eigentlich überzeugt bin – und *wie* sie es wohl aufnehmen? Das zu wissen interessiert mich brennend. Es müßte sie doch überzeugen, sie müßten doch einsehen, wie scheusälig und verächtlich sie sind!« (Herbert Schlüter an Klaus Mann, 2. 1. 1937. Klaus-Mann-Archiv). — **14** Eberhard Spangenberg, *Karriere eines Romans. Mephisto, Klaus Mann und Gustaf Gründgens.* München 1982, S. 67–84. Mehr oder weniger leicht waren zu entschlüsseln: Oskar von Kroge als Erich Ziegel, Nicoletta von Niebuhr als Pamela Wedekind, Dora Martin als Elisabeth Bergner, Lotte Lindenthal als Emmy Sonnemann-Göring, Angelika Siebert als Ruth Hellberg, der Charakterspieler Joachim als Emil Jannings. Hinter dem Kritiker Irig erkannte man Herbert Ihering, hinter Caesar von Muck Hanns Johst, hinter Benjamin Pelz Gottfried Benn. Carl Sternheim ist der Schlüssel für Theophil Marder, Geheimrat Bruckner eine aus den Zügen Heinrich und Thomas Manns zusammengesetzte Figur. Hinter Rolf Bonetti werden Bernhard Minetti und Victor de Kowa, hinter Hedda von Herzfeld Mirjam Horvitz und Therese Giese vermutet. Auch für Otto Ulrichs haben vermutlich zwei Schauspieler, der im November 1933 von den Nazis ermordete Hans Otto und der 1933 emigrierte Gustav von Wangenheim als Vorbild gedient. Hans Miklas könnte verweisen auf Hans Sklenka, einen österreichischen Nationalsozialisten, der zeitweise in Erika Manns »Pfeffermühle« mitspielte. In der Prinzessin Tebab schließlich will Eberhard Spangenberg Andrea Manga Bell, zwischen 1929 und 1936 Lebensgefährtin Joseph Roths, entdeckt haben. — **15** Ebd., S. 72 ff. — **16** Vgl. den Krankenbericht Michael Winzenrieds, Professor für Neurologie und Psychiatrie an der Universität Hamburg, über Gustaf Gründgens. In: Gustaf Gründgens, *Briefe, Aufsätze, Reden.* Hg. von Rolf Badenhausen und Peter Gründgens-Gorski. Hamburg 1968[2], S. 438–443. — **17** Das gilt für die von Rolf Badenhausen und Peter Gründgens-Gorski aus dem Nachlaß herausgegebene Dokumentation (a.a.O.) ebenso wie für die Biographie von Curt Riess, *Gustaf Gründgens. Eine Biografie. Unter Verwendung bisher unveröffentlichter Dokumente aus dem Nachlaß.* Hamburg 1965, und die kürzlich erschienene Darstellung von Heinrich Goertz, *Gustaf Gründgens in Selbstzeugnissen und Bilddokumenten.* Reinbek b. Hamburg 1982. Die Kritik der historischen Legendenbildung in der Gründgensliteratur würde eine eigene Darstellung erfordern; ich beschränke mich hier auf die Auseinandersetzung mit einem zentralen Motiv der historischen Apologetik: das Staatliche Schauspielhaus darzustellen als kulturelle und humane »Insel« (vgl. Curt Riess a.a.O., S. 137 ff. und Alfred Mühr, *Rund um den Gendarmenmarkt. Von Iffland bis Gründgens. Zweihundert Jahre musisches Berlin.* Hamburg 1965, S. 299 ff.). — **18** Niederschrift des General-Intendanten der Preußischen Staatstheater Heinz Tietjen vom 31. 3. 1939 (Geheimes Staatsarchiv Berlin Rep 151/209 S. 45–54. hier S. 46). — **19** Durch die gesetzliche Regelung vom 18. Januar 1934 wurde die Verwaltung der Preußischen Staatstheater aus der Kompetenz des preußischen Wissenschafts-, Kunst- und Volksbildungsministeriums herausgenommen und einer eigens geschaffenen Theaterabteilung im preußischen Staatsministerium übertragen (Wolf-Eberhard August, *Die Stellung der Schauspieler im Dritten Reich. Versuch einer Darstellung der Kunst- und Gesellschaftspolitik in einem totalitären Staat am Beispiel des ,Berufsschauspielers'.* München 1973, S. 63 ff.). Durch Erlaß Görings vom 8. 5. 1936 wurde die Stellung der Generalintendanz weiter aufgewertet: sie wurde zur selbständigen Abteilung im preußischen Staatsministerium und übernahm die Funktionen der Theaterabteilung (Erlaß des preußischen Ministerpräsidenten vom 8. 5. 1936. Geheimes Staatsarchiv Berlin Rep 151/197). – Die Beziehung zwischen Gründgens und Göring, deren persönlicher wie privater Charakter von der Gründgensliteratur betont wird, beruhte also auf einer soliden Verwaltungskonstruktion, deren Zweck ausschließlich darin bestand, die kulturelle Führungs- und Repräsentationsfunktion der preußischen Staatstheater in Berlin zu sichern. — **20** Vgl. »16 Kultursenatoren aus dem Kreise der Reichstheaterkammer.« In: *Die Bühne* 1. (1935), H. 3, S. 82 ff. — **21** Eine Untersuchung hierzu fehlt. Edda Kühlken, *Die Klassiker-Inszenierungen von Gustaf Gründgens.* Meisenheim a. Glan, 1972 untersucht ohne faschismustheoretisches Instrumentarium einen Teilaspekt. In wichtigen Punkten treffend erscheint mir die kritische Intervention Henning Rischbieters, »Gründgens unter den Nazis.« In: *Theater heute* (1981), H. 4, S. 46–57. — **22** »Der Genius Friedrich. Zur Uraufführung von Rehbergs *Siebenjährigem Krieg* im Berliner Staatstheater. Gründgens inszeniert und spielt Rehberg.« In: *Deutsche Theater-Zeitung* (1938), Nr. 44; Hans Baumann: «*Alexander.* Uraufführung im Berliner Staatstheater« In: *Deutsche Theater-Zeitung* (1941), Nr. 51. — **23** »Mussolini-Forzano: *Hundert Tage.* Erstaufführung im Staatlichen Schauspielhaus Berlin.« In: *Theater-Tageblatt* 17. 2. 1934; »*Cavour (Villafranca).* Das Schauspiel von Benito Mussolini und Giovacchino Forzano gelangte im Berliner Staatstheater zur festlichen deutschen Erstaufführung.« In: *Deutsche Theaterzeitung* (1940), Nr. 38. — **24** »Die schöpferische Unruhe. Aus einem Gespräch mit Gustaf Gründgens.« Von einem Studenten. In: *Der deutsche Student* 2 (1934), November, S. 627. — **25** Gustaf Gründgens: »Krieg und Theaterführung. Der ,VB.' unterhielt sich mit dem Generalintendanten des Staatlichen Schauspielhauses.« In: *Völkischer Beobachter* 19. 10. 1939. (Wiederabgedruckt in: G. G., *Briefe, Aufsätze, Reden* a.a.O., S. 35–38, mit dem editorischen Zusatz: »Das folgende Interview (. . .) ist in Unkenntnis der damaligen Verhältnisse später oft nicht richtig interpretiert worden. Gustaf Gründgens liebte es, heiße Eisen durch *wit* zu humanisieren.« Es fällt schwer, in zentralen Aussagen wie der folgenden ‚wit' zu entdecken: »Deutschland führt Krieg, und ob wir eingezogen sind oder nicht, wir alle sind doch einbezogen! Wir alle stehen in der großen Front der Landesverteidigung. Der Abschnitt, den wir zu halten haben, ist die deutsche Kunst.«) — Gründgens' Artikel »Künstlerische Vertiefung« im Berliner Börsenblatt vom 28. 1. 1940 erschien zusammen mit Stellungnahmen des Präsidenten der Reichstheaterkammer, führender Theater- und Opernintendanten, Produktionschefs und Regisseuren der UFA unter der redaktionellen Überschrift *Deutschland auch im Kriege Hort der Kultur;* den Leitartikel *Lebendiges Theater* schrieb der Reichsdramaturg Rainer Schlösser. Auffallend ist die nahtlose Einpassung der Stellungnahme Gründgens in das Rahmenkonzept Schlössers. Gründgens proklamiert die »vollkommene Konzessionslosigkeit« des Programms in seinen ‚heiteren' und klassischen Teilen; den durch den Krieg verschärften politischen Programmrestriktionen will er begegnen »durch die Beschränkung auf den wesentlichen Kern deutscher oder jedenfalls nordischer Dramatik«; Ziel ist, »die lebendige, erhebende und tröstliche Kraft des Theaters gerade im Kriege« zu sichern. — 26 Zuerst erschienen in: *Europäische Revue* 17 (1941), 2. Halbband, Juli–Dezember, S. 683–693. Wieder abgedruckt in: Gustaf Gründgens, *Wirklichkeit des Theaters.* Frankfurt/M. 1953, S. 51–80. Die Streichungen sind insgesamt minimal, doch wird durch sie der Diskurs grundlegend verändert: der ursprünglich politische Diskurs wird transformiert in einen kulturellen Diskurs. Die zentralen Überlegungen zum Verhältnis von Theater und Krieg konnten so ungekürzt in die spätere Fassung übernommen werden, weil ihr unmittelbarer Zusammenhang mit dem nationalsozialistischen Kriegstheater im kulturellen Diskurs ausgeblendet war. Die im Text zitierten Änderungen finden sich auf S. 689 und 692 bzw. S. 71 und 79 der Fassungen von 1941 bzw. 1953. — 27 »Die Neuordnung der Verwaltung der Staatstheater.« In: *Theater-Tageblatt* 20. 1. 1934. Bereits die erste Stellungnahme Görings verweist auf Shakespeare und die deutsche Klassik sowie die nationalsozialistische Gegenwartsdramatik als Schwerpunkte des Programms. Es fällt deshalb schwer, die programmpolitischen Entscheidungen Gründgens' für das klassische Repertoire etwa als geheime Widerstandsakte zu deuten, wie in der Gründgens-Biographik üblich. — 28 Dienstvertrag vom 25. Juli 1936. Geheimes Staatsarchiv Berlin Rep 90/2465 (Abschrift). — 29 »Das Staatliche Schauspielhaus die erste Bühne des Reiches. Festansprache Görings bei der 150 Jahrfeier des Staatlichen Schauspielhauses.« In: *Völkischer Beobachter* 7. 12. 1936, S. 2. — 30 Dienstvertrag vom 25. Juli 1936, a.a.O. Dem Abschluß des Vertrages gingen offenbar langwierige Verhandlungen voraus, deren Ablauf aus den mir zugänglichen Akten nicht vollständig rekonstruierbar ist. Die Verhandlungen fallen in die Zeit eines angeblichen Emigrationsversuchs Gründgens (Gustaf Gründgens, *Nur zur persönlichen Information.* In: G. G., *Briefe, Aufsätze, Reden,* a.a.O., S. 17 ff.). Die von Gründgens angeführten kulturpolitischen Konflikte sind nicht zu belegen, aber nicht prinzipiell auszuschließen. Aus den Akten des preußischen Finanz- und Staatsministeriums ist lediglich zu entnehmen, daß Gründgens Gegenstand eines finanzpolitischen Konflikts zwischen beiden Ministerien war. Während Heinz Tietjen als Generalintendant der preußischen Staatstheater im Auftrag Görings und des preußischen Staatsministeriums u.a. mit dem Hinweis darauf, daß »Herr Gründgens (. . .) sich als Kassenmagnet ersten Ranges durch ausverkaufte Häuser bei den Vorstellungen, in denen er auftritt, erweist«, eine Verdoppelung der Bezüge vorschlägt (Schreiben an den preußischen Finanzminister vom 11. 3. 1936. Geheimes Staatsarchiv Berlin Rep 151/213), äußert der preußische Finanzminister Johannes Popitz schwere haushaltsrechtliche Bedenken (Schreiben an den Generalintendanten der preußischen Staatstheater vom 15. 4. 1936. Geheimes Staatsarchiv Berlin Rep 151/192). In einem Schreiben vom 3. 2. 1936 hatte die preußische Oberrechnungskammer darauf hingewiesen, daß die Gehaltspolitik der preußischen Staatstheater einen permanenten Verstoß gegen rechtsgültige Sparverordnungen aus der Zeit der Weimarer Republik darstellte (Geheimes Staatsarchiv Berlin Rep 151/214). Daß der Vertrag mit Gründgens dennoch in der vorgesehenen Form zustande kam, wirft ein Licht auf den gesetzesfreien Handlungsspielraum der staatlichen Exekutive, hier Görings, im Faschismus. — 31 Vgl. dazu neben dem schon erwähnten Aufsatz Henning Rischbieters (Anm. 21) die Diskussion in *Freibeuter* 9 und 11 zwischen Erik Grawert-May, Wilfried F. Schoeller und Silvia Bovenschen. — 32 Balder Olden, »Neue politische Epik.« In: *Die Neue Weltbühne* (1937), H. 2, S. 42. — 33 Vgl. dazu Eberhard Spangenberg, *Karriere eines Romans. Mephisto, Klaus Mann und Gustaf Gründgens,* a.a.O., S. 161 ff. — 34 Hermann Kesten, »Mephisto«. In: *Das Neue Tage-Buch* (1937), Nr. 5, S. 114–116, hebt in seiner Kritik auf die Ebene symbolischer Vermittlungen, literarischer Motive und Traditionen, etwa des Theaterromans, ab. Hugo Huppert, »Roman einer Karriere.« In: *Internationale Literatur* (1937), H. 2, S. 116–119, mißt den Roman an den Kriterien epischer Gesellschaftssatire. Seine Einschätzung ist kritischer als die Johannes R. Bechers (Brief an Klaus Mann 22. 11. 1936. Klaus-Mann-Archiv), der in dem Roman »den Versuch eines großen satirischen Gesellschaftsromans« sieht. Oskar Seidlin betont die »sinnbildhafte Tiefe«, die »weitschwingende Vielfalt des Allgemeinen« (Brief an Klaus Mann 22. 11. 1936. Klaus-Mann-Archiv). — **35** Klaus Mann, *Kein Schlüsselroman*, a.a.O., S. 49. In der *Selbstanzeige: Mephisto* (In: Klaus Mann, *Heute und morgen*, a.a.O., S. 50–54) heißt es: »Dieses Buch ist *nicht* gegen einen Bestimmten geschrieben: vielmehr: gegen *den* Karrieristen; gegen *den* deutschen Intellektuellen, der den Geist verkauft und verraten hat. (...) Höfgen – der *Typ* Höfgen, das *Symbol* Höfgen – stellt der ruchlosen, blutbefleckten Macht ein großes Talent zur Verfügung.« (ebd. S. 53) Vgl. auch Klaus Mann, *Der Wendepunkt. Ein Lebensbericht*. Frankfurt/M. 1953², S. 357 f. — **36** Klaus Mann, *Der Wendepunkt*, a.a.O., S. 357. — **37** Marcel Reich-Ranicki, »Klaus Mann und Gustaf Gründgens.« In: Ders., *Die Ungeliebten. Sieben Emigranten*. Pfullingen 1968, S. 43–48. — **38** Hans-Albert Walter, »Der Mitläufer. Mephisto – Klaus Manns großer Roman über den Verrat am Geist während der Nazi-Herrschaft.« In: *FAZ* 23. 11. 1965. — **39** Vgl. dazu meinen Aufsatz »Klaus Manns *Mephisto*. Von der Selbstkritik in antifaschistischer Satire.« In: *Kürbiskern* (1983), H. 2, S. 103–120. — **40** Klaus Mann, »Gottfried Benn, Die Geschichte einer Verirrung.« In: Ders., *Prüfungen*, a.a.O., S. 189. — **41** Zitiert nach der Ausgabe: Klaus Mann, *Mephisto. Roman einer Karriere*. Reinbek b. Hamburg 1981. — **42** Klaus Mann, *Mephisto. Roman einer Karriere*. Hs. Manuskript VII, S. 18 Klaus-Mann-Archiv KM 43. — **43** Heinrich Mann, »Kaiserreich und Republik.« In: H. M. *Ausgewählte Werke in Einzelausgaben*. Bd. XII. Berlin DDR 1956, S. 31–68, insbes. S. 43–45. Heinrich Mann, *Der Haß. Deutsche Zeitgeschichte*. Amsterdam 1933, S. 217–225 (Man muß sich zu helfen wissen). — **44** Die zentralen Aussagen Walter Benjamins über den Zusammenhang von Ästhetizismus und Faschismus finden sich im Nachwort zum Kunstwerkaufsatz und im Pariser Brief. (W. B., *Das Kunstwerk im Zeitalter seiner technischen Reproduzierbarkeit*. 2. Fassung. In: Ders., *Gesammelte Schriften*. Bd. I. 2. Frankfurt 1974, S. 506–508; W. B., »Pariser Brief (1. André Gide und seine neuen Gegner.« In: Ders., *Gesammelte Schriften*. Bd. III. Frankfurt/M. 1972, S. 482–495. Vgl. auch Wolfgang Emmerich, »›Massenfaschismus‹ und die Rolle des Ästhetischen. Faschismustheorie bei Ernst Bloch, Walter Benjamin, Bertolt Brecht.« In: Lutz Winckler (Hg.), *Antifaschistische Literatur* Bd. 1. Kronberg Ts. 1977, S. 223–290. — **45** Klaus Mann, *Die Mythen der Unterwelt*. Fassung 2. S. 9. Klaus-Mann-Archivs KM 497. — **46** Walter Benjamin, »Eine Chronik der deutschen Arbeitslosen. Zu Anna Seghers Roman ,Die Rettung'.« In: W. B., *Gesammelte Schriften*, Bd. III, a.a.O., S. 537. — **47** Dazu werde ich mich ausführlicher äußern in einem demnächst erscheinenden Aufsatz über *Ästhetizismus und Engagement in den Exilromanen Klaus Manns*. — **48** Klaus Mann, *Selbstanzeige: Mephisto* a.a.O., S. 53. — **49** Vgl. Anm. 34. — **50** In: Thomas Mann, *Gesammelte Werke in zwölf Bänden*. Bd. XI, Frankfurt/M. 1960, S. 700–703. — **51** Zu den romantheoretischen Zusammenhängen, insbes. zu Heinrich Manns in der Tradition Zolas stehendem Entwurf eines sozialen Zeitromans vgl. Dietrich Scheunemann, *Romankrise. Die Entstehungsgeschichte der modernen Romanpoetik in Deutschland*. Heidelberg 1978, S. 66 ff. — **52** In: Klaus Mann, *Briefe und Antworten I*, a.a.O., S. 251. — **53** Klaus Mann, *Treffpunkt im Unendlichen*. Reinbek b. Hamburg 1981, S. 99. Werner Rieck, »Hendrik Höfgen. Zur Genesis einer Romanfigur Klaus Manns.« In: *Weimarer Beiträge* (1969), H. 4, S. 855–870, hat als erster auf die biographisch-historischen und thematisch-motivischen Parallelen zwischen *Treffpunkt im Unendlichen* und *Mephisto* hingewiesen; zugleich hat er Hinweise auf die Radikalisierung zentraler epischer Motive durch Klaus Mann unterm Eindruck der Erfahrungen mit Faschismus und Exil gegeben. — **54** Vgl. dazu Mario Praz, *Liebe, Tod und Teufel. Die schwarze Romantik*. München 1981², S. 66 ff. — **55** Klaus Mann, *Der Wendepunkt*, a.a.O., S. 270 f. — **56** Mario Praz, *Liebe, Tod und Teufel. Die schwarze Romantik*, a.a.O., S. 255. — **57** Vgl. dazu Eberhard Spangenberg, *Karriere eines Romans. Mephisto, Klaus Mann und Gustaf Gründgens*, a.a.O., S. 25 f. — **58** Vgl. dazu *Paris 1935. Erster Internationaler Schriftstellerkongreß zur Verteidigung der Kultur. Reden und Dokumente. Mit Materialien der Londoner Schriftstellerkonferenz 1936*. Einleitung und Anhang von Wolfgang Klein. Berlin (DDR) 1982. – Klaus Manns Rede auf dem Pariser Kongreß 1935 ebd., S. 151–157. Benjamins kritische Einstellung zum Pariser Kongreß ist festgehalten in seinem Brief an Alfred Cohn vom 18. Juli 1935. In: W. B., *Briefe*. Hg. u. m. Anmerkungen versehen von Gershom Scholem und Theodor W. Adorno. Bd. 2. Frankfurt/M. 1966, S. 668–671. — **59** Jürgen Brummack, »Zu Begriff und Theorie der Satire.« In: *Deutsche Vierteljahresschrift für Literaturwissenschaft und Geistesgeschichte* (1971), S. 275–377, zur Definition der Satire S. 282. Vgl. auch ders., »Satire, Satirischer Roman.« In: *Reallexikon der deutschen Literaturgeschichte*. 2. Auflage, 3. Bd., Berlin/New York 1977, S. 601–621. — **60** Elke Kerker, *Weltbürgertum-Exil-Heimatlosigkeit. Die Entwicklung der politischen Dimension im Werk Klaus Manns von 1924–1936*. Meisenheim a. Glan 1977, S. 48. — **61** Klaus Mann, *Mission des Dichters*. Klaus-Mann-Archiv KM 222. — **62** Oskar Seidlin an Klaus Mann, 22. 11. 1936. Klaus-Mann-Archiv. — **63** Kurt Hiller an Klaus Mann, 3. 12. 1936. Klaus-Mann-Archiv. — **64** In »Homosexualität und Faschismus«

(In: Klaus Mann: *Heute und morgen,* a.a.O., S. 130–137) registriert Klaus Mann betroffen das »Mißtrauen und (die) Abneigung gegen alles Homoerotische, die in den meisten antifaschistischen und in fast allen sozialistischen Kreisen einen starken Grad erreicht haben« (S. 130). Gemeint ist damit sowohl die Einführung entsprechender Strafgesetze in der Sowjetunion als auch Tendenzen der Linken, »die Homosexualität und den Faschismus miteinander zu identifizieren« (ebd.). Es erscheint heute fast als banal, war damals aber für den exilierten Antifaschisten überlebensnotwendig, wenn Klaus Mann demgegenüber die Homosexualität als »eine Liebe wie eine andere auch, nicht besser, nicht schlechter«, (S. 134) verteidigte und im übrigen auf einer politischen Faschismuskritik bestand. — **65** Hermann Kesten spricht in seinem Brief vom 15. 11. 1935 ursprünglich auch vom »Roman eines homosexuellen Karrieristen im dritten Reich« (a.a.O. S. 238). – Wilhelm Reichs 1933 erschienene Analyse *Massenpsychologie des Faschismus* verwies eher grundsätzlich auf die Folgen der Sexualunterdrückung und -hemmung für die Herausbildung »autoritätsfürchtig(en)« Verhaltens, eines militanten »Sadismus« und »politische(r) Reaktion« (Amsterdam 1934² (Nachdruck.), S. 50, 53). Erich Fromm stellte mit dem »autoritär-masochistischen Charakter« ein zentrales Syndrom faschistischen Verhaltens vor (Erich Fromm: »Autorität und Familie. Sozialpsychologischer Teil« (1936). In: *Marxismus und Psychoanalyse.* Sexpol 1. Hg. von Hans-Peter Gente. Frankfurt 1970. S. 251–306, insbes. S. 280 ff.). Fromms Darstellung des autoritär-masochistischen Charakters mit seinen aus der Ich-Schwäche resultierenden Selbstzweifeln und Selbstvorwürfen, seiner Neigung zur Unterwerfung unter ein mächtiges Über-Ich kennzeichnet sehr genau die psychologische Struktur, nach der die literarische Figur des Höfgens modelliert ist. — **66** Angelika Fischer hat dies in ihrer Analyse des Romans überzeugend herausgearbeitet. (A. F., *Klaus Manns Roman »Mephisto« als ästhetische Projektion der Lebensrealität des Autors.* Wissenschaftliche Hausarbeit im Rahmen der Magisterprüfung der Freien Universität Berlin. 1982). — **67** Gert Mattenklott, »Homosexualität und Politik bei Klaus Mann.« In: *Sammlung* 2 (1979), S. 33. Vgl. auch Elke Kerker, *Weltbürgertum-Exil-Heimatlosigkeit,* a.a.O., S. 33 ff. über die historischen Bezüge der Gesellschaftskritik und des Krisenbewußtseins Klaus Manns in den 20er Jahren. — **68** Georg Lukács, »Zur Frage der Satire.« In: G. L., *Probleme des Realismus I.* Werke Bd. 4. Darmstadt und Neuwied 1971, S. 106. — **69** Klaus Mann, *Kunst und Politik.* Klaus-Mann-Archiv KM 489. (Der Artikel ist am 17. 4. 1946 im Wiener Kurier erschienen). – Zur Geschichte der verhinderten Rezeption des *Mephisto* nach 1945 vgl. Eberhard Spangenberg, *Karriere eines Romans. Mephisto, Klaus Mann und Gustaf Gründgens,* a.a.O., S. 135 ff.

Dokumente

Dienstvertrag Gustaf Gründgens, 18./19. Juni 1935 (Abschrift).
Geheimes Staatsarchiv Berlin Rep 90/2465

Zwischen dem Preußischen Ministerpräsidenten – als Chef der Preußischen Staatsminister –
und Herrn Gustaf Gründgens zu Berlin wird unter Aufhebung des unter dem 1./22. März 1934 geschlossenen bis zum 1. August 1940 laufenden Vertrages folgender Vertrag getätigt:

1.

Gustaf Gründgens wird für die Zeit vom 1. April 1935 bis zum 31. Juli 1940 als Intendant des Staatlichen Schauspielbetriebes zu Berlin – d. h. des Staatlichen Schauspielhauses am Gendarmenmarkt und ggf. weiterer vom Staat geführten Schauspielhäuser – verpflichtet.

2.

Intendant Gründgens hat den vom Staat geführten Schauspielbetrieb selbständig zu leiten.
Er ist dem Ministerpräsidenten für die künstlerische und geschäftliche Führung des Staatlichen Schauspielbetriebes verantwortlich und unmittelbar unterstellt und hat nach Genehmigung durch den Ministerpräsidenten die Alleinentscheidung über Anstellung und Entlassung des Kunstpersonals mit Einschluß des dramaturgischen und künstlerischen Büros, über Annahme von

Werken, Spielplangestaltung und Besetzung; er gilt als Aufsichtsinstanz der Staatlichen Schauspielschule.

3.

Als Intendant des Staatlichen Schauspielbetriebes Berlin erhält Gustaf Gründgens eine jährliche Entschädigung von 40 000 RM (Vierzigtausend Reichsmark).

Für die Funktionen als Erster Spielleiter und Schauspieler erhält Intendant Gründgens daneben eine Entschädigung von 55 000 RM (Fünfundfünfzigtausend Reichsmark). Von der Gesamtentschädigung von 95 000 RM gelten 30% als Aufwandsentschädigung.

Berlin, den 18./19. Juni 1935

Der Preuß. Ministerpräsident

    gez. Göring   gez. Gründgens

<u>Der Generalintendant der preußischen Staatstheater Heinz Tietjen an den preußischen Finanzminister Prof. Dr. Johannes Popitz, 11. März 1936. Geheimes Staatsarchiv Berlin Rép. 151/213</u>

Nach dem Empfang des Intendanten Gründgens beim Führer am 28. Februar d. Js. und nach den stattgefundenen Unterredungen zwischen dem Führer und dem Herrn Ministerpräsidenten hat mich der Herr Ministerpräsident beauftragt, Ihnen, hochverehrter Herr Minister, einen Entwurf für einen neuen Vertrag zwischen dem Herrn Ministerpräsidenten und Herrn Intendanten Gründgens vorzulegen, der unter Aufhebung des bisherigen vom 1. April 1935 laufenden Vertrages vom 1. April 1936 ab in Kraft treten soll.

Dem neuen Vertrag liegt der Gedanke zu Grunde, daß die Tätigkeit des Intendanten Gründgens nach ihrer künstlerischen Bedeutung wie nach ihrer Prosperität für die Staatlichen Schauspielhäuser *einzeln* angemessen bewertet werden soll. Danach soll das Schwergewicht bei der Bemessung der Honorierung auf die stark gesteigerte Betätigung des Herrn Gründgens als Schauspieler in beiden Staatlichen Schauspielhäusern gelegt werden. Da Herr Gründgens nicht nur der beste und interessanteste Schauspieler seines Betriebes ist, sondern sich als Kassenmagnet ersten Ranges durch ausverkaufte Häuser bei den Vorstellungen, in denen er auftritt, erweist, soll das Gehalt so bemessen werden, daß die monatliche Vergütung des Herrn Gründgens für seine Tätigkeit als Schauspieler etwas über dem liegen soll, was andere erste Kräfte des Betriebes, wie z. B. Werner Krauss, Jannings, Käthe Dorsch u. a. erhalten, d. h. bei einer Honorierung von 12 000 RM pro Monat bei 10monatlichem Auftreten – 120 000 RM pro anno.

Das Gehalt als Intendant soll mit 40 000 RM wie bei dem bisherigen Vertrag bestehen bleiben und nicht erhöht werden, obgleich seit der Inbetriebnahme des Kleinen Hauses und mit der glückhaft sich auswirkenden Vollbespielung des Hauses die Dienstgeschäfte ebenso wie die Verantwortlichkeiten als Intendant sich verdoppelt haben.

Für die Betätigung als Spielleiter ist an eine Gesamtjahresentschädigung von 36 000 RM gedacht, eine Summe, die im Vergleich zu den 45 000 RM, die Herr Fehling erhält, nicht zu hoch bemessen erscheint.

Insgesamt wird für den neuen Vertrag des Herrn Gründgens demnach vorgeschlagen:

      120 000 RM als Schauspieler (10 × 12 000 RM)
        40 000 RM als Intendant
      <u> 36 000 RM</u> als Regisseur
  zus. 196 000 RM

Der Herr Ministerpräsident bittet Sie, hochverehrter Herr Minister, für einen Vertragsabschluß mit Herrn Gustaf Gründgens mit diesen neuen Zahlen ab 1. April 1936 Ihre Zustimmung geben zu wollen.

                                                                    gez. Tietjen

Der preußische Finanzminister Prof. Dr. Johannes Popitz an den Generalintendanten der preußischen Staatstheater, 15. April 1936. Geheimes Staatsarchiv Berlin Rep. 151/192 (Abschrift)

Abschrift für St. 3150

Der Preußische Finanzminister. Berlin C 2, den 15. April 1936. St. 3350/11.3.a.

Auf den Bericht vom 11. März d. Js.

− − −

Zu einer Abänderung des Vertrages mit dem Intendanten der Staatlichen Schauspiele, ersten Spielleiter und Schauspieler Gründgens zu ungunsten des Staates unter so erheblicher Heraufsetzung der Vergütungen für die einzelnen Tätigkeiten meine Zustimmung zu erteilen, muß ich schon aus haushaltsrechtlichen Gründen Bedenken tragen (RHO. § 50). Es kommt hinzu, daß die „Vorläufigen Ausführungsbestimmungen und Richtsätze usw." vom 30. September 1931 – GS. S. 179 – noch nicht aufgehoben sind, also eine Erhöhung der jetzigen, mit den gedachten Bestimmungen nicht in Einklang zu bringenden Bezüge zum mindesten zur Zeit jeder rechtlichen Grundlage entbehren würde. Auf mein Schreiben vom 21. März d. Js. – St. 3351/3.2. – an den Herrn Ministerpräsidenten, von dem ich Abschrift beifüge, darf ich Bezug nehmen.

gez. Dr. Popitz

Dienstvertrag Gustaf Gründgens, 25. Juli 1936 (Abschrift).
Geheimes Staatsarchiv Berlin Rep 90/2465

Abschrift aus den Personalakten.

Dienstvertrag.

Zwischen dem Preußischen Ministerpräsidenten als Chef der Preußischen Staatstheater und dem Intendanten der Staatlichen Schauspiele Berlin und Preußischen Staatsschauspieler, Staatsrat Gustaf Gründgens, wird folgender Vertrag geschlossen, der an die Stelle des Vertrages vom 18./19. Juni 1935 tritt:

1.

Dem Staatsrat Gustaf Gründgens ist vom Preußischen Ministerpräsidenten die Leitung der Staatlichen Schauspiele zu Berlin (Schauspielhaus und Kleines Haus) seit Jahren anvertraut, die er als Musterstätten deutscher Schauspielkunst ausgebaut hat und in diesem Sinn erhalten soll. Zugleich ist Staatsrat Gründgens an beiden Bühnen als Erster Spielleiter und Schauspieler tätig.

2.

Unter Würdigung der besonderen und einmaligen Aufgaben, die dem Staatsrat Gründgens als Intendant, Spielleiter und Schauspieler an zwei Musterbühnen im Reich obliegen und die er als Führer eines hervorragenden künstlerischen Personals erfüllt, wird seine jährliche Gesamtvergütung sowohl seinen Aufgaben wie seinen persönlichen Verhältnissen (doppelter Haushalt), ferner auch den Bezügen der anderen ersten Schauspieler an den Staatstheatern angepaßt.

3.

Staatsrat Gründgens erhält für seine Tätigkeit eine Jahresvergütung von RM 15) 000 (Einhundertfünfzigtausend Reichsmark) zuzüglich einer Dienstaufwandsentschädigung von RM 50 000 (Fünfzigtausend Reichsmark).

4.

Dieser Vertrag wird für die Zeit vom 1. April 1936 bis 31. Juli 1940 geschlossen.
Die allgemeinen Vorschriften des Bürgerlichen Gesetzbuches über die Kündigung von Dienst-Verträgen werden hierdurch nicht berührt.

Berlin, den 25. Juli 1936

gez. Göring   gez. Gustaf Gründgens

Dienstvertrag Gustaf Gründgens, 18. 12. 1940. Geheimes Staatsarchiv Berlin Rep 90/2465

Dienstvertrag.

Zwischen dem Preußischen Ministerpräsidenten Reichsmarschall Göring als Chef der Preußischen Staatstheater und dem Generalintendanten der Staatlichen Schauspiele Berlin und Preußischen Staatsschauspieler, Staatsrat Gustaf Gründgens, wird folgender Vertrag geschlossen, der den am 31. Juli 1940 abgelaufenen Vertrag vom 25. Juli 1936 ablöst.

1.

Basis für die Vertragsschließung bilden die unter 1 und 2 des Vertrages vom 25. Juli 1936 angeführten Gründe.

2.

Staatsrat Gründgens erhält für seine Tätigkeit eine Jahresvergütung von RM 130 000 (Einhundertdreißigtausend Reichsmark) zuzüglich einer Dienstaufwandsentschädigung von RM 50 000 (Fünfzigtausend Reichsmark).

3.

Der Vertrag wird für die Zeit vom 1. August 1940 bis 1. August 1950 abgeschlossen.

4.

Für die Dauer des Vertrages wird Herrn Staatsrat Gründgens das für ihn im Bellevue-Park neuerrichtete Haus als freie Wohnung (im Sinne einer Dienstwohnung) zugewiesen.

5.

Es ist vereinbart worden, daß mit diesem Vertrage Pensionierungsrechte für Herrn Staatsrat Gründgens entstehen, deren Höhe baldmöglichst festgesetzt werden soll.

6.

Dieser Vertrag ist eng mit der Person des Herrn Reichsmarschall verknüpft und setzt voraus, daß während seiner Dauer der Generalintendant der Staatlichen Schauspiele jederzeit ohne Zwischeninstanz direkte Vortragsmöglichkeit bei dem Herrn Reichsmarschall über alle Fragen seines Ressorts behält. Ist dies, aus welchen Gründen auch immer, nicht möglich, so steht es Herrn Staatsrat Gründgens frei, vom Vertrag zurückzutreten und das Pensionsrecht in Anspruch zu nehmen.

Berlin, den 18. Dezember 1940.

gez. Göring   gez. Gründgens

Heinz-B. Heller

»Ungleichzeitigkeiten«
Anmerkungen zu Ernst Blochs Kritik des »Massenfaschismus« in *Erbschaft dieser Zeit*

Rezeptionsprobleme

»In dem Buch *Erbschaft dieser Zeit* steckt – unentwickelt – der Keim zu einer Faschismustheorie, die weit über das hinausgeht, was sonst von linken Autoren geschrieben worden ist.«[1] So schrieb Iring Fetscher 1967, fünf Jahre nach der Wiederveröffentlichung der Blochschen Kampfschrift. Sein Urteil sollte auf Jahre seine Gültigkeit bewahren. Nicht zuletzt vor dem Hintergrund der in der Zeitschrift *Das Argument* seit den mittsechziger Jahren vorangetriebenen Faschismusdiskussion und ungeachtet einer in souveräner Einseitigkeit konsequenten Abrechnung durch Helmut Lethen[2] konnten deshalb noch 1975 die Herausgeber einer Bloch-Denkschrift das verallgemeinernde Fazit ziehen: »Die Bloch-Rezeption durch die Linke steht noch am Anfang.«[3]

Seitdem ist manches in Bewegung geraten, wenn auch in unterschiedlicher Richtung und Konsequenz. Wohl am auffälligsten ist die Tatsache, daß die Exilforschung in der DDR *Erbschaft dieser Zeit* – im Band 10 (1917–1945) des Standardwerks *Geschichte der deutschen Literatur* fand sich nicht einmal Raum für eine Titelerwähnung – nun inzwischen immerhin zur Kenntnis zu nehmen begonnen hat: teils a priori ausgrenzend und mit dem Anathem parteioffiziöser Verdikte der dreißiger Jahre belegend,[4] teils aber auch als ein Werk würdigend, das, so Mittenzwei in seiner Untersuchung *Exil in der Schweiz*, »innerhalb der Faschismusdiskussion des Oprecht-Verlages die fundierteste und bestechendste Erklärung für die Massenbasis des Faschismus« darstelle.[5] Daß sich Mittenzwei indes letztlich der Argumente des strikt antimarxistischen Faschismusforschers Ernst Nolte bedient, um sich der eingehenderen Auseinandersetzung mit dem Blochschen Ansatz zu entziehen, kennzeichnet die Rezeption in aufschlußreicher Weise. Kaum weniger widersprüchlich vollzog sich die Aufnahme der Blochschen Kampfschrift in der Bundesrepublik. Hatte Ernst Nolte *Erbschaft dieser Zeit* in den ausgehenden sechziger Jahren einer antikommunistischen Lesart unterworfen[6], so zwang etwa Hans Joachim Lenger im Zuge der (kultur-)politischen Strategiediskussionen der *Sozialistischen Zeitschrift für Kunst und Gesellschaft* 1977 das Blochsche Werk nun umgekehrt in ein fragwürdiges Interpretationsmodell, das sich über bolschewistische *und* maoistische Leitannahmen konstruierte.[7] Der geschichtlichen Problemstellung und den Intentionen Blochs am nächsten scheinen vor allem jene historisierenden Rezeptionszeugnisse der jüngsten Zeit zu kommen, denen ein eingeschränkt *mittelbares* Erkenntnisinteresse beizumessen ist. Abgesehen von der fundierten, Bloch, Benjamin und Brecht vergleichenden Untersuchung von Wolfgang Emmerich »*Massenfaschismus« und die Rolle des Ästhetischen*[8], hat *Erbschaft dieser Zeit* insbesondere als Substrat jüngerer Diskussionen um Wesen und Funktion »faschistischer Öffentlichkeit« nachhaltige und produktive Wirkungen gezeitigt.[9] Daß hierbei die geschichtsphilosophische Dimension, aber auch die ästhetische Eigenart von *Erbschaft dieser Zeit* in Vergessenheit zu geraten droht, sei an dieser Stelle nur am Rande vermerkt.

Art und Zeitpunkt der späten, überdies widersprüchlichen Rezeption von *Erbschaft dieser Zeit* kommen nicht von ungefähr. Sie liegen vor allem in dem ebenso sperrigen wie vielschichtig-komplexen Charakter des Werkes begründet. 1935 im schweizerischen Exil bei Oprecht & Helbling erstmals als Buch veröffentlicht, jedoch in wesentlichen Partien schon vor 1933 fertiggestellt und in Teilen bereits seit 1924 (!) in verschiedenen Zeitschriften publiziert, vereinigt *Erbschaft dieser Zeit* insbesondere folgende Komponenten:[10]

– eine geschichtsphilosophisch begründete Theorie »gleichzeitiger« und »ungleichzeitiger« gesellschaftlicher Widersprüche und – darauf aufbauend – ein klassenanalytisches Modell der Weimarer Republik, das die Genese der *Massenbasis* des Faschismus zu erklären und ins Bild zu setzen sucht; ein Wesenszug des Nationalsozialismus, der in der offiziellen Faschismusinterpretation sowjet-marxistischer Prägung vor 1935 nahezu vollständig ignoriert bzw. verdrängt wurde;

– eine Phänomenologie der rissigen Oberfläche des deutschen Faschismus als einer »schiefgeratenen Revolution« sowie die Musterung seines »Inventars des revolutionären Scheins«;

– eine (intentional zweifelsfrei solidarische) Kritik an der KPD in Form der Auseinandersetzung mit theoretischen und praktischen Versäumnissen der Partei; mit uneingelösten Bedingungen dafür, im Kampf *gegen* den Faschismus und *um* eine breite, wirkungsvolle Massenbasis erfolgreich bestehen zu können;

– das Konzept einer (kultur-)politischen Volksfrontpolitik »avant la lettre« mit dem Kernstück einer historisch-dialektisierenden, aufs Praktische gerichteten – »Propaganda« und Kunstproduktion umgreifenden – Theorie des kulturellen Erbes; dies nicht zuletzt auch in einer 1936 sich anschließenden Kontroverse mit Hans Günther[11] in der *Internationalen Literatur* ungleich breiter und theoretisch grundsätzlicher auseinandergesetzt als in der späteren »Expressionismusdebatte« in der Zeitschrift *Das Wort*.

1962 wird *Erbschaft dieser Zeit* im Suhrkamp-Verlag neu aufgelegt. Der Zeitpunkt verdient Beachtung: Nach dem Mauerbau kehrte Bloch, der sich damals auf einer Vortragsreise in Westdeutschland befand, nicht mehr in die DDR zurück; in jenen Teil Deutschlands also, in dem sich Bloch nach seiner Rückkehr aus dem Exil (zuletzt, seit 1938 USA) niedergelassen hatte, nicht ohne es noch Ende der fünfziger Jahre – allen zwischenzeitlichen Kontroversen mit Staat und Partei zum Trotz – an öffentlichen Voten fehlen zu lassen. So bekannte

Bloch 1958 im *Neuen Deutschland* angesichts der atomaren Aufrüstung in der Bundesrepublik: »(...) es ist die Deutsche Demokratische Republik, auf deren Boden ich stehe, mit deren humanistischem Anliegen ich übereinstimme, in deren Zentrum die Abschaffung der Ausbeutung von Menschen durch den Menschen steht.«[12] Vor diesem Hintergrund kommt der Entschluß Blochs, nach den Augustereignissen nicht mehr nach Leipzig zurückzugehen, einem zweiten Gang ins Exil gleich; zugleich gewinnt die Neuveröffentlichung von *Erbschaft dieser Zeit* in dieser Situation demonstrativen Charakter. Dies um so mehr, als für die Ausgabe von 1962 Streichungen und Überarbeitungen, vor allem aber Weiterungen vorgenommen werden: Ergänzungen, die unter Beibehaltung der antifaschistischen Stoßrichtung der Erstausgabe vor allem die Kritik an der KPD radikalisieren und insbesondere eine aktualisierende Nachschrift zum Vorwort (1934) der Erstfassung beinhalten. Diese Nachschrift gerät zu einer scheinbar maßlosen Polemik gegen »die finstere Enge« und »protzige Zurückgebliebenheit« in den »nicht einmal partial-sozialistischen (...) totalitären« Staaten, den »Francoländern der Ostseite«.[13]

Man ist versucht, Vermutungen über die politischen Motive der Editionspraxis anzustellen; unstrittige Tatsache indes ist, daß Autor und/oder Verlag wenig dazu beigetragen haben, die für eine genaue historisierende Auseinandersetzung unentbehrliche Textgeschichte der Änderungen, Ergänzungen und Streichungen im Verhältnis von Erst- und Neuauflage hinreichend kenntlich zu machen; ein Umstand, der um so schwerer wiegen sollte, als von nun an *Erbschaft dieser Zeit* fast ausschließlich nur in der veränderten Fassung gelesen wird.[14]

Vor diesem Hintergrund der erst in Ansätzen vollzogenen Rezeption durch die Nachkriegslinke, die überdies zumeist auf die 2. Auflage von 1962 fixiert ist, wird im folgenden versucht, Orientierungspunkte für eine historisierende Lesart der lange Zeit als verschollen[15] geltenden Erstausgabe von 1935 zu geben. Historisierend im doppelten Sinne: zum einen, indem *Erbschaft dieser Zeit* sowohl als antifaschistische Kampfschrift wie auch als Kritik der politischen Linie der Kommunistischen Partei Deutschlands vor der endgültigen Niederlage 1933 gesehen wird; zum anderen, indem der inneren Historizität, der 1924 beginnenden, sich über 11 Jahre erstreckenden Textgeschichte der Erstausgabe selbst Rechnung getragen wird; eine Textgeschichte, deren Abschluß in die Exilzeit Blochs fällt, deren überwiegender Teil aber in der Phase *vor* der faschistischen Machtübernahme anzusiedeln ist. Eine solche zeitliche Differenzierung scheint vor allem geboten angesichts so eklatanter Fehleinschätzungen wie etwa von Oskar Negt. Fixiert auf 1935, das Jahr der *Buch*veröffentlichung, kann er den Ausführungen Blochs in politischer Hinsicht nur einen »ungleichzeitigen« Charakter beimessen. Für Negt sind es Reflexionen »post festum«, die nur noch das Versäumte im 1933 in Deutschland entschiedenen Kampf gegen den Faschismus nachträglich mustern können.[16]

Mit der historisierenden Betrachtungsweise verbindet sich im hier vorgegebenen Rahmen eine thematische Beschränkung. Im Mittelpunkt des Interesses steht Blochs Auseinandersetzung mit dem Nationalsozialismus als einem Massenphänomen proletarisierter Mittelschichten und der Bauernschaft. In *Erbschaft dieser Zeit* macht dies jedoch nur eine Seite des Faschismus (und einen Teil der Blochschen Untersuchung aus) – in unseren Augen auch heute noch die unzureichend belichtete. Daneben steht der von Bloch kaum weniger gründlich analysierte Block großbürgerlicher Verhaltens- und Bewußtseinsmuster. Auch wenn im folgenden auf diese bürgerlichen Reaktionsweisen in der gesellschaftlichen Krise nicht eingegangen wird, so liefert Blochs Theorie der Ungleichzeitigkeiten doch auch ihrer Untersuchung das tragende Fundament.

Ungleichzeitigkeit: theoretisch

In der »orientierenden Mitte«[17] der in *Erbschaft dieser Zeit* montageartig gefügten Beobachtungen, Überlegungen und konkreten Detailanalysen zur Genese des Faschismus als einer Massenbewegung steht das bereits 1932 fertiggestellte Kapitel »Ungleichzeitigkeit und Pflicht zu ihrer Dialektik«; Darlegung eines für Bloch zentralen geschichtsphilosophischen Kategorienkomplexes und zugleich Imperativ seiner praktischen Nutzanwendung. Expliziter Angelpunkt für diese Theorie stellt dabei das schon von Marx apostrophierte »unegale Verhältnis der Entwicklung« (79) in der Geschichte dar: das keineswegs zwangsläufig synchrone Verhältnis der materiellen Produktionsweisen und der jeweiligen Ideologien, der politischen und kulturellen Entwicklungslinien. »Die bürgerliche Gesellschaft«, so Marx in der *Einleitung zur Kritik der politischen Ökonomie*, »ist die entwickeltste und mannigfaltigste historische Organisation der Produktion. Die Kategorien, die ihre Verhältnisse ausdrücken, das Verständnis ihrer Gliederung, gewährt daher zugleich Einsicht in die Gliederung und die Produktionsverhältnisse aller der untergegangenen Gesellschaftsformen, mit deren Trümmern und Elementen sie sich aufbaut, von denen teils noch unüberwundne Reste sich in ihr fortschleppen, bloße Andeutungen sich zu ausgebildeten Bedeutungen entwickelt haben etc.«[18] Mehr noch: In der Einleitung zur *Deutschen Ideologie* findet Bloch bei Marx und Engels eine weitergehende Spezifizierung des Verhältnisses von gesamtgesellschaftlicher Entwicklung und ›unüberwundnen Resten‹: »Sie [die Entwicklung] (...) geht von verschiedenen Lokalitäten, Stämmen, Nationen, Arbeitszweigen etc. aus, deren Jede anfangs sich unabhängig von den anderen entwickelt und erst nach und nach mit den andern in Verbindung tritt. Sie geht ferner nur sehr langsam vor sich; die verschiedenen Stufen und Interessen werden nie vollständig überwunden, sondern nur dem siegenden Interesse untergeordnet und schleppen sich noch jahrhundertelang neben diesem fort.«[19]

Vor diesem Hintergrund treibt Bloch die von Marx und Engels getroffene Unterscheidung von gesamtgesellschaftlicher Entwicklungstendenz und »unüberwundnen Resten« älteren Seins kategorial und inhaltlich unter historisierendem Blickwinkel weiter voran. Indem er den *Verhältnisbegriff* der »Ungleichzeitigkeit« einführt, ordnet er das, was sich nach Marx und Engels an Resten »unüberwundnen« Seins »*neben*« den dominanten Widerspruchsstrukturen behauptet, als zu diesen *quer*stehend in einen auf vielschichtig komplexe Totalität zielenden gesamtgesellschaftlichen Funktionszusammenhang. Querstehend deshalb, weil sich nach Bloch »ungleichzeitige« Widersprüche in der geschichtlichen Entwicklung nicht einfach als »reaktionär« schlechthin denunzieren lassen. Für einen Marxisten, der sich des Hegelschen Erbes bewußt ist, sind diese vielmehr nach ihrem objektiven und subjektiven Charakter zu unterscheiden. Vor allem aber ist nach Musterung ihres objektiven Gehalts im Horizont eines qualitativen, dialektischen Fortschritts danach zu fragen, inwieweit objektive Ungleichzeitigkeiten im weiteren Lauf der Geschichte »sub specie totalitatis« nicht lediglich negiert, sondern in ihrem materiell *und* ideell ehemals vorwärtstreibenden Potential substantiell bewahrt und in einem höheren Sinn aufgehoben wurden. Subjektiv ungleichzeitig sind für Bloch jene rückwärtsgewandten sozialen Bewußtseinskomplexe und Äußerungsformen älteren Seins, die, weil subjektiv mit diesem nicht mehr vermittelbar, nur noch als dumpfe Wut, unreflektierter Protest oder Verweigerung und Rückzug auf das innerste Subjektive gegenüber dem Neuen im weiteren Fortgang der Geschichte fortleben. »Als bloß dumpfes Nichtwollen des Jetzt ist dies Widersprechende *subjektiv* ungleichzeitig, als bestehender Rest früherer Zeiten in der jetzigen *objektiv* ungleichzeitig. Das *subjektiv* Ungleichzeitige, nachdem es lange bloß verbittert war, erscheint heute als *gestaute Wut*. In ruhiger Zeit war sie das Verdrossene oder Besinnliche des deutschen Kleinbürgers, der sich vom Leben, worin er nicht mitkam, schimpfend oder innig zurückzog. Subjektiv ungleichzeitig im dürreren Sinn, aber ein Brennholz in der Wut sind auch die abgefallenen Zweige der Pflicht, der Bildung, des ›Stands‹ der Mitte in einer Zeit, welche keine Mitte mehr kennt. Dem entspricht das *objektiv* Ungleichzeitige als Weiterwirken älterer, wenn auch noch so durchkreuzter Verhältnisse und Formen der Produktion, sowie älterer Überbauten. Das *objektiv* Ungleichzeitige ist das zur Gegenwart Ferne und Fremde; es umgreift also *untergehende Reste* wie vor allem *unaufgearbeitete Vergangenheit*, die kapitalistisch noch nicht ›aufgehoben‹ ist. Der subjektiv ungleichzeitige Widerspruch aktiviert diesen objektiv ungleichzeitigen, so daß beide Widersprüche zusammenkommen, der rebellisch schiefe der gestauten Wut und der objektiv fremde des übergebliebenen Seins und Bewußtseins« (81 f.). Es liegt in der Logik dieses methodischen Ansatzes begründet, daß sich solcherart gefaßte ungleichzeitige Widersprüche im Verhältnis zu gleichzeitigen Widerspruchsstrukturen bestimmen. Dementsprechend steht für Bloch außer Frage: Dominant in der gegenwärtigen Epoche ist der gleichzeitige Widerspruch, dessen »Grundmoment (...) der Konflikt zwischen dem kollektiven Charakter der kapitalistisch entfalteten Produktivkräfte und dem privaten Charakter ihrer Aneignung«[20] darstellt (87). Doch im Unterschied zur Kommunistischen Partei, die in Theorie und Praxis erwartungsvoll auf die inhärente Sprengkraft dieses gesellschaftlichen Hauptwiderspruchs setzte, verschafft sich Bloch einen weitaus differenzierteren und zugleich realistischeren Zugriff. »Dieses ist der objektiv gleichzeitige Widerspruch der [gegenwärtigen] Zeit oder ihr exakter Klassengegensatz: Produktivkräfte und Eigentumsverhältnisse sind hier zwei wesentliche Teile einer ebenso gleichzeitigen Einheit. Derart ist nur dieser exakte Gegensatz der revolutionär entscheidende der Zeit, jedoch eben: er ist in ihr nicht der einzige. Der andere Gegensatz, der zwischen Kapital und den ungleichzeitig verelendeten Klassen lebt neben dem gleichzeitigen, wenn auch nur diffus« (87 f.). Gerade in Ansehung der Verhältnisse in Deutschland, »dem bis 1918 keine bürgerliche Revolution gelungen war« (79) – im Vergleich etwa zu England oder gar Frankreich, »das klassische Land der Ungleichzeitigkeit« (79), das »Land mit besonders viel vorkapitalistischem Material« (80) – ergebe sich deshalb das »Problem einer mehrschichtigen revolutionären Dialektik« (89). »Nicht alle sind [heute] im selben Jetzt da. Sie sind es nur äußerlich, dadurch, daß sie heute zu sehen sind. Damit aber leben sie noch nicht mit den anderen zugleich« (69). »Sie«, das sind »leiblich-klassenhaft« jene Teile der Bevölkerung, deren ungleichzeitige Produktionsweisen und Bewußtseinsformen mit den gleichzeitigen Widersprüchen des hochentwickelten Kapitalismus konfligieren und mit diesen sich zu einem gesellschaftlich-politisch höchst brisanten Amalgam vermengen; jene Gruppen der Bevölkerung, die trotz mitunter tief verwurzelter antikapitalistischer Affekte nicht Anschluß an die Interessen und Ziele der revolutionären Arbeiterbewegung finden, sondern willfährig und betrogen zugleich sich zur massenhaften Gefolgschaft der Faschisten zusammenschließen. Damit gerät für Bloch ein von der Kommunistischen Partei sträflich vernachlässigter Problemkomplex ins Zentrum, dessen gebotene historisierende Analyse zu einer praktischen Strategie des antifaschistischen Kampfes führen müsse. »Aufgabe ist, die zur Aneignung und Verwandlung fähigen Elemente (...) des ungleichzeitigen Widerspruchs herauszulösen, nämlich die dem Kapitalismus feindlichen, in ihm heimatlosen, und sie zur Funktion in anderem Zusammenhang umzumontieren. Bleibt folglich der ›Dreibund‹ des Proletariats mit den verelendeten Bauern und dem verelendeten Mittelstand, unter proletarischer Hegemonie; der echt gleichzeitige Widerspruch hat das Amt, konkret und total genug zu sein, um auch die echt ungleichzeitigen Widersprüche aus der Reaktion zu lösen und an die Tendenz heranzubringen« (88); bleibt die Aufgabe der ideologiekritischen Durchmusterung ungleichzeitigen Bewußtseins mit dem Ziel, die objektiv noch »subversiven und utopischen Elemente« (88) des »unüberwundnen Rests« in die revolutionäre Bewegung einzubringen.

Ungleichzeitigkeiten: praktisch

»Der deutsche Fascio ist die trübe Antwort der Mitte, die exakte des Großkapitals auf eine Krise, die ins Mark geht. Der revisionistische Schwindel der Sozialdemokraten und sein Oberhaus: die Demokratie volksstaatlicher Illusionen – verfangen bei der Masse nicht mehr. So greift das Kapital, in höchster Bedrohung, zu einem neuen Betrug, zu einem mythologischen, und setzt Prämien auf alle ›ungleichzeitigen‹ Bestände, welche diesen Betrug ehrlich nähren oder in sich, zeitfremd, unbewußt, verkapselt sind. Die Verelendung der Bauern und des Mittelstands stößt zu der des Proletariats; also wird Fascismus notwendig, die Proleten völlig niederzuhalten und die neu proletarisierten von ihnen ideologisch abzutrennen« (47 f.).

Vor diesem allgemeinen Hintergrund der Wesens- und Funktionsbestimmung des deutschen Faschismus zielt Blochs analytisches Interesse an der Situation der *Bauernschaft* gerade auf die ungleichzeitigsten Bestände der »*Pastorale militans*« (43), die in »phantastischer, fast phantastisch gewollter Unwissenheit« (46) »Krise, Kapitalismus und Marxismus« in eins setzt und sich ebenso resistent gegen alle antikapitalistischen Mobilisierungsversuche von links wie willfährig gegenüber der faschistischen Bewegung erweise: subjektiv »gegen Proletariat und Bankkapital ›zugleich‹« gerichtet, jedoch »tauglich zu jedem Terror, den das Bankkapital braucht« (46).

Man muß sich die Stereotypen vergegenwärtigen, mit denen die Kommunistische Partei die Bauern zu agitieren versuchte, um den Stellenwert des Blochschen Ansatzes – gerade angesichts der durchschlagenden Wirkungslosigkeit jener Bemühungen – zu ermessen.[21] So differenzierte die Partei zwischen Großgrundbesitzern, »landarmen Bauern« und »Landproletariat«; doch das Gemeinsame, der archaisch anmutende Konservativismus gegenüber der Rationalität des Kapitalismus (einschließlich der Logik seines Klassenkampfes), blieb dabei außerhalb des Blickfeldes. »Es gibt«, so Bloch, »Zwergbauern im Elend, Kleinbauern, Mittelbauern, Großbauern, und diese sehr verschiedenen Besitzverhältnisse hindern gewiß, das Bauerntum als einheitliche ›Klasse‹ zu nehmen« (72). Jedoch: Im Unterschied etwa zur fortschreitenden Depossedierung der Handwerker seit dem frühen Manufakturkapitalismus seien die Produktionsmittel, wenn auch oft in erbärmlichem Ausmaß, allen Bauern in den Händen geblieben.[22] »Diese gemeinsam gebliebene Produktionsform macht (...) so schwer, die großen ökonomischen Gegensätze in der Bauernschaft zu mobilisieren. (...) So fühlt sich das Bauerntum, wenn nicht als einheitliche Klasse, so doch als relativ einheitlich gebliebenen ›Stand‹. (...) ihre [der Bauern] gebundene Existenz, die relative Altform ihrer Produktionsverhältnisse, ihrer Sitten, ihres Kalenderlebens im Kreislauf einer unveränderten Natur widerspricht der Verstädterung, verbindet der Reaktion, die sich auf Ungleichzeitigkeit versteht. (...) Wirtschaftlich wie ideologisch sind die Bauern, mitten im wendigen kapitalistischen Jahrhundert, älter placiert« (72 f.).

Gerade deshalb sieht Bloch in der Bauernschaft aber auch »*objektiv* abgehobene Widersprüche des Überkommenen zum kapitalistischen Jetzt, worin sie wachsend zerstört und nicht ersetzt worden sind« (82). Zentrale bäuerliche Bewußtseinskomplexe wie »Haus, Boden, Volk« sind für Bloch nicht nur Ausdruck einer – vor allem im Gegensatz zu den Lebensformen der Angestellten – unmittelbar konkret-sinnlichen Erfahrung des materiellen Lebensalltags; darüber hinaus zeitigen sie »noch unaufgearbeitete Intentionsgehalte der Vergangenheit« (82), die gerade angesichts ihrer Unaufgeklärtheit über den gesamtgesellschaftlichen Zusammenhang der Besetzung durch die Linke bedürfen. »Nüchternheit wie Besitzsinn wie noch der bäurische Individualismus (Besitz als Instrument der Freiheit, das Haus als Kastell) stammen aus vorkapitalistischen Zeiten, aus Produktionsverhältnissen, die schon Landaufteilung verlangt hatten, als es noch keine individuell wirtschaftenden Bürger gab« (73). Wie Bloch detailliert nachweisen kann, offenbaren die Formen bäuerlicher Kultur bei aller Rückständigkeit augenscheinlich Reste eines ernst zu nehmenden Realitätssinns und vor allem uneingelöster utopischer Gehalte: »kulturelles Grundwasser, das anderswo nur tiefer liegt« (73). Den möglichen Einwand, diese Zeichnung der bäuerlichen Erfahrungswelt sei nicht frei von romantisierenden Zügen, gegen die sich die Untersuchung gerade abgrenzen will (vgl. 73), kontert Bloch selbst wenig später – in den nachträglichen *Bemerkungen zur ›Erbschaft dieser Zeit‹* – mit einem frappierenden Hinweis: wenn er von Fällen illegaler antifaschistischer Bauernpropaganda zu berichten weiß (»1936 beispielsweise, im Schwarzwald und Thüringen«), die sich auf keinen Geringeren als den revolutionären Bauernführer Thomas Münzer berief.[23]

Solcherart durchmusterte Ungleichzeitigkeiten, die für Bloch zugleich Ausdruck des Gegensatzes zwischen Stadt und Land sind, bedeuten wesentliche Raum-Zeit-Differenzierungen im marxistischen Fortschrittsbegriff; dies (im Kontext der Weimarer Republik) um so mehr, als Bloch – entgegen dem von geschichtsobjektivistischen Leitvorstellungen getragenen Optimismus der Kommunistischen Partei – in dem sich zur Machtübernahme anschickenden Faschismus nicht einfach die »letzte Etappe« bürgerlicher Klassenherrschaft sieht, die rasch abwirtschaften würde, um dann zwangsläufig von einer proletarischen Revolution liquidiert zu werden. Nachgerade im Zentrum der Blochschen Ausführungen steht die Überlegung, daß und warum der Faschismus seine Attraktivität bei großen Teilen der Bevölkerung und damit seine kaum zu unterschätzende politische Energie der Tatsache verdankt, daß er, so Bloch bereits 1924, als »Statthalter der Revolution«, wenngleich als wesensmäßig »schiefe(r)«, hat in Erscheinung treten können (106): breiten Schichten »einen Schutzraum für die widersprechende Unruhe« bietend, »damit sie ja nicht erwache« (50).

Raum-Zeit-Differenzierungen im orthodox-marxistischen Fortschrittsmodell scheinen Bloch aber auch im Blick auf die Städte vonnöten. »Seit einigen Jahren lernt (...) auch die städtische Art, nachzugehen. Eine verelendete *Mittelschicht* will zurück in den Vorkrieg, wo es ihr besser ging. Sie ist verelendet, also revolutionär anfällig, doch ihre Arbeit ist fern vom Schuß und ihre Erinnerungen machen sie vollends zeitfremd. (...) Doch auch hier erfindet das Elend nichts oder nicht alles, sondern plaudert nur aus, nämlich Ungleichzeitigkeit, die lange latent oder höchstens eine von gestern erschien, nun aber über das Gestern hinaus in fast rätselhaftem Veitstanz sich erfrischt« (74).

So der neue Mittelstand: die Angestellten, deren kulturelle Verkehrsformen – Kracauers grundlegende, 1929 veröffentlichte soziologische Analyse wird ausdrücklich berufen und gewürdigt – in einem

»Kult der Zerstreuung« in den »Pläsierkasernen«[24] des rationalisierten Vergnügens aufgehen; deren (von Kracauer noch mit Blick auf die Stabilisierungsphase beschriebene) »Flucht vor der Revolution und dem Tod« (26)[25] nach der Wirtschaftskrise und der damit einsetzenden *offenkundigen* Proletarisierung neue Dimensionen annimmt.

So der alte Mittelstand: das handel- und gewerbetreibende Kleinbürgertum, dem die Konzernierung des Großkapitals in den Inflations- und insbesondere Krisenjahren nach 1928 derart hart zusetzt, daß ihm »die parlamentarische Demokratie (...) [als] der verhaßte Garant der freien [ruinösen, H.-B. H.] Konkurrenz und [als] die ihr entsprechende politische Form« (75) erscheinen muß. Auch hier finde der Faschismus leichtes Spiel; mit seinen ständestaatlichen Parolen, »die Wirtschaft wieder auf die Stufe des frühkapitalistischen Kleinbetriebs zurückzuführen«, erfüllt er nach Bloch objektiv eine doppelte Funktion. Dem »Großkapital empfiehlt er sich als Instrument gegen den Klassenkampf, doch der Mittelschicht eben als Rettung« – letzterer ihrer Ungleichzeitigkeit »aktuell-romantische(n) Ausdruck« verleihend (75).

Im alten und neuen Mittelstand drückt sich für Bloch am dichtesten das beredte Elend des Kleinbürgertums aus. In seiner sozialen Deklassierung Opfer kapitalistischer Räson, gibt es die bürgerliche Ratio in dem Maße preis, je mehr sie ihm in seiner Erfahrungswelt nur feindlich, doppelt feindlich gegenübertritt. »Nämlich als bloße spätkapitalistische Rationalisierung und als ebenso spätkapitalistische, doch ›marxistisch-jüdisch‹ verstandene Wertzersetzung überlieferter Gehalte« (75 f.). Diese Regression in zeitfremde, dumpf-oppositionelle Haltungen und Vorstellungskomplexe, deren gesellschaftlich-politische Energie der Faschismus auszubeuten und zu instrumentalisieren verstehe, liegt für Bloch in der besonderen sozialen Lage der Mittelschichten begründet. Der »Mittelstand nimmt (zum Unterschied vom Proletariat) überhaupt nicht unmittelbar an der Produktion teil, sondern geht in sie nur mit Zwischentätigkeiten ein, mit einer solchen Ferne von der gesellschaftlichen Kausalität, daß sich immer ungestörter ein alogischer Raum bilden kann, worin Wünsche und Romantizismen, Urtriebe und Mythizismen rezent werden« (75).

Nähe bzw. ›Ferne zur gesellschaftlichen Kausalität‹, d. h. zu den sinnlich erfahrbaren Widersprüchen der kapitalistischen Produktionsweise – in dieser Perspektive kommt auch jene Gruppe ins Blickfeld, die sich in besonderem, von Zeitgenossen kaum hinreichend beachtetem Maße anfällig für die faschistischen Verführungen erwies: die Jugend. Was zunächst eine anthropologische Entwicklungsphase zu bezeichnen scheint, wird von Bloch jedoch – auch hierin spezifizierend – primär ins Gesellschaftliche gewendet. Nicht von der proletarischen Jugend in Brot und Arbeit, der die in der Lohnarbeit ständig erfahrenen gleichzeitigen Widersprüche zur praktischen (einschließlich politischen) Schule des Lebens werden, ist dabei die Rede. Vielmehr richtet Bloch die Aufmerksamkeit auf die »Junge(n) bürgerlicher Herkunft, doch ohne bürgerliche Aussicht« (70), auf die »Junge(n) ohne Arbeit« (70), zumal wenn die Arbeitslosigkeit dauerhaft und die

Erfahrung kapitalistischer Arbeitsverhältnisse nur sporadisch ist.[26] Offenkundig das Schicksal der Jugendbewegung der zehner Jahre und ihr Fortleben in der Republik vor Augen, sieht Bloch deren rückwärtsgewandte Tagträume »nicht bloß aus leerem Magen« (70) kommen. Als ungleichzeitige Form des Protests im Zeichen vorbürgerlichbündischer Bande gegen das von kapitalistischer Vernunft entseelte, ›verdinglichte Leben von heute‹ (vgl. 70), artikuliere sich hier eine »organische Unruhe«, die sich, nachdem auch »der wirtschaftliche Anlaß« (71) gegeben ist, um so leichter von den Nazis für ihre Zwecke und Interessen organisieren lasse. »Junge bürgerlicher Herkunft, doch ohne bürgerliche Aussicht, gehen ohnehin nach rechts, wo man ihnen eine verspricht. (...) doch wird rechts ›erneuert‹, so ist die Jugend bürgerlicher Kreise (...) erst recht verführbar« (70 f.).

Der schiefe Statthalter der Revolution

Für Bloch steht außer Frage: Nicht die Ungleichzeitigkeit breiter Bevölkerungsschichten markiert den herrschenden Klasseninhalt des Faschismus; vielmehr »dient sie ihm auf eine Weise, (...) die allergrößte Gefahr bringt.«[27] Denn im Interesse des Kapitals, dem die Faschisten zu Diensten sind, verstehen diese, so Bloch, unter Ausbeutung der in den ungleichzeitigen Haltungen und Bewußtseinsinhalten greifbaren Unruhe und Sozialphantasien »den möglichst zweckdienlichen Grad von Schreck und Konfusion zu erzeugen« (11). So biete der Nationalsozialismus nicht nur Schutzraum für die widersprechende Unruhe, damit sie nicht erwache; darüber hinaus sei es ihm gelungen, in die Rolle des »schiefe(n) Statthalter(s) der Revolution« (106) zu schlüpfen und die latenten Energien der ungleichzeitigen Massen zu einer Bewegung zu mobilisieren. Schon in der Ausgabe von 1935, auch in den erkennbar vor 1930 verfaßten Partien, finden sich zahlreiche Hinweise auf das, was später, in der Neuauflage von 1962, als »Inventar des revolutionären Scheins« in einem eigenständigen Kapitel zusammengefaßt wird: die *sinnliche* Ausbeutung der »Antriebe und Reserven aus vorkapitalistischen Zeiten und Überbauten«, die Instrumentalisierung bäuerlicher und frühbürgerlicher Passiva, deren zuinnerst revolutionären Gehalte jedoch unter fragmentarischer Wahrung der Form ausgekreist werden. Mehr noch, selbst vor der Arbeiterschaft habe der Faschismus versucht, einen »revolutionären Schein« (94) zu erzeugen: sich die Maske eines Sozialismus zu geben, der indes so wenig echt ist wie der ehemals revolutionäre Nationalgedanke, mit dem die Bauern und das Kleinbürgertum für eine chauvinistisch-imperialistische Politik geködert werden. Mit Recht hat Emmerich darauf hingewiesen, daß es eines der wichtigsten Verdienste von *Erbschaft dieser Zeit* ist, diese nationale und sozialistische Mimikry des Faschismus schon frühzeitig aufgedeckt zu haben[28]; dies nicht allein in Hinblick auf die Usurpation ideeller geschichtlicher Gehalte und auf deren Verfälschungen: von der diabolischen Verkehrung der Vorstellung von einem »Dritten Reich«, ehemals sozialrevolutionärer Idealtraum der christlichen Ketzerei eines chiliastisch erwarteten Paradieses auf Erden, über die Perversion des – für Bloch tief philosophischen[29] – Begriffskomplexes »Heimat« zu einem dumpfen, nahezu beliebig fungiblen »Blut und Boden«-Mythos bis hin zu einem Sozialismus, der den Klassenkampf zwischen »Arbeitern der Stirn und der Faust« in der »Volksgemeinschaft« aufzuheben verspricht.

Dieser revolutionäre Schein, den sich der Faschismus gibt, wäre indes nicht so blendend, würde sich nicht, so Bloch, mit der Usurpation der Begriffe auch die der *sinnlichen* Vermittlungsformen verbinden, in denen sich jene Sozialphantasien ausdrücken. In diesem Sinne gebührt *Erbschaft dieser Zeit* das Verdienst, schon frühzeitig wichtige Bausteine für eine Kritik faschistischer Ästhetisierung des gesellschaftlichen Lebens geliefert zu haben. Ästhetisierung dabei nicht als abstrakte Formgebung verstanden, sondern als gesellschaftlich vermittelte und vermittelnde Praxis, die die sinnliche Aneignung von Wirklichkeit formiert und konkrete soziale Erfahrungen, Wünsche und Phantasien organisierend ins Bild setzt.

Unter diesen Prämissen lebt nach Bloch die gesellschaftliche Ästhetik des Nationalsozialismus vom »braune(n) Diebstahl« (94). Rituell oder emblematisch verdichtete ungleichzeitige Sozialphantasien – die der archaischen Bauernkultur oder die des frühen, um die nationale Einheit kämpfenden Bürgertums – werden dabei ebenso geplündert wie demonstrative Aktionsformen und Bildsymbole (»rot-gleichzeitige Embleme«, 96) der Arbeiterbewegung. »So stahl man die rote Fahne, setzte das hinterindische Zeichen hinein; stahl die Aufmärsche, Einzüge, die Musik der Lieder, machte wenig und roh veränderten Text, tanzt sogar um alte liberale Maibäume. Stahl das Wort Arbeiter und Arbeiterpartei mit ebenso gerissener Unwissenheit wie Suggestion; breitete gerade hier einen Dämmer aus, worin keiner mehr weiß, wer Gast, wer Kellner ist, (...) plakatierte ›sozialistische Volksgemeinschaft‹ zwischen schaffendem Kapital und jenen, welche zwar keines haben, aber wenigstens Schaffende sind« (94). Nicht zuletzt das Beispiel der berühmten *Potemkin*-Rezeption durch die Nazis – Goebbels war fasziniert von der Vorstellung, den Film eines »nationalsozialistische(n) Panzerkreuzer(s)« drehen zu lassen[30] – zeige: So »ziehen (...) die Fascisten den Proleten, die sie töten, den Schmuck ab und tragen ihn auf der Kehrseite« (95).

Ideologie – Ideologiekritik – Propaganda

Erbschaft dieser Zeit ist eine antifaschistische Kampfschrift im doppelten Sinne: einerseits, indem anschaulich Aufklärung über die Bedingungen und die Verfahrensweisen der Massenverführung und des Massenbetrugs durch die Faschisten betrieben wird; andererseits, indem im Zeichen einer Volksfrontpolitik »avant la lettre« (bevor von den Komintern zur offiziellen Strategie erhoben) Wege einer Bauern- und Mittelstandspropaganda skizziert werden, um den Kampf *um* eben diese Massen erfolgreich führen zu können, von denen sich die Kommunistische Partei in den Jahren der Republik allen programmatischen Selbststilisierungen zum Trotz faktisch isoliert hatte. Nicht nur in dieser Perspektive ist die Partei als der eigentliche Adressat von *Erbschaft dieser Zeit* anzusehen. Wichtig, weil insbesondere gegen spätere Ausgrenzungen durch die DDR-Forschung ebenso abzuheben wie gegen Vereinnahmungsversuche von bürgerlicher Seite, ist dabei das grundsätzliche Verhältnis, das Bloch zur offiziellen Parteilinie zur Zeit der Abfassung von *Erbschaft dieser Zeit* einnimmt. Für ihn stellt sich die Auseinandersetzung der Partei mit dem Faschismus nicht als eine Frage von »richtig« oder »falsch«, sondern als ein Problem des »Geleisteten« und des »Versäumten«; »denn was die Partei vor dem Hitlersieg getan hat, war vollkommen richtig, nur was sie nicht getan hat, das war falsch« (15), schreibt Bloch im rückblickenden Vorwort des Jahres 1934. Diese Einschätzung, leicht mißzuverstehen als eine lediglich taktisch motivierte rhetorische Pflichtübung, ist indes methodisch konsequent. Sie gründet im Blochschen Verständnis marxistischer Ideologiekritik und Propaganda, so wie es sich schon in den zuvor verfaßten Beiträgen zu *Erbschaft dieser Zeit* manifestiert.

Bereits die Theorie der Ungleichzeitigkeiten läßt erkennen, daß es Bloch nicht darum geht, gesellschaftliche Bewußtseinsformen plan mit dem Modell eines einlinig und mechanisch geschichtsnotwendigen Fortschritts zu vermitteln, um dann »reaktionäre« und »fortschrittliche«, »falsche« und »richtige« Vorstellungskomplexe ebenso unzweideutig wie abstrakt scheiden zu können. Im Gegenteil: Die Differenzierung zwischen gleichzeitigen und ungleichzeitigen Widersprüchen (zumal gesondert nach subjektiver und objektiver Art) in einem mehrschichtig dialektischen, von Schüben und Stockungen gekennzeichneten Entwicklungsprozeß der Geschichte zwinge »sub specie totalitatis« zur historisierenden Musterung »von Fall zu Fall« (12), nötige zur Untersuchung des jeweils sedimentierten »wahren«, durch die Geschichte einlösbaren und eingelösten Kerns tradierter Bewußtseinsformen. Ideologie in diesem Sinne ist deshalb für Bloch nicht falsches Bewußtsein schlechthin, sondern unvollständiges Bewußtsein, das eben darin irrt, daß es sich seiner Unvollständigkeit nicht bewußt ist. Aufgabe einer marxistischen Ideologiekritik ist es nach Bloch deshalb, nicht nur für die »Entlarvung« des falschen, weil unvollständigen »Scheins« zu sorgen, sondern zugleich die »Musterung des möglichen Rests« (15), der »unaufgearbeitete(n) Intentionsgehalte«, die »kapitalistisch noch nicht ›aufgehoben‹« sind (82), vorzunehmen und in eine praktische Politik einzubringen.

Vor diesem Hintergrund sieht Bloch nicht zuletzt auch in dem von der Partei repräsentierten Marxismus – durchgängig spricht er von einem »Vulgärmarxismus« – eine Ideologie: wahr im Kern, doch eben auch unvollständig, weil er das degenerative Schicksal der Sinnlichkeit im Kapitalismus mitvollzogen habe, ohne dessen gewahr zu werden;[31] versteht Bloch seine Ideologiekritik an der Partei in ihrer Auseinandersetzung mit dem Faschismus nicht als Kritik des Geleisteten, sondern des Versäumten: vor allem die subjektiven Blockaden der Mittelschichten gegen die Agitationsversuche der Kommunistischen Partei nicht erkannt zu haben, sofern diese Agitation allein und ausschließlich auf der »ökonomischen« Vernunft eines »vulgärmarxistischen« Fortschrittsmodells der Geschichte basiert; Agitationsversuche, die nicht zuletzt gerade dazu anhielten, von den depossedierten Mittelschichten bloß als »Kehrseite« der »›mechanischen‹ Vernunft« (93) mißverstanden zu werden, gegen die sie irrational rebellieren. »Heute (...), wo gerade die großbürgerlichen Hauptgegner der Revolution ›materialistisch‹ sind, wo sich kein Geldgeber der Nationalsozialisten an zynischem Freidenkertum irgend nur überbieten läßt oder es gar als Waffe fürchtet: ist es gerade das ›Irrationale‹, welches anfälligen Bauern und Kleinbürgern nicht zuletzt ihren Widerspruch fundiert – und ihren Anschluß an den Marxismus ideologisch verhindert.« (98).

Nach Bloch drückt sich in diesem Tatbestand ein Defizit *auch* in der Theorie und Praxis der revolutionären Arbeiterbewegung aus, das insbesondere in der Mobilisierung der Mittelschichten fatale Folgen zeitige. »Das ist ein seltsamer, ein unheilvoller Zirkel: gerade der kapitalistische Betrieb staut ›Seele‹, und sie will abfließen, ja, gegen die Öde und Entmenschung explodieren; gerade der Vulgärmarxismus aber, dem die Angestellten zuerst begegnen, und der in der Tat nicht selten ist, kreist ihnen ihre ›Seele‹ nochmals aus, auch theoretisch, treibt sie folglich zu einem reaktionären ›Idealismus‹ zurück. Derart siegen erst recht Restbestände aus sehr verschiedenem ›Es war einmal‹ (es fängt aber kein Märchen damit an, nur ein Mythos).« (48).

Was sich zunächst als rein taktisches Manöver Blochs darzustellen scheint – die Forderung, ungleichzeitige Bewußtseinskomplexe wie »Leben«, »Seele«, »Nation«, »Reich« und »ähnliche Anti-Mechanismen« nicht nur zu entlarven, sondern sie »konkret [zu] überbieten und sich des alten Besitzes gerade dieser Kategorien [zu] erinnern« (14) und von seiten der Linken neu zu besetzen – ist systematisch verankert: in einem geschichtsphilosophischen Konzept, das den subjektiven Faktor der Geschichte wieder zu seinem Recht und zur Geltung im marxistischen Lehrgebäude bringen will. »In einer Zeit, einem Land, wo der Kapitalismus ›weiten Kreisen‹ mit der schlechten Rationalisierung auch die Ratio diskreditiert hat, werden die eigenen Gefühlswerte des Kommunismus kaum genügend betont, wird nicht auf die echte und volle, die konkrete Ratio gewiesen; als der Befreiung von Wirtschaft, als dem Mittel gerade zur Vermenschlichung und Totalisierung des Daseins. Es wird vom elenden ›Materialismus‹ der Unternehmer nicht begreiflich genug der dialektische Materialismus abgesetzt; es wird kaum genügend betont, daß der kommunistische Materialismus (...) keine totale Ökonomie nochmals ist, sondern gerade der Hebel, um die beherrschte Wirtschaft an die Peripherie zu stellen und den Menschen erstmals in die Mitte« (93). In diesem Sinne stellt sich Blochs Forderung nach Besetzung der ungleichzeitigen ideologischen Bewußtseinskomplexe unter dem »Primat des Proletariats« (96) als deren »*vermittelte(s)* Transzendieren (aber: Transzendieren) im Marxismus« dar (99); mehr noch: Es ergebe sich die »Pflicht, die Nothelfer der im dialektischen Materialismus vermittelten Zukunfts-›Transzendenz‹, welche der Marxismus implizite enthält, zum Zweck der Besetzung und Rationalisierung der irrationalen Bewegungen und Gehalte auch publik, explizit zu machen«, mit anderen Worten: »urbi et orbi auch zu *zeigen*« (99).

Man sollte es sich nicht zu einfach machen: Das theologisch imprägnierte Vokabular ist keineswegs verräterisch; es gibt sich vielmehr als solches selbst(bewußt) zu erkennen. Etwa wenn Bloch an anderer Stelle schreibt: »Es gibt keinen erfolgreichen Angriff auf die irrationale Front ohne dialektischen Eingriff, keine Rationalisierung und Eroberung dieser Gebiete ohne ihre eigene, auf den allemal noch irrationalen Revolutionsinhalt gestellte ›Theologie‹« (93). Mit der ihm eigenen Sensibilität für den etymologischen Gehalt von Begriffen indiziert er bewußt den ursprünglichen theologischen und kirchengeschichtlichen Rahmen, in dem die Konnotationen der von ihm formulierten Vorstellung von »Propaganda« erinnerlich bleiben: Propaganda verstanden als Imperativ zur sinnlich-anschaulichen »Verbreitung der Wahrheit« und in diesem Sinne bewußt gegen den von ihm selbst konsequent vermiedenen, jedoch für die Strategie der Kommunistischen Partei zentralen Begriff der »Agitation« abgehoben, der zu den Adressaten, ihren Bedürfnissen, Interessen und Sozialphantasien, ein lediglich instrumentelles Verhältnis voraussetzt.

Man mag mit Recht darauf hinweisen, daß es Bloch – im Gegensatz zu späteren Ausführungen[32] – in der Erstauflage von *Erbschaft dieser Zeit* sichtlich schwer fällt, konkrete, auf die deutschen Verhältnisse zugeschnittene »Beispiele der Verwandlung« (99) im Sinne der umrissenen Vorstellung von »Propaganda« zu geben. Doch hat Bloch immerhin ein historisches Paradigma vor Augen, das gerade der KPD kaum suspekt sein konnte: »In Deutschland wäre der Gewinn der verelendeten Mitte und die Aktivierung ihrer ›ungleichzeitigen‹ Widersprüche zum Kapitalismus genau so wichtig, wie es der Gewinn der Bauern in Rußland war« (58). Propaganda als Verbreitung der alle früheren Bewußtseinsstufen im dialektischen Sinne aufhebenden Wahrheit im Medium des sinnlich faßbaren Vor-Scheins – in Lenins Kampf *um* die Bauern findet Bloch seine Vorstellung beispielhaft verwirklicht. »Wie (...) Rußland bereits *Zucht* und *Führer, Boden, Heimat* und *Folklore* einmontiert (die urkommunistischen Gentes scheinen hindurch); wie unbetrüglich zeigen sich hier die organischen Kräfte der *Familie*, die organisch-historisch gebliebenen der *Nation* umfunktioniert und in den Dienst einer *Volksgemeinschaft* gestellt, aber einer rechten. Wie konkret entreißt selbst der Kampf gegen die ›Religion‹ dieser ihre *Sehnsüchte* und *Symbolkräfte:* nicht sowohl, (...) ›um den Himmel abzuschaffen‹ (das gelang hier wie dort dem Kapitalismus), sondern um ihn endlich ›als die Wahrheit des Diesseits zu etablieren‹« (101).

Zweifel an der Tauglichkeit des historischen Beispiels für eine solche Interpretation scheinen aus heutiger Sicht angebracht. Doch bleibt davon unberührt die Berechtigung der von Bloch aufgeworfenen tiefgründigen Problemstellung – auch und gerade mit Blick auf die historischen Verhältnisse in Deutschland: »Nazi sprechen betrügend, aber zu Menschen, die Kommunisten völlig wahr, aber von Sachen« (92).

1 J. Fetscher, »Ein großer Einzelgänger«. In: *Frankfurter Allgemeine Zeitung* v. 14./15. 10. 1967; zit. nach dem Wiederabdruck in: *Über Ernst Bloch*. Mit Beiträgen von M. Walser u. a. Frankfurt/M. ³1971, S. 104–111, S. 109. — 2 Vgl. H. Lethen, *Neue Sachlichkeit 1924–1932. Studien zur Literatur des »Weißen Sozialismus«*. Stuttgart ²1975, S. 109–114. — 3 J. Perels/ J. Peters: Vorwort. In: *Ernst Bloch zum 90. Geburtstag: Es muß nicht immer Marmor sein. Erbschaft aus Ungleichzeitigkeit*. Beiträge von: D. Horster u. a. Berlin 1975, S. 7. — 4 Vgl. H. Dahlke, *Geschichtsroman und Literaturkritik im Exil*. Berlin, Weimar 1976, S. 70–72. — 5 W. Mittenzwei, *Exil in der Schweiz*. Frankfurt/M. 1979, S. 147. — 6 Vgl. E. Nolte, »Vierzig Jahre Theorien über den Faschismus«. In: *Theorien über den Faschismus*. Hg. v. E. N. Köln ³1972, insbes. S. 38 f. Noltes Einschätzung, daß Bloch in *Erbschaft dieser Zeit* Marx' Lehre vom Überbau »erschüttert« habe, erscheint allein angesichts der Blochschen Argumentation, die sich durchgängig auf Marx beruft, als nicht haltbar. — 7 Vgl. H. J. Lenger, »Das geheime Deutschland, aufgedeckt. Bemerkungen zur Faschismusanalyse Ernst Blochs«. In: *Sozialistische Zeitschrift für Kunst und Gesellschaft* (1977), H. 3–4, S. 44–50. Abgesehen vom fragwürdigen methodischen Zugriff stellt Lenger allein die Chronologie der Textgeschichte (s. u.) und der realhistorischen Ereignisse auf den Kopf; dies vor allem in seiner Prämisse, wonach Bloch »unausgesprochen auf der Faschismusanalyse (fußt), die Dimitroff 1935 (...) zusammengefaßt hatte« (S. 44). — 8 Vgl. W. Emmerich, »Massenfaschismus und die Rolle des Ästhetischen. Faschismustheorie bei Ernst Bloch, Walter Benjamin, Bertolt Brecht«. In: *Antifaschistische Literatur. Programme, Autoren, Werke*. Bd. I. Hg. v. L. Winkler. Kronberg/Ts. 1977, S. 223–290. — 9 Vgl. bes. »Faschistische Öffentlichkeit«. *Ästhetik und Kommunikation* 7 (1976), H. 26. — 10 Ähnlich W. Emmerich, a.a.O., S. 231. — 11 Im Grunde begann die Kontroverse schon ein Jahr früher; vgl. dazu H. Günther: *Der Herren eigner Geist. Die Ideologie des Nationalsozialismus*. Moskau 1935. — Bereits in dieser stark an G. Lukács gemahnenden Faschismusanalyse setzte sich Günther mit *Erbschaft dieser Zeit* kritisch auseinander. — 12 E. Bloch. In: *Neues Deutschland* 13 (1958), Nr. 93 v. 20. 4. 1958. – 13 E. Bloch, *Erbschaft dieser Zeit*. Frankfurt/M. ²1962, S. 21. – Diese Ausgabe ist text- und seitenidentisch mit: E. B., *Gesamtausgabe* in 16 Bänden. Frankfurt/ M. 1977, Bd. 4. — 14 So hilfreich der grobe synoptische Überblick über die beiden Fassungen ist, den W. Emmrich gibt (a.a.O., S. 229 f.), er ersetzt indes nicht eine noch zu leistende textkritische Auseinandersetzung. Denn die Unterschiede beider Fassungen liegen nicht nur in kapitel- oder abschnittsweisen Differenzen; sie gehen vielmehr bis ins einzelne, scheinbar nur stilistische Detail. Im übrigen geht Emmerich voraussetzungslos von »einem letztlich zusammengehörigen theoretischen Corpus« aus (S. 230). — 15 So u. a. auch H. M. Enzensberger in seiner Rezension der Neuauflage. In: *Der Spiegel* 16 (1962), H. 27, S. 65. — 16 Vgl. O. Negt, »Erbschaft aus Ungleichzeitigkeit und das Problem der Propaganda«. In: *Ernst Bloch zum 90. Geburtstag*, a.a.O., S. 9–34, S. 14. — 17 E. Bloch, *Erbschaft dieser Zeit*. Zürich 1935, S. 13. – Im folgenden Zitatverweise auf die Erstausgabe im Text. — 18 K. Marx, »Einleitung zur Kritik der Politischen Ökonomie«. In: *K. Marx/Fr. Engels: Werke [MEW]*. Hrsg. v. Institut für Marxismus-Leninismus beim ZK der SED. Berlin 1956 ff. Bd. 13, S. 636. — 19 K. Marx/Fr. Engels, »Die deutsche Ideologie«. In: *MEW* 3, S. 72. — 20 Es kennzeichnet die schon angesprochene editorische Nachlässigkeit in der veränderten Neuauflage von 1962 (und entsprechend in der 16bändigen Werkausgabe), daß in diesem zentralen Kapitel von *Erbschaft dieser Zeit* wiederholt sinnverkehrend statt von »Aneignung« der Produktivkräfte (z. B. S. 122) oder der Widerspruchselemente (z. B. S. 123) von »Abneigung« derselben die Rede ist; Fehlleistungen, die bisherigen Interpreten offenkundig noch nicht aufgefallen sind. — 21 Vgl. dazu – im Gegensatz zu Blochs Bemühungen, gerade der Widerstände im bäuerlichen Bewußtsein gegenüber hochindustriellen Produktionsweisen begrifflich und praktisch Herr zu werden – den naiven Parteioptimismus, wie er sich exemplarisch in der »Programmerklärung der KPD zur nationalen und sozialen Befreiung des deutschen Volkes« vom August 1930 anläßlich der Reichstagswahlen artikulierte: »Wir werden (...) Sowjetgüter mit modernstem Maschinenbetrieb schaffen, die Arbeitsbedingungen des Landproletariats denjenigen der städtischen Arbeiterschaft gleichsetzen und viele Millionen werktätiger Bauern in den Aufbau des Sozialismus einbeziehen. « - Zit. nach dem Wiederabdruck in: *Der deutsche Kommunismus. Dokumente 1915–1945*. Hg. u. kommentiert v. H. Weber. Köln ³1973, S. 63. — 22 Dies gilt nach Bloch nicht nur für Grund und Boden: »auch die landwirtschaftlichen Maschinen [werden] nur als Hilfsmittel im alten Rahmen des Hofs und zugehörigen Ackers gebraucht; kein Fabrikant führt hier gegen wirtschaftlich schwache Handwerker den mechanischen Webstuhl und Entsprechendes ein, das nur der Kapitalist besitzen konnte«. (72). — 23 E. Bloch, »Bemerkungen zur *Erbschaft dieser Zeit*«. In: *Internationale Literatur* 6 (1936), H. 6, S. 122–135, S. 131. - Auch hier weist der Nachdruck (E. B.: *Gesamtausgabe* in 16 Bänden, a.a.O., Bd. 10, S. 31–53) gegenüber der Erstveröffentlichung unausgewiesene Änderungen auf. — 24 S. Kracauer, »Die Angestellten. Aus dem neuesten Deutschland (1929).« In: S. K.: *Schriften* I. Frankfurt/M. 1971, S. 205–304, S. 286. — 25 Originalzitat bei Kracauer, a.a.O., S. 289. — 26 Vgl. W. Emmerich, a.a.O., S. 234. — 27 E. Bloch, »Bemerkungen zur *Erbschaft dieser*

Zeit«, a.a.O., S. 132. — **28** Vgl. W. Emmerich, a.a.O., S. 237. — **29** E. Bloch: »(. . .) zunächst ist Heimat ein philosophischer Begriff gegenüber Entfremdung«. - Vgl. dazu näher: »Über Ungleichzeitigkeit, Provinz und Propaganda. Ein Gespräch mit Rainer Traub und Harald Wieser«. In: *Gespräche mit Ernst Bloch.* Hg. v. R. T. u. H. W. Frankfurt/M. ²1977, S. 196-207. — **30** J. Goebbels, in: *Deutsche Allgemeine Zeitung* v. 11. 2. 1934; zit. nach: S. M. Eisenstein: *Schriften 2. Panzerkreuzer Potemkin.* Hg. v. H.-J. Schlegel. München 1973, S. 209. — **31** Vgl. W. Emmerich, a.a.O., S. 240. — **32** Vgl. dazu insbesondere E. Bloch, »Kritik der Propaganda (1937)«. In: E. B.: *Vom Hazard zur Katastrophe.* Frankfurt/M. 1972.

Michael Winkler

Exilliteratur – als Teil der deutschen Literaturgeschichte betrachtet

Thesen zur Forschung

In der Bundesrepublik besteht seit etwa fünfzehn Jahren ein wissenschaftliches Interesse an der Gesamtheit jener deutschsprachigen Literatur, die ab 1933 im Exil geschrieben wurde. Während in der ehemaligen Sowjetzone die selektive Betonung sozialistisch-antifaschistischer Werke seit Kriegsende zur Bildungs- und Kulturpolitik des neuen Staates gehörte, ist die Germanistik im Westen zunächst wie durch Zufall auf das Thema Exil gestoßen. Die ersten bahnbrechenden Impulse und auch polemischen Vorarbeiten kamen dabei nicht aus den Universitäten, sondern gingen von engagierten, nichtakademischen Einzelgängern aus, vor allem von Hans-Albert Walter.[1] Das Interesse war zunächst auf die literarische und politische Journalistik des Exils gerichtet. Auch die Literatur galt primär als Kampf- und Aufklärungsmittel gegen die faschistische Diktatur. Die weltanschaulichen Auseinandersetzungen über die deutsche Vergangenheit, die seit Ende des sozialpolitischen Konsens der Ära Adenauer die Diskussion des nationalsozialistischen Faschismus und seiner Folgen zum dringlichsten intellektuellen und politischen Anliegen der Zeit machten, belebten auch das Interesse an der Literatur der Emigranten und Hitler-Flüchtlinge, wie sie zuerst noch allgemein hieß.[2] Sie wurde fast ausschließlich auf ihre politischen Einsichten, Überzeugungen und Wirkungen, auf ihr antifaschistisches Gewissen hin durchleuchtet.

Inzwischen hat sich die konzentrierte Beschäftigung mit dem Exil der Hitlerjahre auf alle Bereiche des menschlichen Lebens ausgeweitet. Sie schließt neben der politischen und künstlerischen Vertreibung vor allem auch die Emigration von Wissenschaftlern und die Verfolgung religiöser sowie rassischer Minderheiten ein. Dabei beschränkt sich die Forschung schon längst nicht mehr auf die Prominenz einer jeweiligen Disziplin, sondern versucht auch die wenigstens statistische Erfassung der großen Zahl zumeist anonymer Durchschnittsbürger.[3] Warum sich einige der von der Exilforschung in übertriebenem Optimismus formulierten Pläne nur sehr langsam und in beschränktem Umfang haben verwirklichen lassen, mag im nachhinein auf seine fachlichen Gründe hin zu überdenken und wohl auch zu bedauern sein; und wie schnell manche der ursprünglich sehr lautstark ausgefochtenen Kontroversen im Sand verlaufen sind, braucht nicht unbedingt Grund zur Resignation zu sein. Daß es aber *die* Exilforschung weder als ideologische Sammelbewegung (gar mit einem autodidaktisch-dilettantischen »Neo-Volksfront-Demagogen« als ihrem ersten

Fürsprecher)[4] noch selbst als Arbeitsgemeinschaft regional konzentrierter Studiengruppen je gegeben hat, sollte nicht mehr zum Anlaß für weltanschauliche Polemiken dienen. Ebenso steht außer Frage, daß die systematische Beschäftigung mit dem Exil nach 1933, besonders mit seiner literarischen Produktion, trotz unrealistischer Erwartungen, sozialtheoretischer Aporien und methodologischer Fehler nicht in einer Sackgasse oder in einem Labyrinth steckengeblieben ist. Vielmehr hat sie mit ihren zahlreichen individuellen Arbeitsprojekten verschiedener Forschungsrichtungen ein hohes Niveau der Diskussion, eine breite Basis des Wissens und der Erkenntnis und eine Vielzahl beachtenswerter Einzelergebnisse gewonnen. Das erlaubt durchaus eine zukunftsorientierte Standortbestimmung.

Zugleich liegt es in Anbetracht der immer präziser werdenden Einsicht in Ausmaß und Komplexität des deutschen Exils der dreißiger und vierziger Jahre nahe, *für die weiterhin unverminderte Berechtigung, ja sachliche Notwendigkeit einer differenzierten und interdisziplinär weitgespannten Exilforschung zu plädieren*. Und dies durchaus in dem Bewußtsein, daß ein halbes Jahrhundert seit Beginn des Dritten Reiches vergangen ist und eine Neubestimmung historischer Prioritäten erwogen werden muß. Dazu gehört das Eingeständnis, daß auch die Epoche des Exils, wie jede andere Epoche der Geschichte, sich immer weiter dem gegenwärtigen Sinn für Aktualität und Zeitgenossenschaft entzieht, und – daß sie nur eine begrenzte Zahl zeitüberdauernder Meisterwerke geschaffen hat. Denn der Einwand ist berechtigt, daß die wenigsten Bücher nach mehr als dreißig, vierzig Jahren noch lesenswert bleiben und einmal verlorenes Publikum sich nur in seltenen Fällen nachträglich, auch nicht aus Pietät, finden läßt. Was sich an Versäumnissen, bewußten und unabsichtlichen, aufholen läßt, und was an Verdrängung und Unterdrückung aufgehoben werden kann, das ist inzwischen, wenn auch oft mit großer Verspätung, versucht worden, häufig genug mit solidem Erfolg. Nicht daß diese Art von Rückbesinnung oder Wiedergutmachung die Tragik einer um ihre besten Jahre betrogenen Generation nachträglich ausgleichen oder aufheben könnte. Auch die weithin versäumte Einbürgerung der Exilanten ins literarische Leben der Bundesrepublik soll damit weder verharmlost noch als jetzt gegenstandslose Klage abgetan werden. Es liegt aber auch kein Grund mehr vor, einer gelegentlich spürbaren Exilmüdigkeit mit dem Lamento von der Gleichgültigkeit der Verantwortlichen gegenüber dem antifaschistischen Bekenntnis zu begegnen.

Wenn wir vom gegenwärtig Erreichten und legitimerweise noch Erreichbaren ausgehen, so besteht sicherlich hinreichend Grund zu mehr als bescheidener Zufriedenheit – ein Resumé, dem zwar die ehemals blitzenden Funken polemisch-programmatischer Begeisterung verstoben, nicht aber die Lichter vernünftiger Erwartung ausgegangen sind. Auch soll damit nicht verschämt angedeutet werden, daß die Exilforschung nun doch unweigerlich der Endphase ihrer Selbstauflösung zusteure und demnächst jenen Zustand philologischer Entrückung erreiche, wo der letzte Nachlaß wohlgeordnet im Marbacher

Literaturarchiv untergebracht und alles Übrige bibliographisch erfaßt ist.[5] Ganz im Gegenteil: allein schon die Gegenwartsnähe etlicher Konflikte aus den dreißiger und vierziger Jahren läßt diese Art distanzierter Buchführung nicht zu. Doch weniger wichtig ist die besondere gesellschaftliche und psychologische Relevanz der *historischen* Epoche von NS-Diktatur, Exil und innerdeutscher Opposition. Diese *Verbindung von Aktualität und geschichtlicher Bedeutung rechtfertigt den Anspruch auf besondere Aufmerksamkeit,* den die Tatsachen des Exils gerade an die deutsche Nachwelt erheben.[6] Er sollte freilich nicht als Sonderstatus mißverstanden werden. Dieser Anspruch des Exils (und aller anderen Opfer des Nationalsozialismus) steht in einer unmittelbaren Beziehung zu der Frage, ob es wirklich einen »deutschen Sonderweg« gegeben hat in der Entwicklung der europäischen Nationen: Müßte tatsächlich das Postulat einer negativ zu beurteilenden Eigenentwicklung Deutschlands seit 1789 aufrecht erhalten werden, dann wäre der Machtantritt Hitlers als das gewissermaßen schicksalhafte Ergebnis einer fehlgeleiteten Geschichte zu werten. Und diese Konsequenz wäre auf eine seit über hundert Jahren an inneren Strukturfehlern krankende Gesellschaftsordnung zurückzuführen. Das fortwährende Trauma des Dritten Reiches stellt besondere Anforderungen an die Objektivität historischen Interpretierens. Diese Anforderungen haben nicht nur mit der Aufgabe zu tun, nach 1945 ein politisches Bewußtsein auf dem Einverständnis antifaschistischer Moral und der Ablehnung antidemokratischer Traditionen zu begründen. Sie verlangen, auch weiterhin das Bewußtsein für jene Überlieferungen zu schärfen, die zum Erfolg Hitlers beitrugen. Dies mag eine Überbetonung der faschismusverdächtigen (oder der dezidiert oppositionellen) Zeitphänomene gegenüber anderen gleichzeitigen Erscheinungen zur Folge haben und das Eigenrecht historischer Zeitstufen aus ideologiekritischer Absicht beschränken. Doch läßt sich auch die Koexistenz von antifaschistischer Überzeugung und Festhalten an spezifisch deutschen Überlieferungen gerade in der Verbannung beobachten.

Die literarische Historiographie des Exils hat begonnen, diese Symbiose zu erweisen: Der unterschwelligen Prävalenz einer typisch deutschen Ideologie scheint ein traditionell prekäres Verhältnis der deutschen Literatur zum Stilprinzip Realismus zu entsprechen. Der Autor als Realist schreibt im Bewußtsein, daß die Literatur auch als fiktionale alternative Realität an die Regeln der gesellschaftlichen Wirklichkeit gebunden bleibt. Der weltanschauliche, ja quasi-metaphysische Anspruch eines beträchtlichen Teils der deutschen Dichtung seit der Aufklärung, ihre ersatzreligiösen Orientierungs- und Führungsideen haben vor allem die gegenwärtige Exilforschung zur Auseinandersetzung mit den Kontinuitäten in der Literaturgeschichte gezwungen. Damit weichen frühere Versuche einer existentiellen Typologie und Definition exilspezifischer Charakteristiken[7] historisch ausgreifenderen Betrachtungen. Das erste, gewiß nicht überraschende Ergebnis ist, daß es in der literarischen Entwicklung keine Brüche und abrupten Einschnitte gibt. Die Literatur des Exils stand zwar unter dem Zwang der Politik, war aber praktisch immer dann ästhetisch gescheitert, wenn sie sich von der Politik abhängig gemacht hatte. Sie blieb dagegen untrennbar an ihre eigenen Überlieferungen gebunden, auch wo sie gegen deren Zwänge aufbegehrte oder den Bruch mit der Vergangenheit programmatisch verkündete. Folglich lassen sich *Elemente und Haltungen* erkennen, die auf eine Kontinuität seit der antibürgerlich vitalistischen Moderne um 1900 oder schon seit der spätaufklärerisch-romantischen Revolte zu Beginn des letzten Jahrhunderts verweisen. Diese Überlieferungen setzen sich als thematische Konstanten, als dominante Bilder, Metaphern, Topoi und Vorstellungsschemata, als verpflichtende Strukturierungsmuster und poetische Mythen, als Stil- und Gattungsvorbilder fort. Sie erweisen besonders die Romanliteratur der inzwischen als »klassisch« zu bezeichnenden Moderne des Exils (Broch, Döblin, die Brüder Mann, Musil, auch Arnold Zweig) als traditionsverbunden, als ästhetisch konservativ. Dieser Form von Exilliteratur kommt mit Autoren wie Joseph Roth und Stefan Zweig das Verdienst zu, die Kontinuität deutschsprachiger Erzählprosa in Zeiten ihrer äußersten Gefährdung vor dem Abbruch bewahrt und Schriftstellern wie Alfred Neumann, Leonhard Frank und Bruno Frank, Kesten, Schickele oder Ernst Weiss als Rückhalt für ihre Arbeiten gedient zu haben. Das war praktisch nur möglich durch die *Absage ans sprachlich-ästhetische Experiment*. Dieser Verzicht ist jedoch weder auf die narrativen Großformen noch auf die ältere, d. h. bei ihrem Publikum längst etablierte Autoren-Generation beschränkt. Er erstreckt sich auch auf jüngere Schriftsteller der artistischen Avantgarde und ist zudem als gesamt-europäisches Phänomen seit Ende der zwanziger Jahre bemerkbar. Eine Rückbesinnung auf Verläßliches und Beständiges (in der Vergangenheit, in der Natur, in mythischer Wahrheit, im privaten Bezirk), auf absichernde Umrisse angesichts eines prävalenten Pessimismus, auf plausibel erscheinende Darstellungsformen und praktisch erreichbare Ziele charakterisiert nicht nur die deutsche Literatur in dem zutiefst verunsicherten Jahrzehnt vor dem Krieg. Diese Tendenz läßt sich je nach den Erwartungen, die an die gesellschaftliche Bedeutung von Kunst gestellt werden, als ästhetischer Rückschritt beklagen oder als zunehmender Realitätssinn begrüßen. Vermutlich war bei der Ausbildung dieser Ästhetik das Bestreben beteiligt, den »unsäglichen« und »unbeschreiblichen« Faschismus erklärbar zu machen und durch Vernunft zu widerlegen.

Dieser »Realismus« suchte die unmittelbare Wirkung. Er sah sich aber sogleich und immer wieder in die Grenzen der Kunstform Literatur zurückverwiesen, die allenfalls auf langfristige Wirkung hoffen kann. Ihre Gesetze verweigern zudem tendenziell die Übertragung einer programmatischen Faschismustheorie in die Schreibweise erzählender Fiktion oder die bloße Illustration gesellschaftlicher Symptome.[8] Daher gibt sich immer klarer zu erkennen, daß die Literatur des Exils, besonders ihre selbstbewußt bürgerliche Komponente, wohl auf das Erbe der Aufklärung und ihren wirkungsästhetisch-moralischen Rigorismus zurückgreifen, *nicht aber eine eigene »Ästhetik des Widerstands« entwickeln konnte*.[9]

Die Suche nach einer den politischen Realitäten angemessenen Ästhetik, die sich vereinzelt auch thematisch in literarischen Werken niedergeschlagen hat (etwa in Brechts fragmentarischem *Caesar*-Roman), ist hauptsächlich in Tagebuchaufzeichnungen und Briefen, in Programmschriften, Essays und Leitartikeln dokumentiert. Die polemische Publizistik und der politische Journalismus erweisen sich als das Territorium, auf dem das Exil seine selbstgesetzte Aufgabe der kritischen Erkenntnis und Berichterstattung am überzeugendsten erfüllt hat. Daher bleibt die differenzierte Analyse der Periodika, nachdem ihre bibliographische Erfassung abgeschlossen ist, ein ertragreiches Arbeitsgebiet der Forschung. Vor allem wirtschaftspolitische Reportagen (etwa die von L. Schwarzschild im *Neuen Tage-Buch*) und militärtechnische Berichte über die deutsche Rüstung sind Höhepunkte der Exilpublizistik und widerlegen das Schlagwort vom »hilflosen Antifaschismus«. Dieses *Interesse an der Publizistik* als einer Disziplin, deren Regeln und Prinzipien sich grundsätzlich von denen der Belletristik unterscheiden, hat nichts mit einem Rückfall in die arrogante Trennung des hohen Auftrags poetischer Literatur vom tagesbedingten Nutzen des journalistischen Schrifttums zu tun.

Sinnvolle Unterscheidungen dieser Art haben dazu beigetragen, die Aufmerksamkeit der Forschung auf textimmanente Diskursmerkmale und Gattungseigenschaften, ja Strukturzwänge zu richten. Den Ausgangspunkt für diese Überlegungen bildet die Einsicht, daß die Exilliteratur trotz ihrer erzwungenen Isolation und selbst angesichts ihrer von Jahr zu Jahr schwieriger werdenden Arbeitsbedingungen den Pluralismus der Schreibweisen und damit gewissermaßen eine genrebedingte Art der Arbeitsteilung beibehalten hat. Trotzdem treten im Exil natürlich vermehrt Grenzverwischungen zwischen den Gattungen auf, z. B. in der Literarisierung von Brief und Tagebuch, in der Ausweitung der Autobiographie zur Epochendarstellung, in der Umstilisierung vergangener Geschichte zum Gleichnis für die Gegenwart (im historischen Roman).

Soweit sich die Forschung über die Auseinandersetzung mit den großen Einzelgestalten hinaus dem Gesamtphänomen »Exilliteratur« zuwendet, ist sie heute hauptsächlich um die Klärung ästhetischer und kunsttechnischer Probleme bemüht und konzentriert sich auf Fragen der kritischen Urteilsbildung, um eine frühere Apologetik oder Denunziation zu überwinden. Das soll nicht heißen, daß die schon immer etwas abschätzig behandelte »Grundforschung« der Faktensicherung und Materialverarbeitung sich jetzt endgültig überlebt habe und allenfalls in der Form einer Spezialphilologie (z. B. in der Eruierung verläßlicher Lesarten oder durch die Edition von Briefwechseln und Tagebüchern) weiterbestehen könne. Auch in handbuchartige Kompendien haben sich zahlreiche Fehler und Irrtümer eingeschlichen, die wohl einmal korrigiert werden müssen. Doch *die interessanten Perspektiven gehen aus den Versuchen hervor, gesamtepochale Strukturmerkmale zu bestimmen, Übereinstimmungen auch mit der innerdeutschen Literatur zu berücksichtigen und ästhetische Wertungskriterien zu definieren.*[10] Diese Versuche werden die Grundlage bilden sowohl für eine umfängliche Typologie der Exilliteratur wie für eine dichtungsorientierte Literaturgeschichte der Exilperiode.

So läßt sich auch der Begriff »Exilliteratur« etwa gegenüber der Bezeichnung »deutsche Literatur im Exil« rechtfertigen. Denn abgesehen von den sozialgeschichtlich signifikanten Faktoren ihrer Entstehungs- und Wirkungsbedingungen, ist diese Literatur aufgrund ihres literarischen Charakters und nicht allein wegen der politischen Tätigkeit ihrer Autoren verbrannt und verbannt worden. Und sie war sich dieser Tatsache stets bewußt. Gerade diese konfliktreiche Vielseitigkeit des literarisch-kulturellen Exils erfordert, es nicht vordringlich nach dem Maßstab des politischen Engagements zu beurteilen. Denn damit wird nur eine, wenngleich wichtige Komponente angesprochen.

Dieser neuen Aufgabe sucht die neuere Forschung dadurch zu entsprechen, daß sie die bisherigen Kriterien der Einteilung[11] durch zunächst deskriptive *Bestimmung innerliterarischer Elemente* bereichert und teilweise ersetzt. Die Berechtigung traditioneller Ziele der Forschung wird dabei nicht bestritten – Ziele wie diachronische Unterteilung nach Entwicklungsphasen, die Analyse von Selbstverständnis und Wirkungsintention oder die Beschreibung von exilbedingter Umorientierung oder Verfestigung weltanschaulicher Prämissen. Neue Einsichten ergeben sich aus der Stilanalyse verschiedenartiger Manierismen, die von verinnerlichter Esoterik über die klassizistische Parodie bis zur Deutschtümelei reichen. Stärker beachtet wird die Neigung zur märchenhaft-utopischen Legendenbildung, zu emblematisch-allegorisierenden Verfahren. Deutlicher treten die Rückgriffe auf metazeitliche Bedeutungsschemata in Mythologie, Literatur und Geschichte als Identifikationsmuster und Ordnungssubstrate in Erscheinung.

Im Ringen um Stil und Sprache ist wohl letztlich das verbindende Element des literarischen Exils zu erkennen. Gemäß den widersprüchlichen Impulsen von Introspektion und Kampfansage, im Eingeständnis der persönlichen Ohnmacht und im Vertrauen auf die Würde des einzelnen, in den verschiedenen Techniken der Verallgemeinerung geht es dem Dichter immer um die Sprache, um ihre Genauigkeit und Suggestivkraft. Ob sich von daher die systematische Beschreibung eines »Exilstils« als wissenschaftliches Postulat begründen läßt, mag fraglich sein. Die Texte selbst lenken jedoch die Aufmerksamkeit zumindest auf Redefiguren (in der Selbstkommentierung, in der Leseranrede) und auf ein Sprachverhalten (in der Metaphorik und Überzeugungsstrategie), die im Exil häufiger erscheinen.

Exilforschung kann sich nicht beschränken auf die Interpretation und Bewertung einzelner Werke und Autoren. Sie soll auch nicht stehenbleiben bei der Frage, welche Formen die literarische Bewältigung der Lebenserfahrung Flucht und Vertreibung ins Ausland gefunden hat, und welche politischen Verhaltensweisen in welche fiktionale Strukturen umgesetzt wurden. Sie darf auch nicht ihre Interessen auf literatursoziologische Probleme, auf Umstände der Biographie und der Rezeption, auf Schwierigkeiten der Entstehung, Publikation und Wirkung von literarischen Werken des Exils, auf gruppen- und organisationsspezifische Aktivitäten beschränken. Sie muß zugleich die *psychologischen Aspekte des Schicksals Exil* vor allem in ihren langfristigen Konsequenzen für das künstlerische Selbstverständnis und für die Fähigkeit zur Anpassung, Akkulturation und Reintegration (z. B. bei der Rückkehr in die »alte Heimat« nach Kriegsende) einer genaueren Betrachtung unterziehen. Bedürfen doch besonders die Fragen einer *Kontinuität nach 1945*, der Permanenz des Exils in der Auseinandersetzung mit den Daheimgebliebenen und den Nachgeborenen weiterhin differenzierter Klärung.

Dazu gehört auch die Überlegung, ob die Erfahrungsrealität *Exil* während der Hitlerjahre nicht auch hin und wieder überbewertet wird – vor allem im Hinblick auf jene Literatur, die schon jetzt zum bleibenden Bestand dieser historischen Epoche zu zählen ist. Die Zeit des Dritten Reiches blieb kurz, wenn sie auch voll entsetzlicher Ereignisse war. *Aber sind zwölf Jahre lang genug, um den Charakter eines markanten Teils der ›überlebenden‹ Literatur entscheidend prägen zu können?* Schon kurz nach Kriegsende wird z. B. nicht nur die Suche nach einem Neubeginn besonders bei der Generation der Kriegsgefangenen deutlich, sondern auch eine starke Tendenz, sich erst einmal an Formen des traditionell Beständigen zu orientieren. Das hat die Geste mitleidig herablassender Verzweiflung über das Niveau der frühen Nachkriegsliteratur bei Brecht oder bei Thomas Mann provoziert. Aber konnte dieser Traditionalismus – wie den zu unpolitischer Verinnerlichung gezwungenen oder disponierten Büchern der Inneren Emigration – nicht auch einem Großteil der Exilliteratur nachgesagt werden?

---

1 Nach zehnjähriger Vorarbeit, die seit 1969 durch Stipendien der Deutschen Forschungsgemeinschaft unterstützt wurde, erschienen die beiden ersten Bände seiner zunächst auf neun Bände berechneten Gesamtdarstellung *Deutsche Exilliteratur 1933–1950* (Darmstadt und Neuwied: Luchterhand, 1972). Walter, Jahrgang 1935, gelernter Kaufmann und freier Mitarbeiter bei Zeitungen und Rundfunk, stieß bei beträchtlicher Zustimmung für sein großes Projekt auch auf heftigen, ja sogar hämisch bitteren Widerspruch und resolute Ablehnung. Dafür wurden seine beherzte Kritik an den fehlenden Hochschulseminaren und an den meisten akademischen Publikationen über die Exilzeit verantwortlich gemacht. Gleichfalls erschienen seine Einwände gegen die Politik der kapitalistischen Gesellschaftssysteme als zu provokativ einseitig und sein Literaturbegriff als zu beschränkt, da er kaum Sympathie für die beim großen Lesepublikum Erfolgreichen und wenig Verständnis für die vermeintlich politisch ungefährlichen Repräsentanten der klassischen Moderne unter den Autoren des Exils zeigt. – Wichtige Impulse sind auch der Arbeit der Deutschen Bibliothek (Frankfurt am Main) zu verdanken, die 1965 unter Leitung Werner Bertholds ihre Ausstellung *Exil-Literatur 1933–1945* veranstaltet hatte und u. a. durch Lieselotte Maas das *Handbuch der deutschen Exilpresse 1933 bis 1945* (München: Hanser, 1976, 1978, 1980) erarbeiten ließ. — 2 Ein erster internationaler Kongreß (mit 60 Teilnehmern aus 14 Ländern) an der Universität Stockholm, von den Professoren Korlèn, Berendsohn und Müssener einberufen und prinzipiell der »Grundforschung« verpflichtet, war der »Deutschen Literatur der Flüchtlinge aus dem Dritten Reich« gewidmet. Dieser politisch unver-

fängliche Titel geht zurück auf Walter A. Berendsohns »Einführung in die deutsche Emigranten-Literatur« *Die humanistische Front* (Teil I, 1947; Teil II, 1976 gedruckt), doch hatte sich der Begriff »Exilliteratur« schon seit Erscheinen des bio-bibliographischen Lexikons *Deutsche Exil-Literatur 1933–1945* (Heidelberg: L. Schneider, 1962, ²1970) durchgesetzt. – Über den Stand der jungen Disziplin »Exilforschung« im Jahre 1968 informiert ein Bericht von Berendsohn in *Colloquia Germanica* (1971), H. 1/2, S. 1–156; J. Spalek skizzier die Lage in den USA ebd. S. 157–166. Wichtig auch das erstmals dem Thema Exilforschung gewidmete Heft von *Akzente* (XX, 6, Dezember 1973) und der von Manfred Durzak hg. u. eingeleitete Sammelband *Die deutsche Exilliteratur 1933–1945* (Stuttgart: Reclam, 1973). — **3** Repräsentativ dafür der von Wolfgang Frühwald u. Wolfgang Schieder hg. Sammelband von Konferenzreferaten *Leben im Exil. Probleme der Integration deutscher Flüchtlinge im Ausland 1933 bis 1945* (Hamburg: Hoffmann und Campe, 1981), deren Einleitung (S. 9–27) eine besonnene Beschreibung der Schwierigkeiten und zugleich die überzeugende Rechtfertigung einer derart weitgreifenden Beschäftigung mit dem Exil enthält. — **4** So Joseph Strelka in einer Besprechung in *German Quarterly*, LVI (1983), H. 2, S. 341. — **5** Wie sehr die Forschung weiterhin von solider philologischer Tatsachenermittlung profitiert, erweist exemplarisch der Sammelband *Exilés en France. Souvenirs d'antifascstes allemands emigrés, 1933–1945* (Paris: Maspero, 1982), der von einer Forschergruppe unter Leitung von Gilbert Badia an der Universität Paris VIII-Vincennes erarbeitet wurde und sich an ihren Band *Les barbelés de l'exil. Études sur l'émigration allemande et autrichienne, 1938–1940* (Presses universitaires de Grenoble, 1979) anschließt. Auch die von Hans Würzener hg. Übersicht über das Exil in Holland, *Zur deutschen Exilliteratur in den Niederlanden 1933–1940* (Amsterdam: Ropoi, 1977) wäre hier zu nennen. — **6** Daß die *volonté d'oublier* auch in anderen Ländern immer wieder durch informative Veranstaltungen erfolgreich herausgefordert werden kann, beweist als jüngstes Beispiel die zuerst im Goethe-Institut Paris (bis zum 10. Juni 1983) gezeigte und danach in verschiedenen deutschen und französischen Städten zu sehende Ausstellung *Emigrés français en Allemagne. Emigrés allemands en France. 1685–1945.* — **7** Werner Vordtriede, »Vorläufige Gedanken zu einer Typologie der Exilliteratur«, *Akzente*, XV (1968), H. 6, S. 556–575, und Egon Schwarz, »Was ist und zu welchem Ende studieren wir Exilliteratur?« In: *Exil und Innere Emigration II*, hg. von Peter Uwe Hohendahl und Egon Schwarz (Frankfurt/M.: Athenäum, 1973). — **8** Zu dieser Überlegung fordert vor allem die Kritik an der bürgerlichen Romanliteratur der frühen dreißiger Jahre heraus, der ein antiquiertes politisches Bewußtsein nachgesagt wird. Anregende Überlegungen zu diesem Thema bei Sigfrid Schneider, *Das Ende Weimars im Exilroman. Literarische Strategien zur Vermittlung von Faschismustheorien* (München: K. G. Saur, 1980) und in den Aufsätzen zur schönen Literatur in dem Sammelband *Weimars Ende Prognosen und Diagnosen in der deutschen Literatur und politischen Publizistik 1930–1933*, hg. von Thomas Koebner (Frankfurt/M.: Suhrkamp, 1982). – Weitere Literatur in der »Bibliographie« von Alexander Stephan, *Die deutsche Exilliteratur 1933–1945. Eine Einführung* (München: Beck, 1979). — **9** Den Titel des dreibändigen Romanwerks von Peter Weiss hat Werner Mittenzwei übernommen für seine »Gedanken zu dem Versuch, eine ästhetische Kategorie für die Kunstentwicklung während des Kampfes gegen den Faschismus zu begründen«, die zuerst vor der Klasse Gesellschaftswissenschaften II der Akademie der Wissenschaften der DDR am 7. XII. 1978 vorgetragen wurden. Er kommt zu dem Ergebnis: »Die Ästhetik des Widerstands existierte als künstlerische Praxis. Ihre politischen Prämissen kamen durch die Volksfrontpolitik in die Diskussion. Künstler unterschiedlicher Weltanschauung griffen die große Losung auf und machten sie zur Grundlage neuer Bündnisbeziehungen. Doch die eigentliche ästhetische Theorie mit ihrem Kernstück, dem Zusammenführen von Realismus, Avantgarde und Tradition, blieb ohne weitreichende Verallgemeinerung, ohne theoretische Grundlagen, ohne Wortführer. Als unmittelbare Praxis erhob sich diese Ästhetik nur gelegentlich zum Programm, zur öffentlichen Manifestation.« (Zitiert nach dem Abdruck in *Neohelicon. Acta Comparationis Litterarum Universarum (saeculum XX)*, VIII (1980/81), H. 1, S. 9–34; 30. — **10** Indizien für dieses Interesse sind die Tagung des PEN-Zentrums der BRD im September 1980 in Bremen, auf der – erstmals seit Kriegsende – die »Literatur des Exils« zur Diskussion stand und der Ansicht vielseitig widersprochen wurde, »ästhetische Fragen« ließen sich noch nicht beantworten. Die Frühjahrstagung der Deutschen Akademie für Sprache und Dichtung im Mai 1983 in Trier war dem Thema »Sprache im Exil« gewidmet. Sie machte vor allem deutlich, welche Unsicherheit das Thema immer noch freilegt, gewiß auch weil die wissenschaftlichen Vorarbeiten fehlen. Diesem Problem hatten sich zwei internationale Arbeitskolloquien für Germanisten gestellt (im März 1982 an der Rice University Houston unter dem Sammeltitel »Exilliteratur im Gesamtkonzept der Epoche 1930 bis 1960«, im April 1983 an der University of California Los Angeles zum Thema »Ästhetik der Exilliteratur seit 1933«), deren Protokolle demnächst veröffentlicht werden. — **11** Dazu auch die Diskussion zwischen Hans-Albert Walter und Eike Middell in *Sammlung. Jahrbuch für antifaschistische Literatur und Kunst*, V (1982), S. 92–115.

Fritz Hackert

Die Forschungsdebatte zum Geschichtsroman im Exil

Ein Literaturbericht

An der bisherigen literaturwissenschaftlichen Exilforschung kritisierte Alexander Stephan zu Beginn seiner Einführung in *Die deutsche Exilliteratur. 1933–1945*[1] – die freilich ihrerseits auf harsche Kritik stieß[2] – das Fehlen »verläßlicher Ergebnisse«, ein Urteil, von dem einzig der Sonderfall »des historischen Romans« ausgenommen blieb.[3] Tatsächlich hat die Intensität des im Exil geführten Legitimationsstreits selbst dort noch Spuren hinterlassen, wo literarhistorisch das Hauptinteresse der Diskussion und Tradierung eines prinzipiellen Literaturkonzepts gilt. So weist das Autorenkollektiv, das in der DDR von der *Geschichte der Deutschen Literatur* die Zeit zwischen 1917 und 1945 behandelte[4], zunächst den Historischen Roman nur einer begrenzten Gruppe von Exilschriftstellern als Ausdrucksmittel zu: »Bedeutende Romanciers der älteren Generation, denen der Anschluß an den stofflich zeitbezogenen Roman nur zum Teil gelang, arbeiteten an umfangreichen Romanwerken mit großer geschichtsphilosophischer Dimension und zugleich zeitkritischem Einschlag, in denen sie Gesetzmäßigkeiten geschichtlicher Zeitenwenden nachgingen und – direkt oder indirekt – gegen die Geschichtsinterpretationen der offiziellen bürgerlichen Ideologie polemisierten.«[5] Aber dann läßt sich diese Einschränkung angesichts der Verbreitung des Genres schließlich doch nicht halten, und der Blick fällt in einem ganzen Kapitel auch auf die »Vertiefte Geschichtlichkeit in der sozialistischen Erzählprosa«.[6]

Dokumentiert oder beschrieben ist die Gattungsdiskussion sowohl in Textsammlungen oder literarhistorischen Aufsätzen zum Exil als auch in Anthologien zur Romantheorie im 20. Jahrhundert. Dabei erhält – durchgehend abgedruckt oder zitiert – *Der Kampf zwischen Liberalismus und Demokratie im Spiegel des historischen Romans der deutschen Antifaschisten* als Beitrag von Georg Lukács den größten Repräsentationswert zuerkannt.[7]

»Konzentrierte er sich auf die fortgeschrittensten Zeugnisse der angestrebten ideologischen Wende in der deutschen Exilliteratur, auf Heinrich Manns und Feuchtwangers Romane«[8], so »gab gleichfalls im Jahre 1938 Leo Löwenthal (sowohl) die andere Auswahl: Löwenthal hat bezeichnenderweise Heinrich Manns und Feuchtwangers Romane nicht berücksichtigt – als auch das andere Ziel der Analyse: die Bestimmung des sozial- und ideologiegeschichtlichen Orts zeitgenössischer *Massenkultur* (...)«.[9] Es ist das Verdienst von Dietrich Scheunemann, dem Herausgeber dieses Teils der Theoriesammlung, mit der

Wiedergabe von Löwenthals Exilmanuskript[10], den Gattungsbegriff vor die Breite seines Produktionsspektrums auch im Exil gerückt zu haben. Im übrigen enthält seine Vorbemerkung zu den Textauszügen eine chronologische Skizze der Auseinandersetzung mit ihren Thesen und Hintergründen. Am Beispiel der Invektiven gegen Heinrich Manns *Henri Quatre* in der *Neuen Zürcher Zeitung* zeigt sich die Verquickung der Romandebatte mit einer weiteren und fast uferlosen Diskussion des Exils, nämlich dem Streit um das »andere Deutschland«.[11]

Als die »neben der Realismusdebatte bedeutendste literatur-theoretische Diskussion« bezeichnet Jan Hans das Für und Wider um den Geschichtsroman in seiner *Historischen Skizze zum Exilroman*.[12] Im »Nebeneinander von zeitgeschichtlichen und historischen Stoffen« erblickt er »das Kennzeichen der Literatur in der zweiten Phase des Exils«[13] und stellt fest, »daß das historische Genre ab Mitte der 30er Jahre von einer immer größer werdenden Zahl von Autoren benutzt wurde.«[14] Gegen diese Tendenz zu polemisieren und die Abwendung vom Deutschland-Roman zu verdammen, der als Typus die erste Phase des Exils beherrschte, heißt die Schwierigkeiten zu verkennen, die zunehmend »eine glaubwürdige, gangbare Perspektiven des Handelns aufzeigende Darstellung des nationalsozialistischen Alltags«[15] überwinden muß. Die Autoren, ob nun bürgerlicher oder marxistischer Provenienz, klagen über ihre immer stärkere Entfremdung vom Ort und den Umständen der zu beschreibenden Geschehnisse, und dementsprechend weichen sie bereits im Zeitroman selbst in die historische Frage- oder Themenstellung aus, in »die Darstellung der Vorgeschichte des Dritten Reiches sowie seine modellhafte Abbildung«.[16] Die Weimarer Republik als Sujet eröffnet das »Verständnis für die Geschichtlichkeit der eigenen Zeit«[17], die nun im Spiegel verschiedenster »Grundmuster historischer Prozesse und der sie bewegenden Faktoren«[18] reflektiert wird. Welche unterschiedlichen Beweggründe den Exilautor im Einzelfall der Historie zuführen mochten, dies geht aus dem Döblin-Zitat hervor, das Jan Hans dem Aufsatz *Der historische Roman und wir* entnehmen konnte. Aus dem »Mangel an Gegenwart« gerade in der Emigration ersteht »der Wunsch, seine historischen Parallelen zu finden, sich historisch zu lokalisieren, zu rechtfertigen, die Notwendigkeit, sich zu besinnen, die Neigung, sich zu trösten und wenigstens imaginär zu rächen«.[19] Hier, im »Lehrbeispiel aus der Geschichte«, war Zukunft zu übersehen, der »Ausgang gegenwärtig noch nicht abgeschlossener Vorgänge« zu antizipieren; in den »historischen Analogien« entlarvten sich »die Geschichtsverfälschungen und die Geschichtsmystik des Faschismus«, zeigte sich »Geschichte als veränderbar«, ließen sich der »Gegensatz zwischen Denken und Handeln, das Verhältnis von einzelnem und Volk, (der) Anteil der historischen Persönlichkeit am geschichtlichen Prozeß (...) überdenken und neu (...) definieren«.[20] Doch wecken eben diese Erklärungen am Schluß die Frage, warum eigentlich trotz der stofflich gewonnenen Überschaubarkeit »die Mehrzahl der historischen Romane und Biographien mit negativen Hauptfiguren geschrieben (wurden), warum die positiven Geschichtsprojektionen so auffallend in der Minderzahl geblieben sind«[21] und warum selbst diese, wie durch Stefan Zweigs Romane zu belegen, in ihren humanistischen Widerstandshelden keine glaubwürdige Verkörperung fanden.[22]

Die nur noch als Hinweis versuchte Antwort, daß eine geglückte Lösung im »Konzept des ›militanten Humanismus‹« und Heinrich Manns »›wahrem Gleichnis‹ vom guten König *Henri Quatre*« zu suchen sei,[23] wird von Ernst Loewy bekräftigt. Er gibt dem entsprechenden Kapitel seiner Anthologie[24] die Überschrift »Geschichte als Gleichnis – Geschichte als Herausforderung«[25] und nennt neben Thomas Manns Josephs-Tetralogie und Döblins Südamerika-Trilogie den *Henri Quatre* als Musterbeispiel für »die Möglichkeit, dem Grauen der Gegenwart positive Gestalten entgegenzusetzen (...) Hier waren Geist und Tat in einer Person vereint, Humanismus und Politik auf einen Nenner gebracht. Volkstümlichkeit hatte hier mit Demagogie nichts mehr gemein. Demgegenüber verblaßt der rein geistige, abstrakte und unverbindliche Bildungshumanismus (...) Stefan Zweigs« – ein Gegensatz, dessen Aufhebung bei Lukács als Kampf zwischen einer bloß ideologisch-liberalen und einer demokratisch realisierten Humanität erscheine.[26] Loewys Einleitung zu seiner Textauswahl betont eher die ins Exil reichende Kontinuität der Gattung, schon gar bei den populären belletristischen Biographen wie Feuchtwanger, Emil Ludwig und Stefan Zweig; und den im Exil verzeichneten »Trend zum Historischen« sieht er – mit einem Seitenblick auf Brechts Exildramatik – »nicht allein auf den Roman beschränkt«.[27] Wenn in einem ausführlichen Zitat Kurt Hiller mit seiner Polemik innerhalb der Debatte zu Wort kommt, der eine Fraktion von »Verantwortungsschriftstellern (...) Denkmännern (...) Vorbereitern des Morgen«[28] imaginiert, dann tritt in diesem Zusammenhang die intellektuelle und schriftstellerische Selbstüberschätzung besonders kläglich hervor. Den politischen Kompetenzen und sozialen Verhältnissen im Exil angemessener als aktionistische Forderungen ist das Zugeständnis, daß »die Gattung auch die Funktion eines Notbehelfs« hatte und gerade bei ihrer Handhabung »ein entscheidender Aspekt (...) der der Selbstverständigung des Exilschriftstellers« war[29], der Wiedererlangung seiner Identität, die ihm die Gegenwartsgeschichte erbarmungslos entzog und verweigerte. Spielten dabei »Fragen wie Geist und Tat oder Humanität und Wirklichkeit oder schlicht die Verantwortung und Aufgabe des Intellektuellen« eine Rolle, so stellten sich bei deren Bearbeitung Erkenntnisleistungen am Gegenstand ebenso wie für den Leser ein; sei es, daß »der aktuelle Impuls den historischen Stoff erst deutlich ins Licht« setzte – sei es, daß eine neue Sicht der Geschichte etwas zum Vor-Schein brachte, »das als Möglichkeit seinen Latenzcharakter (Bloch) auch unter der verkrusteten Wirklichkeit bewahrt« und für die Gegenwart die nötige Hoffnung schöpfen läßt.[30]

Mit dem Akzent auf der Bewahrungsfunktion erfährt der Geschichtsroman im Rückblick sogar für dieselbe Zeit uneingeschränkte Wertschätzung, wo er als Medium der Flucht verketzert werden konnte. Seinen Bemerkungen *Über die gegenwärtigen Schwierigkeiten des historischen Erzählens*[31], die unter anderem auch die »sparsame Diskussion«[32] dieses Gattungsproblems überhaupt bedauern, flicht Fritz Martini einen Abschnitt über die historischen Romane des Exils und der Inneren Emigration ein, den er mit dem nostalgischen Topos beschließt: »Es ging in ihnen um Kritik und Aufklärung der Zeit, um Leitbilder, die noch eine verpflichtende Kontinuität von Werten festhalten wollten, als die Gegenwart sie verzerrte und verspielte.«[33]

Wie die Positionen im Kampf um die Leitbilder und die Kontinuität von Werten verteilt waren, dürfte sich darin bekunden, daß in Martinis Literaturangaben zum Historischen Roman[34] der Name und Buchtitel von Georg Lukács fehlt. Scharf standen sich in jener Gegenwart am Ende der dreißiger Jahre die politisch-geschichtlichen Konzepte der beiden Literarhistoriker gegenüber: hier der Tribut an das welthistorische Individuum[35], dort das Plädoyer für das Volk oder genauer die Volksfront. Es waren »die Probleme, welche Krisen im Leben des Volkes den Sieg des Faschismus möglich gemacht haben und welche Volksbewegungen ihn stürzen werden«[36], die Lukács zur Skizze einer »Ästhetik des historischen Romans«[37] trieben und sich in seinen Normen wie Postulaten niederschlugen. Von den »Rechtfertigungsbemühungen in der Pariser Exilpresse und deren speziellen Gründen«[38] ist in dem Aufsatz mit keinem Wort die Rede, vielmehr wird gleich am Anfang von der unbezweifelbaren Tatsache ausgegangen, »daß in der deutschen antifaschistischen Literatur der historische Roman eine führende Rolle spielt«.[39] Den gemeinsamen Nenner aller seiner Autoren bilde die »Verteidigung der humanistischen Ideale«, ein Vorgang von »offensivem Charakter«, der »eine Wendung im Verhalten der deutschen Intelligenz« bezeichne.[40] Der Aufgabe, »ein Gegenbild zur Barbarei des ›Dritten Reiches‹«[41] zu errichten, entspricht die Forderung »eines positiven Helden«[42] – dies nun ersichtlich eine Kategorie aus dem Realismuskonzept[43], dem sich nicht nur die Gattungsästhetik hier fügt, sondern das danach auch der Gattungsgeschichte seine Kriterien aufprägen wird. Das Geschichtsbild ist es denn auch, dem neben der politischen Zielsetzung das Thema vom ›Kampf zwischen Liberalismus und Demokratie‹ entspringt. In einem historischen Exkurs zum 19. Jahrhundert[44] entwickelt Lukács den liberalistischen Abfall insbesondere des deutschen Bürgertums von den Idealen »der revolutionären Demokratie«[45] und projiziert den erkannten Klassengegensatz dann auf das Verhältnis des bürgerlichen Künstlers zum Volk. Schriftstellerischer Prototyp für die »liberale Volksfremdheit«[46] und Repräsentant einer »modernen«[47] Tradition des introspektiven Individualismus ist Stefan Zweig, der von seinem Erasmus als dem »ganzen Typus der Humanisten«[48] sogar selbst zugibt: »... was in den Tiefen der Massen urgründig waltet, das wissen sie nicht und wollen sie nicht wissen.«[49] Dem Massenphänomen des Faschismus ist diese von »rein ideologischen und moralischen Problemen«[50] zehrende Haltung hilflos ausgeliefert, weshalb der Weg zur Volksfrontbewegung über »den Kampf zwischen der liberalen und der demokratischen Weltanschauung in der Seele der Volksfrontschriftsteller«[51] führt. Ihre Entscheidung kann um so weniger Zweifeln unterliegen als eine Direktive in der kultur-historischen These bereitsteht, »daß das Absterben der demokratischen Bewegungen im deutschen politischen Leben gleichzeitig das Abreißen der großen klassischen Tradition bedeutet hat.«[52] Sich zum »demokratischen Erbe der deutschen Geschichte«[53] zu bekennen, heißt deshalb gleichzeitig, das »klassische künstlerische Erbe«[54] fortzusetzen, das im historischen Roman die Scott, Manzoni, Puschkin und Tolstoi erschufen und das sich in Werken fortpflanzen soll, »die menschliche Größe organisch aus dem Volksleben«[55] hervor- bzw. sie wieder darin aufgehen lassen, nicht aber bloß »die Biographie des repräsentativen Helden«[56] liefern. Die Exilautoren seien im Begriff, von dieser dekadenten Form[57] in Richtung auf den klassisch-realistischen Idealtypus abzurücken, der »die Größe des Volkes, die Größe des aus ihm gewachsenen, in ihm wurzelnden Menschen in den großen Krisen der Geschichte«[58] schildert. An diesem Punkt gewinnt die Programmatik der Volksfrontliteratur eine ästhetische Tragweite und weist auf Kategorien der späteren Gattungsgeschichte voraus. Nämlich hier schon beschäftigt sich Lukács mit der »kompositionellen Frage, ob die ›welthistorischen Individuen‹ geeignet sind, die Haupthelden der historischen Romane abzugeben, oder ob nicht die ›mittleren Gestalten‹ dazu geeigneter sind«[59], weil sie mit ihren Lebensbeziehungen glaubwürdiger in die soziale Hierarchie der jeweiligen Epoche hineinreichen und damit deren Totalität besser erfassen und organisieren. Daneben führt Lukács allerdings – wenn er die Volksverbundenheit auch vom Autor verlangt – ebenfalls schon die prekäre Differenzierung in der künstlerischen »Weltanschauungsfrage« ein und läßt den Interpreten darüber befinden, wer volksverbunden ist und wer nicht. Denn entscheidend sei nicht des Autors »bewußte politische und soziale Weltanschauung, sondern die im Schriftsteller konkret wirksame, erlebte Vorstellung von Gesellschaft und Geschichte.«[60] Wenn an dieser Stelle die klassische Kunstautonomie bemüht und die Wahrheit im Spiegel der Dichtung selbst gesucht wird, dann zu dem aktuellen Zweck, der Rekonstruktion einer demokratisch-realistischen Tradition ihren Spielraum zu sichern. Es bedurfte zahlreicher und stärkster Vorbilder, im Zeichen des vom Faschismus überwältigten deutschen Volks noch »den Glauben an die Kraft des Volkes, das Vertrauen zu den richtigen Richtungen der großen Volksbewegungen« zu bewahren und gar an die »Bereitschaft« zu appellieren, »von den Volksmassen zu lernen«.[61]

Die zentrale Intention der Traditionsbildung unterstreicht Lukács im Schlußkapitel seiner Gesamtdarstellung zum Geschichtsroman[62], welches unverändert gegenüber der russischen Fassung im Exil »das Einmünden der Entwicklung in die damalige Gegenwart, in die deutsche antifaschistische Literatur von 1937«[63] wiedergibt. »Wir sehen«, so heißt es dort über die Perspektive eines neuen, demokratischen Humanismus, »alle formalen wie inhaltlichen Probleme des historischen Romans unserer Tage konzentrieren sich um die Fragen des Erbes.«[64] Mit dem Buch sind für die Gattung die Leitlinien der im Exil ausgearbeiteten Position festgeschrieben, wenn auch im Rückblick an der Volksfrontperspektive für den Historischen Roman des Exils

Abstriche gemacht werden. Lukács charakterisiert sein damaliges Urteil über eine Konvergenz von antifaschistischer Opposition und künstlerischer Volksverbundenheit nun als »Zeitbild« aus der Vorkriegsphase, in der sich »übertriebene, ja falsche Hoffnungen an die selbständige Befreiungsbewegung des deutschen Volkes, an die spanische Revolution usw.«[65] geknüpft hätten. Prinzipiell indessen verändert diese Einsicht keineswegs seine Erwartungsmaßstäbe, denn wer im Geschichtsroman damals die Niederlagen gegen den Faschismus zugab und verarbeitete, den trifft – zumal, wenn er »später Renegat geworden ist«[66] wie Gustav Regler – auch nachträglich noch der Bannstrahl. Bei der Namensverdrehung des Helden angefangen, müßte fast jeder Befund, den Lukács über den Bauernkriegsroman *Die Saat* vorträgt, in sein Gegenteil verkehrt werden, um einer Konfrontation mit dem Text standzuhalten.[67] Dennoch ist die Leistung des Literaturkritikers und sein Einfluß auf die Zeitgenossen im Exil kaum überschätzbar.[68] Nur stellt seine Gattungsgeschichte des Historischen Romans selbst ein Exildokument dar, dessen Verfasser seine Resultate und Wertungen gerade in jenen Partien für überholt erklärte, die den Geschichtsroman im Exil betreffen.

Monographisch einen Überblick zu schaffen, versuchte in seiner Dissertation 1966 als erster Carl Steiner[69], wobei er die Romanauswahl nach der Chronologie der Stoffe anordnete: Judentum und Antike, Mittelalter, Reformationszeit, Aufklärung und 19. Jahrhundert. Der Bogen spannt sich von Feuchtwangers *Falschem Nero* bis zu Alfred Neumanns *Napoleon III*, und von Feuchtwanger stammen bei dieser Aufteilung nach Zeitaltern auch die meisten Beiträge. Den Romantiteln parallel geht in der Bibliographie die Auswahl historischer Untersuchungen zu den entsprechenden Stoffen und ihren Motiven, von denen hier bestätigt wird, was Lukács im Exil beanstandet hatte, nämlich daß »spezifisch deutsche Themen weithin vermieden«[70] sind. Darin sei ein »Zugeständnis an die Interessen eines ausländischen Lesepublikums« und eine »Distanzierung vom deutschen Nationalismus« zu erblicken.[71] Einen gewissen Vorzug bei der Stoffwahl genießt das historische Spanien, an dem als Modellfall eines feudalistisch-reaktionären Staats eine klassische Tradition der moralischen Verurteilung haftet, die zur Gegenwartskritik stets abrufbereit ist. Daß die Auswahl von Steiner über die ideologische Grenze von Lukács hinaus noch konservative Werke wie Joseph Roths Napoleonroman *Die hundert Tage* einbezieht, dies wirkt sich auf die Summierung des Geschichtsbegriffs für den Historischen Roman im Exil aus. Eben den Sachverhalt, daß die »Werke der Emigranten (...) überwiegend dem ideengeschichtlichen Typus an(gehören)«[72], hatte Lukács optimistisch in Auflösung gesehen. Dabei wurden von einem Genre innovative Impulse erwartet, das eher eine Geschichte als reaktives Medium aufweist. Neue gesellschaftspolitische Ziele zu signalisieren, mußte zudem als Überforderung wirken, wo es schon mühsam genug war, an »die Erhaltung der abendländischen Werte«[73] zu glauben.

Dem dabei vorwaltenden Irrationalismus, der den Historischen Roman in »seiner spätbürgerlichen Erscheinung«[74] vielfach beherrsche, setzt Klaus Schröter das Geschichtsverständnis und die Geschichtsdarstellung Brechts entgegen: am Beginn seiner Abhandlung dessen Appell, »das Bürgerliche als Schranke, Fessel und Bedrohung« zu überwinden; am Ende seine Interpretation des Julius-Cäsar-Fragments, das als Orientierungspunkt aller inhaltlichen und formalen Wertungen fungiert. Von der Gattung wird konstatiert, daß sie sich »im 19. Jahrhundert als Gebrauchsliteratur«[75] der allgemeinen Lesekultur integrierte und daß im 20. Jahrhundert ein besonderes Interesse an ihr durch die aktuellen Geschichtseinschnitte des Ersten Weltkriegs und der Russischen Revolution forciert wurde.[76] Die Kontinuität in den Plänen und Publikationen der Geschichtsromanciers datiert dementsprechend von den zwanziger Jahren, in denen sich kraft der politischen Entwicklung die Gruppierung in Völkischen Nationalsozialismus, Innere Emigration und Exil abzuzeichnen beginnt. Der Dominanz bürgerlicher Geschichtsverwertung in der Weimarer Republik legt Schröter zur Last, daß »zwei bedeutende Formen im Geschichtsroman fehlen: die *Vordeutung* auf ein Fortschreiten der Geschichte, die aus dem Beispiel des Vergangenen auf Künftiges weist, und die *Satire*[77], in der sich ein Exempel ausspricht. Von beiden Typen hätte er sich im Exil dann eine reichere Ausbeute gewünscht, doch ist es bemerkenswerterweise Lukács, der für den historischen Roman diese Tendenzen »entschieden ablehnt«.[78] Zwar mußten Fortschrittsmodelle und Kampfschriften der Volksfront eigentlich willkommen sein, doch behielt bei Lukács – wie schon gezeigt – sein weitergreifendes Konzept der Wahrung einer realistischen Tradition über momentane taktische Interessen die Oberhand. Schröters rigorose ideologiekritische Bestandsaufnahme, die den »Ausschluß des Fortschrittsgedankens, vom Historismus des nachromantischen 19. Jahrhunderts vollzogen«[79], im Geschichtsroman literarisch zum größten Teil erfüllt sieht, kennt auch keine falsche Pietät gegenüber den Standorten der Autoren in der Zeit des Nationalsozialismus. Quer durch die Gruppen von faktischer oder Innerer Emigration verlaufen die Gemeinsamkeiten der Weltanschauung, ja Exilautoren wie Alfred Neumann oder Musil fallen mit dem Motiv des Kriegs als Erlösung und »als ... vorzuziehende Alternative zur Revolution«[80] noch hinter die Ideologie des Faschismus zurück. Joseph Roth behandelte die Geschichte »unter ausschließlich monarchistischen Aspekten«[81], Bruno Frank bietet in seinem *Cervantes*, den er im Exil beendete, »reaktionäre Apotheosen des Dynastischen«[82] – Varianten der irrationalistischen, moralischen oder religiösen Geschichtsdeutung, die an »Stoffen aus der deutschen Geschichte ... fast ausschließlich innerhalb des Reichs und von der ›inneren Emigration‹«[83] betrieben wurde. Anerkennung finden unter dem gegebenen Blickwinkel neben der Ausnahme von Reglers *Saat* sowie »einigen Zügen der Geschichtsromane Döblins, Thomas Manns« nur die »eigentlichen Meister des historischen Romans, Feuchtwanger, Heinrich Mann und Brecht«[84], die ihrer Zeit im geschichtlichen Stoff die Satire, das Gleichnis oder die Parabel entgegensetzten.[85]

Obwohl auf derselben ideologiekritischen Basis argumentierend, hat Elke Nyssen den Aufsatz Schröters, der zwei Jahre vor ihrem Buch erschienen war, nicht mehr in ihre Untersuchung von *Geschichtsbewußtsein und Emigration* zwischen 1933 und 1945 eingearbeitet.[86] Doch hätten ihre Ausführungen durch die Annäherung des Berichtsstands an das Publikationsdatum kaum mehr Systematik gewonnen, denn gedanklich wie sprachlich sind sie völlig von ihrer Entstehungszeit, der Studentenrevolte, beherrscht. Eingestandenermaßen diente das literarhistorische Thema der politischen Orientierung: »Beschäftigt man sich mit den gängigen Faschismus-Theorien in der BRD (und teilweise in der DDR) (...) so könnte man zu dem Schluß gelangen, daß die historischen Romane und theoretischen Schriften der meisten der hier behandelten Autoren intensiver zur Aufklärung über den Faschismus beitragen als diese Theorien.«[87] Dementsprechend bildet die Arbeit einen Traktat, in dem ein Lernprozeß der Verfasserin seinen Niederschlag fand. Ihn im Zusammenhang mit der Rezeption von Exilliteratur und Exilphilosophie durch die Studentenrevolte zu analysieren, wäre ein Kapitel für sich. Für die Erörterung des Historischen Romans bedeutet der hier eingenommene marxistische Standpunkt erst einmal die Ablehnung des »stalinistischen« Lukács.[88] Dieser sei bei seiner Darlegung der Realismusprobleme in einen undialektischen Determinismus verfallen, habe mit seiner Unterscheidung »zwischen der lebensvollen Spontaneität der Massen und der jeweilig möglichen maximalen historischen Bewußtheit der führenden Persönlichkeiten«[89] dem »Heroenkult« Vorschub geleistet und sich mit den »Termini ›Volk‹, ›Masse‹, ›Führer‹, ›erdennahes Individuum‹« sowie seinem Autoritätsglauben seinerzeit »faschistoiden« Vorstellungen angenähert.[90] Der Modernismus-Vorwurf von Lukács gegen Autoren des historischen Romans wird mit dem Hinweis auf den Grundwiderspruch in seiner Gattungstheorie beantwortet: »Einerseits analysiert er die gesellschaftlichen Veränderungen, die zur arbeitsteiligen Gesellschaft (...) zum ›Entfremdetsein‹ des Schriftstellers vom ›Volk‹ geführt haben, andererseits fordert er von den Emigranten von 1933 die Rückkehr zu den klassischen Traditionen des historischen Romans, obwohl dessen gesellschaftliche Grundlagen historisch überwunden sind«.[91] Hier folgt die Argumentation Brecht als dem Antipoden von Lukács in der marxistischen Modernitätsdebatte des Exils, die unter dem Schlagwort des Expressionismus geführt worden war.[92] Akzeptabel indessen erscheint der Verfasserin die Beobachtung von Lukács am historischen Roman, daß »die Flucht vor dem Gegenwartsthema... einen Zentralangriff auf die Gegenwartsproblematik enthalten« kann[93], und sie unterscheidet bei dieser »Behandlung aktueller Probleme in der historischen Thematik mehrere Verfahrensweisen«[94], die teils strukturell, teils inhaltlich definiert sind und somit auch verschiedene Aspekte desselben Werks erfassen können. Zum Beispiel kann die »Schilderung der Geschichte als ›Gleichnis‹ der Gegenwart« durchaus übereingehen mit der »Schilderung humanistischer Vorbilder«.[95] Analysiert werden die Romane, unter denen sich auch nationalsozialistische Geschichtsromane und solche der Inneren

Emigration befinden (Blunck, Bergengruen, Reinhold Schneider), nach Kriterien, die ihre Einordnung auf der ideologischen Skala zwischen Faschismus und Antifaschismus bewirken. Von der Beziehung zwischen Volk und Führer, dem Problem der Heroisierung, der Wahrung oder Opferung der Historizität und der Art der Zukunftsperspektivik hängt es ab, welche Werke und Autoren Mißbilligung oder Anerkennung ernten.

Erst sechs Jahre nach ihrer Fertigstellung stand in Buchform die Leipziger Habilitationsschrift von Hans Dahlke zur Verfügung, in der detailliert die publizistische Diskussion um den Geschichtsroman des Exils durchgearbeitet wird, aber »die Geschichtsromane selbst und (...) die romanhaften historischen Biographien (...) nur insoweit ins Blickfeld gerückt und vorgestellt (werden), als sie sich in der Literaturkritik jener Jahre erörtert finden.«[96] Einleitend nimmt Dahlke die weltliterarische Autorität Shakespeares in Anspruch und begründet mit ihr die ästhetische Funktion von historischer Dichtung, »gegenwärtige Existenzprobleme deutlicher« erleben und empfinden zu lassen.[97] Vorbild für diesen Legitimationsansatz ist Feuchtwangers Rede *Vom Sinn und Unsinn des historischen Romans*, die dem Fluchtvorwurf gegen die Gattung »das überwältigende Panorama der Weltliteratur«[98] entgegengehalten und eine Theorie entwickelt hatte, die »erst später im allgemeinen Bewußtsein« Geltung erlangte.[99] Eben der Theoriebildung mißt Dahlke denn auch größere Bedeutung zu als der Apologetik, innerhalb der sie zunächst stattfindet. Denn in der »Entwicklung des deutschen Geschichtsromans vor 1933« waren den meisten Schriftstellern Reflexionen über die Funktionsmöglichkeiten des Genres »entweder ebenso fremd wie die Gesellschaftsentwicklung selbst, oder sie ersparten sie sich einfach aus Mangel an künstlerischem Bewußtsein.«[100] Dagegen zeige die Exildebatte um den Geschichtsroman gerade kein Defizit an, sondern im Gegenteil eine literarische Qualitätssteigerung, die mit der historischen Betroffenheit und dem Erfahrungszuwachs der Autoren verbunden sei.[101] Auch aus dieser These sprechen die literarische Programmatik und die Überzeugung Feuchtwangers, der im Roman *Exil* damit begonnen hatte, einen Künstlerhelden auf den Weg gesellschaftlicher Erkenntnisse zu bringen, und selbst erst durch die »lebendige Anschauung von den Eigenschaften französischer und amerikanischer Menschen (...) die Gestalt Beaumarchais', dann auch die Benjamin Franklins erschlossen« bekam.[102] Selbst ein Autor wie Stefan Zweig, dessen Geschichtsverständnis den marxistischen Forderungen entschieden zuwiderläuft, kann mit Zustimmung rechnen, wenn er zu einer solch positiven Betrachtungsweise kommt und im Zusammenhang mit Thomas Manns *Lotte in Weimar* bemerkt, »daß für einen Künstler Exil nicht nur Verbitterung und seelische Verarmung bedeuten muß, sondern auch gesteigerte Anspannung und inneres Wachstum erschaffen kann.«[103] Doch liegt es nicht in der Absicht Dahlkes, »Bedenkenswertes mit sehr Fragwürdigem«[104] zu entschuldigen. Die von Feuchtwanger »proklamierte Freiheit gegenüber dem historischen Stoff« schaltet er mit dem Hinweis auf die – übrigens auch rezeptionsnotwendige –

»ästhetische Kategorie Wahrscheinlichkeit« aus, »die den Spielraum zwischen geschichtlicher Wirklichkeit und episch realisierter geschichtlicher Wahrheit überspannt«.[105] Und dessen Weltbild, in dem die »Geschichte den Kampf einer winzigen, urteilsfähigen und zum Urteil entschlossenen Minorität gegen die ungeheure, kompakte Majorität der Blinden«[106] bedeutet, bescheinigt er eine »überraschende Simplizität«.[107] Die säkulare Einschätzung seines eigenen Standpunkts sowie seinen umfassenden Begriff von Bürgerlichkeit bezeichnet die an Brecht sich anlehnende Zurückweisung von Aristoteles, dessen Auffassung vom Dichter als dem eigentlichen Geschichtsdenker »spätestens seit dem Entstehen des Marxismus und seiner Vereinigung mit der revolutionären Arbeiterbewegung« hinfällig geworden sei.[108] Dahlke benutzt denn auch die von Menno ter Braak im *Neuen Tagebuch* ausgelöste Debatte zur Emigrantenliteratur, um von dem dort kritisierten bürgerlichen Literaturbetrieb im Exil »die Literaturkritik sozialistischer Autoren«[109] abzuheben und den Unterschied im konträren Literaturbegriff der Exilforschung beider deutscher Staaten wiederzufinden. Aus der Anzweiflung des humanistischen Grundanliegens der Exilliteratur ergibt sich für ihn die »Geringschätzung der historisch-gesellschaftlichen Funktion dieser Literatur«[110], die doch in ihrem geschichtsbildenden Charakter – mit Hans Sahls Diskussionsbeitrag formuliert – »ein neues Deutschland vorzubereiten«[111] hatte. Demnach war es die sozialistische Literaturkritik, die das Bewußtsein für diese Aufgabe weckte, und ihre Tradition im Exil hatte Dahlke zunächst vorzustellen und zu erörtern.[112] Als Literaturtheoretiker spielt Lukács schon hier im Vorfeld zum eigentlichen Thema eine bedeutende Rolle, mit der eine Auseinandersetzung unumgänglich war, »nachdem die Gesellschaftswissenschaftler der DDR 1957 und 1958 die idealistischen und revisionistischen Grundzüge in Lukács' Auffassungen von der gesellschaftlichen Entwicklung einer gründlichen marxistisch-leninistischen Kritik unterzogen hatten.«[113] Zur Abweichung von der Bemühung um eine »Hegemoniestellung« der sozialistischen Literatur und zur Fixierung auf »das bürgerlich progressive Erbe der ersten Hälfte des 19. Jahrhunderts« habe die »Volksfrontkonzeption« bei ihm geführt[114], die »ein gewisses opportunistisches Nachgeben gegenüber den Verbündeten jener Zeit« bewirkte.[115] In der Expressionismusdebatte bereits sei augenfällig geworden, »daß der bekannteste und am meisten respektierte Kritiker (...) an den realen literarischen Prozessen vorbeiredete«.[116] Bei seinen Studien zum historischen Roman im Exil handle es sich gleichwohl um die »anspruchsvollsten und bemerkenswertesten literaturkritischen Arbeiten zur erzählten Geschichte, die damals (...) veröffentlicht wurden«[117], wenn sie auch »auf Schritt und Tritt« bereits in den »starren Begriffen eines revolutionären Demokratismus und eines akademisch verstandenen Realismus« befangen seien.[118]. Deutlichstes Beispiel der normativen Verhärtung, ja einer gewissen Ignoranz ist für Dahlke »das große Unverständnis (...) mit dem Georg Lukács (...) Döblins Versuch«[119] einer Theorie des historischen Romans begegnete. Die Blickverengung auf den »Typus Scott« und dessen Kanonisierung, die

Heinrich Manns *Henri Quatre* den Vorwurf der Abkehr von der klassischen Form sowie der schmalspurig biographischen Gestaltung von Geschichte eintrug, habe Lukács selbst an der »lebendigen Tradition des klassischen Entwicklungsromans« vorbeisehen lassen, die in dem Roman »für die meisten Leser (...) augenfällig« war.[120] Im übrigen decke sich gerade sein Hauptkriterium für den Aufbau, die Forderung eines ›mittleren Helden‹, mit ästhetischen Überlegungen der bürgerlichen Literaturwissenschaft und sogar denen eines bürgerlichen Autors wie Emil Ludwig, der »darin ein entscheidendes Merkmal des historischen Romans zu erkennen gemeint« hatte.[121] Schließlich geht Dahlke noch auf das Hegel-Verständnis von Lukács ein, das mit der »Gegenüberstellung von Geschichtsschreibung und Geschichtsdichtung«[122] sowie mit dem »Hegelschen Begriff vom ›notwendigen‹ Anachronismus im Kunstwerk«[123] in materialistischen Versionen für die Ästhetik des historischen Romans Bedeutung erlangte. Im ersten Punkt weist er auf die Unvollständigkeit der Übernahme und den Kontext in der Hegelschen Ästhetik hin, in dem die Substanz der Geschichte zugunsten ihres Illustrationswerts zurückgestellt und sozusagen ein Roman vom »Typ Feuchtwanger« anvisiert wird.[124] Hegels Nachdruck auf den Rezeptionsinteressen bei der Geschichtsgestaltung begründet auch den zweiten Einwand, der sich gegen die verkürzende Auslegung von Lukács richtet, mit der notwendigen Anpassung an das Gegenwartsverständnis sei die »*notwendige Vorgeschichte der Gegenwart*«[125] allein gemeint. So gilt die Absage im wesentlichen dem Historismus von Lukács, und Brecht, der stumme Opponent im Exil, erntet mit seiner Aktualitätsforderung bei der Nachwelt größeren Respekt: »Wir leiten unsere Ästhetik, wie unsere Sittlichkeit, von den Bedürfnissen unseres Kampfes ab«.[126] Er behält auch in Dahlkes ganzem Buch das letzte Wort, das mit einem »Ausblick« auf die »Grenzen der Betrachtung großer bürgerlicher Ingenien« schließt.[127] Sicher bildete die Vergegenwärtigung historischer Gestalten und Ereignisse im Exil auch »eine Art Trostkonserve, einen heilsamen Gegenzauber«[128] in bedrängter Lage, und für das »Versiegen des historischen Romans gegen Ende des Exils«[129] sind die überwältigenden »Schrecken des Zusammenbruchs«[130] genauso verantwortlich wie die mit ihnen verbundenen Existenz- und Überlebensfragen. Aber die »Tendenzen der Nachkriegsentwicklung auf deutschem Boden«[131] haben nirgends zu einer gesellschaftlichen Lösung geführt, die den Geschichtsroman etwa in der genannten Funktion überflüssig mache.[132] Dessen eingedenk, wird man dem Kapitel der »Anklage auf Flucht«[133] – von Dahlke wie die anderen Teile seiner Arbeit sorgfältig erschlossen und referiert – nicht nur für die Exilsituation Betroffenheit abgewinnen. Für die Gattungsgeschichte hat Dahlke ein Panorama entworfen, das vom literarischen Geschichtsinteresse der zwanziger Jahre und seinen ideologischen Kontinuitäten über die Kontroverse zwischen Fachgeschichte und historischer Belletristik bis in die wissenschaftliche Geschichtsschreibung des Exils reicht, wobei einzelnen Autoren und Werken umfangreiche Sonderabschnitte gewidmet sind.[134]

Die Argumentation im Rahmen einer sozialistischen Tradition, die sich vom Exil unweigerlich zu einem neuen, sozialistischen Deutschland hinentwickelt habe, vertraut einer Teleologie, die nicht nur die Möglichkeit ausschließt, daß es auch anders hätte kommen können, sondern sogar davon absieht, daß es zunächst ganz anders war die Massen nämlich hatte der Faschismus auf seiner Seite. Wie bei Lukács ist auch bei Dahlke der Testfall von Gustav Reglers Exilklassiker *Die Saat* in dieser Beziehung aufschlußreich. Abgesehen von der Verdammung des Autors als Deserteur der Arbeiterbewegung[135], begnügt sich Dahlke mit jenem Segment aus der zeitgenössischen Kritik, das an dem Roman die »vielerlei Hinweise für die Führung des illegalen Kampfes gegen die totalen Unterdrücker«[136] rühmt. Nicht in den Blick gerät dagegen der ebenfalls von der Literaturkritik hervorgehobene Aspekt, daß »hier ein Besiegter für Besiegte die schwere Frage beantwortet: was hat der Kämpfer nach der Niederlage zu tun?«[137] Wie man in der Rolle des politisch Unterlegenen kulturphilosophisch und literarisch reagierte, ist die Fragestellung von Günther Heeg in seiner Analyse der *Konstitutionsprobleme antifaschistischer Literatur im Exil*, die sich unter anderem in der »Wendung zur Geschichte« manifestierten.[138] Noch nicht zur Verfügung stand ihm für die Behandlung seines Zentralthemas, der Volksfront und ihrer Bedeutung, dessen minuziöse historische Durchleuchtung von Ursula Langkau-Alex.[139] Ebenso war für Heeg auch Dahlkes Buch noch nicht greifbar, doch konnte er sich mit dessen Aufsatz zur »Idee des Friedens in Heinrich Manns ›Henri Quatre‹« auseinandersetzen und kam von seiner Warte aus zu dem Schluß, Dahlkes Einstellung zeige »die ganze Schicksalsergebenheit einer nachträglich kritiklos auf ›Humanismus‹ und ›Tröstung‹ abgestellten Glorifizierung der Volksfront«.[140] Die Vereinnahmung durch das Programm des sozialistischen Realismus, der sich als ästhetische Transformation und Fortsetzung der Volksfront versteht, schraubt Heeg auf ein bescheideneres Resultat zurück, das an dem Roman keine epochale Perspektive abliest. »In der Figur des Henri IV.« habe Heinrich Mann der heroischen Askese bzw. »dem sozialpathologischen ›Idealismus‹ der Nazis einen Humanismus des ›Geringen‹ entgegengestellt, der die niedriggescholtenen Genüsse nicht verachtet« und mit dieser »antiheroischen Haltung (...) die falsche Größe denunziert«: »(...) Wenn irgendwo, dann ist in diesem Humanismus des Geringen, der vom spontanen Materialismus lebt, die ›Perspektive‹ des historischen Romans zu suchen.«[141] Das Fazit zum *Henri Quatre* verweist aber auf den Erfahrungs- und Erkenntnisprozeß, von dem die Arbeit eingangs ihre ideologie- und literaturgeschichtliche Fragestellung herleitet. In den »Aktionen und Kämpfen der sechziger Jahre« nämlich sah sich die »Studentenbewegung«[142] bei der »Anwendung des historischen Materialismus auf sich selbst«[143], zur Erklärung ihres eigenen Basisdefizits gezwungen, und sie begründete es ebenso wie den historischen Erfolg des Faschismus mit der psychologischen Manipuliertheit der kleinbürgerlichen Massen, deren ursprüngliche und spontane Bedürfnisse es wieder anzusprechen gelte. Das eigene soziale Vakuum, dem die massenpsychologischen Faschismustheorien der dreißiger Jahre zu Hilfe kamen, schärfte den Blick für den Massenabfall von der historischen Linken und für deren Versuch, den Verlust deklaratorisch zu kompensieren. Die Volksfront-Strategie mußte zumal im Exil eine »fast gegenwartslose, die Vergangenheit mit der Zukunft verbindende Perspektive«[144] aufweisen, deren Rück- und Vorgriffe geradezu strukturelle Analogien zu Geschichtskonstruktionen lieferte. Einer Legitimationsdebatte zum historischen Roman hätte es darum eigentlich gar nicht bedurft, denn das Aufleben dieser Gattung bestätigt nur die viel umfassendere Wendung zur Geschichte im Leerraum der politischen Praxis. Grundlegend bei dem Versuch, unter den antifaschistischen Intellektuellen im Exil ein Bündnis zu erreichen, ist der Appell an eine gemeinsame Geschichte, deren kulturelles Erbe gegen den Mißbrauch und die Fälschungen des Faschismus zu verteidigen sei. Heeg erläutert und kritisiert in der ersten Hälfte seines Buchs (A.) die Gesichtspunkte, unter denen die Tradition des bürgerlichen Humanismus geeignet erschien, dem proletarisch-sozialistischen Konzept einer Volksfront angeschlossen und eingefügt zu werden. In der zweiten Hälfte (B.) verurteilt er die Partialität dieser Erbe-Perspektive und erinnert – mit Argumenten der Kritischen Theorie – an die »repressive Seite des bürgerlichen Humanismus«.[145] Der »Gewaltcharakter der bürgerlichen Kultur«, der zu ihrer antifeudalistischen Durchsetzung notwendig war, bilde als »unaufgearbeitete Vergangenheit« ebenfalls eine Hinterlassenschaft: »(...) als Kulturgeschichte vom historischen Fortschritt abgekoppelt und praktisch stillgelegt (...), kommt im pervertierten Idealismus«[146] und in der Rigidität kleinbürgerlicher Tugenden »das ›Kulturerbe‹ in der faschistischen Massenbewegung« zum Vorschein. Ihre totale Beschlagnahmung der nationalen Gegenwart ließ sich durch eine dichotomische Klassentheorie, also das Geschichtsbild von Dimitroff und von Lukács, nicht erklären, weshalb die Wendung zur modellierbaren Vergangenheit erfolgte: »Die Volksfrontpolitik, die die Interessen der Nation nicht durch eine Analyse der gegenwärtigen Klassenbewegungen feststellen kann, erfährt ihre Rechtfertigung aus der Geschichte.«[147] Ihres besseren Teils in der Heimat sucht sich Johannes R. Becher in *Traumbildern* durch »Einfühlung«[148] und Nachahmung der klassischen Muster zu vergewissern, womit er die bürgerliche Tradition jedoch nur in Klischees reproduziert. Weniger einfach habe es sich als Theoretiker Georg Lukács gemacht, der mit seinem Appell an den »›Geist der revolutionären Demokratie‹ in der Literatur«[149] eine vergessene ›Bildungsgestalt‹ im Bewußtsein der bürgerlichen Intellektuellen«[150] wachzurufen versuchte. Träger und Vermittlungsinstanz wird dabei die Abwandlung des von Hegel postulierten »Volksgeistes« zur »Einheit des Volkslebens«, das sich angeblich jenseits der Klassenkämpfe in der geschichtlichen Entwicklung durchhält.[151] Wie der Tragödie geschichtsphilosophisch die Revolution[152], so liegt dem historischen Roman bei Lukács als elementare Lebens- und Geschichtstatsache »der unwiderstehliche Gang der gesellschaftlich-geschichtlichen Entwicklung« zugrunde, deren »Bewegungsrichtung« er darzustellen hat.[153] Die Beschwörung einer sozialen Substanz und der historischen Kontinuität entbehrt aber nach Heeg auch in jener Zeit der realen Beweise, die den »Typus Scott« herausbildete, so daß die »organische Entwicklung innerhalb einer breiten Volksbewegung«[154] ebenso eine Geschichtsillusion wie gegenwartspolitisches Wunschdenken war. Differenzierter noch als Dahlke, der die Kritik von Lukács am Biographismus mit dem Hinweis auf den klassischen Bildungsroman abwehrt [155], deckt Heeg an der Organismus-Formel von Lukács dessen eigenes biographistisches Modell auf, dem mit der Parole von der »Volkstümlichkeit« über seine kleinbürgerlich-individualistische Schwundstufe hinaus zur Größe des politisch bedeutsamen Geschichtsromans verholfen werden sollte.[156]

Neben der schon angeführten Diskussion des *Henri Quatre* enthalten die Positionsbestimmungen Heegs eine Analyse von Feuchtwangers Selbstverständnis als Geschichtsromancier. Sein Anspruch, als »›praktischer Gesellschaftsbeobachter‹«[157] in »kritischer Distanz (. .) die Vorgänge anzusprechen, denen die Massen stumm unterliegen«[158], beruht sicher auf ideologischer Überhebung in der herrschenden Massenkultur, die aber – wie Feuchtwangers Auflagen beweisen – den elitären Gestus zu ihren Attraktionswerten zählt, so daß von »der Dynamik des Konkurrenzverhältnisses und der (. . .) Konfrontation mit den Massen«[159] für den Feuchtwangerschen Roman nichts zu befürchten ist. Heegs methodisches Paradigma reicht hier weiter als er wahrhaben will, wie es sich eigentlich auch in der Analyse von Reglers *Saat*[160] auf die dortige Erkenntnis des kleinbürgerlichen Verrats am Klassenkampf erstrecken müßte. Im Begriff »erledigter Weltbilder«, derer sich eine »aufgeklärte Partei« nicht mehr bedienen könne[161], wirft jedoch der Brechtsche Materialismus als Reduktion seine Schatten voraus, der im Schlußkapitel von Heeg die geglückte Faschismusanalyse repräsentiert. Denn Brechts erzählerische und dramatische Versuche, die idealistisch-historistische Tradition in ihrer Dekorationsfunktion für ökonomische Interessen zu enttarnen und damit auch das Arsenal faschistischer Täuschungsmittel bloßzulegen, lassen die faktische Triebmanipulation und die Geschichte ihrer kultischen Steuerungsformen außer acht.

Gleichzeitig mit Heegs Würzburger Dissertation[162] hatte 1976 Bruce M. Broerman in Albany/N.Y. seine Doktorarbeit über *The German Historical Novel in Exile after 1933* abgeschlossen, die methodisch vom seither dominierenden soziologischen Gesichtspunkt ausdrücklich Abstand nimmt: "It is intended to counterbalance the basically non-literary approaches taken in previous critical studies."[163]

An das »formgeschichtliche Kontinuum« der Gattung mit der »Formkrise des Romans« in den zwanziger Jahren knüpfte Renate Werner ihre *Überlegungen zu historischen Romanen deutscher Exilautoren*.[164] Leitziele sind der *Henri Quatre* und Brechts Caesar-Fragment, die beide »den historischen Erkenntnisprozeß als Reflexionsprozeß in die konkrete Wirklichkeit des Lesers (. . .) hinein verlängern.«.[165] Heinrich Mann handhabe den Geschichtsstoff so, daß »das Historisch-Konkrete transparent wird für die Utopie einer künftigen vernunftgeleiteten Gesellschaft.«[166] Brecht instrumentiere die Historisierung, um ein »bestimmtes Gesellschaftssystem vom Standpunkt eines anderen aus« zu betrachten[167], komme aber bei seiner »Perspektivenmontage«[168] über die »Destruktion des ›heroischen‹ Caesarbildes und dessen Entmythologisierung«[169] hinaus und gelange dazu, »die Überlieferung (...) selbst zum Thema zu machen«[170] und damit auf der Produktionsseite ein »höchst witziges Lehrstück über das Schreiben eines historischen Romans«[171] vorzuführen. Absetzen möchte sich die Interpretin mit ihren Analysen von den für diese Gattung und Epoche stereotypen Fragestellungen, der »Formel ›Aktualität oder Flucht‹«[172] und dem politisch-moralischen Volksfrontkriterium. Ihre Exkurse zu Stefan Zweigs *Erasmus* und Feuchtwangers satirischer Geschichtsverwendung halten gleichwohl an der politischen Erkenntnisfunktion als Bedingung des ästhetischen Gelingens für den Geschichtsroman des Exils fest.[172a] Pflichtet man, zu diesem Punkt eines groben Forschungsüberblicks gelangt, der Meinung Alexander Stephans bei, daß die Literaturwissenschaft in Fragen des Geschichtsromans im Exil beachtenswerte Ergebnisse erzielte[173], so darf seine Darstellung dieses Kapitels deutscher Literaturgeschichte wohl an ihnen gemessen werden.[174] Dies um so mehr, als er den von »Hiller, Feuchtwanger, Lukács und Brecht« geleisteten Exilbeiträgen »das theoretische Niveau der Argumente« anderer Debatten abspricht.[175] Über ein Referat ihrer Positionen und die stilistisch mokante Titelaufzählung der »Flut historischer Werke«[176] geht seine Historiographie jedoch kaum hinaus, in der die meisten der hier behandelten Untersuchungen am Schluß eben noch bibliographisch erwähnt und etikettiert oder mit einer nichtssagenden Formel zusammengefaßt sind.[177] Dem Unterscheidungsvermögen bei der eigenen Reflexion des Themas ist die Art von Souveränität nicht bekommen. Es heißt ganz simpel die Publizistik ignorieren, wenn man die Feststellung trifft: »Joseph Roth und Alfred Neumann hielt ihre konservative Überzeugung vom Eingreifen in das Tagesgeschehen ab.«[178] Und Lukács vorzurechnen, er habe die Geschichtsbiographistik Joseph Roths, Klaus Manns und Hermann Kestens außer acht gelassen und in seinem »Essay *Der Kampf zwischen Liberalismus und Demokratie* (...) nur jene Werke behandelt, die ohnehin zur Volksfrontliteratur zählen«[179], unterschlägt zum einen die bewußte Gattungsperspektive und vertauscht zum anderen die Wirkung mit der Ursache: Lukács war es, der die Werke für die Volksfront reklamierte. Der Verfestigung des vom Realismus- und Erbekonzept geprägten Modells suchte in der Gattungsdiskussion Hans Vilmar Geppert mit seiner Dissertation *Der »andere« historische Roman* zu begegnen, in der Brecht, Döblin und Heinrich Mann als renommierteste Vertreter der Exildebatte und -produktion exemplarisch zur Geltung kommen. Methodisch nimmt Geppert gegenüber »dem historisch-genetischen Vorgehen Georg Lukács' (...) den umgekehrten Weg«[180], nämlich von einer poetologischen Systematik zur Erfassung und Beschreibung der Textphänomene. Wie Dahlke konstatiert er für die Kanonisierung des »Typus Scott« »eine deutliche Verengung der Probleme des historischen Romans«[181] und wendet gegen die philosophische Fundierung gleichfalls ein: »Die Hegelsche Ästhetik, auf die

Lukács sich (...) beruft, läßt dem Roman einen viel breiteren Spielraum der Wirklichkeits-Bewältigung.«[182] Irreführend ist die Typenfestlegung zudem, weil »gerade die historischen Romane W. Scotts sehr wenig einheitlich sind«[183], so daß höchstens von einer strukturellen Untergruppe die Rede sein kann, welche die Forderungen von Lukács erfüllt und »dem Leser verhältnismäßig wenig abverlangt«[184]. Mit dieser Reduktionsform konfrontiert Geppert die anderen Kompositionsmöglichkeiten, nämlich schon bei seiner Werkauswahl – zu »einer Art ›lectio difficilior‹ der Gattungstheorie – die größtmögliche Gegensätzlichkeit der Romane und die formale Komplexität jedes einzelnen von ihnen.«[185] Von den Geschichtsromanen aus dem Exil halten diesem Anspruch auf erzählerisches Zeitbewußtsein und gestalterische Differenziertheit der *Henri Quatre* und *Die Geschäfte des Herrn Julius Cäsar* stand. Am Roman-Anfang Brechts erläutert Geppert den kategorialen Ansatz seiner Strukturtypologie, das Widerspiel von »fiktionalem Entwurf und historischer Orientierung«[186] beim Erzählen von Geschichte, mit dem hier eine »Spannung der beiden Erzählfunktionen«[187] verbunden sei. Der perspektivische Bruch aber zwischen erfundener Eingangssituation und historischem Referat setzt sich in letzterem dadurch fort, daß es von einem »deutlich als fiktive Person konturierten (...) Ich-Erzähler«[188] vorgetragen wird. Nicht genug damit, treten ihm weitere Erzähler zur Seite, deren jeweiliges Cäsar-Bild auch noch ihr je unterschiedliches Historienkonzept spiegelt: »dem legendenhaft auf diachronische Stabilität angelegten Cäsar-Bild des Ich-Erzählers (...) kontrastiert das chronikartig fortschreitende (...) des Rarus und das anekdotische des Veteranen«[189] – Standpunkte und Auffassungsweisen, die beim Lesen verglichen und abgewogen sein wollen und aus denen vom Leser die »›nichterzählte‹, eigentliche Geschichte erst herzustellen« ist.[190] Und dieses Zugeständnis von Mündigkeit, bei dem der Leser zum Mitproduzenten der Geschichtsdarstellung wird und nicht zum Empfänger der richtigen Botschaft, bildet den Angelpunkt des Lukács entgegengehaltenen »anderen« Strukturmodells, dessen Geschichte – mit "Waverly or, 'Tis Sixty Years Since" – ebenfalls von Scott her datiert und bis zu Heinrich Manns *Henri Quatre* reicht. Wie dessen »zweitem Helden (...) Montaigne (...), dem Repräsentanten skeptischen Bewußtseins«[191], ist dieser Romanform »die Auflösung schlechter Metaphysik, erstarrter Mythen, definitiver Vorurteile, leerer Konventionen oder eines abstrakten, ethischen Rigorismus«[192] aufgetragen. Die Interpretation des *Henri IV*, mit der Geppert seine Arbeit beschließt, faßt für die Tradition nochmals zusammen, daß »diese Form geschichtlichen Denkens, zwischen Skepsis und Utopie, (...) den ›anderen‹ historischen Roman (...) sowohl von einer substantiellen Geschichtsphilosophie, wie von einer positiven Geschichtswissenschaft, wie auch vom ideologisch-ästhetischen Geschichtsbild des ›üblichen‹ historischen Romans abzugrenzen erlaubt.«[193]

Aber auch der konventionellen Ausformung, welche Scotts *Ivanhoe* unter anderem die klassische Geltung und Auflagenstärke des Jugendbuchs verschaffte, kann gattungstheoretisch »nicht die triviale

Verfälschung, sondern höchstens die naive Direktheit des historischen Interesses«[194] vorgeworfen werden. Der historische Roman insgesamt nämlich ist literarischer Ausweis des ästhetischen Historismus und zeigt nur besonders deutlich »die Sonderstellung des historistischen Einfühlens unter den Verfahrensweisen der neuzeitlichen Wissenschaften an. Während sich generell in der Neuzeit Wissen und Erinnern, Erkenntnis und Urteilskraft, objektive und subjektive Leistungen des Bewußtseins spalten und damit Wissenschaft und Kunst als autonome Bereiche auseinandertreten, vermittelt das historische Bewußtsein zwischen beiden: Wissen geht in Erinnern über, das Studium objektiver Sachverhalte ermöglicht die Erfahrung subjektiver Identität (...)«[195].

Wo die Synthese des Subjekts und die individuelle oder kollektive Identität über ein Geschichtsbild vermittelt wird, ist längst nicht mehr bloß bürgerliches Bewußtsein am Werk.[196] Und wenn »aus dem historischen Wissen (...), wie Dilthey sagte, ›ein großer Zuwachs von Glück‹«[197] entspringt, dann erklärt dieses Vollgefühl auch die kaum sich erschöpfende Konjunktur des Historischen Romans. Die Art des Glückserwerbs lediglich unterscheidet den Leser des »anderen« historischen Romans – läßt man einmal die Typendichotomie gelten – mit seinen höheren Ansprüchen an individuelle Autonomie von jenem des »üblichen« Geschichtsromans, der das historische Identifikationsschema vorfindet und keine Mühe darauf zu verwenden braucht, ein eigenes herzustellen. Doch bleibt die generelle Funktion des Geschichtswissens und seiner ästhetischen Präsentation davon unberührt: wie immer sich die Nachfahren des 19. Jahrhunderts über Geschichte definieren, wird zur Errichtung des je gegenwärtigen Sinnhorizonts der Anspruch auf ein »Erbe« erhoben, dem seine Säkularisationsgeschichte um so stärker anhaftet, je universeller es sich präsentiert. Geschichtliches Bildungswissen erhält in diesem Zusammenhang eine sinn- und identitätsstiftende Aufgabe, deren Erfüllung das Schicksal der sozialen Einzel- oder Gruppenexistenz bestimmt. Ob in der bürgerlichen Heroengeschichte oder im proletarischen Personenkult, die »Identitätspräsentationsfunktion der Historie«[198] scheint allgegenwärtiges Epochensignum zu sein, und es dürfte sich um einen positivistischen Fluchtversuch vor dieser Einsicht handeln, wenn man die »professionelle Historiographie« vom Kulturritus mit der Zwecksetzung ausnimmt, nur die »historischen Kenntnisse bereitzustellen, die es erlauben, eigene und fremde Identität zu vergegenwärtigen.«[199] Ein Ausnahmezustand wie das Exil zeigt gerade auch für die Wissenschaftsgeschichte, daß die »›Bilder‹, die man historisch von wirkungsmächtigen Personen, ihren Taten und Lehren macht (Luther-»Bild«; Bismarck-»Bild«, Machiavelli-»Bild« etc.)«[200] in hohem Maße auf Prozessen der Selbstfindung im Medium der Geschichte beruhen. Um das letzte Stichwort zu historischen Figuren aus dem abendländischen Bildungswissen aufzugreifen, lag der Machiavellismus wie selbstverständlich als Erklärungsschema für das skrupellose Effizienzverhalten faschistischer Politik bereit, und sich mit ihr in Büchern über »Machiavelli, über Ignatius von Loyola, über Moses Mendelssohn«

auseinanderzusetzen, war keineswegs der »zum Himmel brüllende Skandal«, den sich Kurt Hiller zur Selbstprofilierung herbeiwünschte.[201] Nicht zufällig, sondern mit dem Selbstverständnis des europäischen Intellektuellen gebrauchte Feuchtwanger in einem der ersten antifaschistischen Zeitromane des Exils, den *Geschwistern Oppenheim,* zur Charakterisierung der nationalsozialistischen Politik die historische Formel: »Das Prinzip der Jungens ist wirklich furchtbar einfach: dein Ja sei Nein und dein Nein sei Ja. Mit unnötigen Feinheiten halten sie sich nicht auf. Sie sind gigantische, schauerlich vergröberte, kleinbürgerliche Machiavellis (sic.).«[202]

Stellt die Geschichte hier metaphorisch eine Verstehensstruktur für das Zeitgeschehen bereit, so kann dieser Vorgang darüber hinaus für denjenigen existentielle Bedeutung gewinnen, der sich von historischen Entwicklungen aus seiner Lebenswelt gedrängt und persönlich bedroht und verfolgt sieht.[203] Als René Königs »Buch ›Vom Wesen der deutschen Universität‹ (1935...) vom nationalsozialistischen Propaganda-Ministerium verboten worden war«[204], er »im Organ der SS ›Das schwarze Korps‹ angegriffen« wurde und Fachkollegen wie Alfred Bäumler und Ernst Krieck denunziatorisch vor ihm warnten[105], war die in Deutschland angebahnte akademische Karriere vernichtet. Bei seinen Versuchen, im Exil als Sozialhistoriker Fuß zu fassen, beschäftigte sich König mit Legitimationsfragen in der englischen Geschichte und stieß in ihrem Zusammenhang auf die Auseinandersetzung mit Machiavelli. In Zürich hielt er darauf, »da nun gerade in jenem Moment auch in Europa das Problem Machiavelli wieder aktuell wurde, (...) im Sommersemester 1939 (...) eine Vorlesungsveranstaltung über Machiavelli ab«.[206] Im Jahr danach, zwischen Polenfeldzug und Kriegserklärung an Frankreich, hatten die deutschen Expansionsansprüche Europa in einen solchen Spannungszustand getrieben, daß der Historiker sich »fieberhaft und fast verzweifelt«[207] auf sein Thema warf und das Phänomen des Machiavellismus soziologisch in der »Krisenanalyse einer Zeitenwende« auf seinen Nenner brachte.[208] In prophetischen Schmerz setzte sich die Aktualität am Schluß des Buchs noch um, wo die Beendigung der Niederschrift auf den »6. Mai 1940, den 413. Jahrestag des Sacco di Roma«[209] datiert ist, »der Plünderung Roms durch das deutsch-spanische Heer unter Bourbon und Frundsberg«[210], die 1527 – im Todesjahr Machiavellis – stattgefunden hatte. Von seinem Grabmal, das in Santa Croce, der Franziskanerkirche, unter den Gedenksteinen der großen Florentiner steht, mit dem Passieren der Gräber von Michelangelo, Dante und Alfieri nimmt die Abhandlung ihren Ausgang.[211] Und es ist – »Das Große bleibt groß nicht...«[212] – »ein Fatum des Verfalls«, das mit »einer eigentümlichen Notwendigkeit«[213] aus dem Denken Machiavellis spricht. Denn für René König, der seinen »Weg zur Soziologie über die Kunst gefunden« hatte[214], ist Machiavelli nicht – wie die Legende es will – »der Realist des Staates, sondern der Künstler einer in der Wirklichkeit unüberholbar verlorenen Ordnung, die er als fernes Bild seiner Gegenwart vorhält.«[215] Einer politischen Gegenwart zudem, von welcher er zeitweilig radikal ausgeschlossen war, so daß »zur Beurteilung seines Denkens von allergrößter Tragweite ist: er reifte zum Schriftsteller in der unfreiwilligen Muße des Exils, so bleibt sein Denken nicht frei von ›utopischen‹ Zügen«[216] – von einer Art gewalttätiger Trauer, die aus der Verbannung resultiert: »Wo sind die Emigranten, die vergessen können? Auch Machiavelli besaß diese Großmut nicht und gerade aus der ständig genährten Spannung zwischen der Wirklichkeit, die er ersehnte, und den Umständen seines isolierten Lebens bekam das Werk seine besondere Färbung (...)«.[217] Es zeugt von Identitätsverlust und von tiefster Existenzangst in einer aussichtslos erscheinenden historischen Lage, die das Individuum aus jeder Bindung und Verantwortung entläßt und sein Geschichtsverständnis auf den Trost einer puren Organologie zurückwirft: »Jene unmenschliche und ungöttliche Radikalität des freigelösten Willens, der nur in Extremen zu leben vermag, ist so recht eigentlich die Nachtansicht der Geschichte. Eine Nacht, die zwar notwendig ist, wie die Krise es ist, aus der sie erwächst, eine Nacht aber, die vom Tage begrenzt wird.«[218] – »Die Nacht hat zwölf Stunden, dann kommt schon der Tag.«[219]

(Der Beitrag ist im Oktober 1981 abgeschlossen worden.)

1 München 1979. — 2 Vgl. Hans-Albert Walter, »Messerscharfe Trugschlüsse. Eine irreführende Einführung in die Exilliteratur«, in: *Frankfurter Rundschau* v. 9. 4. 1981. — 3 Anm. 1, S. 15. — 4 Hans Kaufmann u. a., *Geschichte der Deutschen Literatur 1917 bis 1945*, Berlin 1973 (= Zehnter Band der *Geschichte der Deutschen Literatur von den Anfängen bis zur Gegenwart*) — 5 Ebd., S. 248. — 6 Ebd., S. 537-549. — 7 Einziges Zeugnis der Debatte ist dieser Aufsatz bei: Heinz Ludwig Arnold (Hg.), *Deutsche Literatur im Exil. 1933–1945*, Band I: *Dokumente*, Frankfurt/M. 1974, S. 173-199. — 8 Dietrich Scheunemann, »Die Anklage auf Flucht (Vorbemerkung)«, in: Eberhart Lämmert (Hg.), *Romantheorie. Dokumentation ihrer Geschichte in Deutschland seit 1880*, Köln 1975, S. 232. — 9 Ebd., S. 233. — 10 Ebd., S. 246-249. — 11 Vgl. ebd., S. 231. — 12 In: Manfred Brauneck (Hg.), *Der deutsche Roman im 20. Jahrhundert*, Band I, Bamberg 1976, S. 240-259. - Zitat: S. 250/51. — 13 Ebd., S. 250. — 14 Ebd., S. 251. — 15 Ebd. — 16 Ebd., S. 252. — 17 Ebd. — 18 Ebd., S. 253. — 19 Döblin, zit. nach ebd. — 20 Ebd., S. 254. — 21 Ebd., S. 253. — 22 Vgl. ebd., S. 254. — 23 Ebd. — 24 Ernst Loewy, *Exil. Literarische und politische Texte aus dem deutschen Exil 1933–1945*, Stuttgart 1979. — 25 Ebd., S. 867. — 26 Ebd., S. 870. — 27 Ebd., S. 867. — 28 Ebd., S. 868. — 29 Ebd., S. 869. — 30 Ebd. — 31 In: Wolfgang Stammler (Hg.), *Damals für Heute* (Festschrift zum 150jährigen Bestehen des Verlages Fleischhauer & Sohn), Stuttgart 1980, S. 81-101. — 32 Ebd., S. 122, Anm. 1. — 33 Ebd., S. 90. — 34 Die Anmerkungen zum Aufsatz (ebd., S. 122/123) geben einen bibliographischen Überblick. — 35 Martini verfolgte den Führergedanken in: *Heinrich von Kleist und die geschichtliche Welt*, Berlin 1940. — 36 Georg Lukács, »Der Kampf zwischen Liberalismus und Demokratie im Spiegel des historischen Romans der deutschen Antifaschisten«, in: *Internationale Literatur*, 8. Jg. (1938), Heft 5, S. 63-83; hier zitiert nach Arnold (Anm. 7) S. 197/198. — 37 Ebd., S. 194. — 38 Scheunemann (Anm. 8) S. 232. — 39 Lukács (Anm. 7) S. 173. — 40 Ebd., S. 174. — 41 Ebd. — 42 Ebd., S. 175. — 43 Scheunemann bemerkt zu dem Aufsatz, daß »Lukács hier sein Realismuskonzept auf Erfordernisse der antifaschistisch-demokratischen Volksfront-Politik ausgerichtet« hat. (Anm. 8, S. 232). — 44 Vgl. Lukács (Anm. 7) S. 177-184. — 45 Ebd., S. 178. — 46 Ebd., S. 198. — 47 Ebd., S. 194. — 48 Ebd., S. 177. —

49 Stefan Zweig, zit. nach Lukács, ebd. — 50 Ebd., S. 188. — 51 Ebd., S. 177. — 52 Ebd., S. 191. — 53 Ebd. — 54 Ebd. — 55 Ebd., S. 192. — 56 Ebd., S. 195. — 57 Nicht nur das antifaschistische Humanismuskonzept, die Realismustheorie und die Erbediskussion steuern ihre Grundgedanken zu dem Aufsatz bei, sondern auch die Expressionismusdebatte, und zwar in dem Verdikt von Lukács, die deutsche Literatur sei »zu einem Tummelplatz der verschiedensten dekadenten Strömungen und Formexperimente geworden«. (Ebd., S. 191). — 58 Ebd., S. 192. — 59 Ebd., S. 194. — 60 Ebd., S. 195. — 61 Ebd., S. 199. — 62 Georg Lukács, *Der historische Roman*, Berlin 1955. — 63 Ebd., S. 6. — 64 Ebd., S. 363. — 65 Ebd., S. 5. — 66 Ebd., S. 323. — 67 Zurückgewiesen und korrigiert ist die Ansicht von Lukács bei: Klaus Schröter, »Der Historische Roman. Zur Kritik seiner spätbürgerlichen Erscheinung«, in: Reinhold Grimm / Jost Hermand (Hg.), *Exil und Innere Emigration. Third Wisconsin Workshop*, Frankfurt/M. 1972, S. 132–134. — 68 Auf Feuchtwangers Auseinandersetzungen mit der Einstellung von Lukács zum Geschichtsroman wird bereits aufmerksam gemacht bei: Carl Steiner, *Untersuchungen zum Historischen Roman der deutschen Emigrantenliteratur nach 1933*, Diss. Washington University, St. Louis 1966 (Masch.), S. 22; danach ausführlich bei Dahlke (s. u.) und in seiner Folge bei: Joseph Pischel, *Lion Feuchtwanger, Versuch über Leben und Werk*, Leipzig 1976, S. 253/254, Anm. 22. — 69 S. Anm. 68. — 70 Ebd., S. 257. — 71 Ebd., S. 258. — 72 Ebd., S. 259. — 73 Carl Steiner, »Abstract der Diss. (Anm. 68)«, in: Diss. Abstr. A 27, 4–6, 1966/67, S. 1840–A. — 74 Schröter (Anm. 67) S. 111 – Der Aufsatz umfaßt die Seiten 111–151; speziell den Geschichtsroman im Exil behandeln die Passagen auf S. 119–134 und S. 141–151. — 75 Ebd., S. 111. — 76 Vgl. ebd., S. 111/112. — 77 Ebd., S. 118. — 78 Ebd., S. 119. — 79 Ebd., S. 114. — 80 Ebd., S. 124. — 81 Ebd., S. 126. — 82 Ebd., S. 129. — 83 Ebd., S. 131. — 84 Ebd., S. 142. — 85 Vgl. ebd., S. 151. — 86 Elke Nyssen, *Geschichtsbewußtsein und Emigration. Der historische Roman der deutschen Antifaschisten 1933–1945*, München 1974. — 87 Ebd., S. 182. — 88 Ebd., S. 45. — 89 Georg Lukács, *Der Historische Roman*, Neuwied/Berlin 1965, S. 53 – zit. ebd., S. 47. — 90 Ebd., S. 47/48. — 91 Ebd., S. 50/51. — 92 Brechts Reaktion auf den Formalismus-Vorwurf von Lukács ist in folgender Wendung polemisch konzentriert: »Gegenüber den immer neuen Anforderungen der sich immer ändernden sozialen Umwelt die alten konservativen Formen festhalten ist auch Formalismus.« (Bertolt Brecht, »Die Expressionismusdebatte«, zit. nach: Hans-Jürgen Schmitt (Hg.), *Die Expressionismusdebatte. Materialien zu einer marxistischen Realismuskonzeption*, Frankfurt/M. 1973, S. 303). — 93 Georg Lukács, »Aktualität und Flucht (1941)«, in: ders., *Schicksalswende*, Berlin 1948, zit. nach Nyssen (Anm. 86) S. 59. — 94 Ebd., S. 60. — 95 Ebd. — 96 Hans Dahlke, *Geschichtsroman und Literaturkritik im Exil*, Berlin und Weimar 1976, S. 11 – Zur Entstehung der Arbeit vgl. ebd., S. 12. — 97 Ebd., S. 7. — 98 Ebd., S. 131. — 99 Ebd., S. 130. — 100 Ebd., S. 9. — 101 Vgl. ebd., S. 140. — 102 Vgl. ebd., S. 385/386, wo Dahlke den Selbstkommentar Feuchtwangers »Mir fehlte Benjamin Franklin. Zu meinem neuen Roman *Waffen für Amerika*« referiert. — 103 Stefan Zweig, »Thomas Mann: ›Lotte in Weimar.‹« 1939. In: *Zweig, Zeit und Welt*, S. 394 – zit. ebd., S. 348. — 104 Ebd., S. 134. — 105 Ebd., S. 135. — 106 Lion Feuchtwanger, »Vom Sinn und Unsinn des historischen Romans«, in: Feuchtwanger, *Centum opuscula*, S. 514 f. – zit. ebd., S. 140. — 107 Ebd. — 108 Ebd., S. 137/138. — 109 Ebd., S. 17. — 110 Ebd., S. 21. — 111 Hans Sahl, »Emigration – eine Bewährungsfrist«, in: *Das Neue Tage-Buch*, 3. Jg. (1935), Heft 2, S. 45 – zit. ebd., S. 23. — 112 Dies geschieht in den Abschnitten II–IV des ersten Kapitels: Weiteres zum Stand der Literaturkritik (S. 22 ff.); Positionen der sozialistischen Literaturkritik (S. 40 ff.); Zum Problem des künstlerischen Erbes in der sozialistischen Literaturkritik (S. 62–86). — 113 Ebd., S. 379. — 114 Ebd., S. 68. — 115 Ebd., S. 69. — 116 Ebd., S. 76. — 117 Ebd., S. 125. — 118 Ebd., S. 126. — 119 Ebd., S. 154 – Lukács (Anm. 62, S. 296/297) bezieht sich dabei auf: »Alfred Döblin, Der Historische Roman und Wir«, in: *Das Wort*, Jg. 1, Heft 4, Oktober 1936, S. 56–71. — 120 Ebd., S. 253. — 121 Ebd., S. 274 – Die entsprechenden Ausführungen zu Emil Ludwig stehen ebd., S. 197. — 122 Ebd., S. 297. — 123 Ebd., S. 299. — 124 Vgl. ebd., S. 298. — 125 Lukács (Anm. 62) S. 58 – zit. ebd., S. 301. — 126 Brecht, »Weite und Vielfalt der realistischen Schreibweise«, zit. ebd., S. 304. — 127 Vgl. ebd., S. 357 ff. - Die Formulierung entstammt: Bertolt Brecht, »Betrachtung großer Ingenien«, zit. ebd., S. 369. — 128 Ebd., S. 369. — 129 Ebd., S. 370. — 130 Ebd., S. 371. — 131 Ebd. — 132 Vgl. z. B. die Verschlüsselungen von Zeitgeschichte bei: Martin Stade, *Der König und sein Narr*, Historischer Roman, Berlin 1975 (Buchverlag Der Morgen). - Beziehungsvoll leitet der Umschlagtext die Themenbeschreibung von der Vergangenheit in die Gegenwart: »›– die Macht und die Intellektuellen. Wie oft in der Geschichte unterlagen sie, die mit ihren Mitteln gegen Knechtung, Borniertheit und Verdummung antraten. Selten die Beispiele der Bewährung und Behauptung, doch vielfältig, schillernd die Kompromisse, das Verschließen der Augen, das Wegsehen und Anpassen. Geschichten und Geschichte: was da geschehen kann, was geschehen ist, was geschehen.« — 133 Dahlke (Anm. 96) S. 87 ff. — 134 Ausführlich diskutiert sind die Aufsätze zum historischen Roman von Feuchtwanger, Döblin und Stefan Zweig. – Auf 50 Seiten ist »Die literaturkritische Aufnahme von Hein-

rich Manns *Henri Quatre*« ausgebreitet und erörtert. – Ebenfalls ein spezielles Unterkapitel gilt den »Literaturkritischen Arbeiten zu Thomas Manns *Joseph und seine Brüder* und *Lotte in Weimar*«. — **135** Vgl. Dahlke (Anm. 96) S. 114. — **136** Aus der Kritik der *Deutschen Volkszeitung*, zit. ebd., S. 124. — **137** Ludwig Marcuse, »Die Odyssee eines Anführers«, in: *Das Neue Tage-Buch* 4 (1936), Nr. 19 vom 9. 5. 1936, S. 452. — **138** Günther Heeg, *Die Wendung zur Geschichte. Konstitutionsprobleme antifaschistischer Literatur im Exil*, Stuttgart 1977. — **139** Ursula Langkau-Alex, *Volksfront für Deutschland?* Band 1: Vorgeschichte und Gründung des ›Ausschusses zur Vorbereitung einer deutschen Volksfront‹‹, 1933–1936, Frankfurt/M. 1977. — **140** Heeg (Anm. 138) S. 91 – dazu S. 201, Anm. 309 und 311. — **141** Ebd., S. 92. — **142** Ebd., S. 2. — **143** Ebd., S. 9. — **144** Ebd., S. 70. — **145** Ebd., S. 103. — **146** Ebd., S. 125 – die übrigen Zitate aus den Kapitelüberschriften ebd., S. VIII. — **147** Ebd., S. 34. — **148** Ebd., S. 47. — **149** Ebd., S. 49. — **150** Ebd., S. 50. — **151** Vgl. ebd., S. 64. — **152** Vgl. ebd., S. 55. — **153** Lukács, zit. ebd., S. 61. — **154** Ebd., S. 64. — **155** Vgl. Dahlke (Anm. 96), S. 253. — **156** Vgl. Heeg (Anm. 138), S. 67–69. — **157** Feuchtwanger, zit. ebd., S. 73. — **158** Heeg, ebd. — **159** Ebd., S. 78. — **160** Vgl. ebd., S. 152–157. — **161** Ebd., S. 157. — **162** Vor der Buchpublikation als Dissertationsdruck erschienen: Günther Heeg, *Die Kunst in der Geschichte oder die Geschichte im Kunstwerk. Studien zur Genese und Funktion der »Wendung zur Geschichte« in der materialistischen Literaturtheorie und in der literarisch-politischen Praxis antifaschistischer Schriftsteller in den 30er Jahren*, Diss. Würzburg 1976. — **163** Bruce Martin Broerman, *The German Historical Novel in Exile after 1933*, Phil. Diss. State University of New York at Albany, 1976 – Zitat aus dem Abstract in: Diss. Abstracts, A 37, ½ - 1976, S. 347 A. — **164** Renate Werner, »Transparente Kommentare. Überlegungen zu historischen Romanen deutscher Exilautoren«, in: *Poetica*, 9. Bd. Jg. 1977, S. 324–351; die Zitate auf den S. 326 u. 327. — **165** Ebd., S. 337. — **166** Ebd., S. 339. — **167** Brecht, Zweiter Nachtrag zur Theorie des *Messingkaufs*, zit. ebd., S. 344. — **168** Ebd., S. 348. — **169** Ebd., S. 349. — **170** Ebd., S. 346. — **171** Ebd., S. 349. — **172** Ebd., S. 325. — **172a** Der Befassung mit der Gattungsentwicklung in den zwanziger Jahren stand noch nicht zur Verfügung: Helmut Scheuer, *Biographie. Studien zur Funktion und zum Wandel einer literarischen Gattung vom 18. Jahrhundert bis zur Gegenwart*. Stuttgart 1979. — **173** Vgl. Stephan (Anm. 1), S. 15. — **174** Ebd., S. 194–205: »4. 3. 3. Flucht vor dem Thema Exil? Der historische Roman.« — **175** Ebd., S. 197. — **176** Ebd., S. 196; die abschätzige Magazin-Phraseologie schlägt den Autoren gegenüber im Kontext der Literaturgeschichte als Selbstüberschätzung auf den Historiker zurück: »Alfred Neumann stellte den übernächsten Napoleon ins Zentrum einer Trilogie . . . Spaniens Ferdinand, Isabella und Philipp II. hatten es Hermann Kesten angetan; Stefan Zweig . . . machte sich über die Leben Castellios, Magellans und Balzacs her.« (Ebd., S. 194). — **177** Dahlkes Buch erhält kurzweg die Funktion zugewiesen, »den Mangel an Vorläufern der sozialistischen Literatur zu überdecken« (ebd., S. 205); undefinierte »neue Wege gehen . . . die Arbeiten von . . . Günther Heeg, Klaus Schröter, Elke Nyssen . . . Carl Steiner . . . und Bruce M. Broerman . . .« (Ebd., S. 318, Anm. 74). — **178** Ebd., S. 195. — **179** Ebd., S. 201. — **180** Hans Vilmar Geppert, *Der ›andere‹ historische Roman. Theorie und Strukturen einer diskontinuierlichen Gattung*, Diss. Tübingen 1976, S. 10 (auch veröffentlicht als Band 42 der Reihe ›Studien zur deutschen Literatur‹ im Max Niemeyer Verlag, Tübingen 1976). — **181** Ebd., S. 8. — **182** Ebd., S. 8, Anm. 31. — **183** Ebd., S. 9, Anm. 36. — **184** Ebd., S. 9. — **185** Ebd., S. 14. — **186** Ebd., S. 21. — **187** Ebd., S. 24. — **188** Ebd., S. 61. — **189** Ebd., S. 117. — **190** Ebd., S. 256. — **191** Ebd., S. 269. — **192** Ebd., S. 269/270. — **193** Ebd., S. 267. — **194** Heinz Schlaffer, Einleitung, S. 16, in: Hannelore Schlaffer/Heinz Schlaffer, *Studien zum ästhetischen Historismus*, Frankfurt/M. 1975. — **195** Ebd., S. 15/16. — **196** Für den historischen Roman im Exil bis zur Unsinnigkeit verdreht findet sich der geschichtliche Schematismus bei Klaus Jarmatz (*Aktivität und Perspektive im historischen Roman des kritischen Realismus 1933 bis 1945*, WB Jg. 1965, S. 350–376), der Ansätze des sozialistischen Realismus bei den bürgerlichen Autoren des kritischen Realismus nachzuweisen sucht und ihnen bei der Aufzählung ihrer Errungenschaften die »Erkenntnis der Entwicklung vom Höheren zum Niederen« (S. 376) bestätigt. — **197** Schlaffer (Anm. 194), S. 16. — **198** Hermann Lübbe, »Zur Identitätspräsentationsfunktion der Historie«, in: Odo Marquard und Karlheinz Stierle (Hg.), *Identität*, München 1979 (Bd. VIII der Reihe ›Poetik und Hermeneutik‹), S. 277–292. — **199** Ebd., S. 290. — **200** Ebd., S. 285. — **201** Hiller, zit. bei Loewy (Anm. 24), S. 868. — **202** Lion Feuchtwanger, *Die Geschwister Oppenheim*. (Querido Verlag) Amsterdam 1933, S. 246/247 – Bei Feuchtwanger steht, wie durch eine weitere Romanstelle zu belegen, der Machiavellismus im Zusammenhang mit seinem Geschichtsverständnis von Eliten und manipulierten Massen. Als Anna, die Frau von Sepp Trautwein, ihren Mann von der Politik abzubringen versucht, argumentiert sie: »Willst du mit einem Hitler konkurrieren? Um die gute Sache durchzusetzen, um bei den Massen für die gute Sache zu wirken, dazu müßte einer heute schon ein Christus und ein Macchiavell (!) in einem sein.« (Lion Feuchtwanger, *Exil*, Frankfurt/M. 1979, S. 85). — **203** Die Hinweise für die folgenden Ausführungen verdanke ich: Konrad Feilchenfeldt, »Amerikanismus und

Rußlandsehnsucht. Von der Regionalität des ›Anderen Deutschland‹«, in: Wolfgang Frühwald und Wolfgang Schieder (Hg.), *Leben im Exil. Probleme der Integration deutscher Flüchtlinge im Ausland 1933–1945*, Hamburg 1981, S. 85, Anm. 3. — **204** René König, *Leben im Widerspruch. Versuch einer intellektuellen Autobiographie*, München/Wien 1980, S. 99. — **205** Ebd., S. 100. — **206** Ebd., S. 134/135. — **207** Ebd., S. 135. — **208** René König, *Niccolo Machiavelli. Zur Krisenanalyse einer Zeitenwende*, Erlenbach-Zürich 1941. — **209** Ebd., S. 347. — **210** Ebd., S. 81. — **211** Vgl. ebd., S. 10/11. — **212** Bertolt Brecht, »Das Lied von der Moldau«, in: ders., *Schweyk im Zweiten Weltkrieg* (Stücke aus dem Exil, Fünfter Band, Berlin und Frankfurt/M. 1957, S. 91). — **213** König (Anm. 208), S. 19. — **214** König (Anm. 204), S. 34. — **215** König (Anm. 208), S. 21. — **216** Ebd., S. 192. — **217** Ebd., S. 195. — **218** Ebd., S. 344. — **219** Brecht (Anm. 212).

Kurzbiographien der Autoren

Heinz Abosch, geb. 1918 in Magdeburg. 1933 nach Frankreich emigriert. Teilnahme am Widerstand während des Kriegs. Danach Zeitungskorrespondent in Paris. Seit 1956 Publizist in der Bundesrepublik. Buchveröffentlichung u. a. *Antisemitismus in Rußland,* 1972; *Trotzki und der Bolschewismus,* 1975.

Gilbert Badia, Professor der Germanistik (Fachbereich: Civilisation allemande) an der Universität Paris VIII, leitet seit 1976 eine Forschungsgruppe über das deutsche Exil in Frankreich. Letzte Veröffentlichungen: »Les Barbelés de l'exil«, P. U. Grenoble, 1979; »Exilés en France«, Paris: Maspero, 1982; »Feu au Reichstag« (der Reichstagsbrand aus französischer Sicht), Edit. Sociales, 1983.

Klaus Briegleb, Jahrgang 32. Literaturwissenschaftler in Hamburg, Arbeiten zu Lessing, Friedrich Schlegel, Heine u. a.; einschlägig: »Literatur und Fahndung«, München 1979, und »Sprache und Integration im geteilten Land«, in: Zum Beispiel Peter Brückner, hg. v. A. Krovoza, A. R. Oestmann u. K. Ottomeyer, Frankfurt/M. 1981.

Iring Fetscher, geboren 1922 in Marbach am Neckar, aufgewachsen in Dresden. Studium der Philosophie und Germanistik (Geschichte) in Tübingen und Paris 1945–50. Promotion mit der Schrift »Hegels Lehre vom Menschen« (1950), Habilitation mit der Arbeit »Rousseaus politische Philosophie« (1959), beides in Tübingen. Seit 1963 Professor für Politikwissenschaft an der Universität Frankfurt/M.

René Geoffroy, 1951 in Metz geboren. Studierte Germanistik und Geschichte an der »Université Paris VIII«. Doktorand. Arbeitet zur Zeit an der Biographie des Schriftstellers Ernst Glaeser.

Fritz Hackert, geb. 1934. Lehre als Industriekaufmann. Studium der Germanistik und Anglistik in Tübingen, München und London. Referendar und Studienassessor in Stuttgart. Wiss. Assistent und Akadem. Rat in Tübingen. Associate Prof. in Athens/Georgia. Akadem. Oberrat am Deutschen Seminar der Universität Tübingen.

Heinz-B. Heller, Privatdozent; geb. 1944; Studium der Germanistik, Romanistik und Soziologie in Marburg, Paris, Freiburg, Kassel; 1973 Promotion; seit 1973 Wiss. Ass. im Fachbereich Sprach- und Literaturwissenschaften der Universität-Gesamthochschule Wuppertal; 1983 Habilitation »Literarische Intelligenz und Film in Deutschland 1910–1930«. *Veröffentlichungen:* Untersuchungen zur Theorie und Praxis des dialektischen Theaters. Brecht und Adamov (1975), Mitherausgeber und Mitverfasser der »Sozialgeschichte der deutschen Literatur von 1918 bis zur Gegenwart« (Frankfurt/M. 1981) und der Regionalismusstudie »Literatur im Wuppertal. Geschichte und Dokumente« (1981). Verschiedene Aufsätze und Beiträge vor allem zur Literatur des 20. Jh. sowie zur Medien-/Filmgeschichte und -theorie.

Willi Jasper, geboren 1945. 1966–1970 Studium der Germanistik und Politologie in Berlin. Tätigkeit als Journalist und Autor. 1982 Dissertation und Publikation zum Thema: »Heinrich Mann und die Volksfrontdiskussion.« Der Autor lebt in Köln.

Thomas Koebner, geb. 1941, Studium der Germanistik, Kunstgeschichte und Philosophie. Literaturwissenschaftler (manchmal auch Theaterwissenschaftler) in München, Köln, Wuppertal, Marburg. Forschungsstelle ›Deutsche Literatur seit 1918‹. Publikationen über die deutsche Literatur des 18. und 20. Jahrhunderts, über Musiktheater und Medien.

Wulf Köpke, Professor of German, Texas A&M University, College Station, Texas, Autor von *Erfolglosigkeit. Zum Frühwerk Jean Paul, Lion Feuchtwanger* (Autorenbücher), Herausgeber: *Herder – Innovator Through the Ages*, zahlreiche Aufsätze, besonders zur Exilliteratur und Goethezeit.

James K. Lyon, geb. in Rotterdam, Holland, 1934. Professor für Deutsche Literatur an der Universität of California, San Diego (La Jolla). Eine Übersetzung seines Werkes über Brechts amerikanisches Exil erscheint im Frühjahr 1984 bei Suhrkamp unter dem Titel *Bertolt Brecht in Amerika*.

Lieselotte Maas, Jahrgang 1937, studierte in Berlin und München Theaterwissenschaft, Germanistik und Publizistik. Nach der Promotion 1964, zunächst beim Sender Freies Berlin, dann im Auftrag der Deutschen Forschungsgemeinschaft, Arbeiten zur Dokumentation und Erforschung des Exils.

Patrik von zur Mühlen, geb. 1942 in Posen, Studium der Geschichte, Philosophie und Politischen Wissenschaft in Berlin und Bonn, 1967 Magisterexamen, 1971 Promotion, 1973–75 im Bundesministerium für Bildung und Wissenschaft tätig, seit 1975 im Forschungsinstitut der Friedrich-Ebert-Stiftung. – Veröffentlichungen zur Geschichte des Dritten Reiches und des Nationalsozialismus, zu Widerstand und Emigration.

Joachim Radkau, geb. 1943, in einem ev. Landpfarrhaus aufgewachsen; Studium in Münster, Berlin und Hamburg; Promotion 1970 bei dem Hamburger Historiker Fritz Fischer über politische Gruppierungen und Tendenzen unter den deutschen USA-Emigranten 1933–1945; veröffentlichte 1974 zusammen mit dem 1933 emigrierten Historiker George W. F. Hallgarten ein Buch »Deutsche Industrie und Politik von Bismarck bis zur Gegenwart«. Im übrigen Arbeiten zur Theorie und Didaktik der Geschichte; Habil.-Schrift zur Geschichte der bundesdeutschen Atomwirtschaft (1980). Professor für Neuere Geschichte mit besonderer Berücksichtigung der Technikgeschichte an der Universität Bielefeld.

Günter Peter Straschek, geb. 1942 in Graz. Cineast und Schriftsteller. 1962 Israel, 1963–74 Berlin (West), 1975–83 Großbritannien. Arbeit an einer zweibändigen Geschichte der deutschsprachigen Filmemigration 1933–1945 (gefördert von der Deutschen Forschungsgemeinschaft).

Gert Sautermeister, geb. 1940. – Seit 1974 Prof. für Neuere Literaturgeschichte an der Universität Bremen. Veröffentlichungen: Idyllik und Dramatik im Werk Friedrich Schillers. Zum geschichtlichen Ort seiner klassischen Dramen. Stuttgart 1971. – Thomas Mann: »Mario und der Zauberer«. München 1981. – Aufsätze zu Schiller, Gottfried Keller, Franz Kafka, Thomas Mann u. a. sowie zur französischen Literatur. – Hg. (zus. mit Jochen Vogt) der Reihe »Text und Geschichte. Modellanalysen zur deutschen Literatur.« München 1979 ff.

Peter Seibert, geb. 1948. Studium der Germanistik, Geschichte und Kunstgeschichte in Saarbrücken, Bonn und Siegen. Dr. phil. M. A. Wissenschaftlicher Assistent an der Universität-Gesamthochschule Siegen (Germanistik).

Carel ter Haar, Dr. phil., geb. 1938, Alkmaar/Niederl. Wissenschaftlicher Angestellter am Institut für deutsche Philologie der Universität München, zuständig für die niederländische Abteilung. Hauptarbeitsgebiete: Exilliteratur, Romantik, Niederländische Literatur seit 1600.

Frithjof Trapp, geb. 1943; Studium der Germanistik, Geschichte und Soziologie in Köln und Berlin; Promotion 1971 mit einer Arbeit über Heinrich Mann; Habilitation 1982 mit einer Überblicksdarstellung zur deutschen Exilliteratur 1933–1945. Seit 1978 Assistenzprofessor im Fachbereich Germanistik der Freien Universität Berlin.

Walter Uka, Jahrgang 1947, Studium der Germanistik, Soziologie und Philosophie, drei Jahre wissenschaftlicher Assistent an der Universität Hamburg (Medienzentrum), diverse Publikationen zu den Themen »Medientheorie«, »Arbeiter-Radio-Bewegung« und zur »alternativen Videoarbeit«, Mitherausgeber der Zeitschrift »Video-Magazin«, Autor mehrerer Videofilme und Fernseh-Dokumentarfilme (u. a. dem WDR-Film »Willi Münzenberg – Propaganda als Waffe«), z. Zt. Arbeit an einem Ausstellungs- und Publikationsprojekt über die »Geschichte der Pressefotografie« in Berlin.

Lutz Winckler, Privatdozent a. d. Universität Tübingen; 1980 bis 1981 Leiter der Hamburger Arbeitsstelle für deutsche Exilliteratur.

Michael Winkler, geb. 1937, Studien zur deutschen, englischen und klassischen Literatur in Frankfurt und Köln, Promotion in den Fächern Germanistik und Vergleichende Literaturwissenschaft an der University of Colorado 1966, unterrichtet seit 1967 an der Rice University in Houston (Texas). Veröffentlichungen zur Literatur der Jahrhundertwende, zur Prosa des Expressionismus, zur Exilliteratur, zum modernen Roman und zur zeitgenössischen Lyrik.

1933–1983 HILFE FÜR SCHRIFTSTELLER IM EXIL

1983 wird ein Jahr der Erinnerung an 1933 werden, an den Beginn der Diktatur mit Bücherverbrennungen und der Vertreibung deutscher Schriftsteller. Es darf kein Jahr der Festreden werden. In unserem Land leben heute exilierte und asylsuchende Schriftsteller aus aller Welt, die wie die deutschen Autoren damals auf Hilfe angewiesen sind. Ihre Lage ist schwierig, denn die existierenden Hilfsfonds für Schriftsteller schließen Ausländer zumeist von ihren Leistungen aus. Der Schriftstellerverband mußte aus diesem Grund schon 1981 einen eigenen Hilfsfonds für Autoren im Exil einrichten, dessen Mittel inzwischen erschöpft sind. Wir rufen alle Veranstalter, Mitwirkenden und Besucher von Gedenkveranstaltungen auf, diesen Fonds durch Sammlungen und Spenden, Stiftung von Einsparungen und Honoraren zu unterstützen. Wir bitten die Verleger ehemals exilierter deutscher Autoren um einen Beitrag zu diesem Fonds und erinnern sie und ihre Kollegen an ihre Verpflichtung gegenüber dem Exil von heute.

Wir bitten die Presse um Verbreitung dieses Aufrufs und Hinweise auf den Exilfonds vor und während der Veranstaltungen zum Gedenken an 1933. Wir bitten, ihn in Programmheften, Ankündigungen, literarischen und Fachzeitschriften des Buchhandels und der Medien zu veröffentlichen.

Heinrich Böll   Bernt Engelmann   Günter Grass
Martin Gregor-Dellin   Walter Jens

Das Konto des Fonds für steuerlich abzugsfähige Spenden lautet: Solidaritätsfonds für Autoren im Exil/Fördererkreis deutscher Schriftsteller, Berliner Bank Nr. 11 12 600 00 (BLZ 100 200 00). Dem Vergabekomitee gehören die Schriftsteller Ingeborg Drewitz, Ossip K. Flechtheim, Yaak Karsunke, Renke Korn, Hannes Schwenger, Klaus Stiller und Jürgen Theobaldy an.

www.ingramcontent.com/pod-product-compliance
Lightning Source LLC
Chambersburg PA
CBHW051204300426
44116CB00006B/438